Celestina

FERNANDO DE ROJAS
Grabado de la Edición de Valencia, 1518 (M)

CELESTINA

Tragicomedia de Calisto y Melibea

FERNANDO DE ROJAS

Introducción y edición crítica de
Miguel Marciales

TOMO II: EDICIÓN CRÍTICA

Al cuidado de
Brian Dutton y Joseph T. Snow

ILLINOIS MEDIEVAL MONOGRAPHS · I

University of Illinois Press

Urbana and Chicago

Publication of this work was funded in part by a grant from the National Endowment for the Humanities, a federal agency that supports study in such fields as history, philosophy, literature, and languages.

Publication was also supported in part by a grant from the Andrew W. Mellon Foundation.

Library of Congress Cataloging in Publication Data

Rojas, Fernando de, d. 1541.
    Celestina : tragicomedia de Calisto y Melibea.

    (Illinois medieval monographs : 1)
    Bibliography: v. 1, p.
    Includes index.
    1. Contents: t. 1. Introducción — t. 2. Edición crítica.
    1. Rojas, Fernando de, d. 1541. Celestina.
I. Marciales, Miguel, b. 1919. II. Title. III. Series.
PQ6426.A1   1985   862'.2   85-8606
    ISBN 0-252-01200-3 (v. 1. : alk. paper)
    ISBN 0-252-01201-1 (v. 2. : alk. paper)

PREFACIO

La edición que sigue incorpora los fascículos IV (*Texto crítico*) y V (*Aparato crítico*) de la versión ciclostilada publicada por Miguel Marciales en 1977.[1] Los fascículos I-III, *Introducción*, están incluidos en el Tomo I actual.

Seguimos las normas ortográficas establecidas por Miguel Marciales en las páginas 305-324 del primer tomo, es decir, no emplear el acento en los pronombres demonstrativos (*este, ese, aquel* etc), en *solo* cuando es adverbio, en *periodo* (como es normal en Hispanoamérica), ni en los verbos con acento final que llevan pronombre enclítico, p. ej.: *escapome* y no *escapóme*.

En la edición, hemos utilizado las convenciones siguientes:

1. Empleamos *letra bastardilla* para indicar *Adiciones* hechas a la *Comedia* para producir la *Tragicomedia,* que se representaban en la edición de 1977 subrayando las palabras.

2. Las *Sustituciones,* que iban subrayadas con = en 1977, se imprimen en **negrita.**

3. Las enmiendas hipotéticas, justificadas en las notas a pie de página, que antes iban subrayadas con puntos, aquí se imprimen en ***negrita bastardilla***.

4. El *Aparato crítico,* que en 1977 estaba en el fascículo V, aquí va al pie de la página, para mayor comodidad de los lectores.

5. Para separar las variantes, empleamos el signo ∞.

6. En las variantes, sangramos un centímetro las líneas que contienen las variantes y notas de las *Adiciones,* siguiendo el sistema de Marciales.

7. Hemos tenido que adoptar ciertas aproximaciones a las letras antiguas, principalmente ∫ para indicar la -*s*- larga, y ꝯ para indicar la abreviatura de *con.*

8. Los autos XV.{51-54}, XV, XVII, XVIII y XIX {1-10} están al final, después del auto XXI, formando el *Tratado de Centurio,* que Marciales distingue netamente de la *Tragicomedia* en sí.

9. El signo ‡ indica que hay una nota entre las variantes, o, entre las variantes mismas, indica un comentario especial.

---

[1] Fernando de Rojas, *Tragicomedia de Calisto y Melibea (La Celestina),* Edición crítica de Miguel Marciales. (Universidad de los Andes, Facultad de Humanidades y Educación. Instituto de Investigaciones Literarias 'Gonzalo Picón Fabres': Mérida, Venezuela, 1977). Cinco fascículos.

v

Finalmente, rogamos, estimado lector, perdón por cualquier desperfecto tipográfico de este libro. De no haberlo imprimido nosotros, aficionados y no maestros impresores, usando el sistema UNIX-TROFF[2] de fotocomposición automatizada, no nos hubiera sido posible publicar este libro, con el cual lanzamos la serie de *Illinois Medieval Monographs*.[3]

B.D. y J.T.S.
Marzo, 1985

---

[2] TROFF y UNIX son propriedad de Bell Laboratories Ltd. TROFF ha excedido todas las predicciones sobre su éxito: "TROFF ... has proven a remarkably robust tool, taking unbelievable abuse from a variety of preprocessors and being forced into uses that were never conceived of in the original design, all with considerable grace under fire", Brian W. Kernighan, *Computing Science Technical Report No. 97: A Typesetter-independent TROFF* (Bell Laboratories: Murray Hill, New Jersey, Revised March, 1982), p. 3.

[3] Para más detalles, véase el tomo I, p. *v* y ss. Otra vez, quisiéramos expresar nuestra profunda gratitud al personal de la sección UNIX del Computing Services Office de la Universidad de Illinois: Mike Randal, Ed DeWan, Debbie Hudson, Myra Williams, Ken Fortenberry y tantos más que nos ayudaron a producir este segundo tomo.

EDICIONES DE *CELESTINA* [1]

Ediciones priores: Primarias

[**A1.** Salamanca(?), Burgos (?), 1499. *Perdida*. Edición muy dudosa, probablemente sólo en manuscrito].

A. Burgos, 1499. Fadrique de Basilea. Ejemplar único en la Hispanic Society of America. *Princeps* de 16 autos.

B. Salamanca, mayo/junio 1500. Juan Gysser(?). *Perdida*. Primera edición "acabada", es decir con Título, Subtítulo, Carta a un amigo, once octavas acrósticas, Incipit, Argumento General, Argumentos para cada auto, 16 autos, seis octavas finales de Proaza. De esta se tomó la octava-colofón de *J1, J, M* y *T*.

C. Toledo, 1500. Pedro Hagenbach. Ejemplar único en la Biblioteca Martín Bodmer, Cologny-Ginebra. Localizado en 1929. Contenido igual a *B*, pero la octava-colofón modificada *Toledo* en lugar de *Salamanca*.

D. Sevilla 1501. Estanislao Polono. Ejemplar único en la Biblioteca Nacional de París: y.6310 - Res.Yg.63. Contenido igual a *B* y a *C*, pero la octava-colofón: *Sevilla..... mil quinientas y una bueltas*.

D1. Sevilla, 1502. Estanislao Polono(?) o ya Jácobo Cromberger. *Perdida*. Edición igual a *D*, en 16 autos, pero corregidos los lapsos y las lecciones únicas de *D*. En la octava-colofón *Sevilla..... mil quinientas dos bueltas*.

E1. Salamanca, 1502(?) 1503. Juan de Porras(?) Juan Gysser(?). *Perdida*. Contiene ya todas las adiciones, mayores y menores, las sustituciones y las probables supresiones. Materias introductoria y conclusoria iguales a *B*.

Secundarias

E. Toledo, 1504. Sucesor de Pedro Hagenbach. *Perdida*. Con adiciones, sustituciones y supresiones. *Princeps* de 21 autos.

It. Roma, enero de 1506. Eucario Silber. Ejemplar único (?) existente en el Museo Británico: c.62.b.17. Traducción italiana de Alfonso Ordóñez. Sigue el texto de *E*.

F. Zaragoza, 1507. Jorge Coci. Ejemplar único incompleto (faltan las cuatro primeras hojas) existente en la Biblioteca de la Real Academia de la Historia, Madrid: 2/7 - 2/566. La octava-colofón: *mil quinientas y siete bueltas — en Çaragoça*.

J1. Valencia, 1508. Cristóval Cofman(?) Juan Jofré(?). *Perdida*. Texto muy semejante a *J*, proveniente de una colación de *E* con *F*.

---

[1] Condensamos aquí la lista de las varias ediciones de *Celestina* (con sus siglas) empleadas en la edición crítica (tomo I, págs. 5-13) para la mayor conveniencia del lector. B.D., J.T.S.

G1. Sevilla,1508. Jácobo Cromberger. *Perdida.* Idéntica a *G* y a *H* en el contenido.

G. [Toledo, 1502]. Unica de Toledo, 1510. Editor no precisable, sucesor de Pedro Hagenbach. Ejemplar único incompleto (faltan cuatro hojas: f1, f3, f4, f5) existente en el Museo Británico: c.20.b.9.

H. [Sevilla, 1502] 1ª de Sevilla, 1511. Jácobo Cromberger. Ejemplar único existente en el Museo Británico: c.20.c.17. Igual a *G,* pero completo.

I. [Sevilla, 1502] 2ª de Sevilla, 1513. Jácobo Cromberger. Ejemplar único incompleto (faltan ocho hojas: b1, b8, c1, c8, d2, d8, h1, h8) existente en Universidad de Michigán, en Ann Arbor. Idéntica a *H.*

J. 1ª de Valencia, febrero 21, 1514. Juan Jofré/Joffré/. Idéntica a *G* en contenido, pero agrega una octava a las de Proaza (AP.5b "Penados amantes..."). Ejemplar único existente en la Biblioteca Nacional, Madrid: R 4870.

R1. 1ª de Toledo, 1514. Juan de Villaquirán. *Perdida.* Idéntica a *G* en contenido, pero con un auto más, el *Auto de Traso* entre el XVIII y el XIX de las ediciones en 21 autos. *Princeps* de 22 autos.

It². Milán, junio 23, 1514. Zanotto (Giannotto) de Castione. Ejemplar único (?) existente en la Biblioteca Nacional, Madrid: R 11.303. 2ª edición de la traducción de Alfonso Ordóñez, idéntica a *It.*

K. [Sevilla, 1502: 3ª de Sevilla]. Roma, 1516. Marcelo Silber. Un ejemplar incompleto en el Museo Británico: c.20.b.15. Otro ejemplar completo en la Biblioteca Pública de Boston, EE.UU. de N.A. Idéntica a *H* en contenido.

L. [Sevilla, 1502] 4ª de Sevilla, 1518. Jácobo Cromberger. Ejemplar único existente en la Biblioteca Nacional, Madrid: R 26.575. Idéntica a *I,* pero completa y con muchas lecturas únicas. En lugar del Título y Subtítulo trae *Libro de Calixto (sic) y Melibea y de la puta vieja Celestina.* Es la llamada *edición la Puta.*

M. 2ª de Valencia, marzo 27, 1518. Juan Jofré/Joffré. Ejemplar único existente en el Museo Británico: c.64.d.4. Copia a plana y renglón de *J.*

N. [Salamanca, 1502]. Roma, 1520. Antonio de Blado, para Antonio de Salamanca. Un ejemplar en la Hispanic Society of America. Otro ejemplar en el Museo Británico: G 110224. Sigue *la Puta* pero trae el Título y Subtítulo de *I* o de *K* y cambia muchas de las lecturas únicas de *la Puta.*

Terciarias

O. [Sevilla, 1523: 5ª de Sevilla]. 1ª de Venecia, 1523. Juan Bautista Pedrezano. Ejemplares en la Hispanic Society of America, en el Museo Británico (c.68.e.8), en la Biblioteca Nacional de Madrid (R 30.427). Sigue ceñidamente a *K.*

P. 1ª de Barcelona, 1525. Carlos Amorós. Recientemente desaparecida.

Q. 6ª de Sevilla, noviembre 1525. Jácobo y Juan Cromberger. Ejemplar único existente en el Museo Británico: G 10223. Sigue ceñidamente a *I.*

R. 2ª de Toledo, junio 23, 1526. Remón de Petras. Incluye el *Auto de Traso.* Edición muy correcta que sigue a *I* y en algunos casos a *G.* Ejemplar único existente en el Museo Británico: c.63.c.24.

S. 7ª de Sevilla, marzo 1525. Jácobo y Juan Cromberger. Ejemplar único existente en la Biblioteca Nacional, Madrid: R 30.275. Sigue casi exactamente a *Q*.

T. 3ª de Valencia, febrero 12, 1529. Juan Viñao. Ejemplar único existente en el Museo Británico: c.63.f.25. Sigue ceñidamente a *M*.

U. 2ª de Barcelona, 1531. Carlos Amorós. Ejemplar único en la Biblioteca Nacional de Viena (Austria): 622.185-B.Th. Sigue ceñidamente a *P*.

V. 1ª de Burgos, setiembre 12, 1531. Juan de Junta. *Paradero desconocido.*

W. 2ª de Venecia, octubre 24, 1531. Juan Bautista Pedrezano. Dos ejemplares en la Biblioteca Nacional, Madrid: R 12.435 y R 31.236.

Bb1. 3ª de Toledo, 1532/1533. *Perdida.* Edición que incluye el *Auto de Traso.* Muy similar a *Bb.*

X. 3ª de Venecia, julio 10, 1534. Estéfano da Sabio. Sigue ceñidamente a *W*. Un ejemplar en la Hispanic Society of America, otro en el Museo Británico: G 10.158, y tres en la Biblioteca Nacional, Madrid: R 11.599, R 15.030 y R 2.877.

Y. 3ª de Barcelona, 1535. Carlos Amorós. Sigue ceñidamente a *U*. *Paradero desconocido.*

Z. 8ª de Sevilla, mayo 12, 1536. Doménico de Robertis. *Paradero desconocido.*

Aa. 2ª de Burgos, noviembre 28, 1536. Juan de Junta. *Paradero desconocido.*

Bb. 4ª de Toledo, febrero 28, 1538. Juan de Ayala. Edición que incluye el *Auto de Traso.* Un ejemplar en la Hispanic Society of America y otro en la Biblioteca Nacional, Madrid: R 4423.

Cc. Enveres (Amberes), junio 28, 1539. Guillome Montano. Un ejemplar en la Hispanic Society of America y otro en la Biblioteca de la Real Academia de la Historia, Madrid.

Dd. 9ª de Sevilla, 1539. *Paradero desconocido.*

Ee. Lixboa, noviembre 22, 1514. Luis Rodríguez. Ejemplar único existente en el Museo Británico: c.20.b.13.

Ff. Salamanca, diciembre 15, 1540. Pedro de Castro. Versión métrica de Juan Sedeño. Un ejemplar completo en la Hispanic Society of America, dos incompletos en la Biblioteca Nacional de Madrid: R 6601 (expurgado) y R 9683, y otro incompleto en la Biblioteca Provincial de Toledo: Res.22.

Gg. Medina del Campo, 1541 (?). Editor no identificado. Pedro Tovans(?) Incluye el *Auto de Traso.* Un ejemplar en el Museo Británico: 24.a.8 y otro en la Biblioteca Nacional, Madrid: R 3801.

Ediciones en lenguas extranjeras

Italianas

It. Roma, Eucario Silber, enero 29 de 1506. Traducción de Alfonso Ordóñez. Deriva del texto de *E*. Ejemplar en el Museo Británico: c.62.b.17.

It². Milán, Zanotto (Giannotto) de Castione, junio 23 de 1514. Traducción de Alfonso Ordóñez. Un ejemplar en la Biblioteca Nacional de Madrid: R 11.303.

It³. Milán, Oficina Minuciana, para Nicolás de Gorgonzola, enero 1515. Traducción de Alfonso Ordóñez. Un ejemplar en el Museo Británico: 117.15.aa.9; otro en la Biblioteca Nacional de Madrid: R 1473.

It⁴. Venecia, Cesaro Arrivabono, diciembre 10 de 1519. Traducción de Alfonso Ordóñez. Es la primera edición que tiene el título *Celestina*.

Tragicomedia de Calisto y Melibea. Un ejemplar en la Biblioteca Nacional de Madrid: R 8746.

Inglesas

Mabbe[1]. Celestine or the tragick-comedy of Calisto and Melibea. Englished by James Mabbe, anno 1631; edited by James Fitzmaurice-Kelly, Tudor Translations, VI (London, 1894); Second Series II-V (London, 1925).

Mabbe. Celestine or the Tragick-Comedie of Calisto and Melibea. Translated by James Mabbe. Edited by Guadalupe Martínez-Lacalle. (Tamesis Books: Londres, 1972). Cito por esta edición que considero mejor que Mabbe[1], modernizando la grafía.

Latinas

Barth. *Pornoboscodidascalus latinus.* Francofurti, Typis wechelianis, apud Danielem et Davidem Aubrios et Clementem Schleichium, 1624. Traducción latina de Kaspar von Barth (Gaspar Barth). Un ejemplar en la Biblioteca Nacional de Madrid y otro en la Biblioteca Nacional de Bogotá.

Versión métrica

Ff. La edición *Ff* es el texto en prosa de la *Celestina,* puesto en verso por Juan de Sedeño y editado en Salamanca por Pedro de Castro, 15 de diciembre de 1540. El texto que Sedeño tuvo a la vista para hacer esta versificación fue la edición *T,* Valencia 1529, con casi absoluta probabilidad.

El manuscrito nº 17.631 de la Biblioteca Nacional de Madrid

Ms. En el Catálogo de los Manuscritos pertenecientes a don Pascual de Gayangos (redactado por don Pedro Roca en 1904) este manuscrito tiene el nº 674. La signatura actual es la dada arriba. Se le ha puesto el título de *Celestina comentada* y es el único manuscrito de la *Celestina* en el siglo XVI. Sobre él anota Roca lo siguiente: "Comentario de la Tragicomedia de Calixto y Melibea, por un escritor anónimo de mediados del siglo XVI. Comienza por el fol. 14, está falto de los folios 18 a 21 e incompleto por el fin, terminando en el fol. 221. Códice inédito y muy singular. Letra de la época". El manuscrito, que he estudiado y comparado con el texto crítico, además de los folios que señala Roca, está falto de los folios 39, 161 y 175.

CELESTINA

Texto crítico

T. Título:

COMEDIA DE CALISTO Y MELIBEA.

TRAGICOMEDIA DE CALISTO Y MELIBEA.

LIBRO DE CALISTO Y MELIBEA Y DE LA PUTA VIEJA CELESTINA.

ST. Subtítulo:

Nuevamente añadido lo que hasta aquí faltava en el proceso de sus amores. Con sus argumentos nuevamente añadidos.

Nuevamente revista y emendada con adición de los argumentos de cada un auto en principio.

La cual contiene de más de su agradable y dulce estilo muchas sentencias filosofales y avisos muy necessarios para mancebos, mostrándoles los engaños que están encerrados en sirvientes y alcauetas.

Y nuevamente añadido el Tratado de Centurio.

Y nuevamente añadido el Tratado de Centurio y el Auto de Traso y sus compañeros. Nuevamente istoriado.

Con el Tratado de Centurio y el Auto de Traso.

Aparato crítico.

T. *CD* Comedia de Calisto y Melibea *(A falta)*. *JM GHKI N RBbGg* Tragicomedia de Calisto y Melibea *(F falta)*. *It* Tragicocomedia de Calisto e Melibea. *L* Libro de Calixto *(sic)* y Melibea y de la Puta vieja Celestina

ST. Nuevamente. añadido lo que hasta aquí faltava en el proceso de sus amores — *It It²* Novamente aggiontovi quello che fin quî mancava nel processo di loro innamoramento. *D* Con sus argumentos nuevamente añadidos. *JM* Nuevamente revista y emendada, con adición de los argumentos de cada un auto en principio. *CD JM* La cual contiene *GHK* En la cual se contiene *IN RBb* En la cual se contienen *It* Nel quale se contiene *(AF falta)*. *CD JMBb* sirvientes *GHKINR* servientes *It* falsi servitori *(AF falta)*.

(It per Alfonso Ordognez, familiare de la santità di nostro signore Giulio, papa secondo, ad istanza de la illustrissima madonna gentile Feltria de Campo Fregoso, madonna sua osservandissima. De lingua castegliana in italiana novamente per lo sopraditto tradutta).

GHKIN Y nuevamente añadido el Tratado de Centurio. *R* Y nuevamente añadido el Tratado de Centurio y el Auto de Traso y sus compañeros. Nuevamente istoriado. *BbGg* Con el Tratado de Centurio y el Auto de Traso.

AQui comiençan vnas coplas delas coma
dres. ffechas a ciertas comadres no tocando enlas
buenas:saluo digo delas malas y de sus lenguas τ ha
blas malas:y de sus afeytes y de sus azeytes τ blanduras τ de
sus trajes τ otros sus tratos.ffechas por Rodrigo d reynosa.

Una casa pobre tiene
vende hueuos en cestilla
no ay quié réga amor en villa
que luego a ella no viene
hagamos que nos ordene
pues que sabe tantas tramas
para que de nuestras famas
que nunca nada se suene
No conoceys la emplumada
gran maestra de afeytes
que faze mudas τ azeytes

fol. a7ʳ

τ tiene la cara acuchillada
y es muger amaestrada
muy gran bauja y hechizera
alcahueta encantadera
con tales acompañada
Iba andado al partido
despues ha sido ramera
vendedera y hornera
y ospitalera ha sido
τ nunca tuuo marido

τ dize dos mil donayres
τ fue manceba de frayles
todo el tiempo que ha sido
Es maestra en todas cosas
faze virgos de mil suertes
sabe hazer aguas fuertes
que las feas haze hermosas
de palomilla escauiosas
y de otras yeruas mas de mil
saca agua por abril
en mayo iunio de rosas
Esta en missa τ processiones
nunca las pierde contino
missas dalua yo esmagino
son las mas sus deuociones
jamas pierde los sermones
bisperas nona completas
sabe cosas muy secretas
para mudar coraçones
Trae estibre de vnas casas
dalo a otras a hilar
para achaque de entrar
para ordenar sus massas

Rodrigo de Reinosa, *Coplas de las comadres,* pliego suelto impreso por Fadrique de Basilea, Burgos 1515-1519; París, BN Rés Yg.92. Título y partes de los folios a6ᵛ y a7ʳ con reminiscencias de Celestina.

C. Carta. El autor a un su amigo. {1-12}

{1} Suelen los que de sus tierras ausentes se hallan, considerar de qué cosa aquel lugar donde parten mayor inopia o falta padezca, para con la tal † servir a los conterráneos, de quien en algún tiempo beneficio recebido tienen, {2} y viendo que legítima obligación a investigar lo semejante me compelía para pagar las muchas mercedes de vuestra libre liberalidad recebidas, assaz vezes retraído en mi cámara, acostado sobre mi propia mano, {3} echando mis sentidos por ventores y mi juízio a volar, me venía a la memoria, no solo la necessidad que nuestra común patria tiene de la presente obra, por la muchedumbre de galanes y enamorados mancebos que possee, {4} pero aun en particular vuestra misma persona, cuya juventud de amor ser presa se me representa aver visto y dél crüelmente lastimada, a causa de le faltar defensivas armas para resistir sus fuegos, las cuales hallé esculpidas en estos papeles; {5} no fabricadas en las grandes herrerías de Milán, mas en los claros ingenios de dotos varones castellanos formadas. Y como mirasse su primor, su sotil artificio, su fuerte y claro metal, su modo y manera de lavor, su estilo elegante, {6} jamás en nuestra castellana lengua visto ni oído, leílo tres o cuatro vezes, y tantas cuantas más lo leía, tanta más necessidad me ponía de releerlo y tanto más me agradava y en su processo nuevas sentencias sentía.

{7} Vi, no solo ser dulce en su principal istoria o fición toda junta, pero aun de algunas sus particularidades salían deleitables fontezicas de filosofía, de †otras, agradables donaires; de †otras, avisos y consejos contra lisongeros y malos sirvientes y falsas mugeres hechizeras. {8} Vi que no tenía su firma del

---

C. El auctor a un su amigo. *CD JM GHKILN (AF falta)*.

C.1 *CDJM* absentes *GHKILN* ausentes *It* de che cosa quel luogo donde se parteno maggior inopia o mancamento patisca, a ciò che de la simile possano servire a li conterranei... †Parece haber una palabra omitida *(con la tal* complida*) / con la tal* llena*)*. La abreviación *llēa* pudo causar la omisión. Las faltas de algo se cumplen o se llenan; con la tal inopia o falta no se sirve a los conterráneos. Cf. IV.24 *de poder complir tu falta;* XII.79 *só yo obligada...a complir vuestras faltas?* —VI.49 la omisión de *llena. La tal* se refiere a *cosa,* pero la frase se siente falla.

C.2 *CDJMGIK* investigar lo semejante *H* (dudoso) *LN* investigar semejante *It* ad investigare el simile *C* cõplía *DJM GHKILN* compelía (cõpelía, *J* əpelía) *It* compelle *C GHKI* asaz *DJM LN* assaz □ *CD JM GH propia KILN* propria

C.3 —

C.4 *C* mesma *D JM GHKILN* misma

C.5 *CD JM GHKILN* doctos varones □ *It* ferrarie de Vulcano (!) *CD GHKILN* su primor, su sutil *JM* su primo, sotil *It* loro ingegno, loro sottile *C JM* lavor *D GHKILN* labor

C.6 *CD JM* releerlo *GHKILN* leerlo *It* tornarlo a leggere *C JM GHKILN* sentía *D* tenía

C.7 *CD JM GHKILN* fición *(sic)* □ *CD* dele(c)tables *JM GHKILN* deleitables Sustitución. †Todas: otros...otros —Errata de amanuense al concordar con *donaires* y *av-*

3

autor, **el cual, según algunos dizen, fue Juan de Mena, y según otros, Rodrigo Cota;** pero quienquier que fuesse, es dino de recordable memoria, por la sotil invención, por la gran copia de sentencias entrexeridas, que so color de donaires tiene. {9} Gran filósofo era, y pues él con temor de detratores y nocibles lenguas, más aparejadas a reprender que a saber inventar, **quiso celar y encubrir** su nombre, no me culpéis si, en el fin baxo que lo pongo no espressare el mío. {10} Mayormente que, siendo jurista yo, aunque obra discreta, es agena de mi facultad, y quien lo supiesse diría que no por recreación de mi principal estudio, del cual yo más me precio, como es la verdad, lo hiziesse; antes, distraído de los derechos, en esta nueva lavor me entremetiesse. {11} Pero aunque no acierten, sería pago de mi osadía. Assí mesmo pensarían que no quinze días de unas vacaciones, mientra mis socios en sus tierras, en acabarlo me detuviesse, como es lo cierto; pero aun más tiempo y menos aceto. {12} Para desculpa de lo cual todo, no solo a vos, pero a cuantos lo leyeren, ofrezco los siguientes metros. Y porque conozcáis donde comiençan mis maldoladas razones, **acordé que todo lo del antigo autor fuesse sin división en un auto o cena incluso, hasta el segundo auto, donde dize: "ermanos míos..." etc.** Vale

---

isos. ▢ *CD JM GHKI N* y malos *L* d' malos —Confusión de *d'/&*. *CD GHK* sirvientes *JM* ∫'vientes *ILN* servientes —La abreviación de la *s* larga + -*r* puede leerse *ser-* o *sir-*. *C JM* autor *D GHKILN* auctor.

    C.8 y era la causa que estava por acabar —así en *CD*, frase sustituída por **el cual, según dizen, fue Juan de Mena, y según otros, Rodrigo Cota** en *JM GHKILN.* —*Sustitución. C JM ILN* quien quier *D* quien quiera *GHK* a quien quiera ▢ *CD JM* entrexeridas *GHKILN* enxeridas

    C.9 *CD JM GHKI N* con temor *L* con el temor ▢ *CD GHKILN* detractores *(sic) JM* detratores —Parecería mejor la concordancia: *detratoras y nocibles lenguas. CD JM G ILN* nocibles *HK* nocíbiles *C* cielo *(sic) D* celó —Esta palabra fue sustituída por **quiso celar y encubrir** *(GHKILN* encobrir) en *JM GHKILN. Sustitución. C ILN* que le pongo *D JM GHK* que lo pongo *It* se nel fine de sotto (ch'io lo metto) non esprimo el mio —Construcción no clara. ▢ *C* espresare *D JM GHKI* espressare *LN* expressare

    C.10 *CD JM GHKILN* supiese ▢ *DJM* hiziesse *C HKILN* fiziesse *G* hiciesse *(sic)* ▢ *CJM* lavor *DGHKILN* labor

    C.11 *C* assí mismo *DJM GHKILN* assí mesmo ▢ † en acabarlo = *It* a fornirla ▢ *CD* detoviesse *JM GHIL* detuviesse *N* deuuiesse *(sic) K* d'tnuisse *(sic)* ▢ *C* accepto *D JM GHKILN* acepto

    C.12 *CD* y acaban las del antigo autor, en la margen hallaréis una cruz, y es en fin de la primera cena *Variantes CD* antiguo *(sic)* ▢ *C* auctor *D* autor ▢ *C* es en fin *D* es el fin —Todo esto fue sustituido por **acordé que todo lo del antigo autor fuese sin división en un auto o cena incluso, hasta el segundo auto, donde dize: "ermanos míos..." etc.** *Variantes: JMGHKILN* antiguo ▢ *KILN* auctor *JMGH* autor ▢ *JM* auto o cena...segundo auto *GHKILN* acto o cena...segundo acto —Traen el nuevo texto *JMGHKILN. Sustitución. It It²* presi partito che tutto quello de lo antico autore fosse diviso in un atto o scena incluso, fine al secondo atto dove dice: frattelli mei...

OA. Octavas acrósticas. {1-11b/11a}.

Textos de *C* y *D*. ∞ Textos de *JM GHKILN; (AF faltan).*

El autor escusándose de su yerro en esta obra que escrivió, contra sí arguye y compara.

{1} El silencio escuda y suele encubrir
las faltas de ingenio y *las torpes lenguas;* ∞ *la falta* de ingenio y *torpeza de lenguas;*
blasón, que es contrario, publica sus menguas
al que mucho habla sin mucho sentir. ∞ *a quien* mucho habla sin mucho sentir.
Como [la] hormiga que dexa de ir, ∞ Como ' hormiga que dexa de ir,
holgando por tierra, con la provisión,
jactóse con alas de su perdición:
lleváronla en alto, no sabe donde ir.

Prosigue

{2} El aire gozando ageno y estraño
rapina es ya hecha de aves que vuelan,
fuertes más que ella, por cevo la llevan:
en las nuevas alas estava su daño.
Razón es que aplique a mi pluma este engaño,
no dissimulando con los que ' arguyen; ∞ *no despreciando a* los que *me* arguyen,
assí, que a mí mismo mis alas destruyen,
nublosas y flacas, nacidas de ogaño.

Prosigue

{3} Donde esta gozar pensava volando
o yo *aquí escriviendo* cobrar más honor, ∞ o yo *de escrevir* cobrar más onor,
de lo uno y *lo* otro nació disfavor: ∞ *del* uno y *del* otro nació disfavor:
ella es comida y a mí están cortando.
Reproches, revistas y tachas, callando,
obstara, y los daños de invidia y murmuros,
y assí, navegando, los puertos seguros ∞ *insisto remando, y* los puertos seguros
atrás quedan todos ya cuanto más ando.

OA. El signo ∞ indica diferencia entre *CD* y *JM GHKILN*.

OA.1 *CD* encobrir   *JM* encubrir *GHKILN* encobrir *CD* la hormiga   —Todas las secundarias, terciarias y posteriores omiten el *la*, pero puede ser una simple errata originada en *E* o en *F. C* donde *ir D* dondyr *(sic)* ∞   *JMGHKILN* donde ir/yr

OA.2 *C* o rapina es ya hecha ∞ *JM GHKI N* rapina es ya hecha *L* rapina es — hecha *CD* llevan ∞   *JM* llievan *GHK* lievan *IN* llevan *L* levan *C* a mi pluma *D* — mi pluma ∞   *JM GH ILN* a mi pluma *K* a mi pulma *(!) CD* que * arguyen ∞   *JM GHKILN* que me arguyen —El *me* es probablemente simple omisión de *CD*, subsanada en las siguientes ediciones. □ *C* mismo *D* mesmo ∞   *J GHKILN* mismo *L* mesmo

OA.3 *CD* volando *(sic)* ∞   *JMT* volando *GHKILN* bolando —†La grafía y pronunciación normal castellana es *bolar, bolando, yo buelo* etc., pero la grafía latinizante a veces se desliza. □ *JM GHKI* o yo de escrevir *LN* y yo de escrevir *CD* de lo uno y lo otro ∞   *JMT* del uno del otro *GHKILN* del uno y del otro —La lección de las primarias es mejor. Probablemente lo originalmente escrito fue: *de l'uno y de l'otro* = 'de lo uno y

{4} Si bien *dicernéis* mi limpio motivo, ∞ Si bien *queréis ver* mi limpio motivo,
a cuál se endereça de aquestos estremos,
con cuál participa, quién rige sus remos,
amor aplazible o desamor esquivo, ∞ Apollo, Diana o Cupido altivo,
buscad bien el fin de aquesto que escrivo,
o del principio leed su argumento:
leeldo, [y] veréis que aunque dulce cuento, ∞ leeldo, ' veréis que aunque dulce cuento,
amantes, que os muestra salir de cativo.

Comparación.

{5} Como *al* doliente que píldora amarga ∞ Como *el* doliente que píldora amarga
o *huye o* recela o no puede tragar, ∞ o *la* recela, o no puede tragar,
métenla dentro de dulce manjar, ∞ *métela* dentro de dulce manjar,
engáñase el gusto, la salud se alarga;
desta manera mi pluma se embarga,
imponiendo dichos lacivos, rïentes,
atrae los oídos de penadas gentes;
de grado escarmientan y arrojan su carga.

Buelve a su propósito.

{6} *Este mi desseo cargado de* antojos ∞ *Estando cercado de dudas y* antojos,
compuso tal fin que el principio desata: ∞ *compuse* tal fin que el principio desata:
acordó dorar con oro de lata ∞ *acordé* dorar con oro de lata
lo más fino *oro* que *vio* con *sus* ojos, ∞ lo más fino *tíbar* que *vi* con *mis* ojos,
y encima de rosas sembrar mil abrojos.
Suplico, pues, suplan discretos mi falta,
teman grosseros y en obra tan alta
o vean y callen, o no den enojos.

Prosigue dando *razón* (*JM GHKILN razones*) porque se movió a acabar esta obra.

{7} Yo vi en Salamanca la obra presente,
movíme [a] acabarla por estas razones: ∞ movíme ' acabarla por estas razones:
es la primera que estó en vacaciones;
la otra, *que oí su inventor ser ciente,* ∞ la otra, *inventarla persona prudente,*
y es la final ver ya la más gente
buelta y mezclada en vicios de amor:
estos amantes les pornán temor

---

de lo otro. *C* cortando. *D* cortando: *JM GHKI N* cortando: *L* acortando: —Obsérvese que todas las primarias y secundarias que traen las OA. traen puntuación fuerte (:) después de *cortando* (*C* trae (.)) y lo mismo ocurre con todas las terciarias y la mayoría de las posteriores consultadas. *CD* revistas ∞ *JM* revistas *GHKILN* y vistas *CD* invidia *JMG* invidia *HKILN* embidia —La grafía y pronunciación *invidia* es latinizante. Cf. OA.3 *volando*. Parecen ser simples amanuensismos. *C* y los daños *D* y a los daños ∞ *J GHKILN* y los daños *M* — a los daños

OA.4 *C* endereça *D* adereça *(sic)* ∞ *JMT* andereça *GHKILN* endereça *C* amor ya aplazible *D* amor − aplažible *CD* de aquesto ∞ *JM* de aquesto *GHKILN* de aquestos *CD* leeldo y veréis ∞ *JM GHKI N* leeldo, veréis *L* leído, veréis —La *y* que no aparece en las secundarias es probablemente una simple omisión originada en *E* o *F*.

OA.5 *C* mi pluma *D* la pluma ∞ *JM GHKILN* mi pluma *CD* lascivos *(sic)* ∞ *JM GHKILN* lascivos *(sic)*

OA.6 *CD* tal fin ∞ *JM* tal fin *GHKILN* la fin *C* acordó dorar *D* acordó de dorar *JM GHKILN* acordé dorar *Sustitución*. *CD* o vean y callen ∞ *JM* o vean y callen *GHKILN* o vean o callen

a fiar de alcaueta ni *de mal* sirviente. ∞ a fiar de alcaueta ni *falso* sirviente.

{8} Y assí que esta obra, *a mi flaco entender,* ∞ *Y assí que esta obra en el proceder*
fue tanto breve, cuanto muy sotil,
vi que portava sentencias dos mil,
en forro de gracias lavor de plazer.
No hizo Dédalo *en su oficio y saber* ∞ No hizo Dédalo *cierto, a mi ver,*
alguna más prima entretalladura,
si fin diera en esta su propria escritura
Cota: *un gran ombre y de mucho valer.* ∞ Cota *o Mena, con su gran saber.*

{9} Jamás yo no *vi* **una** *terenciana,* ∞ Jamás yo no *vide en lengua romana*
después que me acuerdo, ni nadie la vido,
obra de estilo tan alto y sobido
en lengua común vulgar castellana. ∞ *en tusca, ni griega, ni en* castellana.
No *tiene* sentencia de donde no mana ∞ No *trae* sentencia de donde no mana
loable a su autor y eterna memoria,
al cual Gesucristo reciba en su gloria,
por su passión santa, que a todos nos sana.

OA.7 *CD* movime a acabarla ∞ *JM GHKILN* movime — acabarla —La omisión de *a* cuando la palabra siguiente empieza por *a-* es cosa usual y no guarda consecuencia alguna en las ediciones. Aquí es quizás una simple omisión originada en *E* o en *F.* Cf. inmediatamente arriba en el epígrafe *movió a acabar,* en todas. *CD* que estó ∞ *JM G* que estó *HKILN* porque estó —Lectura amétrica. *C* ciente *(sic) D* sciente —La palabra tiene normalmente, en el periodo, tres sílabas. Aquí el metro de *CD* exige dos; esta falta es la que produce la *Sustitución* en las secundarias y siguientes. *CD* buelta y mezclada ∞ *JM* buelta y mezclada *GHKILN* buelta, mezclada †*fiar* tiene siempre dos sílabas. El verso es cojo. *CD* sirviente ∞*JM GHK* sirviente *ILN* serviente

OA.8 *C* Y as que *D* Y assí que ∞*JM GHKILN* Y assí que *C* intender *D* entender *C* sutil *D* sotil ∞ *JM GHKILN* sotil *C* lavor *D* labor ∞ *JM* lavor GHKILN labor *C* propria *D* propia ∞ *JM KILN* propria *GH* propia *CD* corta —simple errata ∞ *J GHKILN* Cota (o Mena) *M* Catõ (o Mena) *C* grande (h)ombre *D* gran (h)ombre †El sentido de los cuatro últimos versos en *CD* es: 'Dédalo, en su oficio y con su saber, no hizo una entretalladura más primorosa; aunque sería mejor si Cota, un gran hombre y de mucho valer, le hubiese dado fin con su propia escritura'. El otro sentido, leyendo con la errata, sería: '...aunque sería mejor si un gran hombre y de mucho valer, le hubiese dado fin con su propia escritura *corta'.* El segundo sentido es totamente absurdo, lo que indica que Rojas, ya en las Comedias, señaló a Cota como el autor del Esbozo. El nombre *Cota* es suceptible de erratas, como se ve por la lectura *Caíon* de *M.* El problema está en que Rojas a la segunda redacción o a la modificación de las OA. no consideró a Cota como *un gran hombre y de mucho valer* sino simplemente como *de gran saber.*

OA.9 *C* Jamás — no vi sino terenciana *D* Jamás yo no vi — terenciana †La lección 'ʃino de *C* es mala lectura de *hũa* (= una) con el tilde omitido o borroso. *D* no entiende la palabra y la omite. *JM GHKILN* Jamás yo no *vide* en lengua romana —La forma *vide* es hápax en la parte de Rojas. Es probablemente arcaísmo deliberado, como el *vos* plural de OA.10, pero cf. XV.10. □ *C* alto y sobido *D* alto y subido ∞ *JM* alto y sobido *G* alto y subido *HK* alto, sobido *ILN* alto, subido —Estos sinónimos o cuasisinónimos apareados son típicos, v.gr.: solo y señero, horro y libre, quito y esento, baxo y umilde, alegre y pagado, súbito y arrebatado, buelto y mezclado, comedir y pensar, cautela y engaño, abiltar y desonrar, atiende y espera, penetra y traspassa, sobrar y vencer, desbrave y madure etc. —La supresión de la conjunción en cualquiera de estos casos es obra de algún oficioso cacoestilista. Cf. *buelta y mezclada* en OA.7 o *desbrave y madure* en I.16. □ *JM* tusca *GHKILN* tosca Cf. *VI.32. JM GHKI* ni en castellana *LN* ni — castellana □ *CD* autor *JM* autor *GHKILN* auctor □ *CD* passión santa *JM GHKI*

7

Amonesta a los que aman, que sirvan a Dios y dexen las vanas cogitaciones y vicios de amor.

{10} *Vosotros* que amáis, tomad este enxemplo ∞ *Vos, los* que amáis, tomad este enxemplo,
este fino arnés con que os defendáis:
bolved ya las riendas, por que no os perdáis;
load siempre a Dios visitando su templo;
andad sobre aviso; no seáis de enxemplo
de muertos y bivos y propios culpados:
estando en el mundo yazéis sepultados;
muy gran dolor siento cuando esto contemplo.

Fin

{11b}
Olvidemos los vicios que assí nos prendieron
no confiemos en vana esperança;
temamos aquel que espinas y lança,
açotes y clavos su sangre vertieron;
la su santa faz herida escupieron,
vinagre con hiel fue su potación;
a cada costado consintió un ladrón:
nos lleve, le ruego, con los que creyeron.

{11a}
O damas, matronas, mancebos, casados,
notad bien la vida que aquestos hizieron,
tened por espejo su fin cual uvieron:
a otro que amores dad vuestros cuidados.
Limpiad ya los ojos, los ciegos errados,
virtudes sembrando con casto bivir;
a todo correr devéis de hüír,
no os lance Cupido sus tiros dorados.

N passión santa *L* sancta passión *(sic)*

OA.10 En el Epígrafe: *CD* vanas cogitaciones ∞ *JM* vanas cogitaciones *GHKILN* *malas cogitaciones CD* de amor ∞ *JM GHKI N* de amor *L* del amor *CD* Vosotros que amáis ∞ *JM GHKILN* Vos, los que amáis —La sustitución del *vos* plural es un arcaísmo deliberado, hápax en la obra. *CD* este enxemplo ∞ *JM GHKILN* este enxemplo *C* dexemplo *D* en dexemplo ∞ *JM GHKILN* dexemplo —Es simple omisión del tilde (˜) sobre la primera *e*. La forma *enxemplo* es la común de Cota y Rojas. *C* proprios *D* propios ∞ *JM GH IL* propios *K N* proprios *CD* esto contemplo ∞ *JM GHKI N* esto contemplo *L* esto contemplando —Simple errata.

OA.11b *C* a cada santo lado *D* a cada costado *C* los que creyeron *D* los quel creyeron

OA.11a *JM* (h)uvieron *GHKILN* ovieron Verso *e*. Este es omitido por *K* e igual omisión aparece en *O*.

El acróstico reza: EL BACHJLIER FERNANDO DE RO/Y/I/AS ACABO LA COMEDIA DE CALYSTO Y MELIBEA Y FVE NASCJDO EN LA PVEBLA DE MONTALVAN. En *It It²* el acróstico reza: EL BAC-CILER FERNANDO DE ROIAS FORNI LA COMEDIA DE CALISTO E MELIBEA E LVI FU NATO NELA PVEB-LA DE MONTALBANO.

P. Prólogo.

{1} Todas las cosas ser crīadas a manera de contienda o batalla, dize aquel gran sabio Eráclito en este modo: *omnia secundum litem fiunt.* Sentencia, a mi ver, dina de perpetua y recordable memoria. {2} Y como sea cierto que toda palabra del ombre cīente está preñada, desta se puede dezir que de muy hinchada y llena quiere rebentar, echando de sí tan crecidos ramos y hojas, que del menor pimpollo se sacaría harto fruto entre personas discretas. {3} Pero como mi pobre saber no baste a más de roer sus secas cortezas de los dichos de aquellos que por claror de sus ingenios merecieron ser aprovados, con lo poco que de allí alcançare, satisfaré al propósito deste breve prólogo. {4} Hallé esta sentencia corroborada por aquel gran orador y poeta laureado, Francisco Petrarca, diziendo: "sine lite atque offensione nihil genuit natura parens": sin lid y ofensión ninguna cosa engendró la natura, madre de todo. Dize más adelante: {5} "sic est enim et sic propemodum universa testantur: rapido stellae obviant firmamento; contraria invicem elementa confligunt; terre tremunt; maria fluctuant; aër quatitur; crepant flammae; bellum immortale venti gerunt; tempora temporibus concertant; secum singula, nobiscum omnia". {6} Que quiere dezir: en verdad assí es, y assí todas las cosas desto dan testimonio: las estrellas se encuentran en el arrebatado firmamento del cielo, los adversos elementos unos con otros rompen pelea, tremen las tierras, ondean las mares, el aire se sacude, suenan las llamas, los vientos entre sí traen perpetua guerra, los tiempos con tiempos contienden, y litigan entre sí, uno a uno, y todos contra nosotros. {7} El verano vemos que nos aquexa con calor demasīado, el invierno con frío y aspereza; assí que esto nos parece revolución temporal: esto con que nos sostenemos, esto con que nos crīamos y bevimos, si comiença a ensobervecerse más de lo acostumbrado, no es sino guerra. {8} Y cuanto se á de temer manifiéstase por los grandes terremotos y torvellinos, por los naufragios y encendios, assí celestīales como terrenales, por la fuerça de los

---

P. *CD no lo traen; JM GHKILN sí; (AF falta)* □ **P.1** *JM It* Eráclito *GHKILN* Eraclio □ *JM* en este modo *GHKILN* en el modo

P.2 *JM GHKILN* sciente □ *JM* esté *GHKILN* está

P.3 *JM* claror de sus ingenios *GHKILN* claror sus ingenios *It* li quali per clarificare loro ingegni (= por aclarar sus ingenios) —El *It* extrañó el raro latinismo(?), tomado directamente de Juan de Mena. *J* p̄breve logo *(sic) M GHKILN* breve p̲logo/prólogo *It* breve prologo. —La abreviación p̲ (que puede leerse *per- pre-* o *pro-*) se antepuso en *J.*

P.4 —

P.5 †El texto latino en todas trae la grafía medieval de *ae* escrito *e.* Uso la grafía latina más aceptada hoy.

P.6 *JM GHKILN* las mares *(sic)* □ *JM GHKI* litigan entre sí uno a uno *LN* litigan entre sí cada uno

P.7 *JM GHKI* que esto nos parece *It* in modo che questo ne pare *LN* que esto que nos parece □ *JM G* beuimos *(sic) HKILN* biuimos *(sic)*

9

aguaduchos, por aquel bramar de truenos, por aquel temeroso ímpetu de rayos *, aquellos cursos y recursos de las nuves, {9} de cuyos abiertos movimientos, para saber la secreta causa de que proceden, no es menor la dissensión de los filósofos en las escuelas, que de las ondas en la mar.

{10} Pues entre los animales ningún género carece de guerra: peces, fieras, aves, serpientes, de lo cual todo una especie a otra persigue. El leon al lobo, el lobo **al perro,** el perro la liebre y, si no pareciesse conseja de tras el fuego, yo llegaría más al cabo esta cuenta. {11} El elefante, animal tan poderoso y fuerte, se espanta y huye de la vista de un suzĩuelo ratón, y aun de solo oírle toma gran temor. Entre las serpientes, el vajarisco crĩó la natura tan ponçoñoso y conquistador de todas las otras, que con su silvo las assombra y con su venida las ahuyenta y disparze, con su vista las mata. {12} La bívora, reptilia o serpiente enconada, al tiempo del concebir, por la boca de la hembra metida la cabeça del macho,   ella con el gran dulçor apriétale tanto, que le mata y, quedando preñada, el primer hijo rompe las ijares de la madre, por do todos salen; ella muerta queda y él casi como vengador de la paterna muerte, *se la come.* {13} ¿Qué mayor lid, qué mayor conquista ni guerra, que engendrar en su cuerpo quien coma sus entrañas? Pues no menos dissensiones naturales creemos aver en los pescados; pues es cosa cierta gozar la mar de tantas formas

---

P.8 *JM GHIL* y torvellinos *K* y trouellinos *(sic) N* o torvellinos □ *JM GHKI* encendios *LN* incendios □ * Algo fue omitido después de *rayos.* Cf. *It:* per quello impeto timoroso de fulguri, tempesta e lampi, per quelli cursi e recursi de le nuvole. — Probablemnte decía: por aquel temeroso ímpetu de rayos, *truenos y relámpagos....,* que se omitió lo subrrayado para no repetir *truenos* que está inmediato antes.

P.9 *J GHKILN* dissensión *M* dissención *(sic)* □   *peces, fieras, aves, serpientes* — Pero luego en el orden de los ejemplos es: *fieras, serpientes, peces, aves.* Cf. el orden de la Biblia, *Genesis,* 1: peces, aves,... fieras, reptiles.

P.10 † **al perro** —El texto de Petrarca, *De rem. utr. fort.,* Praef. i:19:14 dice: leo lupum, lupus *canem,* canis leporem insequitur. La *cabra* es descuido mayúsculo que rompe la concatenación. Está en todas, pero debe ciertamente enmendarse. *JM* consejo *It* conseglio *GHKILN* conseja —La lectura de *JM* es errata. *JM* tras el fuego *GHKILN* detrás del fuego

P.11 *JM HK* suzĩuelo *GILN* suzuelo □ *JM GHKILN OPQSTUWXCc* vajarisco *(sic) It RBbEeGg* basilisco La forma *basilisco* es propia solamente del grupo Traso-toledano (y de las posteriores). Fuera de la *Celestina* no conozco texto que traiga *vajarisco* (basilisco). Hay un cambio popular de *l* en *r* y por influencia de *r,* paso de *i* a *e* y finalmente igualación de *a-a:* el *vasarisco.* La *j* es del tipo de cambio popular castellano de *-s-* a *-j-:* gujano, vigitar, fígico, tigeras, sanguijuela, registir, quijo, quige, quigera... *JM* disparze *GHKILN* desparze

P.12 *JM GHKILN* reptilia *(sic)* —Latinismo. *JM GHKILN* del macho, y ella —La *y* sobra y debe suprimirse. Simple distracción de amanuense. *JM* las ijares *GHKILN* los ijares □ *JM* ella muerta queda *GHKILN* ella queda muerta □ *JM GHK* él quasi/ q̄si *ILN* y él quasi/ q̄si □ *JM GH ILN* como vengador *K* come vengador □ *JM GHKILN* paterna muerte □ *It It²* esso da questo quasi come vendicatore de la paterna morte *Sal-1570* él casi vengador de la paterna muerte, se la come —Es preciso reconstruir el texto estropeado tomando en cuenta a *Sal-1570.* El posterior *coma sus entrañas* indica que antes debe venir el mismo verbo o la frase queda trunca; aparte de la creencia medieval general de que el hijo de la víbora devora a la madre. Cf. Shakespear, *Pericles,* Act I, Sc. I, 64-65: 'I am no viper, yet I feed on mother's flesh which did me breed'.

de peces cuantas la tierra y el aire cría de aves y animalias y muchas más. {14}
Aristóteles y Plinio cuentan maravillas de un pequeño pece llamado 'echeneis',
cuanto sea apta su propriedad para diversos géneros de lides. Especialmente
tiene una, que si allega a una nao o carraca, la detiene que no se puede
menear, aunque vaya muy rezio por las aguas; {15} de lo cual haze Lucano
mención, diziendo:

> non pupim retinens, Euro tendente rudentes,
> in mediis echeneis aquis...

'non falta allí el pece dicho *echeneis*, que detiene las fustas, cuando el viento
Euro estiende las cuerdas, en medio de la mar...' ¡Ó natural contienda, dina de
admiración: poder más un pequeño pece, que un gran navío con toda la fuerça
de los vientos! {16} Pues si discurrimos por las aves y por sus menudas enemistades, bien afirmaremos ser todas las cosas criadas a manera de contienda.
Las más biven de rapina, como halcones y águilas y gavilanes. Hasta los grosseros milanos insultan dentro en nuestras moradas los domésticos pollos y
debaxo las alas de sus madres los vienen a caçar. {17} De una ave llamada
roco que nace en el Indico Mar de Oriente, se dize ser de grandeza jamás oída
y que lleva †sobre su pico hasta las nubes, no solo un ombre o †diez, pero un
navío cargado de todos sus xarcias y gente. Y como los míseros navegantes
estén assí suspensos en el aire, con el meneo de su buelo caen y reciben
crüeles muertes.

{18} Pues ¿qué diremos entre los ombres, a quien todo lo sobredicho es
sugeto? ¿Quién explanará sus guerras, sus enemistades, sus embidias, sus
aceleramientos y movimientos y descontentamientos? ¿Aquel mudar de trages,
aquel derribar y renovar edificios, y otros muchos efetos diversos y variedades
que desta nuestra flaca umanidad nos provienen?

P.13 *JM GHKILN* coma sus entrañas *It It² divore l'interiora sue* □ *JM K* cuantas
GH ILN cuantos □ *JM GHKILN* animalias *(sic)* —Latinismo. □ *JM* Aristóteles
GHKILN Aristótiles

P.14 *JM* pece *GHKILN* pesce □ *JM GHKILN* echeneys *(sic)* □ *JM KL* propriedad
GH IN propiedad □ *JM GH ILN* allega *K* allegra *(sic)*

P.15 *JM GHKILN* pece □ *JM GHKILN* echeneys *(sic)* □ *JM GHKILN* pece

P.16 *JM GHKIL* rapina *N* rapiña □ *JM G* halcones *It It²* falconi *HKIN* leones *L*
grifos —En texto sin *h*- y con *a* borrosa: ₫lcones, la -*c*- fue leída como -*e*- (este texto
fue probablemente el de *E* o el de *GI*). *L* notó la incongruencia, pero enmendó mal,
con un animal mitológico que no viene al caso.

P.17 *JMK* Rocho *GH ILN* rocho *It* Roccho *(sic) Mabbe* Roke — †Petrarca en *De
rem. utr. fort.* Q-3-5 dice: 'sed tota insuper rostro prehensa navigia secum tollat in nubila'.
Insuper puede en latín ser adverbio o preposición, pero aquí es adverbio y *rostro* es abla-
tivo de instrumento o de medio. Aquel navío *sobre el pico* es ciertamente maravilloso,
pero no se ve qué lección cubra el *sobre*. Debe quedar, pero es un descuido grave. Madrid traduce: 'que no solamente un ombre, mas todo un navío entero se lleva hasta las
nuves colgado del pico'. Ordóñez traduce: 'e che col suo beco porta fino a le nuvole...'
Mabbe: 'and that with her bill she will take up into the air'. Barth no traduce lo del pico.

†Un ombre o diez —La ponderación se hace en castellano 'no solo un hombre o
dos'... Puede haber errata. Cf. latín: *singulos homines*.

P.18 *JM* subjeto *GHKILN* sujeto □ *JM GHKILN* embidias *Cf. OA.3. JM
GHKILN* trajes *(sic)* Regularización de la grafía *ge, gi.* Cf. Nebrija, 'trage de vestido =
vestium cultus'. *JM HKILN* affectos *G* effectos *Sal-1570* effectos *It* effetti (effeci)

11

{19} Y pues es antigua querella y usitada de largos tiempos, no quiero maravillarme si esta presente obra á seído instrumento de lid o contienda a sus letores, para ponerlos en diferencias, dando cada uno sentencia sobre ella a sabor de su voluntad. {20} Unos dezían que era prolixa, otros breve, otros agradable, otros escura; de manera que cortarla a medida de tantas y tan diferentes condiciones, a solo Dios pertenece. Mayormente *que* ella, con todas las otras cosas que al mundo son, van debaxo de la vandera desta notable sentencia: {21} 'que aun la mesma vida de los ombres, si bien lo miramos, desde la primera edad hasta que blanquean las canas, es batalla'. Los niños, con los juegos; los moços, con las letras; los mancebos, con los deleites; los viejos con mil especies de enfermedades pelean; y estos papeles, con todas las edades. {22} La primera los borra y rompe, la segunda no los sabe bien leer; la tercera, que es la alegre juventud y mancebía, discorda; †......† Unos les roen los uessos que no tienen virtud, que es la istoria toda junta, no aprovechándose de las particularidades, haziéndola cuento de camino; {23} otros pican los donaires y refranes comunes, loándolos con toda atención, dexando passar por alto lo que haze más al caso y utilidad suya. Pero aquellos para cuyo verdadero plazer es todo, desechan el cuento de la istoria para contar, coligen la suma para su provecho, ríen lo donoso, las sentencias y dichos de filósofos guardan en su memoria para trasponer en lugares convenibles a sus actos y propósitos. {24} Assí que cuando diez personas se juntaren a oír esta comedia, en quien quepa esta diferencia de condiciones, como suele acaecer, ¿quién negará que aya contienda en cosa que de tantas maneras se entienda? †Que aun los impressores an dado sus punturas, poniendo rubrícas o sumarios al principio de cada auto, narrando en breve lo que dentro contenía: una cosa bien escusada, según lo que los antiguos escritores usaron.† {25} Otros an litigado sobre el nombre,

---

Mabbe: effects. Barth no traduce el punto. La lectura *afectos* no hace sentido. La causa es *nuestra flaca umanidad* y los *efectos* mencionados nos provienen de ella. □ *JM GHKILN* provienen *(sic)*

P.19 *JM GHKI N* querella *L* querela □ *JM* visitada *GHKILN* usitada/vsitada *It It²* usitata. —Cf. Pulgar, Letra XIV: 'Pleito muy viejo toman por cierto, y querella muy antigua *usada* y no aun en el mundo fenecida'... Marqués de Santillana, *A la muerte de don Enrique de Villena,* estrofa 5, verso e: 'mas sola una senda muy poco *usitada',* Juan de Padilla, *Triunfo* IV, cap.4º, 18: 'agora su nombre por más *usitado,* Italia, de nombre de rey consagrada'. — *JM GHKILN* lectores *(sic)*

P.20 *JM GHKILN* mayormente pues *It* maggiormente che —Errata de confusión entre *que / pues* —Cf. C.10, XII.73. □ *JM GILN* con todas las otras cosas *HK* con todas otras las cosas □ *JM* notable *It It²* notabile *GHKILN* noble □ *JM GHKILN* mesma *(sic)*

P.21 —

P.22 *JM ILN* no los sabe *GHK* no los saben □ †Una entera línea falta en todas las ediciones. Falta la *cuarta edad.* En los tipos de *F* las palabras que faltan serían:- la cuarta, que es la cansada vegez y senetud, censura y repreende (la quarta ques la cãsada vejez y senetud cẽsura y reprẽhẽde). *JM* les roen *It It²* li rodeno *GHKILN* — roen *It* alcuni li rodeno l'ossa *dicendo* non à virtù, e che è tutta la istoria insieme, non accomodandose ne le particularità... □ *JM* cuenta *It* conto *GHKILN* cuento = cuento de camino: El *It* agrega: 'conto a l'imprescia *senza pensar più avante'.*

P.23 *JM GHKILN* coligen *(sic)* □ *JM* autos *GHKILN* actos

P.24 *JM GHKI N* punturas *It* ponture *L* pinturas —La lectura de *L* es simple errata. □ *JM* autos *GHKILN* actos □ *JM GHKILN* antiguos *(sic)* □ *JM* scriptores *GILN*

12

diziendo que no se avía de llamar comedia, pues acabava en tristeza, sino que se llamasse tragedia. El primer autor quiso darle denominación del principio, que fue plazer, y llamola comedia. {26} Yo, viendo estas discordias, entre estos estremos partí agora por medio la porfía, y llamela 'tragicomedia'. Assí que, viendo estas conquistas, estos díssonos y varios juízios, miré a dónde la mayor parte acostava, y hallé que querían que se alargasse en el processo de su deleite destos amantes, sobre lo cual fui muy importunado; {27} de manera que acordé, aunque contra mi voluntad, meter segunda vez la pluma en tan estraña lavor y tan agena de mi facultad, hurtando algunos ratos a mi principal estudio, con otras oras destinadas para recreación, puesto que no an de faltar nuevos detratores a la nueva adición.

Valencia: Juan Navarro, 1575. Auto XX.

escritores *HK* escriptores †Como *F* no trae argumentos para cada auto, en su P. este párrafo tenía que estar omitido. El P. estaba en las cuatro primeras hojas que faltan actualmente en el ejemplar.

P.25 *JM* autor *GHKILN* auctor □ *JM* quiso darle *GHKILN* quiso dar —

P.26 *JM GH ILN* conquistas *K* conquista □ †Cf. Mena, *Laberinto,* 246b: 'con triste murmullo su díssono canto'. □ *JM GHKI N* acostava *L* acostavan

P.27 *JM* lavor *GHKILN* labor —Cf. C.10. □ *JM GHKILN* detractores *(sic)*

[CELESTINA]

TRAGICO

MEDIA DE CALIS-

to y Melibea, en laqual fe côtie
nê de mas de fu agradable y dul
ce eftilo muchas fenlêcias phi-
lofophales, y auifos muy necef-
farios para mancebos, moftrã
doles los engaños que eftã
encerrados en firuiêtes
y Alcahuetas.

Con licencia impreffa

EN ALCALA

En cafa de Iuan de
Villanueua ·1569.

¶Acofta de Pedro delBofque li
brero en Alcala.

Alcalá de Henares: Juan de Lequerica, 1569.

In. Incipit.

Síguese la Comedia de Calisto y Melibea, compuesta en repreensión de los locos enamorados que, vencidos en su desordenado apetito, a sus amigas llaman y dizen ser su dios. Assí mismo hecha en aviso de los engaños de las alcauetas y malos y lisongeros sirvientes.

Síguese la Comedia o Tragicomedia de Calisto y Melibea, compuesta en ‡repreensión de los locos enamorados que, vencidos en su desordenado apetito, a sus amigas llaman y dizen ser su dios. Assí mismo hecha en aviso de los engaños de las alcauetas y malos y lisongeros sirvientes.

AG. Argumento general.

Calisto fue de noble linage, de claro ingenio, de gentil disposición, de linda criança, dotado de muchas gracias, de estado mediano. Fue preso en el amor de Melibea, muger moça, muy generosa, de alta y seteníssima sangre, sublimada en próspero estado, una sola eredera a su padre Pleberio, y de su madre Alisa muy amada. Por solicitud del pungido Calisto, vencido el casto propósito della, — enterveniendo Celestina, mala y astuta muger, con dos sirvientes del vencido Calisto, engañados y por esta tornados desleales, presa su fidelidad con anzuelo de codicia y de deleite — vinieron los amantes y los que les ministraron, en amargo y desastrado fin. Para comienço de lo cual dispuso el adversa fortuna lugar oportuno, donde a la presencia de Calisto se presentó la desseada Melibea.

In. CD Síguese la Comedia. ∞ FJM GHKILN Síguese la Comedia o Tragicomedia ∞ ‡repreensión —Es constante la grafía latinizante reprehensión, reprehender; la pronunciación general era reprensión y reprender. Cf AIII. ∞ C JM GHKILN assímismo D assímesmo ∞ CD ILN f/hecha FJM GHK f/hecho —La forma en masculino se refiere a libro y parece provenir de una edición en que el título fuera Libro de Calisto y Melibea.... CD FJ GHKILN y malos y lisongeros M y malos lisongeros

AG. ARGUMENTO (GENERAL) CD FJM GHKILN (A falta) Sal-1570 Argumento de toda la obra ∞ CD FJM heredera GHKILN eredera (sic) ∞ D FJM GHKILN pungido C pongido ∞ C F G L enterveniendo JM enterveniendo D HKI N entreviniendo ∞ CD GHKILN sirvientes FJM servientes ∞ CD cobdicia FJM GHKILN codicia ∞ C venieron D FJM GHKILN vinieron ∞ CD los ministraron FJM GHKILN les ministraron ∞ D la adversa C FJM GHKILN el adversa ∞ CD FJM GH ILN a la presencia K a la presentia (sic)

THE
SPANISH BAWD

REPRESENTED
IN CELESTINA.

OR,

The Tragicke-Comedy of
CALISTO and MELIBEA.

Wherein is contained, besides the pleasantnesse and sweetenesse
of the stile, many Philosophicall Sentences, and profitable
Instructions necessary for the younger sort :

Shewing the deceits and subtilties housed in the bosomes of false
seruants, and Cunny-catching Bawds.

LONDON
Printed by *I. B.* And are to be sold by
ROBERT ALLOT *at the Signe of the Beare*
in Pauls Church-yard. *1631*

Londres, 1631. Traducción inglesa de James Mabbe.

Auto I.

AI. Argumento del primer auto desta Comedia.

Entrando Calisto en una uerta en pos de un halcón suyo, halló aí a Melibea, de cuyo amor preso, començole de hablar. De la cual rigurosamente despedido, fue para su casa muy sangustiado. Habló con un criado suyo llamado Sempronio, el cual, después de muchas razones, le endereçó a una vieja llamada Celestina, en cuya casa tenía el mesmo criado una enamorada llamada Elicia. La cual, viniendo Sempronio a casa de Celestina con el negocio de su amo, tenía a otro consigo, llamado Crito, al cual escondieron.

‡Entretanto que Sempronio está negociando con Celestina, Calisto está razonando con otro criado suyo, por nombre Pármeno. El cual razonamiento dura hasta que llega Sempronio y Celestina a casa de Calisto. Pármeno fue conocido de Celestina, la cual mucho le dize de los hechos y conocimiento de su madre, induziéndole a amor y concordia de Sempronio, ‡ [entre los cuales avía desavenencia. Viene Calisto y da a Celestina cien monedas de oro, con lo cual se despide de en uno].

AI. Argumento del primer auto desta Comedia *—ACD JM GHKILN (F no trae)*. *ACD JM G* auto *HILM* aucto *K* auctor *(sic)* ∞ ACD JM GHKILN Comedia *(sic)* ∞ AC − una uerta *D JM GHKILN* en una uerta ∞ *ACD JM GHKILN* falcón *(sic) A* falló y a *(sic) C* halló y a *(sic) D JM GHKILN* halló ay a *(sic)* —La lectura *y a* es simplemente errata de haplografía u omisión de la *a* por la *a* siguiente. El arcaísmo no es ni siquiera usado por Cota, ni se justifica ni viene al caso. —Cf. AVIII; *C* queda y —Es errata también. *ACD JM HKI* sangustiado *G LN* angustiado —'ensangustiado - sangustiado' era usual y popular. *ACD JM* H/Habló *GHKILN* Y h/fabló ∞ *ACD JM GHKI N* le endereçó *L* lo endereçó ∞ *AC JM GHKILN* mesmo *D* mismo ∞ *ACD JM* tenía a otro *GHKILN* tenía − otro

‡Entretanto...a casa de Calisto: —Inexacto. Con estos dos párrafos el argumentero trata de salvar o medio cubrir la gran falla de toda la larga escena I-7ª, mientras Sempronio y la Vieja echan raíces a la puerta de la casa de Calisto. Cf. IX.53. *A D JM GHKILN* está negociando *C* estava negociando ∞ *A D JM GHKILN* está razonando *C* estava razonando ∞ *ACD JM* otro criado suyo *GHKILN* otro su criado ∞ *ACD JM G ILN* a amor *HK* − amor —Simple omisión.

‡ *Ff* agrega aquí lo señalado. No conozco otra edición que agregue esto, pero de donde tradujo Mabbe debía agregar 'entre los cuales avía desavenencia', porque Mabbe trae: 'moving him in the end to entertain love and concord with Sempronio, *who before continually jarred'*.

17

I. Primer Auto. {1-175}.

ESBOZO de Rodrigo Cota o Ruy Sánchez Cota.

Calisto, Melibea, Sempronio, Celestina, Elicia, Crito, Pármeno.

(Cena 1ª)

Calisto:- {1} En esto veo, Melibea, la grandeza de Dios.

Melibea:- ¿En qué, Calisto?

Calisto:- En dar poder a natura que de tan perfeta hermosura te dotasse, y hazer a mí, inmérito, tanta merced que verte alcançasse, y en tan conveniente lugar, que mi secreto dolor manifestarte pudiesse. {2} Sin duda incomparablemente es mayor tal galardón que el servicio, sacrificio, devoción y obras pías, que por este lugar alcançar **yo tengo** a Dios ofrecido. *[Ni otro poder mi voluntad umana puede complir].* {3} ¿Quién vido en esta vida cuerpo glorificado de ningún ombre, como agora el mío? Por cierto los gloriosos santos, que se deleitan en la visión divina, no gozan más que yo agora en el acatamiento tuyo. {4} Mas, ¡o triste! que en esto deferimos: que ellos puramente se glorifican sin temor de caer de tal bienaventurança, y yo, misto, me alegro con recelo del esquivo tormento que tu ausencia me á de causar.

Melibea:- {5} ¿Por gran premio tienes este, Calisto?

Calisto:- Téngolo por tanto, en verdad, que, si Dios me diesse en el cielo la silla sobre sus santos, no lo ternía por tanta felicidad.

Melibea:- Pues aun más igual galardón te daré yo, si perseveras.

Calisto:- {6} ¡O bienaventuradas orejas mías, que indinamente tan gran palabra avéis oído!

Melibea:- Mas desaventuradas de que me acabes de oír, porque la paga será tan fiera cual [la] merece tu loco atrevimiento y el intento de tus palabras, [Calisto], á seído: *como* de ingenio de tal ombre como tú, aver de salir para se perder en la virtud de tal muger como yo. {7} Véte, véte de aí, torpe: que

---

I. *CD F* Cal. Mel. Sem. Cel. Eli. Cri. Par. *A trae sobre el grabado:* Cal. Par. Sem. Cel. *JM HKG* Par. Cal. Mel. Sem. Cel. Eli. Cri. *ILN* Cal. Mel. Par. Sem. Cel. Eli. Cri.

I.1 ‡hazer a mí, inmérito *It* a me indegno de tanta grazia —Otra lectura posible es: 'hazer a mi inmérito' = 'a mi falta de mérito, a mi indignidad'. Cf. I.125.

I.2 *AC* encomparablemente *D FJM GHKILN* incomparablemente ∞ *ACD* tengo yo *FJM GHKILN* yo tengo —Sustitución. ∞ *ACD* Ni otro poder mi voluntad umana puede complir: —Esta frase la omiten *It FJM GHKILN. Supresión posible,* pero en los tipos de *A* y *C* es exactamente una línea.

I.4 *AC F* deferimos *D JM GHKILN* diferimos ∞ *AC FJM HKIL* misto *D* mixto *G N* mismo —Errata. ∞ *ACD FJM GHK* absencia *ILN* ausencia

I.3 —

I.5 *A* esto *CD FJM GHKILN* este

I.6 *ACD FJM GHKI N* orejas mías *L* orejas mas — ‡mas = *It* anzi ∞ *ACD FJM G* desaventuradas *HKILN* desventuradas ∞ *ACD* cual la merece *FJM GHKILN* cual — merece —Supresión. ∞ *ACD* de tus palabras, *Calisto,* á seído *FJM GHKILN* de tus pala-

18

no puede mi paciencia tolerar que aya subido en coraçón umano ‡*error de* comigo el ilícito amor comunicar su deleite.

Calisto:- Iré como aquel contra quien solamente la adversa fortuna pone su estudio con odio crüel.

(Cena 2ª)

‡*Calisto:-* {8} ¡Sempronio, Sempronio, Sempronio! ¿Dónde está este maldito?

Sempronio:- Aquí estoy, señor, curando destos cavallos.

Calisto:- Pues, ¿cómo sales de la sala?

Sempronio:- Abatiose el girifalte y vínele a endereçar en el alcándara.

Calisto:- {9} ¡Assí los dïablos te ganen! Assí por infortunio arrebatado perezcas, o perpetuo intolerable tormento consigas, el cual en grado incomparable a la penosa y desastrada muerte que espero traspassa. ¡Anda, anda, malvado, abre la cámara y endereça la cama!

Sempronio:- {10} Señor, luego hecho es.

Calisto:- Cierra la ventana y dexa la tiniebla acompañar al triste, y al desdichado la ceguedad. Mis pensamientos tristes no son dinos de luz. ¡O bienaventurada muerte aquella que, desseada, a los afligidos viene! {11} ¡O! ¡si ‡*biviesses* agora **Erasístrato, médico, ¿sentirías de** mi mal? ¡O p̃iedad **seleucial,** inspira en el plebérico coraçón por que sin esperança de salud no embíe el espíritu perdido con el desastrado Píramo y -‡la desdichada Tisbe!

---

bras − á seído −*Supresión.* ∞ *ACD* á seído:de ingenio *FJM GHKILN* á seído *como* de ingenio −*Adición. Sal-1570* como cupo en ingenio de tal ombre como tú, concebir para perderse la virtud de tal muger como yo

I.7 *ACD* tollerar *FJM GHKILN* tolerar ∞ ‡umano **error** −Cf. Alfonso de la Torre, *Visión deleitable,* Parte 1ª, Cap. XII: 'sube en el coraçón de las gentes aqueste malvado error' −Las abreviaciones: hũão hõo/hərõ = 'umano error', pueden haber originado la omisión. También pudiera ser 'aya subido en coraçón umano pensamiento de comigo el illícito amor...' Pero sería menos explicable. *It* che sia salito in cor umano che meco in illicito amore dovesse communicare suo diletto = 'que aya subido en coraçón umano que comigo en ilícito amor oviesse de (deviesse) comunicar su deleite'. *A GHKILN* comigo *CD* conmigo *FJ* cõmigo *M* commigo ∞ *ACD* el ilícito *FJM GHKILN* en ilícito (*Variantes gráficas irrelevantes:* illicito, ylicito, yllicito).

I.8 ‡*Calisto:-* Las ediciones traen desde 'Iré como aquel...este maldito?' en un solo párrafo y no repiten la indicación del que habla. Pero a partir de '¡Sempronio...' se trata de una nueva escena en casa de Calisto, muchos días después del encuentro con Melibea en la Cena 1ª. Para la no separación, Cf. XIV.25. *ACD* estoy *FLN* stoy *(sic) JM GHKILN* soy ∞ *ACD FJM GHKI N* girifalte *L* grifalte ∞ *AC K* − endereçar *D FJM GH ILN* a endereçar ∞ *ACD FJM GHKI N* alcándara *L* alcandra

I.9 *F* intolerable *ACD JM GHKILN* intollerable *(sic).* −Grafía latinizante. *ACD* incomparable *FJM GHKILN* incomparablemente −'En grado incomparablemente' es castellano bárbaro, un simple desliz de amanuense o de cajista; *It* il quale in grado incomparabile *Sal-1570* en grado incomparable *ACD JM GHKILN* trapassa *F* trassasse ∞ *ACD FJM* endereça *GHKILN* adereça

I.10 *A* teniebla *C* tenebla *D FJ GHKILN* tiniebla *M* tinielba *(sic)* ∞ *AD FJM GHKILN* afligidos *C* aflegidos

19

Sempronio:- {12} ¿Qué cosa es?

Calisto:- ¡Véte de aí! No me hables; si no, quiçá ante del tiempo de mi raviosa muerte, mis manos causarán tu arreⱱatado fin.

Sempronio:- Iré, pues solo quieres padecer tu mal.

Calisto:- ¡Vé con el dïablo!

(Cena 3ª. *Soliloquio de Sempronio*).

Sempronio:- {13} No creo, según pienso, ir comigo el que contigo queda. — ¡O desventura, o súbito mal! ¿Cuál fue tan contrario acontecimiento, que assí tan presto robó el alegría deste ombre y lo que peor es, junto con ella el seso? {14} ¿Dexarle é solo o entraré allá? Si le dexo, matarse á; si entro allá, matarme á. Quédese; no me curo; más vale que muera aquel a quien es enojosa la vida, que no yo, que huelgo con ella. {15} Aunque por ál no desseasse bivir sino por ver mi Elicia, me devría guardar de peligros. — Pero si se mata sin otro testigo, yo quedo obligado a dar cuenta de su vida. Quiero entrar; mas, puesto que entre, no quiere consolación ni consejo. {16} Assaz es señal mortal no querer sanar. Con todo, quiérole dexar un poco ‡ *por que* desbrave *y* madure, que oído é dezir que es peligro abrir o

---

I.11 *ACD FJM GHKILN* si viniéssedes ∞ *ACD* Eras y Crato médicos *FJM GHKILN* Crato y Galieno médicos *Sal-1570* Erasístrato y Galieno *It* Creato e Galieno ∞ *ACD* de silencio *JM* de celeuco *T* de seleuco *F GHKILN* celestial *It It²* celestiale *Sal-1570* seleucal

‡Un texto ‘Erasystrato medico sentirias de’ originó la lectura ‘Eras y Crato’ con los plurales ‘médicos’ y ‘viniéssedes’. La grafía *viniesses* es mala lectura de la grafía latinizante *viuiesses*. El adjetivo *sileucial/seleucial* fue traducido como ‘de silencio’ = ‘de Sileucio’ y una forma con errata, ‘celeucial’ —indudablemente de *El*— fue mal corregida como ‘celestial’ en *E*. *El*, el segundo manuscrito y *B* debían traer ‘sileucial’. Los amanuenses de *A*, *C* y *D* traducen ‘de silencio,’ *E*, *F*, *J1* y *G1* traen la seudocorrección ‘celestial’ y de ahí adelante todas; pero *Sal-1570* tuvo que tener a la vista a *B* y se limitó a derivar del más correcto ‘Seleuco’ el adjetivo ‘seleucal’ y no del medieval ‘Sileucio/Seleucio’. El adjetivo ‘seleucial’ es clarísimo paralelo del no menos raro ‘plebérico’. Como los plurales están en todas, corren a cargo del amanuense del segundo manuscrito o de los manuscritos para *A*, *C* y *D*. *Sal-1570* corrige el ‘Eras y Crato’ de *B*, pero despistado por los plurales y por el ‘Galieno’ de las secundarias y siguientes, lo agrega. Para ‘sentiría de mi mal’ Cf. V.15: lo que dél sentí.

ACD JM GH ILN plebérico *F K Sal-1570* Pleberio *It It²* plebeico ∞ *ACD FJM GHKILN* y de la desdichada Tisbe (*L* Cisbe —*errata*) *Sal-1570* y la desdichada Tisbe —‡El *de* evidentemente sobra.

I.12 *ACD FJM GHKI N* vete de ay *(sic) L* vete ve ay *(sic)* ∞ *ACD FJM GHK* ante del tiempo *ILN* ante de tiempo ∞ *ACD* de mi raviosa muerte *It It²* de mia rabbiosa morte *FJM GHKILN* de — raviosa muerte —‘Ante de tiempo, de raviosa muerte, mis manos...’ es una cosa y ‘ante del tiempo de mi raviosa muerte mis manos...’ es otra. La lectura evidente es con ‘del’ y ‘mi’. *Supresión aparente.*

I.13 *ACD* desaventura *It It²* disaventura *FJM GHKILN* desventura

I.14 —

I.15 *ACD* ver a mi Elicia *FJM GHKILN* ver — mi Elicia *Supresión aparente.* ∞ *ACD JN GHKILN* devría *C F* devería —Ambas lecturas son usuales.

20

apremiar las postemas duras, porque más se enconan. {17} Esté un poco; dexemos llorar al que dolor tiene, que las lágrimas y sospiros mucho desenconan el coraçón dolorido. Y aun, si delante me tiene, más comigo se encenderá, que el sol más arde donde puede reverberar. {18} La vista, a quien ogeto no se antepone, cansa; y cuando aquel es cerca, agúzase. Por esso quíerome sofrir un poco. Si entretanto se matare, muera. Quiçá con algo me quedaré que otro no lo sabe, con que mude el pelo malo. {19} Aunque malo es esperar salud en muerte ajena, y quiçá me engaña el dïablo. Y si muere, matarme an, y irán allá la soga y el calderón. Por otra parte, dizen los sabios que es grande descanso a los afligidos tener con quien puedan sus cuitas llorar, y que la llaga interïor más empece. {20} Pues en estos estremos, en que estoy perplexo, lo más sano es entrar y sofrirle y consolarle. Porque si possible es sanar sin arte ni aparejo, más ligero es guarecer por arte y por cura.

Calisto:- {21} ¡Sempronio!

Sempronio:- ¿Señor?

Calisto:- Dame acá el laúd.

Sempronio:- Señor, vesle aquí.

Calisto:- ¿Cuál dolor puede ser tal,
      que se iguale con mi mal?

Sempronio:- Destemplado está esse laúd.

Calisto:- {22} ¿Cómo templará el destemplado? ¿Cómo sentirá el armonía aquel que consigo está tan discorde; aquel **en** quien la voluntad a la razón no obedece? Quien tiene dentro del pecho aguijones, paz, guerra, tregua, amor, enemistad, injurias, pecados, sospechas, todo a una causa... {23} Pero tañe y canta la más triste canción que sepas.

Sempronio:-   Mira Nero de Tarpeya
          a Roma cómo se ardía,
          gritos dan niños y viejos,

I.16 *Todas:* un poco(/ - . - : -)desbrave(/ - . - : -)madure —‡ Todas separan con varia puntuación *poco* de *desbrave* (menos *C*) y todas también *desbrave* de *madure*. Texto estropeado: *porq̃* fue leído como repetición de *poco* y suprimido. *Desbravar* y *madurar* son cuasisinónimos apareados. Cf. OA.7 y 9. El estilo brincón, telegráfico, no cabe aquí. Hay a lo largo del texto un mal corrector, enemigo de la conjunción *y*.

I.17 *A* desanconan *CD FJM GHKILN* desenconan ∞ *D FJ* conmigo *M* commigo *AC GHKILN* comigo

I.18 *ACD ILN* obiecto *FJM G* objeto *HK* obieto —*Grafía regularizada:* ogeto. ∞ *ACD FJM GHK* por esso *ILN* por esto ∞ ‡me quedaré *(futuro indicativo) It* forse che qualche cosa mi restará ∞ *ACD* no lo sabe *FJM GHKILN* no — sabe —El *lo* es necesario. *Supresión aparente.*

I.19 *AD FJM GHKILN* afligidos *C* aflegidos

I.20 *ACD HKILN* estremos *FJM G* extremos ∞ *AC FJM GHK* sofrirle *D ILN* sufrirle ∞ *ACD F GHKILN* y por cura *JM* y procura *(sic)*

I.21 *ACD FJM* vesle *GHKILN* veslo

I.22 *ACD FJM GHKI N* aquel que *L* aq̃l quel *(sic)* ∞ *ACD* a quien *FJM GHKILN* **en** quien —*Sustitución.* ∞ *ACD F GHKILN* aguijones *JM* agijones *(sic)* —*Simple errata.* ∞ *ACD FJM GHKIL* injurias *N* enjurias

21

y él de nada se dolía.

Calisto:- {24} Mayor es mi fuego y menor la p̄iedad de quien yo agora digo.

Sempronio (Aparte):- (No me engaño yo, que loco está este mi amo).

Calisto:- ¿Qué estás murmurando, Sempronio?

Sempronio:- No digo nada.

Calisto:- {25} Di lo que dizes, no temas.

Sempronio:- Digo que ¿cómo puede ser mayor el fuego que atormenta un bivo, que el que quemó tal ciudad y tanta multitud de gente?

Calisto:- {26} ¿Cómo? Yo te lo diré. Mayor es la llama que dura ochenta años, que la que en un día passa, y mayor la que mata una ánima, que la que quemó cien mil cuerpos. Como de la aparencia a la esistencia, como de lo bivo a lo pintado, como de la sombra a lo real, tanta diferencia ay del fuego que dizes al que me quema. {27} Por cierto, si el de purgatorio es tal, más querría que mi espíritu fuesse con los de los brutos animales, que por medio de aquel ir a la gloria de los santos.

Sempronio (Aparte):- (Algo es lo que digo; a más á de ir este hecho. ¿No basta loco, sino erege?)

Calisto:- {28} ¿No te digo que hables alto cuando hablares? ¿Qué dizes?

Sempronio:- Digo que nunca Dios quiera tal; que es especie de eregía lo que agora dixiste.

Calisto:- ¿Por qué?

Sempronio:- {29} Porque lo que dizes contradize la cristiana religión.

Calisto:- ¿Qué a mí?

Sempronio:- ¿Tú no eres cristiano?

Calisto:- ¿Yo? Melibeo só, y a Melibea adoro, y en Melibea creo, y a Melibea amo.

Sempronio (Aparte):- {30} (Tú te lo dirás. Como Melibea es grande, no cabe en el coraçón de mi amo, que por la boca le sale a borbollones). — No es más menester; bien sé de qué pie coxqueas. Yo te sanaré.

Calisto:- {31} Increíble cosa prometes.

I.23 *AC FJM GHKILN* dan *D* davan *(sic)*

I.24 *ACD FJM* de quien yo agora digo *GHKILN* de quien — agora digo

I.25 *AC GHK* cibdad *D FJM ILN* ciudad

I.26 *ACD FJM GHKI* que mata una ánima (*K* un ánima) *It* che ammazza... *L* que quema un alma *N* que quema una ánima ∞ *ACD Sal-1570* que la que quema cien *It* quella che...abruscia *(sic) FJM GHKILN* que la que quemó ∞ *ACD FJM GHKILN* aparencia *(sic)* existencia *(sic)* —Sustitución *(?)*.

I.27 *ACD FJM GHKILN* el de purgatorio *(sic)* Modernamente sería: el del purgatorio.

I.28 *It* Non t'ò io ditto che parli alto quando parli? ∞ *A D FJM G* dixiste *C HKILN* dexiste

I.29 *ACD FJ GHKILN* cristiana *M* crestiana ∞ *Todas:* qué a mí *Sal-1570* Qué me da a mí ∞ *A D FJM G ILN* Melibeo só (*A D LN* soy) *C* Melibea soy *(sic) HK* Melibieo só *(sic)* ∞ ‡Tres actos: adoro, creo, amo. Cf.I.37.

I.30 —

Sempronio:- Antes fácil; que el comienço de la salud es conocer ombre la dolencia del enfermo.

Calisto:- ¿Cuál consejo puede regir lo que en sí no tiene orden ni consejo?

(Cena 4ª)

Sempronio (Aparte):- {32} ¡Ha, ha, ha! ¿Este es el fuego de Calisto? ¿Estas son sus congoxas? ¡Como si solamente el amor contra él assestara sus tiros! ¡O, soberano Dios, cuán altos son tus misterios! ¡Cuánta premia pusiste en el amor, que es necessaria turbación en el amante! Su límite pusiste por maravilla. {33} Parece al amante que atrás queda, ‡*y que* todos *le* passan; todos rompen, pungidos y esgarrochados como ligeros toros; sin freno saltan por las barreras. Mandaste al ombre, por la muger, dexar el padre y la madre; agora no solo aquello, mas a ti y a tu ley desamparan, como agora Calisto. {34} Del cual no me maravillo, pues los sabios, los santos, los profetas, por él te olvidaron.

Calisto:- ¡Sempronio!

Sempronio:- ¿Señor?

Calisto:- No me dexes.

Sempronio (Aparte):- (¡De otro temple está esta gaita!)

Calisto:- ¿Qué te parece de mi mal?

Sempronio:- Que amas a Melibea.

Calisto:- ¿Y no otra cosa?

Sempronio:- {35} Harto mal es tener la voluntad en un solo lugar cativa.

Calisto:- Poco sabes de firmeza.

Sempronio:- La perseverancia en el mal no es costancia, mas dureza o pertinacia la llaman en mi tierra. Vosotros los filósofos de Cupido, llamalda como quisierdes.

I.31 —

I.32 *ACD* esto *FJM GHKILN* est*e* —*Sustitución.* ∞ *ACD FJM* assestara *GHKILN* assestasse (*G* asentasse) ∞ *ACD FJM GHKI N* pusiste *L* posiste *ACD L* posiste *FJM GHKIN* pusiste —Nótese que no hay consecuencia alguna en el uso de las formas con 'u' o con 'o'. En los manuscritos se da el mismo caos hasta en un mismo renglón.

I.33 *ACD FJM* atrás queda todos passan todos rompen *GHKILN* atrás quedan todos passan todos rompen (*K* pansan) *It It²* pare a *li amanti* che addietro *rimangano* e che ogniomo passe *loro* avante: tutti rompeno, ponti come leggieri tori *Sal-1570* que atrás quedan todos, todos passan, todos rompen. ‡Texto estropeado: sin duda el cambio del singular al plural 'el amante / todos' originó las omisiones. Adelante hay *ACD FJM GHKI N* agora no solo *L* y agora no solo ∞ *Todas:* aquello *It* quello *Sal-1570* aquellos (?)

I.34 ‡por él te olvidaron = 'por el amor te olvidaron'. *Todas:* por él —pero *Sal-1570* y varias posteriores traen 'por ellas' ¿las mugeres?

I.35 *ACD JM GHKILN* cativa *F* cativo *(sic)* ∞ ‡perseverancia en el mal —¿Por ser un amor ilícito, siendo Melibea casada, en la originaria concepción del Esbozo de Cota? ∞ *ACD FJM G L* constancia *HKI N* costancia —La pronunciación normal omite la *n* desde los orígenes hasta el presente. En latín mismo la *n* apenas nasalizaba, entre los cultos, la vocal anterior. ∞ *ACD JM GHKILN* quisierdes *F* quisiéredes

23

Calisto:- {36} Torpe cosa es mentir el que enseña a otro, pues que tú te precias de loar a tu amiga Elicia.

Sempronio:- Haz tú lo que bien digo y no lo que mal hago.

Calisto:- ¿Qué me repru**eva**s?

Sempronio:- Que sometes la dinidad del ombre a la imperfeción de la flaca muger.

Calisto:- ¿Muger? ¡O grossero! ¡Dios, Dios!

Sempronio:- {37} ¿Y assí lo crees, o burlas?

Calisto:- ¿Qué burlo? Por Dios la creo, por Dios la confiesso, ‡*por Dios la adoro,* y no creo que aya otro soberano en el cielo, aunque entre nosotros mora.

Sempronio:- ¡Ha, ha, ha! ¿Oístes qué blasfemia? ¿Vistes qué ceguedad?

Calisto:- {38} ¿De qué te ríes?

Sempronio:- Ríome, que no pensava que avía peor invención de pecado que en Sodoma.

Calisto:- ¿Cómo?

Sempronio:- Porque aquellos procuraron abominable uso con los ángeles no conocidos, y tú con el que confiessas ser Dios.

Calisto:- {39} ¡Maldito seas!, que hecho me as reír, lo que no pensé ogaño.

Sempronio:- Pues, ¿qué? ¿Toda tu vida avías de llorar?

Calisto:- Sí.

Sempronio:- ¿Por qué?

Calisto:- Porque amo a aquella ante quien tan indino me hallo que no la espero alcançar.

Sempronio (Aparte):- {40} (¡O pusilánimo! ¡O hideputa! ¡Qué Nembrot, qué mano Alexandre!, los cuales no solo del señorío del mundo, mas dél ‡ *del* cielo se juzgaron ser dinos!)

Calisto:- No te oí bien esso que dixiste. Torna, dilo; no procedas.

Sempronio:- {41} Dixe que tú, que tienes más coraçón que Nembrot ni Alexandre, desesperas de alcançar una muger, muchas de las cuales, en grandes estados costituídas, se sometieron a los pechos y ressollos de viles azemileros y otras, a brutos animales. {42} ¿No as leído de Pasife con el toro,

---

I.36 *ACD* al que *FJM GHKILN* el que —*Sustitución,* errata de *ACD* corregida. ∞ *ACD* reprobas *FJM GHKILN* repr *ueva*s —*Sustitución,* corrección del latinismo de *ACD.*

I.37 ‡Todas omiten 'por Dios la adoro', pero *It It²* traen: 'per Dio la credo, per Dio la confesso, per Dio l'adoro; ne credo...' En las posteriores este párrafo ha sido alterado y modificado por la preocupación contra la blasfemia. Son tres actos: creo, confieso, adoro. Cf. I.29. ∞ *ACD JM GHKILN* que ay otro *It It²* che...sia *F* que aya otro —El sujuntivo es mucho más idiomático con el *no creo* anterior.

I.38 —

I.39 *ACD FJM* amo a aquella *GHKILN* amo — aquella —Omisión mecánica.

I.40 *ACD FJM GHKILN* mas del cielo *It* ma del cielo ‡ 'Ser digno del cielo' es una cosa y 'ser digno *del señorío* del cielo' es otra. Simple haplografía.

I.41 *ACD FJM GHKILN* constituydas/cõstituydas ∞ *ACD FJM GH* resollos *IKLN* ressollos *Sal-1570* resuellos

24

de ‡Minerva con el can?‡

Calisto:- No lo creo, hablillas son.

Sempronio:- Lo de tu abuela con el ximio, ¿hablilla fue? Testigo es el ‡cu*cl*illo de tu abuelo.

Calisto:- ¡Maldito sea este necio, y qué porradas dize!

Sempronio:- {43} ¿Escoziote? Lee los istoríales, estudia los filósofos, mira los poetas. Llenos están los libros de sus viles y malos enxemplos y de las caídas que levaron los que en algo, como tú, las reputaron. Oye a Salomón do dize que las mugeres y el vino hazen a los ombres renegar. {44} Conséjate con Séneca y verás en que las tiene. Escucha al Aristóteles, mira a Bernardo. Gentiles, judíos, cristianos y moros, todos en esta concordia están. Pero lo dicho y lo que dellas dixere, no te contezca error de tomarlo en común; {45} que muchas ovo y ay santas, virtüosas, y notables, cuya resplandeciente corona quita el general vituperio. Pero destas otras, ‡que todo lo que piensan, osan sin deliberar, ‡¿quién te contaría sus mentiras, sus trafagos, sus cambios, su liviandad, sus lagrimillas, sus alteraciones, sus osadías, {46} sus dissimulaciones, su ‡*mala* lengua, su engaño, su olvido,

---

I.42 ‡Minerva con el can. —Priores y posteriores, todas leen así (algunas 'minerva' con minúscula). Cf. *Introducción,* IV.B.2.c., pp. 109-115. 'Minerva con Vulcán' es inaceptable porque·en castellano no es 'Vulcán,' sino 'Vulcano,' en primer lugar; en segundo lugar, Vulcano no pudo cumplir su propósito, fue rechazado por la diosa; en tercer lugar, la unánime tradición literaria castellana de los siglos XV y XVI considera a Minerva como dechado de castidad. Cota pudo conocer a Eliano y lo que dice de la flautista Glauca (Eliano, I.6, VI.29, VII.11), pero no veo modo de sustituir Glauca a Minerva. Pudiera pensarse en una omisión '[de la moça] de Minerva con el can', entendida Glauca como servidora de la diosa. Otra posibilidad sería que para preparar el chiste del 'ximio' —chiste burdo, si los hay— se haya bajado de Pasife a la *nuera* de Sempronio: 'no as oído de *mi nuera* con el can'. Esto último afectaría la concepción cotana del Sempronio, ya de edad para tener nuera, edad apropiada para hacer los razonamientos que menudean en el Auto I. El punto sigue oscurísimo.

‡ximio // cuchillo/cuclillo —Imposible en su época, ni hoy, que Calisto, o cualquiera de habla castellana, haya reaccionado tan lánguidamente a una alusión tan ofensiva, *si lo era.* Pero no hay tal; es un chiste aun popular, derivado de un juego infantil: se canta: 'Tu agüelo / taita / era un mono, un sapo, etc. / mírale el moño (*scilicet* coño) a tu agüela / mamá...' Esto fue acomodado aquí, bien que mal y con un juego de palabras: ximio = mono = ombre negro — cuco, cuclillo, cuquillo = cornudo — cuco, cuquillo = ombre negro (Cf. Colombia y Venezuela, general: coño = cuca = la negra). Barth y sus amigos castellanos sabían lo que era: *Animadversiones, ad hunc locum:* potest et hic *cuchillo* ninnarium sonare, hoc est, virum cujus uxor adultera est, ut in *Glossario* Isidori talis appellatur, quamquam non bene ita scribatur, cum *cuclillo* vera sit scriptura. *ACD FJMT HKILN O QS UY WX RBbGg CcEeFf* cuchillo *G* chuchillo *(sic)*

I.43 *A JM GHKILN* exemplos *CD F* enxemplos ∞ *AFJM GHKI N* levaron *CD L* llevaron ∞ *AC FJM G* Salomón *D HKILN* Salamón

I.44 *AC FJM GH ILN* conséjate *D* aconséjate *K* cõjseate —*errata.* ∞ *ACD FJM N* Aristóteles *GHIL* Aristótiles *K* Aristótelis ∞ *ACD JM GHKILN* dixiere *F* dixiere

I.45 *CD FJM* santas, virtüosas *A GHKILN* santas y virtüosas ∞ ‡trafagos —El acento es grave; posverbal de 'trafagar'. El esdrújulo es posterior. Cf. Ff, I.52. Todas traen el siguiente texto: 'Pero destas otras, ‡¿quién te contaría sus mentiras, sus trafagos, sus cambios, su liviandad, sus lagrimillas, sus alteraciones, sus osadías? *Que todo lo que piensan, osan sin deliberar.* —La frase subrayada ha sido traspuesta y deja suelta y en el

su desamor, su ingratitud, su incostancia, su testimoniar, su negar, su rebolver, su presunción, su vanagloria, su abatimiento, su locura, su desdén, su sobervia, su sugeción, {47} su parlería, su golosina, su luxuria, *su* suziedad, su miedo, su atrevimiento, sus hechizerías, sus embaímientos, sus escarnios, su deslenguamiento, su desvergüença, su alcauetería? {48} ¡Considera qué sesito está debaxo de aquellas grandes y delgadas tocas! ¡Qué pensamientos so aquellas gorgueras, so aquel fausto, so aquellas largas y autorizantes ropas! ¡Qué imperfeción, qué alvañares debaxo de templos pintados! Por ellas es dicho: 'arma del dïablo, cabeza de pecado, destruición de paraíso'. {49} ¿No as rezado en la festividad de san Juan, do dize: ['las mugeres y el vino hazen a los ombres renegar'; do dize:] 'esta es la muger, antigua malicia que a Adán echó de los deleites de paraíso; esta el linaje umano metió en el infierno; a esta menospreció Elías profeta' etc.?

Calisto:- {50} Di pues, esse Adán, esse Salomón, esse David, esse Aristóteles, esse Virgilio, essos que dizes, ¿cómo se sometieron a ellas? ¿Soy más que ellos?

Sempronio:- A los que las vencieron querría que remedasses, que no a los que dellas fueron vencidos. {51} Huye de sus engaños. ¿Sabes qué hazen? Cosas que es difícil entenderlas: no tienen modo, no razón, no intención. Por rigor encomiençan el ofrecimiento que de sí quieren hazer. A los que meten por los agugeros denuestan en la calle. {52} Combidan, despiden,

---

aire la enumeración I.46-47. Fue el 'osadías' inmediato lo que atrajo la frase a este sitio. Las trasposiciones no son raras en las enumeraciones. Cf. IX.37-38.

I.46 *ACD JM GHKILN* dissimulaciones *F* dessimulaciones ∞ ‡ *Todas:* su lengua —Pero *It It²:* malvaggia lingua. Cf. I.47 deslenguamiento —Esté y 'lengua' serían sinónimos = habladuría. La omisión es posible y he preferido seguir el *It.* ∞ ACD FJM GHKILN inconstancia/incõstancia//subjeción *(sic)*

I.47 *ACD FJM GHKILN* su luxuria y — suziedad —No hay razón para que no vaya el posesivo. Es simple haplografía. La enumeración parece ir por grupos afines u opuestos, pero todas las palabras llevan el posesivo. El *Ms.* folio 22 suprime 'su abatimiento, su locura' y lee 'su vanagloria y desdén'. El *It* suprime: olvido, rebolver, abatimiento, parlería, golosina, miedo, atrevimiento, embaímientos, escarnios, deslenguamiento. En lugar de *sugeción* trae *suspición* (suspitione - *sic*). Trae ocho pares, v. gr.: 'loro dissimulazioni e malvaggia lingua,' menos al fin: 'lor fattocchiarie, roffianie e poca vergogna'. Estas alteraciones no son del original castellano y lo mismo ocurre más adelante con la 'botica de la Vieja'. ∞ *A* atrevemiento *CD FJM GHKILN* atrevimiento ∞ *ACD FJM GHKIN* alcahuetería *L* acahuetería *(sic)*

I.48 *A D F* imperfición *C JM GHKILN* imperfeción ∞ *A D JM GH ILN* destruición *C F K* destrución

I.49 *ACD* las mugeres y el vino hazen los ombres (*D* a los ombres) renegar; do dize —Omiten esto *FJM GHKILN*. *Supresión* por repetir la frase que ya aparece en I.43. ∞ *A F* a Adam *JM GHK IN* a Adã *DL* a Adán *C* a nuestro padre Adam ∞ *AC FJM GHKILN* el linage *D* al linage

I.50 *ACD F* Adam *JM K N* Adã *GHIL* Adán ∞ *ACD FJ G* Salomón *M HKILN* Salamón ∞ *ACD FJM* Aristóteles *GHKILN* Aristótiles ∞ *C JM GHKILN* Virgilio *AD F* Vergilio ∞ *C JM GHKILN* querría *C F* quería ∞ *ACD F HKILN* remedasses *JM G* remediasses —*Sustitución.*

I.51 *CD* cosa *FJM GHKILN* cosas *It* cose ∞ *A* comiençan *CD FJM GHKILN* encomiençan ∞ ‡Otra lectura posible sería: ¿Sabes que hazen cosas que es difícil en-

26

llaman, niegan, señalan amor, pronuncian enemiga, ensáñanse presto, apacíguanse luego. Quieren que adevinen lo que quieren. ¡O qué plaga! ¡O qué enojo! ¡O qué hastío es conferir con ellas más de aquel breve tiempo que **aparejadas son** a deleite!

Calisto:- {53} ¿Ve*es*? Mientra más me dizes y más inconvenientes me pones, más la quiero. No sé qué se es.

Sempronio:- No es este júízio para moços, según veo, que no se saben a razón someter, no se saben administrar. Miserable cosa es pensar ser maestro el que nunca fue dicípulo.

Calisto:- {54} ¿Y tú qué sabes? ¿Quién te mostró esto?

Sempronio:- ¿Quién? Ellas; que desque se descubren, assí pierden la vergüença, que todo esto y aun más a los ombres manifiestan. Ponte pues en la medida de onra; piensa ser más dino de lo que te reputas. {55} Que cierto, peor estremo es dexarse ombre caer de su merecimiento, que ponerse en más alto lugar que deve.

Calisto:- Pues, ¿quién - *só* yo para esso?

Sempronio:- ¿Quién? Lo primero, eres ombre y de claro ingenio; y más, a quien la natura dotó de los mejores bienes que tuvo, conviene a saber: hermosura, gracia, grandeza de miembros, fuerça, ligereza. {56} Y allende desto, fortuna medianamente partió contigo lo suyo en tal cantidad, que los bienes que tienes de dentro, con los de fuera resplandecen. Porque sin los bienes de fuera, de los cuales la fortuna es señora, a ninguno acaece en esta vida ser bienaventurado. Y más, a costelación, de todos eres amado.

Calisto:- {57} Pero no de Melibea. Y en todo lo que me as gloriado, Sempronio, sin proporción ni comparación se aventaja Melibea. Miras la nobleza y antiguedad de su linaje, el grandíssimo patrimonio, el ecelentíssimo

---

tenderlas? No tienen modo, no razón, no intención.

I.52 *ACD FJM GHKILN* fastío *(sic)* Cf. la misma palabra en I.102. ∞ *AC* a aquel *D FJM GHKILN* de(d') aquel —Confusión de a/d. ∞ *ACD* que son aparejadas *FJM GHKILN* que aparejadas son —*Sustitución* posible, pero cuya razón no se ve muy clara. ∞ *AC* de deleite *D* al deleite *FJM GHKILN* a deleite. —Nueva confusión de a/d.

I.53 *AC* ve *D* ves *FJM GHKILN* ve*es* —*Sustitución* que corrige a *AC*. ∞ Es posible que el parlamento de Calisto empiece antes: *Calisto:-* Miserable cosa es pensar ser maestro el que nunca fue dicípulo. ¿Y tú qué sabes? ¿Quién te mostró esto? —Porque el que trata de 'ser maestro' es el Sempronio. ∞ *ACD FJM HKILN* discípulo *G* dicípulo —No hay consecuencia alguna en el uso de -ce-, -ci- / -sce-, -sci-. Se impone la regularización absoluta, para no mantener el caos irrelevante de autores, amanuenses y cajistas. Cf. Nebrija: 'dicípulo = discipulus'.

I.54 *Todas:* digno *(sic)* —Es casi constante la grafía con -g- de: digno, indigno, indignar, signo, resignar, persignar, significar, magno, repugnar, magnificencia etc, en la obra; pero la pronunciación general desde que se introdujeron estos latinismos hasta finales del siglo XVIII fue siempre sin la -g-, como lo sigue siendo en amplias zonas populares de España y América.

I.55 *ACD FJM GHKILN* estremo *(sic)* ∞ *ACD FJM LN* dexarse ombre *GHKI* dexar ser ombre ∞ ‡*Todas:* quién yo para esso? —Bastantes de las posteriores traen: Quién soy/só yo para esso/ello? *It It²* ma che omo io per questo?

I.56 *ACD FJM GHKILN* quantidad *(sic)* ∞ *A* constelación *CD FJM GHKILN* constellación/cõstellación

ingenio, las resplandecientes virtudes, la altitud y inefable gracia, la soberana hermosura, de la cual te ruego me dexes hablar un poco, por que aya algún refrigerio. {58} Y lo que te dixere será de lo descubierto, que si de lo oculto yo hablarte supiera, no nos fuera necessario altercar tan miserablemente estas razones.

Sempronio (Aparte):- (¿Qué mentiras y qué locuras dirá agora este cativo de mi amo?)

Calisto:- {59} ¿Cómo es esso?

Sempronio:- Dixe que digas, que muy gran plazer avré de lo oír. *(Aparte)* (¡Assí te medre Dios, como me será agradable esse sermón!)

Calisto:- ¿Qué?

Sempronio:- Que assí me medre Dios, como me será gracioso de oír.

Calisto:- {60} Pues, por que ayas plazer, yo lo figuraré por partes mucho por estenso.

Sempronio (Aparte):- (¡Duelos tenemos! Esto es tras lo que yo andava. De passarse avrá ya esta importunidad).

Calisto:- {61} Comienço por los cabellos. ¿Vees tú las madexas del oro delgado que hilan en Arabia? Más lindos son y no resplandecen menos. Su longura hasta el postrero assiento de sus pies; después, crinados y atados con la delgada cuerda, como ella se los pone, no á más menester para convertir los ombres en piedras.

Sempronio (Aparte):- {62} (¡Más en asnos!)

Calisto:- ¿Qué dizes? ‡Dilo rezio que te oiga.

Sempronio:- Dixe que essos tales no serían cerdas de asno.

Calisto:- ¡Veed qué torpe, y qué comparación!

Sempronio (Aparte):- (¿Tu cuerdo?) ‡¡Assí te medre Dios como yo lo creo!

Calisto:- Los ojos verdes, rasgados; las pestañas luengas; las cejas delgadas y alçadas; la nariz, mediana; la boca, pequeña; los dientes, menudos y blancos; los labrios, colorados y grossezuelos; {63} el torno del rostro,

---

I.57 *AC FJM GHKILN* gloriado *D* glorificado ∞ *ACD FJM* miras *GHKILN* mira ∞ *C FJM GHKILN* aventaja *A* avantaja *D* aventajava

‡antiguedad: La forma tradicional del adjetivo es *antigo, antigua.* Muchos por la analogía del masculino pronunciaban *antiga.* Posteriormente, al hacerse más usual la pronunciación de -*uo* a final de palabra, el feminino produjo la igualación con el masculino, que trajo también el diptongo a *antigüedad,* muy dudoso aun en el periodo. Cf. portugués *antiguidade. A D FJM GHKILN* excelentíssimo *C* excellentíssimo ∞ *AC* enefable *D FJM GHKILN* inefable.

I.58 *ACD FJM GHKI N* será *L* sea ∞ *ACD JM GHKILN* descubierto *F* descobierto ∞ *ACD JM GHKILN* supiera *F* sopiera ∞ *A* cautivo *CD FJM GHKILN* cativo

I.59 *ACD FJM GHKIL* avré *N* averé —*errata.* ∞ ¡Assí te medre Dios, como me será agradable esse sermón! *It* Tanto te aiute Dio quanto me será grato tuo sermone —Cf. I.62.

I.60 *ACD FJM GHKILN* estenso *(sic)*

I.61 *ACD FJM GHKILN* vees *(sic)* ∞ *ACD GHKILN* Arabia *FJM* Aravia

I.62 ‡También es posible: ¡mas en asnos! *It* Ma in asini più presto!

‡Dilo rezio, que te oiga —Todas omiten esta frase, pero *It* la trae: 'Dillo forte ch'io

---

poco más luengo que redondo; el pecho, alto; la redondeza y forma de las pequeñas tetas, ¿quién te la podría figurar? ¡que se despereza el ombre cuando las mira!; la tez, lisa, lustrosa; el cuero suyo escurece la nieve; la color, mezclada, cual ella la escogió para sí.

Sempronio (Aparte):- (¡En sus treze está este necio!)

Calisto:- {64} Las manos, pequeñas en mediana manera, de dulce carne acompañadas; los dedos, luengos; las uñas en ellos, largas y coloradas, que parecen rubíes entre perlas. Aquella proporción que veer yo no pude, no, sin duda por el bulto de fuera juzgo incomparablemente ser mejor que la que Paris juzgó entre las tres deesas.

Sempronio:- {65} ¿As dicho?

Calisto:- Cuan brevemente pude.

Sempronio:- Puesto que sea todo esso verdad, por ser tú ombre eres más dino.

Calisto:- ¿En qué?

Sempronio:- En que ella es imperfeta, por el cual defeto dessea y apetece a ti y a otro menor que tú. ¿No as leído el Filósofo do dize: 'assí como la materia apetece a la forma, assí la muger al varón?'

Calisto:- {66} ¡O triste! Y ¿cuando veré yo esso entre mí y Melibea?

Sempronio:- Possible es. Y aun que la aborrezcas, cuanto agora la amas, podrá ser, alcançándola y viéndola con otros ojos, libres del engaño en que agora estás.

Calisto:- ¿Con qué ojos?

Sempronio:- Con ojos claros.

Calisto:- {67} ¿Y agora con qué la veo?

Sempronio:- Con ojos de alinde, con que lo poco parece mucho y lo pequeño

---

t'intenda', y es necesaria para recalcar el aparte. Debió ser agregada en *E* y suprimida luego para *F*. ∞ ACD FJM veed *GHKILN* ved

‡¡Assí te medre Dios, como yo lo creo! —Todas omiten esta frase, pero el *It* la trae: 'E tu savio? Tanto te aiute Dio quant'io lo credo!' Probablemente estaba en *E* y fue suprimida en *F* y siguientes por repetir en parte lo de arriba en I.59. Cf. la supresión de I.49.

I.63 *ACD F* redondeza *JM GHKILN* redondez ∞ *ACD* podrá *FJM GHKILN* podr*ía It* porria *Sustitución.* ∞ *Sal-1570:* ¡En sus treze *se* está este necio!

I.64 *AC FJM GHKI* que veer *D LN* que ver ∞ *AD FJM* yo no pude *It* io...non potè *C GHKILN Sal-1570* yo no puedo. —Para confusiones de pude/puede-puedo Cf. I.83, III.32, XII.73. ∞ ‡no, sin duda —El *no* debe ir entre comas; es el 'no' corroborativo expletivo, usado en todas partes. Cf. VII.67. *Sal-1570* lo suprime. ∞ *A GHKILN* sin duda *CD FJM* sin dubda ∞ *A FJM GHKI N* bulto *D* vulto *C L* buelto *(sic)* ∞ *ACD JM GH ILN* deesas *(sic) F* diesas *K* desas —*errata*

I.65 *A D FJM HKI N* pude *C G L* puede —Cf. atrás en I.64. ∞ *A C FJM GHKILN* que sea todo esso verdad *D* que todo esso sea verdad ∞ *A* en que ella *CD FJM GHKILN* en que? ella es *It* perchè ella è imperfetta. —La interrogación del primer 'en qué?' ha sido repetida en la respuesta. Es simple errata. ∞ *A FJM GHKILN* dessea (*N* deessa *errata*) y apetece (*G* a petence *errata*) *C* desea y aparece *(sic) D* dessea y cobdicia *(sic)* ∞ *ACD JM GHKILN* a la forma *(sic)* ∞ ‡el Filósofo = Aristóteles y debe ir con mayúscula.

I.66 —

grande. Y por que no te desesperes, yo quiero tomar esta empresa de complir tu desseo.

Calisto:- ¡O! ¡Dios te dé lo que desseas! ¡Qué glorioso me es oírte, aunque no espero que lo as de hazer!

Sempronio:- {68} Antes lo haré, cierto.

Calisto:- Dios te consuele. El jubón de brocado que ayer vestí, Sempronio, vístetelo tú.

Sempronio:- Prospérete Dios por este... *(Aparte)* (y por muchos más que me darás. ¡De la burla yo me llevo lo mejor!... Con todo, si destos aguijones me da, traérgela é hasta la cama . {69} ¡Bueno ando! Házelo esto que me dio mi amo; que sin merced impossible es obrarse bien ninguna cosa).

Calisto:- No seas agora negligente.

Sempronio:- No lo seas tú, que impossible es hazer siervo diligente el amo perezoso.

Calisto:- ¿Cómo as pensado de hazer esta pïedad?

Sempronio:- {70} Yo te lo diré. Días á grandes que conosco en fin desta vezindad una vieja barbuda que se dize Celestina; hechizera, astuta, sagaz en cuantas maldades ay. Entiendo que passan de cinco mil virgos los que se an hecho y deshecho por su autoridad en esta ciudad. A las duras peñas promoverá y provocará a luxuria si quiere.

Calisto:- {71} ¿Podríala yo hablar?

Sempronio:- Yo te la traeré hasta acá. Por esso, aparéjate; seile gracioso, seile franco. Estudia, mientra voy yo, de le dezir tu pena tan bien como ella te dará el remedio.

Calisto:- ¿Y tardas?

Sempronio:- Ya voy. Quede Dios contigo.

Calisto:- {72} Y contigo vaya. ¡O todopoderoso, perdurable Dios! Tú que guías los perdidos, y los reyes orïentales por el estrella precedente a Belén truxiste, y en su patria los reduxiste, úmilmente te ruego que guíes a mi Sempronio, en manera que convierta mi pena y tristeza en gozo, y yo, indino, merezca venir en el desseado fin.

(Cena 5ª)

I.67 *AC FJM GHK N* complir *G IL* cumplir

I.68 *AC* vístetele *D FJM GHKILN* vístetelo *Sal-1570* vístelo ∞ *ACD FJM GHKI N* muchos más *L* mucho más *Sal-1570* y por otros muchos más

I.69 *AC* obrasse *D FJM GHKILN* obrarse

I.70 *Todas:* barbuda *(sic)* ∞ *ACD JM GHKILN* deshecho *F* desecho *(sic)* ∞ *AC F G* cibdad *D JM HKILN* ciudad ∞ *ACD FJM GHKI N* si quiere *L* si quisiere

I.71 *ACD FJ GHKILN* podríala yo *M* podríale yo ∞ *A* vo yo *CD FJM GHK* voy yo *ILN* voy — ∞ *ACD* de le dezir *FJM GHL* a le dezir *ILN* para le dezir —El régimen es 'estudiar de'. Hay confusión de a/d y mala corrección de *a* en *para*. Cf. I.52 para otra confusión a/d.

I.72 *AC FJM GHKILN* el estrella *D* la estrella ∞ *A D JM GHKILN* Belén/Belē *C* Betlem *F* Bethleē ∞ *A D JM GHKILN* merezca *C F* meresca

30

Celestina:- {73} ¡Albricias! ¡Albricias! Elicia, ¡Sempronio, Sempronio!

Elicia (Aparte):- ¡Ce, ce ce!

Celestina (Aparte):- ¿Por qué?

Elicia (Aparte):- Porque está aquí Crito.

Celestina (Aparte):- Métemelo en la camarilla de las escobas. ¡Presto! Dile que viene tu primo y mi familiar.

Elicia (Aparte):- {74} ¡Crito, retráete aí! Mi primo viene. ¡Perdida soy!

Crito:- Plázeme. No te congoxes‡.

Sempronio:- ¡Madre bendita, qué desseo traigo! ¡Gracias a Dios que te me dexó ver.

Celestina:- ¡Hijo mío, rey mío! turbado me as. No te puedo hablar. Torna y dame otro abraço. ¿Y tres días podiste estar sin vernos? ¡Elicia, Elicia! ¡Cátale aquí!

Elicia:- {75} ¿A quién, madre?

Celestina:- A Sempronio.

Elicia:- ¡Ay triste! ¡Qué saltos me da el coraçón! ¿Y qué es dél?

Celestina:- Vesle aquí, vesle. Yo me **le** abraçaré, que no tú.

Elicia:- ¡Ay! ¡Maldito seas, traidor! Postema y landre te mate, y a manos de tus enemigos mueras, y por crímines dinos de crüel muerte en poder de rigurosa justicia te veas. ¡Ay, ay!

Sempronio:- {76} ¡Hi, hi, hi! ¿Qué es, mi Elicia? ¿De qué te congoxas?

Elicia:- Tres días á que no me ves... ¡Nunca Dios te vea! ¡Nunca Dios te con-suele, ni visite! ¡Guay de la triste que en ti tiene su esperança y el fin de todo su bien!

Sempronio:- {77} ¡Calla, señora mía! ¿Tú piensas que la distancia del lugar es poderosa de apartar el entrañable amor, el fuego que está en mi coraçón? Do yo vo, comigo vas, comigo estás. No te aflijas ni me atormentes más de lo que yo é padecido. Mas, di, ¿qué passos suenan arriba?

Elicia:- {78} ¿Quién? Un mi enamorado.

I.73 —

I.74 ‡*It* Piacemi, madonna. Non prendere affanno, che a tutto serà remedio = 'Plázeme, señora. No te congoxes, *que a todo avrá remedio'*. —¿Estaba en *E* y fue suprimida para *F*? ∞ *Todas:* turbado *(sic)* ∞ *Todas:* podiste

I.75 *ACD —* Sempronio *FJM GHKILN* a Sempronio *Adición* que corrige la omisión de la *a.* ∞ *ACD FJM G* qué saltos *HKILN —* saltos ∞ *ACD* me lo abraçaré *FJM GHKILN* me **le** abraçaré *Sustitución* que mejora el texto. ∞ *ACD ILN* y por crímines *FJM GHK* y — crímines —La abreviación p fue tomada por repetición de y y omitida. Cf. I.93. ∞ *A D FJM GHKILN* rigurosa *C* rigorosa

I.76 *ACD F* qué as *JM GHKILN* que es —Cf. XII.12 ∞ *AC —* no me *D FJM GHKILN* que no me ∞ *AVD FJM G* ves *HKILN* vees

I.77 *ACD FJM GHKI N* tú piensas *L* tú piensa ∞ *A* entrañable *CD FJM GHKILN* entrañable ∞ *ACD FJM GHKI* el fuego *LN* y el fuego ∞ *ACD FJM GHJKILN* do yo vo *(sic)* ∞ *A* comigo vas *CD FJM GHKILN* conmigo/cōmigo vas ∞ *A G* comigo estás *CD FJM HKILN* conmigo/cōmigo estás ∞ *ACD FJM GHK N* de lo que yo *IL* desso que yo *It* di quello che io

Sempronio:- Pues créolo.

Elicia:- ¡Alahé, verdad es! Sube allá y ver**lo** as.

Sempronio:- ‡Voy.

Celestina:- ¡Anda acá! Dexa essa loca, que [ella] es liviana, y turbada de tu ausencia, sácasla agora de seso. Dirá mil locuras. Ven y hablemos; no dexemos passar el tiempo en balde.

Sempronio:- {79} ‡Pues, ¿quién está arriba?

Celestina:- ¿Quiéreslo saber?

Sempronio:- Quiero.

Celestina:- Una moça que me encomendó un fraile.

Sempronio:- ‡?Qué fraile?

Celestina:- ‡No lo procures.

Sempronio:- ‡Por mi vida, madre, ¿qué fraile?

Celestina:- ‡¿Porfías? El ministro, el gordo.

Sempronio:- ¡O desaventurada, y qué carga espera!

Celestina:- Todo lo llevamos. Pocas mataduras as tú visto en la barriga.

Sempronio:- {80} Mataduras, no; mas petreras sí.

Celestina:- ¡Ay, burlador!

Sempronio:- Dexa si soy burlador, [y] muéstramela.

Elicia:- ¡Ha, don malvado! ¿Verla quieres? ¡Los ojos se te salten, que no - basta a ti una ni otra! ¡Anda, véela y dexa a mí para siempre!

I.78 *ACD* verle *FJM GHKILN* verlo —Posible *Sustitución.* En todo caso, Cota y Rojas son leístas.

‡En lugar del simple *voy* que traen todas, el *It* trae: 'Son contento; spettame, che adesso vo' = 'Que me plaze; espérame que ya voy'. Es extraña toda esta adición, si no estaba en *E. ACD JM GHKILN* anda acá *F* anda ca ∞ *ACD* que *ella* es *It* che ella è *FJM GHKILN* que − es *Supresión (?)* ∞ Todas: turbada *(sic)* ∞ *ACD FJM* absencia *GHKILN* ausencia.

I.79 ‡*It* Dimme lo vero, matre, chi è colui che sta disopra? = 'Dime la verdad, madre, ¿quién está arriba?' — en lugar de la frase: Pues, ¿quién está arriba? ∞ ‡*It* Per amor mio, madre, dimme che frate = 'Por mi amor, madre, dime *qué fraile'.* ∞ ‡*It* Non te curare de sapere più avanti = 'No procures de saber algo más'. ∞ ‡*It* Se tu me ami, dimme chi è = 'Si me quieres, madre, dime quién es'. —En lugar de: 'Por mi vida, madre, ¿qué fraile?'

‡*It* Tu moriresti se non lo sapessi: è lo ministro grasso di San Francesco = 'Morirías si no lo sopiesses: es el ministro gordo de San Francisco'. —En lugar de: ¿Porfías? El ministro, el gordo. —Hay aquí en *It* una acumulación de divergencias con el castellano, y precisamente en el diálogo sobre el fraile. ¿Estuvieron estos cambios solamente en *E?* En III.35 el *It,* consecuentemente, vuelve a mencionar a San Francisco. ¿La orden? ¿Una parroquia o iglesia? ∞ *ACD JM G* desaventurada *F HKILN* desventurada ∞ *ACD F* levamos *JM GHKILN* llevamos

I.80 Las mataduras son producidas por la silla o carga sobre el dorso, encima, de las bestias; las petreras son escoraciones o callosidades producidas por cinchas o pretales en el pecho o en la barriga, i.e. debajo. En las mujeres las mataduras serían detrás y las petreras por delante. Soso sería simplemente decir que en la barriga no hay mataduras, que son por detrás, y en cambio sí hay petreras. El chiste está en el sentido sexual, aun hoy vivo, al menos en zonas rurales de América, de 'petrera, pretera, apretera' = 'or-

Sempronio:- {81} ¡Calla, Dios mío! ¿Y enójaste? Que ni la quiero ver a ella ni a muger nacida. A mi madre quiero hablar, y quédate a Dios.

Elicia:- ¡Anda, anda! ¡Véte desconocido, y está otros tres años que no me buelvas a ver!

Sempronio:- {82} Madre mía, bien ternás confïança y creerás que no te burlo. Toma el manto y vamos, que por el camino sabrás lo que, si aquí me tardasse en dezirte, empidiría tu provecho y el mío.

Celestina:- Vamos. —Elicia, quédate a Dios. Cierra la puerta. ¡Adios, paredes!

(Cena 6ª)

Sempronio:- {83} O madre mía, todas cosas dexadas aparte, solamente sey atenta y imagina en lo que te dixere y no derrames tu pensamiento en muchas partes; que quien junto en diversos lugares le pone, en ninguno le tiene, sino por caso determina lo cierto. [Y] quiero que sepas de mí lo que no as oído; y es que jamás pude, después que mi fe contigo puse, dessear bien de que no te cupiesse parte.

Celestina:- {84} Parta Dios, hijo, de lo suyo contigo, que no sin causa lo hará, siquiera porque as pïedad desta pecadora de vieja. Pero di, no te detengas, que la amistad que entre ti y mí se afirma no á menester preámbulos ni correlarios ni aparejos para ganar voluntad. Abrevia y ven al hecho, que vanamente se dize por muchas palabras lo que por pocas se puede entender.

Sempronio:- {85} Assí es. Calisto arde en amores de Melibea. De ti y de mí

---

gasmo femenino'. De ahí que Barth hable de la 'obscenidad' del pasaje y Sedeño lo versifique en *Ff* (I.98) de modo que deja pocas dudas. ∞ *ACD* y muéstramela *It* e mostramela *FJM GHKILN* − muéstramela −*Supresión*. ∞ *ACD FJM HKILN* don malvado *G* dun malvado −Cf. II.26. ∞ *Todas:* que − no basta a ti *Sal-1750* que no *te* basta a ti ∞ *Todas:* una ni otra *It* ne una ne quattro ∞ *Todas:* veela ∞ *Todas:* dexa − a mí para siempre *Sal-1570* déxa*me* a mí para siempre

I.81 *ACD F* que ni la quiero *JM GHKILN* que ni − quiero ‡Las formas redundantes de *Sal-1570* (no te baste a ti, déxame a mí) son más idiomáticas, del mismo modo que 'ni la quiero ver a ella'. En esta última, a partir de *JI*, hubo una tentativa de simplificación que hace sospechosas de lo mismo a las dos primeras formas. ∞ *AC* veer *D FJM GHKILN* ver

I.82 *ACD* dezirte *It* a dirlo *(sic) FJM GHKILN* dezir −*Supresión aparente*. ∞ *AC* empediría *D* impediría *F* impidiría *JM GHKILN* empidiría

I.83 ‡Aquí pudiera haber venido la mayor parte de la larga Cena 7ª, con muy pocos cambios o ajustes que Rojas no quiso hacer. Mantuvo religiosamente en su defectuoso lugar original la larga y pesadísima congerie de la botica de la Vieja, muy del gusto general en el periodo, como se ve por la versificación posterior en las *Coplas de las Comadres* de Rodrigo de Reinosa. *ACD* sé atenta *FJM GHKILN* se*y* atenta *Sustitución*. ∞ *ACD FJM* tu pensamiento *GHKILN* el pensamiento ∞ *ACD FJM* le pone *GHKILN* lo pone *It* si pone −*errata por* li ∞ *ACD* le tiene *FJM GHKILN* lo tiene *It* gli tiene −Obsérvese que hay muy poca consecuencia en las ediciones castellanas. ∞ *ACD* Y quiero *FJM GHKILN* − quiero *Supresión*. ∞ *A D FJM HKILN* no as oydo *(sic) C* me as oydo *(sic) G* me as hoydo. *(sic)* ∞ *A D FJM GHKI N* jamás pude *C L* jamás puede −Cf. I.64.

I.84 *Todas:* correlarios *Sal-1570* corrolarios ∞ *ACD FJM GHKI N* por pocas *L* por pocos

33

tiene necessidad. Pues juntos nos á menester, juntos nos aprovechemos; que conocer el tiempo y usar el ombre de la oportunidad haze los ombres prósperos.

Celestina:- Bien as dicho; al cabo estoy. Basta para mí mecer el ojo. Digo que me alegro destas nuevas, como los cirujanos, de los descalabrados. {86} Y como aquellos dañan en los principios las llagas y encarecen el prometimiento de la salud, assí entiendo yo hazer a Calisto. Alargarle é la certenidad del remedio porque, como dizen, el esperança luenga aflige el coraçón, y cuanto él la perdiere, tanto gela ‡prometeré. ¡Bien me entiendes!

Sempronio:- Callemos, que a la puerta estamos y, como dizen, las paredes an oídos.

Celestina:- Llama.

Sempronio:- ¡Ta, ta, ta!

(Cena 7ª)

Calisto:- {87} ¡Pármeno!

Pármeno:- ¿Señor?

Calisto:- ¿No oyes, maldito sordo?

Pármeno:- ¿Qué es, señor?

Calisto:- A la puerta llaman; corre.

Pármeno:- ¿Quién es?

Sempronio:- Abre a mí y a esta dueña.

Pármeno:- Señor, Sempronio y una puta vieja alcoholada davan aquellas porradas.

Calisto:- {88} Calla, calla malvado; que es mi tía. Corre, corre, abre. *(Aparte)* (Siempre lo vi, que por hüir ombre de un peligro, cae en otro mayor. Por encubrir yo este hecho de Pármeno, a quien amor o fidelidad o temor pusieran freno, caí en indinación desta, que no tiene menor poderío en mi vida que Dios).

Pármeno:- {89} ¿Por qué, señor, te matas? ¿Por qué, señor, te congoxas? ¿Y tú piensas que es vituperio en las orejas desta, el nombre que la llamé? No lo creas; que assí se glorifica en le oír como tú cuando dizen: 'diestro cavallero es Calisto'. Y demás, desto es nombrada y por tal título conocida. {90} Si entre cien mugeres va y alguno dize: ¡puta vieja!, sin ningún empacho

I.85 *ACD F HKILN* mecer *It* movere *JM G* merecer (*G* merescer) ∞ *ACD J GHKILN* cirujanos *F* cirurjanos *M* cirugianos *Sal-1570* çurujanos

I.86 *A D GHKILN* certenidad *C FJM* certinidad ∞ *ACD FJM GHKILN* ge la promete *Ms Sal-1570* ge la prometeré —El futuro de sujuntivo *perdiere* exige el futuro de indicativo. Hay ciertamente una errata en todas. *It* tanto nilla promette *(sic)*. Para la omisión de la terminación *-re* en futuros, Cf. VI.67, XIV.54. ∞ ‡'Ta' —Casi siempre tres y casi siempre escrito *tha*. Es la indicación del toque sobre la puerta.

I.87 —

I.88 *A FJM GHKILN* encubrir *CD* encobrir

I.89 *ACD FJM* la llamé *GHKILN* le llamé ∞ *ACD FJM GHKI N* se glorifica *L* le glorifica —Confusión de *l* con ∫, *s* larga. ∞ *AC JM GHKILN* le oír *D F* lo oír

luego buelve la cabeça y responde con alegre cara. En los combites, en las fiestas, en las bodas, en las confradías, en los mortüorios, en todos los ayuntamientos de gentes, con ella passan tiempo. Si passa por los perros, aquello suena su ladrido; si está cerca las aves, otra cosa no cantan; si cerca los ganados, balando lo pregonan; si cerca las bestias, rebuznando dizen: ¡puta vieja! {91} Las ranas de los charcos otra cosa no suelen mentar. Si va entre los herreros, aquello dizen sus martillos; carpinteros, ‡armeros, herradores, caldereros, arcadores: todo oficio de instrumento forma en el aire su nombre. ‡*Cárpen*la los carpinteros, péinanla los peinadores, ‡*téxenla los* texedores; ‡*los* labradores en las uertas, en las aradas, en las viñas, en las segadas, con ella passan el afán cotidïano. {92} Al perder en los tableros, luego suenan sus loores; todas cosas que son hazen, adoquiera que ella está, el tal nombre representan...‡¡O, qué comedor de uevos assados era su marido! ¿Qué quieres más? Sino que si una piedra topa con otra, luego suena: ¡puta vieja!

Calisto:- Y tú, ¿cómo lo sabes y la conoces?

I.90 *ACD FJM G* cient *HKILN* cien/ciẽ ∞ *ACD F ILN* confradías *K* cũfradías *JM GH* cofradías ∞ *ACD FJM GHKI N* de gentes *L* de gente ∞ *Todas:* si pasa por los perros *Sal-1570* si passa por *cabe* los perros ∞ *AC FJM GHKILN* cerca las aves *D* cerca de las aves ∞ *AC FJ* lo pregonan *D M GHKILN* la pregonan

I.91 *Todas:* carpinteros *y* armeros —La conjunción sobra. El *It* trae la conjunción pero omite 'herradores, caldereros, arcadores'. ∞ *Todas:* cántanla los carpinteros, péinanla los peinadores, texedores, labradores en las uertas... —Texto gravemente estropeado. El *It* omite y antepone: '...forman ne l'aere suo nome: tutte le cose che suono fanno, in qualsevoglia luogo che ella sta tal nome se representa: li falciatori, meditori, ne li caldi campi con essa passano l'affanno cotidiano'. El *Ms* omite *texedores. Mabbe:* all sorts of instruments sound no other echo in the air. Your masons make it their continual song, your painters paint it in every table, your weavers, your gardeners, your plowmen, your reapers, your vinekeepers pass away... *Barth:* Eumdem sonum omnia opificum instrumenta tota civitate sonant. Cantant hos titulos carpentarii, pingunt talem pinctores *(sic)* texunt textores.... Mabbe y Barth han leído mal 'péynanla los peynadores' como 'píntanla los pintadores/pintores'. *Sedeño,* I.113: Péinanla los peinadores, / nombrando sus claros nombres, / téxenla los texedores, / lábranla los labradores / y todo linage de ombres.

I.92 *AC FJM GHK* representa *D I LN Sal-1570* representan —El sujeto es *todas cosas.* Es errata de simple omisión de tilde, (ã). Para redondear los seis versos parece haber sido omitido algo como: '¡puta vieja carcamal/carcamán!' o '¡puta vieja interessal!' que son refranes de coplas populares. ∞

‡Todas las priores traen: comedor de uevos (hueuos *sic*) assados. Sedeño trae: comendador. *It It²* comandor (*It²* cõmandator) de boni arrosti —En estas *boni* es burda errata por 'houi' = uovi. Las posteriores saltatim traen: 'comedor, comendador, comandador, encomendador (= *Sal-1570).* 'Comedor de uevos assados' es lo mismo que 'comegüevos', i.e. cir.edo, meretriz o ninario. 'Huevo/güevo' = miembro viril en amplísimas zonas de América (acepción que explica los dobles sentidos de las *Coplas del huevo).* 'Assar' = cocer, también en varias zonas (Cf. Antioquia y Caldas, de Colombia 'asar el pan en el horno') = 'huevo cocido, huevo asado, huevo duro' = pene erecto. El marido de Celestina era un comegüevos = ninario = cornudo aprovechado = encomendador de huevos asados a su propia mujer. *Comendador* (comendador del cuerno), *encomendador,* son eufemismos que aluden a lo mismo. De ahí el enredo, embarazo y medias palabras (de Correas v.gr.), las explicaciones paticojas y las atenuaciones en las ediciones posteriores. Los hispanistas y los españoles de allende suelen olvidar que la lengua que vino a América no fue la de Cervantes, sino la de Fernando de Rojas, esto

35

Pármeno:- {93} Saberlo as. Días grandes son passados que mi madre, muger pobre, morava en su vezindad; la cual, rogada por esta Celestina, me dio a ella por sirviente; aunque ella no me conoce, por lo poco que la serví y por la mudança que la edad á hecho.

Calisto:- ¿De que la servías?

Pármeno:- {94} Señor, iva a la plaça y traíala de comer, y acompañávala; suplía en aquellos menesteres que mi tierna fuerça bastava. Pero de aquel poco tiempo que la serví, recogía la nueva memoria lo que la **vieja** no á podido quitar. Tiene esta buena dueña al cabo de la ciudad, allá cerca de las tenerías, en la cuesta del río, una casa apartada, medio caída, poco compuesta y menos abastada. {95} Ella tenía seis oficios, conviene [a] saber: labrandera, perfumera, maestra de hazer afeites y de hazer virgos, alcaueta y un poquito hechizera. Era el primero oficio cobertura de los otros, so color del cual muchas moças, destas sirvientes, entravan en su casa a labrarse y a labrar camisas y gorgueras y otras muchas cosas. {96} Ninguna venía sin torrezno, trigo, harina o jarro de vino, y de las otras provisiones que podían a sus amas hurtar. Y aun otros hurtillos de más calidad allí se encubrían. Assaz era amiga de estudiantes y despenseros y moços de abades. A estos vendía ella aquella sangre inocente de las cuitadillas, la cual ligeramente aventuravan en esfuerço de la restitución que ella les prometía. {97} Subió su hecho a más: que por medio de aquellas comunicava con las más encerradas, hasta traer a execución su propósito. Y ‡aquestas en tiempo onesto, como estaciones, processiones de noche, missas del gallo, missas del alva y otras secretas devociones, muchas encubiertas vi entrar en su casa. {98} Tras ellas, ombres descalços, contritos, y reboçados, desatacados, que entravan allí a llorar sus pecados. ¡Qué‡trafagos, si piensas, traía! Hazíase física de niños, tomava estambre de unas casas, dávalo a hilar en otras, por achaque de entrar en todas. Las unas: ¡madre acá!, las otras:

---

es, la de la Celestina. ∞ *A* sino si una *CD FJM GHKILN* sino que si una ∞ *AC FJM GHKILN* topa *D toca* ∞ *ACD FJM G ILN* luego suena *HK* luego suene

I.93 *ACD JM GHKILN* sirviente *F* serviente ∞ *ACD FJM HKLIN* y por la mudança *G* − por la mudança —Cf. I.75 la omisión de y/p.

I.94 *ACD FJM GHKILN* que la serví *Sal-1570* que le serví —Cf. la misma frase atrás en I.93. Aquí fue 'aquel poco tiempo' que la sirvió, pero, en el desarrollo de la Continuación de Rojas, Celestina finalmente 'lo crió' —Cf. IX.3. ∞ *ACD* la vegez *It* la vecchiezza *FJM GHKILN* la **vieja** —Sustitución. Para el punto anterior y para esta sustitución véase la *Introducción,* acápite IV.B.2.c., pp. 108ss. ∞ *A F GHK* cibdad *CD JM ILN* ciudad ∞ ‡cerca las tenerías —Cf. I.136.

I.95 *ACD* conviene a saber *FJM GHKILN* conviene − saber *Supresión* (?) Cf. I.154. ∞ *AC FJM GHKILN* primero oficio *D* primer oficio ∞ *ACD FJM G* sirvientes *HKILN Sal-1570* sirvientas

I.96 *ACD FJM GHKILN* qualidad *(sic)* ∞ *ACD FJM G ILN* encubrían *H* encobrían *K* encobría *(sic)* ∞ *A* Y a estos *CD FJM GHKILN* A estos ∞ *ACD FJ GHKILN* les prometía *M* los prometía

I.97 ‡Y aquestas —Hace sentido, pero sería mejor: Y *de* aquestas (= 'de las más encerradas') ...muchas encubiertas, etc.

¡madre acullá!, ¡cata la vieja!, ¡ya viene el ama!... de todas muy conocida.
{99} Con todos estos afanes, nunca passava sin missa ni bísperas, ni dexava
monasterios de frailes ni de monjas. Esto porque allí hazía ella sus alleluyas
y conciertos. Y en su casa hazía perfumes; falsava estoraques, menjüí,
animes, ámbar, algalia, polvillos, almizcles, mosquetes. Tenía una cámara
llena de alambiques, de redomillas; de barrilejos de barro, de vidrio, de
arambre, de estaño, hechos de mil faciones. {100} Hazía solimán, afeite
cozido, argentadas, bugelladas, cerillas, llanillas, unturillas, lustres, lucen-
tores, clarimentes, alvalinos, y otras aguas de rostro, de rasuras de
gamones, de cortezas de espantalobos, de taraguntía, de hieles, de agraz, de
mosto, destiladas y açucaradas. Adelgazava los cueros con çumos de
limones, con turvino, con tuétano de corço y de garça y *con* otras confaciones.

{101} Sacava aguas para oler, de rosas, de azahar, de jazmín, de trébol, de
madreselvia, ‡*de* clavellinas, mosquetadas y almizcladas, polvorizadas con
vino. Hazía lexías para enruviar, de sarmientos, de carrasca de centeno, de
marrubios, con salitre, con alumbre, ‡*con* milifolia y otras diversas cosas.
{102} Y los untos y mantecas que tenía, es hastío de dezir; de vaca, de
osso, de cavallos y de camellos, de culebra y de conejo, de vallena, de garça
y de alcaraván, y de gamo y de gato montés y de texón, de harda, de erizo,
de nutria. {103} Aparejos para baños, esto es una maravilla, de las yervas y

---

I.98 ‡trafagos —Acento grave, Cf. I.45. Sedeño I.52: quién la dirá sus trafagos /
sus cambios, su liviandad, / su luxuria y suziedad / sus lágrimas y halagos... ∞ *ACD FJM
GH K* dávalo *D* dava — *LN* y dávalo *I falta hasta I.117.* ∞ *ACD* de todos *FJM GHK LN*
de tod*as* Sustitución.

I.99 *ACD GHK LN* monesterios *FJM* monasterios *ACD FJ GH LN* menjuy/mẽjuy
M benjuy *K* meniuy *(sic)* ∞ *ACD FJM* almizcles *GHK LN Sal-1570* almizques ∞ *A FJM
Sal-1570* vidrio *CD GHK LN* vidro ∞ *AC FJM Sal-1570* hechos *C* fehos *(errata)*, *GHK
LN* hechas ∞ *A* faziones *CD FJM GHK N* faciones *N* fayciones *(sic)*

I.100 *AC FJM G* llanillas *D HK LN* lanillas ∞ *A* luzentores *CD FJM GHK LN* lu-
centores ∞ *A FJM K* clarimientes *CD GH LN* clarimentes ∞ *ACD FJM GHLK* alvalinos
LN alvarinos ∞ *ACD* cortezas *F HN LN* corteza *JM* corteza *(sic) G* cortoza *(sic)* ∞
ACD F G taraguntía *JM* teragũcia *HK LN* traguntía ∞ *ACD* destiladas y açucaradas *FJM
GHK LN* destilados y açucarados *Sustitución* aparente, que es simple errata proba-
blemente originada en *F.* ∞ *ACD JM GHK LN* adelgazava *F* adelgasava *(sic)* ∞ *ACD
FJM GHK* çumos *LN* çumo ∞ *A FJM GHK LN* tuétano *CD* tútano ∞ ‡*ACD FJM GHK
LN* y — otras confaciones *(KN* confectiones) —La abreviación ɔ = 'con' es fácil de con-
fundir o de omitir.

I.101 *ACD* aguas para oler *FJM GHK LN* agua para oler —*Sustitución* aparente que
es simple omisión de la -s en *E* o en *F; el plural es necesario.* ∞ *ACD JM GHKLN*
azahar *F* azaar ∞ *ACD JM GHKLN* jazmín *F* jasmín ∞ *AC FJM GHK LN* madreselvia
It matresilvia *D* madreselva ∞ *ACD FJM GHK LN* y clavellinas *It* de garofoni
—‡Confusión de &/d'. *AC* mosquetas *D* musquetas *FJM* mosquetadas *(sic) GHK LN*
mosquet*ad*as *It* incorpore con mosco —*Sustitución* que corrige las erratas de *ACD.* ∞
A enrubiar *CD FJM GHK LN* enruivar ∞ *AC FJM GHK LN* centeno *D* centena ∞ *AC*
marrubios *D JM GH LN* marruvios *F* maurrubios *-errata, K* marrumios *-errata* ∞ *ACD
FJM GHK* y millifolia —*LN* y millefolia —Confusión de &/ɔ.

I.102 *ACD JM HK LN* hastío *F* fastío *G* astío *(sic)* —Cf. I.52. ∞ *AC FJM GHK
LN* de vaca *D* de vacas ∞ *A FJM GHK LN* de cavallos *CD* de cavallo ∞ *A D FJM GHK
LN* y de camellos *C* y de camelo *(sic)* ∞ *ACD GHK LN* vallena *FJM* vellana —*errata* ∞

37

raízes que tenía en el techo de su casa colgadas: mançanilla y romero, malvaviscos, culantrillo, coronillas, flor de saúco y de mostaza, espliego y laurel blanco, tortarosa y gramonilla, flor salvage y higueruela, pico de oro y hoja tinta. {104} Los azeites que sacava para el rostro, no es cosa de creer: de estoraque, - de jazmín, de limón, de pepitas, de vïoletas, de menjüí, de alfócigos, de piñones, de granillo, de açofeifas, de neguilla, de altramuzes, de arvejas, - de carillas y de yerva paxarera. {105} Y un poquillo de bálsamo tenía ella en una redomilla, que guardava para aquel rascuño que tiene por las narizes. Esto de los virgos, unos hazía de bexiga y otros curava de punto. Tenía en un tabladillo, en una caxuela pintada, *unas* agujas delgadas de pellegeros y hilos de seda encerados, y colgados allí raízes de hoja plasma y fuste sanguino, cebolla albarrana y cepacavallo. {106} Hazía con esto maravillas, que cuando vino por aquí el embaxador francés, tres vezes vendió por virgen una crïada que tenía.

Calisto:- ¡Assí pudiera ciento!

Pármeno:- Sí, ¡Santo Dios! Y remediava por caridad muchas uérfanas y erradas que se encomendavan a ella. {107} Y en otro apartado tenía para remediar amores y para se querer bien. Tenía uessos de coraçón de ciervo, lengua de bívora, cabeças de codornizes, sesos de asno, tela de cavallo, mantillo de niño, hava morisca, guija marina, soga de ahorcado, flor de yedra, espina de erizo, pie de texón, granos de helecho, la piedra del nido del águila y otras mil cosas. {108} Venían a ella muchos ombres y mugeres y a unos demandava el pan do mordían ‡*otros;* a otros, de su ropa; a otros, de sus cabellos; a otros pintava en la palma letras con açafrán; a otros, con bermellón; a otros dava unos coraçones de cera, llenos de agujas quebradas, y otras cosas en barro y en plomo hechas, muy espantables al ver. {109}

ACD FJM GHK LN y de gamo (*JM* gemo —*errata*) *Sal-1570* — de gamo

I.103 *A D FJM GHKILN* baños *C* vaños ∞ *ACD FJM GHK* coronillas *LN Sal-1570* coronilla ∞ *ACD JM GHK LN* saúco *F* sauce (*sic*) ∞ *ACD* espliego *FJM GHK LN* spliego ∞ *ACD GHK LN* hoja tinta *FJM* hojatinta

I.104 *ACD HK LN* de estoraque *FJM* de storaque *G* destoraque ∞ *ACD FJM GHK LN* y de jazmín *It* — de gessimini *Sal-1570* — de jasmín ∞ *ACD J GHK LN* menjuy (*sic*) *F M* benjuy (*sic*) Cf. I.99 ∞ *ACD GHK LN* açofeifas *F* açufaifes *JM* açofeifos ∞ *ACD GHK LN* altramuzes *FJM* altramuces ∞ *ACD FJM GHK LN* y de carillas (*D* carrillas *sic*) *Sal-1570* y de carillas de yerva paxarera

I.105 *ACD FJM LN* bexiga *GHK* bexigua (*sic*) ∞ *ACD* — agujas *FJM GHK LN* unas agujas *Adición.* ∞ *AC* pelligeros/-ejeros *F* peligeros (*sic*) *D JM GHK LN* pellegeros/-ejeros ∞ *D L* f/hojaplasma *A FJM GHK* f/hoja plasma *It* foglia Plasma (*sic*) —La separación es indeterminable en *C* y *N.* ∞ *ACD F LN* y colgadas allí *JM GHK* y colgados allí.

I.106 —

I.107 *ACD JM GHK LN* tela de cavallo, mantillo (*G* mantilla) de niño *F* tela — cavallo; de mantillo de niño —El primer *de* traspuesto. ∞ *ACD FJM* guija marina *It* giara (= ghiara) marina *G* aguija marina *HLN* aguja marina *K* aguaja marina ∞ *AC F* texo *JM GHK N* texõ *DL Sal-1570* texón —Omisión de la tilde en *AC F.*

I.108 *ACD FJM GHK LM* do mordían - a otros *It* dove mordeano - ad altri ‡Simple haplografía que omite el primer *otros.* Cf. 'dellas' en VI.66 y XXI.19. ∞ *AD JM GHK LN* al ver *C F* a ver.

Pintava figuras, dezía palabras en tierra... ¿Quién te podrá dezir lo que esta vieja hazía? Y todo era burla y mentira.

Calisto:- Bien está, Pármeno. Déxalo para más oportunidad. Assaz soy de ti avisado; téngotelo en gracia. No nos detengamos, que la necessidad desecha la tardança. {110} Oye, aquella viene rogada; espera más que deve. Vamos, no se indine. Yo temo y el temor reduze la memoria y ‡a la providencia despierta. ¡Sus! Vamos, proveamos. — Pero, ruégote, Pármeno, la embidia de Sempronio, que en esto me sirve y complaze, no ponga impedimiento en el remedio de mi vida; que si para él ovo jubón, para ti no faltará sayo. {111} Ni pienses que tengo en menos tu consejo y aviso, que su trabajo y obra. Como lo espiritüal sepa yo que precede a lo corporal, y [que] puesto que las bestias corporalmente trabagen más que los ombres, por esso son pensadas y curadas, pero no *son* amigas dellos, en [la] tal diferencia serás comigo en respeto de Sempronio. Y so secreto sello, pospuesto el dominio, por tal amigo a ti me concedo.

Pármeno:- {112} Quéxome, **señor**, de la duda de mi fidelidad y servicio, por los prometimientos y amonestaciones tuyas. ¿Cuándo me viste, señor, embidiar o por ningún interesse ni ressabio tu provecho estorcer?

Calisto:- No te escandalizes, que sin duda tus costumbres y gentil crïança en mis ojos ante todos los que me sirven están. {113} Mas como en caso tan arduo, do todo mi bien y vida pende, es necessario proveer, proveo a los contecimientos; como quiera que creo que tus buenas costumbres sobre buen natural florecen, como el buen natural sea principio del artificio... Y no más; sino vamos a ver la salud.

I.109 *ACD FJM Sal-1570* podrá *GHK LN* podría *It* porria ∞ *ACD JM GHK LN* desecha *F* deshecha

I.110 *ACD FJM GHK* reduze la memoria *LN Sal-1570* reduze a la memoria —‡Lo que cabe mejor es la supresión del segundo 'a': reduze la memoria y la providencia despierta. ∞ *ACD J GHK LN* impedimento *F M* impedimiento ∞ *ACD FJM G L* h/ouo *(sic) H K N* vuo(= uvo).

I.111 *ACD* y que puesto que *FJM GHK LN* y — puesto que —*Supresión.* ∞ *Todas* trabajen *(sic).* Regularización de la grafía -ge-, -gi-. ∞ *ACD FJM* pero no amigas *GHK LN* pero no amigos *Sal-1570* pero no en amistad tenidas —‡Las ediciones terciarias y el *Ms.* traen 'amigos' y 'dellas'. Los yerros y la enmienda conjetural de *Sal-1570* vienen de la omisión del segundo *son. Amigas* no puede tener la misma función de los participios de la construcción pasiva anterior. Probablemente estaba omitido el tilde en *sõ* y se lo suprimió por no hacer buen sentido. ∞ *ACD* en la tal diferencia *FJM GHK LN en* — tal diferencia *Supresión.* ∞ *ACD GH LN* pospuesto *FJM K* postpuesto.

I.112 *ACD* quéxome, Calisto *FJM GHK LN* quéxome, **señor** *Sustitución.* ∞ *ACD FJM GHK* dubda *LN* duda ∞ *AC FJM G* resabio *D HK LN* ressabio ∞ *ACD FJM GHK LN* sin dubda *(sic)*

I.113 *ACD JM GHK L* proveer *F N* prover ∞ *ACD FJM GHK LN* contecimientos *(sic)* ∞ *ACD FJM* sobre buen natural *GHL LN* sobre todo buen natural *It* con ciò sia cosa e io certo sia che tuoi costumi sopra bon natural fioriscano, così com'el bon naturale sia principio del artificio... *Sal-1570* ...sobre buen natural florecen, y el buen natural sea + sujuntivo = gerundio. Cf. Fray Antonio de Guevara, *Menosprecio de corte y alabança de aldea,,* prólogo: 'como sea verdad que ninguno tenga..'.

39

Celestina (Aparte. Afuera):- {114} Passos oigo. Acá decienden. Haz, Sempronio, que no ‡los oyes. Escucha y déxame hablar lo que a ti y a mí conviene.

Sempronio (Aparte. Afuera):- Habla.

‡*Calisto:-* Pármeno, detente. ¡Ce! Escucha qué hablan estos. Veamos en qué ‡**ley** bivimos.‡

Celestina (Aparte. Afuera):- No me congoxes ni me importunes, que sobrecargar el cuidado es aguijar al animal congoxoso. {115} Assí sientes la pena de tu amo Calisto, que parece que tú eres él y él tú, y que los tormentos son en un mismo sugeto. Pues cree que yo no vine acá por dexar este pleito indeciso: ‡porque él alcançará su intento o moriré en la demanda.‡

Calisto:- {116} ¡O notable muger! ¡O bienes mundanos, indinos de ser posseídos de tan alto coraçón! ¡O fïel y verdadero Sempronio! ¿As visto, mi Pármeno? ¿Oíste? ¿Tengo razón? ¿Qué me dizes, rincón de mi secreto y consejo y alma mía?

Pármeno:- {117} Protestando mi inocencia en la primera sospecha y cumpliendo con la fidelidad, porque te me concediste, hablaré. Óyeme, y el afeto no te ensorde ni la esperança del deleite te ciegue. Tiémplate y no te apressures; que muchos con codicia de dar en el fiel, yerran el blanco. {118} Aunque soy moço, cosas é visto assaz, y el seso y la vista de las muchas cosas demuestran la esperiencia. De verte o de oírte decender por la escalera, parlan ‡estos lo que fingidamente an dicho, en cuyas falsas palabras pones el fin de tu desseo.

I.114 *ACD* oyo *FJM GHK LN* oy**g**o *(sic) Sustitución.* ∞ *ACD FJM GHK LN* no lo oyes *It* che non li senti *Sal-1570* que no los oyes —‡Debe seguirse el*It* y *Sal-1570* contra primarias y secundarias. ∞ *ACD Sal-1570* Lo que a ti y a mí conviene *F* lo que a ti y a me conviene *JM GHK LN* lo que a ti y a mí me conviene —El *me,* errata de *F* (¿y de *E* ?), originó la falsa corrección *a mí me.*

‡*Calisto:-* Pármeno, detente. ¡Ce! Escucha qué hablan estos. Veamos en qué *ley* bivimos. —Estas palabras de Calisto evidentemente deben preceder a lo que dice Celestina, pero están traspuestas en todas las ediciones. En estas escenas de apartes, en el manuscrito de Cota estas palabras pudieron estar puestas al margen y ser mal insertadas por los amanuenses. ∞ *ACD FJM GHK LN* veamos en qué - bivimos —'en qué ley bivimos' es una frase hecha que *Sal-1570* restituye. El *It* percibe algo fallo y trata de paliar por otro lado: 'Vediamo come va il fatto nostro'.

I.115 *ACD* subjeto *FJM G LN* subjecto *HK* subiecto ∞ *ACD FJM GHK LN:* este pleito indeciso: o morir en la demanda *(sic), texto trunco. It:* ch'io non son venuta qui per lassar questa lite indecisa; o ch'egli otterrà l'intento o vero io morirò in questa impresa. *Sal-1570* porque él alcançará su intento o moriré en la demanda. —*Sal-1570* y el *It* se confirman mutuamente y confirman que no son restituciones conjeturales. Simple omisión de palabras estropeadas en una línea. ‡En seguida de *demanda* aquí venía en todas las ediciones la trasposición.

I.116 —

I.117 *ACD FJM* en la primera *GHK LN* a la primera. ∞ *ACD F* te me concediste *JM GHK LM* − me concediste —El *te* es necesario. ∞ *A* afecto *CD F GHK LN* affecto *I* (que ya no falta) -cto *(sic) JM* affeto ∞ *AC L* apresures *D FJM G* apressures *HKI N* apēsures ∞ *A GHKILN* codicia *CD FJM* cobdicia.

40

Sempronio (Aparte. Afuera):- Celestina, ruinmente suena lo que Pármeno dize.

Celestina (Aparte. Afuera):- {119} Calla, que para la mi santiguada, do vino el asno verná el albarda. Déxame tú a Pármeno, que yo te le haré uno de nos, y de lo que oviéremos, démosle parte; que los bienes, si no son communicados, no son bienes. Ganemos todos, partamos todos, holguemos todos. Yo te le traeré manso, y benino a picar el pan en el puño y seremos dos a dos y, como dizen, tres al mohino.

(Cena 9ª)

Calisto:- {120} ‡¡Pármeno!

Pármeno:- ¿Señor? ‡

Calisto:- ¿Qué hazes, llave de mi vida? Abre. — ¡O, Pármeno, ya la veo! ¡Sano soy, bivo soy! ¿Miras qué reverenda persona, qué acatamiento? Por la mayor parte, por la filosomía es conocida la virtud interïor. ¡O vegez virtüosa! ¡O virtud envegecida! ¡O gloriosa esperança de mi desseado fin! ¡O fin de mi deleitosa esperança! {121} ¡O salud de mi passión, reparo de mi tormento, regeneración mía, vivificación de mi vida, resurreción de mi muerte! Desseo llegar a ti, codicio besar essas manos llenas de remedio. La indinidad de mi persona lo embarga. Dende aquí adoro la tierra que huellas y en reverencia tuya *la* beso.

Celestina (Aparte):- {122} (Sempronio, ¡de aquellas bivo yo! ¡Los uessos que yo roí, piensa este necio de tu amo de darme a comer! Pues ál le sueño; al freír lo verá. Dile que cierre la boca, y comience abrir la bolsa: que de las

---

I.118 *A HKILN* experiencia *CD FJM* esperiencia *G* las expiacia *(sic)* ∞ *AC FJM* de(s)cender *D GHKILN* de(s)cendir ∞ Todas las priores: 'parlan lo que estos' —Es una simple desliz de amanuense o cajista, la posposición de 'estos', corregido en *Sal-1570*.

I.119 *ACD F* para la mi santiguada *JM GHKILN* para mi santiguada (*G* santigueda *L* santiguado) —Forma popular de artículo + posesivo conservada en frases hechas o en expresiones de cajón, como esta. ∞ *AC F* vendrá *(sic) D JM GHKILN* verná —¿Es de Cota la forma que aparece en *ACF*, o del amanuense? Parece muy dudoso que sea de Cota: es hápax del Esbozo + Continuación. ∞ ‡le haré uno de nos —Frase hecha supérstita y no arcaísmo. En América los viejos decían 'volver de nos', 'sacar de nos' y todavía decimos 'aquí entre nos'. Es también hápax del Esbozo + Continuación. ∞ *A* houiéremos *(sic) CD FJM HKILN* ouiéremos *(sic) G* ouiersmos *(sic)* ∞ *ACD FJM GHKI* te le traeré *LN Sal-1570* te lo traeré —Rojas es leísta y Cota también.

I.120 ‡Todas las priores y las posteriores traen: *Calisto:-* "Sempronio...." pero Sempronio está afuera con la Vieja y si tuviese la llave, ya podría haber abierto, con total imposibilidad para el largo coloquio de Calisto y Pármeno. Cf. I.86 en que es Sempronio el que llama a la puerta y el que pide que le abran, en I.87. Cf. además la Cena 3ª del Auto V, paralela de esta, y V.21. Véase también los xilograbados de *A*, el 2° = 6°, donde es Sempronio el que está fuera. ‡El que contesta "¿Señor?" tiene que ser Pármeno también. ∞ *ACD FJM HI N* ya la veo *G L* ya lo veo ∞ *ACD FJM* sano soy *GHKILN* sano só ∞ *A* vivo só *(sic) CD FJM GHKILN* bivo soy ∞ *ACD JM* miras *F GHKILN* mira ∞ *A D* philosomía *C JM GHKILN* filosomía *F* filisomía *(sic)*.

I.121 *ACD F ILN* vivificación *JM GHK* bivificación —El latinismo lleva las dos 'v', en distinción de *bivir, bivo* etc. tradicionales. ∞ *Todas:* resurreción *(sic)* ∞ *Todas:* codicio *(sic)* ∞ *ACD FJM GHKI N* essas manos *L* estas manos ∞ *ACD* y en reverencia tuya beso *FJM G* y en reverencia tuya la beso *HKILN* y en tu reverencia la beso *Adición*.

41

obras dudo, cuánto más de las palabras. ¡Xo, que te estriego, asna coxa! ¡Más avías de madrugar!)

Pármeno (Aparte):- {123} (¡Guay de orejas que tal oyen! Perdido es quien tras perdido anda. ¡O Calisto desaventurado, abatido, ciego! ¡Y en tierra está, adorando a la más antigua [y] puta ‡vieja que ‡fregara sus espaldas en todos los burdeles ‡del mundo! ¡Deshecho es, vencido es, caído es! No es capaz de ninguna redención ni consejo ni esfuerço).

Calisto:- {124} ¿Qué dezía la madre? Paréceme que pensava que le ofrecía palabras por escusar galardón.

Sempronio:- Assí lo sentí.

Calisto:- Pues, ven comigo; trae las llaves, que yo sanaré su duda.

Sempronio:- Bien harás; y luego vamos. Que no se deve dexar crecer la yerva entre los panes, ni la sospecha en los coraçones de los amigos; sino limpiarla luego con el escardilla de las buenas obras.

Calisto:- Astuto hablas. Vamos y no tardemos.

(Cena 10ª)

Celestina:- {125} Plázeme, Pármeno, que avemos avido oportunidad para que conozcas el amor mío contigo y la parte que en mí, inmérito, tienes. Y digo inmérito, por lo que te é oído dezir, de que no hago caso. Porque virtud nos amonesta sufrir las tentaciones y no dar mal por mal, y especial, cuando somos tentados por moços, y no bien instrutos en lo mundano, en

---

I.122 ‡*Apartes.* Los dos, el de Celestina y el de Pármeno, son simultáneos, pero en el texto antiguo era preciso ponerlos uno a continuación de otro. Hoy pudieran ponerse en dos columnas paralelas de texto. ∞ *AC FJM GHKILN* comience abrir *D* comience a abrir —Cf. OA.7. ∞ *A ILN* dudo *CD FJM GHK* dubdo ∞ *A C JM GHKILN* te estriego *F* te striego *D* te estrego

I.123 *ACD JM GH N* desaventurado *I* desavanturado *F K L* desventurado ∞ *AC FJM GHKILN* abatido *D* abiltado *(sic)* ∞ *ACD* antigua y puta tierra *FJM GHKILN* antigua — puta tierra *Supresión (?).* ∞ *A* que fragaron *(sic) CD FJM GHKILN* que fregaron *Sal-1570* que refregaron *It* In terra sta adorando alla più antica puttana vecchia ch'abbia frecate sue spalle per tutti li bordeli del mondo. *Barth* In terram usque se dimittit adorabundus vilissimum omnium quantum super eam vivit prostibulum. ‡*El en tierra está* produjo el segundo *tierra* de las ediciones, confirmado por pensarse que *antigua* redundaba con *vieja,* pensándose además en que *tierra somos* etc., más el *adoro la tierra* de I.121. En primer lugar, cuando *viejo* o *anciano* se sustantivan pueden llevar adjetivos sinónimos que los refuercen, Cf. Diego de San Pedro, *Cárcel de amor,* aparte I: "un viejo anciano", *Tristán de Leonís,* cap. lxxxiv: "luego el anciano viejo puso mano a la espada..." Si el texto dijese desde un comienzo con la lectura restituida, nadie sospecharía que en lugar de *vieja* debiera leerse *tierra.* Puede haber incluso un original *perra* atenuado en *vieja* para *E,* Cf. III.15. La mala lectura *tierra* hizo alterar el verbo. Para la confusión de las terminaciones verbales *-ron/-ran* Cf. X.39, X.32. Es evidente que debe seguirse la lectura de *E,* que es la que traduce el *It.*

I.124 ‡¿Qué dezía la madre? —Calisto alude al aparte de Celestina en I.122. ∞ *ACD JM GHKILN* galardón *F* gualardón ∞ *AC GHKILN* comigo *D FJ* conmigo *M* commigo ∞ *A* alimpiarla luego *CD FJM* limpiarla luego *GHKILN* limpiar luego

que con necia lealtad pierdan a sí y a sus amos, como agora tú a Calisto. {126} Bien te oí, y no pienses que el oír, con los otros exterïores sesos, mi vegez aya perdido. Que no solo lo que veo ‡y oyo, conozco, mas aun lo intrínseco con los inteletüales ojos penetro. As de saber, Pármeno, que Calisto anda de amor quexoso, y no lo juzgues por esso por flaco, que el amor impervio todas las cosas vence. {127} Y sabe, si no ‡lo sabes, que dos conclusiones son verdaderas: la primera, que es forçoso el ombre amar a la muger y la muger al ombre; la segunda, que el que verdaderamente ama es necessario que se turbe con la dulçura del soberano deleite, que por el hazedor de las cosas fue puesto, por que el linage de los ombres *se* perpetüasse, sin lo cual perecería. {128} Y no solo en la umana especie, mas en los peces, en las bestias, en las aves, en las reptilias, y en lo vegetativo, algunas plantas an este respeto, si sin interposición de otra cosa en poca distancia de tierra están puestas; en que ay determinación de ervolarios y agricultores, ser machos y hembras. {129} ¿Qué dirás a esto, Pármeno? ¡Necïuelo, loquito, angelico, perlica, simplezico! ¿Lobitos en tal gestico? Llégate acá, putico, que no sabes nada del mundo ni de sus deleites... Mas iravia mala me mate, si te llego a mí, aunque vieja! Que la

---

I.125 ‡inmérito —Cf. I.1. Aquí también es posible, aunque más forzado, leer *mi inmérito* = 'mi falta de mérito o mi no merecer lo que tú me haces'. El *It* lee como adjetivo: 'e la parte che meco immerito ài. Dico immerito per quello che t'ò odito...' —Cf. en latín: Plauto, *As.* 3,3,18 (v. 608): cur tu, obsecro, immerito meo me morti dedere optas...? —*Men.* 2,3,19 (v.370): te unum ex omnibus Venu' me voluit magnificare, neque id haud immerito tuo —Séneca, *Epist* LIX: Tamen ego non immerito dixeram cepisse me magnam ex epistula tua voluptatem —Fray Antonio de Guevara, *Epístolas familiares*, 6: No inmérito tiene y tendrá Julio César el primado entre todos los príncipes del mundo, —*Idem*, 59: no inmérito mandava Dios que los jüezes de su república fuessen en sangre limpios. ∞ *ACD FJM ILN* lo que te é oído *GHK* lo que − é oído ∞ *ACD FJM GHKILN* su(f)frir *Sal-1570* amonesta a sufrir —La e puede ir fundida en la pronunciación con la última -a de *amonesta*, pero el régimen podía ser también sin la preposición. ∞ *ACD FJM T* i(n)strutos *It* istrutti *GHKILN* astutos —La palabra se documenta desde Juan Ruiz (*Libro de buen amor*, prólogo: E aun digo que viene de la pobredat de la memoria que no está instru(c)ta del buen entendimiento), pasando por Alfonso de la Torre, Juan de Mena, el Marqués de Santillana, hasta Juan de Castellanos, pero nunca fue popular. La pronunciación era sin la -n-, tal como aparece en *M*, y de ahí la variante *astutos*. ∞ *CD JM GHKILN* lealtad *A F* lealdad —Cf. I.145 ∞ *AC FJM GHK* pierdan *ILN* pierden ∞ *AC Sal-1570* y sus amos *D FJM GHKILN* y a sus amos —

I.126 *ACD FJM GHKILN* exteriores *(sic)* ∞ Todas: veo, oyo y conozco —Evidentemente el texto correcto es: 'no solo lo que veo y oyo y conozco' con las dos operaciones fundamentales el conocer, ver y oír, juntas. Es una simple trasposición. ∞ *A D HKLIN* intrínseco *C* entrínseco *FJM G* intrínsico ∞ *ACD FJM HK* intellectuales *G I* intelletuales *LN* intelectuales ∞ *AC FJM GHKILN* quexoso, y no lo *D* quexoso, − no lo ∞ *ACD FJM GHKILN Gg It* impervio/impuio *(sic) R Bb Ms* impetiuo *(sic) Sal-1570* ímprobo (?) —Ovidio, *Metamorphoses*, IX.106: verticibus frequens erat atque impervius amnis —*Tebaida*, cena I: ¡O amor impervio! —*Idem*, cena IV: Y cierto, el impervio amor / el cuerpo y alma le prende.

I.127 *Todas:* si no - sabes —*Sal-1570* si no lo sabes *It* vol che tu sappi se nol' sai —El *lo* es necesario por referirse a lo que va a seguir diciendo la Vieja. ∞ *ACD FJM GHKI N* amar a la muger *L* amar − la muger ∞ *ACD FJM GHKILN* se turbe *(sic)* ∞ *ACD It* perpetuasse *FJM GHKILN* se perpetuasse *Adición*.

I.128 *Todas:* reptilias (*I* reptillas -*sic*) ∞ *AC G* respeto *D FJM HKILN* reśpecto

43

boz tienes ronca, las barvas te apuntan... ¡mal sossegadilla deves tener la punta de la barriga!

Pármeno:- {130} ¡Como cola de alacrán!

Celestina:- Y aun peor; que la otra muerde sin hinchar, y la tuya hincha por nueve meses.

Pármeno:- ¡Hi, hi, hi!

Celestina:- ¿Ríeste, landrezilla, hijo?

Pármeno:- Calla, madre; no me culpes ni me tengas, aunque moço, por insipiente. {131} Amo a Calisto porque le devo fidelidad, por crïança, por beneficios, por ser dél onrado y bien tratado, que es la mayor cadena que el amor del servidor al servicio del señor prende, cuanto lo contrario aparta. Véole perdido, y no ay cosa peor que ir tras desseo sin esperança de buen fin, y especial, pensando remediar su hecho, tan arduo y difícil, con vanos consejos y necias razones de aquel bruto Sempronio, que es pensar sacar aradores a pala y açadón. {132} No lo puedo sufrir. Dígolo y lloro.

Celestina:- Pármeno, ¿tú no vees que es necedad o simpleza llorar por lo que con llorar no se puede remediar?

Pármeno:- Por esso lloro, que si con llorar fuesse possible traer a mi amo el remedio, tan grande sería el plazer de la tal esperança, que de gozo no podría llorar. Pero assí, perdida ya *toda* la esperança, pierdo el alegría y lloro.

Celestina:- {133} Lloras sin provecho por lo que llorando estorvar no podrás, ni sanarlo presumas. ¿A otros no á acontecido esto, Pármeno?

Pármeno:- Sí, pero a mi amo no le querría doliente.

I.129 *ACD FJM G* ne(s)ciuelo *Ms.* neciguelo *(sic) HILN* ne(s)çuelo *K* nesçulo *(sic)* ∞ *ACD F* gestico *JM GHKILN* gesto ∞ *ACD FJM GHKI N* ravia mala *L* ravia mal *(sic)* ∞ *ACD FJM L* Que la boz *GHKI N* — la boz ∞ *AC* barbas *D FJM GHKILN* barvas ∞ *ACD FJM GHKI N* mal so(s)segadilla *L* mas sosegadilla

I.130 ‡¡como cola de alacrán!... —Este es el último de los chistes de Cota, cargadamente sexuales y chocarreros. Los otros son: I.38: peor pecado que el de Sodoma, querer 'usar' a Melibea-Dios. I.42: la abuela con el ximio y el cuclillo del abuelo. I.79: las petreras en la barriga. I.92: el marido comedor de uevos assados. —De más está hacer notar que Rojas jamás cae en estos 'primores' medievales. ∞ *AC FJM GHKILN* aunque moço, por insipiente *D* aun por moço insipiente. —Confusión de 'aunq̃/aun p' leído como 'aun por', se suprimió entonces el segundo *por.*

I.131 *ACD FJM* onrado y bien tratado *GHKILN* bien onrado y bien tratado —Simple reduplicación. Cf. I.137. ∞ *AC FJM GHKILN* véole *D* véolo ∞ *ACD FJM GHKI N* *Sal-1570* remediar su hecho *L* remediar a su hecho ∞ *A Sal-1570* a pala y açadón *It* con pala e zappone *CD FJM GHKILN* a pala de açadón —La pala y el azadón son cosas distintas; se ha confundido *pala* con *palo* (el palo del azadón), como consecuencia de la confusión de *d'/ℓ* —Cf. I.141 y I.150. La lectura correcta está solamente en *A,* confirmada por el *It* y por *Sal-1570.*

I.132 *ACD JM* su(f)frir *F GHKILN* so(f)frir ∞ *Todas:* vees *(sic)* ∞ *ACD* ya la esperança *It* perduta la speranza *FJM GHKILN* ya **toda** esperança —En *It* puede haberse dado haplografía: per*duta* t*utta. Sustitución.*

Celestina:- No lo es. Mas aunque fuesse doliente, podría sanar.

Pármeno:- {134} No curo de lo que dizes, porque en los bienes mejor es el acto que la potencia, y en los males mejor la potencia que el acto. Assí que mejor es ser sano que poderlo ser, y mejor es poder ser doliente que ser enfermo por acto. Y por tanto, es mejor tener la potencia, en el mal, que el acto.

Celestina:- {135} ¡O malvado! ¡Cómo que no se te entiende! ¿Tú no sientes su enfermedad? ¿Qué as dicho hasta agora? ¿De qué te quexas? Pues burla o di por verdad lo falso, y cree lo que quisieres; que él es enfermo por acto, y el poder ser sano es en mano desta flaca vieja.

Pármeno:- ¡Mas desta flaca, puta vieja!

Celestina:- ¡Putos días bivas, vellaquillo! Y ¿cómo te atreves?

Pármeno:- {136} Como te conozco.

Celestina:- ¿Quién eres tú?

Pármeno:- ¿Quién? Pármeno, hijo de Alberto, tu compadre; que estuve contigo **un poco de tiempo,** que te me dio mi madre cuando moravas a la cuesta del río, cerca de las tenerías.

Celestina:- ¡Gesú, Gesú, Gesú! ¿Y tú eres Pármeno, hijo de la Clau**dina?**

Pármeno:- {137} ¡Alahé, yo!

Celestina (Aparte):- (¡Pues fuego malo te queme, que tan puta vieja era tu madre como yo!...) ¿Es él? ¡Él es, por los santos de Dios!‡... ¿Por qué me persigues, Pármenico? Allégate a mí, ven acá, que mil açotes y puñadas te di en este mundo, y otros tantos besos. ¿Acuérdaste cuando

---

I.133 *ACD* llorarás *It* piangerai *FJM GHKILN* lloras. *Sustitución* que resulta un tanto dudosa ante la lectura del *It.* ∞ *ACD FJM GHKILN* sanar lo presumas *It* ne presumere sanarlo —El *Ms.* separa por paso a la página siguiente. Punto dudoso: sanarlo presumas/sanar lo presumas, —aunque el sentido varía muy poco. ∞ *A* contecido *CD FHM GHKILN* acontecido ∞ *ACD JM GHKILN* le querría *F* le quería

I.133 *ACD* llorarás *It* piangerai *FJM GHKILN* lloras. *Sustitución* que resulta un tanto dudosa ante la lectura del *It.* ∞ *ACD FJM GHKILN* sanar lo presumas *It* ne presumere sanarlo —El *Ms.* separa por paso a la página siguiente. Punto dudoso: sanarlo presumas/sanar lo presumas, —aunque el sentido varía muy poco. ∞ *A* contecido *CD FHM GHKILN* acontecido ∞ *ACD JM GHKILN* le querría *F* le quería

I.134 *Todas:* acto *(sic)* todas las cuatro veces que ocurre. ‡el acto, la potencia etc. etc. Aparte de la intención burlona de Cota, estas escolastiquerías no se dan en la parte genuina de Rojas.

I.135 *It* Ma de questa fiacca puttana vecchia

I.136 *It* Perchè te cognosco —Más idiomático sería: Como que te conozco. ∞ ‡Alberto —Hubiera sido mejor darle un nombre grecolatino por el estilo de los demás de la obra. Con la madre de Pármeno hubo vacilación que se refleja en las variantes. ∞ *ACD* un mes *FJM* un poco tiempo *It* un po' di tempo *GHKILN* un poco de tiempo —Para el *de* omitido en *FJM* Cf. VIII.41: poco espacio de tiempo, VIII.44: tanto espacio de tiempo —*Sustitución.* Empieza aquí el problema del tiempo que estuvo Pármeno con la Vieja. ∞ ‡cuando moravas —¿Mora aun allí? Cf. I.94, IV.18. ∞ *A D* Claudiana *C* Clandiana *(sic) It* Clādina —*errata en lugar de* Claudina; *GHKILN* Claudina *Sustitución.* No se ve mucho la razón de este cambio de nombre; tanto va el uno como el otro, pero probablemente se

dormías a mis pies, loquito?

Pármeno:- {138} Sí, en buena fe. Y algunas vezes, aunque era niño, me subías a la cabecera y me apretavas contigo, y porque olías a vieja me hüía de ti.

Celestina:- ¡Mala landre te mate! ¡Y cómo lo dize el desvergonçado! — Dexadas burlas y passatiempos, oye agora, mi hijo, y escucha. Que aunque a un fin soy llamada, a otro soy venida, y maguera que contigo me aya hecho de nuevas, tú eres la causa. {139} Hijo, bien sabes cómo tu madre, que Dios aya, te me dio biviendo tu padre. El cual, como de mí te fuiste, con otra ansia no murió sino con la incertedumbre de tu vida y persona, por la cual ausencia algunos años de su vegez sufrió angustiosa y **cuidadosa** vida. {140} Y al tiempo que della passó, embïó por mí y en su secreto te me encargó y me dixo sin otro testigo, sino aquel que es testigo de todas las obras y pensamientos, y los coraçones y entrañas escudriña, al cual puso entre él y mí, que te buscasse y llegasse y abrigasse, y cuando de complida edad fuesses, tal que en tu bivir supiesses tener manera y forma, te descubriesse a dónde dexó encerrada tal copia de oro y plata, que basta más que la renta de tu amo Calisto. {141} Y porque gelo prometí y con mi promessa llevó descanso, y la fe es de guardar, más que a los bivos, a los muertos, que no pueden hazer por sí, en pesquisa y seguimiento tuyo yo é gastado assaz tiempo y cantías, hasta agora, que á plazido a aquel que todos los cuidados tiene y remedia las justas peticiones y las pïadosas obras endereça, que te hal-

---

quiso rimar con Celestina. La sustitución ya estaba hecha en *E,* de donde tradujo *It.*

   I.137 *AC FJM GHKILN* fuego *D* huego ∞ ‡Pues fuego malo...madre como yo —Es indudablemente un aparte, que hace eco a la injuria de I.135; pero la Vieja lo dice entre dientes o lo piensa simplemente. ∞ *ACD FJM GHK* el es, el es, por los san(c)tos de Dios *ILN Sal-1570* el es? el es, por los santos de Dios —Todas las ediciones traen primero la frase: ¿por qué me persigues Parmenico/Pármeno? - y en seguida la frase de reconocimiento: ¿es él? él es, por lo santos de Dios. —El aparte del 'fuego malo' etc. indica que la vieja ya lo ha reconocido; no puede decírselo en alta voz porque la astuta anciana nunca pierde piso ni se va del seguro y ya se ha dado cuenta del partido que puede sacar con el hijo de la Claudina. Entonces suelta la frase de reconocimiento que debe ir antes de las frases de halago, especialmente la del diminutivo Parmenico. Lo impropio del diminutivo antes del reconocimiento origina la seudocorrección de *JMT: ACD F GHKILN* por qué me persigues, Parmenico? *JMT* por qué me persigues, Pármeno? *It* per ché me persiquiti, Parmenuzzo, fiaschetta? ∞ *ACD FJM* allégate a mí, ven acá *GHKILN* allégate acá a mí, ven acá —En *GHKILN* se produce una reduplicación, Cf. I.131. ∞ ‡te di —sentido de antepresente: te he dado - *It* t'ò dato. ∞ *Todas:* loquito *(sic).*

   I.138 *ACD FJM G Sal-1570* f/huya *(sic = hüia) HKILN* f/huy *(sic = hüí)* ∞ *Todas:* soy llamada ∞ *A* só venida *CD FJM GHKILN* soy venida

   I.139 *A JM GHKILN* fueste *CD F* fuiste ∞ *AC F* incertedumbre *D JM GHKILN* incertidumbre ∞ *ACD FJM* absencia *GHKILN* ausencia ∞ *ACD JM GHKILN* angustiosa *F* angustia *(sic)* ∞ *ACD* cuidosa *FJM GHKILN* cuid**ad**osa *Sustitución.*

   I.140 *A* corozanos *(sic) CD FJM GHKILN* coraçones ∞ *A Sal-1570* allegasse *CD FJM GHKILN* llegasse

lasse aquí, donde solos á tres días que sé que moras. {142} Sin duda dolor é sentido, porque as por tantas partes vagado y peregrinado, que ni as avido provecho ni ganado deudo ni amistad. Que, como Séneca dize, los peregrinos tienen muchas posadas y pocas amistades, porque en breve tiempo con ninguno no pueden firmar amistad. {143} Y el que está en muchos cabos, no está en ninguno; ni puede aprovechar el manjar, a los cuerpos, que en comiendo se lança, ni ay cosa que más la sanidad impida, que la diversidad y mudança y varïación de los manjares. Y nunca la llaga viene a cicatrizar en la cual muchas melezinas se tientan, ni convalece la planta que muchas vezes es traspuesta. {144} Y no ay cosa tan provechosa, que en llegando ‡apriessa aproveche. Por tanto, mi hijo, dexa los ímpetus de la juventud y tórnate, con la dotrina de tus mayores, a la razón. Reposa en alguna parte. ¿Y dónde mejor que en mi voluntad, en mi ánimo, en mi consejo, a quien tus padres te remetieron? {145} Y yo, assí como verdadera madre tuya, te digo, so las maldiciones que tus padres te pusieron, si me fuesses inobediente, que por el presente sufras y sirvas a este tu amo que procuraste, hasta en ello aver otro consejo mío. Pero no con necia lealtad, proponiendo firmeza sobre lo movible, como son estos señores deste tiempo. {146} Y tú, gana amigos, que es cosa durable. Ten con ellos costancia; no bivas en flores. Dexa los vanos prometimientos de los señores, los cuales dessecan la sustancia de sus sirvientes con uecos y vanos

---

I.141 *ACD FJM GHKI N* y con mi promessa *L* de con mi promessa —Confusión de d'/&. Cf. I.131 y I.150. ∞ *ACD GHKILN* llevó *FJM* levó ∞ *ACD G* seguimiento *FJM HKILN* siguimiento Cf. I.139 incertedumbre. ∞ *ACD F Sal-1570* quantías/quätías *JM GHKILN* contías —La pronunciación era sin la -u-, Cf. las formas originales de Berceo y primeros autores: *cuatro, cuadro, cuanto, cual,* pero al desplazarse el acento: *catorze, carenta / caraenta, caresma / caraesma, caderno / cadierno, cantidad, cantía, calidad.* (Las formas con -ua- no tónica son analógicas o cultismos posteriores). La forma *cantía* originó *contía,* como si fuese de *cuento / cuenta.* Para *cantía* Cf. *Quijote* II, 41 y 49. ∞ *AC —* aquel *D FJM GHKILN Sal-1570* a aquel

I.142 *CD FJM ILN* sin dubda *A GHK* sin duda ∞ *ACD FJM* porque as por tantas *GHKILN Sal-1570* porque as — tantas —Es simple haplografía. ∞ *AC FJM* debdo *D GHKILN* deudo ∞ *A* nos dize *CD FJM KH* dize *C* dice (sic) *ILN Sal-1570* dixo ∞ *ACD* no pueden firmar *FJM GHKILN —* pueden firmar

I.143 *ACD* no está en ninguno *FJM GHKILN —* está en ninguno. *Supresiones* por el prejuicio latinizante de no repetir negaciones. No de Cota ni de Rojas. ∞ *ACD FJM GHK* melezinas *ILN* medicinas

I.144 *A —* ni ay *CD FJM GHKILN* Y no ay ∞ ‡*ACD FJM GHKILN* cosa tan provechosa que en llegando - aproveche —El *It* omite toda la frase. Séneca, *Ep.* II: nihil tam utile est quod (ut) in transitu prosit —*Ep.* XL: quis medicus aegros in transitu curat...? Pérez de Guzmán traduce: 'ninguna cosa es tanto útil y provechosa que en pasando ligeramente puede aprovechar'. La abreviación 'apʃa' seguida de 'apuecha' fue omitida. El *It,* al no hallar sentido en la frase, la omite. ∞ *AC FJM GHKILN Sal-1570* mi ánimo *D* mi ánima ∞ *A* ímpetus *CD FJM GHKILN* ímpetos ∞ *ACD GHKILN* dotrina *FJM* dotrina ∞ *A FJM L* remetieron *CD GHKI N* remitieron

I.145 *ACD GHKILN* maldiciones *FJM* malediciones ∞ *A* pisieron —errata *CD FJM GHKILN* pusieron ∞ *A* hauer (sic) *CD FJM* aver *GHKILN Sal-1570* ver *It* finchè di me harài (sic) —Se tiene, se ha o se recibe consejo, no se ve. Simple omisión de la a- en *GHKILN,* inadvertida en *Sal-1570.* ∞ *A F* lealdad *CD JM GHKILN* lealtad —Cf. I.125.

prometimientos. Como la sanguijuela sacan la sangre, desagradecen, injurian, olvidan servicios, niegan galardón. {147} ¡Guay de quien en palacio envegece! Como se escrive de la probática picina, que de ciento que entravan sanava uno, estos señores deste tiempo más *sanan* a sí que a los suyos, y no yerran. Los suyos igualmente lo deven hazer. Perdidas son las mercedes, las manificencias, los actos nobles. Cada uno destos cativa y mezquinamente procuran su interesse con los suyos; {148} pues aquellos no deven menos hazer, como sean en facultades menores, sino bivir a su ley. Dígolo, hijo Pármeno, porque este tu amo, como dizen, me parece rompenecios: de todos se quiere servir sin merced. Mira bien, créeme. {149} En su casa cobra amigos, que es el mayor precio mundano; que con él no pienses tener amistad, como por la diferencia de los estados o condiciones pocas vezes contezca. Caso es ofrecido, como sabes, en que todos medremos y tú por el presente te remedies. Que lo ál que te é dicho, guardado ‡*se* te está a su tiempo. {150} Y mucho te aprovecharás siendo amigo de Sempronio.

Pármeno:- Celestina, todo tremo **en** oírte. No sé qué haga; perplexo estó. Por una parte, téngote por madre; por otra, a Calisto por amo. Riqueza desseo; pero quien torpemente sube a lo alto, más aína cae que subió. No querría bienes mal ganados.

I.146 *ACD FJM GHKILN* constancia/cõstancia ∞ ‡*ACD GHKI O PU WX* desechan *FJM T* deshechan *L Gg* dessean *(sic) N QS RBbCcEe Sal-1570* dessecan *Ff* no trae la expresión. La lectura 'desechan' (*It* scacciano) es absurda. Los señores no desechan la sustancia de sus sirvientes, sino que se la aprovechan, pero los *dessecan* a ellos. Uno de los pocos casos de ch = k. —Cf. VIII.16. ∞ *ACD HKILN* substancia *FJM G* sustancia ∞ *ACD F G K L* sirvientes *JM HI N* servientes ∞ *ACD FJM* sanguijuela *GHKILN* sanguisuela ∞ *ACD FJM GHK* saca *ILN Sal-1570* sacan —Es una simple omisión de la tilde: sacã. El singular *saca* implicaría que el desagradecer, injuriar etc. eran comparables al sacar sangre de la sanguijuela, lo que resulta absurdo. Es una simple enumeración: sacan la sangre como la sanguijuela, desagradecen, injurian, olvidan los servicios prestados, niegan el justo galardón. ∞ *ACD FJM L* − desagradecen *GHKI N Sal-1570* y desagradecen *It* omite la palabra.

I.147 *Todas:* piscina *(sic)* ∞ ‡*sanan* a sí —Todas las ediciones traen *aman a sí,* pero el verbo tiene que ser el mismo de antes o la comparación queda en el aire. Cf. en X.1: sanar a sí. ∞ *AC F* cativan *D JM GHKILN Sal-1570* cativa ∞ *AC F L* procuran *D JM GHKI N* procura —'cativa y mezquinamente' es la expresión adverbial. 'Cada uno destos' puede concordar en plural 'procuran' y esta concordancia fue la que hizo tomar a 'cativa' como verbo y ponerlo en plural. El singular 'procura' es corrección posterior innecesaria.

I.148 −

I.149 tener amistad —Se refiere a I.111, pero esto lo sabe Cota. En todo lo que llevan hablado no hay alusión alguna de Pármeno, por donde la Vieja pueda presumirlo. Son cabos sueltos que los escientes modernos explican muy bien. Rojas también tiene algunos de estos 'peccata minuta' que se dan en todo escritor. ∞ *ACD FJM GHKIL* contezca *N* acontezca ∞ ‡*ACD FJM GHKILN* − te está —La expresión exige el se. Cf. VII.17, donde *HKILN* lo omiten, pero *ACD FJM G* lo traen.

I.150 *ACD FJM GHKI N Sal-1570* Y mucho *L* de mucho —Confusión de &/d' Cf. I.131, I.141. ∞ *ACD* de oírte *FJM GHKILN* **en** oírte Sustitución. ∞ *ACD FJM* estó *G* estoy ∞ *ACD FJM GHKI N* pero *L* por —Mala lectura de p ∞ *A* caye *C* cahe *D FJM GH ILN* cae *K* cay ∞ *A* quería *CD FJM GHKILN* querría

48

Celestina:- {151} Yo sí. A tuerto o a derecho, nuestra casa hasta el techo.

Pármeno:- Pues yo con ellos no biviría contento, y tengo por onesta cosa la pobreza alegre. Y aun más te digo, que no los que poco tienen son pobres, más los que mucho dessean. Y por esto, aunque más digas, no te creo en esta parte. {152} Querría passar la vida sin embidia, los yermos y aspereza sin temor, el sueño sin sobresalto, las injurias con respuesta, las fuerças sin denuesto, las premias con resistencia.

Celestina:- ¡O hijo!, bien dizen que la prudencia no puede ser sino en los viejos, y tú mucho **moço eres.**

Pármeno:- {153} Mucho segura es la mansa pobreza.

Celestina:- Mas di, como ‡***Marón,*** que la fortuna ayuda a los osados. Y demás desto, ¿quién *es,* que tenga bienes en la república, que escoja bivir sin amigos? Pues, ¡loado Dios!, bienes tienes. ¿Y no sabes que as menester amigos para los conservar? {154} Y no pienses que tu privança con este señor te haze seguro; que cuanto mayor es la fortuna, tanto es menos segura. Y por tanto, en los infortunios el remedio es a los amigos. ¿Y a dónde puedes ganar mejor este deudo, que donde las tres maneras de amistad concurren, conviene a saber: por bien, ***por*** provecho, ***por*** deleite? {155} Por bien, mira la voluntad de Sempronio conforme a la tuya y la gran similtud que tú y él en la virtud tenéis. Por provecho, en la mano está, si sois concordes. Por deleite, semejable es, como seáis en edad dispuestos para todo linage de plazer, en que más los moços que los viejos se juntan: assí como para jugar, para vestir, para burlar, para comer y bever, para negociar amores, juntos de compañía. {156} ¡O, si quissiesses, Pármeno, qué vida gozaríamos! Sempronio ama a Elicia, prima de Areúsa.

I.151 *ACD FJM GHKI N* en esta parte *L* en essa parte

I.152 *ACD GHKILN* con respuesta *FJM* con repuesta *(sic) Sal-1570* sin respuesta ∞ *ACD* mucho eres moço *FJM GHKILN* mucho moço eres *Sustitución (?).*

I.153 ‡Todas las priores traen 'mayor' *(sic),* −*el Ms* maior *(sic).* La emienda obvia de *Marón* empieza con *Sal-1570.* Se ha pensado en contraposición del *tú moço eres* con el *di como mayor,* pero como la primera afirmación es categórica haría falta en el segundo caso *'di como* [si fuesses] *mayor'.* No conozco ejemplo en 1400-1550 de *mayor* sustantivo, = 'mayor de edad', italiano 'maggiorenne'. La Vieja viene en plan de citar autores, Cf. I.142: 'como Séneca dize'. *Marón/Maro* es usado por Santillana, Diego de Burgos, Juan del Encina y en la *Tebaida. It* Ma di' come maggiore −Más = 'más bien' es posible también. ∞ *ACD FJM* Y de más desto *GHKILN Sal-1570* Que de más desto −Confusión de y/q̄. ∞ *ACD* quién - que *FJM GHKILN* quién es que *It* chi è che abbia *Sal-1570* quién es quien *Adición (?)* ¿Cómo es posible que se haya hecho la sustitución, esto es la inversión de *moço eres,* y luego la adición del *es,* sin corregir en medio la gorda errata de *Marón?* Esto las hace sospechosas de ser simple trasposición y corrección obvia de cajistas.

I.154 *ACD FJM GHKILN* es a los amigos *Sal-1570* es − los amigos ∞ *AC F* debdo *D JM GHKILN* deudo ∞ *Todas:* conviene a saber Cf. I.95. ∞ *ACD FJM GHKILN* por bien y provecho y deleite −Los tres *por* de I.155 indican que aquí la abreviación p ha sido leída como y/& −Cf. II.17 y VII.24. *It* conviene sapere: per bene, per utile e per diletto.

I.155 *ACD FJM GHKILN* negociar amores *Sal-1570* negociar los amores

49

Pármeno:- ¿De Areúsa?

Celestina:- ¡De Areúsa!

Pármeno:- ¿De Areúsa, hija de Eliso?

Celestina:- ¡De Areúsa, hija de Eliso!

Pármeno:- ¿Cierto?

Celestina:- ¡Cierto!

Pármeno:- {157} ¡Maravillosa cosa es!

Celestina:- ¿Pero bien te parece?

Pármeno:- No cosa mejor.

Celestina:- Pues tu buena dicha quiere, aquí está quien te la dará.

Pármeno:- Mi fe, madre, no creo a nadie.

Celestina:- Estremo es creer a todos y yerro no creer a ninguno.

Pármeno:- {158} Digo, que te creo, pero no me atrevo: déxame.

Celestina:- ¡O mezquino! De enfermo coraçón es no poder sufrir el bien. Da Dios havas a quien no tiene quixadas. ¡O simple!, dirás que adonde ay mayor entendimiento ay menor fortuna y donde más discreción, allí es menor la fortuna. Dichas son,

Pármeno:- {159} ¡O Celestina!, oído é a mis mayores que un enxemplo de luxuria o avaricia mucho mal haze, y que con aquellos deve ombre conversar, que le hagan mejor, y aquellos *no* dexar a quien él mejores piensa hazer. Y Sempronio, en su enxemplo, no me hará mejor ni yo a él sanaré su vicio. {160} Y puesto que yo a lo que dizes me incline, solo yo querría saberlo; por que, a lo menos por el enxemplo, fuesse oculto el pecado. Y si ombre, vencido del deleite, va contra la virtud, no se atreve a la onestad.

Celestina:- Sin prudencia hablas; que de ninguna cosa es alegre possessión sin compañía. No te retrayas ni amargues, que la natura huye lo triste y

---

I.156 *Todas:* si quisiesses, Pármeno *Sal-1570* si quisiesses *tú* Pármeno ∞ *A* gozoríamos *(sic) C* gozariemos *(sic) D FJM GHKILN* gozaríamos ∞ ‡Areúsa —Cuatro sílabas. Tal pronunciación la confirma totalmente *Ff.* Todas las veces que aparece la palabra es preciso pronunciar con diéresis A-re-ú-sa, y todas las veces que va en rima lo hace en -usa y con palabras de -s- sonora. Cf. AXIX, (Cena 1ª).

I.157 *ACD FJM* mi fe *GHKILN Sal-1570* mia fe ∞ *Todas:* estremo *(sic)*

I.158 *ACD FJM* de enfermo coraçón es de no poder suf(f)rir *(DF* sofrir) el bien *G Sal-1570* de enfermo coraçón es no sufrir el bien *HKILN* de enfermo coraçón es su(f)frir el bien ∞ *A JM GHKILN* dirás *C F* dirés *D* direys *(sic)* ∞ *ACD FJM* ay menor fortuna *GHKILN* ay mayor fortuna *Sal-1570* menor entendimiento ay mayor fortuna *It* che dove maggior scienza è, lî è minor fortuna; dove è manco, lî è maggior. Tutte son venture. *Todas:* dichas son —dichas = dichos, cosas que se dicen. Tal significado desde los orígenes, Cf. *Apolonio* 275d, Juan Ruiz 69e, 570d.

I.159 *AC JM* exemplo *D F GHKILN* enxemplo (*N* euxemplo —*errata*) ∞ **no** dexar —El *no* de la construcción algo complicada ha sido omitido en todas las ediciones. El siguiente análisis muestra que es absolutamente necesario: debe conversar con (= tratar con) los que le hagan mejor; Sempronio no le hará mejor: *no* debe tratarlo. —No dejar a los que él (Pármeno) piensa hacer mejores; a Sempronio no le sanará su vicio (= no le hará mejor): debe dejarlo. Lo cierto es que Rojas nunca llega a estos íntriguis y complejas intricaciones. ∞ *AD* en su exemplo *C FJM G* en su enxemplo

apetece lo delectable. {161} El deleite es con los amigos en las cosas sensüales; y especial, en recontar las cosas de amores y comunicarlas: esto hize, esto otro me dixo, tal donaire passamos, de tal manera la tomé, assí la besé, assí me mordió, assí la abraçé, assí se allegó. ¡O, qué habla! ¡O, qué gracia! ¡O, qué juegos! ¡O, qué besos! Vamos allá, bolvamos acá, ande la música, pintemos los motes, cantemos canciones, **hallemos** invenciones, y justemos: ¿qué cimera sacaremos o qué letra? {162} Ya va a la missa, mañana saldrá, rondemos su calle, mira su carta, vamos de noche, tenme el escala, aguarda a la puerta, ¿cómo te fue? ¡cata el cornudo: sola la dexa! ¡dale otra buelta! ¡tornemos allá! Y para esto, Pármeno, ¿ay deleite sin compañía? ¡Alahé, alahé, la que las sabe las tañe! Este es el deleite, que lo ál, mejor lo hazen los asnos en el prado.

Pármeno:- {163} No querría, madre, me combidasses a consejo con amonestación de deleite, como hizieron los que, careciendo de razonable fundamento, opinando hizieron setas embueltas en dulce veneno para captar y tomar las voluntades de los flacos, y con polvos de sabroso afeto cegaron los ojos de la razón.

Celestina:- {164} ¿Qué es razón, loco? ¿Qué es afeto, asnillo? La discreción, que no tienes, lo determina; y de la discreción mayor es la prudencia; y la prudencia no puede ser sin esperimento; y la esperiencia no puede ser más que en los viejos; y los ancianos somos llamados padres; y los buenos padres bien aconsejan a sus hijos, y especial yo a ti, cuya vida y onra más que la mía desseo. {165} ¿Y cuándo me pagarás tú esto? Nunca, pues a los padres y a los maestros no puede ser hecho servicio igualmente.

Pármeno:- Todo me recelo, madre, de recebir dudoso consejo.

I.160 ‡por que = para que ∞ *AD* por el exemplo *C FJM GHKILN* por el enxemplo ∞ *ACD F GHKILN* se atreva *JM* se atreve ∞ *ACD FJ GHKILN* (h)onestad *M* honestedad *(sic)* ∞ *ACD F L* retrayas *JM* retreyes *GHKI N* retraigas *(sic)* ∞ *A FJM HKILN* apetece *C* aparece *D* cobdicia *(sic) G* aperece *(sic)* Cf. I.65. ∞ *A* delctable *(sic) CD FJM GHKILN* delectable *(sic)*

I.161 *ACD FJM* esto otro *GHKILN* estotro ∞ *ACD* canten canciones. invenciones justemos *JMT* cante canciones: invenciones y justemos *F* cantemos canciones: invenciones: justemos *GHK O(P)QRSYWX(Y)Bb* cantemos canciones: invenciones y justemos *ILN* cantemos canciones invenciones yjustemos *Z(?)Cc(Dd)EeGg* cantemos canciones: hagamos invenciones yjustemos *Sal-1570* cantemos canciones: hagamos invenciones: justemos —El *It* es un caos quizá por incapacidad de poner en italiano las expresiones del castellano, pero trae: 'trovamo *(sic)* alcuna galante invenzione'. El verbo que falta fue suplido probablemente en *Z* (y por consiguiente en *Dd*), pero es el verbo vicario *hagamos*, ante la falla del texto. Si el manuscrito de Cota traía *allé*[9] 'hallemos' = 'troviamo', la omisión se explica. Cf. III.31 *G* alle − *F* allo − Cf. XII.84.

I.162 *ACD JM GHKILN* su carta *F* su cara (!) ∞ *ACD FJM* aguarda a la puerta *GHKILN* aguarda la puerta *Sal-1570* la escala,guarda la puerta (?) ∞ *AC* mejor - f/hazen *D FJM GHKILN Sal-1570* mejor lo f/hazen

I.163 *AC FJM GHKILN* sectas *(sic) D* saetas *(sic)* ∞ *ACD FJM GHK* captar *(sic) ILN* caçar —Modificación del latinismo. ∞ *A* afeto *C* affeto *D FJM GHKILN* affecto

I.164 *AC* afeto *D FJM GHKILN* affecto ∞ *AC* esperimento *FJM* esperimiento *D GHKILN* experimento ∞ *AC FJM* esperiencia *D GHKILN* experiencia

I.165 *ACD F* no puede *JM GHKILN* − puede *Sal-1570* Pues nunca...maestros puede... ∞ *AC FJM GHK LN* dudoso *D I* dubdoso

Celestina:- {166} ¿No quieres? Pues dezirte é lo que dize el Sabio: al varón que con dura cerviz al que le castiga menosprecia, arrebatado quebrantamiento le verná y sanidad ninguna conseguirá. Y assí, Pármeno, me despido de ti y deste negocio.

Pármeno (Aparte):- {167} (Ensañada está mi madre. Duda tengo en su consejo. Yerro es no creer y culpa creerlo todo. Mas umano es confïar, mayormente en esta que interesse promete, a do provecho nos puede allende de amor conseguir. {168} Oído é que deve ombre a sus mayores creer. Esta, ¿qué me aconseja? Paz con Sempronio. La paz no se deve negar, que bienaventurados son los pacíficos, que hijos de Dios serán llamados. Amor no se deve rehüír *ni* caridad a los ermanos. Interesse pocos le apartan. Pues quiérola complazer y oír). — {169} Madre, no se deve ensañar el maestro de la inorancia del dicípulo; si no, raras vezes la cïencia, que es de su natural comunicable, en pocos lugares se podría infundir. Por esso, perdóname, háblame; que no solo quiero oírte y creerte, mas en singular merced recebir tu consejo. {170} Y no me lo agradezcas, pues el loor y las gracias de la ación, más al dante que no al recibiente se deven dar. Por esso manda, que a tu mandado mi consentimiento se umilla.

Celestina:- De los ombres es errar y bestial es la porfía. Por ende, gózome, Pármeno, que ayas limpiado las turbias telas de tus ojos y respondido al reconocimiento, discreción y ingenio sotil de tu padre; {171} cuya persona, agora representada en mi memoria, enternece los ojos pïadosos, por do tan

---

I.166 *ACD FJM Sal-1570* al que le castiga *GHKILN* al que − castiga ∞ *ACD JM* le consiguira *F GHKILN* le conseguirá ∞ *ACD FJM* y deste negocio (*A* nogocio *(sic)*) *GHKILN* y de aqueste negocio

I.167 *ACD F M GHKILN* ensañada *It* scorrocciata *J* enseñada (!) ∞ *A* duda *CD FJM GHKILN* dubda ∞ *AC FJM GHK* no puede *D* nos puede *ILN Sal-1570* se puede —La lectura 'no puede' es absurda; su repetición hasta *I*, con la única excepción de *D*, muestra el gran descuido de los correctores. Arriba en I.166 está el verbo en la misma construcción: 'ninguna sanidad le conseguirá // provecho, además de amor, *nos* puede conseguir'. *It* maggiormente costei che dove è interesse promette, utile e amore, —Cf. *Introducción*, acápite IV.B.2.c, pp.109-118.

I.168 *ACD LN* no se deve rehüír:caridad a los (h)ermanos *FJM GHKI* no se deve rehüír caridad a los (h)ermanos *Sal-1570* no se deve rehüír *ni* caridad a los (h)ermanos *It* amore e carità a li fratelli non se deve denegare —Otra descuidada omisión de todas las priores. ∞ *AC FJM GHKILN* le apartan *D* lo apartan

I.169 *A D FJM GHKILN* ignorancia ∞ *Todas:* ynorancia ∞ *ACD FJM GHK* sino raras (*G* ralas) por la sciencia *ILN Sal-1570* sino raras vezes la sciencia ∞ *ACD FJM GHKIL* y en pocos lugares se podría (*L* podrían) infundir *N Sal-1570* en pocos lugares se podría infundir *It* salvo rare volte per la scienza, che di suo naturale è communicabile, che in pochi lochi se porrebbe infundere. —El yerro parece de amanuense o de cajista que entendió mal *sino*. El sentido es: 'el maestro no se debe enfurecer cuando el discípulo no sabe, porque si ello ocurre, no podrá trasmitir el conocimiento, el cual es por su misma naturaleza comunicable = enseñable'. Es un lugar común bien adobado. Cf. *Introducción* VIII.9, pp.349-50. ∞ *A* recibir *CD FJM GHKL* recebir *I N* rescibir *(sic)*

I.170 *ACD FJM GHKI N* se deven dar *L* se deve dar ∞ *ACD F GH ILN* se (h)umilla *JM* se hüilia *(sic) K* se humilia *(sic)* ∞ *Todas:* turbias *(sic)* ∞ *A* recognoscimiento *(sic) CD FJM G* reconocimiento *HKILN Sal-1570* conocimiento

abundantes lágrimas vees derramar. Algunas vezes duros propósitos, como tú, defendía, pero luego tornava a lo cierto. En Dios y en mi ánima, que en veer agora lo que as porfiado y cómo a la verdad eres reduzido, no parece sino que bivo le tengo delante. {172} ¡O, qué persona! ¡o, qué hartura! ¡o, qué cara tan venerable! Pero callemos, que se acerca Calisto y tu nuevo amigo Sempronio, con quien tu conformidad para más oportunidad dexo: que dos en un coraçón biviendo son más poderosos de hazer y de entender.

(Cena 11ª)

Calisto:- {173} Duda traigo, madre, según mis infortunios, de hallarte biva. Pero más es maravilla, según el desseo, de cómo llego bivo. Recibe la dádiva pobre de aquel que con ella la vida te ofrece.

Celestina:- Como en el oro muy fino, labrado por la mano del sotil artífice, la obra sobrepuja a la materia, assí se aventaja a tu magnífico dar la gracia y forma de tu dulce liberalidad. {174} Y sin duda la presta dádiva su efeto á doblado, porque la que tarda, el prometimiento muestra negar y arrepentirse del don prometido.

Pármeno (Aparte):- ¿Qué le dio, Sempronio?

Sempronio (Aparte):- Cien monedas **en** oro.

Pármeno (Aparte):- ¡Hi, hi, hi!

Sempronio (Aparte):- ¿Habló contigo la madre?

Pármeno (Aparte):- Calla, que sí.

Sempronio (Aparte):- Pues, ¿cómo estamos?

Pármeno (Aparte):- Como quisieres, aunque estoy espantado.

Sempronio (Aparte):- {175} Pues calla, que yo haré espantar dos tanto.

Pármeno (Aparte):- ¡O Dios! No ay pestilencia más eficaz, que el enemigo de casa para empecer.

Calisto:- Ve agora, madre, y consuela tu casa; y después, ven, consuela la mía, y luego.

Celestina:- Quede Dios contigo.

Calisto:- Y él te me guarde.

I.171 *Todas:* vees *(sic)* ∞ *A GHKILN* ver *CD FJM* veer ∞ *ACD FJM GHKI N Sal-1570* le tengo *L* lo tengo

I.172 —

I.173 *Todas:* dubda *(sic)* ∞ *ACD FJM* del sotil *GHKILN* de sotil ∞ *ACD GHKILN* aventaja *FJM* avantaja

I.174 *A D H ILN* duda *C FJM G K* dubda ∞ *A* efeto *CD F ILN* effecto *JM GHK* effeto ∞ *ACD FJM GHK* cient *ILN* cien ∞ *ACD* de oro *FJM GHKILN* **en** oro *Sustitución.* ∞ *ACD F* estoy *JM GHKILN* estó ∞

I.175 *AC FJM GHK* ven consuela *D ILN* ven y consuela ∞ *ACD FJM GHK* y luego *ILN* — luego *Sal-1570* ven y consuela la mía luego ∞ *ACD FJM* te me guarde *GHKI* — me guarde *LN Sal-1570* te — guarde.

CELESTINA

TRAGICOMEDIA DI
CALISTO ET MELI/
BEA, TRADOTTA
DE LINGVA CA
STIGLIANA
IN ITALIA/
NO IDIO/
MA.

Nuouamente ampliata & corretta.

M.D.XXXI.

Portada de la edición en italiano de Venecia, 1531.

Auto II.

AII. Argumento del segundo auto.

Partida Celestina de Calisto para su casa, queda Calisto hablando con Sempronio, crïado suyo; ‡ el cual, como quien en alguna esperança puesto está, todo aguijar le parece tardança, embía de sí a Sempronio a solicitar a Celestina para el concebido negocio. Quedan entretanto Calisto y Pármeno juntos razonando.

II. Segundo Auto {1-30}. Calisto, Pármeno, Sempronio.

(Cena 1ª) — {1-6}.

Calisto:- {1} Ermanos míos, cien monedas di a la madre. ¿Hize bien?

Sempronio:- ¡Ay, si hiziste bien! Allende de remediar tu vida, ganaste muy gran onra. ¿Y para qué es la fortuna favorable y próspera sino para servir a la onra, que es el mayor de los mundanos bienes? Que esta es premio y galardón de la virtud; y por esso la damos a Dios, porque no tenemos mayor cosa que le dar. {2} La mayor parte de la cual consiste en la liberalidad y franqueza. A esta los duros tesoros ‡ *in*comunicables la escurecen y pierden, y la manificencia y liberalidad la ganan y subliman. ¿Qué aprovecha tener lo que se niega aprovechar? Sin duda te digo que mejor es el uso de las riquezas que la possessión dellas. {3} ¡O, qué glorioso es el dar! ¡O, qué miserable es el recebir! Cuanto es mejor el acto que la ***passión,*** tanto es más noble el dante que el recibiente. Entre los elementos, el fuego, por ser más activo, es más noble, y en las esperas *es* puesto en más noble lugar. {4} Y dizen algunos que la nobleza es una alabança que

---

AII. Argumento del segundo auto *ACD JM GHKILN, (F no lo trae). ACD JM* auto *GHKILN* aucto ∞ ‡ *ACD JM GHKILN* al cual *It*. el qual —Simple errata. ∞ *AC JM GHKI M* quedan *L* queda —Simple omisión del tilde: ã.

II. *JM GHK* Cal. Par. Sem. *A* Cel. Sem. Cal. Par. *CD F ILN* Cal. Sem. Par.

II.1 *ACD FJM GHK* cient *ILN* cien ∞ *ACD* hiziste *F* hizieste *(sic) JM GHKILN* heziste ∞ *AC FJM GHKILN* allende de remediar *D* allende remediar ∞ *ACD FJM GHK* que esto *ILN Sal-1570* que esta —El neutro es simple errata.

II.2 *ACD FJMT GHKILN O QS (P)U WX RBb* comunicables/cõmunicables *It* thesori icõmũicabili *It²* thesori incõmunicabili *CcEeGg Sal-1570* no comunicados —Errata de grave descuido; simplemente la i- fue omitida. Cf. VII.68: el dinero de suyo comunicable; —los 'duros tesoros' tienen que ser 'incomunicables', que todas las italianas confirman. ∞ *ACD FJM GHKI N* dubda *L* duda

II.3 *ACD FJM C* es el dar *HKILN* es dar ∞ ‡Todas las ediciones priores traen: 'el acto que la posesión'; ignoro en cuál de las posteriores se inicia la enmienda, todavía no en *Sal-1570* (en Amarita tampoco, pero sí en el tomo III de la *BAE*). Errata gruesa originada por la *possessión* de atrás en II.2 (reflejo de Aristóteles, *Magna Moralia* I, 3: usus magis est petendus quam possessio. . . . . permelior est usus et magis expetendus posses-

proviene de los merecimientos y antiguedad de los padres; yo digo que la agena luz nunca te hará claro si la propia no tienes. Y por tanto, no te estimes en la claridad de tu padre, que tan manífico fue, sino en la tuya. {5} Y assí se gana la onra, que es el mayor bien de los que son fuera ‡ del ombre. ‡ Y aun más te digo: que la virtud perfeta nos pone que sea hecho con dino onor; ‡ *por* lo cual, no el malo, mas el bueno, como tú, es dino que tenga perfeta virtud. ‡ Por ende, goza de aver seído assí manífico y liberal. {6} Y, de mi consejo, tórnate a la cámara y reposa, pues que tu negocio en tales manos está depositado. De donde, ten por cierto, pues el comienço llevó bueno, el fin será muy mejor. Y vamos luego, porque sobre este negocio ‡ quiero hablar contigo más largo.

---

cione est). Pero aquí es distinto: no hay contraposición entre *acto* y *posesión* —la cual es un acto también— y ya desde arriba viene *el dar/el recebir*, y después *el dante/el recibiente*. Además que se trata de un reflejo de Aristóteles, *De Anima*, Lib.III, cap. "De hermaphroditis": '...quod omne *agens* praestantius est suo *passo*'. Mabbe traduce: 'See how much action is better than passion', Barth a su vez: 'Quanto melior passione est actio, tanto nobilior est qui porrigit quam qui capit'. —La enmienda se impone por sí misma. ∞ ‡ *ACD HK LN* en las esperas - puesto *FJM K N* en las speras - puesto —El *es* fue omitido por haplografía.

II.4 *ACD GH IL* propia *FJM K N* propria

II.5 ‡ *ACD FJM GHKILN* fuera de (h)ombre *It* son da più che uomo *Sal-1570* fuera del hombre —‡ En todas el párrafo 'por(de) lo cual, no el malo, mas el bueno como tú, es dino que tenga perfeta virtud' está antepuesto y a continuación de 'fuera ‡del ombre'; pero por el 'por(de) lo cual' tiene que referirse a la 'virtud perfeta' y al 'dino onor,' que deben venir en el párrafo inmediatamente anterior. ∞ *ACD* Y aun más te digo *FJM GHKILN* Y aun - te digo *Supresión aparente. It* e più te dico ∞ *A I* virtud perfeta *CF FJM GHK LN* virtud perfecta *(sic)* ∞ ‡ *AC FJM GHKILN Sal-1570* no pone *D* nos pone *It* non pone —Cf. caso semejante en I.167: Con la liberalidad se gana la honra, que es complemento de la 'virtud perfeta'; por eso esta 'nos impone' tal liberalidad y manificencia. ∞ *AC FJM GHKILN* sea f/hecho *D Sal-1570* sea f/hecha *It* sia fatto ∞ *A* condigo *(sic) F* condigno *(sic) CD JM GHKILN Sal-1570* con di(g)no *N(dudoso)* con digno *(sic) It* con digno —Con preposición más 'digno' adjetivo. ∞ *Todas:* de lo cual —Confusión de d̄/p —Cf. XII.100. ∞ *A G I* perfeta virtud *CD FJM HK LN* perfecta virtud

II.6: *ACD FJ GHK* llevó *M ILN Sal-1570* lleva *It* è stato ∞ ‡ quiero hablar contigo más largo. —Hasta aquí el texto del Esbozo del primer autor, Rodrigo Cota o Ruy Sánchez Cota.

La sutura de esta primera Cena del Auto Segundo con lo que sigue se nota perfectamente. Sempronio le acaba de aconsejar que se vuelva a la cámara y repose, y en la segunda Cena el consejo es quedar Calisto acompañado. Parece, incluso, que la frase de empalme (que pudiera ser ya de Rojas) debiera pronunciarla más bien Calisto: 'Y *vamos* luego, porque sobre este negocio *quiero hablar contigo* más largo', lo cual no parece muy propio en boca de Sempronio. Calisto no contesta nada para indicar movimiento alguno, pero ya desde su primer parlamento Rojas trata de paliar un poco la gravísima falla del Auto I: la falta de una escena en que Calisto le hable a la Vieja de su amor. Por eso dice: 'haz de manera que en solo verte ella a ti, juzgue la pena que a mí queda, y fuego que me atormenta. Cuyo ardor causó no poder mostrarle la tercia parte desta mi secreta enfermedad, según tiene mi lengua y sentido ocupados y consumidos. Tú, como ombre libre de tal passión, hablarla as a rienda suelta'. Pero entonces, ¿para qué la hizo venir? Y ¿qué fue lo que estudió para decirle su pena? (Cf. I.71). Se limita a soltar el párrafo de I.120-121, los huesos que ya la Vieja ha roído, besa ya la tierra a distancia y se sube con

Continuación de Fernando de Rojas. [Auto Segundo, {7-30}]

(Cena 2ª)

Calisto:- {7} Sempronio, no me parece buen consejo quedar yo acompañado, y que vaya sola aquella que busca el remedio de mi mal. Mejor será que vayas con ella y la aquexes, pues sabes que de su diligencia pende mi salud, de su tardança mi pena, de su olvido mi desesperança. Sabido eres, fïel te siento, por buen crïado te tengo. {8} Haz de manera que en solo verte ella a ti, juzgue la pena que a mí queda, y fuego que me atormenta; cuyo ardor me causó no poder mostrarle la tercia parte desta mi secreta enfermedad, según tiene mi lengua y sentido ocupados y consumidos. Tú, como ombre libre de tal passión, hablarla as a rienda suelta.

Sempronio:- {9} Señor, querría ir por complir tu mandado, querría quedar por aliviar tu cuidado. Tu temor me aquexa, tu soledad me detiene. Quiero tomar consejo con la obediencia, que es ir y dar priessa a la vieja. Mas, ¿cómo iré? Que en viéndote solo, dizes desvaríos de ombre sin seso, sospirando, gemiendo, mal trobando, holgando con lo escuro, desseando soledad, buscando nuevos modos de pensativo tormento. {10} Donde, si perseveras, o de muerto o loco no podrás escapar, si siempre no te acompaña quien te allegue plazeres, diga donaires, tanga canciones alegres, cante romances, cuente istorias, pinte motes, finja cuentos, juegue a naipes, arme mates, finalmente, que sepa buscar todo género de dulce passatiempo, para no dexar trasponer tu pensamiento en aquellos crüeles desvíos que recebiste de aquella señora en el primer trance de tus amores.

Calisto:- {11} ¿Cómo?, simple, ¿no sabes que alivia la pena llorar la causa? ¿cuánto es dulce a los tristes quexar su passión? ¿cuánto descanso traen consigo los quebrantados sospiros? ¿cuánto relievan y diminuyen los lagrimosos gemidos el dolor? Cuantos escrivieron consuelos no dizen otra cosa.

Sempronio:- {12} Lee más adelante; buelve la hoja. Hallarás que dizen que fïar

---

Sempronio a traer las cien monedas de oro. Regresa, le da las cien monedas, suelta el párrafo de I.173 y se despide. Nada de la tercia parte de su secreta enfermedad: absolutamente nada le ha dicho sobre ella. Rojas nota la grave falla y trata de dorar la píldora, pero no toca ni enmienda el manuscrito de Cota. , Sobre los problemas del empalme en estas dos primeras Cenas del Auto Segundo, véase el acápite IV.B.b.1.d, pp. 70-77 de la *Introducción*. De todos modos, esta Cena 1ª del Auto Segundo lleva todo el sello de Cota, con los mismos aristoteleos y escolastiquerías del actual Auto I, y en este último trozo son más evidentes los estropeos del manuscrito.

II.7 *ACD F GHKILN* que vaya sola *JM* que váyase —

II.8 *CD FJM* deste mi secreta *A GHKILN* de mi secreta

II.9 *AC FJM GHKILN* complir *D* cumplir ∞ *A D JM GHKILM* sospirando *C* suspirando *F* sopirando *(sic)* ∞ *AC* gimiendo *D FJM GHKILN* gemiendo ∞ —‡ Lo que dice Sempronio aquí es un reflejo o resumen de las Cenas 2ª a 3ª del Auto I, que pintan a Calisto desquiciado por la pasión amorosa.

II.10 *ACD F* arme mates *JM GHKILN* arme motes —Errata producida por el anterior 'pinte motes'. 'Armar mates' es simplemente jugar al ajedrez. ∞ *Todas:* recibiste *(sic)*

II.11 *ACD FJM GHKILN* relievan *(sic)* ∞ *ACD FJM HK* diminuyen *G* dimenuyen *ILN* deminuyen

57

en lo temporal y buscar materia de tristeza, que es igual género de locura. Y aquel Macías, ídolo de los amantes, del olvido porque ‡ *no* se olvidava, se quexa: en el contemplar está la pena de amor; en el olvidar el descanso. Huye de tirar coces al aguijón; finge alegría y consuelo, y serlo á. {13} Que muchas vezes la opinión trae las cosas donde quiere, no para que mude la verdad, pero para moderar nuestro sentido y regir nuestro jüízio.

Calisto:- Sempronio amigo, pues tanto sientes mi soledad, llama a Parmeno, *y* quedará comigo. Y de aquí adelante sey, como sueles, leal, que en el servicio del crïado está el galardón del señor.

(Cena 3ª)

Pármeno:- {14} Aquí estoy, señor.

Calisto:- Yo no, pues no te veía. — No te partas della, Sempronio, ni me olvides a mí, y vé con Dios. — Tú, Pármeno, ¿qué te parece de lo que oy á passado? Mi pena es grande, Melibea alta, Celestina sabia y buena maestra destos negocios. No podemos errar. Tú me la as aprovado con toda tu enemistad. {15} Yo te creo; que tanta es la fuerça de la verdad, que las lenguas de los enemigos trae **a su mandar.** Así que, pues ella es tal, más quiero dar a esta cien monedas, que a otra cinco.

Pármeno (Aparte):- (¿Ya las lloras? ¡Duelos tenemos! ¡En casa se avrán de ayunar estas franquezas!)

Calisto:- {16} Pues pido tu parecer, seime agradable, Pármeno; no abaxes la cabeça al responder. Mas como la embidia es triste, la tristeza sin lengua, puede más contigo ‡ su voluntad que mi temor. ¿Qué dixiste, enojoso?

Pármeno:- Digo, señor, que irían mejor empleadas tus franquezas en presentes y servicios a Melibea, que no dar dineros a aquella que yo me conozco y, lo que peor es, hazerte su cativo.

II.12 *AC FJM GHKILN* que(q̃) es igual *D* o es igual —Confusión de o/q. ∞ ‡ *Todas:* porque le olvidava *Sal-1570* porque no se olvidava —Es preciso seguir a *Sal-1570,* Cf. *Quijote,* I,27 sobre la 'memoria, enemiga mortal'. ∞ *A* se quexava *CD FJM GHKILN* se quexa *It* quel Mazias, idolo, lo de obblio, perchè se scordavano ai lamentava. —El texto de Macías no se conoce. ∞ *ACD SAL-1570* en el contemplar está la pena *It* nel contemplare sta la pena *FJM GHKILN* en el contemplar **esta es** la pena. —Simple ditografía. ∞ *A D* cozes *C FJM GHKILN* coces ∞ *ACD FJM* al aguijón *GHKILN Sal-1570* contra el aguijón (*N* agujón)

II.13 ‡ donde quiere = de donde quiere, Cf. C.1: donde parten ∞ *ACD FJMGHKI N* sientes mi soledad *L* sientes tú mi soledad ∞ *ACD −* quedará *FJM GHKILN* y quedará *Adición.* ∞ *AC JM GHKILN* comigo *D F* conmigo

II.14 *A* te partes *CD FJM GHKILN* te partas *Sal-1570* te apartes ∞ ‡ oy á passado —Se refiere exclusivamente a la entrevista con Celestina, pues más adelante, en II.19, el propio Pármeno habla del neblí que se perdió 'el otro día'.

II.15 *A D* trae a sí *C* trahe así *(sic) FJM GHKILN Sal-1570* trae **a su mandar** *Sustitución.* ∞ *ACD FJM GHK* cient *ILN* cien ∞ *ACD* ya las lloras *It* già le piangi *FJM GHKILN* ya − lloras —El *las* es necesario. *Supresión aparente.*

II.16 ‡ su voluntad = su voluntad de Sempronio = la mala voluntad que le tienes a Sempronio. ∞ ‡ mi temor = el temor que me tienes a mí *It* po' più con teco sua voluntà ch'el mio timore. *Todas:* su voluntad *(sic)* Pero la construcción es forzada; sería preferible 'tu voluntad'. Puede ser errata. Cf. IV.63. ∞ ‡ que no dar = que *no* en dar —El

58

Calisto:- {17} ¿Cómo, loco, su cativo?

Pármeno:- Porque a quien dizes el secreto, das tu libertad.

Calisto (Aparte):- (¡Algo dize el necio!) — Pero quiero que sepas que cuando ay mucha distancia del que ruega al rogado, o por gravedad de obediencia o por señorío de estado, o ‡ *por* esquividad de género, como entre esta mi señora y mí, es necessario intercessor o medianero que suba de mano en mano mi mensage hasta los oídos de aquella a quien yo segunda vez hablar tengo por impossible. {18} Y pues que assí es, dime si lo hecho apruevas.

Pármeno (Aparte):- (¡Apruévelo el dïablo!)

Calisto:- ¿Qué dizes?

Pármeno:- Digo, señor, que nunca yerro vino desacompañado, y que un inconveniente es causa y puerta de muchos.

Calisto:- El dicho yo le apruevo; el propósito no entiendo.

Pármeno:- {19} Señor, porque perderse el otro día el neblí fue causa de tu entrada en la uerta de Melibea a le buscar; la entrada, causa de la ver y hablar; la habla engendró amor; el amor parió tu pena; la pena causará perder tu cuerpo y *el* alma y *la* hazienda. Y lo que más dello siento es venir a manos de aquella trotaconventos, después de tres vezes emplumada.

Calisto:- {20} Assí, Pármeno, di más desso, que me agrada; pues mejor me parece cuanto más la desalabas. Cumpla comigo y enplúmenla la cuarta. Dessentido eres, sin pena hablas; no te duele donde a mí, Pármeno.

Pármeno:- Señor, más quiero que aïrado me represendas, porque te do enojo, que arrepentido me condenes, porque no te di consejo; pues perdiste el nombre de libre cuando cativaste tu voluntad.

Calisto (Aparte):- {21} (¡Palos querrá este vellaco!) Di, mal crïado, ¿por qué dizes mal de lo que yo adoro? Y tú, ¿qué sabes de onra? Dime, ¿qué es amor? ¿En qué consiste buena crïança, que te me vendes por discreto?

---

segundo *en* podía normalmente suprimirse. ∞ *AC JM K* — aquella *DF GH ILN* a aquella ∞ *Todas:* lo que peor es *(sic)* ∞ *ACD FJM HKILN* su cativo *G* su carivo — (-t- leído como -r-).

II.17 *ACD FJM GHKILN* ‡ o - esquividad (*JM* esquivedad) —Son tres cosas distintas; el tercer *por* fue confundido con y/&/p y suprimido. El *It* omite también. Cf. I.154, VII.24. ∞ *ACD FJM HKILN* mi señora y mí *G* mi señora y a mí

II.18 *AC FJM GHKILN* y pues que assí es *D* y pues — assí es ∞ *ACD FJM KLN* inconveniente *GH I* inconviniente ∞ *ACD FJM G* le apruevo *HKILN* Sal-1570 lo apruevo

II.19 ‡ el otro día —Cuando la Cena primera del Auto I, donde no se dice nada de neblí ni halcón. Rojas acomoda lo del neblí; el argumentista habla de un halcón. Cf. IV.65. ∞ *ACD FJM Sal-1570* causa de la ver (*F* veer) *GHKILN* causó de la ver ∞ *ACD* y - alma *FJM GHKILN* y el alma *Adición.* ∞ *Todas:* y - hazienda —La adición de *el* indica que el *la* no fue agregado por descuido o no fue visto por los cajistas. Cf. *It* il corpo, l'anima e la roba ∞ *ACD F M GHKIL* y lo que más dello siento *J* y los que más dellos siento *N* — lo que más delo siento ∞ *ACD JM GHKILN* a manos *F* en manos

II.20 ACD JM GHKILN desalabas *F* desalavas *(sic) A GHKILN* comigo *CD FJM* conmigo/cõmigo ∞ *AC* desentido *D FJM HILN* dessentido *G* de sentido *K* dissentido ∞ *AC F* la voluntad *D JM GHKILN Sal-1570* tu voluntad

¿No sabes que el primer escalón de locura es creerse ser cïente? Si tú sintiesses mi dolor, con otra agua rocïarías aquella ardiente llaga que la crüel frecha de Cupido me á causado. {22} Cuanto remedio Sempronio acarrea con sus pies, tanto apartas tú con tu lengua, con tus vanas palabras. Fingiéndote fïel, eres un terrón de lisonja, bote de malicias, el mismo mesón y asposentamiento de la embidia. Que por disfamar la vieja, a tuerto o a derecho, pones en mis amores desconfïança, **sabiendo** que esta mi pena y flutüoso dolor no se rige por razón, no quiere avisos, carece de consejo. Y si alguno se le diere, ‡ *sea* tal que no aparte ni desgozne lo que sin las entrañas no podrá despegarse. {23} Sempronio temió su ida y tu quedada. Yo quíselo todo, y assí me padezco *el trabajo* de su ausencia y ‡ *el enojo de* tu presencia. Valiera más solo, que mal acompañado.

Pármeno:- Señor, flaca es la fidelidad que temor de pena la convierte en lisonja, mayormente con señor a quien dolor y afición priva y tiene ageno de su natural jüízio. {24} Quitarse á el velo de la ceguedad; passarán estos momentáneos fuegos. Conocerás mis agras palabras ser mejores, para matar este fuerte cancre, que las blandas de Sempronio, que lo cevan, atizan tu fuego, abivan tu amor, encienden tu llama, añaden astillas que tenga que gastar, hasta ponerte en la sepultura.

Calisto:- {25} ¡Calla, calla, perdido! Estó yo penando y tú filosofando. No te espero más. Saquen un cavallo; límpienle mucho; aprieten bien la cincha; porque ‡ passaré por casa de mi señora y mi Dios.

II.21 *ACD JM GHKILN* querrá *F* querría ∞ *A D* creerse ser (s)ciente *F* creerse (s)ciente *C JM GHKILN Sal-1570* creer ser (s)ciente *Ms* creer ser ciente *(sic)* — Cf. IV.66: el que se cree serlo —La lección correcta está en *AD;* la omisión del -se es simple haplografía. ∞ *ACD FJM G* frecha *HKILN* flecha

II.22 *ACD FJM GHKIL* con tu lengua *N* con — lengua ∞ *Todas:* de lisonja *Sal-1570* de lisonjas ∞ *Todas:* mismo *(sic)* ∞ *Todas* disfamar la vieja *(sic)* ∞ *AC* pues sabe *D* pues sábete *FJM GHKILN* **sabiendo** *It* sapendo *Sustitución.* ∞ *ACD FJM HKILN* flutüoso *G* flotüoso ∞ ‡ *ACD FJM GHKILN* se le diere - tal *It* se gli darà sia tale —El *sea* ha sido omitido por haplografía. ∞ *AC* parte *D* parta *FJM GHKILN* aparte *Sustitución.*

II.23 ‡ *ACD* me padezco su ausencia y tu presencia *FJM GHKILN* me padezco *el trabajo de* su ausencia y ✳✳ tu presencia *It* me patisco la fatiga de sua absentia *(sic)* e - tu presentia *(sic)* (*ACD FJM H* absencia *G KILN* ausencia) *Adición.* Temió *su ida y tu quedada; me padezco su ausencia y tu presencia.* —Al adicionar solamente en 'ausencia' se rompe el paralelismo y se nota trunca la frase, cosa contraria al estilo de Rojas. El amanuense vio la primera adición, pero se le pasó o se saltó la otra. ∞ *A FJM GHKILN* fidelidad *CD* fieldad ∞ *ACD F* dolor o afición *JM GHKILN Sal-1570* dolor y afición *It* dolore & afflictione *(sic)* —Confusión de e(= y)/o.

II.24 *AC* cancre *F* cançre *(sic)* *D JM GHKILN* cáncer —Rojas parece haber preferido la forma más popular *cancre,* masc. o fem. Cf. IX.30. *A* que le cevan *C* que la cevan *D FJM GHKILN* que lo cevan —El cajista de *C* concuerda con *la cancre,* Cf. la mala cancre IX.30. ∞ *AC FJM GHKILN* tu llama *D* tu alma -*errata.* *A D JM GHK N* sepultura (*M* sepulturura *(sic)*) *C F I L* sepoltura

II.25 *Todas:* estó yo *(sic)* ∞ *A* cauollo *(sic)* *CD FJM GHKILN* cauallo ∞ *ACD FJM GHKILN* porque/porq̃/ si passare —El *si* sobra, a no ser que se lea: 'porque sí passaré', pero la forma corroborativa no viene aquí al caso. La lectura con puntos suspensivos es absurda. ¿Qué va a hacer? ¿Andar vagando a ver *si* por pura casualidad para por casa de Melibea? *Sal-1570* y posteriores a esta suprimen el *que,* dejando también la

60

Pármeno (Aparte. Afuera):- {26} ¡Moços! ¿No ay moço en casa? Yo me lo avré de hazer, que a peor vernemos desta vez, que ser ‡ moço de espuelas. ¡Andar, passe! Mal me quieren mis comadres, ‡ porque digo las verdades.— ‡ ¿Rehinchas, don cavallo? ¿No basta un celoso en casa? ¿O barruntas a Melibea?

Calisto:- {27} ¿Viene esse cavallo? ¿Qué hazes, Pármeno?

Pármeno:- Señor, vesle aquí; que no está Sosia en casa.

Calisto:- Pues ten esse estribo; abre más essa puerta. Y si viniere Sempronio con aquella señora, di que esperen, que presto será mi buelta.

(Soliloquio de Pármeno)

Pármeno:- {28} ¡Mas nunca sea! ¡Allá irás con el dïablo! A estos locos dezildes lo que les cumple; no os podrán ver. *Por mi ánima, que si agora le diessen una lançada en el calcañar, que saliessen más sesos que de la cabeça. ¡Pues anda, que a mi cargo que Celestina y Sempronio te espulguen!* {29} ¡O desdichado de mí! Por ser leal padezco mal. Otros se ganan por malos; yo me pierdo por bueno. ¡El mundo es tal! Quiero irme al hilo de la gente, pues a los traidores llaman discretos; a los fïeles, necios. Si yo creyera a Celestina con sus seis dozenas de años a cuestas, no me maltratara Calisto. Mas esto

---

cosa en el aire: *por si passare...* Simplemente lo que pasa es que se tomó a *passare* como futuro de sujuntivo y esto atrajo el *si;* pero es futuro de indicativo, como se ve por el *It* 'perchè voglio passar', y el *si* está de más.

II.26 *Todas:* moços de espuelas *Sal-1570* moço de espuelas *It* famiglio de stalla —El plural *espuelas* produjo el de *moços*, apoyado por el *vernemos;* el plural es posible, pero el singular es mejor. Sigo el *It* y *Sal-1570.* ∞ *ACD FJM GHKI N* andar passe *L* anda passe ∞ —‡Las ediciones solo traen el comienzo del refrán: *Mal me quieren mis comadres...*, pues rara vez los ponían completos, por ahorrar papel o espacio. En ediciones modernas, los refranes deben ponerse completos, salvo casos que sea evidente lo contrario. Aquí el *It* lo trae completo: 'Mal me vole e peggio vorrà, perchè io li dico la verità'. ∞ ‡ *ACD F* rehinchays *(sic) JM GHKILN Sal-1570* relinchays (*N* reliuechays) *ACD F* don cavallo *JM HKILN* dun cavallo *G* duin cavallo *(sic)* —Cf. I.80. ∞ *AC FJM* barruntas *(sic) GHKILN* barruntas *G* barruntays *(sic)* —Todavía a comienzos del siglo XVI es común la errata medieval de -r- en lugar de -rr- (paralela de la -s- en lugar de -ss-) en *arrepentir, arrepiso, barruntar, susurrar* y hasta en *correr* y *guerra.* —Las formas más antiguas del primer verbo son *reninchar, rinchar, reinchar,* pero la forma con aspirada -h- se da, bien por onomatopeya o por cruce con *hinchar* (Cf. el movimiento de las narices del animal y la frase 'hinchar las narices'. Dejo la -h- ante la evidencia de *ACDF.* El tratamiento *vos* en *rehincháis* obligaría a acentuar luego *barruntás,* lo que sería un hápax, pues Rojas usa siempre las formas en *ays.* Pero es sin duda que el *don* dado al caballo hizo que el amanuense o el cajista usase la forma a que estaba acostumbrado con tal vocativo. La igualación de *D* indica que no es plausible mezclar las dos formas y lo mismo en *Ff.* Este y el caso de I.11 (ambos erratas claras) serían en toda la obra los únicos en que no se sigue el *tú* de la comedia latina. Lo obvio es seguir el *It:* 'a, nitrisci, cavallo? no basta un geloso in casa, o forsi senti Melibea?'

II.27 *A* veesle *CD FJM GHKILN* vesle

II.28 *Adición,* desde 'Por mi ánima...' hasta '...te espulguen'. Omiten *ACD,* adicionan *FJM GHKILN.* ∞ *JM GHKILN* calcañar *F* calañal

me porná escarmiento de aquí adelante con él. {30} Que si dixere: 'comamos', yo también; si quisiere derrocar la casa, aprovarlo; si quemar su hazienda, ir por fuego. Destruya, rompa, quiebre, dañe, dé a alcauetas lo suyo, que mi parte me cabrá; pues dizen: a río buelto ganancia de pescadores. ¡Nunca más perro a molino!

U Barcelona, 1529. Carlos Amorós. Portada.

II.29 *ACD FJM* quiero irme *GHKILN* quiérome ir ∞ *ACD JM GHKILN* al hilo *F* a hilo ∞ *ACD FJM GHK* a los fieles *IL* y a los fieles *N* y a los fideles ∞ *ACD* si yo creyera *FJM GHKILN* si - creyera *Supresión aparente.* ∞ ‡ Seis dozenas = 72 años le da aquí Pármeno a la Vieja. Cf. XII.97.

II.30 *ACD F GHKILN* dixere *JM* dixiere ∞ *ACD GHKILN* fuego *FJM* huego ∞ *A D* nunca más perro al molino *C FJM G* nunca más perro a molino (*C* malino *-errata*) *HKILN* mas nunca mas perro a molino —Se hizo la inversión *más nunca pero a molino,* pero se olvidó de tachar el segundo más. Cf. IV.29.

Auto III.

AIII. Argumento del tercero auto.

Sempronio vase a casa de Celestina, a la cual repreende por la tardança. Pónense a buscar qué manera tomen en el negocio de Calisto con Melibea. En fin sobreviene Elicia. Vase Celestina a casa de Pleberio. ‡ Quedan Sempronio y Elicia en casa.

III. Tercero Auto {1-44}. Sempronio, Celestina, Elicia.

(Cena 1ª)

Sempronio (Aparte):- {1} (¡Qué espacio lleva la barbuda! Menos sossiego traían sus pies a la venida. A dineros pagados, braços quebrados). — ¡Ce! ¡Señora Celestina, poco as aguijado!

Celestina:- ¿A qué vienes, hijo?

Sempronio:- Este nuestro enfermo no sabe qué pedir. De sus manos no se contenta; no se le cueze el pan. {2} Teme tu negligencia; maldize su avaricia y cortedad, por que te dio tan poco dinero.

Celestina:- No es cosa más propia del que ama que la impaciencia. Toda tardança les es tormento, ninguna dilación les agrada. En un momento querrían poner en efeto sus cogitaciones. {3} Antes las querían ver conclüídas que empeçadas. Mayormente estos novicios *amantes,* que contra cualquier señuelo buelan sin deliberación, sin pensar el daño que el cevo de su desseo trae mezclado, en su exercicio y negociación, para sus personas y

---

AIII. Argumento del tercero auto *ACD JM GHKILN (F no lo trae).* ∞ *ACD JM* auto *GHKILN* aucto ∞ *ACD* reprende *(sic) JM GHKILN* repre*he*nde *(sic). Sustitución* que introduce el latinismo gráfico, aunque la forma de *ACD* indica la pronunciación usual. ∞ ‡En fin, sobreviene Elicia —El *It* lo omite y es inexacto. Los dos últimos párrafos del argumento están traspuestos. Debía decir algo más o menos: *Llegan a casa de Celestina, donde hallan a Elicia. Quedan Sempronio y Elicia en casa. Vase Celestina a casa de Pleberio.* Falta todo lo referente al conjuro diabólico. ∞ *ACD JM GHKILN* queda *Sal-1570* quedan —El singular es posible, pero puede ser simple omisión del tilde de *quedā.*

III. *CD FJM ILN* Sem. Cel. Eli. *A (sobre el grabado):* Eli. Sem. Cel. *GHK* Cel. Sem. Eli.

III.1 *ACD* barvuda *FJM GHKILN* bar*b*uda *Sustitución* —La forma tradicional es *barva* y en consecuencia *barvuda;* pero el latinismo gráfico se iba imponiendo apoyado por la pronunciación popular de b- ante -o, -u. ∞ *AC FJM G* sosiego *D HKILN* sossiego

III.2 ‡por que te dio = por la que te dio ∞ *ACD FJM GH* propia *KILN* propria ∞ *ACD FJM Sal-1570* les es *M HKILN* le es ∞ *ACD GHKILN* querrían poner *FJM* querían poner ∞ *A* en efeto *CD FJM GHKILN* en effecto

sirvientes.

Sempronio:- {4} ¿Qué dizes de sirvientes? ¿Parece por tu razón que nos puede venir a nosotros daño deste negocio, y quemarnos con las centellas que resultan deste fuego de Calisto. *(Aparte)* (¡Aun al dïablo daría yo sus amores! Al primer desconcierto que vea en este negocio no como más su pan. {5} Más vale perder lo servido, que la vida por cobrallo. El tiempo me dirá que haga; que primero que caiga del todo dará señal, como casa que se acuesta). — Si te parece, madre, guardemos nuestras personas de peligro; hágase lo que se hiziere. Si la oviere, ogaño, ‡ suyo será el daño; si no, a otro año; si no, nunca. {6} Que no ay cosa tan difícile de sufrir en sus principios, que el tiempo no la ablande y haga comportable. Ninguna llaga tanto se sintió, que por luengo tiempo no afloxasse su tormento; ni plazer tan alegre fue, que no le ‡ amengu *ass* e su antiguedad. {7} El mal y el bien, la prosperidad y adversidad, la gloria y pena, todo pierde con el tiempo la fuerça de su acelerado principio. Pues los casos de admiración y venidos con gran desseo, tan presto como passados, olvidados. Cada día vemos novedades y las oímos, y las passamos y dexamos atrás. {8} Diminúyelas el tiempo, házelas contingibles. ¿Qué tanto te maravillarías si dixiessen: la tierra tembló o otra semejante cosa, que no olvidasses luego? Assí como: elado está el río, el ciego vee ya, muerto es tu padre, un rayo cayó, ganada es Granada, el rey entra oy, el turco es vencido, eclipse ay mañana, la puente es llevada, aquel es ya obispo, a Pedro robaron, Inés se ahorcó. {9} ¿Qué me dirás?, sino que a tres días passados, o a la segunda vista, no ay quién dello se maraville. Todo es assí, todo passa desta manera, todo se

---

III.3 *ACD ILN* querrían ver *FJM GHK* querían ver ∞ *ACD omiten, FJM GHKILN* agregan amantes. *Adición.* ∞ *ACD F* cualquiera *JM GHKILN* cualquier ∞ *Todas:* sirvientes *(sic)*

III.4 *Todas:* sirvientes *(sic)* ∞ *AC FJM* que nos puede venir a nosotros daño *D* que a nostros puede venir daño *GHKILN* que nos pueda venir a nosotros daño ∞ ‡desconcierto —Cf. X.44.

III.5 *ACD FJM GHKILN* si la oviere (*N* ouiero *sic*) ogaño: sino a otro (*K* a atro *sic*) año (*JM omiten* año) (*A* sino otro año): sino nunca —*It* se la porrà avere questo anno. se non l'altro anno, se mai non la porrà avere *suo serà il danno* —*Mabbe* if it be possible, let us work her for him this year; if not this, the next; if not the next, when we may; if never, *the worse luck is his.* Los textos castellanos detrás de *It* y Mabbe tenían traspuesto *suyo será el daño.* Es un refrán que, como era lo usual, no estaba escrito completo. Los traductores conocen el refrán, pero lo acomodan mal.

III.6 *ACD FJ GHKILN* di(f)fícile *M* difficil *(sic)* ∞ *AC* çofrir *D FJM G* su(f)frir —Las formas con -ç- son probablemente las de Rojas. ∞ ‡ *Todas:* no le amengue *(sic)* —Ejemplo conspicuo del descuido de las primeras ediciones. Simple haplografía: amengu aſe ſu. Los que mantienen el culto a las erratas no vacilan en achacar a los autores del periodo cazafatones de este tipo. El *It* trae normalmente: 'nisuna piaga tanto sentî dolerse che col tempo non lentasse suo tormento, e nisun piacer fu sî grande che per spazio di tempo non mancasse'. La errata puede venir ya del amanuense que sacó en limpio el segundo manuscrito.

III.7 *ACD JM GHKILN* dexamos *F* dexemos

III.8 *A* dixesen *CD F* dixiessen *JM* dixiesen *GHKILN* dixessen ∞ *ACD GHKILN* el rey entra oy *FJM* y el rey entra oy ∞ *AC FJM* eclipse *(sic) D GHKILN* eclipsi *(sic)* ∞ *D único,* a continuación de 'se ahorcó' agrega 'Cristóval fue borracho'.

olvida, todo queda atrás. Pues assí será este amor de mi amo: cuanto más fuere andando, tanto más diminuyendo. {10} *Que la costumbre luenga amansa los dolores, afloxa y deshaze los deleites, desmengua las maravillas.* Procuremos provecho mientra pendiere la contienda, y si a pie enxuto le pudiéremos remediar, lo mejor mejor es; y si no, poco a poco le soldaremos el reproche o menosprecio de Melibea contra él. Donde no, más vale que pene el amo, que no peligre el moço.

Celestina:- {11} Bien as dicho. Contigo estoy, agradado me as. No podemos errar. Pero todavía, hijo, es necessario que el buen procurador ponga de su casa algún trabajo, algunas fingidas razones, algunos sofísticos actos: ir y venir a jüízio, aunque reciba malas palabras del jüez. {12} Siquiera por los presentes que lo vieren, no digan que se gana holgando el salario. Y assí verná cada uno a él con su pleito, y a Celestina con sus amores.

Sempronio:- Haz a tu voluntad, que no será este el primero negocio que as tomado a cargo.

Celestina:- ¿El primero, hijo? Pocas vírgines, a Dios gracias, as tú visto en esta ciudad que ayan abierto tienda a vender, de quien yo no aya sido corredora de su primer hilado. {13} En naciendo la mochacha, la hago escrivir en mi registro, *y esto* para **que yo sepa** cuántas se me salen de la red. ¿Qué pensavas, *Sempronio*? ¿Avíame de mantener del viento? ¿Eredé otra erencia? ¿Tengo otra casa o viña? ¿Conócesme otra hazienda, más deste oficio, de que como y bevo, de que visto y calço? {14} En esta ciudad nacida, en ella crïada, manteniendo onra como todo el mundo sabe, ¿conocida, pues, no soy? Quien no supiere mi nombre y mi casa, tenle por estrangero.

Sempronio:- Dime, madre, ¿qué passaste con mi compañero Pármeno quando subí con Calisto por el dinero?

III.9 *D único omite:* todo se olvida ∞ *ACD JM GHKILN* fuere andando *F* fuerte andando *(sic)*

III.10. *Adición,* desde 'que la costumbre...' hasta '...las maravillas'. Omiten *ACD,* adicionan *FJM GHKILN.* ∞ *ACD FJM* la contienda *GHKILN* su contienda ∞ *ACD FJM GHKILN* reproche *Ms.* repudio *(sic)*

III.11 —

III.12 *ACD* con su pleito *FJM GHKILN* con - pleito *Supresión aparente'.* 'Su pleito' es paralelo de 'sus amores'. Venir 'con pleito' es una cosa, y 'con su pleito' es otra; así como venir 'con amores' es distinto de venir 'con sus amores'. ∞ *ACD HKILN* primer negocio *FJM G* primero negocio ∞ *ACD FJM HKILN* vírgines *G* vírgenes ∞ *CD FJM HKILN* ciudad *A G* cibdad ∞ *Todas:* sido *(sic)* —Probablemente corregido. La forma normal del periodo, de Rojas y de Cota, es *séido,* pero ya empieza a deslizarse *sido,* y desde muy antiguo. ∞ *AC FJM* corredora *N* corrdoera *(errata) D GHKILN* corredera ∞ *Todas:* primer hilado —Cf. arriba: primer(o) negocio.

III.13 *ACD* escrivir *FJM* scrivir *(sic) GH ILN* escrevit *K* escreuir *(sic)* ∞ *ACD* mi registro, para *FJM GHKILN* mi registro y esto para *Adición.* ∞ *ACD* para saber *It* per sapere *FJM GHKILN* para **que yo sepa** *Sustitución.* ∞ *ACD* qué pensavas? *FJM GHKILN* qué pensavas, Sempronio? *Adición.* ∞ *ACD JM GHKILN* avíame (*MK* hauiame *sic) F* que avíame ∞ *ACD JM GHKILN* otra (h)erencia *F* para herëcia *(sic)* ∞ ACD FJM HKILN como y bevo *G* como y bivo

III.14 *A GHK* cibdad *CD FJM ILN* ciudad ∞ *ACD JM GHI N* tenle *F* ten *(sic) L* tenlo ∞ *A D JM GHKILN* subí *C F* sobí

65

Celestina:- {15} Díxele el sueño y la soltura, y cómo ganaría más con nuestra compañía que con sus lisonjas que dize a su amo; cómo biviría siempre pobre y baldonado, si no mudava el consejo; que no se hiziese sancto a tal perra vieja como yo; acordéle quién era su madre, por que no menospreciasse mi oficio; por que queriendo de mí dezir mal, tropeçasse primero en ella.

Sempronio:- {16} ¿Tantos días á que le conoces, madre?

Celestina:- Aquí está Celestina, que le vido nacer y le ayudó a crïar. Su madre y yo, uña y carne. Della aprendí todo lo mejor que sé de mi oficio. Juntas comiemos, juntas dormiemos, juntas aviemos nuestros solazes, nuestros plazeres, nuestros consejos y conciertos. {17} En casa y fuera, como dos ermanas; nunca blanca gané en que no toviesse su meitad. Pero no ‡ bivría yo engañada, si mi fortuna quisiera que ella me durara. ¡O muerte, muerte, a cuántos privas de agradable compañía! {18} ¡A cuántos desconsuela tu enojosa visitación! Por uno que comes con tiempo, cortas mil en agraz. Que siendo ella biva, no fueran estos mis passos desacompañados. ¡Buen siglo aya, que leal amiga y buena compañera me fue! {19} *Que jamás me dexó hazer cosa en mi cabo, estando ella presente. Si yo traía el pan, ella la carne; si yo ponía la mesa, ella los manteles. No loca, no fantástica ni presuntüosa como las de agora. En mi ánima, descubierta se iva hasta el cabo de la ciudad, con su jarro en la mano, que en todo el camino no oié peor de: ¡señora Claudina!* {20} *¡Y a osadas, que otra conocié peor el vino y cualquier mercaduría! Cuando pensava que no era llegada, era de buelta. Allá la combidavan, según el amor todos le tenían, que jamás bolvía sin ocho o diez*

III.15 *ACD FJM GHKI N* y la soltura *L* la soltura —Confusión de &/d'. Cf. C.7. *ACD F M GHKILN* que dize *J* que dizes ∞ ‡ acordele quién era su madre... —Nada en tal sentido de lo que dice en III.15-22 le dijo la Vieja a Pármeno. Comienzan las mentiras de la mitómana anciana. La única alusión de I.137 es un aparte que Pármeno no pudo ni debió oír. Lo de acordarle quién era la Claudina ocurre realmente en el Auto VII. ∞ ‡ Desde 'que no se hiziesse santo...' hasta '...y nosotros sin quexa' (III.15-22) es ya una *Adición primera* en el texto de las Comedias, dentro de la cual se hizo una *Adición segunda,* de III.19-21. ∞ ‡por que = para que *(bis)* ∞ *C* quiriendo *AD FJM HKILN* queriendo *G* querriendo *(errata)*

III.16 *AC FJM GHKILN* le vido *D* le vio ∞ *CD FJM* comiemos *A GHKILN* comiamos *CD JM* dormiemos *F* durmiemos *A GHKILN* dormiamos *CD FJ* aviemos *A M GHKILN* aviamos (*A* haviamos *sic*) —Estas formas del copretérito en -ie- son sin duda de Rojas; pudieran llamarse 'toledanismos' del copretérito (y pospretérito), por predominar en escritores del centro de Castilla la Nueva, en el periodo, pero se dan por todas partes.

III.17 *AC FJM GHK* toviesse *D ILN* tuviesse ∞ *A D HKILN* meitad/meytad *C* mytad *(sic) F* mitad *(sic) JM G* amistad *(sic)* ∞ *ACD FJM HKILN* bivía (*A* vivía) *G* biuiia *(sic)* ∞ ‡bivría: no bivría/biviría yo (agora) engañada, si quisiera mi fortuna que ella me durasse. —En *G* se ve el origen de la mala lectura: -r- leída como -i-. Y estaba en *E,* pues el *It* lee: 'ma io non viveva ingannata'.

III.18 *ACD GHKILN* siendo *F* syendo *(sic) JM* seyendo ∞

III.19 *Adición,* desde 'Que jamás me dexó...' hasta '...y andar adelante'. Omiten *ACD,* adicionan *FJM GHKILN.*

FJM GHKILN presumptuosa/pſumptuosa ∞ *F* oyé *(sic)* (= oié = oía) *J M GHKILN* oya (= oía). Sin duda hay que mantener la *lectio difficilior* de *F.*

66

gostaduras, un açumbre en el jarro y otro en el cuerpo. {21} Assí le fiavan dos
o tres arrobas en vezes, como sobre una taça de plata. Su palabra era prenda de
oro en cuantos bodegones avía. Si ívamos por la calle, dondequiera que
oviéssemos sed entrávamos en la primera taverna: luego mandava echarme
medio açumbre para mojar la boca. Mas a mi cargo, que no le ‡ quitavan la
toca por ello, sino ¿cuánto?, la rayavan en su taja, y andar adelante. {22} Si
tal fuesse agora su hijo, a mi cargo, que tu amo quedasse sin pluma y nosotros sin quexa. Pero yo lo haré de mi hierro, si bivo; yo le contaré en el
número de los míos.

Sempronio:- ¿Cómo as pensado hazerlo, que es un traidor?

Celestina:- {23} A esse tal, dos alevosos. Haréle aver a Areúsa. Será de los
nuestros. Darnos á lugar a tender las redes sin embaraço por aquellas dob-
las de Calisto.

Sempronio:- Pues crees que podrás alcançar algo de Melibea? ¿ Ay algún
buen ramo?

Celestina:- {24} No ay çurujano que a la primera cura juzgue la herida. Lo que
yo al presente veo te diré: Melibea es hermosa, Calisto loco y franco; ni a él
penará gastar ni a mí andar. ¡Bulla moneda, y dure el pleito lo que durare!
Todo lo puede el dinero; las peñas quebranta, los ríos passa en seco. No ay
lugar tan alto que un asno cargado de oro no le suba. {25} Su desatino y
ardor basta para perder a sí y ganar a nosotros. Esto é sentido, esto é
calado, esto sé dél y della, esto es lo que nos á de aprovechar. A casa voy
de Pleberio. Quédate a Dios. — Que aunque esté brava Melibea, no es esta,
si a Dios á plazido, la primera a quien yo é hecho perder el cacarear. {26}

III.20 *F* otro *JM GHKILN* otra —Lo escrito originalmente debió ser 'otre/otrie'.
Cf. IV.89, IX.47. ∞ *F* conocie *JM GHKILN* conocía —Los dos copretéritos en
-ie- solo han sido mantenidos en *F*. ∞ *JM GHKILN* le tenían *F* la tenían *Sal-
1570* le tenién —Probablemente aquí también estaba la forma en -ie en el texto
que tuvo a la vista *Sal-1570* — ¿E? ∞ *F* gastaduras *JM GHK* gostaduras *ILN*
gustaduras

III.21 *F* la fiavan *JM G ILN* le fiavan *HK* le fiava (sic) ∞ *FJM* arrobas
GHKILN arrovas ∞ *F* media açumbre *JM GHKILN* medio açumbre ∞ ‡ *FJM
GHKILN* quitaron *Sal-1570* quitavan —Es simple errata de -u/v- leída como -r-.
Aunque el *It* trae 'gli fu levato,' el pretérito castellano no se justifica y menos
junto al 'rayavan' paralelo, que sigue.

III.22 *ACD* fuesse - su hijo *FJM GHKILN* fuesse agora su hijo *Adición.* ‡ si tal
fuesse...que tu amo quedasse (quedaría, quedara, quedava) —Igualación de tiempos verbales, latinizante aquí. ∞ *ACD F* le haré *JM GHKILN* lo haré ∞ *ACD F* le contaré *JM
GHKILN* lo contaré

III.23 —

III.24 *AC FJM GHKILN* çurujano *D* cirujano ∞ *ACD FJM G* — ni a él penará
HKILN y ni a él penará ∞ *ACD F* le suba *JM GHK LN* lo suba —*I* falta desde aquí hasta IV.20.

III.25 *ACD JM GHK N* y ganar *F* — ganar *L* y ganan ∞ ‡ A casa voy de Pleberio
—La Vieja dice que va a casa de Pleberio, esto es, de Melibea. El 'quédate a Dios' indica
una despedida. Aquí hay una ruptura o una modificación de una primera redacción. Probablemente aquí terminaba el Auto o esta Cena. Luego Rojas alarga lo que sigue para
llevar finalmente a Sempronio a quedarse con Elicia, en claro paralelo del final del Auto
VII. ∞ ‡ Desde 'Que aunque esté brava...' hasta '...al cabo me á de halagar', es ya una

Coxquillosicas son todas; mas después que una vez consienten la silla en el envés del lomo, nunca querrían holgar. Por ellas queda el campo: muertas sí; cansadas no. Si de noche caminan, nunca querrién que amaneciesse: maldizen los gallos porque anuncian el día y el relox porque ‡ anda tan apriessa. {27} *Requieren las Cabrillas y el Norte, haziéndose estrelleras. Ya cuando veen salir el luzero del alva, quiéreseles salir el alma; su claridad les escurece el coraçón.* Camino es, hijo, que nunca me harté de andar; nunca me vi cansada. Y aun assí, vieja como soy, sabe Dios mi buen desseo. {28} ¡Cuánto más estas que hierven sin fuego! Catívanse del primer abraço, ruegan a quien rogó, penan por el penado, házense siervas de quien eran señoras, dexan el mando y son mandadas, rompen paredes, abren ventanas, fingen enfermedades, a los cherriadores quicios de las puertas hazen con azeites usar su oficio sin rüído. {29} No te sabré dezir lo mucho que obra en ellas aquel dulçor que les queda de los primeros besos de quien aman. Son enemigas todas del medio; contino están posadas en los estremos.

Sempronio:- No te entiendo essos términos, madre.

Celestina:- {30} Digo que la muger o ama mucho a aquel de quien es requerida, o le tiene grande odio. Assí que, si al querer despiden, no pueden tener las riendas al ‡ dessear. Y con esto, que sé cierto, voy más consolada a casa de Melibea, que si en la mano la toviesse. Porque, sé que, aunque al presente la ruegue, al fin me á de rogar; aunque al principio me amenaze, al cabo me á de halagar. {31} Aquí llevo un poco de hilado en esta mi faltriquera,

---

Adición primera en el texto de las Comedias, dentro de la cual se hizo una corta *Adición segunda* en III.27. En todo caso, esto fue redactado después de la escena del enfurecimiento de Melibea en el Auto IV. Todavía en este punto ni Melibea 'está brava' —ni caso que lo esté, la Vieja podría saberlo; Melibea se puso brava después de que la Vieja le mentó a Calisto. 'Estar brava, ponerse brava' no tienen las acepciones peninsulares actuales, sino las que usaban fray Luis de León o Santa Teresa, o las que hoy todavía les damos en América: estar furiosa, enfurecerse. ∞ *ACD JM GHK LN* cacarear *F* cacarrear

III.26 *ACD JM GHK LN* querrían holgar *F* querían holgar *A FJM GHK LN* querrían que *CD* querrién que —Probablemente el anterior 'querrían holgar' también debe leerse 'querrién' ∞ ‡ *ACD FJM GHK LN* porque/porq̃ da *It* perchè così appressa camina —Es simple errata de omisión en 'porq̃ada' = 'porque anda', mal leído como 'porque da'. Lo que les fastidia no es que el reloj *dé* las horas, sino que *ande,* que el tiempo les trascurra tan rápido. La expresión 'andar aprisa el reloj' es todavía usual.

III.27 *Desde* Requieren las Cabrillas...' hasta '...escurece el coraçón'. Omiten *ACD,* adicionan *FJM GHK LN. Adición.*
JM GHK LN veen salir *F* vẽ salir

III.28 *ACD GHK LM* hierven *FJM* hirven ∞ *ACD FJM GHK LN* fuego *(sic)* ∞ *A* chirriadores *CD LN* cherriadores *FJM HK* cherriaderos *G* cheriaderos *(sic)* —En el periodo formas de este tipo en -dores/-doras -deros/-deras se usan indistintamente. Cf. III.12 corredora/corredera.

III.29 *ACD FJM G* aquel dulçor *HK LN* el dulçor ∞ *ACD* enemigas todas del medio *FJM GHK LN* enemigas - del medio *Supresión aparente.* ∞ *A FJM GHK LN* contino *CD* continuo ∞ *ACD FJM GHK LN* estremos *(sic)*

III.30 *AC* — aquel *D FJM GHK LN* a aquel ∞ *A* assí — si al *CD FJM GHK N* assí que si al *L* assí que — al ‡ Todas traen (*I* falta): 'las riendas al desamor', lo que es contradictorio y absurdo. La lectura *desamor* fue inducida por el anterior *odio.* Pero es que

68

con otros aparejos que comigo siempre traigo, para tener causa de entrar donde mucho no **só** conocida, la primera vez: assí como gorgueras, garvines, franjas, rodeos, tenazuelas, alcohol, alvayalde y solimán; hasta agujas y alfileres, que tal ay que tal quiere. Porque donde me tomare la boz, me halle apercebida para les echar cevo o requerir de la primera vista.

Sempronio:- {32} Madre, mira bien lo que hazes, porque cuando el principio se yerra, no puede seguirse buen fin. Piensa en su padre, que es noble y esforçado; su madre, celosa y brava; tú, la misma sospecha. Melibea es única a ellos: faltándoles ella, fáltales todo el bien. En pensallo tiemblo: no vayas por lana y vengas sin pluma.

Celestina:- {33} ¿Sin pluma, hijo?

Sempronio:- O emplumada, madre, que es peor.

Celestina:- ¡Alahé, en mal ora a ti é yo menester para compañero! ¡Aun si quisiesses avisar a Celestina en su oficio! Pues cuando tú naciste ya comía yo pan con corteza. ¡Para adalid eres tú bueno, cargado de agüeros y recelo!

Sempronio:- {34} No te maravilles, madre, de mi temor, pues es común condición umana que lo que mucho se dessea jamás se piensa ver conclüído. Mayormente que en este caso temo tu pena y mía. Desseo provecho, querría que este negocio oviesse buen fin; no por que saliesse mi amo de pena, más por salir yo de lazeria. Y assí, miro más inconvenientes con mi poca esperiencia, que no tú como maestra vieja.

---

sin duda hay un estropeo mayor: la mujer o *ama mucho* o *le tiene grande odio;* hay dos términos que dentro del estilo de Rojas deben ser paralelizados con otros dos, introducidos por 'assí que: si al querer despiden, no pueden tener las riendas al dessear' y 'si al amar reciben, después suelen soltar las riendas al ofender'. —El segundo término fue omitido, accidente común en las adiciones; lo que confirma que esto es una adición ya en el cuerpo de las Comedias. Para el que tenga algún sentimiento del estilo de Rojas, el segundo término omitido es más que evidente. Obsérvese el remate del parlamento: 'aunque al presente la ruegue, al fin me á de rogar' = aunque al principio me amenaza, al cabo me á de halagar. Cf. P.22. ∞ *AC FJM* toviesse *D GHK LN* tuviesse.

III.31 ‡ Aquí llevo... —Probablemente esto debía venir a continuación de la frase 'a casa voy de Pleberio'. Cf. atrás III.25. ∞ *AC GHL LN* comigo *D FJ* conmigo *M* commigo ∞ *ACD* no soy *FJM GHK LN* no só Sustitución(?). ∞ *A* garrumes *C* garumes *D FJM HK LN* garvines *G* garuiues *(sic)* —La palabra parece haberles resultado poco familiar a los cajistas. De ahí las erratas. ∞ *A D JM GHK LN* franjas *C F* franjes *(sic)* ∞ *ACD JM GHK LN* tenazuelas *F* tinazuelas ∞ *ACD* hasta agujas *FJM GHK LN* − agujas *Supresión aparente.* ∞ ‡que tal ay que tal quiere = se dan algunos(as) que hasta tales fruslerías quieren. —La coma después de *ay* en ediciones modernas está de más. Y el *hasta* anterior es necesario. ∞ *A D JM HK LN* halle *C* falle *FG* alle

III.32 *A* pude *CD FJM GHK LN* puede —Cf. I.64-65. ∞ *ACD JM GHK LN* seguirse *F* seguirle —Confusión de -l-/-ʃ-. Cf. IV.26. ∞ *Todas:* misma sospecha *(sic).*

III.33 *A F* eres *CD* eras ∞ *ACD F Sal-1570* − bueno *JM GHK LN* tú bueno ∞ ‡ de agüeros y de recelo —Parece que aquí debiera venir la brusca despedida de arriba en III.25: 'Quédate a Dios'.

III.34 *ACD FJM Sal-1570* ver *It* veder *GHK LN* aver —Simple errata, Cf. I.145. ∞ *ACD FJM GHK LN* querría *(sic)* ∞ *ACD FJM GHK LN* oviesse *(sic) ACD FJM K LN* inconvenientes *GH* inconvinientes ∞ *AC FJM* esperiencia *D GHK LN* experiencia

(Cena 2ª)

Elicia:- {35} ¡Santiguarme quiero, Sempronio! ¡Quiero hazer una raya en el agua! ¿Qué novedad es esta, venir oy acá dos vezes?

Celestina:- Calla, bova, déxale, que otro pensamiento traemos en que más nos va. Dime, ¿está desocupada la casa? ¿Fuese la moça que esperava al ministro?‡

Elicia:- {36} Y aun después vino otra y se fue.

Celestina:- ¿Sí, que no en balde?

Elicia:- No, en buena fe, ni Dios lo quiera. Que aunque vino tarde, más vale a quien Dios ayuda ‡ que quien mucho madruga.

Celestina:- Pues sube presto al sobrado alto de la solana y baxa acá el bote del azeite serpentino que hallarás colgado del pedaço de la soga que traxe del campo la otra noche, cuando llovía y hazía escuro. {37} Y abre el arca de los lizos y hazia la mano derecha hallarás un papel escrito con sangre de murciélago, debaxo de ‡ aquella ‡ hoja de drago a que sacamos ayer las uñas. Mira no derrames el agua de mayo que me traxeron a confacionar.

III.35 ‡Cena 2ª. Esta cena para poner a Sempronio con Elicia debe llevar a conclusión el día. El diálogo que sigue, de subentendidos, liga hábil y jocosamente con el incidente del Crito. La Vieja pregunta —delante de Sempronio— si se fue 'la moça que esperava al ministro'; como no era tal moza, sino el Crito, la contestación de Elicia de que vino además 'otra' quiere decir que después del Crito vino 'otro' cliente. Y no vino en balde ni para él ni para Elicia, ¡ni Dios lo quiera! aunque vino ya 'tarde'. Nótese esto último para la cronología. Que los hispanistas 'victorianos' no hayan entendido ni cogido el busilis de este diálogo, pase; pero que Cejador, con toda su pispurria y pispicia, tampoco, es grave. ∞ *ACD JM GHK LN* al ministro *F* el ministro *It* allo ministro de *san Francesco* —En clara conexión con el texto de *It* en I.79 y en confirmación completa del sentido que explico.

III.36 *ACD FJM GHK LN* a quien Dios ayuda &c. —El refrán está puesto íntegro en VIII.23. Una variante sin el anacoluto es: 'que al que mucho madruga...' ∞ *ACD FJM G N* sobrado *HKL* soberado —soberado, la forma anaptítica, es usual en América. ∞ *ACD FJM HK LN* baxa acá *G* abaxa acá ∞ *ACD FJ GHK LN* bote *M* pote ∞ *ACD* de - soga *It* de fune *FJM GHK LN* de la soga. Adición.

III.37 *A* morciégalo *C F G* murciégalo *JM HK LN* murciélago ∞ ‡ *ACD FJM GHK LN* de aquel ala de drago *(sic)* —La forma 'aquel ala' = 'aquell'ala, aquella ala' es hápax en toda la obra. El texto ciertamente está estropeado. Una forma oja sin h- puede haber originado la alteración, estando por detrás Juan de Mena con sus 'uessos de alas de dragos que buelan'. Pero la sombra de Mena es la que hace más sospechosa esta lectura. La Vieja está hablando de cosas muy concretas y precisas dentro de su arte y un *drago* o *dragón* mitológico no hace al caso aquí. Cf. la botica de la Vieja, donde no hay nada mitológico ni irreal. Rojas usa *dragón* (no *drago*) en X.11 en un enjemplo específico. En el periodo y antes y después, se creía en los *dragos* o *dragones* de los antiguos, alados y demás. En muchos pasos *drago* o *dragón* es simple sinónimo de serpiente, sierpe, reptil feroz, voraz y de tamaño considerable. Pero ¿a qué drago o dragón, nativo de España, le pudo haber quitado la práctica Vieja el ala y sacado las uñas *ayer*? Mena flota en plena mitología, Rojas absorbe todo aquello y lo 'realifica'. Los casos de citas eruditas, como el del Auto X, o del pez equeneide o del ave roco del Prólogo, son cosas totalmente distintas. Aquí la Vieja no está citando nada, sino mencionando ingredientes y materiales de su oficio. Creo que aquí se trata de la planta *drago,* de donde se saca la *sangre de drago* y cuyas hojas o pencas ciertamente tienen uñas. Pudiera ser el pez *drago* y entonces el ala =

Elicia:- {38} Madre, no está donde dizes. Jamás te acuerdas de cosa que guardes.

Celestina:- No me castigues, por Dios, a mi vegez; no me maltrates, Elicia. No enfinjas porque está aquí Sempronio, ni te ensobervezcas; que más me quiere a mí por consegera que a ti por amiga, aunque tú le ames mucho. {39} Entra en la cámara de los unguentos y en la pelleja del gato negro, donde te mandé meter los ojos de la loba, le hallarás. Y baxa la sangre del cabrón y unas poquitas de las barbas que tú le cortaste.

Elicia:- Toma, madre; veslo aquí. Yo me subo y Sempronio, arriba.

(Cena 3ª)

Celestina:- {40} Conjúrote, triste Plutón, señor de la profundidad infernal, emperador de la corte dañada, capitán sobervio de los condenados ángeles, señor de los sulfúreos fuegos que los hirvientes étnicos montes manan, governador y veedor de los tormentos y atormentadores de las pecadoras ánimas, {41} *regidor de las tres furias, Tesífone, Megera y Aleto, administrador de todas las cosas negras del reino de Estige y Dite, con todas sus lagunas y*

aleta, usual también en el periodo. El punto es oscuro. ∞ *ACD FJM* a que sacamos *GHK LN* al que sacamos —La lectura *al* piensa quizá en el animal fantástico, dragón. ∞ *A D GHK LN* traxeron *C* truxieron *FJM* traxeron ∞ *A* confecionar *CD FJM GHK LN* confacionar

III.38 *AC FJM* te acuerdas (*F* acordas *sic*) a cosa *D GHK LN* te acuerdas de cosa —Simple confusión de a/d. Cf. V.21, VIII.30, IX.2, IX.67, XIV.40. ∞ *ACD* que guardas *FJM GHK LN* que guardes *Sustitución.* ∞ *ACD FJM* castigues *GHK LN* testigues ∞ *ACD FJM* a mi vegez *GHK LN* en mi vegez ∞ *A* infinjas *CD FJM GHK LN* enfinjas *Ms.* enfingas (!) ∞ *A F* sobervezcas *C* sobervezas (!) *D JM GHK LN* ensobervezcas

III.39 ‡unguentos: —Pronunciación sin la -u- desde la introducción del latinismo hasta mediados del siglo XVIII. Las viejas formas *unguiento, unguiente, enguiento, inguiente, enguiento, inguiento* (algunas usadas todavía popularmente) indican claramente que la -u- no se pronunciaba. La pronunciación de los latinismos medievales, tanto en España como en Inglaterra, seguía la pronunciación de Francia. Después de 1500, en ambos países, tardó siglo y medio largo en imponerse la pronunciación italianizante. Cf. *questión, quistión, requesta, unguento, unguente, sequestrar, secrestar,* francés: *question, requête, onguent, sequestrer* etc. (Shakespear no pronunciaba, v.gr. [kwesch'n] a lo moderno, sino [késtÿ°n].

III.40 ‡En el texto no hay indicación alguna del tiempo en que el Conjuro fuera realizado. La subida arriba de Sempronio con Elicia indica sin duda el fin del día. Cf. VII y XI *sub fine.* El tiempo más apropiado para estos conjuros diabólicos era y es la noche. Por el párrafo: 'Assí confiando en mi mucho poder...' es claro que el conjuro se hace antes de salir Celestina para la casa de Melibea. Los que suponen ese interminable *primer día* que va hasta la quedada de Pármeno con Areúsa y la Cena 4ª del Auto VII, en el mejor de los casos tienen que poner el conjuro entre 10 a 11 de la mañana, es decir en el tiempo más improbable posible. Simplemente, la Vieja hace el conjuro al lubricán, entre sombra y luz del día siguiente, y luego se va a casa de Pleberio, a donde llega sin haberse desayunado. Recuérdese lo anotado atrás de que el Conjuro no está indicado en el Argumento del Auto. ∞ *ACD JM GHK LN* sulfúreos *F* sulfuros (*sic*) ∞ *A F GHK LN* et(h)nicos montes —Son simplemente el Mongibel o Etna de Sicilia. El adjetivo es buena derivación de Etna, pero se presta a confusión. El texto de *E* traía la errata *enicos,* porque el *It* traduce: li bullenti e iniqui monti. *Sal-1570* modifica: ethneos.

71

sombras infernales y litigioso caós, mantenedor de las bolantes árpias, con toda la otra compañía de espantables y pavorosas idras. {42} Yo, Celestina, tu más conocida cliéntula, te conjuro por la virtud y fuerça destas bermejas letras, por la sangre de aquella noturna ave con que están escritas, por la gravedad de aquestos nombres y sinos que en este papel se contienen, por la áspera ponçoña de las bívoras de que este azeite fue hecho, con el cual unto este hilado: {43} vengas sin tardança a obedecer mi voluntad y en ello te embuelvas y con ello estés sin un momento te partir, hasta que Melibea, con aparejada oportunidad que aya, lo compre y con ello de tal manera quede enredada que, cuanto más lo mirare, tanto más su coraçón se ablande a conceder mi petición, y se le abras y lastimes del crudo y fuerte amor de Calisto, tanto que, despedida toda onestidad, se descubra a mí y me galardonee mis passos y mensage. Y esto hecho, pide y demanda de mí a tu voluntad. {44} Si no lo hazes con presto movimiento, ternasme por

III.41 *Adición,* desde 'regidor de las tres...' hasta '...pavorosas idras'. Omiten *ACD,* adicionan *FJM GHK LN.*

F regno de Stigie *JM GHK LN* reyno de Stigie *(sic) Sal-1570* reyno de Estigie ∞ *FJ L* Tesífone *M GHK N* Tesifonte *(!)* ∞ *FJM GHK N* sus lagunas *JM* sus lágrimas *L* las lagunas ∞ ‡ caós - árpias —En el periodo este es el acento de estas palabras. No tiene razón Nebrija (*Gramática,* Lib.IV, cap.iv) en lo que dice sobre el metaplasmo sístole de Juan de Mena en la *Coronación,* estrofa 7. Los textos indican la pronunciación 'árpia', a lo griego (hárpya). Nebrija acentuaba a lo latino o a lo italiano y pensaba que era licencia lo otro.

III.42 *ACD F HK LN* noturna *JM G* nocturna ∞ *ACD FJM GHK LN* signos *(sic)*

III.43 *ACD JM GHK LN* y en ello te embuelvas *F* – y en ello te embolvas *(!)* ∞ *ACD* lastimes de crudo *F* lastimes - crudo *JM GHK LN* lastimes del crudo —Aunque *F* lo omite, es posible *Sustitución* que corrige la omisión de la -l. ∞ *ACD F GH LN* galardone *JM K* garaldonee *(sic)* ∞ *ACD FJM Sal-1570* de mí a tu voluntad *GHK LN* de mí – tu voluntad

III.44 *AC F* cárceres *D JM GH LN* cárceles *K* cerceles *(errata).* —La forma *cárceres* es un latinismo deliberado. Cf. XXI.8. ∞ *ACD* Y assí *FJM GHK LN* – Assí *Supresión (?).* ∞ *ACD FJM* te llevo ya embuelto *GHK LN* te llevo – embuelto ∞

‡ Contra la deterior opinion de los escientes críticos modernos, este Conjuro es axial en la obra. Rojas quiso hacer de Celestina no solo una hechicera, sino una bruja, es decir una cliéntula del Maligno. Pero con esto nadie en su época jugaba y el asunto era un tanto peligroso, aparte de lo que Rojas creyera o no al respecto. Cota, en el Esbozo, entre los 'seis oficios' apenas insinúa lo de un 'poquito hechizera'. En I.107-108 pinta las artes hechiceriles, pero cuando llega a la brujería propiamente tal, apenas dice que: 'pintava figuras, dezía palabras en tierra...' y se apresura a agregar que todo era burla y mentira. (En cuanto a las artes cosmeticas, la Vieja era una especie de Elizabeth Arden medieval). Rojas en la Continuación hace de la Vieja, esencialmente, una bruja y se atreve a pintarla en plena actuación. Era lógico que o no podía o no quería escribir algo así: 'Conjúrote o Luzbel /o Lucifer/ o Satanás /o Belcebú' etc; escribir esto y publicarlo era quizá algo aventurado. Pero hábilmente mete lo de los condenados ángeles, que no tiene nada que hacer con el Plutón greco-latino. Lo de los tormentos de las almas pecadoras vale para las dos creencias, la pagana y la cristiana; pero el conjuro propiamente tal no es grecolatino. Y tan cierto es esto, que el propio Rojas —motu proprio o aprudentado por amigos— suprimió lo de rociar la sangre del cabrón y quemar sus barbas para propiciar la 'subida' del demonio. Obsérvese que la Vieja le pide a Elicia tres cosas: el aceite de víboras, el papel escrito con sangre de murciélago y *la sangre y las barbas del cabrón.* Esto último no aparece como usado en el actual texto del conjuro, pero las tres cosas son

capital enemiga; heriré con luz tus cárceres tristes y escuras, acusaré crüelmente tus continuas mentiras; apremiaré con mis ásperas palabras tu orrible nombre. Y otra y otra vez te conjuro. [Y] assí, confiando en mi mucho poder, me parto para allá con mi hilado, donde creo te llevo ya embuelto.

Sēpronio. Celestina. Elicia.

L Sevilla: Jacobo Cromberger, "1502" [1518-20]. Auto III.

---

esenciales. La propiciación hacía venir al demonio, la conminación lo atemorizaba y lo ponía a disposición del operario, y la vinculación lo ligaba a algo mediante lo cual y en lo cual el demonio iba luego a actuar según la voluntad del operario. Esto es elemental, pero aquí Rojas estaba jugando literalmente con fuego. Por eso es necesario un fuerte camuflaje grecolatino y en la *Adición* de las tres furias —censurada por algunos nescientes modernos— no hace otra cosa sino aumentar, con ingredientes de la *Fiameta,* el espesor de ese camuflaje. Por otro lado, el *Conjuro* mismo es ya una *Adición* primera en el texto de las Comedias. Fue agregado después de alguna vacilación, a una segunda vista, y decidido ya Rojas sobre la orientación moral de la obra y el carácter brujeril de la Vieja.

Tragicomedia de Calisto y melibea.

Enla q̃l se cõtiene de mas de su agra
dable z dulce estilo muchas sentēcias
filosofales: z auisos muy necessarios
pa māccbos: mostrandoles los enga
ños q̃ estan encerrados en seruientes
z alcahuetas. z nueuamēte añadido
el tractado de Centurio.

H Sevilla: Jacobo Cromberger, "1502" [1511]. Portada.

74

Auto IV.

AIV. Argumento del cuarto auto.

Celestina, andando por el camino, habla consigo misma hasta llegar a la puerta de Pleberio, onde halló a Lucrecia, crïada de Pleberio. Pónese con ella en razones. Sentidas por Alisa, madre de Melibea, y sabido que es Celestina, házela entrar en casa. Viene un mensagero a llamar a Alisa. Vase. Queda Celestina en casa con Melibea y le descubre la causa de su venida. ‡ [Enójase Melibea y después de aplacada, le da un su cordón para que le lieve a Calisto.]

IV. Auto IV {1-94}. Lucrecia, Celestina, Alisa, Melibea.

(Cena 1ª)

Celestina:- {1} Agora que voy sola, quiero mirar bien lo que Sempronio á temido deste mi camino. Porque aquellas cosas que bien no son pensadas, aunque algunas vezes ayan buen fin, comúnmente crían desvarïados efetos. Assí que la mucha especulación nunca carece de buen fruto. {2} Que, aunque yo é dissimulado con él, podría ser que si me sintiessen en estos passos, de parte de Melibea, que no pagasse con pena que menor fuesse que la vida, o muy amenguada quedasse, cuando matar no me quisiessen, manteándome o açotándome crüelmente. {3} Pues amargas cien monedas serían éstas. ¡Ay, cuitada de mí! ¡En qué lazo me é metido! ¡Que por me mostrar solícita y esforçada pongo mi persona al tablero! ¿Qué haré, cuitada, mezquina de mí, que ni el salir afuera es provechoso ni la perseverancia carece de peligro? {4} Pues, ¿iré o tornarme é? ¡O dudosa y dura perplexidad! No sé cuál escoja por más sano. En el osar, manifiesto peligro; en la covardía, denostada pérdida. ¿Adónde irá el buey que no are? Cada

AIV Argumento del cuarto auto *ACD JM GHK LN (F no lo trae, I falta)*. *ACD JM* auto *GHK LN* aucto ∞ *ACD JM LN* misma *GHK* mesma ∞ *ACD JM* onde *GHK LN* donde ∞ *ACD JM* y sabido que *GHK LN* y sabiendo que ∞ *ACD JM G L* f/házela *HK N* f/háze ∞ ‡ *Ff* agrega aquí: 'Enójase Melibea y después de aplacada, le da un su cordón para que le lieve a Calisto'. —Entre las priores no conozco otra edición que agregue esto.

IV. *JM HK* Luc. Cel. Ali. Mel. *A (sobre el grabado):* Paje. Ali. Luc. Cel. Mel. *CD F LN* Cel. Luc. Ali. Mel. *G* Cel. Luc. Mel. Ali.

IV.1 *ACD J GHK LN* á temido *F* á tenido *M* − temido ∞ *A* efetos *CD FJM GHK LN* effectos ∞ *A FJM GHK LN* fruto *CD* fructo

IV.2 *ACD FJM GHK N* di(s)simulado/d'ssimulado *L* dessimulado ∞ ‡ que no pagasse —Latinismo sintáctico, igualación de las formas en -sse: 'si me sintiessen en estos passos... que no pagasse/pagaría/pagara/pagava con pena menor que fuesse...' El segundo *que* es idiomático y aun usual y hasta vulgar: que si viniera el muérgano ese, que la vaciada (= insulto) que le pegaba no tiene nombre. Cf. IV.79.

IV.3 *ACD FJM G* cient *HK LN* cien/ciē ∞ *AC FJM GHK LN* afuera *D* fuera

camino descubre sus dañosos y hondos barrancos. Si con el hurto soy tomada, nunca de muerta o encoroçada falto, a bien librar. {5} Si no voy, ¿qué dirá Sempronio? ¿Que todas estas eran mis fuerças, saber y esfuerço, ardid y ofrecimiento, astucia y solicitud? Y su amo Calisto, ¿qué dirá? ¿qué hará? ¿qué pensará? {6} Sino que ay nuevo engaño en mis pisadas y que yo é descubierto la celada, por aver más provecho desta otra parte, como sofistica prevaricadora. O si no se le ofrece pensamiento tan odioso, dará bozes como loco. {7} Diráme en mi cara denuestos raviosos; proporná mil inconvenientes que mi deliberación presta le puso, diziendo: 'tú, puta vieja, ¿por qué acrecentaste mis passiones con tus promessas? {8} Alcaueta falsa, para todo el mundo tienes pies; para mí lengua; para todos obra, para mí palabras; para todos remedio; para mí pena; para todos esfuerço, para mí ‡falta; para todos luz, para mí tiniebla. {9} Pues, vieja traidora, ¿por qué te me ofreciste? Que tu ofrecimiento me puso esperança; la esperança dilató mi muerte, sostuvo mi bivir, púsome título de ombre alegre. {10} Pues no aviendo efeto, ni tú carecerás de pena ni yo de triste desesperación'. ¡Pues, triste yo! ¡Mal acá, mal acullá; pena en ambas partes! — Cuando a los estremos falta el medio, arrimarse el ombre al más sano es discreción. Más quiero ofender a Pleberio que enojar a Calisto. {11} Ir quiero; que mayor es la vergüença de quedar por covarde, que la pena, cumpliendo como osada lo que prometí; pues jamás al esfuerço desayuda la fortuna. Ya veo su puerta. ¡En mayores afrentas me é visto! {12} ¡Esfuerça, esfuerça, Celestina! ¡No desmayes! Que nunca faltan rogadores para mitigar las penas. Todos los agüeros se adereçan favorables o yo no sé nada desta arte. Cuatro ombres que é topado, a los tres llaman Juanes y los dos son cornudos. {13} La primera palabra que oí por la calle fue de achaque de amores. Nunca é tropeçado como otras vezes. *Las piedras parece que se apartan y me hazen lugar que passe. Ni me estorvan las haldas ni siento cansancio en andar.*

IV.4 *ACD FJM GHK N* dudbosa *N* dudosa ∞ *ACD FJM G* covardía *HK LN* cobardía ∞ *A* fuerte *CD F M GHK LN* hurto *J* huerto

IV.5 *ACD JM GHK LN* qué pensará *F* − pensará

IV.6 *ACD FJM* nuevo *GHK LN* mucho ∞ *ACD FJM HK LM* sofística *G* sufística ∞ *ACD F HKLN* se le ofrece *JM* − le ofrece *G* te le ofrece

IV.7 *A* rabiosos *CD FJM GHK LN* raviosos ∞ *ACD FJM HK LN* inconvenientes *G* inconvinientes

IV.8 *A FJM GHK LN* palabras *CD* palabra ∞ ‡*A D F GHK LN* para mí te faltó *C* para mí tal faltó *JM* para mí faltó *Sal-1570* para mí falta —'Falta', sustantivo, fue mal entendido como verbo y mal enmendado en las distintas ediciones. Varias posteriores traen 'flaqueza'. *Sal-1570* enmienda correctamente.

IV.9 *ACD FJM GH N* sostuvo *K* sostiuo *(sic) L* sustuvo

IV.10 *A* efecto *CD FJM LN* effecto *HK G* effeto ∞ *ACD FJM GHK LN* ambas *(sic)* —Rojas usa 'amas, entramas' preferentemente. ∞ *ACD FJM GHK LN* estremos *(sic)* ∞ *ACD FJM GHK N* es discreción *L* que es discreción ∞ ‡Más quiero *It* Più tosto voglio

IV.11 ACD FJM G covarde *HK LN* cobarde ∞ *A* pus *(sic) CD FJM GHK LN* pues ∞ *ACD* desayudó *FJM GHK LN* desayud**a** *Sustitución.* ∞ *ACD FJM GHK N* mayores afrentas *L* mayor afrentas Cf. VI.12.

IV.12 *ACD FJM GHK N* faltan *L* faltaron

Todos me saludan. {14} Ni perro me á ladrado ni ave negra é visto, tordo ni cuervo ni otras noturnas. Y lo mejor de todo es que veo a Lucrecia a la puerta de Melibea. Prima es de Elicia; no me será contraria.

(Cena 2ª)

Lucrecia:- {15} ¿Quién es esta vieja que viene haldeando?

Celestina:- ¡Paz sea en esta casa!

Lucrecia:- Celestina, madre, seas bienvenida. ¿Cuál Dios te traxo por estos barrios no acostumbrados?

Celestina:- Hija, mi amor; desseo de todos vosotros; traerte encomiendas de Elicia, y aun ver a tus señoras, vieja y moça. Que después que me mudé al otro barrio no an sido de mí visitadas.

Lucrecia:- {16} ¿A esso solo saliste de tu casa? Maravíllome de ti, que no es essa tu costumbre, ni sueles dar passo sin provecho.

Celestina:- ¿Más provecho quieres, bova, que cumplir ombre sus desseos? Y también, como a las viejas nunca nos fallecen necessidades, mayormente a mí, que tengo de mantener hijas agenas, ando a vender un poco de hilado.

Lucrecia:- {17} ¡Algo es lo que yo digo! En mi seso estoy, que nunca metes aguja, sin sacar reja. Pero mi señora, la vieja, urdió una tela: tiene necessidad dello, tú de venderlo. Entra y espera aquí, que no os desabenirés.

(Cena 3ª)

Alisa:- {18} ¿Con quién hablas, Lucrecia?

Lucrecia:- Señora, con aquella vieja de la cuchillada, que solía bivir aquí en las tenerías a la cuesta del río.

Alisa:- Agora la conozco menos. Si tú me das a entender lo incónito por lo menos conocido, es coger agua en cesto.

Lucrecia:- ¡Gesú, señora! Más conocida es esta vieja que la ruda. No sé cómo

---

IV.13 *ACD FJM G L* tropeçado *HK N* trõpeçado ∞ *Adición,* desde: 'Las piedras parece...' hasta '...me saludan'. Omiten *ACD,* adicionan *FJM GHK LN.*
FJM HK LN haldas *G* aldas ∞ *F* cansación *JM* cansacio *GHK LN* cansancio ∞ *FJM* en andar *GHK LN* en el andar

IV.14 *ACD F* noturnas *JM GHK LN* naturas ∞ *ACD F GHK LN* es que veo *JM* es que vea ∞ *ACD FJM* prima es de Elicia *GHK LN* prima - de Elicia

IV.15 *ACD F* estos barrios *JM GHK LN* aquestos barrios ∞ *ACD JM GHK N* traerte *F* traer— *L* tráyote ∞ ‡ me mudé al otro barrio: —Ya no vive a las tenerías, en la cuesta del río, según esto. ¿Cerca de allí quedaba la casa de Pleberio? Cf. IV.62, I.94 y 136, IV.18 y 42.

IV.16 *AC F GHK LN* complir *D JM* cumplir ∞ *ACD FJM GHK LN* tengo de mantener ∞ *ACD JM GHK LN* un poco de hilado *F* un poco - hilado

IV.17 *A* y tú de venderlo *CD F GHK LN* — tú de venderlo *JM* — tú— venderlo ∞ *AC* desavenirés *D F* desabenirés *JM GHK* desavenireys *(sic) L* desaverneys *(sic)* —La forma antigua más común es 'abenir, desabenir'; en ambos verbos el futuro más común aparece sin la síncope y metátesis, que es lo usual en Rojas y en Cota para los demás verbos (poner, tener y venir). En muchos casos el verbo se sentía como algo compuesto o relacionado con 'bien': venir bien/venir a bien/venir a buenas = abenirse.

no tienes memoria de la que empicotaron por hechizera, que vendía las moças a los abades y descasava mil casados.

Alisa:- {19} ¿Qué oficio tiene? Quiçá por aquí la conoceré mejor.

Lucrecia:- Señora, perfuma tocas, haze solimán, y otros treinta oficios; conoce mucho en yervas, cura niños, y aun algunos la llaman la vieja lapidaria.

Alisa:- {20} Todo esso dicho no me la da a conocer. Dime su nombre si le sabes.

Lucrecia:- ¿Si le sé, señora? No ay niño ni viejo en toda la ciudad, que no le sepa. ¿Avíale yo de inorar?

Alisa:- Pues, ¿por qué no le dizes?

Lucrecia:- ¡É vergüença!

Alisa:- Anda, bova; dile. No me indines con tu tardança.

Lucrecia:- {21} Celestina, hablando con reverencia, es su nombre.

Alisa:- ¡Hi, hi, hi! ¡Mala landre te mate, si de risa puedo estar, viendo el desamor que deves de tener a essa vieja, que su nombre as vergüença de nombrar! Ya me voy recordando della. ¡Una buena pieça! No me digas más. Algo me verná a pedir. Di que suba.

Lucrecia:- Sube, tía.

(Cena 4ª)

Celestina:- {22} Señora buena, la gracia de Dios sea contigo y con la noble hija. Mis passiones y enfermedades an impedido mi visitar tu casa, como era razón; mas Dios conoce mis limpias entrañas, mi verdadero amor; que la distancia de las moradas no despega el **amor** de los coraçones. Assí que lo que mucho desseé, la necessidad me lo á hecho complir. Con mis fortunas adversas, ‡entre otras me sobrevino mengua de dinero. {23} No supe

---

IV.18 *A FJM GHK LN* f/hablas *CD* f/hablavas ∞ *ACD FJM GHK LN* en las tenerías, a la cuesta Cf. IV.15 y 42, I.94. ∞ *ACD FJM GHK LN* incógnito *(sic)* ∞

IV.19 *ACD FJM* y otros treinta *GHK LN* − otros treinta ∞ *A* yiervas *CD FJM GHK LN* yervas *ACD FJM L* la vieja lapidaria *GHK N* − vieja lapidaria

IV.20 *ACD F* le sé *JM GHKILN* lo sé ∞ *AC F HK* cibdad *D JM G ILN* ciudad ∞ *ACD FJM* le sepa *G* lo sepa ∞ *Todas:* ignorar *(sic)* ∞ *AC FJM* le dizes *D GHKILN* lo dizes ∞ *ACD FJM G* dile *HKILN* dilo ∞ *Todas:* indignes *(sic)*

IV.21 *ACD FJM* deves de tener *GHKILN* deves − tener —El *de* es conjetural. ∞ *AC FJM GHKILN* as vergüença nombrar *D* as vergüença de nombrar —Errata de descuido o de confusión de construcciones. Cf. as en gana venir / as gana de venir − as por vergüença nombrar / as en vergüença nombrar / as vergüença de nombrar —Deslices de estos menudean, pero como son típicos de amanuenses y cajistas, resulta siempre arbitrario e indebido atribuirlos a los autores. *D*, única, trae la lectura correcta.

IV.22 *ACD* el querer *FJM GHKILN* el **amor** Sustitución(?) —Caso dudoso. El mantenimiento de la lección de *ACD* evita la repetición de *amor;* incluso puede ser el *amor* anterior el que haya inducido el segundo. ∞ *Todas:* complir *(sic).* Con excepción de *C* todas tienen puntuación fuerte (.) o (:) después de *complir.* ∞ *ACD FJM* con mis fortunas adversas otras me sobrevino *GHKILN* con mis fortunas adversas y otras me sobrevino (*K* sobreuenino) *L* con mis fortunas adversas y también me sobrevino *Ms* con mis fortunas adversas e entre otras me sobrevino *It* con tutte l'altre mie fatiche avverse, me son venuti —La abreviación 'être otras' es la causa de la errata.

78

mejor remedio que vender un poco de hilado, que para unas toquillas tenía allegado. Supe de tu crïada que tenías dello necessidad. Aunque pobre, y no de la merced de Dios, vesle aquí, si dello y de mí te quieres servir.

Alisa:- {24} Vezina onrada, tu razón y ofrecimiento me mueven a compassión y tanto, que quisiera cierto más hallarme en tiempo de poder complir tu falta, que menguar tu tela. Lo dicho te agradezco. Si el hilado es tal, serte á bien pagado.

Celestina:- {25} ¿Tal, señora? Tal sea mi vida y mi vegez y la de quien parte quisiere de mi jura. Delgado como el pelo de la cabeça, igual, rezio como cuerdas de vïuela, blanco como el copo de la nieve, hilado todo por estos pulgares, aspado y adereçado. Veslo aquí en madexitas. Tres monedas me davan ayer por la onça, asʃí goze desta alma pecadora.

Alisa:- {26} Hija Melibea, quédese esta muger onrada contigo, que ya me parece que es tarde para ir a visitar a mi ermana, su muger de Cremes, que desde ayer no la é visto, y también que viene su page a llamarme, que se le arrezió desde un rato acá el mal.

Celestina (Aparte):- {27} (Por aquí anda el dïablo aparejando oportunidad, arreziando el mal a la otra. *¡Ea!, buen amigo, ¡tener rezio! Agora es mi tiempo o nunca. No la dexes, llévamela de aquí, ¡a quien digo!*)

Alisa:- ¡Qué dizes, amiga?

Celestina:- {28} Señora, que maldito sea el dïablo y mi pecado, porque en tal tiempo ovo de crecer el mal de tu ermana, que no avrá para nuestro negocio oportunidad. ¿Y que mal es el suyo?

Alisa:- {29} Dolor de costado y tal, que según del moço supe que quedava, temo no sea mortal. Ruega tú, vezina por amor mío, en tus devociones por su salud a Dios.

IV.23 *ACD F G* veslo *JM HILN* vesle *K* vesla (!)

IV.24 *ACD FJM* que quisiera cierto más hallarme *(F* hablarme *sic) G −* quisiera más hallarme *HKILN* que quisiera más hallarme ∞ *ACD FJM G ILN* complir tu falta *HK* cumplir tu falta −Cf. C.1.

IV.25 *A* adreçado *CD FJM GHKILN* adereçado ∞ *ACD FJM* veslo *GHKILN* vesle

IV.26 *ACD JM GHKILN* quédese *F* quédele −Confusión de l/ʃ. Cf. III.32.

IV.27 *Adición,* desde '¡Ea!, buen amigo...' hasta '...ia quien digo!' Omiten *ACD,* adicionan *FJM GHKILN.*

FJM GHK mi tiempo o nunca *ILN* mi tiempo iea! ∞ *F* de aquí a quien digo *JM HKILN* de aquí:a quien digo *G* de aquí/a quien digo *Ms* de aquí,a quien digo *Ff* IV.27: que me la llieves de aquí / a compañero a quien digo −La interrogación del *Ms* indica exclamación, pues en el periodo no hay otro signo. En Sedeño es una exclamación: 'iah compañero, a quien digo!' Con excepción de *F* las 23 ediciones priores puntúan separando *a quien digo* de lo anterior. Es una frase vocativo-exclamativa para llamar o invocar al diablo sin nombrarlo.

IV.28 −

IV.29 *ACD FJM* según del moço supe *GHKILN* según dize el moço ∞ *ACD FJM* Ruega tú, vezina, por amor mío en tus devociones por su salud a Dios *GHKILN* Ruega a Dios, tú, vezina, por amor mío en tus devociones por su salud a Dios −En *GHKILN* se pasó *a Dios* al principio de la frase y se olvidó de tacharlo al fin. La anteposición sin tacharlo al fin se originó en *Gl.* La mayor parte de las terciarias y *Sal-1570* traen ya: 'Ruega a Dios, tú, vezina, por amor mío en tus devociones por su salud' −Cpse un caso

Celestina:- {30} Yo te prometo, señora, en yendo de aquí, me vaya por estos monesterios donde tengo frailes devotos míos, y les dé el mismo cargo que tú me das. Y demás desto, ante que me desayune, dé cuatro bueltas a mis cuentas.

Alisa:- {31} Pues Melibea, contenta a la vezina en todo lo que razón fuere darle por el hilado. Y tú, madre, perdóname, que otro día se verná en que más nos veamos.

Celestina:- Señora, el perdón sobraría donde el yerro falta. De Dios seas perdonada, que buena compañía me queda. Dios la dexe gozar su noble juventud y florida mocedad, que es tiempo en que más plazeres y mayores deleites se alcançarán. {32} Que, a la mi fe, la vegez no es sino mesón de enfermedades, posada de pensamientos, amiga de renzillas, congoxa continua, llaga incurable, manzilla de lo passado, pena de lo presente, cuidado triste de lo porvenir, vezina de la muerte, choça sin rama, que se llueve por cada parte, cayado de mimbre que con poca carga se doblega.

(Cena 5ª)

Melibea:- {33} ¿Por qué dizes, madre, tanto mal de lo que todo el mundo con tanta eficacia gozar y ver dessea?

Celestina:- Dessean harto mal para sí; dessean harto trabajo. Dessean llegar allá, porque llegando biven, y el bivir es dulce, y biviendo envegecen. Assí que el niño dessea ser moço, y el moço viejo, y el viejo, más, aunque con dolor. Todo por bivir; porque como dizen, biva la gallina con su pepita.

---

igual en II.30.

IV.30 *AC* essos monesterios *D FJM GHKILN* estos monesterios ∞ ‡ ante que me desayune —Sin violentar el texto es clarísimo que es de mañana y la Vieja *no se ha desayunado*. La Vieja no está hablando en abstracto ni para el futuro porque aquello será *en yendo de aquí:* se pasará por los monesterios donde tiene sus frailes devotos y luego, antes de que se desayune le dará cuatro vueltas a las cuentas del rosario. No es que vaya a rezar *cuatro rosarios* —como algunos fantásticamente han supuesto— basta con que rece una 'casa' o diez del rosario para que estén dadas las cuatro vueltas a las cuentas. Todo esto indica que no puede tratarse sino del día siguiente de aquel en que la Vieja habló con Calisto por primera vez. Debe entenderse sin duda ninguna, que madrugó a hacer el conjuro y luego se vino a casa de Pleberio. Hay cierta irregularidad o imprecisión, porque el conjuro, como lo he hecho notar atrás en III.44, es una *adición* ya en las Comedias, es decir, fue agregado después de una primera redacción.

IV.31 *ACD Sal-1570* es el tiempo *FJM GHKILN* es - tiempo *Supresión aparente.* ∞ *AC JM GHKI* se alcançarán *F* se alcançará *D LN* se alcançan —El futuro lleva su intención por parte de la Vieja. Cf. otra omisión de -re-/-ra- en I.86.

IV.32 *ACD FJM* a la mi fe *GHKILN* a la mia fe ∞ ‡IV.32-42, desde 'Que, a la mi fe, la vegez...' hasta '...Espantada me tienes con lo que as hablado,' todo este trozo es ya una *Adición primera* en el texto de las Comedias, y dentro de esta se hizo una *Adición segunda* en IV.37-38. ∞ *ACD ILN Sal-1570* choça sin rama *FJM GHK* choça sin ramo

IV.33 *ACD FJM G* gozar y ver *HKILN* gozar o ver —Confusión de e/o. Cf. II.23. ∞ *ACD* dessean *FJM GHKILN* dessea —*Sustitución,* corrección que mejora, aunque la concordancia de 'todo el mundo' con verbo en plural se da. ∞ *A* viuen *(sic) CD ILN* biven *FJM GHK* bivan —Confusión de 'porque biven' con 'por que bivan'. ∞ *ACD FJM GHKI N* gallina *L* galina -*simple errata.*

80

{34} Pero, ¿quién te podría contar, señora, sus daños, sus inconvenientes, sus fatigas, sus cuidados, sus enfermedades, su frío, su calor, su descontentamiento, su renzilla, su pesadumbre; aquel arrugar de cara, aquel mudar de cabellos su primera y fresca color, aquel poco oír, aquel debilitado ver, puestos los ojos a la sombra, aquel hondimiento de boca, aquel caer de dientes, aquel carecer de fuerça, aquel flaco andar, aquel espacioso comer? {35} Pues ¡ay, ay, señora!, si lo dicho viene acompañado de pobreza, allí verás callar todos los otros trabajos cuando sobra la gana y falta la provisión, que ¡jamás sentí peor ahito que de hambre!

Melibea:- {36} Bien conozco que **hablas** de la feria según **te** va en ella; así que otra canción cantarán los ricos.

Celestina:- Señora hija, a cada cabo ay tres leguas de mal quebranto. A los ricos se les va [la bienaventurança], la gloria y descanso por otros alvañares de assechanças, que no se parecen, ladrillados por encima con lisonjas. {37} *Aquel es rico que está bien con Dios. Más segura cosa es ser menospreciado que temido. Mejor sueño duerme el pobre, que no el que tiene de guardar con solicitud lo que con trabajo ganó y con dolor á de dexar. Mi amigo no será simulado y el del rico sí Yo soy querida por mi persona, el rico por su hazienda: nunca oye verdad, todos le hablan lisonjas a sabor de su paladar, todos le an embidia.* {38} *Apenas hallarás un rico que no confiesse que le sería mejor estar en mediano estado o en onesta pobreza. Las riquezas no hazen rico, mas ocupado; no hazen señor, mas mayordomo. Más son los posseídos de las riquezas, que no los que las posseen; a muchos traxeron la muerte, a todos quitan el plazer, y a las buenas costumbres ninguna cosa es más contraria. No oíste dezir: dormieron su sueño los varones de las riquezas y ninguna cosa hallaron en sus manos?* {39}

IV.34 ‡Enumeración que imita la de I.45-47, apenas algo menos de la tercera parte de la longitud del modelo: 10 términos aquí, 36 allá. ∞ *ACD* hundimiento *FJM G* hondimiento *Sustitución (?)*

IV.35 *ACD FJM HKILN* pobreza *G* porbreça (!) ∞ *AC* hábito *(sic) F* ábito *(sic) D JM GHKILN* ahito —Confusión de b/h.

IV.36 *ACD* que dize cada uno de la feria *FJM GHKILN* que **hablas** de la feria *Sustitución. ACD* según le va *FJM GHKILN* según **te** va *Sustitución. ACD* cantarán *FJM GHKILN* dirán *Sustitución aparente. It* che parli de la fiera secundo te ve in essa; tu voi inferire che un'altra canzone cantaranno *li poveri (sic).* —El *It* indica que la sustitución 'hablas...te va', aparece ya en *E;* pero la de 'dirán' en lugar de 'cantarán', todavía no. Este cambio, de estilística barata, puede haber sido hecho en *F.* Cf. en I.161: 'hallemos invenciones'. ∞ *ACD* se les va la bienaventurança, la gloria y descanso *FJM GHKILN* se les va - la gloria y descanso *Supresión.* ¿Acaso por considerar sinónimas las dos palabras? *It* a li richi fugge la gloria e quiete ∞ *AC* alvañares *F* alvañales *D JM GHKILN* albañares ∞ *A* asechanças *CD* acechanças *FJM GHKILN* assechanças

IV.37 *Adición,* desde 'Aquel es rico...' hasta '...hallaron en sus manos' Omiten *ACD,* adicionan *FJM GHKILN* (la *Adición* incluye IV.38).

IV.38 *FJM GHKI N* no hazen señor *L* no haze señor ∞ *FJM GHK* traxo *ILN Sal-1570* traxeron ∞ *F* quitaron *JM GHK* quita *ILN Sal-1570* quitan ∞ *F* a las buenas *JM Sal-1570* y a las buenas *GHKILN* y las buenas ∞ *FJM GHKILN* y ninguna cosa *Sal-1570* ninguna cosa *It* la ricchezza a molti fa causa de la morte, a tutti roba el piacere, a bon costumi (;) nisuna cosa è più contraria —Texto algo estragado. El singular 'traxo' es un viejocastellanismo de amanuense 'traxō = traxeron' con el tilde omitido, o es una mala lectura de la abreviación 'trax'ō'.

Cada rico tiene una dozena de hijos y nietos que no rezan otra oración, no otra petición, sino rogar a Dios que le saque de en medio dellos; no veen la ora que tener a él so la tierra y lo suyo entre sus manos, y darle a poca costa su **morada** para siempre.

Melibea:- {40} Madre, pues que assí es, gran pena ternás por la edad que perdiste. ¿Querrías bolver a la primera?

Celestina:- Loco es, señora, el caminante que, enojado del trabajo del día, quisiesse bolver de comienço la jornada, para tornar otra vez a aquel ‡ mismo lugar. Que todas aquellas cosas cuya possessión no es agradable, más vale posseellas que esperallas; porque más cerca está el fin de ellas cuanto más andado del comienço. {41} No ay cosa más dulce ni graciosa al muy cansado que el mesón. Assí que, aunque la mocedad sea alegre, el verdadero viejo no la dessea; porque el que de razón y seso carece, casi otra cosa no ama sino lo que perdió.

Melibea:- Siquiera por bivir más, es bueno dessear lo que digo.

Celestina:- {42} Tan presto, señora, se va el cordero como el carnero. Ninguno es tan viejo que no pueda bivir un año, ni tan moço que oy no pudiesse morir. Assí que en esto poca ventaja nos leváis.

Melibea:- Espantada me tienes con lo que as hablado. Indicio me dan tus razones que te aya visto otro tiempo. Dime, madre, ¿eres tú Celestina, la que solía morar a las tenerías, cabe el río?

Celestina:- {43} Señora, hasta que Dios quiera.

Melibea:- Vieja te as parado. Bien dizen que los días no se van en balde. Assí goze de mí, no te conociera, si no por esta señaleja de la cara. Figúraseme

---

En 'quitan' todas las ediciones, excepto *F*, confirman el presente. La omisión de *a* en *E* hizo unir 'el plazer y las buenas costumbres', con lo que 'ninguna cosa es más contraria' quedó en el aire. El *y* fue entonces agregado en *F*, a más no poder. *Sal-1570* trae la lectura correcta.

IV.39 *ACD FJM G* no otra petición *HKILN* ni otra petición ∞ *A* dē medio dellos *D* de en medio dellos *C FJM GHKILN* de medio dellos —La omisión del tilde ha originado la lectura *de medio dellos,* que no es mejor castellano. Cf. IX.68, XVI.1. ∞ *Todas:* dellos *F* dellas *(errata)* ∞ *Todas:* la (h)ora que tener = la ora de tener —El *que* es uso normal del periodo. Cf. IX.40, XI.26. ∞ *ACD FJM GHKI N* so la tierra *L* so tierra ∞ *ACD* su casa *FJM GHKILN* su **morada** *Sustitución.*

IV.40 *ACD* Madre, pues assí es, gran pena *FJM GHKILN* Madre, - gran pena *Supresión muy dudosa,* ya que Rojas usa característicamente esta expresión. Cf. II.18, VIII.30 y 33, X.18, XII.57. ∞ ‡ *AC FJM GHKILN* — aquel - lugar *D* a aquel - lugar *It* in quel medesmo luogo. —Sigo el *It,* pero probablemente lo omitido fue *q̄ʃ ta:* 'otra vez a aquel lugar que está' = en que está ∞ ‡ cuya possessión —Reflejo de I.134, pero mejorado aquí. ∞ *ACD* andado *FJM GHK* andando *ILN Sal-1570* alexado *It* quanto più avante

IV.41 *A D FJM GHKILN* quasi *C* casi —*C* trae la pronunciación normal del periodo y desde fin del siglo XIV hasta hoy. La grafía latinizante *quasi* produjo la pronunciación bárbatro-erudita *cuasi/cuase* oída aun en zonas populares.

IV. 42 ‡ que no pueda vivir un año —un año más, se entiende. ∞ *A* avantaja *CB FJM GH ILN* ventaja *K* vientaja *(sic)* ∞ *ACD FJM GHK* leuays *(sic) ILN* lleuays *(sic)* —El verbo es todavía *levar, yo lievo* o *llevo* etc., es decir, diptongo -ie- o lle- en las formas rizotónicas, pero empieza ya a generalizarse la ll- a todo el paradigma. ∞ ‡ otro tiempo: en otro tiempo, en otra ocasión.

que eras hermosa. Otra pareces; muy mudada estás.

Lucrecia (Aparte):- ¡Hi, hi, hi! ¡Mudada está el díablo! ¡Hermosa era con aquel su Dios-os-salve que le traviessa la media cara!

Melibea:- {44} ¿Qué hablas, loca? ¿Qué es lo que dizes? ¿De qué te ríes?

Lucrecia:- De cómo no conocías a la madre [en tan poco tiempo en la filosomía de la cara.

Melibea:- No es tan poco tiempo dos años; y más, que la tiene arrugada.]

Celestina:- Señora, ten tú el tiempo que no ande; terné yo mi forma que no se mude. ¿No as leído que dizen: verná el día que en el espejo no te conozcas? Pero también, yo encanecí temprano y parezco de doblada edad. {45} Que assí goze desta alma pecadora y tú desse cuerpo gracioso, que de cuatro hijas que parió mi madre, yo fui la menor. Mira como no soy ‡ tan vieja como me juzgan.

Melibea:- Celestina, amiga, yo é folgado mucho en verte y ‡ conocerte. También asme dado plazer con tus razones. Toma tu dinero y véte con Dios, que me parece que no deves aver comido.

Celestina:- {46} ¡O angélica imagen! ¡O perla preciosa, y cómo te lo dizes! Gozo me toma en verte hablar. ¿Y no sabes que por la divina boca fue dicho, contra aquel infernal tentador, que no de solo pan biviremos? Pues assí es, que no el solo comer mantiene; mayormente a mí, que me suelo estar uno y dos días negociando encomiendas agenas ayuna. ‡ Y ¿para qué crees que sea la virtud en este mundo, salvo hazer por los buenos, y morir por ellos? {47} Esto tuve siempre, querer más trabajar sirviendo a otros,

---

IV.43 *ACD* Señora hasta que *FJM GHKILN* − Hasta que −*Supresión aparente.* No hay razón para la supresión producida por la abreviatura 'sr̄a' borrosa. El vocativo es necesario en boca de la Vieja. ∞ *ACD Sal-1570* no se van *FJM GHKILN* no - van −*Supresión aparente.* El *se* es mucho más idiomático que el escueto *no van.* La supresión parece ser hecha por el mismo que le tiene fobia a los noes de negación redundante. Cf. I.142-143, XII.87. ∞ ‡ si no por essa = si no fuera por essa *ACD HKILN* essa *FJM G* esta ∞ *AC FJM GHK LN* que traviessa *D I* que le traviessa *Sal-1570* que le atraviessa −El *le* es más idiomático. Pudo omitirse por la abreviación 'q̄l'. −Cf. OA.11b, último verso.

IV.44 *Supresión* desde 'en tan poco tiempo...' hasta '...la tiene arrugada', lo que trae *ACD*, en *FJM GHKILN* y el *It.* Pienso que sí puede ser de Rojas esta supresión para eliminar los 'dos años' que no podían en ninguna forma haber hecho irreconocible a la Vieja. ∞ *ACD JM HKI* conozcas *F* conoscas *G* nonozcas *(sic) LN* conocerás *(sic)* ∞ *ACD JM HKILN* parezco *F G* paresco ∞ *A D GHKILN* assí *C* así *FJM* ansí

IV.45 *ACD F G ILN* fuy *(sic) JM HK* fue ∞ ‡ *ACD FJM GHKILN* no soy - vieja *(A* só) −El *tan* es necesario y lo trae *Sal-1570;* es muy ocasionado a introducirse u omitirse por distracción o por confusión t/c - t/r + omisión del tilde sobre la *a.* Cf. en IV.70 el *tan* de más en *ACD.* El *It* además confirma: 'non so *si* vecchia'. ∞ ‡ *Todas:* en verte y conocerte = verte y reconocerte. En el periodo *conocer* tenía los dos significados de 'conocer' simplemente y 'reconocer'. Nebrija: 'conocer = nosco, cognosco − conocer lo primero conocido = agnosco'. Mismo significado en IV.67, XIV.43. ∞ *ACD JM GHKILN* no deves *F* no deueys *(sic)* −Simple errata, desliz del tratamiento de 'vos'. ∞ ‡ que no deves aver comido −Confirma lo de estar la Vieja sin desayunarse. Cf. IV.30 y 46.

IV.46 ‡ en verte hablar −El verbo *ver* se usaba en muchos casos en que hoy preferiríamos 'oír'. Cf. V.20. ∞ *A* viuiremos *(sic) CD JM GHKILN* biviremos *F* biviriemos *(sic)* −*F* ha conservado el pospretérito en -ie-. Ese tiempo verbal es el más

que holgar contentando a mí — Pues, si tú me das licencia, direte la necessitada causa de mi venida, que es otra que la que hasta agora as oído, y tal que, todos perderíamos en me tornar en balde sin que la sepas.

Melibea:- {48} Di, madre, todas tus necessidades, que si yo las pudiere remediar, de muy buen grado lo haré, por el passado conocimiento y vezindad, que pone obligación a los buenos.

Celestina:- ¡Mías, señora? Antes agenas, como tengo dicho; que las mías, de mi puerta adentro me las passo, sin que las sienta la tierra, comiendo cuando puedo, beviendo cuando lo tengo. {49} Que con mi pobreza, jamás me faltó, a Dios gracias, una blanca para pan y cuatro para vino, después que embiudé; que antes no tenía yo cuidado de lo buscar, que sobrado estava un cuero en mi casa, y uno lleno y otro vazío. Jamás me acosté sin comer una tostada en vino y dos dozenas de sorvos, por amor de la madre, tras cada sopa. Agora, como todo cuelga de mí, en un jarrillo malpegado me lo traen, que no cabe dos açumbres. {50} *Seis vezes al día tengo de salir, por mi*

apropiado aquí. ∞ ‡ *Todas las ediciones omiten:* Y ¿para qué crees que sea la virtud en este mundo', y a continuación todas traen: 'salvo f/hazer por los buenos, morir por ellos'. *It* dice: 'maggiormente me, che qualche volta sto uno e doi giorni digiuna, sollicitando facende d'altri. *E per ché cosa credi che sia la virtù in questo mondo,* salvo *per* faticarse l'uomo per li boni *e* morir per loro?' Lo omitido es exactamente una línea en los tipos de *A.* Una frase de relleno, ante el evidente hiato, sería la de ediciones posteriores, v.gr. 'que en otra cosa no entiendo, salvo...' El *It* evidentemente no es relleno y debe seguirse incluso con la preposición *para* y la conjunción *y,* que también faltan en castellano.

IV.47 *ACD JM GHKILN* querer más trabajar (*I* trabaſar) *F* quererme trabajar

IV.48 *ACD F GHKILN* mías, señora *JM* mas, señora ∞ ‡ La expresión 'tus necessidades' que acaba de decir Melibea da pie para una *Adición primera,* ya en las Comedias, la cual empieza con 'mías...' aquí en IV.48 y termina con la misma palabra en IV.51. Dentro de esta *Adición primera* hubo una *Adición segunda* en IV.50. ∞ *ACD FJM GHKI N* beviendo *L* biviendo

IV.49 *ACD F* y un cuarto *JM GHKILN* y cuatro —Una blanca era igual a medio maravedí; en la lectura de *ACDF* un cuarto de real equivale a 8 blancas = 4 maravedís. En la lectura de *JM GHKILN* serían simplemente cuatro blancas = dos maravedís. El punto no es muy importante. ∞ *ACD F* estava un cuero *JM GHKILN* estava en un cuero —'Sobrado estava un cuero', es decir, siempre había *'uno de más,* y uno lleno y otro vazío'. Esta última expresión se usa todavía, v. gr. para las bombonas de gas: y una llena y otra vacía, a objeto de que nunca falte. Es un decir, porque la vacía no lo está completamente, sino es la que se está vaciando o gastando. La adición del *en* daña la expresión. ∞ ‡ por amor de la madre —i.e. la matriz; el vino con tostadas quitaba, aliviaba o evitaba el mal de madre. Creencias y usos vivos todavía en amplias zonas rurales. ∞ *ACD F GHK* malpegado *JM ILN* mal pec(c)ado —A las vasijas de lata les tapaban los huecos con pez, los que no tenían con qué pagar al soldador, llamado por mal nombre 'el tapaculos'. La variante, como si fuera una exclamación '¡mal peccado!' no ha entendido el uso y acepción. El *It* tampoco: per mei peccati. ∞ *AC F ILN* que no cabe *D JM GHK* que no caben —En el periodo todavía el verbo *caber* = 'contener, ser capaz de recibir' + el objeto. La variante no ha entendido esta contrucción y acepción. ∞ ‡ seis vezes al día —El *açumbre* era poco más de dos litros (el azumbre métrico, usual en muchas regiones, tiene exactos dos litros). El jarrillo 'no cabía' dos azumbres, pero sí por lo menos azumbre y medio, digamos tres litros. Si seis veces al día lo 'henchía' la Vieja, se bebía sus 18 litros de vino diarios. Cejador tiene razón en asustarse de semejante cantidad, pero la cifra 'seis' es ponderativa y no debe tomarse a la letra.

pecado, con mis canas a cuestas, a le henchir a la taverna. Mas no muera yo de
muerte, hasta que me vea con un cuero o tinagica de mis puertas adentro. Que,
en mi ánima, no ay otra provisión; que como dizen: pan y vino anda camino,
que no moço garrido. {51} Assí que donde no ay varón, todo bien fallece:
con mal está el huso cuando la barva no anda de suso. Á venido esto,
señora, por lo que dezía de las agenas necessidades y no mías.

Melibea:- Pide lo que querrás, sea para quien fuere.

Celestina:- ¡Donzella graciosa, y de alto linage! Tu süave habla y alegre gesto,
junto con el aparejo de liberalidad que muestras con esta pobre vieja, me
dan osadía a te lo dezir. {52} Yo dexo un enfermo a la muerte, que con
sola una palabra de tu noble boca salida, que le lleve metida en mi seno,
tiene por fe que sanará, según la mucha devoción tiene en tu gentileza.

Melibea:- Vieja onrada, no te entiendo si más no declaras tu demanda; por una
parte me alteras y provocas a enojo; por otra me mueves a compassión. No
te sabría bolver respuesta conveniente, según lo poco que é sentido de tu
habla. {53} Que yo soy dichosa, si de mi palabra ay necessidad para salud
de algún cristiano. Porque hazer beneficio es semejar a Dios, **y más que el**
que haze beneficio le recibe, cuando es a persona que le merece. Y el que
puede sanar al que padece, no lo haziendo, le mata. Assí que no cesses tu
petición por empacho ni temor.

Celestina:- {54} El temor perdí mirando, señora, tu beldad. Que no puedo creer
que en balde pintasse Dios unos gestos más perfetos que otros, más dotados de gracias, más ‡ de hermosas faciones, sino para hazerlos almazén de
virtudes, de misericordia, de compassión, ministros de sus mercedes y

---

IV.50 *Adición,* desde 'Seis vezes al día...' hasta '... no moço garrido'. Omiten *ACD,*
adicionan *FJM GHKILN.* Con esta adición Rojas acentúa la enofilia de la Vieja. ∞
  FJM GHKI N taverna *L* tavierna. ∞ ‡ hasta que me vea = mientras me vea
—Cf. VII.97. ∞ *FJM ILN* ay otra *GHK* aya otra ∞ *FJ GHK LN* camino *M* cami-
go *(errata) I* el camino.

IV.51 —

IV.52 *ACD F GHKILN* con sola una palabra *JM* con sola — palabra ∞ *ACD* que le
lleve *FJM GHKILN* que — lleve *It* e che io la porti *Supresión aparente.* El *It* ha entendido *le* como acusativo (la parola). Es evidentemente dativo y si se suprime se pierde un
matiz importante. La omisión vino de la abreviación: q̄l lleve / q̄le lleve —Simple
haplografía. ∞ ‡Por una parte me alteras y provocas a enojo; por otra me mueves a
compassión. —No hay razón todavía para esto, ya que no sabe de quién se trata. Este
cabo suelto es una *Adición primera* en las Comedias, después de escrito lo del enfurecimiento de Melibea, más adelante de este Auto IV. Este cabo suelto pudiera no ser de
Rojas. ∞ ‡según lo poco que è sentido de tu habla —al respecto del enfermo, porque en
el texto de *F* la Vieja ha hablado 91 líneas con Melibea, el 20 por ciento de las 453 líneas
que tiene el Auto. Además, *sentir* = 'entender, oír, saber de' significados generales en el
periodo.

IV.53 *Sustitución. ACD* y el que le da le recibe (*D* le da - recibe) cuando a persona
dina dél le haze, y demás desto dizen que, —Todo esto es sustitución en *FJM GHKILN*
por 'y más que el que haze beneficio le recibe, cuando es a persona que le merece', con
las variantes siguientes: *FJM GHKI N* le recibe *L* lo recibe *FJM* le merece *GHKILN* lo
merece

dádivas, como a ti. {55} Y pues como todos seamos umanos, nacidos para morir, ‡ será cierto que no se puede dezir nacido el que para sí solo nació; porque sería semejante a los brutos animales, en los cuales aun ay algunos pïadosos, como se dize del unicornio, que se umilla a cualquiera donzella; *el perro, con todo su ímpetu y braveza, cuando viene a morder, si se le echan en el suelo, no haze mal: esto de pïedad.* {56} ¿Pues las aves? Ninguna cosa el gallo come, que no participe y llame las gallinas a comer dello. *El pelicano rompe el pecho por dar a sus hijos a comer de sus entrañas; las cigüeñas mantienen otro tanto tiempo a sus padres viejos en el nido, cuanto ellos le dieron cevo siendo pollitos.* Pues *tal conocimiento dio la natura a los* ‡ *brutos animales y aves,* {57} ¿por qué los ombres avemos de ser más crüeles? ¿Por qué no daremos parte de nuestras gracias y personas a los próximos, mayormente cuando están embueltos en secretas enfermedades y tales que, donde está la melezina salió la causa de la enfermedad?

Melibea:- {58} Por Dios, sin más dilatar me digas quién es esse doliente que de mal tan perplexo se siente, que su passión y remedio salen de una misma fuente.

Celestina:- Bien ternás, señora, noticia en esta ciudad de un cavallero mancebo,

---

IV.54 *ACD JM GHKILN* puedo *F* puede *(sic)* ∞ *AC FJM HKI* perfetos *D G LN* perfectos ∞ *A D FJM GHKILN* dotados *C* dotadas ∞ *ACD FJM GHKILN* más - hermosas faciones —'gesto' en el periodo significa preferentemente 'cara, rostro'. Cf. XX.2; se trata de adjetivos o complementos adjetivales que se refieren a 'gestos'; la omisión fue debido a considerar 'faciones' como casi sinónimo de 'gestos'. El *It* dice solo: 'un viso più perfetto d'un altro e più dotato di grazie e beltà'.

IV.55 *ACD* Y pues *FJM GHKILN* Pues *Supresión aparente.* ∞ *ACD* sea *FJM GHKILN* y sea *It* e sia —La adición del *y* no arregla nada; la frase sigue quedando en el aire. La -r- fue leída como otra -e- o la abreviación s'a = 'será' fue mal leída. El *será* es paralelo del *seria* que sigue. Cf. casos semejantes en I.58: *ACD FJM GHK* será *L* sea —XIV.21: *ACD F GHKILN* serás *JM* seas. ∞ *ACD FJM G* en los cuales aun ay *HKILN* en los cuales — ay ∞ *Adición,* desde 'el perro...' hasta '...de piedad'. Omiten *ACD*, adicionan *FJM GHKILN.*

F GHKILN si se le echan *JM* si se — echan

IV.56 *ACD FJM* las gallinas (*A* las callinas *sic*) *GHKILN* a las gallinas ∞ *Adición:-* Inserción del *Pelícano,* 'El pelicano...' hasta '...animales y aves'. Esta *Adición,* famosa, en muchas ediciones está traspuesta de tal manera que se lee abajo en IV.58 a continuación de 'que llaman Calisto'. Trasponen *It It² F J M T G H K O P U Y Ff.* Correcto: *I L N Q S W X R Bb Gg Cc Ee* y el *Ms.* La corrección se hizo en *I. Ff,* la metrificación de Sedeño, hecha teniendo a la vista a *T,* servilmente mantiene la trasposición.

Variantes de la Adición: Pelícáno: —acento grave en el periodo; el esdrújulo es posterior. ∞ *FJM GHK* le dieron *ILN* les dieron —Gramaticalmente sería *les,* pero la forma invariable del dativo, singular o plural, se registra en el periodo y antes ya. ∞ *FJM GHKILN* dio la natura a los animales y aves —Los escientes modernos regocijadamente mantienen el gazapo, como una prueba de que Rojas no sabía que las aves son animales, del mismo modo que confundió *auto* con *cena.* Cf. arriba en IV.55 los *brutos animales,* que son precisamente los mamíferos en general, así como las *bestias* son los cuadrúpedos herbívoros.

IV.57 ‡ donde está la melezina = de donde está la melezina. Cf. C.1, II.13, VIII.13, IX.32, (X.3), X.9, XII.90. Característico de Rojas.

gentilombre de clara sangre, que llaman Calisto...‡

Melibea:- {59} ¡Ya, ya, ya! Buena vieja, no me digas más; no passes adelante.
¿Esse es el doliente por quien as hecho tantas premissas en tu demanda,
por quien as venido a buscar la muerte para ti, por quien as dado tan
dañosos passos, desvergonçada barvuda? ¿Qué siente esse perdido, que con
tanta passión vienes? ¡De locura será su mal! {60} ¿Qué te parece? ¡Si me
hallaras sin sospecha desse loco, con qué palabras me entravas! No se dize
en vano que el más empecible miembro del mal ombre o muger es la
lengua. ¡Quemada seas, alcaueta falsa, hechizera, enemiga de onestidad,
causadora de secretos yerros! ¡Gesú, Gesú! ¡Quítamela, Lucrecia, de
delante, que me fino, que no me á dexado gota de sangre en el cuerpo!
{61} Bien se lo merece esto y más, quien a estas tales da oídos. Por cierto,
si no mirasse a mi onestidad, y por no publicar su osadía desse atrevido, yo
te hiziera, malvada, que tu razón y vida acabaran en un tiempo.

Celestina (Aparte):- (¡En ora mala acá vine, si me falta mi conjuro. ¡Ea, pues,
bien sé a quien digo! *¡Ce, ermano, que se va todo a perder!)*

Melibea:- {62} ¿Aun hablas entre dientes delante mí, para acrecentar mi enojo
y doblar tu pena? ¿Querrías condenar mi onestidad por dar vida a un loco?
¿Dexar a mí triste por alegrar a él, y llevar tú el provecho de mi perdición,
el galardón de mi yerro? ¿Perder y destrüir la casa y onra de mi padre, por
ganar la de una vieja maldita como tú? {63} ¿Piensas que no tengo sentidas tus pisadas y entendido tu dañado mensage? Pues yo te certifico que las
albricias que de aquí saques no sean sino estorvarte de más ofender a Dios,
dando fin a tus días. Respóndeme, traidora, ¿cómo osaste tanto hazer?

Celestina:- Tu temor, señora, tiene ocupada mi desculpa. Mi inocencia me da
osadía, tu presencia me turba, en ‡verte aĩrada, y lo que más siento y me
pena es recebir enojo sin razón ninguna. — {64} Por Dios, señora, que me

---

IV.58 *ACD* Por Dios, que sin *FJM GHKILN* Por Dios, — sin — *Supresión aparente.*
El *que* es idiomático y aun usual. ∞ *ACD* mesma *FJM GHKILN* m*i*sma (*F* mismo)
Sustitución. AC FJM GHK cibdad D ILN ciudad ∞ ‡Al final de este IV.58 venía la
Adición traspuesta en las ediciones indicadas atrás.

IV.59 *AC FJM GHKILN* as hecho *D* as dicho ∞ *A D G* barvuda *C FJM HKILN*
barbuda —Cf. III.1. ∞ *ACD F M GHKILN* su mal *J* tu mal (!)

IV.60 *AC J* enemiga de (h)onestad *D F* enemiga de (h)onestidad *M* enemiga de
(h)onestedad *GHKILN* enemiga de la (h)onestidad ∞ *ACD JM GHKIL* no me á dexado
F N no me á dexada

IV.61 *ACD JM GHKIL* da oídos *F* da oídas *N* da oído ∞ *ACD F HKILN* y por no
publicar *JM G* y por - publicar —*Omisión del no.* Cf. IV.70. ∞ ‡su osadía desse atrevido
—Cf. XII.41-44, IV.26, V.20, VI.21. ∞ *ACD FJM* acá vine *GHKILN* vine acá ∞ *Adición:*
¡Ce, ermano, que se va todo a perder! Omiten *ACD*, adicionan *FJM GHKILN*.

IV.62 *ACD FJM GHKILN* delante mí *(sic) Sal-1570* delante de mí ∞ *ACD
GHKILN* condenar *FJ* condēnar/condemnar *M* condennar ∞ *A* y la onra *CD FJM
GHKILN* y onra

IV.63 ‡tu temor = el temor de ti - Cf. II.16. ∞ *Todas:* desculpa *(sic)* ∞ *ACD FJM*
innocencia *GHKI N* inocencia *L* ynocencia ∞ *AC FJM* ver la yrada *(sic) D GHKI* ver la
ayrada *(sic) LN Sal-1570* verla yrada *(sic)* ‡—El *la* separado del verbo haría leer como
sustantivo *la irada, la airada;* unido al verbo es como si fuese el tratamiento 'vuestra
merced' o tendría que forzadamente referirse a *presencia.* El tratamiento sería posible,

87

dexes conclüír mi dicho, que ni él quedará culpado ni yo condenada. Y verás cómo es todo más servicio de Dios que passos desonestos; más para dar salud al enfermo que para dañar la fama al médico. Si pensara, señora, que tan de ligero avías de congeturar de lo passado nocibles sospechas, no bastara tu licencia para me dar osadía a hablar en cosa que a Calisto ni a otro ombre tocasse.

Melibea:- {65} ¡Gesú! No oiga yo mentar más esse loco, saltaparedes, fantasma de noche, luengo como cigüeña, figura de paramento mal pintado; si no, aquí me caeré muerta. Este es el que el otro día me vido y començó a desvariar comigo en razones, haziendo mucho del galán. Dirásle, buena vieja, que si pensó que ya era todo suyo y quedava por él el campo, porque holgué más de consentir sus necedades que castigar su yerro, quise más ‡dexarle por loco que publicar su grande atrevimiento, pues ‡erró. {66} Avísale que se aparte deste propósito y serle á sano; si no, podrá ser que no aya comprado tan cara habla en su vida. Pues sabe que no es vencido sino el que se cree serlo, y yo quedé bien segura y él, ‡insano: de los locos es estimar a todos los otros de su calidad. Y tú, tórnate con su mesma razón, que respuesta de mí otra no avrás, ni la esperes; que por demás es ruego a quien no puede aver misericordia. {67} Y da gracias a Dios, pues tan libre

---

porque contra lo que se ha dicho, ya se da el de 'vuestra/vuessa/tu merced' en el último cuarto del siglo XV. Pero es el *It* que dirime el problema: 'tua presenza mi turba, *vedendote* cosî adirata*'. El amanuense o cajista extrañó la construcción *en verte = viéndote*, y deslizo sin darse cuenta el *la* del tratamiento.

IV.64 *ACD GHKILN* condenada *F M* condeñada *J* condeñado *(sic)* ∞ A D F GHKILN conjeturar *C JM* conjeturar *Ms* congeturar *(sic)* ∞ *A D FJM GHKILN* nocibles *C* nozibles

IV.65 *AC* ciguñal *D FJM GHKILN* cigüeña ∞ ‡el otro día me vido —Cuando la cena 1ª del Auto I. Cf. II.19. ∞ *AC JM GHKILN* comigo *D F* conmigo ∞ *A D FJM GHKILN* dirasle *C* diriasle *(errata)* ∞ *ACD* su grande atrevimiento *FJM GHKILN* su − atrevimiento *It* suo − ardire —A pesar del *It* y de las secundarias (y terciarias), no hay razón para la supresión del ponderativo *grande*. Es simple errata de omisión en *E*. ∞ ‡Todas las priores (excepto *GHN*) traen puntuación fuerte (.) o (:) despues de *atrevimiento*.

IV.66 La segunda advertencia no tiene todavía por qué llevar el *pues*: 'Dirasle .../avísale'. Es errata de omisión, de amanuense o cajista, al quedar el 'yerro' anterior inmediatamente encima. Cf. VII.101 'si erré, aya perdón'.

‡ *ACD FJM HKILN* ufano *G* uʃano (= usano) —La lectura *ufano* es totalmente absurda. Toda esta parte del Auto se viene recalcando la *locura* en que ha caído Calisto: IV.59 de locura será su mal - IV.60 sin sospecha desse loco - IV.62 por dar vida a un loco - IV.65 mentar esse loco IV.65 començó a desvariar - dexarle por loco —La lectura de *G* muestra claro el origen de la errata: omisión de la *i* y la *n* leída como *u/v*, lo que llevó a leer como *f* la ʃ (= *s* larga). *Insano* es latinismo y palabra un tanto rara (aunque la usa el Condestable don Pedro de Portugal en *Del Contempto del mundo,* estr. 45, v. d, y Juan de Padilla en *Triunfos de los doze Apóstoles,* Tr. IV, cap.2,18), pero Rojas inmediatamente la explica: *de los locos* etc. Exactamente hace lo mismo en VII.54 donde usa el arcaísmo *desfuzia/desfiuza* y a renglón seguido lo explica: *desconfiança*. ∞ ‡los otros, de su calidad —La coma es necesaria después de *otros;* no es que los locos estimen a los otros de su calidad (a los otros locos), sino que estiman que son locos (de su calidad) los demás. Calisto está loco y por eso estima que Melibea también lo está ∞ *AC FJM G* calidad *D HKILN* qualidad ∞ *Todas:* mesma *(sic)* ∞ *ACD FJM* respuesta de mí otra no

vas desta feria. Bien me avían dicho quién tú eras y avisado de tus propriedades, aunque agora no te conocía.

Celestina (Aparte):- (¡Más fuerte estava Troya y aun otras más bravas é yo amansado! Ninguna tempestad mucho dura).

Melibea:- ¿Qué dizes, enemiga? Habla, que te pueda oír. ¿Tienes desculpa alguna para satisfazer mi enojo y escusar tu yerro y osadía?

Celestina:- {68} Mientra biviere tu ira, más dañará mi descargo. Que estás muy rigurosa y no me maravillo; que la sangre nueva poca calor á menester para hervir.

Melibea:- ¡Poco calor? Poco lo puedes llamar, pues quedaste tú biva y yo quexosa sobre tan gran atrevimiento. ¿Qué palabra podías tú querer para esse tal ombre, que a mí bien me estuviesse? Responde, pues dizes que no as concluïdo; *y* ¡quiçá ‡ p**ur**garás lo passado!

Celestina:- {69} Una oración, señora, que le dixieron que sabías, de santa Polonia, para el dolor de las muelas. Assí mismo tu cordón, que es fama que á tocado las reliquias que ay en Roma y Gerusalén. Aquel cavallero, que dixe, pena y muere dellas. Esta fue mi venida; pero; pues en mi dicha estava tu aïrada respuesta, padézcase él su dolor en pago de buscar tan desdichada mensagera. {70} Que, pues en tu mucha virtud me falto pïedad, también me faltara agua, si a la mar me embïara. *Pero ya sabes que el deleite de la vengánça dura un momento y el de la misericordia para siempre.*

Melibea:- Si esso querías, ¿por qué luego no me lo espressaste? ¿Por qué ‡ no me lo dixiste **por tales** palabras?

---

avrás *GHKILN* respuesta de mí — no avrás (*GN* non avrás).

IV.67 *A D GHKILN* propiedades *C FJM* propriedades ∞ ‡ quién tú eres —Cf. XII.93 ∞ *Todas:* desculpa (*sic*)

IV.68 *A D FJM G LN* rigurosa *C* rigorosa *HKI* regurosa ∞ *ACD F HKILN* poco calor *JM G* poca calor ∞ *ACD F* poco calor? JM GHKILN poca calor? ∞ *ACD F* poco lo puedes JM GHKILN poca la puedes ∞ *ACD F GHKILN* quedaste *JM* quedeste (*sic*) ∞ *ACD* — quiçá *FJM GHKILN* y quiçá *Adición.* ∞ ‡ *ACD FJM GHKILN* pagarás *It* pagarai —La expresión no es *pagar,* sino *purgar* = 'apurar, aclarar, dejar en claro, en limpio'. La errata de confusión de a/ur en los manuscritos es común. En XIII.31 ocurre en *ACD* la misma errata, pero allá la *Substitución* la corrige; aquí se quedó sin corregir. La frase de Melibea es irónica y debe llevar admiración.

IV.69 *ACD FJM HKILN* dixeron *G* dixieron ∞ *AC FJM* san(c)ta Polonia *D GHKILN* san(c)ta Apolonia. —El nombre de la santa en lengua popular es 'santa Polonia'. En muchas regiones los dados son llamados jocosamente 'las muelas de santa Polonia'. ∞ *ACD* todas las reliquias *FJM GHKILN* — las reliquias *It* tutte le reliquie —*Supresión aparente;* el *todas* es ponderativo y lo trae *It.* Cf. la supresión aparente en IV.65. ∞ *A D F ILN* Jerusalem *B JM H* Hierusalem *G* Jerusolem (*sic*) *K* Jerusalē —Regularizo la grafía -g- siempre antes de -e, -i. ∞ *Todas:* pena y muere dellas —La lectura de las ediciones es usual, pero paralela y sinónima cabría también 'por ellas', ya que p invertido, puede leerse como d̶.

IV.70 ‡ Algunas ediciones modernas acentúan: faltará Es un caso popular de igualación de formas en -ra: si a la mar me embïasse/embïara, agua me faltaría/faltava/faltara. Se da incluso el pareado: Si a la mar me enviara, / agua me faltara. El *It* confirma: me seria mancata l'acqua, se per essa me avesse mandata al mare. ∞ *Adición,* desde 'Pero ya sabes...' hasta '...para siempre', Omiten *ACD,* adicionan *FJM GHKILN.* ∞ *ACD F M HKILN* querías *J G* querrías ∞ *ACD* por qué - me lo dixiste en

89

Celestina:- {71} Señora, porque mi limpio motivo me hizo creer que, aunque en **otras cualesquier** lo propusiera, no se avía de sospechar mal; ‡porque la verdad no es necessario ‡adumbrar de muchas colores. Compassión de su dolor, confiança de tu manificencia, ahogaron en mi boca *al principio* la espressión de la causa. {72} Y pues conoces, señora, que el dolor turba, la turbación desmanda y altera la lengua, la cual avía de estar siempre atada con el seso, ¡por Dios! que no me culpes. Y si el otro yerro á hecho, no redunde en mi daño, pues no tengo otra culpa sino ser mensagera del culpado. {73} No quiebre la soga por lo más delgado; no *semeges* la telaraña que no muestra su fuerça sino contra los flacos animales. No paguen justos por pecadores. Imita la divina justicia que dixo: el ánima que pecare, aquella misma muera; a la umana, que jamás condena al padre por el delito del hijo, ni al hijo por el del padre. Ni es, señora, razón que su atrevimiento acarree mi perdición; aunque, según su merecimiento, no ternía en mucho que fuesse él el delinquente y yo la condenada. {74} Que no es otro mi

---

tan pocas palabras *FJM GHKILN* por qué - me lo dixiste (*FHKILN* dexiste) **por tales** palabras *Sustitución.* El texto de *ACD* omite el *no* que es necesario y agrega el *tan* que está de más. Para el *tan* Cf. IV.45. El texto de *FJM GHKILN* hace la *Sustitución,* pero omite también el *no* que es paralelo del anterior: no me espressaste. Para la omisión del *no* Cf. IV.61, *JMG.* ∞ *AC J* espressaste *D F M* espressaste *GHKILN* expressaste

IV.71 *ACD* aunque en menos lo propusiera (*C* proposiera) *FJM GHKILN* aunque en **otras cualesquier** lo propusiera *Sustitución.* En el texto de *ACD* hay una errata de *menos* por mala lectura de *mas* como *mēos. Menos* es contradictorio con *en (tan) pocas palabras.*

‡*Todas:* ...sospechar mal; (que si faltó el devido preámbulo fue) porque... —La frase entre paréntesis aparece también en las terciarias y en las posteriores. Atrás en IV.52, cuando empieza a hablar del *enfermo,* ya la Vieja lleva 91 líneas (en *F*) sobre la vejez, la riqueza, la pobreza, la enofilia etc. Desde que empieza a hablar del enfermo ('Donzella graciosa...' etc. en IV.51) hasta el comienzo de IV.59, suelta otras 30 líneas (en *F*), que no son *preámbulo,* no puede entonces saberse lo que significan las palabras. La propia Melibea en IV.59 le alude a las *tantas premissas* que ha hecho por el *doliente.* De tal modo que en el texto actual y sin duda posible, no ha faltado *el devido preámbulo.* La conclusión inevitable es que debió haber una primera redacción de la Comedia en que sí faltaba el debido preámbulo. Al modificarse posteriormente este comienzo brusco o despreambulado de la Vieja, se olvidó suprimir la frase señalada, que no debe estar ni incluirse en los textos posteriores.

AC FJM GHKILN porque la verdad *D* porque en la verdad ∞ *Todas :* abundar *(sic)* —El texto de Petrarca, (*De reb. fam.* 12A) trae el verbo *adumbrare* = 'cubrir, sombrear'. Nada se opone a que Rojas haya usado aquí el latinismo, escrito *adúbrar,* de donde la errata gráfica y conceptual *abundar/abúdar.* Estos latinismos en general son campo abierto para las erratas. Cf. X.22 obstar, IV.66 insano. La variante única de *D,* al poner el régimen propio de *abundar (en),* indica por contradeducción que el verbo no debe ser *abundar.*

AC FJM GHKILN muchas colores *D GHKILN* muchos colores ∞ *Todas:* magnificencia *(sic)* ∞ *ACD* en mi boca - la espresión (*C* expresión) *FJM GHKILN* en mi boca al principio la expresión (*HKILN* expressión, *G* expresión) *Adición.* ‡al principio —Se refiere a las 91 líneas (en *F*) que parlotea la Vieja antes de empezar a hablar del enfermo.

IV.72 *Todas:* turba *(sic)* ∞ *Todas:* turbación *(sic)*

IV.73 *ACD* no seas la telaraña *FJM GHKILN* no **semejes** la telaraña *Sustitución.* ∞ *AC FJM GHKILN* imita la divina *D* imita a la divina ∞ *Todas:* aquella misma *(sic)* ∞ *A D F GHKILN* condena *C* condeña ∞ *Todas: delicto (sic)* ∞ *ACD F GH ILN* acarree *JM*

oficio sino servir a los semejantes: desto bivo, y desto me arreo. Nunca fue mi voluntad enojar a unos por agradar a otros, aunque ayan dicho a tu merced en mi ausencia otra cosa. Al fin, señora, a la firme verdad el viento del vulgo no la empece. *Una sola soy en este limpio trato. En toda la ciudad pocos tengo descontentos. Con todos cumplo, los que algo me mandan, como si toviesse veinte pies y otras tantas manos.*

Melibea:- {75} *No me maravillo, que un solo maestro de vicios dizen que basta para corromper un gran pueblo.* Por cierto, tantos y **tales** loores me an dicho de tus *falsas* mañas, que no sé si crea que pedías oración.

Celestina:- Nunca yo la reze y si la rezare, no sea oída, si otra cosa de mí se saque, aunque mil tormentos me diessen.

Melibea:- {76} Mi passada alteración me impide a reír de tu desculpa. Que bien sé que ni juramento ni tormento te **hará** dezir verdad; que no es en tu mano.

Celestina:- Eres mi señora: téngote de callar, éte yo de servir, asme tú de mandar. Tu mala palabra será bíspera de una saya.

Melibea:- ¡Bien lo as merecido!

Celestina:- {77} Si no la é ganado con la lengua, no la é perdido con la intención.

Melibea:- Tanto afirmas tu inorancia que me hazes creerlo que puede ser. Quiero, pues, en tu dudosa desculpa tener la sentencia en peso y no disponer de tu demanda al sabor de ligera interpretación. No tengas en mucho ni te maravilles de mi passado sentimiento, porque concurrieron dos cosas en tu habla, que cualquiera dellas era bastante para me sacar de seso: {78} nombrarme esse tu cavallero, que comigo se atrevió a hablar, y también pedirme palabra sin más causa, que no se podía sospechar sino

---

acarre *(sic)* K accarree *(sic)* ∞ *A D FJM GHKILN* según *C* segund ∞ *Todas:* delinquente —Pronuniación: [delinkente] —Cf. 'delinquir' y el francés antiguo 'delinquent'. En castellano la pronunciación con -ue- es muy posterior al periodo rojano.

IV.74 *ACD FJM G* desto bivo (*A* viuo *sic*) *HKILN* y desto bivo ∞ *AC FJM GHKILN* enojar *D* de enojar ∞ *ACD FJM* absencia *GHKILN* ausencia ∞ *Adición*, desde 'Una sola soy...' hasta '...un gran pueblo'. Omiten *ACD*, adicionan *FJM GHKILN*. (La adición llega a una parte de IV.75).

F G L cibdad *JM HKI N* ciudad ∞ ‡ los que algo me mandan = 'con los que algo me mandan' pero no es necesario repetir el *con*. ∞ *FJM G* toviesse *HKILN* tuviesse

IV.75 *ACD* tantos y tantos loores *FJM GHKILN* tantos y **tales** loores *Sustitución.* ∞ *ACD* de tus - mañas *It* de toi - modi *FJM GHKILN* de tus falsas mañas *Adición (?)* ∞ *AD pidıas C FJM GHK* pedías *ILN* pidas

IV.76 *ACD JM GHKILN* alteración *F* altercación *(errata)* ∞ *Todas:* impide a reír *(sic)* ∞ *ACD* te torcerá *FJM GHKILN* te **hará** *It* te faranno *Sustitución.* ∞ *ACD LN* la as merecido *FJM GHKI* lo as merecido —La exclamación de Melibea es irónica.

IV.77 *ACD JM GHKILN* no la é ganado *F* no lo é ganado ∞ *ACD JM GHKILN* no la é perdido *F* no la é perdida ∞ *Todas:* ignorancia *(sic)* ∞ *A D FJM GHK LN* creer lo que/q̃ puede *C* creerla que puede *I* creerlo q̃ puede —Hay que leer 'creerlo' o faltaría un *no:* 'creer lo que no puede ser'. O sobraría el *o:* 'creer que puede ser'. O debe trasponerse : 'creer que lo puede ser'. ∞ *Todas:* dubdosa *(sic)* ∞ *ACD JM GHKILN* sabor *F* savor *(sic)*

daño para mi onra. Pero, pues todo viene de buena parte, de lo passado aya perdón. Que en alguna manera es aliviado mi coraçón, viendo que es obra pía y santa sanar los apassionados y enfermos.

Celestina:- {79} ¡Y tal enfermo, señora! Por Dios, si bien le conociesses, no le juzgasses por el que as dicho y mostrado con tu ira. En Dios y en mi alma, no tiene hiel; gracias, dos mill; en franqueza, Alexandre; en esfuerço, Étor; gesto, de un rey; gracioso, alegre; jamás reina en él tristeza. De noble sangre, como sabes. Gran justador; pues verle armado, un san Jorge; fuerça y esfuerço, no tuvo Ércules tanta. {80} La presencia y faciones, disposición, desemboltura, otra lengua avía menester para las contar. Todo junto semeja ángel del cielo. Por fe tengo que no era tan hermoso aquel gentil Narciso, que se enamoró de su propia figura, cuando se vido en las aguas de la fuente. Agora, señora, tiénele derribado una sola muela, que jamás cessa de quexar.

Melibea:- {81} ¿Y qué tanto tiempo á

Celestina:- Podrá ser, señora, de veinte y tres años; que aquí está Celestina que le vido nacer y le tomó a los pies de su madre.

Melibea:- Ni te pregunto esso ni tengo necessidad de saber su edad; sino qué tanto á que tiene el mal.

IV.78 *A J GHKILN* comigo *CD F* conmigo *M* commigo ∞ *ACD JM GHKILN* sin más causa *F* sin más cosa ∞ *ACD JM GHKILN* se podía *F* se podría ∞ *AC FJM GHKILN* aliviado *D* olvidado(!) ∞ *A* passionados *C JM GHKILN* apassionados *F* apossionados *(errata)*. Passionados/apassionados = 'que padecen algo'.

IV.79 ‡si...le conociesses, no le juzgasses —Latinismo sintáctico, paralelo culto de la igualación popular que se da en formas en -ra, v.gr.: Agua me faltara, si a la mar me enviara. Cf. IV.2, V.8. ∞ *AC F le conociesses D JM GHKILN* lo conociesses ∞ *ACD FJM GHKILN* no le juzgasses —Nótese que en el primer caso *ACF* traen 'le' y los demás 'lo'; en el segundo caso todas traen 'le'. Rojas es ciertamente leísta, pero la inconsecuencia de las ediciones es notable. ∞ *A* Etor *C JM* Héctor *F* Hétor *D GHKILN* Ector —La pronunciación era sin la -c- [étor], tal como lo sigue siendo en la lengua popular en todas partes. ∞ *ACD F* verle *JM GHKILN* verlo ∞ *AC FJM G I L* sant Jorge *D HK N* san Jorge ∞ *AD* Ercules *C FJM G K N* Hércules *HI L* Hércoles

IV.80 *ACD FJM GHKI N* faciones *L* fayciones *(sic) CD FJM HKILN* disposición *A G* dispusición ∞ *A D FJM GHKILN* se enamoró *C* se enamoraro *(errata)* ∞ *ACD JM GH* propia *F KILN* propria ∞ *ACD JM GH ILN* muela *F* muella *(errata) K* mula *(errata)* ∞ *AC RBbGg* cessa de quexar *D* le cessa de aquexar *FJM GHK LN* cessa quexar *I* cessa de le aquexar *Ms* cessa de se quexar *Sal-1570* cessa el quexar —Quexar (lo mismo que *cansar*) ya se podía usar sin -se. *Cansar* no se usaba con -se, como en lo moderno, pero en *quexar* ya se daba a veces tal uso. *Cessar* (y *dexar*) en el sentido de suspender una actividad tenían régimen sin preposición o con *de*. De estos varios usos vienen las variantes.

IV.81 ‡¿Y qué tanto tiempo á? —El *It* traduce: 'Quanto tempo fa che ello patisca questo dolore?' —con lo cual echa a perder el hábil diálogo del castellano, en que Melibea pregunta en un sentido y Celestina contesta en otro. Las 25 ediciones priores extantes dan *veinte y tres* años la edad de Calisto; *It It²* inexplicablemente: vinti cinque. ∞ *ACD F* le vido...le tomó *JM GHKILN* lo vido...lo tomó ∞ ‡Ahora resulta que la Vieja diz que fue partera de Calisto. Está diciendo una monumental mentira, para dorar el dato que ha metido de los 23 años de Calisto. Las parteras eran reconocidas y apreciadas en las casas de familia y uno sabía quien había sido su partera. No pasa tal con Calisto y la horrenda Vieja cariacuchillada.

92

Celestina:- {82} Señora, ocho días. Que parece que á un año, en su flaqueza. Y el mayor remedio que tiene es tomar una vïuela y tañe tantas canciones y tan lastimeras, que no creo que fueron otras las que compuso aquel emperador y gran músico Adrïano, de la partida del ánima, por sufrir sin desmayo la ya vezina muerte. Que aunque yo sé poco de música, parece que haze aquella vïuela hablar. {83} Pues si acaso canta, de mejor gana se paran las aves a le oír, que no aquel ‡Anfïeo, de quien se dize que movía los árboles y piedras con su canto. Siendo este nacido, no alabaran a Orfeo. Mira, señora, si una pobre vieja como yo, si se hallará dichosa en dar la vida a quien tales gracias tiene. Ninguna muger le vee que no alabe a Dios, que assí le pintó. {84} Pues si le habla acaso, no es más señora de sí, de lo que él ordena. Y pues tanta razón tengo, juzgá, señora, por bueno mi propósito; mis passos, saludables y vazios de sospecha.

Melibea:- ¡O, cuánto me pesa con la falta de mi pacïencia! Porque siendo él inorante y tú inocente, avés padecido las alteraciones de mi aïrada lengua. {85} Pero la mucha razón me relieva de culpa, la cual tu habla sospechosa causó. En pago de tu buen sufrimiento, quiero complir tu demanda y darte luego mi cordón. Y porque para escrevir la oración no avrá tiempo, sin que venga mi madre, si esto no bastare, ven mañana por ella muy secretamente.

IV.82 ‡ 'Señora ocho días' —Muchas ediciones posteriores, entre ellas la de la *BAE,* agregan aquí la frase: 'según lo que he podido colegir', para hacer más verosímil el conocimiento de la Vieja en este punto. De todos modos los *ocho días* en que piensa Rojas indican que la primera vista de Calisto con Melibea, cena 1ª del Auto I, tiene que haber sido unos 9 o 10 días antes de esta primera conversación de la Vieja con la joven. Cf. II.19, IV.65. ∞ ‡y tañe tantas canciones —La construcción normal es: 'el remedio que tiene es tomar una vïuela y tañer tantas canciones'; pero el presente, tañe, al romper la construcción, nos presenta la acción como ante nuestros ojos. ∞ *AC GK* sofrir sin desmayo *D FJM H ILN* su(f)frir sin desmayo

IV.83 ‡En las 25 priores asequibles todas traen 'Antico' menos *L:* Antigo, y *BbGg:* Antioco (!). Todas traen mayúscula, menos *D F T.* Sedeño lo considera como nombre propio, aunque trae *Antico.* —Santillana en *A la muerte de don Enrique de Villena,* estrofa 24: Las sonantes cuerdas de aquel Anfïón / que fueron de Tebas muralla y arreo... En el *Cancionero general* de 1511, en lugar de *Anfïón* se lee *Amphio* y en el manuscrito 3677 de la Biblioteca Nacional de Madrid, *Obras poéticas de Santillana,* en este mismo paso se lee *Anfieo,* sin duda por errata o cruce con 'Orfeo'. Aquí la errata *Antico* cubre sin duda un *Anfieo* (-f- leída como -t- y -e- como -c-), escrito así por Rojas, por descuido o cruce con 'Orfeo'. Los mismo antiguos no distinguen netamente a Anfïón de Orfeo; la distinción neta es cosa de los humanistas posteriores. Rojas no es muy meticuloso con los nombres propios, Cf. XX.13, Prusia alterado en Bursia. ∞ *AC FJM GHKILN* − aquel *D* a aquel —Omisión mecánica; aquí la *a* es necesaria. ∞ ‡Siendo este nacido —Sentido de pasado: 'siendo este nacido antes o antaño' = 'aviendo este nacido'. Cf. VI.32 siendo tú biva, = 'aviendo sido/seído tú biva'. El uso vacilaba y el gerundio simple tenía el valor del compuesto, lo mismo que el infinitivo. ∞ *ACD FJM HLN* a quien tales *GHK* en/ē quien tales —Simple repetición del *en* anterior de *en dar.* ∞ *ACD F* le vee (*F* ve) *JM GHKILN* lo vee ∞ *ACD F* le pintó *JM GHKILN* lo pintó

IV.84 *ACD FJM GHKILN* y/ignorante ∞ *ACD FJM GHKILN* y/in(n)ocente ∞ *A* haués *(sic) C F* avés *D JM GHKILN* aueys *(sic)*

IV.85 *ACD F GHKILN* causó *JM* causa ∞ *AC* sofrimiento *D FJM GHKILN* sufrimiento ∞ *Todas:* complir *(sic)* ∞ *A K* escrivir *CD JM GH ILN* escrevir *F* screvir ∞

Lucrecia (Aparte):- {86} (¡Ya, ya, perdida es mi ama! ¿Secretamente quiere que venga Celestina? ¡Fraude ay! ¡Más le querrá dar que lo dicho!)

Melibea:- ¿Qué dizes, Lucrecia?

Lucrecia:- Señora, que baste lo dicho, que es tarde.

Melibea:- Pues, madre, no le des parte de lo que passó a esse cavallero, porque no me tenga por crüel o arrebatada o desonesta.

Lucrecia (Aparte):- (¡No miento yo, que mal va este hecho!)

Celestina:- {87} Mucho me maravillo, señora Melibea, de la duda que tienes de mi secreto. No temas, que todo lo sé sufrir y encubrir. Que bien veo que tu mucha sospecha echó, como suele ‡ **dezirse,** mis razones a la más triste parte. Yo voy con tu cordón tan alegre, que se me figura que está diziéndole allá su coraçón la merced que nos heziste, y que le tengo de hallar aliviado.

Melibea:- {88} Más haré por tu doliente, si menester fuere, en pago de lo sufrido.

Celestina (Aparte):- (¡Más será menester, y más harás, y aun que no se te agradezca!)

Melibea:- ¿Qué dizes, madre, de agradecer?

Celestina:- Digo, señora, que todos lo agradecemos y serviremos, y todos quedamos obligados. Que la paga más cierta es, cuando más la tienen de cumplir.

Lucrecia (Aparte):- {89} (¡Trastócame essas palabras!)

Celestina (Aparte):- Hija Lucrecia, ¡Ce! Irás a casa y darte é una lexía con que pares essos cabellos más que *el* oro. No lo digas a tu señora. Y aun darte é unos polvos para quitarte esse olor de la boca, que te uele un poco, que en el Reino no lo sabe hazer otro sino yo, y no ay cosa que peor en la muger

---

ACD FJM HKILN bastare *G* abastare

IV.86 *AC FJM GHKILN* que baste *D* que basta ∞ ‡ que es tarde —tarde para algo, v.gr. para desayunar. Además, es frase de cajón para concluir o encarecer algo. Cf. VII.2 donde es por la mañana y dice Pármeno que es tarde y muy tarde. ∞ *AC* no miento ya *D FJM GHKILN* no miento yo ∞ *ACD FJM GHKI* que mal va *LN* que a mal va

IV.87 *Todas:* dubda *(sic)* ∞ *AC FJ G* sofrir *D M HKILN* su(f)rir ∞ *A FJM* encubrir *CD GHKILN* encobrir ∞ ‡ Todas traen: 'como suele - mis razones'; pero falta el infinitivo *dezirse,* porque el simple *como suele* implicaría trato y frecuentación de Melibea con la Vieja, y por otra parte o tratamiento de tercera persona *como suele tu merced,* o personificación de *sospecha.* Ninguna de las tres posibilidades hace buen sentido; es una simple omisión de la abreviación: ꝺzʃe. Cf. IV.24, X.38 como soléis / como suele. ∞ *ACD FJM G* yo voy *HKILN* yo vo ∞ *ACD F* su coraçón *JM GHKILN* el coraçón ∞ *ACD F GHKILN* f/heziste *JM* hiziste ∞ *ACD F* le tengo *JM GHKILN* lo tengo ∞ *ACD JM GHKILN* hallar *F* allar *(sic)*

IV.88 *A D JM GHKILN* lo sufrido *C F* lo sofrido ∞ ‡...más harás —El aparte de la Vieja es irónico y de doble sentido. ∞ *AC FJM GHKILN* lo agradecemos y serviremos *D* lo agradecemos — — *(D omite el segundo verbo) Sal-1570* lo agradeceremos y serviremos ∞ *ACD F ILN* de complir *JM GHK* de cumplir ‡ La paga es más cierta cuando más la tienen que cumplir = cuando están más obligados a cumplirla = cuando son más los que tienen que cumplirla. La Vieja juega con los dos sentidos.

parezca.)

Lucrecia (Aparte):- {90} (*¡O Dios te dé buena vegez, que más necessidad tenía de todo esso que de comer!*)

Celestina (Aparte):- (*Pues, ¿por qué murmuras contra mí, loquilla? Calla, que no sabes si me avrás menester en cosa de más importancia. No provoques a ira a tu señora, más de lo que ella á estado. Déxame ir en paz.*)

Melibea:- {91} ¿Qué le dizes, madre?

Celestina:- Señora, acá nos entendemos.

Melibea:- Dímelo, que me enojo cuando yo presente se habla cosa de que no aya parte.

Celestina:- Señora, que te acuerde la oración, para que la mandes escrevir, y que aprenda de mí a tener mesura en el tiempo de tu ira, en la cual yo usé lo que se dize, que del aïrado es de apartar por poco tiempo, del enemigo por mucho. Pues tú, señora, tenías ira con lo que sospechaste de mis palabras, no enemistad. {92} Porque, aunque fueran las que tú pensavas, en sí no eran malas; que cada día ay ombres penados por mugeres y mugeres por ombres, y esto obra la natura y la natura ordenola Dios y Dios no hizo cosa mala. Y assí quedava mi demanda, como quiera que fuesse, en sí loable, pues de tal tronco procede, y yo, libre de pena. Más razones destas te diría, si no porque la prolixidad es enojosa al que oye y dañosa al que habla.

Melibea:- {93} En todo as tenido buen tiento, assí en el poco hablar en mi enojo, como con el mucho sufrir.

Celestina:- Señora, sofrite con temor porque te aïraste ‡sin razón. Porque con la ira morando poder, no es sino rayo. Y por esto passé tu rigurosa habla hasta que su almazén oviesse gastado.

Melibea:- En cargo te es esse cavallero.

IV.89 *ACD FJM ILN* trastrócame *GHK* trastócame —Trastrocando: el cumplimiento es más cierto cuando más cantidad le tienen que dar o cuando más personas son las que pagan. O sea, que por la plata baila el perro. Trastrueque que muestra que Lucrecia le ha calado la doble intención, lo que a la Vieja no le hace pizca de gracia, y comprendiendo que Lucrecia no está de su parte, se apresura a atraérsela con la lejía y los polvos para la boca. ∞ *CD FJM GHKILN* cabellos *A* cavellos *(sic)* ∞ *ACD* más que - oro *FJM GHKILN* más que el oro *Adición.* ∞ *Todas:* no lo sabe *Sal-1570* no los sabe —Ambas lecturas son posibles. ∞ *A* otri *D J G* otre *C F M* otro *HKILN* otra —Cf. III.20, IX.47.

IV.90 *Adición,* desde '¡O, Dios te dé...' hasta '...Déxame ir en paz'. Omiten *ACD,* adicionan *FJM GHKILN.*

IV.91 *ACD JM GHKILN* que le dizes *F* que - dizes ∞ *ACD FJM* cuando yo presente *GHKILN* cuando - presente ∞ *ACD FJM ILM* para que la mandes *GHK* para aquel que la mandes ∞ *A M* escrivir *CD JM GHKILN* escrevir *F* screvir ∞ *ACD FJM* se dize *G* - dize, *HKILN* dizen ∞ *ACD FJM G* que del airado *HKILN* — del airado ∞ *ACD JM GHKILN* por mucho *F* — mucho

IV.92 *A* te daría *CD FJM GHKILN* te diría

IV.93 *A* en lo poco *CD FJM GHKILN* en el poco ∞ *ACD FJM GHKI* como con el mucho *LN* como en el mucho ∞ *AC F* sofrir *D JM GHKILN* su(f)frir ∞ *AC* sofrite *F* sofrirte *D J H ILN* sufrite *G* suffrirte *M* suffre *(sic)* ∞ *Todas:* con razón *It* con ragione —El *con* anterior, en *con temor* originó el segundo *con razón,* que no hace sentido y que abiertamente contradictorio con lo que viene sosteniendo la Vieja, Cf. IV.63: 'y lo que más siento y me pena es recibir enojo sin razón alguna...' Nótese arriba que *en el*

95

Celestina:- {94} Señora, más merece. Y si algo con mi ruego para él é alcançado, con la tardança lo é dañado. Yo me parto para él, si licencia me das.

Melibea:- Mientra más aína la ovieras pedido, más de grado la ovieras recaudado. Vé con Dios, que ni tu mensage me á traído provecho ni de tu ida me puede venir daño.

Argument des Fünfften gesprächs.

Als Sceleſtina frölich von Melibia abſchide/redet ſie vnder wegen mit jr ſelbſt/biß zũ jhrem hauß/do Semptonius jht wartet/mit dem gieng ſie zũ Caliſto/ward erſtlich võ Parmenoni geſehen/der jnen die thür/auß befelch ſeins Herzns öfnet.

Perſonen des Fünfften gesprächs. Sceleſtina / Semptonius/Parmeno/Caliſtus.

Augsburgo: Christof Wirsung, 1534. Segunda traducción alemana. Auto V.

---

poco produce *en el mucho* de *LN.* ∞ *A D FJM GHKILN* rigurosa *C* rigorosa ∞ *ACD FJM GHKILN* oviesse (*A* houiesse *C* ouiese) ∞ ‡En cargo te es esse cavallero = 'este caballero te está obligado, te debe por lo que en su favor has hecho. Cf. V.1.

IV.94 *ACD F M GHKILN* me parto para él *J* me parto para — ∞ *Todas:* ovieras (*A* houieras) ∞ *AC F* recabdado *D JM GHKILN* recaudado

Auto V.

AV. Argumento del quinto auto.

Despedida Celestina de Melibea, va por la calle hablando consigo misma entre dientes. Llegada a su casa, halló a Sempronio, que la aguardava. Ambos van hablando hasta llegar a casa de Calisto, y, vistos por Pármeno, cuéntalo a Calisto su amo, el cual le mandó abrir la puerta.

V. Auto V {1-22}. Calisto, Pármeno, Sempronio, Celestina.

(Cena 1ª)

Celestina:- {1} ¡O rigurosos trances! ¡o cuerda osadía! ¡o gran sufrimiento! Y ¡qué tan cercana estuve de la muerte, si mi mucha astucia no rigera con el tiempo las velas de la petición! ¡O amenazas de donzella brava! ¡O aïrada donzella! ¡O dïablo a quien yo conjuré, cómo compliste tu palabra en todo lo que te pedí! ¡En cargo te soy! {2} Assí amansaste la cruel hembra con tu poder y diste tan oportuno lugar a mi habla cuanto quise con la ausencia de su madre. ¡O vieja Celestina! ¿Vas alegre? Sábete que la meitad está hecha cuando tienen buen principio las cosas. ¡O serpentino azeite! ¡o blanco hilado! ¡cómo os aparejastes todos en mi favor! {3} O yo rompiera todos mis atamientos hechos y por hazer, ni creyera en yervas ni en piedras ni en palabras. Pues alégrate, vieja, que más sacarás deste pleito, que de quinze

---

AV. Argumento del quinto auto *ACD JM GHKILN (F no lo trae); ACD JM* auto *GHKILN* aucto ∞ *AC JM GHKILN* misma *D* mesma ∞ *A* habló *CD JM GHKILN* halló ∞ *A D JM GHKILN* la aguardava *C* le aguardava ∞ = cuéntalo a Calisto —El castellano del primer argumentero es a veces tan cojo como el del segundo. El *It* traduce con el verbo que debió haberse usado en castellano: e veduti per Parmeno, lo *dice* a suo patrone. ∞ = Lo de la llegada de Celestina a su casa de ella es una suposición del argumentero, que el texto ni dice ni justifica. Por el contrario, en V.7 Sempronio dice: 'desde que dio la una te espero *aquí*', y agrega en V.8: 'no passes *de aquí* sin me lo contar', a lo que la Vieja arguye: 'ni yo me podría parar, *ni el lugar es aparejado*'. Claramente se trata de punto, un sitio público o de una calle, donde la ha estado esperando, por no la casa de ella. Por otro lado, no hay intervención de Elicia, ni Sempronio se despide de esta. La Vieja, de casa de Melibea va derecha a casa de Calisto, tal como lo dice en V.3: 'malditas haldas...cómo me estorváis de llegar *adonde an de reposar mis nuevas*'. Si hay algo evidente es que el encuentro con Sempronio no es en casa de la Vieja.

V. *JM GHK I A (sobre el grabado):* Cal. Par. Sem. Cel. *CD F LN:* Cel. Sem. Par. Cal.

V.1 *A G* cruda osadía *CD FJM GHKILN* cuerda osadía ∞ *AC* sofrimiento *D FJM GHKILN* su(f)frimiento ∞ *A D FJM G* y qué tan *C* y — tan *HKILN* — qué tan ∞ *AC JM HKILN* si mi mucha astucia *D F G* si — mucha astucia ∞ *AC FJM G LN* no rigera *D HKI* no rigiera ∞ *A* cojuré *(sic) CD F GHKILN* conjuré *JM* conjuro ∞ *ACD F ILN* compliste *JM GHK* cumpliste ∞ *AC FJM GHKILN* lo que te pedí *D* lo que - pedí ∞ En cargo te soy —En cargo le es Celestina al diablo, así como en cargo le es Calisto a Celestina. Celestina le debe al diablo y Calisto le debe a Celestina. En la punta de la pluma traía Rojas la expresión y la idea. Cf. IV.93.

V.2 *ACD F GHKILN* y diste tan *JM* y deste tan *(errata)* ∞ *ACD FJM* absencia *GHKILN* ausencia ∞ *ACD F M HKILN* meytad *(sic) J* meitad *(sic) G* mitad *(sic)* —Cf. III.17. ∞ *ACD FJM G* está hecha *HKILN* está hecho

virgos que renovaras. ¡O malditas haldas, prolixas y largas, como me estorváis de allegar adonde an de reposar mis nuevas! ¡O buena fortuna, cómo ayudas a los osados, y a los tímidos eres contraria! Nunca huyendo **huye** la muerte al covarde. {4} ¡O cuántas erraran en lo que yo é acertado! ¿Qué hizieran en tan fuerte estrecho estas nuevas maestras de mi oficio, sino responder algo a Melibea, por donde se perdiera cuanto yo con buen callar é ganado? {5} Por esto dizen: quien las sabe las tañe, y que es más cierto médico el esperimentado que el letrado, y la esperiencia y escarmiento haze los ombres arteros, y la vieja, como yo, que alce sus haldas al passar del vado, como maestra. ¡Ay, cordón, cordón, yo te haré traer por fuerça, si bivo, a la que no quiso darme su buena habla de grado!

(Cena 2ª)

Sempronio:- {6} O yo no veo bien, o aquella es Celestina. ¡Válala el díablo, haldear que trae! Parlando viene entre dientes.

Celestina:- ¿De qué te santiguas, Sempronio? Creo que en verme.

Sempronio:- Yo te lo diré. La raleza de las cosas es madre de la admiración; la admiración, concebida en los ojos, deciende al ánimo por ellos; el ánimo es forçado descobrillo por estas esteriores señales. ¿Quién jamás te vido por la calle, abaxada la cabeça, puestos los ojos en el suelo, y no mirar a ninguno, como agora? {7} ¿Quién te vido hablar entre dientes por las calles y venir aguijando, como quien va a ganar beneficio? Cata que todo esto novedad es para se maravillar quien te conoce. Pero esto dexado, dime, por Dios, con qué vienes. Dime si tenemos hijo o hija; que desde que dio la una te espero

---

V.3 = ni creyera = y no creyera. ∞ *ACD* ni en piedras *FJM GHKILN* ni – piedras *It* ne arei creso in erbe ne in petre ne manco in parole –No es supresión, sino simple omisión de ē o de tilde en *nĩ*, por descuido. ∞ = más sacarás –*It* più guadagnarai –que renovaras = que oviesses renovado = *It* che avessi rinovate –El *It* comprueba sin margen de duda la acentuación que muchas ediciones traen mal. ∞ *ACD FJM HKILN* haldas *G* aldas *(sic)* Cf. IV.13. ∞ *ACD GHKILN* de llegar *FJM* de allegar ∞ *A* y a los timididos *(sic) C F LN* y a los tímidos *D JM HKI* y a los temidos *G* – a los temidos –Temidos (sentido activo) = los que temen algo. Cf. sabidos, 'los que saben'; leídos, 'los que leen o han leído' etc. Era usual en lugar del latinismo *tímido*, pero la errata de *A* indica que el latinismo fue extrañado y alterado. Es ciertamente de Rojas. ∞ *ACD* huyó *FJM HKILN* huy*e G* huyla *(sic) Sustitución* ¿que corrige? ∞ *ACD FJM GHKI* al covarde (!) *LN Sal-1570* el covarde –Obsérvese el descuido de las ediciones; corrigen el verbo y dejan mal el sujeto. La errata *al covarde* es antigua en manuscritos y textos impresos del *Laberinto* de Mena, estr. 149.

V.4 = nuevas maestras de mi oficio –La Vieja tiene rivales más jóvenes, competencia con sangre nueva.

V.5 *AC* esperimentado *F* sperimentado *D JM GHKILN* experimentado ∞ *AC FJM* esperiencia *D GHKILN* experiencia ∞ *Todas:* haldas –Cf. IV.13, V.3.

V.6 *Todas:* haldear –Cf. IV.13, V.3, 5. ∞ *ACD HKILN* santiguas *FJM G* fatigas (!) – La omisión del tilde y una ∫ (-s- larga) originó la errata de *FJM G:* ∫atiguas. La sílaba -gua/-guas podía leerse -ga/-gas, Cf. I.105 *G:* bexigua = bexiga, I.124 *F:* gualardón = galardón, V.14 *CFJM:* siguas = sigas. ∞ *AC FJM GHKILN* raleza (= rareza) *D* raelza *(sic)* ∞ *CD FJ* descobrillo *A M GHKILN* descubrillo ∞ *A F* esteriores *CD JM GHKILN* exteriores ∞ *ACD F M GHKILN* a ninguno como agora *J* a ninguno como – *(omisión)*.

98

aquí y no é sentido mejor señal que tu tardança.

Celestina:- {8} Hijo, essa regla de bovos no es siempre cierta, que otra ora me pudiera más tardar y dexar allá las narizes; y otras dos, y narizes y lengua, y assí que, mientra más tardasse, más caro me costasse.

Sempronio:- Por amor mío, madre, no passes de aquí sin me lo contar.

Celestina:- Sempronio, amigo, ni yo me podría parar, ni el lugar es aparejado. Vente comigo. Delante Calisto oirás maravillas, que será **deflorar** mi embaxada comunicándola con muchos.   {9} De mi boca quiero que sepa lo que se á hecho, que aunque ayas de aver alguna partezilla del provecho, quiero yo todas las gracias del trabajo.

Sempronio:- ¿Partezilla, Celestina? Mal me parece esso que dizes.

Celestina:- Calla, loquillo; que parte o partezilla, cuanto tú quisieres te daré. Todo lo mío es tuyo.   Gozémonos y aprovechémonos, que sobre el partir nunca reñiremos. {10} Y también, sabes tú cuánta más necessidad tienen los viejos que los moços, mayormente tú que vas a mesa puesta.

Sempronio:- Otras cosas é menester, más que de comer.

Celestina:- ¿Qué, hijo? ¿Una dozena de agugetas y un torce para el bonete y un arco para andarte de casa en casa tirando a páxaros, y aojando páxaras a las ventanas?... {11} *Mochachas digo, bovo, de las que no saben bolar, que bien me entiendes. Que no ay mejor alcauete para ellas que un arco, que se puede entrar cada uno hecho moxtrenco; como dizen: en achaque de trama, ¿está acá nuestra ama?* Mas iay, Sempronio, de quien tiene de mantener onra y se va haziendo vieja, como yo!

V.7 —

V.8 *ACD FJM HKILN* y narizes y lengua *G — narices (sic)* y lengua —Latinismo: tanto las narices como la lengua. ∞ = mientra más tardasse, más caro me costasse —equivale a 'si más tardasse, más caro me costaría/costava/costara'. La igualación de las dos formas verbales es un latinismo sintáctico. Cf. IV.79 y el *It:* mentre più avesse tardato, più caro me seria costato. ∞ *ACD L* vete *FJM GHKI N* vente —Simple omisión del tilde en *ACD L.* ∞ *AC GHKILN* comigo *D FJ* conmigo *M* commigo ∞ *ACD* desflorar *FJM GHKI N* **de**florar (*JM* de florar) *L* defloxar —En *L* es simple confusión de -r-/-x-. *Sustitución* que pone el latinismo en lugar de la forma popular y general: desflorar. Estas poco plausibles elegancias son de Rojas, Cf. VIII.17 pluvia, VIII.42 flamas. Algunos *peccata minuta* había de tener.

V.9 *A* sepas lo que *CD FJM GHKILN* sepa lo que

V.10 *ACD FJM* sabes tú *GHKILN* tú sabes ∞ *A FJM GHKILN* que vas *CD* que *te* vas —Son dos expresiones distintas. La segunda se usa en casos concretos y aquí la Vieja habla en general. ∞ *AC F* más que - comer *D JM GHKILN Sal-1570* más que de comer —Omisión: 'más q̃ d̃ comer' en *ACF.* ∞ *ACD FJM GHKI* agujetas *LN* agugetas *(sic)* ∞ *ACD FJM* torce *GHKILN* torçal ∞ *F* páxeros -*errata, ACD JM* páxaros *G* páxoros -*errata.*

V.11 *Adición,* desde 'Mochachas digo...' hasta '...achaque de trama'. Omiten *ACD,* adicionan *FJM GHKILN.*

FJM GHKI N alcahuete *(sic) L* alchauete *(sic)* ∞ *FJM* moxtrenco *GHKILN* mostrenco Cf. XII.98. ∞ *JM GHKILN* de trama &c *F* de trama. —Varias posteriores traen el refrán completo. Se escribía también: 'en achaque de trama estaca nuessama' —'Estaca/está acá' tenía doble sentido, Cf. '¿que culpa tiené la estaca si Juana (si el sapo) salta y se estaca?' La pronunciación era: nuessamo/a.

99

Sempronio (Aparte):- {12} (¡O lisongera vieja! ¡O vieja llena de mal! ¡O codiciosa y avarienta garganta! También quiere a mí engañar como a mi amo, por ser rica. Pues mala medra tiene. ¡No le arriendo la ganancia! Que quien con modo torpe sube en alto, más presto cae que sube. ¡O, qué mala cosa es de conocer el ombre! Bien dizen que ninguna mercadería ni animal es tan difícil. {13} ¡Mala vieja falsa es esta! ¡El dïablo me metió con ella! Más seguro me fuera hüír desta venenosa bívora que tomalla. Mía fue la culpa; pero gané harto, que por bien o mal no negará la promessa).

Celestina:- ¿Qué dizes, Sempronio? ¿Con quién hablas? ¿Viénesme royendo las haldas? ¿Por qué no aguijas?

Sempronio:- {14} Lo que vengo diziendo, madre **Celestina,** es que no me maravillo que seas mudable, que sigas el camino de las muchas. Dicho me avías que diferirías este negocio. Agora vas sin seso por dezir a Calisto cuanto passa. ¿No sabes que aquello es en algo tenido que es por tiempo desseado, y que cada día que él penasse era doblarnos el provecho?

Celestina:- {15} El propósito muda el sabio; el necio persevera. A nuevo negocio, nuevo consejo se requiere. No pensé yo, hijo Sempronio, que assí me respondiera mi buena fortuna. De los discretos mensageros es hazer lo que el tiempo quiere. Assí que la calidad de lo hecho no puede encubrir tiempo dissimulado. Y más, que yo sé que tu amo, según lo que dél sentí, es liberal y algo antojadizo. {16} Más dará en un día de buenas nuevas, que en ciento que ande penando y yo yendo y viniendo. Que los acelerados y súpitos plazeres crían alteración, la mucha alteración estorva el deliberar. Pues, ¿en qué podrá parar el bien, sino en bien, y el alto mensage, sino en luengas albricias? Calla, bovo, dexa hazer a tu vieja.

Sempronio:- {17} Pues dime lo que passó con aquella gentil donzella. Dime alguna palabra de su boca, que, por Dios, assí peno por sabella como a mi amo penaría.

Celestina:- ¡Calla, loco! Altérasete la complissión. Yo lo veo en ti, que

---

V.12 *ACD FJM GHKIL* cobdiciosa *(sic) N* codiciosa *(sic)* ∞ = avarienta garganta —En vista de este texto la *Supresión aparente* de XII.100 es muy dudosa. ∞ *A* en lo alto *CD FJM GHKILN* en alto ∞ = el ombre = el ser humano ∞ *Todas:* di(f)fícil —Cf. III.6; tan difícil, i.e. 'tan difícil de conocer'.

V.13 *A G* arto *(sic) CD FJM HKILN* harto ∞ *ACD FJM HKILN* haldas *G* faldas Cf. IV.13, V.6.

V.14 *ACD* madre mía *FJM GHKILN It* madre **Celestina** Sustitución. El 'madre mía' estaba bien para Pármeno, pero no para Sempronio. ∞ *A* sigues *C FJM* siguas *(sic) D GHKILN* sigas —Cf. V.6. ∞ *A D FJM H ILN* di(f)ferirías *C G* difererías *K* deferirías

V.15 *AC F M* calidad *D J GHKILN* qualida/q̃lidad ∞ *A JM GHKI* encubrir *CD F LN* encubrir ∞ *ACD FJM G* lo que dél sentí *HKILN* lo que yo sentí —i.e. lo que dél entendí = como me di cuenta que era ∞ *ACD JM GHKILN* y algo *F* y sí algo

V.16 *ACD It* penando *FJM GHKILN* penado —Son tres gerundios todos con 'ande': penando /yendo /y viniendo. Es una simple omisión del tilde en la -a-. El *It* lo confirma. ∞ *AC FJM* viniendo *G ILN* veniendo *HK* vieniendo *(errata)* ∞ *A D FJM GHK* súpitos *C ILN* súbitos ∞ *ACD JM GHKILN* la mucha alteración *F* la — alteración ∞ *ACD F* mensaje *(sic) JM GHKILN* linaje *(sic)* Es una mala lectura de una errata: ∫emaje = 'mesaje' —*F* corrigió, pero el *It* leyó 'linaje', sin duda en *E,* puesto que parafrasea: 'quel che è de nobile sangue'.

querrías más estar al sabor que al olor deste negocio. Andemos presto, que estará loco tu amo con mi mucha tardança.

Sempronio:- Y aun sin ella se lo está.

(Cena 3ª)

Pármeno:- {18} ¡Señor, señor!

Calisto:- ¿Qué quieres, loco?

Pármeno:- A Sempronio y a Celestina veo venir cerca de casa, haziendo para-dillas de rato en rato, *y cuando están quedos, haze rayas en el suelo con el espada. No sé que sea.*

Calisto:- {19} ¡O desvaríado, negligente! ¿Veslos venir? ¿no puedes decir cor-riendo a abrir la puerta? ¡O alto Dios! ¡O soberana Deïdad! ¿Con qué vienen? ¿Qué nuevas traen? Que **tan grande** á sido su tardança, que ya más esperava su venida que el fin de mi remedio. {20} ¡O mis tristes oídos!, aparejaos a lo que os viniere, que en su boca de Celestina está agora aposentado el alivio o pena de mi coraçón. ¡O, si en sueños se passasse este poco tiempo, hasta ver el principio y fin de su habla! Agora tengo por cierto que es más penoso al delinquente esperar la cruda y capital sentencia, que el acto de la ya sabida muerte. {21} ¡O espacioso Pármeno, manos de muerto! Quita ya essa enojosa aldava: entrará essa onrada dueña, en cuya lengua está mi vida.

Celestina (Aparte. Afuera):- ¿Oyes, Sempronio? De otro temple anda nuestro amo. Bien difieren estas razones a las que oímos a Pármeno y a él la primera venida. De mal en bien me parece que va. No ay palabra de las que

<hr>

V.17 *ACD Ms Sal-1570* como mi amo *FJM GHKILN* como a mi amo *It* como el mio proprio patrone penerebbe —El *a* es una anticipación: **a m i a m o.** El sujeto de *peno* es *yo* y el de *penaría* es *mi amo.* El *a* en este caso sobra y hay además confusión de construcciones: 'assí me pena no sabella, como a mi amo penaría / assí yo peno por sa-bella, como mi amo penaría'. ∞ *A* complesión *CD GHK* complisión *F* complexsión *JM* cumplisión *ILN* complissión

V.18 Esta Cena 3ª es paralela y reflejo de las Cenas 8ª y 9ª del Auto I. Esta es la razón por la cual *A* repite su xilograbado 2º (el del Auto I) en el Auto V (xilograbado 6º de tal edición). ∞ *Adición:* 'y cuando están quedos, haze rayas en el suelo con la espada. No sé qué sea'. Omiten *ACD,* adicionan *FJM GHKILN.*

    FJM GHK hazen *ILN Sal-1570* haze *It* fanno —O la Vieja usa espada o le coge la espada a Sempronio y hace rayas a su vez. Buena humorada producida por el plural anterior: están quedos / hazen. *I* inicia la corrección.

V.19 *AC FJM GHKILN* venir? no puedes *D* venir y no puedes ∞ *A D* decir *C* dezir *(errata) FJM GHKILN* baxar —Cf. XX.30 con la misma errata en *C;* pero allá *F* mantiene el nuevocastellanismo, aquí le sustituye un sinónimo. La palabra empezaba a anticuarse; se conservó mientras Castilla la Nueva (el Reino de Toledo) mantuvo la distinción entre z/ç/c; el portugués lo conservó por la forma diversa: 'descer' = castellano antiguo 'decir' = baxar / 'dizer' = castellano antiguo 'dezir'. ∞ *ACD* que tanta *FJM GHKILN* que **tan grande** Sustitución.

V.20 *ACD F GHKILN* o mis tristes *JM* o − tristes ∞ *A* en sueño *CD FJM HKLIN* en sueños *G* en suños *(errata)* ∞ = ver el principio y fin de su habla : ver = 'oír' Cf. XII.46. ∞ *ACD FJM HKILN* cruda *G* cura *(sic)* ∞ *AC FJM GHKILN* acto *(sic) D* cabo (!)

101

dize, que no vale a la vieja Celestina más que una saya.

Sempronio (Aparte. Afuera):- {22} Pues mira que en entrando hagas que no ves a Calisto y hables algo bueno.

Celestina (Aparte. Afuera):- Calla, Sempronio, que aunque aya aventurado mi vida, más merece Calisto y su ruego y tuyo, y más mercedes espero yo dél.

Argument des sybenden Geſprächs.

Celeſtina redet mit Parmenoni/der ſy zů hauß belaitet/ma
nicherley ſn raigetzů eynigkeit Semptonij Parmeno erma-
net ſy des verheyſſens ſo ſy jhm Arieuſe halß gethan/ die er
vaſt ließ gewunñen het/darzů Sceleſtina ondas genaigt ward/da
mit ſy jn deſt baß auff jr parthey bringen möcht/fürt jn võ ſtund
in das hauß Arieuſe/bey der Parmeno die ſelbē nacht blibe/Sce-
leſtina gieng allain zů hauß/die ward von Elitia vñ jr lang auß
ſein vnd verſpatung geſtraffet.

Perſonen des ſibenden Geſprächs. Sceleſtina/ Parmeno/Arieuſa Elitia.

Augsburgo: Christof Wirsung, 1534. Segunda traducción alemana. Auto VI.

V.21 *AC FJM* aldava *D GHKILN* aldaba ∞ = De otro temple anda nuestro amo —Cf. I.34: de otro temple está esa gaita. ∞ *Todas:* difieren *(sic)* ∞ *AC FJM GHKILN Sal-1570* estas razones a las que *D* estas razones de las que —Confusión de a/d. El régimen de 'diferir' es 'de'. Cf. I.71.

V.22 *ACD FJM G* entrando *HKILN Sal-1570* en entrando —Simple haplografía. El *en* es idiomático y más expuesto a omitirse que a agregarse. ∞ *ACD F* que no ves *JM GHKILN* que no vees

Auto VI.

AVI. Argumento del sesto auto.

Entrada Celestina en casa de Calisto, con grande afición y desseo Calisto le pregunta de lo que le á acontecido con Melibea. Mientra ellos están hablando, Pármeno, oyendo hablar a Celestina, de su parte contra Sempronio, a cada razón le pone un mote, repreendiéndolo Sempronio. En fin la vieja Celestina le descubre todo lo negociado y un cordón de Melibea. Y despedida de Calisto, vase para su casa y con ella Pármeno.

VI. Auto VI {1-72}. Calisto, Celestina, Pármeno, Sempronio.

(Cena 1ª)

Calisto:- {1} ¿Qué dizes, señora y madre mía?

Celestina:- ¡O mi señor Calisto! ¿Y aquí estás? ¡O mi nuevo amador de la muy hermosa Melibea, y con mucha razón! ¿Con qué pagarás a la vieja, que oy á puesto su vida al tablero por tu servicio? ¿Cuál muger jamás se vido en tan estrecha afrenta como yo, que en tornallo a pensar se menguan y vázian todas las venas de mi cuerpo, de sangre? Mi vida diera por menor precio que agora daría este manto raído y viejo.

Pármeno (Aparte):- {2} Tú dirás lo tuyo: entre col y col lechuga. Sobido as un escalón; más adelante te espero a la saya. Todo para ti y no nada de que puedas dar parte. — Pelechar quiere la vieja. Tú me sacarás a mí verdadero y a mi amo loco. No le pierdas palabra, Sempronio, y verás cómo no quiere pedir dinero, porque es divisible.

Sempronio (Aparte):- {3} Calla, ombre desesperado, que te matará Calisto si te oye.

Calisto:- Madre mía, o abrevia tu razón o toma esta espada y mátame.

Pármeno (Aparte):- Temblando está el dïablo como azogado; no se puede tener en sus pies. Su lengua le querría prestar para que hablasse presto. No es mucha su vida: luto avremos de medrar destos amores.

Celestina:- {4} ¿Espada señor, o que? ¡Espada mala mate a tus enemigos y a

---

AVI Argumento del sesto auto *ACD JM GHKILN (F no trae)*. *ACD JM GHKI N* sesto *L* sexto ∞ *ACD JM HKI* auto *G LN* aucto ∞ *ACD JM HKILN* entrada *G* entraua *(sic)* ∞ *ACD JM HKILN* afición *G* afeción ∞ *ACD JM GHKI* le pregunta *LN Sal-1570* le preguntó ∞ ‡le pone un mote *(L* moto *sic).* —Expresión no muy propia en lugar de 'le pone reparo (o tacha)'. El castellano del argumentero sigue 'coxqueando'. ∞ *AC* reprendiéndolo *(sic) D JM GHKILN* reprehendiéndolo *(sic)*

VI. *CD FJM K LN* Cal. Cel. Par. Sem. *A* Sem. Par. Cel. Cal. *GHI* omiten las dramatis personae.

VI.1 *ACD JM GH ILN* se menguan *F* se amenguan *K* se demenguan ∞ ‡y vázian —Acento en la primera *a;* ya era el acento desde los orígenes hasta el siglo XIX y lo sigue siendo en muchas zonas populares.

VI.2 *AC FJM HK* sobido *D G ILN* subido

VI.3 *ACD FJM HKILN* si te oye *G* si te oy *(sic)* ∞ *A* ⊸ abrevia *CD FJM GHKILN* o abrevia ∞ *AC FJM GHKILN* prestar *D* emprestar ∞ *A* haremos *(sic) CD FJM GHKILN* avremos

103

quien mal te quiere! Que yo la vida te quiero dar, con buena esperança que traigo de aquella que tú más amas.

Calisto: ¿Buena esperança, señora?

Celestina:- Buena se puede dezir, pues queda abierta puerta para mi tornada, y antes me recibirá a mí con esta saya rota, que a otra con seda y brocado.

Pármeno (Aparte):- {5} Sempronio, cóseme esta boca, que no lo puedo sufrir. ¡Encaxado á la saya!

Sempronio (Aparte):- ¿Callarás, pardiós, o te echaré dende con el dïablo? Que si anda rodeando su vestido, haze bien, pues tiene dello necessidad. Que el abad de do canta, de allí viste.

Pármeno (Aparte):- {6} ¡Y aun viste como canta! Y esta puta vieja querría en un día por tres passos, desechar todo el pelo malo, cuanto cincuenta años no á podido medrar.

Sempronio (Aparte):- ¿Y todo esso es lo que te castigó, y el conocimiento que os teníades y lo que te crïó?

Pármeno (Aparte):- Bien sofriré *yo* más que pida y pele; pero no todo para su provecho.

Sempronio (Aparte):- {7} No tiene otra tacha sino ser codiciosa; pero déxala varde sus paredes, que después vardará las nuestras, o en mal punto nos conoció.

Calisto:- Dime, por Dios, señora, ¿qué hazía? ¿Cómo entraste? ¿Qué tenía vestido? ¿A qué parte de ‡la casa estava? ¿Qué cara te mostró al principio?

VI.4 *AC FJM GHKILN* pues queda *D* pues que queda —*Simple reduplicación. ACD FJM GHKILN* antes *(sic)* —La forma puede ser del amanuense o del cajista; el uso general en el periodo y en Rojas es *ante*. Compárese en VI.26 la *Sustitución.* ∞ *AC FJM G* recibirá *D HKILN* recebirá ∞ *A* otro *CD FJM GHKILN* otra

VI.5 *A D FJM GHKILN* no lo puedo *C* no lo pudo (!) ∞ *AC F GHKILN* so(f)frir *D JM* su(f)frir ∞ *ACD JM GHKI N* encaxado á *F L* encaxada á ∞ *A D FJM GHKI N* pardiós *C L* por dios (p dios) ∞ —‡El abad (:el cura) de do canta, de allí yanta (:come). Tal es el refrán pero Rojas lo cambia para adaptarlo al punto. ∞ *ACD FJM GHK* de do *ILN* de donde ∞ *ACD FJM G* de allí viste *HKI N Sal-1570* de allí se viste *L* de allí se ianta *(sic)*

VI.6 ‡Y aun viste como canta —Hay un juego de palabras entre *viste* < vestir y *viste* < ver. 'Viste como canta' y 'ya viste cómo canta'. ∞ ‡cincuenta años —Pármeno se refiere al tiempo en que la Vieja ha tenido sus non santas actividades. En II.29 el mismo Pármeno dice que la Vieja tiene 72 años, 'seis dozenas'. En XII.97 la propia Vieja dice que tiene sesenta. Pármeno la piensa ya entrada en la sexta docena y se la redondea; la Vieja se la rebaja. No sería aventurado, entonces, que tuviera unos sesenta y cinco años al morir acuchillada, y habría entrado en actividades a los quince. ¡Pas mal! ∞ *ACD F Y* todo esso *JM GHKILN* Todo esso ∞ *ACD FJM* os teníades (*C* teniedes *sic*) *GHKILN* — teníades —La forma en -ie- del copretérito es posible aquí. Cf. III.16, XII.79. ∞ ‡lo que te crïó —Cf. IX.3. ∞ *ACD FJM LN* y lo que te crïó *GHKI* o lo que te crïó ∞ *AC* sofriré — más que *FJM* sofriré yo más que *D* sufriré — más que *HKILN* sofriré yo — que *G* sufriré yo — que —Adición. El *yo* fue agregado en las secundarias, pero en el proceso de insertarlo se omitió el *más* en las del grupo combergeriano.

VI.7 *ACD JM GHKILN* cobdiciosa *F* codiciosa ∞ *ACD F GHKILN* déxala *JM* dexarla *(sic)* ∞ *AC F* varde *D JM GHKILN* barde ∞ *AC F* vardará *D JM GHKILN* bar-

Celestina:- {8} Aquella cara, señor, que suelen los bravos toros mostrar contra los que lançan las agudas frechas en el cosso, la que los monteses puercos, contra los sabuesos que mucho los aquexan.

Calisto:- ¿Y a essas llamas señales de salud? Pues, ¿cuáles serían mortales? No por cierto la misma muerte; que aquella alivio sería, en tal caso, deste mi tormento, que es mayor y duele más.

Sempronio (Aparte):- {9} ¿Estos son los fuegos passados de mi amo? ¿Qué es esto? No ternía este ombre sofrimiento para oír lo que siempre á desseado?

Pármeno (Aparte):- ¿Y que calle yo, Sempronio? Pues si nuestro amo te oye, tan bien te castigará a ti como a mí.

Sempronio (Aparte):- {10} ¡O mal fuego te abrase! Que tú hablas en daño de todos, y yo a ninguno ofendo. ¡O! ¡intolerable pestilencia y mortal te consuma, rixoso, embidioso, maldito! ¿Toda esta es la amistad que con Celestina y comigo avías concertado? ¡Véte de aquí a la mala ventura!

Calisto:- {11} Si no quieres, reina y señora mía, que desespere y vaya mi ánima condenada a perpetua pena, oyendo essas cosas, certifícame brevemente si *no* ovo buen fin tu demanda gloriosa, y la cruda y rigurosa muestra de aquel gesto angélico y matador; pues todo esso más es señal de odio que de amor.

Celestina:- {12} La mayor gloria que al secreto oficio del abeja se da, a la cual los discretos deven imitar, es que todas las cosas por ella tocadas convierte en ‡mejores de lo que son. Desta manera me é avido con las çahareñas razones y esquivas de Melibea. Todo su rigor traigo convertido en miel, su

---

dará —Uso indistinto en el periodo: b- / v- en esta palabra y en *vaño/baño;* en *vandera* predomina la v-, pero también se da b-. Es sin duda efecto de la intervocálica (la varda, la vandera) y de la l- (el vaño, el vando). ∞ ‡Todas traen: 'de casa', pero el *It:* a che banda de la (d'la) casa stava. El *la* es necesario, siendo Calisto el que habla, o se entendería 'la casa de Calisto'. Cf. V.18 cerca de casa, VI.53 que os viene hasta casa. Las ediciones son descuidadas, en lo que hay que ver la mano de cajistas extranjeros o no castellanos, pero el uso castellano es definido por lo menos un siglo antes del periodo rojano en esta expresión.

VI.8 *ACD FJM* frechas *GHKILN* garrochas *Cf.* frechas *II.21, VI.29.* ∞ ‡monteses puercos = jabalíes.

VI.9 ‡Los tres apartes (VI.9 y 10) son una *Adición primera* ya en las Comedias. El parlamento de Calisto fue dividido en dos porciones y en medio vino esta adición, no muy feliz, por cierto. ∞ *Todas:* fuegos *(sic)* ∞ *AC FJM* sofrimiento *D GHKILN* sufrimiento

VI.10 *ACD F* fuego *JM GHK LN* huego ‡*I falta desde aquí hasta VI.29.* ∞ *A JM* intolerable *CD F GHK LN* intollerable ‡intolerable pestilencia y mortal —adjetivo + sustantivo + y + adjetivo. Cf. VI.12, VII.24. ∞ *ACD JM GHK L* embidioso *F* imbidioso *N* omite esta palabra. ∞ *AC JM GHK LN* comigo *D F* commigo ∞ *ACD FJM H* a la mala *G KL N* a — mala ∞ *ACD JM GHK LN* ventura *F* aventura

VI.11 *ACD JM GHK LN* essas cosas *F* estas cosas ∞ *ACD* si — ovo *FJM GHK LN* si no ovo *Adición.* —Agregar o no el *no* es indiferente, pero secundarias, terciarias y posteriores lo traen. También el *It:* se non ebbe. ∞ *A D FJM GHK LN* rigurosa *C* rigorosa ∞ *ACD F M* todo esso más es *J* todo esso más en *(errata) GHK LN* todo esso es más

105

ira en mansedumbre, su aceleramiento en sossiego. {13} Pues, ¿a qué piensas que iva allá la vieja Celestina, a quien tú, demás de su merecimiento, maníficamente galardonaste, sino a ablandar su saña, a sofrir su acidente, a ser escudo de tu ausencia, a recebir en mi manto los golpes, los desvíos, los menosprecios, ‡los desdenes, que muestran aquellas en los principios de sus requerimientos de amor, para que sea después en más tenida su dádiva? {14} Que a quien más quieren, peor hablan. Y si assí no fuesse, ninguna diferencia avría entre las públicas que aman ‡y las escondidas donzellas, si todas dixessen 'sí' a la entrada de su primer requerimiento, en viendo que de alguno eran amadas. Las cuales, aunque están abrasadas y encendidas de bivos fuegos de amor, por su onestidad muestran un frío esteríor, un sossegado vulto, un aplazible desvío, un costante ánimo y casto propósito; {15} unas palabras agras, que la propia lengua se maravilla del gran sofrimiento suyo, que la haze forçosamente confessar el contrario de lo que sienten. Assí que para que tú descanses y tengas reposo, mientra te contaré por estenso el processo de mi habla y la causa que tuve para entrar, sabe que el fin de su razón [y habla] fue muy bueno.

VI.12 *A LN* de la abeja *C* del aveja *(sic) D FJM GHK* del abeja ∞ *ACD JM GHK LN* en mejor *(sic) It* in meglio *F* en mejorar *(sic)* (\mLa errata *mejorar* de *F* cubre un plural *mejores*, Se tomó a 'en mejor' como frase adverbial, pero el 'en' es régimen del verbo: convertir en. Cf. IV.11, *L:* mayor afrentas. ∞ ‡çahareñas razones y esquivas —Cf. VI.10, VII.24.

VI.13 *ACD F* tu merecimiento *JM GHK LN Sal-1570* su merecimiento *It* tu più de su merito. —El primer 'tú' (a quien tú) originó el segundo. La Vieja habla de sí misma en tercera persona: su merecimiento (de ella). ∞ *AC FJM* – ablandar *D GHK LN* a ablandar ∞ *A* – sofrir *CD FJM GHK* a sofrir *LN* a sufrir ∞ *ACD GHK LN* acidente *FJM* accidente ∞ *ACD FJM GHK LN* los menosprecios, - desdenes *It* li spregi e desdegni *Sal-1570* los menosprecios y desdenes —La omisión del artículo deja coja la enumeración. Una *l* un poco corta puede leerse como repetición del final de la palabra anterior: menospreci*os* los desdenes. Las posteriores introducen 'y' notando la falla. ∞ *AC FJM GHK LN* requerimientos (*GN* reqrimientos) *D* requirimientos

VI.14. ‡Todas traen: 'entre las públicas que aman, a las escondidas donzellas', y el *It* se hace eco: 'tra le pubbliche che amano, alle nascoste donzelle'. Es una confusión de construcciones: 'ninguna diferencia avría de la públicas que aman, a la escondidas donzellas / ninguna diferencia avría entre las públicas que aman y la escondidas donzellas'. La enmienda se impone ante el peligro de canonizar la desatención o la trabucación de un amanuense o de un cajista. Parto del principio de que Rojas sabía su castellano y su latín; la erratolatría parte del principio de que el latín de Rojas era de monaguillo, no distinguía entre cena y auto, no sabía que las aves son animales etc. etc. ∞ *CD FJM* dixiessen *A GHK LN* dixessen ∞ ‡están abrasadas —El presente indicativo es intencional. La Vieja no lo supone, sino que lo afirma. El *It* pierde este matiz o no lo entiende: ancora que stiano. ∞ *AC FJM* esteríor *D HK LN* exteríor *G* exiteríor *(sic)* ∞ *ACD G* sosegado vulto *FJM LN* sossegado vulto —Nótese el latinismo *vulto* (todas las ediciones con v-). Cf. bulto I.64. ∞ *ACD GHK LN* constante/cõstante *FJM* costante *(sic)*

VI.15 *Todas:* so(f)frimiento ∞ *ACD FJM GHK N* el contrario *L* al contrario ∞ *ACD FJM GHK* lo que sienten *LN* lo que siente ∞ ‡te contaré *It* te contarò —Los presentes de indicativo y de sujuntivo —lo usual posteriormente— empezaban ya a disputarse con el futuro indicativo en estas construcciones: 'mientra te contaré / mientra te cuento – pide lo que querrás / pide lo que quieras'. El futuro de sujuntivo (que aparece en ediciones modernas) no cabe aquí, porque la Vieja real y efectivamente lo va a hacer. Para saber si es futuro de sujuntivo basta agregar la palabra 'acaso' y ver si hace sentido

Calisto:- {16} Agora, señora, que me as dado seguro para que ose esperar todos los rigores de la respuesta, di cuanto mandares y como quisieres, que yo estaré atento. Ya me reposa el coraçón, ya descansa mi pensamiento, ya reciben las venas y recobran su perdida sangre, ya é perdido temor; ya tengo alegría. — Subamos, si mandas, arriba. En mi cámara me dirás por estenso lo que aquí é sabido en suma.

Celestina:- Subamos, señor.

(Cena 2ª)

Pármeno:- {17} *(¡O santa María! ¡y qué rodeos busca este loco por hüír de nosotros, para poder llorar a su plazer con Celestina, de gozo, y por descubrirle mil secretos de su liviano y desvaríado apetito; por preguntar y responder seis vezes cada cosa, sin que esté presente quien le pueda dezir que es prolixo! — ¡Pues mándote yo, desatinado, que tras ti vamos).*

Calisto:- {18} Mira, señora, qué hablar trae Pármeno; cómo se viene santiguando de oír lo que as hecho, de tu gran diligencia. Espantado está, por mi fe, señora Celestina. Otra vez se santigua. Sube, sube, sube, y assiéntate, señora, que de rodillas quiero escuchar tu süave respuesta. Y dime luego: ¿la causa de tu entrada, qué fue?

Celestina:- {19} Vender un poco de hilado, con que tengo caçadas más de treinta de su estado, si a Dios á plazido, en este mundo, y algunas mayores.

Calisto:- Esso será de cuerpo, madre; pero no de gentileza, no de estado, no de gracia y discreción, no de linage, no de presunción con merecimiento, no en virtud, no en habla.

Pármeno:- {20} Ya escurre eslavones el perdido; ya se desconciertan sus badajadas. Nunca da menos de doze; siempre está hecho relox de mediodía. Cuenta, cuenta, Sempronio, que estás desbavado oyéndole a él locuras y a ella mentiras.

---

o no. ∞ *Todas:* por estenso *(sic)* ∞ *ACD* razón y habla *FJM GHK LN* razón — — *Supresión* que evita la repetición de *habla* (el processo de mi habla).

VI.16 ‡ya reciben las venas y recobran su perdida sangre —verbo 1° + sujeto + verbo 2° + objeto = 'ya reciben y recobran su perdida sangre las venas'. La primera frase es evidentemente de lengua hablada o dictada. ∞ *AC FJM GHK LN* é perdido temor *D* é perdido el temor ∞ ‡si mandas = si quieres ∞ *Todas:* por estenso *(sic)*

VI.17 Cena 2ª —Reflejo o paralelo de la Cena 2ª del Auto II. *Adición,* desde '¡O santa María!...' hasta '...sube, sube, sube'. Omiten *ACD,* adicionan *FJM GHK LN.*

FJM G descubrirle *HK LN* descobrirle —Rojas parece preferir las formas asimiladas *descobrille, dejalle* etc., en una proporción de 4 a 3 con respecto a las no asimiladas, pero no puede olvidarse la mano de amanuenses y cajistas.

‡¡Pues mándote yo, desatinado, que tras ti vamos! — *It:* ma va pur via, impazzito, che appresso te andiamo, che una pensa el ghiotto (giotto *sic*) e l'altra el tavernaro & cetera. —El refrán agregado es una variante de 'una piensa el bayo y otra el que lo ensilla'. No venía muy bien aquí y fue suprimido de *E* para *F.*

VI.18 *FJM GHK LN* de tu gran diligencia = con/por tu gran diligencia. La coma (,) se necesita para indicar el complemento y no el régimen del verbo, v.gr.: ¿qué *as hecho de* tu ermano?

VI.19 *ACD GHK LN* gentileza *FJM* gentilezas ∞ *ACD FJM LN* discreción *GHK* discición ∞ *A D JM GHK LN* presunción *C* presumpción *F* presumción *(sic)*

Sempronio:- ¡O maldiziente venenoso! ¿Por qué cierras las orejas a lo que todos los del mundo las aguzan, hecho serpiente que huye la boz del encantador? {21} Que solo por ser de amores estas razones, aunque mentiras, las avías de escuchar con gana.

Celestina:- Oye, señor Calisto, y verás tu dicha y mi solicitud qué obraron. Que en començando yo a vender y poner en precio mi hilado, fue su madre de Melibea llamada para que fuesse a visitar a una hermana suya enferma. Y como le **fue** necessario ausentarse, dexó en su lugar a Melibea para ‡que lo abiniesse.

Calisto:- {22}] ¡O gozo sin par! ¡O singular oportunidad! ¡O oportuno tiempo! ¡O, quién estuviera allí debaxo de tu manto, escuchando qué hablaría aquella sola en quien Dios tan estremadas gracias puso!

Celestina:- ¿Debaxo de mi manto dizes? ¡Ay mezquina!, que fueras visto por treinta agugeros que tiene, si Dios no le mejora.

Pármeno (Aparte):- {23} Sálgome fuera, Sempronio. Ya no digo nada; escúchatelo tú todo. Si este perdido de mi amo no midiesse con el pensamiento cuántos passos ay de aquí a casa de Melibea y contemplasse en su gesto y considerasse cómo estaría abiniendo el hilado, todo el sentido puesto y ocupado en ella, él vería que mis consejos le eran más saludables que estos engaños de Celestina.

VI.20 *ACD FJM* escurre (*C* escure) *GHK LN Sal-1570* discurre ∞ *CD F HK L Sal-1570* estás desbavado *A N* estás desbavãdo *J G* está desbavado *M T* estó desbavado (*sic*) ∞ *A* — maldeziente *F* — maldiziente *CD JM GHK LN* o maldiziente

VI.21 *A* hauias (*sic*) *CD FJM GHK N* avías *L* auia (*sic*) ∞ *AC FJM GHK LN* a visitar una *D* a visitar a una ∞ *ACD Sal-1570* le fuesse *FJM GHK LN* le **fue** *It* a lei fue necessario *Sustitución,* para evitar la repetición de *fuesse.* (*ACD FJM* absentarse *GHK LN* ausentarse ∞ ‡*AC FJM GHK LN O QS T WX CcEe* en su lugar a Melibea para - *D* en su lugar a Melibea - *(P)U(Y)* en su lugar a mí para Melibea - *RBbGg Ms Sal-1570* en su lugar a Melibea para que lo aviniesse - *It* lassò in suo luogo Melibea per. —No se ve la razón de dejar la frase en suspenso, a pesar de lo que han dicho los modernos de que Calisto interrumpe etc. Las lecturas de *RBbGg* y *Sal-1570* indican sin duda que a los contemporáneos no les parecía tal cosa y que se trata de un simple estropeo del texto. El grupo barcelonés, derivado en parte del valenciano, trata de enmendar algo y lee 'a mí para Melibea'. La inclusión de la omisión empieza en *R1*, o sea, en la cabeza del grupo Traso-toledano. En cuanto a la grafía, Rojas debió usar la forma más común con -b-, Cf. IV.17, VI.23.

VI.22 ‡hablará sola aquella —Todas las ediciones leen así, pero *solo/a* en relación con verbos como *andar, salir, entrar, hablar, comer, dormir* etc. es predicativo e implica que la acción la hace el sujeto de por sí o sin estar nadie más presente. En cambio, en la construcción 'aquel/aquella solo/a en quien' el adjetivo es simplemente expletivo o corroborativo y puede quitarse sin afectar el sentido. Aquí se trata de una simple transposición al copiar o al dictar y debe enmendarse. Cf. VI,63: que solo mucho hable. ∞ *Todas:* estremadas (*sic*) ∞ *Todas:* agujeros (*sic*) ∞ *AC FJM GHK LN* no le mejora *D* no lo mejora

VI.23 *ACD FJM* tú todo *GHK LN* — todo ∞ *A D FJM H LN* no midiesse *C* no mi diesse *G* no me diesse *K* no midesse (*sic*) ∞ *A* hauiniendo (*sic*) *D* abiniendo *F* abuiniendo (*sic*) *C JM* a viniendo *GHK LN* aviniendo —Este *abiniendo,* dicho aquí por Pármeno, indica que la frase 'para lo que abiniesse', atrás en VI.21, tiene que haber estado en el texto original.

Calisto:- {24} ¿Qué es esto, moços? Estó yo escuchando atento, que me va la vida; ¿vosotros susurráis como soléis, por hazerme mala obra y enojo? Por mi amor, que calléis; morirés de plazer con esta señora, según su buena diligencia. Di, señora, ¿qué heziste cuando te viste sola?

Celestina:- {25} Recebí, señor, tanta alteración de plazer, que cualquiera que me viera me lo conociera en el rostro.

Calisto:- Agora la recibo yo; cuánto más quien ante sí contemplava tal imagen. Enmudecerías con la novedad incogitada.

Celestina:- {26} **Ante** me dio más osadía a hablar lo que quise, verme sola con ella. Abrí mis entrañas; díxele mi embaxada, cómo penavas tanto por una palabra, de su boca salida en favor tuyo, para sanar un tan gran dolor. Y como ella estuviesse suspensa mirándome, espantada del nuevo mensage, {27} escuchando hasta ver quién podía ser el que assí por necessidad de su palabra penava, o a quién pudiesse sanar su lengua, en nombrando tu nombre atajó mis palabras, diose en la frente una gran palmada, como quien cosa de grande espanto oviesse oído, diziendo que cessasse mi habla y me quitasse delante, **si no quería** hazer a sus servidores verdugos de mi postrimería, {28} *agravando mi osadía, llamándome hechizera, alcaueta, vieja falsa, barbuda, malhechora, y otros muchos inominiosos nombres con cuyos títulos assombran a los niños de cuna. Y en pos desto, mil amortecimientos y desmayos, mil milagros y espantos, turbado el sentido, bullendo fuertemente los miembros todos a una parte y a otra,* {29} *herida de aquella dorada frecha, que*

VI.24 *AC F G* susurays *(sic) D JM HK LN* susurrays *(sic)* —Errata medieval común de -r-/-rr-. ∞ *Todas:* soleys *(sic)* ∞ Todas: calleys *(sic)* ∞ *AC FJM* morirés *(sic) D GHK LN* morireys *(sic)* —En las variantes predominan las formas en -és, de esta persona, pero no hay consecuencia alguna. No cabe regularizar. Es muy probable que ni los mismos autores eran muy concientes de la variación; usaban una u otra terminación sin parar mientes. Cf. XII.90-91. ∞ *AC FJM GHK LN* su buena diligencia *D* la buena diligencia ∞ *CD FJM GHK LN* f/heziste *A* fiziste *(sic)*

VI.25 *Todas:* re(s)cebí. ∞ que me viera me lo conociera = 'que cualquiera que me oviera visto me lo avría conocido en la cara'. Tal era y es la forma usual popular: -ra / -ra, tiempos simples con sentido de tiempos compuestos. ∞ *ACD FJM G* cualquiera *HK LN* cualquier

VI.26 *ACD Sal-1570* Antes *(adverbio) FJM GHK LN* **Ante** Sustitución. —Las formas con -s, consideradas menos buenas, ya comenzaban a competir con las formas originarias sin -s: antes/ante - mientras/mientra. Cf. VI.4. ∞ *A* grand *CD FJM GHK LN* gran/grã ∞ *A FJM GHK LN* estuviesse *CD* estoviesse

VI.27 *AC* o - quien *D FJM GHK LN* o a quien ∞ *Todas:* pudiesse ∞ *AC FJM GHK LN* en nombrando *D* en nombrar ∞ *ACD FJM* diose *GHK N Sal-1570* y diose *L* y se dio ∞ *A* grand palmada *CD FJM GHK LN* gran palmada ∞ *Todas:* oviesse oído (*A* houiesse *sic)* ∞ *ACD* si quería no *FJM GHK LN* si no quería (*JM* querría) Sustitución que arregla la inversión del no. ∞ *A F* postremería *CD JM HK LN* postrimería *G* postimería *(sic)*

VI.28 *Adición-Sustitución*, desde 'agravando mi osadía...' hasta '...para salvar lo dicho'. Esta *Adición* compleja, porque al mismo tiempo que agrega al texto de *ACD*, en parte adapta y en parte sustituye. El texto de *ACD* es el siguiente: 'Yo, que en este tiempo no dexava mis pensamientos vagos ni ociosos, viendo cuánto almazén gastava su ira, agravando mi osadía, llamándome hechizera, alcaueta, vieja falsa, y otros muchos inominiosos nombres, con cuyos títulos se assombran los niños, tove tiempo de salvar lo di-

del sonido de tu nombre le tocó, retorciendo el cuerpo, las manos enclavijadas
como quien se despereza, que parecía que las despedaçava, mirando con los ojos
a todas partes, acoceando con los pies el suelo duro. Y yo, a todo esto, arrinco-
nada, encogida, callando, muy gozosa con su ferocidad. {30} *Mientra más*
vasqueava, más yo me alegrava, porque más cerca estava el rendirse y su caída.
Pero entre tanto que gastava aquel espumajoso almazén su ira, yo no dexava
mis pensamientos estar vagos ni ociosos, de manera que tove tiempo para salvar
lo dicho.

Calisto:- {31} Esso me di, señora madre; que yo é rebuelto en mi jüízio mientra te escucho y no é hallado desculpa que buena fuesse ni conveniente,
con que lo dicho se cubriesse ni colorasse, sin quedar terrible sospecha de
tu demanda, porque conozca tu mucho saber, que en todo me pareces más
que muger. Mas pienso que que como su respuesta tú prenosticaste,
proveíste con tiempo tu réplica. {32} ¿Qué más hazía aquella tusca
Adeleta, cuya fama, siendo tú biva, se perdiera? La cual tres días ante de
su fin prenunció la muerte de su viejo marido y de dos hijos que tenía. Ya
creo lo que **se dize,** que el género flaco de las hembras es más apto para las
prestas cautelas que el de los varones.

Celestina:- {33} ¿Qué, señor? Dixe que tu pena era mal de muelas y que la
palabra que della querría era una oración que ella sabía, muy devota, para
ellas.

Calisto:- ¡O maravillosa astucia! ¡O singular muger en su oficio! ¡O cautelosa
hembra! ¡O melezina presta! ¡O discreta en mensages! ¿Cuál umano seso
bastara a pensar tan alta manera de remedio? {34} De cierto creo, si nuestra edad   alcançaran aquellos passados Eneas y Dido, no trabajara tanto
Venus para atraer a su hijo el amor de Elisa, haziendo tomar a Cupido

cho'. —Todo este texto fue sustituido por {28-30}. Véase *Introducción,* IV.B.3, pp. 120ss.
—Variantes en el texto de *ACD: AD* inominiosos *C* ignominiosos ∞ *AC* se asombran *D*
se assombran ∞ *A* tuve tiempo *CD* tove tiempo.

  Variantes en el texto de FJM GHKILN: FJM HK LN hechizera *G* hechicera ∞ *F*
barvuda *JM GHK LN* barbuda ∞ *FJM GHK LN* inominiosos *(sic)* ∞ *FJM H*
asombran *G K LN* assombran ∞ *FJM GHK LN* turbado *(sic)* ∞ *FJM HK LN*
bulliendo *G* bullendo

  VI.29 *FJM* frecha *GHK LN* flecha ∞ *FJM GH LN* le tocó *K* lo tocó ∞ *F* co-
ceando *JM GHKILN* acoceando *(Ya no falta I)*

  VI.30 *F* vascava *JM GHKILN* vasqueava ∞ *FJM HKILN* el rendirse y *G* el ren-
dir y ∞ *FJM HKILN* que gastava *G* me gustava *(sic)* ∞ *FJM N* mis pensamientos *It* miei pensieri *GHKIL* sus pensamientos *Sal-1570* los pensamientos ∞ FJM
GHKILN tove *(sic)*

  VI.31 *AD FJM GHKILN* se cubriesse *C* se cobriesse ∞ ‡porque conozca tu mucho
saber —El *It* omite esta frase.

  VI.32 *ACD FJM GHKILN* tusca *(sic)* ∞ *ACD FJM G Sal-1570* Adeleta *It* Electra
(!) *HKILN* Athleta (!) ∞ *ACD FJM HKILN* se perdiera *G* se perdería ∞ ‡siendo tú
biva = 'aviendo sido/seído tú biva = siendo tú biva entonces'. Cf. IV.83. ∞ *ACD* ante de
su fin *Sal-1570* antes de su fin *FJM GHKILN* ante − su fin *Supresión aparente.* ∞ *ACD*
FJM prenunció *GH ILN* pronunció *K* pnunció ∞ *ACD* dízes (¿dízese?) *FJM GHKILN*
se dize *Sustitución.* ∞ *AD* que de los varones *CF* quel delos los varones *JM* que el d'los
varones *GHKILN* q̃ el delos varones

  VI.33 *AC FJM K L* querría *D GH I N* quería

ascánica forma para la engañar; antes, por evitar prolixidad, pusiera a ti por medianera. {35} Agora doy por bien empleada mí muerte, puesta en tales manos, y creeré que si mi desseo no oviere efeto cual querría, que no se pudo obrar más, según natura, en mi salud. — ¿Qué os parece, moços? ¿Qué más se pudiera pensar? ¿Ay tal muger nacida en el mundo?

Celestina:- {36} Señor, no atages mis razones; déxame dezir, que se va haziendo noche. Ya sabes que quien mal haze aborrece la claridad, y yendo a mi casa podré aver algún mal encuentro.

Calisto:- ¿Qué qué? Sí que hachas y pages ay que te acompañen.

Pármeno (Aparte):- {37} ¡Sí, sí; por que no fuercen a la niña! Tú irás con ella, Sempronio, que á temor de los grillos que cantan con lo escuro.

Calisto:- ¿Dizes algo, hijo Pármeno?

Pármeno:- Señor, que yo y Sempronio será bueno que la acompañemos hasta su casa, que haze mucho escuro.

Calisto:- {38} Bien dicho es; después será. — Procede en tu habla, **madre,** y dime qué más passaste. ¿Qué te respondió a la demanda de la oración?

Celestina:- Que la daría de su grado.

Calisto:- ¿De su grado? ¡O Dios mío, qué alto don!

Celestina:- Pues más le pedí.

Calisto:- ¿Qué, mi vieja onrada?

Celestina:- {39} Un cordón que ella trae contino ceñido; diziendo que era provechoso para tu mal, porque avía tocado muchas reliquias.

VI.34 Todas las ediciones traen 'alcançara', pero es simple errata de omisión del tilde al final. El *It* da el equivalente correcto: 'se in nostra età fossero stati quelli Enea (Anea *sic*) e Dido, non arebbe presa tanta fatiga Venus'. —La forma en -ra tiene significado de tiempo compuesto: 'si aquellos passados Eneas y Dido oviessen alcançado nuestra edad, no avría trabajado tanto Venus...' Cf. VI.64. ∞ *A* traer a su hijo *CF FJM GHKILN* atra(h)er a su hijo *Sal-1570 y posteriores* atraer al amor de su hijo a Dido - *ACD FJM GHKI* el amor LN al amor ∞ *ACD F GHKILN* Elisa *JM* Eliza ∞ ‡ascánica forma = 'la forma de Ascanio' (*Eneida*, I.656). Todas las ediciones traen: ascánica forma. El *Ms* trae, y subrayado, lo usual en latín: ascania forma. La forma normal castellana sería *ascania* o *ascaniana,* pero este adjetivo, así defectuosamente formado, es un reflejo de *plebérico. Cf. I.11 y Introducción* IV.B.1.f.b., pp. 85-86. ∞ *A* para le engañar *CD FJM GHKILN* para la engañar *Todas:* pusiera

VI.35 *ACD FJM HKILN* oviere *G* viere (!) ∞ *A* efeto *CD FJM GHKILN* effecto ∞ *Todas:* se pudiera pensar.

VI.36 *ACD JM GHKILN* atajes *(sic) F* atajas *(sic)* Regularización de ge/gi. (*ACD F* ya sabes - quien *JM GHKILN Sal-1570* ya sabes que quien ∞ *ACD F* aborrece - claridad *JM GHKILN Sal-1570* aborrece la claridad. —La semejanza de las letras: 'sabes q̃ q̃n // aborrece*celaclar*idad' puede haber originado la haplografía. El punto es dudoso. Cf. XIII.19.

VI.37 *ACD FJM GHK* hijo Pármeno *ILN Sal-1570* hijo Parmenico —El diminutivo es menos apropiado aquí.

VI.38 ‡Procede en tu habla, ‡madre, y dime... —Todas la ediciones omiten *madre,* pero al dirigirse de nuevo a la Vieja, después de hablar con los criados, Calisto debe usar el vocativo. ∞ *ACD F* qué te respondió *JM GHKILN Sal-1570* qué respondió (*K* respondido *sic*) ∞ *ACD* O Dios mío *FJM GHKILN* — Dios mío *Supresión aparente.*

Calisto:- Pues, ¿qué dixo?

Celestina:- ¡Dame albricias! Dezírtelo é.

Calisto:- ¡O, por Dios, toma toda esta casa y cuanto en ella ay y dímelo, o pide lo que querrás!

Celestina:- {40} Por un manto que tú des a la vieja, te dará en tus manos el mesmo que en su cuerpo ella traía.

Calisto:- ¿Qué dizes de manto? Manto y saya y cuanto yo tengo.

Celestina:- Manto é menester y este terné yo en harto. No te alargues más. No pongas sospechosa duda en mi pedir. Que dizen que ofrecer mucho al que poco pide, es especie de negar.

Calisto:- {41} Corre, Pármeno, llama a mi xastre, y corte luego un manto y una saya de aquel contray, que se sacó para frisado.

Pármeno (Aparte):- ¡Assí, assí! A la vieja todo, por que venga cargada de mentiras, como abeja, y a mí que me arrastren. Tras esto anda ella oy todo el día con sus rodeos.

Calisto:- {42} ¡De qué gana va el dïablo! No ay cierto tan mal servido ombre como yo, manteniendo moços adevinos, reçongadores, enemigos de mi bien. ¿Qué vas, vellaco, rezando? Embidioso, ¿qué dizes, que no te entiendo? Vé donde te mando presto y no me enoges, que harto basta mi pena para me acabar. Que también avrá para ti sayo en aquella pieça.

Pármeno:- {43} No digo, señor, otra cosa sino que es tarde para que venga el xastre.

Calisto:- ¿No digo yo que adevinas? Pues quédese para mañana. Y tú, señora, por amor mío te sufras, que no se pierde lo que se dilata. Y mándame mostrar aquel santo cordón, que tales miembros fue dino de ceñir. Gozarán mis ojos, con todos los otros sentidos, pues juntos an sido apassionados. {44} Gozará mi lastimado coraçón, aquel que nunca recibió momento de plazer después que aquella señora conoció. Todos los sentidos le llagaron, todos acorrieron a él con sus esportillas de trabajo. Cada uno le lastimó cuanto más pudo: los ojos en vella, los oídos en oílla, las manos en tocalla.

Celestina:- ¿Que la as tocado dizes? Mucho me espantas.

VI.39 *A D FJM GHKILN* contino *C* continuo ∞ *A D FJM GHKILN* qué dixo *C* qué te dixo

VI.40 *Todas:* mesmo *(sic)* ∞ *AC F* — y saya *D JM GHKILN* manto y saya —Clara omisión de *ACF.* ∞ *A D FJM HKILN* en harto *C G* en farto *(sic)* ∞ *CD FJM GHK* dubda *A ILN* duda ∞ *AC FJM GHKILN* o(f)fre(s)cer *D* offrezca *(sic)*
‡es especie de negar —Generalmente en frases de este tipo se repite el *que:* 'que dizen que ofrecer mucho al que poco pide, *que* es especie de negar'. Aquí se omite porque sería ya el cuarto *que.*

VI.41 *AC FJM GHKILN* sastre *D* xastre —Rojas con toda probabilidad usaban el toledanismo o mozarabismo de la -x- en palabras de este tipo: *maxcar, moxca, coxquear, caxquillo, excamocho* etc. Cf. VII.19, XII.98.

VI.42 *ACD FJM GHKILN* enojes —Regularización de ge/gi. ∞ *Todas:* harto *(sic)* ∞ *ACD FJM GHKI N* pieça *L* pieza

VI.43 *AC FJM GHKILN* sastre *D* xastre —Cf. VI.41. (if *AC FJM GHKILN* no digo yo *D* no lo digo yo ∞ ‡mándame mostrar = 'muéstrame'. ∞ *Todas:* digno de ceñir *(sic)*

Calisto:- Entre sueños, digo.

Celestina:- ¿Entre sueños?

Calisto:- {45} Entre sueños la veo tantas noches, que temo no me acontezca como a Alcibiades, [o a Sócrates] que [el uno] soñó que se veía embuelto en el manto de su amiga, y otro día matáronle y no ovo quién le alçasse de la calle ni cubriesse, sino ella con su manto; [el otro veía que le llamavan por nombre y murió dende a tres días]. Pero en vida o en muerte, alegre me sería vestir su vestidura.

Celestina:- {46} Assaz tienes pena, pues cuando los otros reposan en sus camas, preparas tú el trabajo para sufrir otro día. Esfuérçate, señor, que no hizo Dios a quien desmamparasse. Da espacio a tu desseo. Toma este cordón, que si yo no me muero, yo te daré a su ama.

Calisto:- {47} ¡O nuevo huesped! ¡O bienaventurado cordón, que tanto poder y merecimiento toviste de ceñir aquel cuerpo que yo no soy dino de servir! ¡O ñudos de mi passión, vosotros enlazastes mis desseos, dezidme si os hallastes presentes en la desconsolada respuesta de aquella a quien vosotros servís y yo adoro, y por más que trabajo noches y días, no me vale ni aprovecha!

Celestina:- {48} Refrán viejo es: quien menos procura, alcança más bien. Pero yo te haré, procurando, conseguir lo que siendo negligente no avrías. Consuélate, señor, que en una ora no se ganó Çamora; pero no por esso

---

VI.44 *AC* le llegaron *D FJM GHKILN* le llagaron *Sal-1570* se llagaron (!) ∞ *AC FJM GHKI N* todos acorrieron *L* todo acorrieron ∞ *ACD FJM GHKILN* entre sueños *It* in sogno ∞ *ACD F* en sueños? *JM GHKILN* entre sueños? *It* in sogno

VI.45 *ACD F* en sueños la veo *JM GHKILN* entre sueños la veo *It* in sogno la vedo —‡Las tres formas deben ser iguales; dentro del estilo normal de Rojas no hay razón para usar en el primer caso *entre* y *en* en los otros. *Entre* era idiomático en esta expresión y empezaba a ser desplazado por *en*. 'Entre sueños' puede ser reducido a 'en sueños' o por descuido o por un corrector oficioso; lo contrario no es probable. Cf. VIII.3 entre sueños y V.20 en sueños, con matiz distinto. *Sal-1570* trae los tres *entre sueños*. *Supresión:-* La parte relativa a Sócrates (o a Sócrates — el uno — el otro vía que le llamavan por nombre y murió dende a tres días) aparece solamente en *ACD* y ha sido suprimida en *FJM GHKILN* e *It*. *ACD FJM GHKILN* soñó que se veya *(sic)* (= veía) *Ms* que se vía *(sic)* ∞ *ACD FJM HKILN* y otro día *G* — otro día *ACD F* matáronle *JM GHKILN Sal-1570* matáronlo *ACD F* le alçasse *JN GHKILN Sal-1570* lo alçasse ∞ —Variante en la Supresión: *AC* el otro vía *D* el otro veya. ∞ ‡¿Entre sueños? — *Calisto:-* 'Entre sueños la veo... ...vestir su vestidura'. Es sin duda una adición primera ya en el texto de las Comedias. No muy feliz ni diestra. Lo único que la liga a lo que viene diciendo es referirse a *sueños*. La supresión de lo de Sócrates alivia un poco la incongruencia, pero no del todo.

VI.46 *AC JM GHKI* asaz *D F LN* assaz ∞ *AC F G* sofrir *D JM HKILN* sufrir ∞ *A D FJM GHKILN* desmamparasse *C* desamparasse —Unico caso en que aparece la forma popular *desmamparar*, en lugar de *desamparar*. *AC FJM GHKI N* a su ama *L* — su ama

VI.47 *Todas:* toviste ∞ *A D JM GHKILN* ñudos *C F* nudos ∞ *A D* dezidme *C FJM GH ILN* dezime *K* dezimi *(errata)* —La omisión de la -d en el imperativo plural es tan rara que puede considerarse descuido de amanuenses o de cajistas. Las formas con -d o sin ella coexisten indiferentemente en el periodo, pero, la evidencia de las variantes indica que la forma sin -d no era de Rojas. ∞ *AC FJM GHKILN* ni aprovecha *D* ni me aprovecha

desconfïaron los combatientes.

Calisto:- ¡O desdichado! Que las ciudades están con piedras cercadas, y a piedras, piedras las vencen. Pero esta mi señora tiene el coraçón de azero. {49} No ay metal que con él pueda, no ay tiro que le melle. Pues poned escalas en su muro: unos ojos tiene con que echa saetas, una lengua llena de reproches y desvíos; el assiento tiene en parte que a media legua no le pueden poner cerco.

Celestina:- {50} Calla, señor; que el buen atrevimiento de un solo ombre ganó a Troya. No desconfíes, que una muger puede ganar a otra. Poco as tratado mi casa; no sabes bien lo que yo puedo.

Calisto:- Cuanto dixeres, señora, te quiero creer, pues tal joya como esta me truxiste. ¡O mi gloria y ceñidero de aquella angélica cintura! Yo te veo y no lo creo. {51} ¡O cordón, cordón! ¿fuísteme tú enemigo? ¡Dilo cierto! Si lo fuiste, yo te perdono, que de los buenos es propio las culpas perdonar. No lo creo; que si fueras contrario, no vinieras tan presto a mi poder; salvo si vienes a desculparte. ¡Conjúrote me respondas, por la virtud del gran poder que aquella señora sobre mí tiene!

Celestina:- {52} Cessa ya, señor, esse devanear, que **me** tienes cansada de escucharte y al cordón, roto de tratarlo.

Calisto:- ¡O mezquino de mí! que assaz bien me fuera del cielo otorgado, que de mis braços fueras hecho y texido y no de seda, como eres, porque ellos gozaran cada día de rodear y ceñir con devida reverencia aquellos miembros que tú, sin sentir ni gozar de la gloria, siempre tienes abraçados. ¡O qué

VI.48 ‡quien menos procura, alcança más bien —El refrán es: 'quien menos la procura, alcança más ventura'. Rojas deliberadamente cambia o altera los refranes para adoptarlos a lo que se va desarrollando en el diálogo (Cf. VI.5); pero aquí no se ve la necesidad del cambio. Puede haber errata producida por la abreviación borrosa de ventura: vent ^{7a} / bent ^{7a}, legible solo el comienzo de la palabra. La alteración ya estaba en *E* porque *It* trae: 'chi manco procura più bene à'. ∞ *ACD F GHK* cibdades *JM ILN* ciudades

VI.49 *ACD F* le melle *JM GHKILN* lo melle ∞ *N omite aquí toda una línea:* con que echa saetas, una lengua llena de reproches y desvíos; el assiento tiene —Haplografía producida por los dos *tiene.* ∞ *ACD L* lengua llena *FJM GHKI* lengua − —Formas como 'lẽgua llẽa' han originado la omisión de *llena.* Cf. C.1. ∞ *ACD Sal-1570* que a media legua *FJM GHKILN* que media legua —Se trata de una simple omisión de la *a,* que es necesaria. El asiento del muro está en sitio tan escarpado que no se le puede poner cerco ni a media legua de distancia, es decir, resulta incercable. Si se quita la *a* hay que agregar *de cerco* antes de *cerco* y la idea es otra. El *It* aclara: è situata in parte che no si li pò metter campo un miglio appresso.

VI.50 *ACD FJM GHK* puede ganar *ILN* pueda ganar ∞ *ACD F* − otra *JM GHKILN* a otra —Las primarias y *F* omiten la *a,* pero la asonancia misma indica que debe estar: ganó a Troya / ganar a otra. ∞ *Todas:* dixeres *(I falta desde aquí hasta VI.69).* ∞ *Todas:* truxiste *ACD JM GHK LN* cintura *F* criatura (!)

VI.51 *ACD F* fuísteme *JM GHK LN* fuésteme ∞ *ACD F* lo fuiste *JM GHK LN* lo fueste ∞ *ACD JM GHK L* propio/p̃pio *F* propⁱa *(sic) N* proprio ∞ *ACD FJM GHK LN* que si fueras *Sal-1570* que si *me* fueras. ‡Si /me/ fueras contrario, no vinieras tan presto...= si /me/ oviéssedes seído contrario, no avrías/ovieras/avías venido tan presto... *It:* se me fussi stato inimico, non saresti venuto sî presto... Cf. VI.25, VI.34.

114

secretos avrás visto de aquella ecelente imagen!

Celestina:- {53} Más verás tú y con más sentido, si no lo pierdes hablando lo que hablas.

Calisto:- Calla, señora, que él y yo nos entendemos. ¡O mis ojos, acordaos cómo fuistes causa y puerta por donde fue mi coraçón llagado, y que aquel es visto hazer el daño, que da la causa. Acordaos que sois deudores de la salud; remirad la melezina que os viene hasta casa.

Sempronio:- {54} Señor, ¿por holgar con el cordón no querrás gozar de Melibea?

Calisto:- ¿Qué? ¡Loco, desvariado, atajasolazes! ¿Cómo es esso?

Sempronio:- Que mucho hablando matas a ti y a los que te oyen, y assí que perderás la vida o el seso: cualquiera que falte basta para quedarte ascuras. Abrevia tus razones; darás lugar a las de Celestina.

Calisto:- {55} ¿Enójote, madre, con mi luenga razón, o está borracho este moço?

Celestina:- Aunque no lo esté, deves, señor, cessar tu razón, dar fin a tus luengas querellas, tratar al cordón como cordón, porque sepas hazer diferencia de habla cuando con Melibea te veas; no haga tu lengua iguales la persona y el vestido.

Calisto:- {56} ¡O, mi señora, mi madre, mi consoladora! Déxame gozar en este mensagero de mi gloria. ¡O lengua mía! ¿por qué te impides en otras razones, dexando de adorar presente la ecelencia de quien por ventura jamás verás en tu poder? ¡O mis manos! ¡con qué atrevimiento, con cuán poco acatamiento tenéis y tratáis la tríaca de mi llaga! {57} Ya no podrán empecer las yervas que aquel crudo caxquillo traía embueltas en su aguda punta. Seguro soy, pues quien dio la herida, la cura. ¡O tú, señora, alegría de las viejas mugeres, gozo de las moças, descanso de los fatigados como yo!, no me hagas más penado con tu temor, que me haze mi vergüença.

VI.52 *ACD* que a mí tienes *FJM GHK LN* que **me** tienes *Sustitución.* ∞ *ACD JM GHK LN* cansada *F* cansado (!) ∞ *A FJM GHK LN Sal-1570* roto *CF* todo (!) *It* rotto ∞ *AC F GHK* asaz *D JM LN* assaz ∞ *A* — no de seda *CD FJM GHK LN* y no de seda ∞ ‡con devida reverencia —Con la debida reverencia del que quiere comer el ave y quita primero las plumas ¡ja! Cf. XIX.23. Realmente son badajadas las que discurre y escurre Calisto. ∞ *A D HK N* excelente *C FJM G L* excellente

VI.53 *ACD F* fuistes *JM GHK LN* fuestes ∞ *ACD FJM* debdores *GHK LN* deudores ∞ *AC F* remirá *D JM GHK LN* remirad

VI.54 *ACD JM GHK LN* es esso *F* es esto ∞ *ACD FJM* y assí que perderás *GHK LN Sal-1570* y assí — perderás ∞ *ACD F* cualquiera *JM GHK LN* cualquier ∞ *AC F* ascuras *D JM GHK LN* a escuras *G* a ascuras

VI.55 *ACD FJM GHK N* querellas *L* querelas *(errata)* ∞ *Todas:* tratar al cordón *Sal-1570* trata al cordón

VI.56 *A D GHK LN* excelencia *C FJM* excellencia ∞ *ACD FJM GHK LN* teneys *(sic)* ∞ *A D F Sal-1570* tratays *(sic) C* sacays *(sic) JM GHK N* traeys *(sic) L* trateys *(sic) It* toccate ∞ *ACD FJM HK LN* tríaca *G* atríaca

VI.57 *ACD* casquillo *FJM GHK LM* caxquillo *Sustitución.* —Para -x-/-s- Cf. VI.41-42. *ACD FJM GHK LN* quien dio la herida, la cura *It* che me dette la ferita, la cura *Sal-1570 y muchas posteriores:* que quien dio la herida, dará la cura. —Parece mejor texto. ∞ *A* que — haze *CD FJM GHK LN Sal-1570* que me haze ∞ ‡más penado con tu temor, que me haze mi vergüença = 'no hagas que pene más con el temor de ti, que lo que

{58} Suelta la rienda a mi contemplación, déxame salir por las calles con esta joya, por que los que me vieren sepan que no ay más bienandante ombre que yo.

Sempronio:- No afistoles tu llaga cargándola de más desseo. No es, señor, el solo cordón del que pende tu remedio.

Calisto:- Bien lo conozco; pero no tengo sofrimiento para me astener de adorar tan alta empresa.

Celestina:- {59} ¿Empresa? Aquella es empresa que de grado es dada; pero ya sabes que lo hizo por amor de Dios, para guarecer tus muelas; no por el tuyo, para cerrar tus llagas. Pero si yo bivo, ella bolverá la hoja.

Calisto:- ¿Y la oración?

Celestina:- No se me dio por agora.

Calisto:- ¿Qué fue la causa?

Celestina:- {60} La brevedad del tiempo; pero quedó que si tu pena no afloxasse, que tornasse mañana por ella.

Calisto:- ¿Afloxar? Entonce afloxará mi pena cuando su crüeldad.

Celestina:- Assaz, señor, basta lo dicho y hecho. Obligada queda, según lo que mostró, a todo lo que para esta enfermedad yo quisiere pedir, según su poder. {61} Mira, señor, si esto basta para la primera vista. Yo me voy. Cumple, señor, que si salieres mañana, lleves reboçado un paño, por que si della fueres visto, no acuse de falsa mi petición.

Calisto:- Y aun cuatro, por tu servicio. Pero dime, pardiós, ¿passó más? Que muero por oír palabras de aquella dulce boca. ¿Cómo fueste tan osada que, sin la conocer, te mostraste tan familiar en tu entrada y demanda?

Celestina:- {62} ¿Sin la conocer? Cuatro años fueron mis vezinas. Tratava con ellas, hablava y reía de día y de noche. Mejor me conoce su madre que a sus mismas manos; aunque Melibea se á hecho grande, muger discreta, gentil.

---

peno con la vergüença que tengo de mí'.

VI.58 *ACD FJM GHK LN* señor, el solo cordón *Sal-1570 y varias posteriores:* señor, solo el cordón ∞ *AC FJM GHK LN* sofrimiento *D* sufrimiento ∞ *Todas:*. abstener *(sic)*

VI.59 *ACD FJM* hoja *(sic) GHK LN* foja *(sic)*

VI.60 *Todas:* entonce *(sic)* ∞ *AC JM GHK* asaz *D F LN* assaz ∞ *A* segund lo que mostró *CD FJM GHK LN* según lo que mostró ∞ *ACD FJM GHK LN* según su poder ‡segund/según - grand/gran - ningund/ningún —Son variantes adiáforas, totalmente irrelevantes. *Ningund* es barbarismo gráfico en que la *-d* jamás se pronunció, y en *grand,* *segund* la *-d* precedida de consonante, con absoluta seguridad que las variantes prueban, ya no se pronunciaba desde finales del siglo XIV, es decir, desde la imposición definitiva del dialecto central sobre los dialectos orientales. En el texto de la *Celestina* casi siempre se escribe *grande* antes de vocal. Las variantes gráficas *segund* y *grand* son igualmente raras. Algunas veces las he registrado, pero son simples amanuensismos y ante la masa de formas sin *-d* es seguro que Rojas escribía *gran* y *según*.

VI.61 ‡por que si della fueres visto = 'para que/a fin de que si por ella fueres visto' ∞ *ACD F* pardiós *JM GHK LN Sal-1570* por Dios ∞ *AC JM GHK LN* fueste *D F* fuiste ∞ *ACD JM GHK LN* mostraste *F* mostrasse (!)

VI.62 ‡tratava con ellas —Algo suena a hueco en todas estas jactancias de la Vieja, y no vacila en soltarlas aunque con ello disminuya ante Calisto su mérito de haber entra-

Pármeno (Aparte):- {63} ¡Ea! mira, Sempronio, qué te digo al oído.

Sempronio:- Dime, ¿qué dizes?

Pármeno (Aparte):- Aquel atento escuchar de Celestina da materia de alargar en su razón a nuestro amo. Llégate a ella, dale del pie; hagámosle de señas que no espere más; sino que se vaya. Que no ay tan loco ombre nacido, que solo mucho hable.

Calisto:- {64} ¿Gentil dizes, señora, que es Melibea? Parece que lo dizes burlando. ¿Ay nacida su par en el mundo? ¿Crïó Dios otro mejor cuerpo? ¿Puédense pintar tales faciones, dechado de hermosura? — Si oy fuera biva Elena, por quien tanta muerte ovo de griegos y troyanos, o la hermosa Policena, todas obedecerían a esta señora por quien yo peno. {65} Si ella se hallara presente en aquel debate de la mançana con las tres diosas, nunca sobrenombre de discordia le pusieran; porque sin contrariar ninguna, todas concedieran y vinieran conformes en que la llevara Melibea; assí que se llamara mançana de concordia. Pues cuantas oy son nacidas, que della tengan noticia, se maldizen, querellan a Dios, porque no se acordó dellas

---

do en aquella casa. Pudo ser vecina, pero es imposible que haya sido 'la alcahueta de confianza de la familia,' tal como se lo creen algunos escientes modernos. ∞ *ACD FJM* mismas *GHK LN* mesmas

VI.63 Todas la ediciones traen *'ea'*, pero sería mejor el *ice!* que trae *Sal-1570* y muchas posteriores. La errata es posible. ∞ ‡*Doble adición primera*, desde atrás en VI.61: 'Pero dime, pardiós, ¿passó más?...' hasta,en VI.69 '...por que tú quedes suelto', se trata de una larga *Adición primera* ya en el texto de las Comedias. Dentro de esta adición primera, a una segunda vista del texto, hubo otras dos adiciones: la primera en VI.63, los apartes de Pármeno y Sempronio —no muy plausibles— metidos entre el adjetivo *gentil* al final de VI.62 y el adjetivo *gentil* al comienzo de VI.64; la segunda es desde 'Si oy fuera biva Elena...' hasta en fin de VI.67: '...que él caerá de su asno y acabará'. Esta inserción segunda es plausible, pero rompe inhábilmente lo que viene diciendo Calisto.

VI.64 ‡*Si oy fuera biva Elena* —La frase es sinónima de 'si nuestra edad alcançara Elena', Cf. VI.34. Esta frase inicia una adición dentro de la adición primera. Las erratas y omisiones son del mismo género de las que se dan en las adiciones segundas, las de la Tragicomedia, debido al modo como se hacían, probablemente en hojas sueltas cuyo texto era insertado en el anterior por por mano de amigos o copistas, al sacar en limpio el texto expandido o alargado. Nótese que el aparte de la Vieja en VI.67 casa con el de Pármeno arriba en VI.63 y el parlamento de Calisto resulta demasiado largo:

Pármeno:- ...hagámosle de señas que no espere más; sino que se vaya. Que no ay tan loco ombre nacido, que solo mucho hable. (Es la acotación dialogada de que Sempronio le hace señas a la Vieja para que se vaya. El tiempo de hacer estas señas es muy breve, o sea, el que gasta Calisto en decir:)

Calisto:- ¿Gentil dizes, señora, que es Melibea? Parece que lo dizes burlando. ¿Ay nacida su par en el mundo? ¿Crïó Dios otro mejor cuerpo? ¿Puédense pintar tales faciones, dechado de hermosura? —(Y entonces la Vieja contesta a las señas que Sempronio le ha hecho:)

Celestina (Aparte):- (Bien te entiendo, Sempronio. Déxale, que él caerá de su asno y acabará... (Y Calisto que sigue, ligando con lo de 'dechado de hermosura'):

Calisto:- ...En la que toda la natura se remiró por la hazer perfeta *etc.*

ACD Sal-1570 por quien tanta muerte *FJ GHK LN* porque/porq̃ tanta muerte *M* porqiẽ *(sic)* tanta muerte *It* per cui tanta morte ∞ *Todas:* (h)ovo ∞ *ACD* Pulicena *FJM GHK LN* Policena Substitución. ∞ *A FJM GHK* obede(s)cerán *CD LN* obede(s)cieran

117

cuando a esta mi señora hizo. {66} Consumen sus vidas, comen sus carnes con embidia, danles siempre crudos martirios, pensando con artificio igualar con la perfeción que sin trabajo dotó a ella natura. Dellas, pelan sus cejas con tenazicas y pegones y cordelejos; dellas, buscan las doradas yervas, raízes, ramas y flores, para hazer lexías, con que sus cabellos ‡semegen a los della; {67} ‡dellas, sus caras martillan, envistiéndolas en diversos matizes, con unguentos y unturas, aguas fuertes, posturas blancas y coloradas, que por evitar prolixidad no las cuento. Pues la que todo esto halló hecho, mira si merece de un triste ombre como yo ser servida.

Celestina (Aparte):- (Bien te entiendo, Sempronio. Déxale, que él caerá de su asno y acabará).

Calisto:- {68} ...En la que toda la natura se remiró por la hazer perfeta; que las gracias que en todas repartió, las juntó en ella. Allí hizieron alarde cuanto más acabadas pudieron allegarse, por que conociessen los que la viessen cuánta era la grandeza de su pintor. Solo un poco de agua clara con un ebúrneo peine basta para eceder a las nacidas en gentileza. {69} Estas son

---

VI.65 *AC FJM* diosas *D GHK LM* deesas ∞ *A* viuieran *(sic) CD* biuieran *(sic) FJM GHK LM Sal-1570* vinieran —*Sustitución aparente.* Pero no es sino simple corrección de mala lectura de -u- por -n- — Cf. I.11, VIII.10. ∞ *Todas:* se llamara *Sal-1570* se llamaría ∞ *Todas:* mançana de concordia *(sic)* ∞ *AC FJM GHK* − querellan *D LN Sal-1570* y querellan —No se ve la razón de la supresión del *y,* que haría a *querellan a Dios* como una explicativa de *se maldizen.* Son dos ideas distintas que exigen la conjunción.

VI.66 *A D FJM GHK LN crudos martirios C* duros martirios ∞ *A JM* perfición *C* perfiction *(sic) D F GHK LN* perfeción ∞ *A M N Sal-1570* y cordelejos *CD FJ* y acordelejos *GHK L* y a cordelejos —No hay tal palabra 'acordelejo'; en todos los diccionarios antiguos donde aparece, es simplemente tomada de aquí. El polisíndeto origina la a-, que sobra, pues no se dice 'con a cordelejos', o es preciso meter 'a' antes: y a pegones. Son las mismas *mechas* o *torcidas* (que muchos alcanzamos a conocer), las cuales mojadas en materia inflamable se usaban para quemar los vellos. Se llamaban *mechas, torcidas* o *cabuyejas;* esta última traducción no deja lugar a dudas. Rojas no es nada preciso, porque para las cejas lo preferido son las *tenazicas* o *pinças* (Cf. VII.31), pero para los demás vellos de la cara y cuerpo se usaban los *pegones* de cera y los *cordelejos* (mechas o torcidas). ¿Pero por qué tenía Rojas que ser preciso en estas minucias, como si hubiese sido depilador de damas?

‡Todas las ediciones traen: semejassen *(A* semejasen *sic). La errata viene de un 'seméjense' que se refleja en el It* 's'assomiglieno'. La forma reflexiva en -se no casa con el posesivo *sus* anterior y el *It* muestra claramente que es presente de sujuntivo. El pretérito de sujuntivo en teoría es posible y al respecto pueden compararse los casos que señalo en la *Introducción, IV.A.3,* aunque no sean completamente exactos a este; pero esos mismos casos de pretéritos de sujuntivo, el *It* los avala; aquí en cambio trae presente de sujuntivo.

VI.67 ‡dellas —Enumerativo, fue omitido por haplografía y también en *It,* pero lo que allá sigue: 'martellano loro visi, imbrattandoli de diverse...' indica que no es el gerundio (martillando: *ACD FJM GHK LN* las caras martillando), sino el presente de indicativo, martillan. El posesivo, que también viene omitido en todas, está en *It* y viene desde atrás con *cejas y cabellos.* Para el *dellas* enumerativo, Cf. X.10. ∞ *ACD F* déxale *JM GHK LN* déxalo ∞ *AD* ya acaba *C F* y acaba *It* e fornirà *JM GHK LN* y acabará —Es uno de los tantos futuros abreviados y mal leídos. Cf. I.86, IV.31, IX.6, XIV.54.

VI.68 *ACD FJM G* toda la natura *HK LN* toda natura ∞ *AC GHK LN* perfeta *D FJM* perfecta ∞ ‡cuanto más acabadas = 'cuanto de más acabadas' = 'cuantas más acaba-

118

sus armas; con estas mata y vence, con estas me cativó, con estas me tiene ligado y puesto en dura cadena.

Celestina:- Calla, y no te fatigues; que más aguda es la lima que yo tengo, que fuerte essa cadena que te atormenta. Yo la cortaré con ella, por que tú quedes suelto. {70} Por ende, dame licencia, que es muy tarde, y déxame llevar el cordón, porque, *como sabes,* tengo dél necessidad.

Calisto:- ¡O desconsolado de mí! La fortuna adversa me sigue junta. Que contigo o con el cordón o con entramos quisiera yo estar acompañado esta noche luenga y escura. {71} Pero, pues no ay bien complido en esta penosa vida, venga entera la soledad. — ¡Moços, moços!

Pármeno:- ¿Señor?

Calisto:- Acompaña a esta señora hasta su casa, y vaya con ella tanto plazer y alegría, cuanta comigo queda tristeza y soledad.

Celestina:- {72} Quede, señor, Dios contigo. Manaña será mi buelta, donde mi manto y la respuesta vernán a un punto, pues oy no ovo tiempo. Y súfrete, señor, y piensa en otras cosas.

Calisto:- Esso no, que es eregía olvidar aquella por quien la vida me aplaze.

---

das' —Pudiera haber omisión del *de.* Cf. VII.31. La construcción con el neutro se registra, pero empieza a hacerse rara. ∞ *A D F* solo un poco de agua *C* solo en poco de agua *JM GHK LN* sola una poca de agua *Cf. III.31* un poco de hilado ∞ *ACD FJM GHK LN* exceder *(sic)*

VI.69 *ACD FJM HK* calla y no te fatigues *G* calla no te fatigues *ILN* calla ya no te fatigues ∞ *A* esta cadena *CD FJM GHKILN* essa cadena. *(Ya no falta I).*

VI.70 ‡que es muy tarde —Usa la misma frase que en IV.86 y es el mismo día. Cf. además VIII.2, en que es por la mañana. ∞ *ACD* porque − − tengo *FJM GHKILN* porque como sabes tengo *It* che come sai ò bisogno *Adición.* ∞ *AC F* entramos *D JM GHKILN* entrambos/ētrābos —Las variantes indican preferencia de Rojas por las formas sin -b-: amos, entramos. ∞ *Todas:* complido

VI.71 *ACD FJM GHK* acompaña a esta *ILN* acompaña esta ∞ *AC M GHKILN* comigo *D FJ* conmigo ∞ *A* tristaza (!) *CD FJM GHKILN* tristeza

VI.72 ‡la respuesta —¿Cuál respuesta? Melibea no ha prometido sino hacer escribir y dar la copia de la oración. Calisto no le ha dicho que pregunte nada. Tampoco puede ser la respuesta de la Vieja ¿y a qué? Este es un pequeño cabo suelto. ¿Algo suprimido en redacción anterior? ∞ *A* no huuo *(sic) CD FJM GHKILN* no ouo *(sic)* ∞ *ACD FJM GHKI N Y súfrete L* Súfrete ∞ *AC F GHKILN* eregía *(sic) D JM* heregía *(sic)*

LA CELESTINA

TRAGICOMEDIA

DE CALISTO Y MELIBEA

POR

Fernando de Rójas

CONFORME

Á LA EDICIÓN DE VALENCIA, DE 1514,

REPRODUCCIÓN

DE LA DE SALAMANCA, DE 1500,

COTEJADA CON EL EJEMPLAR DE LA "BIBLIOTECA NACIONAL"
EN MADRID.

———◦∞◉∞◦———

CON EL ESTUDIO CRÍTICO

DE

LA CELESTINA

NUEVAMENTE CORREGIDO Y AUMENTADO

DEL EXCMO. SEÑOR:

D. Marcelino Menéndez y Pelayo

DE LA REAL ACADEMIA ESPAÑOLA
Y DIRECTOR DE LA BIBLIOTECA NACIONAL

VIGO

LIBRERÍA DE EUGENIO KRAPF

1899.

Auto VII.

AVII. Argumento del sétimo auto

Celestina habla con Pármeno, induziéndole a concordia y amistad de Sempronio. Tráele Pármeno a memoria la promessa que le hiziera de le hazer aver a Areúsa, que él mucho amava. Vanse a casa de Areúsa. Queda aí la noche Pármeno. Celestina va para su casa. Llama a la puerta. Elicia le viene a abrir, increpándole su tardança.

VII. Auto VII {1-115}. Pármeno, Celestina, Areúsa, Elicia.

(Cena 1ª)

Celestina:- {1} Pármeno, hijo, después de las passadas razones no é avido oportuno tiempo para te dezir y mostrar el mucho amor que te tengo y assí mismo, cómo de mi boca todo el mundo á oído hasta agora en ausencia bien de ti. {2} La razón no es menester repetirla, porque yo te tenía por hijo, a lo menos casi adotivo, y assí creía que *tú* imitaras al natural, y tú dasme el pago en mi presencia, pareciéndote mal cuanto digo, susurrando y murmurando contra mí en presencia de Calisto. {3} Bien pensava yo que después concediste en mi buen consejo, que no avías de tornarte atrás. Todavía me parece que te quedan reliquias vanas, hablando por antojo más que por razón: desechas el provecho por contentar la lengua. {4} Oyeme, si no me as oído, y mira que soy vieja, y el buen consejo mora en los viejos, y de los mancebos es propio el deleite. Bien creo que de tu yerro sola la edad

---

AVII Argumento del sétimo auto *ACD JM GHKILN (F no trae)*. *A D JM* sétimo *C GHKILN* séptimo *ACD JM* auto *GHKILN* aucto *A D JM* tráele *C* tráhele ∞ *ACD JM GHK* vanse *ILN* vase ∞ *A D JM GHKILN* queda aí *C* queda í Cf. AI.: *AC* f/halló í. ∞ *A C G* − abrir *D JM HKILN* a abrir

VII. *JM HI* Par. Cel. Are. Eli. *A* Are. Par. Cel. Eli. *CD F G K LN* Cel. Par. Are. Eli.

VII.1 *AC FJM GHKILN* assímismo *D* assímesmo ∞ *ACD FJM* absencia *GHKILN* ausencia

VII.2 *A D JM GHKILN* quasi/q̃si *C* cassi *(sic) F* omite. —La grafía de *C* indica no solo que la -u- no se pronunciaba, a pesar del latinismo gráfico, que predomina, sino que la -s- era sorda, como ocurre en gran cantidad de voces tomadas del latín posteriormente, o no patrimoniales. ‡*F* omite toda la línea siguiente: a lo menos casi adotivo, y assí creía que tú imitaras al natural *AC* y assí que - imitavas a natural *D* y assí que - imitaras a natural *JM GHK* y assí que tú imitaras al natural *ILN* y assí *creía* que tú imitaras al natural *It* de modo che io me *credea* che dovessi imitar al naturale —Texto estropeado, pero *Sal-1570* y el *Ms* traen la lección de *ILN*. Lo más probable es que Rojas escribió o dictó: 'y assí creía que imitaras al natural', a lo cual agregó posteriormente el 'tú', que sería entonces *Adición*.

VII.3 —

121

tiene culpa. Espero en Dios que *serás mejor para mí de aquí adelante, y mudarás el rúín propósito con la tierna edad.* {5} *Que, como dizen, múdanse costumbres con la mudança del cabello y variación;* digo, hijo, creciendo y viendo cosas nuevas cada día. Porque la mocedad en solo lo presente se impide y ocupa a mirar; mas la madura edad no dexa presente ni passado ni porvenir. {6} Si tú tovieras memoria, hijo Pármeno, del passado amor que te tuve, la primera posada que ‡tomasses, venido nuevamente a esta ciudad, avía de ser la mía. Pero los moços curáis poco de los viejos; regisvos a sabor de paladar; {7} nunca pensáis que tenéis ni avéis de tener necessidad dellos, nunca pensáis en enfermedades, nunca pensáis que os puede esta florezilla de juventud **faltar.** {8} Pues mira, amigo, que para tales necessidades, como estas, buen acorro es una vieja, conocida, amiga, madre y más que madre, buen mesón para descansar sano, buen ospital para sanar enfermo, {9} buena bolsa para necessidad, buena arca para guardar dinero en prosperidad, buen fuego de invierno rodeado de assadores, buena sombra de verano, buena taverna para comer y bever. {10} ¿Qué dirás, loquillo, a todo esto? Bien sé que estás confuso por lo que oy as hablado. Pues no quiero más de ti; que Dios no pide más del pecador, de arrepentirse y emendarse. {11} Mira a Sempronio: yo le hize ombre, de Dios en ayuso. Querría que fuéssedes como hermanos porque, estando bien

---

VII.4 *ACD GHK* propio *FJM ILN* proprio ∞ *Adición-Sustitución.* —El texto: 'serás mejor para mí...' hasta '...del cabello y variación' aparece en *FJM GHKILN* y sustituye al siguiente de *ACD:* 'variarán tus costumbres variando el cabello'.

VII.5 *Variante de la Adición-Sustitución: JM GHKILN* múdanse costumbres *F Sal-1570* múdanse las costumbres

VII.6 *ACD FJM* si tú tovieras (*D* tuivieras) *GHKILN* si — tovieras ‡Todas las priores y el *It* (tu pigliasti) traen 'tomaste'. Gran parte de las posteriores corrigen *tomasses.* La construcción es: 'si tuvieras memoria..., avía/avría de ser la mía la primera posada que tomasses/tomaras'. Cf. IV.2 en *B, pagaste* en lugar de *pagasse;* IV.61 *F, mostrasse* en lugar de *mostraste.* El pretérito *tomaste* es aquí inducido por el inmediato pretérito *tuve.* (*ACD F* a esta *JM GHKILN* en esta ∞ *ACD F GHK* cibdad *JM ILN* ciudad ∞ *ACD JM GHKILN* regisvos *F* regis os *(sic)* —Única forma con el caso oblicuo arcaico. No parece arcaísmo deliberado, sino construcción entera conservada todavía en el periodo, con esta persona del verbo y con este o similares verbos. Todavía en la lengua hablada decimos 'aquí entre nos,' en esta frase hecha solamente. Cf. sin embargo en XII.65 *ACDF:* en cargo *os* soy *JM HKILN:* en cargo *vos* soy *G falta.*

VII.7 *Todas:* teneys ni aueys *(sic)* (*A* haueys) ∞ *ACD* os puede faltar esta florezilla de juventud *FJM GHKILN* os puede esta florezilla de juventud faltar *Sustitución (?)* que traspone el verbo. Es de Rojas o de un cajista que se saltó el verbo y lo agregó después. Punto dudoso.

VII.8 —

VII.9 ‡rodeado de assadores —El *It* agrega: circundato de spiti e bon arrosto = 'rodeado de assadores y buen assado'. Hay un grupo de adiciones, que he venido señalando, que debían estar en *E* y no pasaron a *F* ni a las siguientes. Sin duda se hicieron pequeñas correcciones para enviar al editor de Zaragoza ¿o las hizo este? ¿o Sobrarias?

VII.10 —

con él, con tu amo y con todo el mundo lo estarías. {12} Mira que es bien-quisto, diligente, palanciano, buen servidor, gracioso. Quiere tu amistad; crecería vuestro provecho dándoos el uno al otro la mano, [ni aun avría más privados con vuestro amo, que vosotros.] {13} ‡Y pues, sabe que es menester que ames, si quieres ser amado; que no se toman truchas ‡a bra-gas enxutas, ni te lo deve Sempronio de fuero. Simpleza es no querer amar y esperar de ser amado; locura es pagar el amistad con odio.

Pármeno:- {14} Madre, [para contigo digo que] mi segundo yerro te confiesso, y con perdón de lo passado, quiero que ordenes lo por venir. Pero con Sem-pronio me parece que es impossible sostenerse mi amistad. El es desvaríado, yo malsofrido: ¡conciértame essos amigos!

Celestina:- {15} Pues no era essa tu condición.

Pármeno:- A la mi fe, mientra más fui creciendo, más la primera paciencia me olvidava. No soy el que solía, y assí mismo Sempronio no ‡á ni tiene en qué me aproveche.

VII.11 *ACD FJM HKILN* mira a Sempronio *G* mira − Sempronio ∞ *ACD FJM* le hize *GHKILN* lo hize ‡yo le hize ombre −Ahora también la Vieja diz que hizo hombre al Sempronio. Más mitomanía, que le tiene cuenta con el tontarrón del Pármeno. ∞ *ACD FJM GHKI* querría *LN* quería ∞ *ACD F M GHKILN* con tu amo *J* con tu amor (!)

VII.12 *ACD F* buen servidor, gracioso *JM GHKILN* − servidor, gracioso *Supresión.* ∞ *ACD traen:* ni aun avría más privados con vuestro amo, que vosotros −Suprimen la frase *FJM GHKILN.*

VII.13 *ACD FJM GHK* Y pues, sabe *ILN* − Pues sabe *It* poichè tu sai = 'pues sabes'. Texto estropeado y quizás a ello se deba la supresión inmediata anterior, cuya razón no se ve muy clara. Hay dos posibilidades: Pues sabes que es... / Y pues, sabe = 'Y pues que assí es, sabe' / 'Y assí pues, sabe'. ∞ *Todas:* no se toman truchas (*K* turcas *sic*) −No se pone el resto del refrán por ahorrar papel, pero debe leerse e incluirse en-tero, como en la mayoría de las posteriores, y más aquí en que la frase siguiente redon-dea lo que viene diciendo la Vieja. ∞ *ACD JM GHKILN* de fuero *F* de hurto (!) ∞ *ACD* esperar ser amado *F* esperarlo ser de otro (*sic*) *JM GHKILN Sal-1570* esperar de ser amado *It* aspettar d'essere amato

VII.14 *Supresión (?)* para contigo digo que, −Traen esta frase *ACD,* la suprimen *FJM GHKILN.* −¿Es de Rojas esta supresión o de algún timorato oficioso? Era una de las fórmulas para iniciar la confesión sacramental. ∞ *ACD F* mal sofrido *D JM GHKILN* mal sufrido ∞ *ACD* conciértame *It* acconciame tu *FJ GHKILN* concertame *M* concer-tadme

VII.15 *ACD JM GHKILN* mientra *F* mientras (*sic*) ∞ *ACD F* fuy (= fui) *JM* fue (= fui) *GHKILN* fuere ∞ *ACD FJM* me olvidava *GHKILN* me olvidará −En GHKILN hay que leer *olvidará* porque *olvidára* con *fuere* no es nada en castellano. La mala lectura de -v- como -r- (Cf. VII.1 *imitaras/imitavas*) produjo *olvidara,* que leído como lo único que podía leerse, atrajo el futuro de indicativo en *fuere < fue.* Las erratas se originaron en *G1,* pero la lectura 'mientra más fuere creciendo, más la primera paciencia me olvidará, no es posible porque 'paciencia' es aquí el objeto del verbo 'olvidar' y no el sujeto. Pero absurda y todo, tal lectura aquí nos asegura que en VII.20 hay que leer 'lo que *sacares,* atarás'. ∞ −Todas las ediciones traen: no ay ni tiene. Se trata de dos sinónimos apareados, *aver / tener,* y el impersonal no tiene nada que hacer aquí. La errata de *(h)ay* por *(h)a* no es rara en los textos, Cf. *Cárcel de amor,* aparte IX: 'que cuando las cartas deven alargarse es cuando se cree que á (= tiene) tal voluntad para leellas quien las recibe, como para escrivillas quien las embía'. Las primeras ediciones

Celestina:- {16} El cierto amigo en la cosa incierta se conoce, en las adversidades se prueba. Entonces se allega y con más desseo visita la casa que la fortuna próspera desamparó. ¿Qué te diré, hijo, de las virtudes del buen amigo? {17} No ay cosa más amada ni más rara. Ninguna carga rehusa. Vosotros sois iguales; la paridad de las costumbres y la semejança de los coraçones es la que más la ‡amistad sostiene. Cata, hijo mío, que si algo tienes, guardado se te está: sabe tú ganar más, que aquello ganado lo hallaste. {18} Buen siglo aya aquel padre que lo trabajó. No se te puede dar hasta que bivas más reposado y vengas en edad complida.

Pármeno:- ¿A qué llamas reposado, tía?

Celestina:- Hijo, a bivir por ti, a no andar por casas agenas, lo cual siempre andarás mientra no te supieres aprovechar de tu servicio. {19} Que de lástima que ove de verte roto, pedí oy manto, como viste, a Calisto. No por mi manto; pero por que, estando el xastre en casa y tú delante sin sayo, te le diesse. Assí que, no por mi provecho, como yo sentí que dixiste, mas por el tuyo. {20} Que si esperas al ordinario galardón destos galanes, es tal, que lo que en diez años ‡sacares atarás en la manga. Goza tu mocedad, el buen

---

traen *hay/ay* en lugar del obvio *(h)a.* Aquí el *It* trae: 'e ancora Sempronio non à/ha, salvo il culo e li denti, ne cosa utile me faccia'. —Lo que indica que *E* decía: 'y assímismo Sempronio no á ni tiene, salvo el culo y los dientes, cosa que me aproveche'. No veo razón para que el *It* haya agregado esto; sin duda estaba en *E* y Rojas lo quitó por razones obvias, para el texto de *F.* Lo del culo no hay para qué explicarlo; los dientes son los que se arrancaban a los ahorcados, Cf. VII.31.

VII.16 *Todas:* entonces se allega *(sic)*

VII.17 *ACD FJM GHKI N* más rara *L* más cara *It* più cara/chara —El anterior *amada* induce la errata 'cara' = 'querida' de *L,* en la cual cae también *It.* (*AC FJM GHKILN* la paridad *D* − paridad ∞ ‡es la que más la *amistad* sostiene —Todas las ediciones traen: es la que más la - sostiene. —Antes ha hablado del buen amigo, ahora debe redondear con la *amistad.* No es solo el texto latino que está por detrás (Petrarca, *Reb. Memorab.,* II iii, 46: 'amicitiae causa est morum paritas et similitudo animorum'), es que sin texto latino hay un hiato de evidente omisión. Rojas generalmente en femininos que empiezan por a-, e- usa el artículo *el,* pero a veces usa también *la,* cosa que también ocurre con del Encina y con el médico Villalobos, entre otros del periodo (Cf. VI.10 la amistad, XIX.11, XX.27 la escala). *l'amiſ tad/la meytad/la mytad* suelen mutuamente confundirse, Cf. III.17 donde *AD HKILN* traen: meytad, *G* mytad, *F* mitad, y *JMG* amistad. El amanuense o el cajista leyó 'es la que más la mytad sostiene...', como no le hacía sentido, simplemente suprimió la supuesta *mytad* o *meytad.* La restitución no admite duda. ∞ *A* cata, hijo *CF FJM GHKILN* cata, hijo mío ∞ *ACD FJM G* guardado se te está *HKILN* guardado − te está.

VII.17,18 La parte desde: 'Cata, hijo mío...' hasta '...vengas en edad cumplida' es un reflejo de I.140, 149-50 y 153-54; pero es un reflejo trunco, porque aquí omite recalcar lo conveniente que es la *amistad* para ayudar a *conservar y guardar* los bienes. Falta algo después de 'aquel padre que lo trabajó'. Pármeno debe pedirle a la Vieja que le dé el tesoro o le indique dónde está, a lo cual la Vieja viene a contestar: 'no se te puede dar'. Este cabo suelto, el *tesoro del Alberto,* le dio qué hacer a Rojas y al fin tuvo que dejarlo suelto. Cf. el *It* que omite: 'sabe tú ganar más, que aquello ganado lo hallaste'. ¿Omisión de *E?* (*Todas:* no te supieres *(sic)*

VII.19 *A* que hove *CD F M GHKILN* que ove *J* que ovo *(sic)* ∞ ‡pero por que = 'pero para que' ∞ *AC FJM GHKILN* sastre *D* xastre Cf. VI.41-43, XII.98. ∞ *ACD FJM GHK L* que dixiste *I N* que dexiste

día, la buena noche, el buen comer y bever. {21} Cuando pudieres averlo, no lo dexes, piérdase lo que se perdiere. No llores tú la hazienda que tú amo eredó, que esto te llevarás deste mundo, pues no le tenemos más de por nuestra vida. ¡O hijo mío Pármeno!, que bien te puedo dezir hijo, pues tanto tiempo te crié: {22} toma mi consejo, pues sale con limpio desseo de verte en alguna onra. ¡O, cuán dichosa me hallaría en que tú y Sempronio estuviéssedes muy conformes, muy amigos, ermanos en todo, viéndoos venir a mi pobre casa a holgar, a verme y aun a desenojaros con sendas mochachas!

Pármeno:- {23} ¿Mochachas, madre mía?

Celestina:- ¡Alahé! Mochachas digo; que viejas, harto me soy yo. Cual se la tiene Sempronio, y aun sin aver tanta razón ni tenerle tanta afición como a ti. Que de las entrañas me sale cuanto te digo.

Pármeno:- {24} Señora, no bives engañada.

Celestina:- Y aunque lo biva, no me pena mucho, que también lo hago por amor de Dios y por verte solo en tierra agena, y más por aquellos uessos de quien te me encomendó. Que tú serás ombre y vernás en buen conocimiento y verdadero, y dirás: la vieja Celestina bien me consejava.

VII.20 ‡Todas las ediciones leen *sacaras*. El *It:* 'ciò che caverai in dieci anni porrai ligar nella manica' puede traducir un *sacarás* o un *sacares*, pero no un. pretérito *sacaras*. Además, el pretérito *sacaras* solo sería posible con el pretérito *ataras*, que el *It* excluye. La construcción usual es con los dos futuros, el de sujuntivo y el de indicativo, y la Vieja usa a continuación *pudieres*. Es un caso de igualación de terminaciones por descuido de amanuenses o de cajistas. Cf. VII.15.

VII.21 ‡piérdase lo que se perdiere —La frase está viva en el habla popular de muchas partes de América. Cf. 'salga por donde saliere, jódase el que se jodiere' etc. ∞ *It* omite: 'que esto te llevarás deste mundo'. ¿Omitido en *E?* (‡Tanto tiempo te crié —¿Qué tanto tiempo? ¿Un mes? Cf. I.93 lo poco que la serví; I.136 *ACD* un mes *FJM GHKILN* un poco (de) tiempo. Otro cabo suelto que Rojas anuda mal (Cf. IX.3) o lo anuda a su modo.

VII.22 *A* estoviéssedes *CD FJM GHKILN* estuviéssedes *ACD FJM* holgar *GHKILN* folgar ∞ *ACD FJM* a verme *GHKILN* y a verme ∞ *ACD FJM G N* mochachas *HKIL* muchachas

VII.23 *ACD FJM G N* mochachas *HKIL* muchachas ∞ *ACD FJM GH N* mochachas digo *KIL* muchachas digo ∞ *A D FJM LN* harto *C GHKI* farto ∞ *ACD JM* me soy yo *F GHKILN* me só yo *It* vecchia me son io

VII.24 ‡Señora, no bives engañada —Empieza aquí una larga *adición primera*, ya en las Comedias, que viene a concluir en VII.52 en: 'que en traer los passados a la memoria'. Es una larga *adición primera* que trata de las proezas de la madre de Pármeno, la Claudina. ∞ *A* vives *CD F GHKILN* bives *JM* bivas Cf. VII.77. ∞ *ACD FJM* y por verte *GHK* y — verte *ILN* y en verte —Típica omisión del *por*, confundido con y/p Cf. I.154; *ILN conjeturan* en. ∞ ‡en tierra agena —¿De dónde es Pármeno? ¿de dónde era la Claudina? Siguen los cabos sueltos. El empalme del Pármeno de Cota con el de Rojas es todo un lío. Quizás Rojas piensa como 'tierra agena' para él el lugar donde escribe, Salamanca; pero Pármeno y Celestina eran conterráneos, según lo que aparece en la obra. ∞ ‡que tú serás ombre —Parece que todavía no lo es, pero 48 líneas más adelante (en *F*) ya lo es, Cf. VII.37: es razón que lo sepas, pues ella es finada y tú ombre. —Más cabos sueltos. ∞ *ACD* en buen conocimiento y verdadero *FJM GHKILN* en conocimiento verdadero —A un corrector oficioso no le gustó la construcción adjetivo + sustantivo + y + adjetivo, que Rojas usa en VI.10 y 11, y la corrigió. ∞ *ACD FJM* consejava

Pármeno:- {25} Y aun agora lo siento, aunque soy moço. Que aunque oy vies que aquello dezía, no era porque me pareciesse mal lo que tú hazías, pero porque vía que le consejava yo lo cierto y me dava malas gracias. {26} Pero de aquí adelante demos tras él. Haz de las tuyas, que yo callaré. Que ya tropecé en no te creer cerca deste negocio con él.

Celestina:- Cerca deste y de otros tropeçarás y caerás, mientra no tomares mis consejos, que son de amiga verdadera.

Pármeno:- {27} Agora doy por bien empleado el tiempo que siendo niño te serví, pues tanto fruto trae para la mayor edad. Y rogaré a Dios por el alma de mi padre, que tal tutriz me dexó, y de mi madre, que a tal muger me encomendó.

Celestina:- {28} No me la nombres, hijo, por Dios, que se me hinchen los ojos de agua. ¿Y tuve yo en este mundo otra tal amiga, otra tal compañera, tal aliviadora de mis trabajos y fatigas? ¿Quién suplía mis faltas, quién sabía mis secretos, a quién descobría mi coraçón, quién era todo mi bien y descanso, sino tu madre, más que mi ermana y comadre? {29} ¡O, qué graciosa era! ¡o, qué desembuelta, limpia, varonil! Tan sin pena ni temor se andava a medianoche de cimenterio en cimenterio, buscando aparejos para nuestro oficio, como de día. Ni dexava cristianos ni moros ni judíos, cuyos enterramientos no visitava: de día los acechava, de noche los desenterrava. {30} Assí se holgava con la noche escura como tú con el claro día; dezía que aquella era capa de pecadores. Pues, ¿maña no tenía, con todas las otras gracias? Una cosa te diré, por que veas qué madre perdiste, aunque era para callar, pero contigo todo passa: {31} siete dientes quitó a un ahorcado con unas tenazicas de pelar cejas, mientra yo le descalcé los çapatos. Pues entrar en un cerco, mejor que yo y con más esfuerço, aunque yo tenía harta buena fama, más que agora; que por mis pecados todo se olvidó con su muerte. ¿Qué más quieres, sino que los mesmos diablos le avían miedo?

GHKILN aconsejava

VII.25 *ACD FJM* soy moço *G* só moço ∞ *AC F* vies (= veías) *D* veyes *(sic)* *JM GHKILN* vías —La *lectio difficilior* del copretérito en -ie- debe mantenerse. Cf. III.16, 19, 20; VI.6, VII.34, XII.79 y 98. ∞ *A D* veya (= veía) *C FJM GHKILN* vía —La primera persona singular no lleva nunca, y desde los orígenes, la forma en -ie -. ∞ *ACD FJM* le consejava *GHKILN* le aconsejava

VII.26 *AC FJM GHKILN* ya tropecé *D* yo tropecé ∞ *ACD FJM* en no te creer *GHKILN* en no creerte ∞ *A* y cayarás *(sic)* *C F* y cayrás *(sic)* *D JM GHKILN* y caerás

VII.27 *ACD FJM* doy *GHKILN* do ∞ *Todas:* fruto *(sic)* ∞ *AC FJM GHKILN* para la mayor *D* por la mayor ∞ *A* ánima *CD FJM GHKILN* alma

VII.28 ‡se me hinchen —de henchir = 'llenar'. *Ms* se me hinchan, (como si fuese de *hinchar*). Confusión no rara en el periodo y aun después. Todas: tuve *(sic)* ∞ *AC F* descobría *D JM GHKILN* descubría

VII.29 *ACD M G ILN* de cimenterio en cimenterio *FJ HK* de ciminterio en ciminterio ∞ *AC FJM GHKILN* buscando aparejos *D* buscando *todos* aparejos (!) ∞ *ACD F* acechava *JM* asechava *GHKILN* assechava

VII.30 *AC FJM GHKILN* assí se holgava *D* assí *que* holgava (!)

VII.31 *ACD FJM GHKI N* ahorcado *L* horcado Cf. XV.3. ∞ *AC* de pelacejas *D FJM GHKILN* de pelar cejas —*pelacejas* puede darse pues tales formaciones son libres en castellano (v.gr. buscapleitos, quitamotas, lambeplatos, sacapotras, rascatripas, rapabar-

{32} Atemorizados y espantados los tenía con las crudas bozes que les dava. Assí era [ella] dellos conocida como tú en tu casa. Tumbando venían unos sobre otros a su llamado. No le osavan dezir mentira, según la fuerça con que los apremiava. Después que la perdí, jamás les oí verdad.

Pármeno (Aparte):- {33} (¡No la medre Dios más a esta vieja, que ella me da plazer con estos loores de sus palabras).

Celestina:- ¿Qué dizes, mi onrado Pármeno, mi hijo y más que hijo?

Pármeno:- {34} Digo que, ¿cómo tenía essa ventaja mi madre, pues las palabras que ella y tú dezíades eran todas unas?

Celestina:- ¿Cómo? ¿Y desso te maravillas? ¿No sabes que dize el refrán que mucho va de Pedro a Pedro? Aquella gracia de mi comadre no *la* alcançávamos todas. {35} ¿No as visto en los oficios, unos buenos y otros mejores? Assí era tu madre, que Dios aya, la prima de nuestro oficio y por tal era de todo el mundo conocida y querida, assí de cavalleros como *de* clérigos, casados, viejos, moços y niños. {36} Pues, ¿moças y donzellas? Assí rogavan a Dios por su vida, como de sus mismos padres. Con todos tenía que hazer, con todos hablava. Si saliemos por la calle, cuantos topávamos eran sus ahijados; {37} que fue su principal oficio partera diez y seis años. Assí que, aunque tú no sabías sus secretos, por la tierna edad

---

bas, etc. etc.), pero el *It:* 'con certe tenagliuzze de pelare le ciglia', dírime la cuestión. Algunas ediciones por errata traen unido *pelarcejas,* pero *D FJM GHKILN* traen claramente separado. Para las *tenazicas,* Cf. lo anotado en VI.66. ∞ *ACD* pues entrava *FJM GHKILN* pues entr*ar* Sustitución. ∞ *AC* farto *D* harto *FJM GHKILN* f/hart*a* Sustitución. —La forma adverbial 'harto buena fama' = 'harto de buen fama' es posible. Cf. VI.68 cuanto más acabadas = 'cuanto de más acabadas'. ∞ *ACD JM GHKILN* mesmos *F* mismos ∞ *ACD F* la avían *JM GHKILN Sal-1570* le avían —La forma histórica es *le* y aquí ciertamente es dativo. Es muy fácil la sustitución del acusativo, al pensarse en una mujer. Tal sustitución se registra ya antes del periodo. Rojas es leísta, pero en vista de *ACDF* parece usó aquí el dativo femenino *la.* Cf. abajo VII.312 *le osavan,* pero la regularización es aventurada.

VII.32 *ACD FJM GHK* crudas *ILN* turbadas (!) ∞ *ACD* era ella dellos *FJM GHKILN* era dellos *Supresión.* La supresión es eufónica, pero la haplografía también es posible. ∞ *ACD JM GHKILN* le osavan *F* la osavan Cf. atrás en VII.31: la avían.

VII.33 *AC FJM GHKILN* la medre *D* le medre *AC* − esta vieja *D FJM GHKILN* a esta vieja ‡no la medre Dios más a esta vieja, que ella me da plazer con estos loores de sus palabras. —Es frase elíptica: 'no la medre (= no la prospere, no la ayude) Dios más a esta vieja, si no es verdad que ella me da plazer' etc. = 'Medre Dios a esta vieja tanto como ella me da plazer con sus palabras...' *It* così l'aiuti Dio a questa puttana vecchia, come ella me fa piacere con le laude di sue parole.

VII.34 *A D JM GHKILN* dezíades *F* dizíades *C* dezíedes —El copretérito en -ie- es posible. ∞ *ACD* no - alcançávamos *FJM GHKILN* no la alcançávamos *Adición.*

VII.35 *Todas:* la prima *Sal-1570* la primera ∞ *ACD* como - clérigos *FJM GHKILN* como *de* clérigos *Adición.*

VII.36 *ACD* mesmos *FJM GHKILN* m*i*smos *Sustitución.* Cf. IV.40, 58, 66, VI.62, VII.1. ∞ *A JM GHKILN* saliamos *CD F* saliemos Cf. III.16, 19, 20, VI.6, XII.79, 98. ∞ ‡eran sus ahijados —Se entiende en el sentido de haber sido recibidos por ella en el parto de sus madres, si acaso no es fábula lo que la Vieja ensarta; pero no en el sentido de que fuese realmente *madrina* de ellos. ∞ *ACD FJM GHKI N* ahijados *L* hijados —Simple omisión de la a- —Cf. atrás en VII.31.

que avías, agora es razón que los sepas, pues ella es finada y tú ombre.

Pármeno:- {38} Dime, señora, cuando la justicia te mandó prender, estando yo en tu casa, ¿teníades mucho conocimiento?

Celestina:- ¿Si teniemos, me dizes como por burla? Juntas lo hezimos, juntas nos sintieron, juntas nos prendieron y acusaron, juntas nos dieron la pena essa vez, que creo que fue la primera. {39} Pero muy pequeño eras tú. Yo me espanto cómo te acuerdas, que es la cosa que más olvidava está en la ciudad. Cosas son que passan por el mundo. Cada día verás quien peque y pague, si sales a esse mercado.

Pármeno:- {40} Verdad es; pero del pecado lo peor es la perseverancia. Que assí como el primer movimiento no es en mano del ombre, assí el primero yerro; **do** dizen que quien yerra y se emienda ‡a Dios se encomienda.

Celestina (Aparte):- {41} (Lastimásteme, don loquillo. ¿A las verdades nos andamos? Pues espera, que yo te tocaré donde te duela).

Pármeno:- ¿Qué dizes, madre?

Celestina:- Hijo, digo que, sin aquella, prendieron cuatro vezes a tu madre, que Dios aya, sola. {42} Y aun la una le levantaron que era bruxa, porque la

---

VII.37 ‡su principal oficio *partera* diez y seis años —Pudo serlo antes de ser castigada como bruja; de todos modos, las parteras eran generalmente mujeres ya de cierta edad; toda esta descripción de las habilidades de su propia madre, hecha a Pármeno, va paralela con la hecha a Sempronio en III.16-22. Pienso que la del Auto VII, que es estupenda, fue escrita antes y que la del Auto III es reflejo de esta. En todo caso, la desenvoltura, la maña y la ayuda que prestaba la madre del Pármeno a la Vieja, señalan a la Claudina, no como la maestra (Cf. III.16 'della aprendí todo lo mejor que sé de mi oficio'), sino como la dicípula más aventajada de la Vieja. Rojas se toma el trabajo de indicar bien la edad de la Vieja en II.29; aunque le rebajemos los años según el cálculo que anoto en VI.6, no pueden ser menos de los 65. Pármeno, *cuando menos,* puede suponerse al rededor de los 25 años; nació entonces cuando Celestina tenía 40 y la Claudina *cuando menos* 50, para poder haber sido la maestra de Celestina. La cosa no cuadra por más estiramientos que se hagan. Es protuberante que la Claudina no pudo haber sido la maestra de la Vieja ni siquiera su coetánea. Esto debía ser bien claro para los lectores de todas las épocas, pero más para los contemporáneos de Rojas. De tal modo que toda esta cháchara pinta a la Vieja como una mitómana de marca mayor: a todos ha visto nacer, de todos es íntima, de todos ha sido obsecuentemente servida etc. etc. El *It* atenúa al suprimir: 'diez y seis años' — che la sua principal arte fu esser mammana'. ∞ *CD FJM GHKI N* los sepas *A L* lo sepas

VII.38 *A D JM GHKILN* teniamos *C* tememos *F* teniemos —La errata de *C* cubre un 'teniemos'. La puntuación: ¿Si teniemos, me dizes? ¡Como por burla! —también sería posible. *CFJMGHK* ponen el signo '?' después de 'dizes', *DILN Ms* ponen el '?' después de *burla. A* no trae ningún signo en ninguna parte de toda la frase. ∞ *A* hizimos *CD FJM GHKILN* hezimos

VII.39 *A D F GHK* cibdad *C JM ILN* ciudad

VII.40 *A* primer yerro *CD FJM GHKILN* primero yerro —El apócope evitado quizá por eufonía. ∞ *ACD* donde *FJM GHKILN* **do** *Sustitución,* o simple haplografía: *dõd' dizen.* (‡Quien yerra y se emienda —Todas traen así, pero el refrán debe ir completo.

VII.41 *ACD FJM HKILN* don loquillo *G* dun loquillo —Cf. II.26. ∞ *AC FJM GHKILN* nos andamos *D* nos andemos ∞ ‡Digo que sin aquella.... = 'Digo que sin aquella, prendieron *sola* cuatro vezes a tu madre, que Dios aya' —Trasposición de lengua hablada o dictada. ∞ *ACD JM GHKILN* a tu madre *F* — tu madre

hallaron de noche con unas candelillas, cogendo tierra de una encruzijada, y la tovieron medio día en una escalera en la plaça, ‡puesto uno como rocadero pintado, en la cabeça. Pero **no fue nada**: {43} algo an de sofrir los ombres en este triste mundo para sustentar sus vidas y *onras*. Y mira en qué tan poco lo tuvo, con su buen seso, que ni por esso dexó dende en adelante de usar mejor su oficio. {44} Esto á venido por lo que dezías del perseverar en lo que una vez se yerra. En todo tenía gracia; que en Dios y en mi conciencia, aun en aquella escalera estava y parecía que a todos los de baxo no tenía en una blanca, según su meneo y presencia. {45} Assí que los que algo son, como ella, y saben y valen, son los que más presto yerran. Verás quién fue Virgilio y qué tanto supo; más ya avrás oído cómo estovo en un cesto, colgado de una torre, mirándole toda Roma. {46} Pero por esso no dexó de ser onrado ni perdió el nombre de Virgilio.

Pármeno:- Verdad es lo que dizes; pero esso no fue por justicia.

Celestina:- ¡Calla, bovo! Poco sabes de achaque de iglesia, y cuanto es mejor por mano de justicia que de otra manera. {47} Sabíalo mejor el cura, que Dios aya, que viniéndola a consolar le dixo que la Santa Escritura tenía que bienaventurados eran los que padecían persecución por la justicia, y que aquellos posseerían el Reino de los Cielos. {48} Mira si es mucho passar

---

VII.42 *ACD* cogendo *FJM* cojendo *(sic) GHKILN* cogiendo ∞ *ACD FJM* tovieron *GHKILN* tuvieron ∞ *AD* en la plaça: puesto uno *C* en la plaça puesta uno *F* a la plaça puesta:uno *GK* en la plaça puesta:uno *JHM* en la plaça puesta/uno *JILN* en la plaça puesta/ y uno *It* e la tenero mezzo giorno posta sopr'una scala nella piazza del mercato, e gli misero in testa una come mitria dopinta —El *Ms* = *ILN* y el *It* entienden como si 'puesta' se refiriese a la Claudina. En castellano al decir: 'la tuvieron en una escalera, en una jaula, en una picota' etc., no es necesario agregar el 'puesta'; si se dice 'un cadalso, una horca, un poste, en la plaza o en la calle tal' etc. tampoco es necesario agregar 'puesto' o 'puesta'. Pero *ponerse* es específico de ponerse algo en la cabeza, para cubrirla o protegerla o vestirse con ello. La lectura correcta está en *A D*. Cf. *Introducción*, VIII.9: Tres casos particulares. p.349 ∞ *A D* cosas uno passan *C* cosas — que passan —Esto fue sustituido en *FJM GHKILN* por **no fue nada** *Sustitución*. Esta sustitución que evita la repetición de 'cosas son que passan', ya arriba en VII.39.

VII.43 *AC F* sofrir *JM GHKILN* sufrir ∞ *ACD* sus vidas — *FJM GHKILN* sus vidas y onras *Adición.* ∞ *ACD F* en qué tan poco *JM GHKILN* en cuán poco

VII.44 *ACD FJM G L* los de baxo *HKI N* los de abaxo

VII.45 ‡algo son, como ella... = 'los que algo son y saben y valen, como ella fue y supo y valió' —El presente se toma en sentido general y puede referirse al pasado. Cf. XIII.30 son cometidos = 'fueron cometidos,' XIV.32 que son privados = 'que eran privados'. ∞ *ACD FJM GHK* fue Virgilio *ILN* fue Vergilio ∞ *Todas:* como estovo *(sic)* ∞ *ACD JM GHKILN* en un cesto *F* en — cesto ∞ *ACD F* mirándole *JM GHKILN* mirándolo

VII.46 *ACD FJM GH* de Virgilio *KILN* de Vergilio ∞ *ACD M* cuando *FJ GHKILN* cuan*to* *Sustitución.* —Corrección de una simple errata que se vuelve a deslizar en *M*.

VII.47 *A F L* veniéndola *CD JM GHKI N* viniéndola ∞ *ACD FJM GHK* a consolar - dixo *(FM* aconsolar *sic) ILN* a consolar le dixo *It* a consolare li disse —El 'le' es necesario y el *It* lo confirma. Fue omitido por considerarlo como repetición del 'la' anterior, pero la construcción es: 'que viniéndola a consolar / viniendo a consolarla, (el *la* acusativo) le dixo' (*le* dativo). Es posible que *E* en lugar de 'le dixo' trajera 'la dixo,' y esto originó la omisión. ∞ *A* — que aquellos *CD FJM GHKILN* y que aquellos

algo en este mundo por gozar de la gloria del otro. Y más que, según todos dezían, a tuerto y [a] sinrazón y con falsos testigos y rezios tormentos, la hizieron aquella vez confessar lo que no era. {49} Pero con su buen esfuerço, y como el coraçón abezado a sofrir haze las cosas más leves de lo que son, todo lo tuvo en nada. Que mil vezes le oía dezir: si me quebré el pie fue por mi bien, porque soy más conocida que antes. {50} Assí que todo esto passó tu buena madre acá, devemos creer que le dará Dios buen pago allá, si es verdad lo que nuestro cura nos dixo, y con esto me consuelo. Pues seime tú, como ella, amigo verdadero y trabaja por ser bueno, pues tienes a quién parezcas. {51} Que lo que tu padre *te* dexó, a buen seguro lo tienes.

[*Pármeno:-* Bien lo creo, madre; pero querría saber qué tanto es.

Celestina:- No puede ser agora; verná su tiempo, como te dixe, para que lo sepas y lo ayas.]

Pármeno:- {52} Agora dexemos los muertos y las erencias; [que si poco me dexaron, poco hallaré;] hablemos en los presentes negocios, que nos va más que en traer los passados a la memoria. Bien se te acordará, no á mucho que me prometiste que me harías aver a Areúsa, cuando en mi casa te dixe cómo moría por sus amores.

VII.48 *ACD* y a sin razón *FJM GHKILN* y sin razón *Supresión.* —La expresión, con la 'a', se registra (Cf. *Cárcel de amor,* aparte XXX 'no a sin razón los soberanos príncipes passados...'), pero es un contagio de la 'a' de 'a tuerto' y un reflejo de la frase 'a tuerto y a derecho'.

VII.49 *AC F* sofrir *D JM GHKILN* sufrir ∞ *Todas:* lo tuvo *(sic).* (*Todas:* le oía dezir —El simple pretérito 'le oí dezir' también sería posible. ∞ *ACD F* por bien *JM GHKILN Sal-1570* por mi bien *It* per mio bene —La expresión debe llevar el posesivo que el *It* y *Sal-1570* confirman. Es una sencilla omisión. El dicho equivale al refrán de pordioseros: 'si me quebré la pata, fue por ganar más plata'.

VII.50 *ACD F GHKILN* le dará *JM* le daría ∞ *ACD* pues séme *FJM GHKILN* pues seime *Sustitución.* —La forma *sé* empezaba a remplazar a la antigua *sey;* la sustitución repone la forma antigua.

VII.51 *ACD* − dexó *FJM GHKILN* te dexó *Adición. Supresión,* desde: *Pármeno:-* 'Bien lo creo...' hasta '...lo sepas y lo ayas' —lo traen *ACD* y lo suprimen *FJM GHKILN.* Cf. atrás lo dicho en VII.17-18 sobre 'el tesoro del Alberto'. Rojas o sus amigos optan por suprimir esta referencia aquí, a más no poder. 'El tesoro de Alberto,' esa herencia onerosa de Cota, sigue dando qué hacer. Toda esta reiteración desplazada indica varias redacciones y adiciones y rehechuras en el texto de las Comedias. ∞ Variante de la supresión: *A* lo oyas *CD* lo ayas

VII.52 *Supresión* —*ACD* traen la frase: 'que si poco me dexaron, que poco hallaré', que *FJM GHKILN* suprimen, como consecuencia de la supresión inmediata anterior.
ACD FJM que en traer *GHKILN* que − traer ‡en traer los passados a la memoria —Aquí termina esta larga *adición primera* que empieza atrás en VII.24. La frase 'Bien se te acordará...' liga con la alusión a las muchachas y la respuesta de la Vieja atrás en VII.23. ∞ ‡Bien se te acordará, no á mucho que me prometiste que me harías aver a Areúsa —Ello fue el mismo día que la Vieja habló con Calisto la primera vez (I.157: Pues tu buena dicha quiere, aquí está quien te la dará). La Vieja no ha hablado ni estado con Pármeno desde ese tiempo en que los dos hablaron en la larga Cena 9ª del Auto I. ∞ ‡cuando en mi casa te dixe cómo moría por sus amores —Exactamente Pármeno no le dijo tal, Cf. el diálogo de I.1.56-157.

Celestina:- {53} Si te lo prometí, no lo é olvidado, ni creas que é perdido con los años la memoria, que más de tres xaques á recebido de mí sobre ello en tu ausencia. Ya creo que estará bien madura. Vamos de camino por su casa, que no se podrá escapar de mate. Que esto es lo menos que yo por ti tengo de hazer.

Pármeno:- {54} Yo ya desconfïava de la poder alcançar, porque jamás podía acabar con ella que me esperasse a poderle dezir una palabra. Y como dizen, mala señal es de amor hüír y bolver la cara, sentía en mí gran desfuzia desto.

Celestina:- {55} No tengo en mucho tu desconfïança, no me conociendo ni sabiendo, como agora, que tienes tan de tu mano la maestra destas lavores. Pues agora verás cuánto por mi causa vales, cuánto con las tales puedo, cuánto sé en casos de amor. {56} — Anda passo. Ves aquí su puerta. Entremos quedo, no nos sientan sus vezinas. Atiende y espera debaxo desta escalera. Sobiré yo a ver qué se podrá hazer sobre lo hablado, y por ventura haremos más que tú ni yo traemos pensado.

(Cena 2ª)

Areúsa:- {57} ¿Quién anda aí? ¿Quién sube a tal ora en mi cámara?

Celestina:- Quien no te quiere mal, *por* cierto; *quien* nunca da passo que no

---

VII.53 ‡más de tres xaques —El número es indeterminado, como los 'passos' que haya dado la Vieja en VI.6, o los azumbres que se bebía en IV.49-50. En una conversación de la Vieja ¿cuántos jaques podía darle sobre esa materia a una tipa como la Areúsa? Basta que la haya visitado al respecto una sola vez, pero el problema está en *esa vez*. En ese interminable día —que algunos suponen— de la primera entrevista de la Vieja con Calisto, la cosa es totalmente imposible y el hecho de que Pármeno se lo crea o no chiste nada sobre ello, lo haría más imbécil de lo que realmente parece ser por otras actuaciones. Pero si se trata del día siguiente, la cosa es creíble o posible. De tal modo que es necesario aceptar un día más, es decir, la cronología que expongo en la *Introducción*, IV.B.1.d y IV.B.1.e, pp. 70-81ss. Como la simple adición de un día más subsana problemas graves del texto, es insensato y malprejuiciado no aceptar tal cosa. *ACD F M GHKILN* (h)á recebido *J* he recebido ∞ *ACD FJM* absencia *GHKILN* ausencia ∞ *AC FJM GHKILN* ya creo *D* yo creo ∞ ‡Todas las priores traen 'de camino por casa', menos *BbEeGg* y el *Ms*, que traen 'de camino por su casa', *It* andiamo a casa sua. —El simple 'por casa' indica la casa de Celestina y es sabido que Areúsa non vive còn la Vieja. El 'su' es necesario. *Sal-1570* y las posteriores lo traen. ∞ *ACD JM GHKILN* no se podrá *C* no — podrá

VII.54 ‡hüír y bolver la cara —Hoy entenderíamos que va huyendo y vuelve la cara al hacerlo. Pero hay aquí una histerología: bolver la cara y hüír. ∞ *A* grande *D* grand *C FJM GHKILN* gran ∞ *ACD JM GHKILN* desfuzia *F Sal-1570* desfiuza —Arcaísmo deliberado, que Rojas explica de inmediato: no tengo en mucho tu *desconfïança*.

VII.55 *ACD GHKILN* labores *FJM* lavores

VII.56 *A D FJM GHKILN* ves aquí su puerta *C* ves aquí la su puerta —Ninguna de las ediciones priores trae interrogación aquí. La Vieja lo afirma. ¿Cómo entra la Vieja? ¿Tiene llave? ¿Duerme Areúsa con la puerta de la calle abierta? Ninguna de estas minucias 'realistas' preocupa a Rojas, porque lo que le interesa es tener a Areúsa desvestida, desnuda, y si hubiera tenido que bajar a abrir, habría sido todo un lío para volverla a desvestir, a poner en cueros. ∞ *AC F* sobiré *D JM GHKILN* subiré ∞ ‡atiende y espera —Dos sinónimos apareados.

piense en tu provecho; quien tiene más memoria de ti que de sí mesma: una enamorada tuya, aunque vieja.

Areúsa (Aparte):- {58} ¡Válala el dïablo a esta vieja! ¿Con qué viene como uestantigua a tal ora!). — Tía señora, ¿qué buena venida es esta tan tarde? Ya me desnudava para acostar.

Celestina:- ¿Con las gallinas, hija? Assí se hará la hazienda. ¡Andar, passe! {59} Otro es el que á de llorar las necessidades, que no tú. ¡Yerva pace quien lo cumple! ¡Tal vida quienquiera se la querría!

Areúsa:- ¡Gesú! Quiérome tornar a vestir, que é frío.

Celestina:- No harás, por mi vida; sino éntrate en la cama, que desde allí hablaremos.

Areúsa:- {60} Assí goze de mí, pues que lo é bien menester; que me siento mala oy todo el día. Assí que necessidad, más que vicio, me hizo tomar con tiempo las sávanas por faldetas.

Celestina:- {61} Pues no estés assentada; acuéstate y métete debaxo de la ropa, que pareces serena.

[*Areúsa:-* Bien me dizes, señora tía.

Celestina:-] ¡Ay, cómo uele toda la ropa en bulléndote! ¡Aosadas, que está todo a punto! Siempre me pagué de tus cosas y hechos, de tu limpieza y atavío. ¡Fresca que estás! {62} ¡Bendigate Dios! ¡Qué sávanas y colcha! ¡Qué almohadas y qué blancura! Tal sea mi vegez, cual todo me parece. ¡Perla de oro!, verás si te quiere bien quien te visita a tales oras. Déxame

---

VII.57 *ACD* mal - cierto *FJM GHKILN* mal, por cierto *Adición.* ∞ *ACD* que nunca *FJM GHKILN* **quien** nunca *Sustitución.* ∞ *ACD GHK* mesma *FJM ILN* misma

VII.58 *AC F* (h)uestantigua *D JM GHKILN* estantigua ∞ *ACD JM HKILN* andar, passe *F* andar, passa *G* anda: passe *(sic)* Cf. II.26

VII.59 *ACD FJM GHK I* pa(s)ce *L* parece *N* parce *(sic)* ∞ ‡yerva pace —Expresión vulgar, como si se dijese: ¡el burro del que te da para vivir! con doble sentido que aparece todavía en coplas populares. ∞ *A* se la quería *C FJM GHKILN* se la querría *D* — la querría ∞ ‡no harás, por mi vida —Cf. lo dicho supra VII.56. Para los fines de la Vieja es esencial que Areúsa siga en ropa de dormir o desnuda en cueros, mejor dicho, porque la ropa de dormir es cosa de siglos posteriores. Areúsa, al ver entrar la Vieja, se ha salido de la cama envuelta en una sábana y por eso dice: 'quiérome tornar a vestir, que é frío', a lo que la Vieja se apresura a responder: 'no harás, por mi vida; sino éntrate en la cama...'

VII.60 ‡por faldetas —faldejas o faldillas (como trae el *It:* faldiglia), las 'naguas blancas', generalmente cortas o hasta la corva y más o menos largas hasta el pie, según las posibilidades económicas. Se las ha quitado, y con más razón el vestido de encima, y en lugar de ellas tiene las simples sábanas; pero no por vicio (=regalo, comodidad, gusto), sino porque diz que está mal.

VII.61 serena = sirena —Era la forma usual del periodo. Areúsa, sentada en la cama y con las sábanas hasta el regazo, parecía realmente una sirena. Lo que prueba que estaba desnuda, porque las sirenas no las pintaban ni las pintan en camiseta. ∞ *Supresión (?)* 'Areúsa:- Bien me dizes señora tía. *Celestina:-*' Esto lo traen *ACD* y lo suprimen *FJM GHKILN* y el *It.* No se ve la razón de esta supresión, que es la acotación implícita y dialogada del hecho de meterse Areúsa debajo de la ropa de cama, debajo de las sábanas. ∞ *ACD FJM* bulléndote (*C* buelléndote) *GHKILN* bulliéndote ∞ *ACD F* de tu limpieza *JM GHKILN* y de tu limpieza

mirarte toda a mi voluntad, que me huelgo ‡y tomo gran plazer en tocarte y contemplarte.‡

Areúsa:- {63} ¡Passo, madre! No llegues a mí, que me hazes coxquillas y provócasme a reír y la risa acreciéntame el dolor.

Celestina:- ¿Qué dolor, mis amores? ¿Búrlaste, por mi vida, comigo?

Areúsa:- {64} Mal gozo vea de mí, si burlo; sino que á cuatro oras que muero de la madre, que la tengo *sobida* en los pechos, que me quiere sacar deste mundo... Que no soy tan viciosa como piensas.

Celestina:- {65} Pues dame lugar: tentaré. Que aun algo sé yo deste mal, por mi pecado, que cada una se tiene o á tenido su madre y sus çoçobras della.

Areúsa:- Más arriba la siento, sobre el estomago.

Celestina:- {66} ¡Bendígate Dios y señor san Miguel ángel! ¡Y qué gorda y fresca que estás! ¡Qué pechos y qué gentileza! Por hermosa te tenía hasta agora, viendo lo que todos podían ver; pero agora te digo que no ay en la ciudad tres cuerpos tales como el tuyo, en cuanto yo conozco. {67} ¡No parece que ayas quinze años! ¡O, quién fuera ombre y tanta parte alcançara de ti para gozar tal vista! Por Dios, pecado ganas en no dar parte destas gracias a todos los que bien te quieren; que no te las dio Dios para que passassen en balde por la frescor de tu juventud, debaxo de seis doblezes de

---

VII.62 *A D FJM GHKILN* déxame mirarte toda a mi voluntad, que me huelgo *C* déxame mirarte toda a mi voluntad, que me huelgo y tomo gran plazer *It It²* lassamete guardare a mio modo .... che prendo gran piacere a toccarte e contemplarte —Textos castellanos estropeados. Es necesaria la indicación de que la Vieja la toca, ante lo cual Areúsa dice: 'passo, madre' = 'pasito, suavemente'. *It:* 'piano matre, non me toccar'. De donde Mabbe tradujo confirma: 'let my eye take his fill in beholding thee, suffer me to see all at large, for it does me good to see thee, to touch thee'.

VII.63 *A JM GH ILN* comigo *CD F* conmigo *K* comiga (!)

VII.64 *ACD FJM GHKILN* si burlo *Sal-1570* si me burlo ∞ *ACD* que la tengo - en los pechos *FJM GHKILN* que la tengo sobida en los pechos *It* che m'è salita sul petto *Adición.* ∞ *ACD F* del mundo *JM GHKILN Sal.1570* deste mundo *It* de questo mondo ∞ *ACD F GHKILN* viciosa *It* vitiosa *(sic) JM* vieja (!) —'viciosa' = 'comodona, regalona, amiga de pasarlo bien'. Este significado viene desde antiguo y llega hasta nuestros días. Cf. El *Conde Lucanor,* xxvi: 'que si querían estar viciosos e alegres, que fuessen a estar a la sombra del árbol...' *Id.,* xlix: 'e avía fecho tal morada en que podía bevir muy vicioso e muy a plazer de sí...' En Juan Ruiz está el significado que sobrevive todavía en las zonas rurales: 746b 'fue sembrar cañamones (=semillas de cáñamo) en un vicioso ero' (=en un fértil campo). En amplas zonas populares 'de vicio', 'por vicio' todavía significa 'por gusto, por pasarlo bien'. Areúsa se refiere al reproche de estar acostada tan temprano.

VII.65 *AC FJM GHKILN* algo sé yo deste *D* algo sé - deste ∞ *ACD* se tiene o á tenido su madre y sus çoçobras della *FJM GHKILN* se tiene - su madre y - çoçobras della *Supresión aparente* hecha por un corrector oficioso, debido a lo que dice la Vieja en IV.49 sobre los sorbos de vino *por amor de la madre.* La Vieja allá usa un dicho popular y general. El punto irónico y divertido es que la Vieja hable del mal de madre con sus *seis dozenas de años* a cuestas. El corrector oficioso no se da cuenta de esto, por donde la supresión es una patojada que no puede ser de Rojas ni de sus amigos.

VII.66 *Todas:* san Miguel ángel —El *It* y mayoría de las posteriores traen 'san Miguel arcángel', que es la forma usada hoy. ∞ *ACD JM GHKILN* y señor *F* y el señor —Sin el artículo era el uso más antiguo. ∞ *AC F GHK* cibdad *JM ILN* ciudad

133

paño y lienço. {68} Cata que no seas avarienta de lo que poco te costó. No atesores tu gentileza, pues es de su natura tan comunicable como el dinero. No seas el perro del ortolano, y pues tú no puedes de ti propia gozar, goze quien puede. Que no creas que en balde fueste crïada; que cuando nace ella, nace él, y cuando él, ella. {69} Ninguna cosa ay crïada al mundo, superflua, ni que con acordada razón no proveyesse della natura. Mira que es pecado fatigar y dar pena a los ombres, podiéndolos remediar.

Areúsa:- ¡‡Alábasme agora, madre, y no me quiere ninguno! Dame algún remedio para mi mal y no estés burlando de mí.

Celestina:- {70} Deste tan común dolor todas somos, ¡mal pecado! maestras. Lo que é visto a muchas hazer y lo que a mí siempre ‡aprovechava, te diré; ‡pero como las calidades de las personas son diversas, assí las melezinas hazen diversas sus operaciones y diferentes. {71} Todo olor fuerte es bueno, assí como poleo, ruda, axiensos, humo de plumas de perdiz, de romero, de moxquete, de encienso: recebido con mucha diligencia, aprovecha y afloxa el dolor y buelve poco a poco la madre a su lugar. {72} Pero otra cosa hallava yo siempre mejor que todas, y esta no te quiero dezir,

---

VII.67 ‡El 'no' sin la coma sería absurdo. Es el 'no' corroborativo-exclamativo que puede agregarse a cualquier frase afirmativa: ¡no, diga lo que quiera! ¡no, qué barbaridad! ¡no, está listo! ¡no, vas lindísima! etc. Cf. I.64. El *It* da el sentido: non par che *passi* quindici anni. ∞ *A* pasasen *CD HKILN* passassen *G* pasassen *FJM* posasen (!) ∞ *AC F* la frescor *D* la frescura *JM GHKILN* el frescor ∞ *ACD F* dobles *JM GH ILN* doblezes *K* dobleses *(sic)*

VII.68 *ACD FJM GHKI N* como el dinero *L* como dinero ∞ *ACD JM H N* del ortolano *F* de ortolana *GHKI L* del ortelano ∞ *ACD GHKILN* propia *FJM* propria ∞ *A JM GHKILN* fueste *CD F* fuiste/fuyste

VII.69 *ACD JM GHKI N* della natura *F L* de la natura *(errata)* ∞ *A* pudiéndolos *CD FJM GHKILN* podiéndolos ∞ ‡*ACD* alábame *FJM GHKILN* alahé ∞ *A D FJM GHKILN y no me quiere C* y no quiere *It* Matre, tu me dai parole, e non mi vole nisuno *Sal-1570* alafé, madre, ya no me quiere ninguno En 'alábame' fue omitida una ∫: alába∫me. Esto, no entendido, fue cambiado a partir de *F* por lo que más cerca o probable pareció: la exclamación 'ialahé!', lo que a su vez originó el 'ya no me quiere' de las posteriores. Es simplemente un refrán o un decir que se refleja en dichos populares por el estilo de: 'la pondera y la pondera, y nadie le mete muela'. El *It* trae el sentido: *dare parole* con dativo, vale 'dar vanto, dar lode'.

VII.70 ‡Todas las ediciones traen 'aprovecha' y 'porque como'... Lo de ser *maestras* deste común dolor significa, no que *todavía* la Vieja lo sufra, sino que es conocedora, médica, física o experta en curarlo, y el 'común dolor' solo indica que se trata de una dolencia de todas las mujeres. El mal entendimiento del pasaje originó la falsa corrección del presente *aprovecha*, en lugar del originario *aprovechava*. El *It* trae la lección correcta que debió estar en *E1* y en *E:* lo che a molte ó visto fare e quello che *a me facea più utile* te diró. La forma *porque* es mala lectura de pq̃ / po. La Vieja se cura en salud: 'te diré el remedio que yo usaba, pero no estoy segura de que a ti también te aproveche'. Caso idéntico en VII.77. ∞ *AC FJM* calidades *D GHKILN* qualidades/q̃lidades

VII.71 *AC FJM GHK* axiensos *D ILN* assiensos ∞ ‡recebido con mucha diligencia —La frase tiene sus bemoles. Arciniega, en cita de Cejador, dice cándidamente que el humo se daba a las narices; quizás alguna vez, pero no especialmente por ahí. Cf. *La loçana andaluza,* mamotreto xxiii: 'señora, sahumaos por abaxo con lana de cabrón'. ∞ *ACD FJM HKILN* encienso *G* enciencio *(sic)* ∞ *ACD ILN* recebido *FJM GHK* recebida *(sic)*

pues tan santa te me hazes.

Areúsa:- ¿Qué, por mi vida, madre? ¿Vesme penada y encúbresme la salud?

Celestina:- ¡Anda, que bien me entiendes! ¡No te hagas bova!

Areúsa:- {73}¡Ya, ya! ¡Mala landre me mate, si te entendía! ¿pero qué quieres que haga? Sabes que se partió ayer aquel mi amigo con su capitán a la guerra. ¿Avía de hazerle ruindad?

Celestina:- ¡Verás, y qué daño y qué gran ruindad!

Areúsa:- {74} Por cierto, sí sería. Que me da todo lo que é menester; tiéneme onrada, favoréceme y trátame como si fuesse su señora.

Celestina:- Pero aunque todo esso sea, mientra no parieres, nunca te faltará este mal y dolor que tienes agora, de lo cual él deve ser causa. {75} *Y si no crees en dolor, cree en color, y verás lo que viene de su sola compañia.*

Areúsa:- No es sino mi mala dicha; maldición mala que mis padres me echaron. Que no está ya por provar todo esso. — Pero dexemos esso, que es tarde, y dime a qué fue tu buena venida.

Celestina:- {76} Ya sabes lo que de Pármeno te ove dicho. Quéxaseme que aun verle no quieres. No sé por qué, sino porque sabes que le quiero yo bien y le tengo por hijo. Pues por cierto, de otra manera miro yo tus cosas, que hasta tus vezinas me parecen bien y se me alegra el coraçón cada vez

---

VII.72 ‡hallava —este copretérito es paralelo del 'aprovechava', que debe estar supra en VII.70. (sq *Todas:* no te quiero dezir *Sal-1570 y muchas posteriores:* no te la quiero dezir ∞ ‡que bien me entiendes —La Vieja alude al dicho vulgar: 'pal mal de madre, meterle el padre'. La doctrina de *La loçana andaluza* es contraria en este punto a la doctrina de la Vieja; Cf. mamotreto xxiii: 'Metelle el padre y peor es, que si no sale aquel viento o frío que está en ella, más mal haze hurgándola'.

VII.73 ‡*Sabes* que se partió *ayer* aquel mi amigo con su capitán a la guerra. —¿Cómo lo supo la Vieja? Sin duda en la visita que hizo antes de ese momento en que están ahora hablando. Tuvo que haber sido el día anterior —la visita en sí no tiene por qué aparecer en la obra, basta la simple *posibilidad,* — lo que corrobora la cronología que indico en la *Introducción,* IV.B.1.d y IV.B.1.e, pp. 70-81. ∞ *AC FJM GHKILN* y qué gran ruindad *D* y que — ruindad ∞ ‡aquel mi amigo —El soldado, querido o amante de Areúsa, es argumento irrefutable contra la posibilidad siquiera que Rojas haya escrito el *Tratado de Centurio* auténtico, tal como lo delimito en esta edición. La moza tiene su querido fijo, *que no es Centurio,* y a él le es más o menos fiel. El desliz que tiene con Pármeno, incitada por la siniestra Vieja, no es algo que la pueda llevar luego a desear *vengarse* de Melibea (?) y a montar la motivación (?) de la caída de Calisto por la escalera abajo.

VII.74 *AC* este mal y dolor que agora *D* este mal y dolor que agora tienes *F* este mal que agora *JM GHKILN* este mal de agora *It* questo mal de adesso *Supresión aparente* cuya razón no se ve. El 'que' de *ACDF* indica que falta el 'tienes' y que la lectura correcta está en *D.* ‡de lo cual él deve ser causa —Alude a la capacidad amatoria del soldado amigo de Areúsa, lo cual la Vieja remacha sugiriendo más compañia.

VII.75 *Adición.* No la traen *ACD,* adicionan *FJM GHKILN.* —Variantes: *FJM HKI N Y* si no crees *G* Si no crees *L Y* si no *eres* —La *adición* fue sugerida por el 'dolor' inmediato anterior, que luego aparece como suprimido en *FJM GHKILN,* de tal modo que si tal palabra se omite la adición queda mal traída. Sin duda al insertar la adición el texto sufrió estropeos, cosa de general ocurrencia en la obra. ∞ *ACD JM GHKILN* maldición *F* maledición

que las veo, porque sé que hablan contigo.

Areúsa:- {77} No bives, tía señora, engañada.

Celestina:- No lo sé; a las obras creo, que las palabras de balde las venden dondequiera. Pero el amor nunca se paga sino con puro amor; y las obras, con obras. Ya sabes el deudo que ay entre ti y Elicia, la cual tiene Sempronio en mi casa. {78} Pármeno y él son compañeros, sirven a este señor que tú conoces y por quien tanto favor podrás tener. No niegues lo que tan poco hazer te cuesta. Vosotras, parientas; ellos, compañeros: mira cómo viene mejor medido que lo queremos. Aquí viene comigo. Verás si quieres que suba.

Areúsa:- {79} ¡Amarga de mí, si nos á oído!

Celestina:- No, que abaxo queda. Quiérole hazer subir. Reciba tanta gracia que le conozcas y hables y muestres buena cara. Y si tal te pareciere, goze él de ti y tú dél. Que, aunque él gane mucho, tú no pierdes nada.

Areúsa:- {80} Bien tengo, señora, conocimiento cómo todas tus razones, estas y las passadas, se endereçan en mi provecho; pero, ¿cómo quieres que haga tal cosa, que tengo a quién dar cuenta, como as oído, y si soy sentida matarme á? Tengo vezinas embidiosas; luego lo dirán. {81} Assí que aunque no aya más mal de perderle, será más que ganaré en agradar al que me mandas.

Celestina:- Esso que temes yo lo proveí primero, que muy passo entramos.

Areúsa:- No lo digo por esta noche, sino por otras muchas.

VII.76 *ACD JM GHKILN* lo que de Pármeno *F* — que de Pármeno ∞ ‡te ove dicho — ¿Cuándo? Confirma lo anotado en VII.53 y 73 sobre la necesidad de aceptar un diá más en la cronología. Nótese que Areúsa, quien antes ha redarguido las razones de la Vieja con respecto a hacerle ruindad al querido fijo, ahora no niega nada del parlamento de la Vieja, VII.76. ∞ *AC F M HKILN* te ove dicho *J G* te ovo dicho ∞ *ACD F* aun verle no quieres *JM* aun verle no le quieres *GHKILN* aun ver no le quieres —En *JM* hay ditografía, *GHKILN* la corrigen, pero no en coincidencia con *ACDF*.

VII.77 *ACD FJM* Pero *GHKILN* Porque/Porq̃ —Caso de confusión de p̃q̃ / p̃o Cf. VII.70. ∞ *A* y a las obras *CD FJM GHKILN* y las obras ∞ *ACD* debdo *FJM GHKILN* deudo ∞ ‡la cual —Pudiera pensarse en omisión de 'a' (a la cual), pero la forma de acusativo de este relativo, sin la preposición 'a', es usual.

VII.78 *Todas:* que lo queremos *It* che noi volemo *Sal-1570* que lo que queremos ∞ *A JM GHKILN* comigo *CD F* conmigo

VII.79 *ACD F* de mí y si nos ha oydo? *(sic) JM GHKILN* de mí si nos ha oydo? *(sic)* Otra lectura posible sería: 'iamarga de mí! ¿y sí nos á oído?' Punto dudoso. ∞ *ACD FJM GHK* queda *ILN* quedó ∞ *Todas:* subir *(sic)* ∞ *ACD F Sal-1570* le conozcas (*F* conoscas) *JM GHKILN* lo conozcas (*K* conozcos) ∞ *ACD FJM HKILN* y hables *G* q̃ hables —Confusión de q̃/&. ∞ *ACD JM GHKILN* te pare(s)ciere *F* — paresciere *(sic)*

VII.80 ‡tus razones, estas y las passadas —¿Cuáles pasadas? Es dudoso que sean las inmediatmente pasadas; es más probable que sean las ya habladas sobre Pármeno el día anterior. ∞ ‡tengo a quien dar cuenta y... matarme á —Vuelta otra vez con el soldado, el amante fijo, de quien llega hasta temer que la mate. Reconfirma lo dicho en VII.73-74. Si esto aquí lo escribió Rojas, no pudo haber escrito el *Tratado de Centurio* auténtico. Prohijarlo es otra y muy distinta cosa.

VII.81 ‡no aya más mal de perderle = 'aunque solamente sea que lo pierda, ello sería más malo que todo lo que pueda ganar con el que me mandas'. *It* de sorte che an-

Celestina:- {82} ¿Cómo? ¿Y dessas eres? ¿Dessa manera te tratas? Nunca tú harás casa con sobrado. ¿Ausente le as miedo? ¿qué harías si estoviese en la ciudad? En dicha me cabe que jamás cesso de dar consejos a bovos y todavía ay quien yerre. {83} Pero no me maravillo, que es grande el mundo y pocos los esperimentados. ¡Ay, ay, hija, si viesses el saber de tu prima y qué tanto le á aprovechado mi criança y consejos y qué gran maestra esta! Y aun, que no se halla ella mal con mis castigos, {84} que uno en la cama y otro en la puerta y otro que sospira por ella en su casa, se precia de tener. Y con todos cumple y a todos muestra buena cara, y todos piensan que son muy queridos y cada uno piensa que no ay otro y que él solo es el privado y él solo es el que le da lo que á menester. {85} ¿Y tú **temes** que con dos que tengas, las tablas de la cama lo an de descobrir? ¿De una sola gotera te mantienes? ¡No te sobrarán muchos manjares! ¡no quiero arrendar tus excamochos! {86} Nunca uno me agradó, nunca en uno puse toda mi afición. Más pueden dos, y más cuatro, y más dan y más tienen y más ay en qué escoger. No ay cosa más perdida, hija, que el mur que no sabe sino un horado: si aquel le tapan, no avrá dónde se esconda del gato. {87} Quien no tiene sino un ojo, ¡mira a cuanto peligro anda! Una alma sola ni canta ni llora. Un solo acto no haze ábito; un fraile solo pocas vezes le encontrarás por la calle; una perdiz sola por maravilla buela, [mayormente en verano]; {88} *un manjar solo, contino, presto pone hastío; una golondrina no haze verano; un testigo solo no es entera fe; quien sola una ropa tiene, presto la envegece.* ¿Qué quieres, hija, deste número de uno? Más inconvenientes te diré dél que años tengo a cuestas. Ten siquiera dos, que es compañía

---

cor che non fusse maggior male che perder lui, sarà più che non guadagnarò a far piacere a colui che me commandi. —*Ff* VII.92 'perderé más en perderlo / que gano con el que mandas'. ∞ *ACD F* perderle *JM GHKILN* perderlo ∞ ‡*Adicón primera*, desde 'No lo digo por esta noche...' hasta '...que es compañía loable [y tal cual es este]'. Es ya una adición en el texto de las Comedias. O sea, que inmediato a 'muy passo entramos' debía venir ya la orden 'Sube, hijo Pármeno'.

VII.82 *ACD FJM* absente *GHKILN* ausente ∞ *ACD FJM* estoviesse *GHKILN* estuviesse ∞ *A D F GHK* cibdad *C JM ILN* ciudad ∞ *AC* cesso - dar *D FJM GHKILN* cesso de dar ∞ *Todas:* consejos *(sic)*

VII.83 *AC FJM* esperimentados *D GHKILN* experimentados ∞ *AC FJM GHKILN* de tu prima *D* de tu prima Elicia ∞ ‡Y aun, que = 'Y además desso, que' Cf. VIII.4, IX.39.

VII.84 *Todas:* sospira *(sic)* ∞ *A JM* él solo es privado *C* es solo el privado *D* él es solo el privado *F GH ILN* él solo es el privado *K omite   ACD FJM GH ILN* y él solo es el que le da *K* y que él solo es el que le da

VII.85 *ACD* tú piensas *FJM GHKILN* tú **temes** Sustitución. ∞ *ACD F GHKILN* que las tablas *JM* − las tablas ∞ *Todas:* descobrir ∞ *A* esgamoches *C* examoches (!) *D F* exgamochos *JM* excamochos *GHKILN* escamochos —Para la -x- Cf. VI.57, XII.98 etc.

VII.86 ‡el mur: 'El ratón que no tiene sino un agujero, lo cogen primero'.

VII.87 *ACD F* una alma *JM GHK* una ánima *ILN* un ánima ∞ *ACD F* le encontrarás *JM GHKILN* lo encontrarás ∞ *ACD* mayormente en verano —No traen esta frase *FJM GHKILN*. Supresión. Al hacer la *Adición* siguiente se suprimió esto para evitar la repetición de *verano*. Algo parecido a lo que ocurrió en VII.74,75, pero allá va mal la supresión de *dolor*, aquí es indiferente la de *verano*.

loable, [y tal cual es este]. {89} *Como tienes dos orejas, dos pies y dos manos, dos sávanas en la cama; como dos camisas para remudar. Y si más quisieres, mejor te irá, que mientra más moros, más ganancia; que onra sin provecho no es sino como anillo en el dedo. Y pues entramos no caben en un saco, acoge la ganancia.* {90} ¡Sube, hijo Pármeno!

Areúsa:- ¡No suba! ¡Landre me mate! Que me fino de empacho, que no le conozco! Siempre ove vergüença dél.

Celestina:- Aquí estó yo que te la quitaré, y cobriré y hablaré por entramos; que otro tan empachado es él.

(Cena 3ª)

Pármeno:- {91} Señora, Dios salve tu graciosa presencia.

Areúsa:- Gentilombre, buena sea tu venida.

Celestina:- Llégate acá, asno. ¿Adónde te vas allá assentar al rincón? No seas empachado, que al ombre vergonçoso el dïablo le traxo a palacio. Oídme entramos lo que digo. Ya sabes tú, Pármeno amigo, lo que te prometí, y tú, hija mía, lo que te tengo rogado. {92} Dexada aparte la dificultad con que me lo as concedido, pocas razones son necessarias, porque el tiempo no lo padece. El á siempre bivido penado por ti; pues viendo su pena, sé que no le querrás matar, y aun conozco que él te parece tal, que no será malo para quedarse acá esta noche en casa.

Areúsa:- {93} Por mi vida, madre, que tal no se haga. ¡Gesú! ¡no me lo mandes!

Pármeno (Aparte):- (Madre mía, por amor de Dios, que no salga yo de aquí sin buen concierto; que me á muerto de amores su vista. Ofrécele cuanto mi

---

VII.88. *Adición,* desde 'un manjar solo...' hasta '...presto la envegece'. No la traen *ACD,* adicionan *FJM GHKILN.*
 F HKLIN contino *JM G* continuo ∞ *FJM GHKILN* hastío *(sic)* ∞
ACD FJM G ILN inconvenientes *HK* inconvinientes ∞ *Supresión. ACD* y tal cual es este —No traen esta frase *FJM GHKILN.* No se va la razón de esta supresión; probablemente la frase fue omitida al insertar la adición siguiente.

VII.89 *Adición,* desde 'Como tienes dos orejas...' hasta '...acoge la ganancia'. No lo traen *ACD,* adicionan *FJM GHKILN.*
 FJM G dos sávanas *HKILN* y dos sávanas ∞ *FJM G* que onra *HKILN* − onra ∞ ‡como anillo... Viene bien, brilla y nada más deja. —Correas lo toma de aquí. Son dos refranes distintos: 'ser como anillo en el dedo' y 'venir como anillo al dedo'. ∞ *F* entramos *JM GHKILN* entrambos

VII.90 *ACD FJM GHK* no le conozco *(CD* conosco) *ILN* no lo conozco ∞ *Todas:* ove *(A* houe - *sic)* ∞ *ACD GHKILN* estó yo *FJM* estoy yo ∞ *Todas:* cobriré *(sic)* ∞ *ACF* entramos *D JM GHKILN* entrambos

VII.91 *A FJM GHKILN* allá assentar *CD* allá a assentar ∞ *ACD F* le traxo *JM GHKILN* lo traxo *Sal-1570* lo truxo ∞ *ACD JM GHKILN* a palacio *F* al palacio ∞ *C* entreamos *A D FJM GHKILN* entrambos/entrãbos

VII.92 *ACD F* dexada la dificultad con que me lo as concedido aparte *(C* dexa) *JM GHKILN* dexada aparte la dificultad con que me lo as concedido —En los grupos valenciano y crombergeriano hay anteposición, originada sin duda en *J1.* (*ACD F M GHKILN* necessarias *J* necessidades (!) ∞ *AC FJM GHKILN* le querrás *D* lo querrás ∞ *A FJM GHKILN* conozco *CD* conosco

padre te dexó para mí; dile que le daré cuanto tengo. ¡Ea, díselo! que me parece que no me quiere mirar).

Areúsa:- ¿Qué te dize esse señor a la oreja? ¿Piensa que tengo de hazer nada de lo que pides?

Celestina:- {94} No dize, hija, sino que se huelga mucho con tu amistad, porque eres persona tan onrada [y] en quien cualquier beneficio cabrá bien. [Y assí mismo que, pues que esto por mi intercessión se haze, que él me promete de aquí adelante ser muy amigo de Sempronio y venir en todo lo que quisiere contra su amo, en un negocio que traemos entre manos. {95} ¿Es verdad, Pármeno? ¿Prométeslo assí como digo?

Pármeno:- Sí prometo, sin duda.

Celestina (Aparte):- (¡Ha, don rüín! ¡Palabra te tengo, a buen tiempo te así!)] Llégate acá, negligente, vergonçoso, que quiero ver para cuánto eres, ante que me vaya. ¡Retóçala en esta cama!

Areúsa:- {96} No será él tan descortés que entre en lo vedado sin licencia.

Celestina:- ¿En cortesías y licencias estás? No espero más aquí, yo fiadora que tú amanezcas sin dolor y él sin color. Mas como es un putillo, gallillo, barviponiente, entiendo que en tres noches no se le demude la cresta. Destos me mandavan a mí comer en mi tiempo los médicos de mi tierra, cuando tenía mejores dientes.

Areúsa:- {97} *¡Ay, señor mío, no me trates de tal manera! Ten mesura, por cortesía; mira las canas de aquella vieja onrada, que están presentes. Quítate allá; que no soy de aquellas que piensas; no soy de las que públicamente están a vender sus cuerpos por dinero. Assí goze de mí, de casa me salga, si hasta que Celestina, mi tía, sea ida, a mi ropa tocas.*

VII.93 *ACD FJM* le daré *It* li darò *GHKILN* le darás ∞ *A D F GHKIL* díselo *C* dízelo *JM* dízele (!) *N* díssele ∞ *ACD F G ILN* esse señor *JM* essa señora (!) *HK* esse señora

VII.94 *Todas:* se huelga *ACD JM GHKILN* eres *F* eras *(sic)* ∞ *ACD* onrada y en quien *FJM GHKILN* onrada en quien *Supresión,* desde 'Y assímismo que...' hasta '...a buen tiempo te así. Lo traen *ACD,* lo suprimen *FJM GHKILN.* La supresión se debe a que probablemente pareció contradictorio con lo que ha dicho en VII.77-78, respecto a la amistad con Sempronio.

VII.95 *ACD* sin dubda *(sic)* ∞ ‡Llégate acá negligente...que quiero ver... *It* che voglio vedere da quanto sei, prima che di qui me parta, *che stai quí como un pezzo di legno* (= que te quedas aí como un pedaço de palo). Lo subrayado debió estar en *E* y fue suprimido para *F.*

VII.96 *Todas:* no espero más aquí: yo fiadora *It* non vogllio aspettar più qui: io serò securtà. Cf. *Segunda Celestina,* cena xxvi; 'y si lo quisiere hazer, bien; onde no, dile el sueño y la soltura, que yo fiadora que no se desconcierte'. El significado se ve bien en Id. cena xxxv: 'que otro día amanecerá y hará buen tiempo, que yo salgo por fiadora que antes de ocho días ella te ruegue que no te vayas'. ∞ ‡sin dolor y él sin color —Cf. VII.75. ∞ *A* barbiponiente *CD FJM GHKILN* barviponiente

VII.97 VII.97-101 y comienzo de 102, *Adición* desde '¡Ay señor mío, no me trates de tal manera!...' hasta '*Celestina:-* No tengo ya enojo; pero dígotelo para adelante'. No lo traen *ACD,* adicionan *FJM GHKILN.*

‡hasta que —Cf. IV.50 para el uso de 'hasta': = 'Si tocas mi ropa hasta el momento en que mi tía se vaya'.

Celestina:- {98} *¿Qué es esto, Areúsa? ¿Qué son estas estrañezas y esquivedad, estas novedades y retraimiento? ¡Parece, hija, que no sé yo qué cosa es esto, que nunca vi estar un ombre con una muger juntos, y que jamás passé por ello ni gozé de lo que ‡gozan, y que no sé lo que passan y lo que dizen y hazen!* {99} *¡Guay de quien tal oye como yo! Pues avísote de tanto: que fui ‡onrada como tú y tuve amigos, pero nunca el viejo ni la vieja echava de mi lado, ni su consejo en público ni en ‡mi secreto. ¡Para la muerte que a Dios devo, más quisiera una gran bofetada en mitad de mi cara.* {100} *Parece que ayer nací, según tu encubrimiento. Por hazerte a ti onesta, me hazes a mí necia y vergonçosa y de poco secreto y sin esperiencia, y me amenguas en mi oficio por alçar a ti en el tuyo. Pues, de cossario a cossario no se pierden sino los barriles.* {101} *Más te alabo yo detrás, que tú te estimas delante.*

Areúsa:- *Madre, si erré, aya perdón y llégate más acá y él haga lo que quisiere. Que más quiero tener a ti contenta, que no a mí; antes me quebraré un ojo que enojarte.*

Celestina:- {102} *No tengo ya enojo; pero dígotelo para adelante.* Quedaos a Dios, *que* voime *solo* porque me hazés dentera con vuestro besar y retoçar. Que aun el sabor en las enzías me quedó; no le perdí con las muelas.

Areúsa:- {103} ¡Dios vaya contigo!

Pármeno:- Madre, ¿mandas que te acompañe?

Celestina:- Sería quitar a un santo por poner en otro. Acompáñeos Dios, que

---

VII.98 *F GHKILN* esquivedad *JM* esquivedad ∞ *Todas:* gozas *(sic) It* de quel che tu godi —Areúsa todavía no está gozando nada, cuando precisamente está rechazando a Pármeno. La Vieja habla ejemplarmente. Póngase a continuación *passas, dizes, hazes* y se verá que el primer *gozas* es simple errata.

VII.99 ‡onrada —Todas las ediciones traen *errada* (*It* errante) = 'ramera, meretriz pública'. Pero es claro que la Vieja no puede argumentar rebajándose, sino por el contrario, enalteciéndose a sus mejores días, en que a pesar de estar en el pináculo de su vida pasada, no echaba de su lado a los viejos. La errata fue producida por la forma *ōrrada* y confirmada por el 'tuve amigos', porque efectivamente las erradas (= rameras) tienen amigos. Pero Cf. IX.55: 'no puedo dezir sin lágrimas la mucha *onra* que entonces tenía' y IX.56: 'mi *onra* llegó a la cumbre'. A esto precisamente se refiere la Vieja y esto tenía en mientes Rojas. Además, Areúsa no es técnicamente *errada*, sino simplemente enamorada o amigada y atrás en VII.97 explícitamente lo dice que no es de aquellas. ∞ ‡*FJM GHKILN* en mis secretos *Sal-1570* en secreto —La expresión es sinónoma de 'en privado, en poridad' (Cf. *It* imprivato *-sic*). La errata proviene de un cruce de expresiones: 'mi secreto, mis secretos / en secreto, en mis secretos'. Hay que leer como corrijo o como trae *Sal-1570*. Las adiciones son semillero de erratas y esta no es excepción.

VII.100 *F* encobrimiento *JM GHKILN* encubrimiento ∞ *FJM* esperiencia *GHKILN* experiencia ∞ ‡Con esta adición Rojas le retoca los colores a una nueva calidad de la Vieja: la de 'voyeuse' emérita, la atisbona a todo dar.

VII.101 —

VII.102 *ACD* Quedaos a Dios, voime porque *FJMIGHKILN* Quedaos a Dios, que voime solo porque (*L* sola) *Adición:* dos palabras agregadas, que retocan la despedida de la Vieja. ∞ ‡*ACD F* hazés *JM GHKILN* hazeyz *(sic)* Cf. XII.90-91 y XIII.24. ∞ ‡me hazés dentera —¡Y la Vieja no tiene dientes! tal como lo indica en seguida. Cf. IX.43. ∞ *ACD JM GHKILN* enzías *F* enzivas ∞ *ACD F* no le perdí *JM GHKILN* no lo perdí

yo vieja soy; no é temor que me fuercen en la calle.

(Cena 4ª)

Elicia:- {104} El perro ladra. ¿Sí viene este dïablo de vieja?

Celestina:- ¡Ta, ta, *ta!*

Elicia:- ¿Quién es? ¿Quién llama?

Celestina:- Baxa ‡a me abrir, hija.

Elicia:- ¿Estas son tus venidas? ¿Andar de noche es tu plazer? ¿Por qué lo hazes? ¿Qué larga estada fue esta, *madre?* {105} Nunca sales para bolver a casa. Por costumbre lo tienes: cumpliendo con uno, dexas ciento descontentos. Que as **seído** oy buscada del padre de la desposada que llevaste el día de Pascua al racionero; que la quiere casar de aquí a tres días y es menester que la remedies, pues que se lo prometiste, para que no sienta su marido la falta de la virginidad.

Celestina:- {106} No me acuerdo, hija, por quién dizes.

Elicia:- ¿Cómo no te acuerdas? Desacordada eres, cierto. ¡O, cómo caduca la memoria! Pues, por cierto, tú me dixiste, cuando la levavas, que la avías renovado siete vezes.

Celestina:- {107} No te maravilles, hija, *que* quien en muchas partes derrama su memoria, en ninguna la puede tener. Pero, dime, ¿sí tornará?

Elicia:- ¡Mira, si tornará! Tiénete dado una manilla de oro en prendas de tu trabajo, y ¿no avía de venir?

VII.103 ‡Madre, ¿mandas que te acompañe? —Esta pregunta del Pármeno corre parejas con la de Melibea en XIV.21: '¿asnos oído?' y Lucrecia que remata: 'No, señora, que durmiendo é estado'. ∞ *ACD FJM G* a un santo *HKILN* de un santo —Confusión de a/d. ∞ *ACD FJM* vieja soy *GHKIL* vieja só *N* vieja soi *(sic)* ∞ *ACD FJM* no é temor *GHKILN* que no é temor

VII.104 ‡Sí viene —El *sí* va fuertemente acentuado. (El *It* lo calca: 'si viene questo diavolo de vecchia', aunque en italiano no hay propiamente tal construcción). Este *sí* no es conjunción sino adverbio afirmativo-exclamativo y aparece usado desde los orígenes hasta nuestros días, v.gr.: ¿sí viene ya? ¿sí llega hoy? ¿sí se vendrá mañana? ¿sí me está entendiendo? etc. ∞ ‡La sílaba *ta* (generalmente escrita *tha*) es la indicación del toque en la puerta, así como *ce* lo es de ciceo para llamar a alguien. Aquí *ACD* traen *tha, tha* y *FJM GHKILN* agregan una más. Tres es lo usual. ∞ ‡Todas las ediciones traen separado *baxa* de *me.* Así lo entiende *It:* vien abbasso ad aprirme, figlia. La preposición *a* fue embebida en la *-a* de *baxa.* Conviene restituirla aquí. ∞ *ACD* fue esta? *FJM GHKILN* fue esta, madre? *Adición.*

VII.105 ‡nunca sales —Expresión ponderativa. Nunca = 'no', i.e. 'no sales para bolver presto a casa'. ∞ *AD FJM GHKILN* cumpliendo *C* compliendo ∞ *ACD* as sido *FJM GHKILN* as seído. *Sustitución.* Las variantes e invariantes indican que *seído* era el participio usual de Rojas y de Cota. Cuando aparece *sido* hay gran probabilidad que sea cosa de amanuenses o de cajistas. ∞ ‡de la desposada que levaste = 'de una desposada, la que levaste' ∞ *ACD F* levaste *JM GHKILN* llevaste

VII.106 ¿Cómo no te acuerdas? —Pero '¿Cómo? ¿no te acuerdas?' también es posible. *ACD FJM* dixiste *GHKILN* dexiste ∞ *AC F* levavas *D JM GHKILN* llevavas

VII.107 *ACD* hija, quien *FJM GHKILN* hija, que quien *It* figlia, che chi in ∞ *CD F* pero dime si tornará? *(sic) It* ma dimme si tornarà? *A JM GHKILN* pero dime si tornará *(sic)* (*K* tornare *-sic*) —La lectura 'Pero dime si tornará' también es posible. ∞ *AC*

141

Celestina:- {108} ¿La de la manilla es? Ya sé por quién dizes. ¿Por qué tú no tomavas el aparejo y començavas a hazer algo? Pues en aquellas tales te avías de abezar y de provar, de cuantas vezes me lo as visto hazer. Si no, aí te estarás toda tu vida, hecha bestia sin oficio ni renta. {109} Y cuando seas de mi edad, llorarás la holgura de agora; que la mocedad ociosa acarrea la vegez arrepentida y trabajosa. Hazíalo yo mejor cuando tu abuela, que Dios aya, me mostrava este oficio; que a cabo de un año sabía más que ella.

Elicia:- {110} No me maravillo, que muchas vezes, como dizen, al maestre sobrepuja el buen dicípulo. Y no va esto sino en la gana con que se aprende. Ninguna cïencia es bien empleada en el que no le tiene afición. Yo le tengo a este oficio odio; tú mueres tras ello.

Celestina:- {111} Tú te lo dirás todo. Pobre vegez quieres. ¿Piensas que nunca as de salir de mi lado?

Elicia:- Por Dios, dexemos enojo, y al tiempo, el consejo. Ayamos mucho plazer. Mientra oy toviéremos de comer, no pensemos en mañana. {112} Tan bien se muere el que mucho allega como el que pobremente bive, y el dotor como el pastor, y el papa como el sacristán, y el señor como el siervo, y el de alto linage como el de baxo, y tú con oficio como yo sin ninguno. {113} No avemos de bivir para siempre. Gozemos y holguemos, que la vegez pocos la veen y de los que la veen, ninguno murió de hambre. {114} *No quiero en este mundo sino día y vito y parte en paraíso. Aunque los ricos tienen mejor aparejo para ganar la gloria, que quien poco tiene, no ay ninguno contento, no ay quien diga: harto tengo. {115} No ay ninguno que no trocasse mi plazer por sus dineros. Dexemos cuidados agenos mos y* acostémonos, que *es ora. Que más me engordará un buen sueño sin temor, que cuanto tesoro ay*

FJM GHKILN Sal-1570 tiénete dado *D* tiénete dada

VII.108 *A* y provar *CD FJM GHKILN* y de provar

VII.109 *ACD JM* folgura *F GHKILN* holgura ∞ ‡cuando tu abuela...me mostrava (= enseñaba) este oficio —Ahora es la abuela de Elicia la que le enseñó el oficio de remiendavirgos. Cf. III.16.

VII.110 *ACD F GHKILN* maestro *JM* maestre —Generalmente pronunciado 'maesso, maesse'. ∞ *Todas:* discípulo *(sic)* ∞ *ACD FJM G ILN* sciencia *HK* scientia *(sic)* ∞ *A JM GHKILN* le tiene *CD F* la tiene ∞ *A FJM GH ILN* le tengo *D* − tengo *C K* lo tengo

VII.111 *Todas:* toviéremos *(sic)*

VII.112 *A D F GHKIL* dotor *C JM N* doctor ∞ *ACD FJM G* como el baxo *HKILN Sal-1570* como el de baxo *It* e colui de alto sangue como colui de bassa condizione ∞ *ACD F GHKILN* tú con tu oficio *JM* tú con − oficio

VII.113 *A FJM GHKILN* veen...veen *C* vē...vē *D* ven...ven ∞ ‡ninguno murió de hambre —'ninguno murió *antes* de hambre,' se entiende.

VII.114 *Adición,* desde 'No quiero en este mundo...' hasta '...tesoro ay en Venecia'. No lo traen *ACD,* adicionan *FJM GHKILN.* Al final hay la corta frase: 'acostémonos que es ora', la cual ya está en *ACD.*

    FJM victo *GH ILN* vito *K* vita —La palabra sobrevive en zonas rurales, incluso con deformación humorística: *vitevito/vitivite;* sin duda los usantes la relacionan con *Vítor* (= Víctor) y más en zonas que no pronuncian -r final. ∞ *F GHKILN* los ricos tienen *JM* los − tienen ∞ *FJM GHKILN* harto *(sic)*

CELESTINA.

Quitate allá que no soy de aquellas que piensas; ten mesura por cortesía.

Barcelona, Tomás Gorchs, 1841. Auto VII.

VII.115 *FJM GHKI N* t(h)esoro *L* tesor *(sic).* Esta última Cena 4ª tiene 35 líneas en *F,* sin la adición que es de 5.67 líneas, o sea un total de 40.67 líneas. Cf. la última Cena de XI, la 3ª que es paralela de esta, pero no tiene allá sino 12 líneas, incluída una adición de 4 líneas.

BIBLIOTECA CLÁSICA

TOMO CCXVI

FERNANDO DE ROJAS

LA CELESTINA

TRAGICOMEDIA DE CALISTO Y MELIBEA

TEXTO DE VEINTIÚN ACTOS
SEGÚN LA EDICIÓN DE VALENCIA, 1514, COMPARADO
CON EL PRIMITIVO DE DIEZ Y SEIS,
SEGÚN LAS DE BURGOS, 1499, Y SEVILLA, 1501

Lleva como apéndice el AUTO DE TRASO

MADRID
LIBRERÍA DE PERLADO, PÁEZ Y C.ª
(Sucesores de Hernando)
Calle del Arenal, núm. 11.

1907

Auto VIII.

AVIII. Argumento del otavo auto.

La mañana viene. Despierta Pármeno. Despedido de Areúsa, va para casa de Calisto su señor. Halló a la puerta a Sempronio. Conciertan su amistad. Van juntos a la cámara de Calisto. Hállanle hablando consigo mismo. Levantado, va a la iglesia.

VIII. Auto VIII. {1-48}. Pármeno, Areúsa, Sempronio, Calisto.

(Cena 1ª)

Pármeno:- {1} ¿Amanece, o qué es esto, que tanta claridad está en esta cámara?

Areúsa:- ¡Qué amanecer! Duerme, señor, que aun agora nos acostamos. No é yo pegado bien los ojos, ¿ya avía de ser de día? Abre, por Dios, essa ventana de tu cabecera y verlo as.

Pármeno:- En mi seso estó yo, señora, que es de día claro, en ver entrar luz entre las puertas. {2} ¡O traidor de mí! ¡En qué gran falta é caído con mi amo! De mucha pena soy dino. ¡O, qué tarde que es!

Areúsa:- ¿Tarde?

Pármeno:- Y muy tarde.

Areúsa:- Pues, assí goze de mi alma, no se me á quitado el mal de la madre. No sé cómo pueda ser.

Pármeno:- {3} ¿Pues, que quieres, mi vida?

Areúsa:- Que hablemos en mi mal.

Pármeno:- Señora mía, si lo hablado no basta, lo que más es necessario me perdona, porque es ya mediodía. Si voy más tarde, no seré bien recebido de

---

AVIII Argumento del otavo auto *ACD JM GHKILN (F no lo trae). A JM* otavo *CD GHKILN* octavo ∞ *ACD JM* auto *GHKILN* aucto ∞ *ACD JM* Despedido de *GHKILN* Y despídese de ∞ *ACD JM* va para casa *GHKILN* y va para casa ∞ *AC JM GHKI N* mismo *D* mesmo *L* mismo *(sic)* ∞ *ACD JM GHKI N* Levantado *L* levantando *(sic)* ∞

CD F Par. Are. Sem. Cal. *A* Cal. Sem. Par. *JM G* Sem. Par. Are. Cal. *HK* Sem. Par. Cal. Are. *ILN* Par. Are. Cal. Sem.

VIII.1 *ACD JM GHKILN* qué amanecer? *F* qué amanece? ∞ *ACD FJM HKILN* de ser de día *G* de ser − día ∞ *Todas:* estó yo *Todas:* entrar luz entre las puertas —Es posible la omisión de 'por' (por entre las puertas), Cf. X.46, XI.16, It Per Dio, madonna, che io sto in cervello, che già è giorno chiaro: ben lo cognobbe io quando vidi entrar la chiarità per le fissure de le finestre.

VIII.2 *ACD FJM G* que tarde que es *HKILN* que tarde − es ∞ ‡¿Tarde? Y muy tarde. —Cf. VI.70 y 86. ∞ *ACD F* mi alma *JM GHKILN* mi ánima (*N* mi aĩa)

145

mi amo. Yo verné mañana y cuantas vezes después mandares. {4} Que por esso hizo Dios un día tras otro, porque lo que en uno no bastasse, se cumpliesse en otro. Y aun, porque más nos veamos, reciba de ti esta gracia, que te vayas oy a las doze del día a comer con nosotros a su casa de Celestina.

Areúsa:- Que me plaze, de buen grado. Vé con Dios; junta tras ti la puerta.

Pármeno:- ¡A Dios te quedes!

(Cena 2ª *Soliloquio de Pármeno*).

Pármeno:- {5} ¡O plazer singular! ¡O singular alegría! ¿Cuál ombre es ni á sido más bienaventurado que yo? ¿Cuál más dichoso y bienandante? ¡Que un tan excelente don sea por mí posseído y cuan presto pedido tan presto alcançado! Por cierto, si las traiciones desta vieja con mi coraçón yo pudiesse sufrir, de rodillas avía de andar a la complazer. {6} ¿Con qué pagaré yo esto? ¡O alto Dios! ¿A quién contaría yo este gozo? ¿A quién descubriría tan gran secreto? ¿A quién daré parte de mi gloria? Bien me dezía la vieja que de ninguna prosperidad es buena la possessión sin compañía. El plazer no comunicado no es plazer. {7} ¿Quién sentiría esta mi dicha como yo la siento? A Sempronio veo a la puerta de casa. Mucho á madrugado. Trabajo tengo con mi amo, si es salido fuera. No será, que no es acostumbrado; pero como agora no anda en su seso, no me maravillo que aya pervertido su costumbre.

(Cena 3ª)

Sempronio:- {8} Pármeno, hermano, si yo supiesse aquella tierra donde se gana el sueldo durmiendo, mucho haría por ir allá, que no daría ventaja a

---

VIII.3 *AC FJM GHKILN* lo que más es *D* lo que es más ∞ ‡porque ya es mediodía —Es una ponderación exagerada, aun usual. No que el tiempo se haya estirado, en unas pocas líneas, desde el amanecer hasta el mediodía. Y ciertamente no lo es, porque abajo en VIII.4 le pone cita a la cuéncoba para las doce de aquel mismo día. ∞ *Todas:* si voy ∞ *ACD F GHKILN* no seré *J* no sabe (!) *M* no saré *(sic)* ∞ *Todas:* bien recebido

VIII.4 *ACD FJM GHK* lo que el uno *LN Sal-1570* lo que en uno *(I falta desde aquí hasta VIII.26)* ∞ *Todas:* cumpliesse (*C* compliesse) ∞ ‡lo que en uno —Puede haber sido 'lo q̃ eñl uno... eñl otro', pero es preciso leer o *en el uno.. en el otro* o simplemente *en uno... en otro*. La mezcla de las dos expresiones es desliz de cajistas o amanuenses. ∞ ‡Y aun, por que —Cf. VII.83: Y aun, que no... ∞ ‡Que me plaze... —*C*, único, agrega aquí: 'que me plaze de buen grado: *y de muy buena voluntad:* vé con Dios: junta tras ti la puerta'. El *It* trae: ELI.-(!) De bonissima voglia, e va con Dio: chiuderai la porta quando esci. —Parece como si una *Sustitución* del manuscrito que se haya hecho correctamente en *A*, *B* y D, haya sido leída como *Adición* en *C* y no se haya hecho en *E*, de donde tradujo *It*.

VIII.5 *Todas:* sido —Probablemente a cargo de cajista o copista. ∞ *ACD JM GHK LN* y bienandante *F* y andante ∞ *ACD GHK LN* excelente *FJM* excellente ∞ *AC* sofrir *D FJM GHK LN* sufrir

VIII.6 *AC F* descobriría *D JM GHK LN* descubriría —Aquí *K* omite: ¿a quién descobriría tan grande secreto? ∞ *AC FJM* daré parte *GHK LN* daré yo parte ∞ ‡de ninguna prosperidad... —Reflejo de I.160.

VIII.7 ‡Mucho á madrugado —Confirma que no es, ni con mucho, mediodía. Cf. VIII.3.

ninguno: tanto ganaría como otro cualquiera. ¿Y cómo, holgazán, descuidado, fueste para no tornar? No sé qué crea de tu tardança, sino que te quedaste a escallentar la vieja esta noche o a rascarle los pies, como cuando chiquito.

Pármeno:- {9} ¡O Sempronio, amigo y más que ermano! Por Dios, no corrompas mi plazer, no mezcles tu ira con mi sofrimiento, no rebuelvas tu descontentamiento con mi descanso, no agües con tan turvia agua el claro licor del pensamiento que traigo, no enturvies con tus embidiosos castigos y odiosas represensiones mi plazer. Recíbeme con alegría y contarte é maravillas de mi buena andança passada.

Sempronio:- {10} Dilo, dilo. ¿Es algo de Melibea? ¿Asla visto?

Pármeno:- ¿Qué de Melibea? Es de otra que yo más quiero y aun tal que, si no estoy engañado, puede ‡venir con ella en gracia y hermosura. Sí, que no se enceró el mundo y todas sus gracias en ella.

Sempronio:- {11} ¿Qué es esto, desvaríado? Reírme querría, si no que no puedo. ¿Ya todos amamos? ¡El mundo se va a perder! Calisto a Melibea, yo a Elicia, tú de embidia as buscado con quién perder esse poco de seso que tienes.

Pármeno:- {12} Luego, ¿locura es amar, *y yo soy loco y sin seso? Pues si la locura fuesse dolores, en cada casa avría bozes.*

Sempronio:- Según tu opinión, sí **eres.** Que yo te é oído dar consejos vanos a Calisto y contradezir a Celestina en cuanto habla y, por impedir mi provecho y el suyo, huelgas de no gozar tu parte. Pues a las manos me as

---

VIII.8 *Todas:* supiesse ∞ *A FJM GHK LN* dormiendo *CD* durmiendo ∞ *AC JM GH N* fueste *D* fuyste *(sic) F* fuiste *(sic) K* fuesta *(sic) L fuieste (sic)* ∞ ‡para no bolver pronto o presto [fueste para no tornar?] —Cf. VII.105. ∞ *ACD* que *te* queda*te FJM GHK LN* que — quedaste —Simple haplografía. El *te* es necesario. ∞ *ACD* escallentar *FJM GHK LN* escalentar *Sustitución aparente*, modernización oficiosa. En las formas populares *callente < caliente, callentar, escallentar,* la *ll* viene de la palatización de la articulación *-lie-,* que en los verbos se generaliza a todo el paradigma. Cf. *levar, lievo, llevo, levamos > llevar, llevo, llevamos.* ∞ *A D JM GHK LN* o a rascarle *C F* o — rascarle ∞ *ACD FJM* chiquito *GHK LN* chequito

VIII.9 *AC* corrumpas *D FJM GHK LN* corrompas ∞ *AC FJM GHK LN* sofrimiento *D* sufrimiento ∞ *A* turbia *CD FJM GHK LN* turvia ∞ *ACD FJM GHK LN* liquor *(sic)* Cf. X.21. ∞ *A* trayo *CD FJM GHK L* traygo *(sic) N* omite que traigo ∞ *Todas:* enturvias ∞ *A D FJM GHK LN* odiosas *G* osadías (!) ∞ *ACD FJM GHK LN* reprehensiones

VIII.10 *A* viuir *(sic) CD FJM GHK LN* bivir *(sic).* La misma errata se da en VI.65 y a la inversa en I.11, ocasionada por la grafía latinizante *veuir (= viuir) / venir.* 'Venir con ella en gracia y hermosura' es competir, emular con ella etc., pero 'vivir con ella en gracia y hermosura' no es nada. Por eso el *It,* despistado, tradujo: 'non se degnar tener Melibea per serva in grazia e gentilezza', lo cual es un acomodijo a más no poder. ∞ ‡Sí, que.... = 'Sí (ciertamente), porque en ella (en Melibea) no se encerraron todas las gracias del mundo'. ∞ ‡el mundo y todas sus gracias —Es endíade, una en dos. *It* non credere che in Melibea siano tutte le bellezze del mondo.

VIII.11 *A* quería *CD FJM GHK LN* querría ∞ ‡si no que no puedo = 'si no fuesse que no puedo'. *Si* y *no* deben en este caso ir separados.

venido donde te podré dañar, y lo haré.

Pármeno:- {13} No es, Sempronio, verdadera fuerça ni poderío dañar y empecer, mas aprovechar y guarecer, y muy mayor quererlo hazer. Yo siempre te tuve por ermano. No se cumpla, por Dios, en ti lo que se dize, que pequeña causa desparte conformes amigos. Muy mal me tratas; no sé dónde nazca este rencor. *No me indines, Sempronio, con tan lastimeras razones. Cata que es muy rara la paciencia que agudo baldón no penetre y traspasse.*

Sempronio:- {14} No digo mal en esto; sino que se eche otra sardina para el moço de cavallos, pues tú tienes amiga.

Pármeno:- Estás enojado. Quiérote sufrir, aunque más mal me trates, *pues dizen que ninguna umana passión es perpetua ni durable.*

Sempronio:- {15} Más maltratas tu a Calisto, aconsejando a él lo que para ti huyes, diziendo que se aparte de amar a Melibea; hecho tablilla de mesón, que para sí no tiene abrigo y dalo a todos. ¡O Pármeno, agora podrás ver cuán fácil cosa es repreender vida agena y cuán duro guardar cada cual la suya! No digo más, pues tú eres testigo. {16} Y de aquí adelante veremos como te as, pues ya tienes tu escudilla como cada cual. Si tú mi amigo fueras, en la necessidad que de ti tuve me avías de favorecer y ayudar a Celestina en mi provecho, que no hincar un clavo de malicia a cada palabra. Sabe que, como la hez de la taverna despide a los borrachos, assí la adversidad o necessidad al fingido amigo: luego se descubre el falso metal, dorado por encima.

Pármeno:- {17} Oído lo avía dezir, y por esperiencia lo veo: nunca venir plazer sin contraria çoçobra en esta triste vida. A los alegres, serenos y claros soles, nublados escuros y pluvias vemos suceder; a los solazes y plazeres,

---

VIII.12 *Adición* desde 'y yo soy loco...' hasta '...avría bozes'. No lo traen *ACD,* adicionan *FJM GHK LN.* ∞ *ACD* sí es *FJM GHK LN* sí **eres** *Sustitución.* —Al hacer la *adición* anterior 'y yo soy loco etc. es preciso sustituir 'sí es' por 'sí eres'.

VIII.13 *Todas:* te tuve ∞ *ACD FJM* lo que se dize *GHK LN* lo que dizen ∞ *ACD JM GHK LN* desparte *F* departe ∞ ‡donde = 'de donde' Cf. C.1, II.13, IV.57, IX.32, X.3 y 9, XII.90. ∞ *A D F* nazca *C* nasca *JM* nazce *(sic) GHK LN* na(s)ce ∞ *ACD JM L* rencor *F GHK N* rancor. ∞ *Adición,* desde 'no me indines...' hasta '...penetre y traspasse'. No lo traen *ACD,* adicionan *FJM GHK LN. (Adición -sic).*

VIII.14 *ACD FJM* mal *It* non dico mal in questo *GHK LN Sal-1570* más —La expresión es *no dezir más en algo.* Es confusión de 'maſ' (con s larga) y 'mal', confusión tan constante, que originó la frase paralela *dezir mal,* que también se registra en el periodo. Cf. VIII.15. *AC F* sofrir *D JM GHK LN* sufrir ∞ *Adición* desde 'pues dizen...' hasta '...ni durable'. No lo traen *ACD,* adicionan *FJM GHK LN.*

VIII.15 *Todas:* aconsejando —Cf. VIII.24-25. ∞ *ACD F* dale *JM GHK LN* dalo ∞ *AC F* fácile *D JM GHK LN* fácil —Cf. X.6 frágile. ∞ *Todas:* reprehender ∞ *ACD* no digas más *FJM GHK LN* no digo más *Sustitución* que corrige una indudable errata en la frase hecha, que va en primera persona casi siempre.

VIII.16 *ACD JM GH LN* f/hincar *F* hinchar *K* híchar —'Hincar un clavo' es frase demasiado común y usual, para que quepa confusión con 'hinchar'. La forma de *F K* es grafía arcaica que a veces sobrevive como en 'sachar' = 'sacar'. Cf. el muy posible 'cuchillo' = 'cuquillo' en I.42, 'dessechar' = 'dessecar' en I.16 y 'derrochar' = 'derrocar' en IX.59.

dolores y muertes los ocupan; a las risas y deleites, llantos y lloros y passiones mortales los siguen; {18} finalmente, a mucho descanso y sossiego,
mucho pesar y tristeza. ¿Quién podrá tan alegre venir como yo agora?
¿quién tan triste recebimiento padecer? ¿Quién verse, como yo me vi, con
tanta gloria alcançada con mi querida Areúsa? ¿Quién caer della, siendo tan
mal tratado tan presto, como yo de ti? {19} Que no me as dado lugar a
poderte dezir cuánto soy tuyo, cuánto te é de favorecer en todo, cuánto soy
arrepiso de lo passado, cuántos consejos y castigos buenos é recebido de
Celestina, en tu favor y provecho y de todos; cómo, pues, este juego de
nuestro amo y Melibea está entre las manos, podemos agora medrar o
nunca.

Sempronio:- {20} Bien me agradan tus palabras, si tales toviesses las obras, a las
cuales espero para averte de creer. Pero, por Dios, me digas qué es esso
que dexiste de Areúsa. ¿Parece que **conoces** tú a Areúsa, su prima de Elicia?

Pármeno:- {21} Pues ¿qué es todo el plazer que traigo sino averla alcançado?

Sempronio:- ¡Cómo se lo dize el bovo! ¡De risa no puede hablar! ¿A qué llamas averla alcançado? ¿Estava a alguna ventana, o qué es esso?

Pármeno:- {22} A poner en duda si queda preñada o no.

Sempronio:- Espantado me tienes. Mucho puede el continuo trabajo; una continua gotera horaca una piedra.

Pármeno:- Verás qué tan continuo; que ayer lo pensé, ya la tengo por mía.

VIII.17 ‡Oído lo avía —Tal debe ser la grafía, con el *lo* separado del verbo.
Cf. X.15, XII.67. ∞ *AC FJM* esperiencia *F* speriencia *D GHK LN* experiencia ∞ *AC FJM
GHK LN* nunca venir plazer *D* nunca plazer venir ∞ *AC F* nublados *D JM GHK LN*
ñublados —La forma usual era con *ñ-*, pero Rojas afecta aquí la forma más cercana al
latín. ∞ *ACD FJM GHK LN* pluvias *(sic)* —Latinismo deliberado y no muy plausible.

VIII.18 *ACD* pudiera *FJM GHK LN* podrá *It* chi seria possuto —El *It* indica que *E*
traía *podiera/pudiera* —Quizás una errata *podera* fue mal corregida en *F* y de ahí a las
siguientes. Muchas posteriores traen 'podría'. ∞ *A FJM LN* recibimiento *CD GHK* recibimiento

VIII.19 *ACD JM GHK LN* a poderte dezir *F* a poder dezir ∞ *AC F* arepiso *D JM
GHK LN* arrepiso —Participio antiguo de *arrepentirse;* la *-r-* de *ACF* es grafía medieval
en lugar de *-rr-* (lo mismo que con *-s-/-ss-*). Cf. *barruntar, susurrar* etc., XIX.8.

VIII.20 *ACD F GHK LN* touiesses *(sic) JM* touiéssedes *(sic)* ∞ *A* a las cualas *(sic)
CD FJM GHK LN* a las cuales ∞ *ACD F* dixiste *JM GHK LN* dexiste ∞ *ACD FJM GHK
N* de Areúsa *L* que Areúsa —En *L*, confusión de đ/q. *ACD* conozcas *FJM GHK LN*
cono(s)ces *Sustitución.* —Ambas formas son posibles. *It* omite: parece que conoces tú a
Areúsa.

VIII.21 *AC FJM GHK LN Sal-1570* no puede *D* no puedo *It* non posso —La tercera persona es contagio del anterior *dize; D* y el *It* traen la lectura correcta: el que se
burla es el que dice, en primera persona, que no puede hablar de la risa. ∞ ‡averla
alcançado... —El *It,* al no poder dar el juego de palabras del castellano, acomoda lo mejor
que puede: 'che cosa chiami tu averla avuta? àitela messa nel pugno? o in seno? o che
cosa po' essere questa?' El juego de palabras está entre *alcançar una muger* (= poseerla,
gozarla) y *alcançar* con la mano alguien que esté puesto a una ventana etc.

VIII.22 *A* en duda *CD FJM GHK LN* en dubda ∞ *Todas:* continuo —Cf. *contino*
adverbio en III.29, VI.39 y la *Sustitución* en IX.13. La forma normal castellana era *con-*

Sempronio:- {23} ¡La vieja anda por aí!

Pármeno:- ¿En qué lo vees?

Sempronio:- ‡En que ella me avía dicho que te quería mucho y que te la haría aver. Dichoso fuiste: no heziste sino llegar y recaudar. Por esto dizen: más vale a quien Dios ayuda que quien mucho madruga. Pero tal padrino toviste.

Pármeno:- {24} Di madrina, que es más cierto. Assí que, quien a buen árbol se arrima, ‡buena sombra lo cobija. Tarde fui, pero temprano recaudé. ¡O, ermano, qué te contaría de sus gracias de aquella muger, de su habla y hermosura de cuerpo! Pero quede para más oportunidad.

Sempronio:- {25} ¿Puede ser, sino prima de Elicia? No me dirás tanto, cuanto estotra no tenga más. Todo te lo creo. Pero ¿qué te cuesta? ¿Asle dado algo?

Pármeno:- No, cierto. Mas aunque oviera, era bien empleado: de todo bien es capaz. En tanto son las tales tenidas cuanto caras son compradas; tanto valen cuanto cuestan. {26} Nunca mucho costó poco, sino a mí esta señora. A comer la combidé para casa de Celestina y, si te plaze, vamos todos allá.

Sempronio:- ¿Quién, ermano?

Pármeno:- Tú y ella, y allá está la vieja y Elicia. Avremos plazer.

Sempronio:- {27} ¡O Dios, y cómo me as alegrado! Franco eres, nunca te faltaré. ¡Como te tengo por ombre, como creo que Dios te á de hazer bien, todo el enojo que de tus passadas hablas tenía se me á tornado en amor! No dudo ya tu confederación con nosotros ser la que deve. {28} Abraçarte quiero; seamos como ermanos, ¡vaya el díablo para rüin! Sea lo passado question de San Juan y assí paz para todo el año. Que las iras de los amigos

---

tino, *continua* adjetivo y *contino* adverbio (lo mismo que *antigo, antigua* adjetivo). Solo hasta el siglo XVIII lograron implantarse en la lengua culta general las formas con *-uo*. Aquí ha influido en la grafía el femenino *continua*, que sigue, y lo mismo un poco más abajo. ∞ *ACF* horaca *DJM* horada *GHK LN* horadará —El verbo vive aun en las zonas rurales bajo las formas *joracar, juracar*; un *juraco* = 'hueco, agujero' (v.gr. 'metió la pata en un juraco'). ∞ *Todas:* tan continuo —Cf. ibidem supra. ∞ *AC FJM GHK LN* ya la tengo *D* y ya la tengo

VIII.23 *Todas:* lo vees. ∞ *Todas:* —Que ella me avía —Simple omisión del *en*, que debe estar. ∞ *ACD F* fuiste/fuyste *JM GHK LN* fueste ∞ *A D* hiziste *C FJM GHK LN* f/heziste ∞ *ACD JM* recabdar *F GHK LN* recaudar ∞ ‡más vale a quien Dios... —Refrán igual en III.36. El *It* lo trae incompleto: 'che colui che a buon' ora si leva...'

VIII.24 ‡quien a buen árbol se arrima... —Refrán incompleto así en todas las ediciones. El *It* aquí lo trae completo: 'chi a buon arbor si appoggia, buona ombra il cuopre'. ∞ *ACD F* fui/fuy *JM GHK LN* fue (= fui) ∞ *ACD JM* recabdé *F GHK LN* recaudé ∞ *ACD FJM* de cuerpo *GHK LN* de su cuerpo —Simple ditografía; repite mal el 'su' de 'habla'.

VIII.25 *AC FJM GHK LN* estotra *D* esta otra ∞ *ACD FJM* todo te lo creo *GHK LN* todo − lo creo ∞ *Todas:* aunque oviera (*A* houiera *-sic*)

VIII.26 *(Ya no falta I)*. *ACD FJM GHKI N* avremos *L* averemos

VIII.27 *ACD FJM GHKI N* faltaré *L* faltará ∞ *A GHKILN* no dudo *CD FJM* no dubdo ∞

siempre suelen ser reintegración del amor. Comamos y holguemos, que nuestro amo ayunará por todos.

Pármeno:- {29} Y ¿qué haze el desesperado?

Sempronio:- Allí está tendido en el estrado **cabe** la cama donde le dexaste anoche. Que ni á dormido ni está despierto. Si allá entro, ronca; si me salgo, canta o devanea. No le tomo tiento, si con aquello pena o descansa.

Pármeno:- {30} ¿Qué dizes? ¿Y nunca me á llamado, ni á tenido memoria de mí?

Sempronio:- No se acuerda de sí, ¿acordarse á de ti?

Pármeno:- Aun hasta en esto me á corrido buen tiempo. Pues que assí es, mientra recuerda, quiero embïar la comida, que la aderecen.

Sempronio:- {31} ¿Qué as pensado embïar para que aquellas loquillas te tengan por ombre complido, bien crïado y franco?

Pármeno:- En casa llena presto se adereça cena. De lo que ay en la despensa basta para no caer en falta: pan blanco, vino de Monviedro, un pernil de tocino, y más seis pares de pollos que traxeron estotro día los renteros de nuestro amo. {32} Que si los pidiere, haréle creer que los á comido. Y las tórtolas que mandó para oy guardar, diré que hedían. Tu serás testigo. Ternemos manera como a él no haga mal lo que dellas comiere y nuestra mesa esté como es razón. {33} Y allá hablaremos *más* largamente en su daño y nuestro provecho, con la vieja, cerca destos amores.

Sempronio:- ¡Más, dolores! Que por fe tengo que de muerto o loco no escapa desta vez. Pues que assí es, despacha. Subamos a ver qué haze.

(Cena 4ª)

Calisto:- {34} En gran peligro me veo;
en mi muerte no ay tardança,
pues que me pide el desseo
lo que me niega esperança.

VIII.28 *ACD FJM HKILN* sant *G* san ∞ *ACD FJM* holguemos *GHKI N* folguemos *L* folgemos *(errata)*.

VIII.29 *ACD* cabo *FJM GHKILN* cab*e* *Sustitución*.

VIII.30 ‡Nunca —Con el significado de simple *no*. Cf. VII.105. ∞ *ACD* pues que assí es *FJM GH ILN* pues - assí es *K* pues es assí *Sustitución aparente*. Cf. II.18, IV.40 y VIII.33. ∞ ‡mientra recuerda = 'mientras despierta' —usual en amplias zonas rurales. ∞ *A* adrecen *CD FJM GHKILN* aderecen

VIII.31 *ACD FJM HKILN* para que aquellas *G* para − aquellas ∞ *AC FJM GHKILN* adereça cena *D* adereça la cena ∞ ‡pernil de tocino = 'jamón de puerco' Cf. IX.63 ∞ *A D F GHKI* traxeron *C* truxeron *JM LN* traxieron ∞ *AC FJM GHK LN* estotro *D* este otro ∞ *ACD FJM* diré *GHKI N* direle *L* dirle *(sic)*

VIII.32 —

VIII.33 *ACD* hablaremos - largamente *FJM GHKILN* hablaremos más largamente *Adición*. ∞ *AC F* desta vez *D JM GHKILN* esta vez ∞ ‡Más, dolores = 'más bien dolores' *It* anzi dolore ∞ ‡Pues que assí es —Cf.VIIII.30 y la *Supresión dudosa* IV.40. Esta frase se escribía abreviada: p̄sq a∫∫ies; así que en ella las omisiones o supresiones son frecuentes y muy sospechosas de ser simples erratas de malas lecturas de textos borrosos.

Pármeno (Aparte. Afuera):- Escucha, escucha, Sempronio. Trobando está nuestro amo.

Sempronio (Aparte. Afuera):- {35} ¡O hideputa, el trobador! El gran Antípater sidonio, el gran poeta Ovidio, ‡a los cuales de improviso se les venían las razones metrificadas a la boca. ¡Sí, sí, dessos es! ¡Trobará el dïablo! Está devaneando entre sueños.

Calisto:- Coraçón, bien se te emplea
que penes y bivas triste,
pues tan presto te venciste
del amor de Melibea.

Pármeno (Aparte. Afuera):- ¿No digo yo que troba?

Calisto:- {36} ¿Quién habla en la sala? ¡Moços!

Pármeno:- ¿Señor?

Calisto:- ¿Es muy noche? ¿Es ora de acostar?

Pármeno:- Más ya es, señor, tarde para levantar.

Calisto:- ¿Qué dizes, loco? ¿Toda la noche es passada?

Pármeno:- Y aun harta parte del día.

Calisto:- {37} Di, Sempronio, ¿miente esse desvarïado, que me haze creer que es de día?

Sempronio:- Olvida, señor, un poco a Melibea y verás la claridad. Que con la mucha que en su gesto contemplas, no puedes ver, de encandelado, como [la] perdiz con la calderuela.

Calisto:- Agora lo creo, que tañen a missa. Daca mis ropas; iré a la Madalena. Rogaré a Dios aderece a Celestina y ponga en coraçón a Melibea mi remedio o dé fin en breve a mis tristes días.

VIII.34 —

VIII.35 *ACD FJM* el trobador *GHKI* qué trobador *L* y qué trabador (!) *N Sal-1570* y qué trobador ∞ *ACD JM GHKILN* Antípater *F* Antipar *It* Antip̄r *(sic)* La abreviatura de *-pater* fue mal leída en *F.* ∞ *ACD FJM GHKILN* Sidonio *(con mayúscula) It* Sydonio *(sic)* ‡Antípater sidonio —El texto moderno debe ser 'sidonio' (con minúscula) por no ser nombre propio, sino que era natural de Sidón. ∞ ‡Todas las ediciones traen *los cuales* (y el *It* li quali), pero la 'a' es necesaria. Se registran omisiones del 'a' con dativo, en casos semejantes, pero nunca se puede estar seguro de si es el autor, el amanuense o, ya en impresos, el cajista. Sobre estos no debe olvidarse que la gran mayoría eran extranjeros (no de la Península) o de las zonas de habla catalana, por donde entró la imprenta a España. *In dubio pro auctore.* ∞ ‡entre sueños —Cf. VI.44-45.

VIII.36 *ACD JM GHKILN* de acostar *F* de costar ∞ *Todas:* harta parte

VIII.37 *ACD F* este desvarïado *JM GHKILN* esse desvarïado *Todas:* como perdiz con la calderuela —*It* omite toda la frase. Estos dichos exigen la supresión o la adición del artículo a ambos lados: 'como perro con cencerro - como el perro con el cencerro, como gato con botas - como el gato con las botas, como perdiz con calderuela - como la perdiz con la calderuela, como cerdo con tramojo - como el cerdo con el tramojo'. Obsérvese que 'como el perro con cencerro' o 'como el gato con botas' implican un determinado perro o gato ya consabidos y viceversa 'como gato con las botas' etc. ‡daca —Aunque *daca* viene de *da+acá*, la fuerza del verbo en imperativo ha echado el acento atrás. Cf. Cuervo, *Apuntaciones*, 290. ∞ *A FJM G* Madalena *CD HKILN* Magdalena ∞ *A C F* a Dios aderece *D JM GHKILN* a Dios que aderece ∞ ‡ponga en coraçón a Melibea —Reflejo de I.7 'que aya subido en coraçón umano' y de I.11 'inspira en el plebérico

Sempronio:- {38} No te fatigues tanto; no lo quieras todo en una ora; que no es de discretos dessear con grande eficacia lo que puede tristemente acabar. Si tú pides que se concluya en un día lo que en un año sería harto, no es mucha tu vida.

Calisto:- ¿Quieres dezir que soy como el moço del escudero gallego?

Sempronio:- {39} No mande Dios que tal cosa yo diga, que eres mi señor. Y demás desto, sé que, como me galardonas el buen consejo, me castigarías lo mal hablado. **Aunque dizen** que **no** es igual la alabança del servicio o buena habla, con la repreensión y pena de lo mal hecho o hablado.

Calisto:- No sé quién te abezó tanta filosofía, Sempronio.

Sempronio:- {40} Señor, no es todo blanco aquello que de negro no tiene semejança, *ni es todo oro cuanto amarillo reluze.* Tus acelerados desseos, no medidos por razón, hazen no parecer claros mis consejos. ¿Quisieras tú ayer que te traxeran a la primera habla, amanojada y embuelta en su cordón a Melibea, como si ovieras embïado por otra cualquiera mercaduría a la plaça, en que no oviera más trabajo de llegar y pagalla. {41} Da, señor, alivio al coraçón, que en poco espacio de tiempo no cabe gran bienaventurança. Un solo golpe no derriba un roble. Apercíbete con sofrimiento, porque la prudencia es cosa loable y el apercibimiento resiste el fuerte combate.

Calisto:- {42} Bien as dicho, si la calidad de mi mal lo consintiesse.

Sempronio:- ¿Para qué, señor, es el seso, si la voluntad priva a la razón?

---

coraçón'.

VIII.38 *AC F* lo que puede *D JM GHKILN* lo que se puede ∞ ‡tristemente acabar —malominoso. Rojas tiene aquí en mientes el trágico final. ∞ *ACD FJM L* harto *GHKI N* farto ∞ *ACD FJM G LN* mucha tu vida *HKI* mucho tu vida ∞ ‡del escudero gallego —El *It* explica el dicho: 'como el fameglio del scudier galliciano, che prima ch'el possa aver un par de calze sta un anno, e quando el patrone le fa tagliare vorrebbe che in un quarto d'ora fusseno fatte'.

VIII.39 *ACD GHKILN* me castigarías *FJM* Y me castigarías ∞ *ACD* Verdad es que nunca es igual *FJM GHKILN* **Aunque dizen que no** es igual *Sustitución.* ∞ *AC* que la *D FJM GHKILN* con la —Hay un cruce de expresiones: *'no es igual* (la alabança...) *que* la repreensión' // *'no se iguala* (la alabança) *con* la repreensión'. El *It* trata de salvar el desliz: 'che non è equale la laude col servizio, o el buon parlare con la reprensione e pena de ciò che è mal fatto e parlato'. —Cf. X.24 'tu remedio... que iguale con mi pena...'

VIII.40 *Adición:* ni es oro cuanto amarillo reluze. —No traen esta frase *ACD,* la adicionan *FJM GHKILN* —no muy originalmente. ∞ *ACD FJM GHK LN* hazen - parecer *It* ti fanno parer *I* hazen no parecer —Calisto toma *filosofía* en el sentido de cosa abstrusa o no clara. Sempronio le dice que son sus deseos de Calisto los que le hacen no ver claras las cosas. La lectura correcta y lógica está solamente en *I.* Todas las terciarias también omiten el 'no'. Cf. II.25 estó yo penando y tú filosofando. ∞ ‡quisieras tú ayer —Se refiere al día anterior, en que vino Celestina a traerle el cordón de Melibea. No implica nada más. ∞ *ACD F HKILN* traxeran *JM* traxieran *G* tarxeran *(sic)*

VIII.41 ‡no cabe gran... *It* no cape grande beneaventuranza —*Capére* se da en el italiano del periodo y en esta acepción, pero está influido aquí por el castellano. Cf. VIII.46. ∞ *ACD F G* apercíbete *JM* apercíbe *HKILN* apercíbote ∞ *AC F* sofrimiento *D JM GHKILN* sufrimiento ∞ *ACD* providencia *FJM GHKILN* prudencia *Sustitución.* ∞ *A D FJM GHKILN* apercibimiento *C* apercebimiento

Calisto:- ¡O loco, loco! dize el sano al doliente. ¡Dios te de salud! No quiero consejo ni esperarte más razones; que más abivas y enciendes las flamas que me consumen. {43} Yo me voy solo a missa y no tornaré a casa hasta que me llaméis, pidiéndome albricias de mi gozo, con la buena venida de Celestina. Ni comeré hasta entonce, aunque primero sean los cavallos de Febo apacentados en aquellos verdes prados que suelen, cuando an dado fin a su jornada.

Sempronio:- {44} Dexa, señor, essos rodeos; dexa essas poesías, que no es habla conveniente la que a todos no es común, la que todos no participan, la que pocos entienden. Di: aunque se ponga el sol, y sabrán todos lo que dizes. Y come alguna conserva, con que tanto espacio de tiempo te sostengas.

Calisto:- {45} Sempronio, mi fïel crïado, mi buen consegero, mi leal servidor, sea como a ti te parece. Porque cierto tengo, según tu limpieza de servicio, quieres tanto mi vida como la tuya.

Sempronio (Aparte):- {46} (¿Créeslo tú, Pármeno? Bien sé que no lo jurarías. — Acuérdate, si fueres por conserva, apañes un bote para aquella gentezilla que nos va más. Y a buen entendedor ‡pocas palabras. En la bragueta cabrá).

Calisto:- ¿Qué dizes, Sempronio?

VIII.42 *Todas:* qualidad/q̄lidad ∞ *A* la razón *CD FJM GHKILN* a la razón (*N* rozón *-sic*) ∞ *ACD* flamas *FJM GHKILN* llamas *Sustitución aparente.* Es sin duda latinismo deliberado de Rojas, y no muy plausible por cierto. Cf. VI.14 vulto y VIII.17 pluvias.

VIII.43 *ACD* las albricias *FJM GHKILN* — albricias *Supresión aparente.* No se ve la razón de la supresión; la construcción es indiferente con artículo o sin él. ∞ *ACD FJM HKILN* ni comeré (= y no comeré) *G* no comeré ∞ *AC FJM GHKILN* apa(s)centados *D* aposentados

VIII.44 ‡participan = 'comparten'

VIII.45 *Todas:* consejero *(sic)* Regularización de la grafía ge/gi. ∞ *Todas:* porque cierto tengo *Sal-1570* que por cierto tengo

VIII.46 ‡*AC* entendedor.en la bragueta *D KI N* entendedor en la bragueta *FJM GH L* entendedor:en la bragueta —Ponen : o / después de entendedor *PQSTUWXCc;* no ponen nada *ORBbEeGg.* La mayoría de las posteriores ponen puntuación fuerte y muchas agregan &c o & después de *entendedor.* El *Ms* pone coma (,) pero no hace ningún comento. Barth dice en las *Animadversiones, ad hunc,* que hay dos proverbios, pero que en latín no se pueden verter. Mabbe no traduce el pasaje. Sedeño en VIII.65 metrifica: 'que un buen bote apañarás / para aquella gentezilla / y mira no sea el peor / por que no se rían allá / mas apáñale el mejor / digo a buen entendedor / en la bragueta cabrá'. No hay puntuación alguna, pero de haber entendido todo ello como un refrán, habría escrito: 'digo al buen entendedor / que en la bragueta cabrá'. El *It:* e a buon intenditore nella manica caperà (para *caperà* Cf. VIII.41). Pensar que Ordóñez no conocía el español 'bragueta' = italiano 'bracchetta', es necio. Como sabía lo que era la bragueta, pensó que un bote de conserva no cabía allí. Esto significa que pensó en dos ideas distintas y usó la misma palabra que emplea en VII.20. Las braguetas de la época no eran propiamente una abertura, sino un aditamento vistoso y elaborado, colocado encima del empeine masculino. De lo expuesto se deduce que no hay aquí cruce de refranes, sino dos ideas: (a) 'a buen entendedor pocas palabras' = 'bien entiendes por qué sería bueno llevar la conserva a la comida'; (b) 'en la bragueta cabrá' = 'al venir con el bote

154

Sempronio:- {47} Dixe, señor, a Pármeno que fuesse por una tajada de dïacitrón.

Pármeno:- Hela aquí, señor.

Calisto:- ¡Daca!

Sempronio (Aparte):- (Verás qué engullir haze el dïablo. Entero lo querrié tragar, por más apriessa hazer).

Calisto:- {48} El alma me á tornado. Quedaos con Dios, hijos. Esperad la vieja, y id por buenas albricias.

Pármeno:- ¡Allá irás con el dïablo, tú y malos años! Y en tal ora comiesses el dïacitrón, como Apuleio el veneno que lo convertió en asno!

J Valencia: Juan Joffre, 1514.

---

escóndetelo donde mejor puedas'.

VIII.47 ‡que engullir haze = 'como engulle' ∞ *A* quería *CD* querrié *FJM GHKILN* quiere —Forma en -ie de pospretérito, mal entendida por las ediciones que leen 'quiere'. Cf. III.16,19-20, VI.6, VII.36, XII.79 y 98.

VIII.48 *ACD F* le convertió *JM GHKILN* lo convertió *Sal-1570* lo convirtió

155

Ragicomedia de Calisto y Melibea.

Bb Toledo: Juan de Ayala, 1538.

Auto IX.

AIX. Argumento del noveno auto.

Sempronio y Pármeno van a casa de Celestina, entre sí hablando. Llegados allá, hallan a Elicia y Areúsa. Pónense a comer y entre comer riñe Elicia con Sempronio. Levántase de la mesa. Tórnanla apaziguar. Estando ellos todos entre sí razonando, viene Lucrecia, crïada de Melibea, a llamar a Celestina que vaya a estar con Melibea.

IX. Auto IX. {1 a 71}.

Sempronio, Pármeno, Elicia, Celestina, Areúsa, Lúcrecia.

(Cena 1ª)

Sempronio:- {1} Baxa, Pármeno, nuestras capas y espadas, si te parece, que es ora que vamos a comer.

Pármeno:- Vamos presto. Ya creo que se quexarán de nuestra tardança. — No por essa calle, sino por estotra, porque nos entremos por la iglesia y veremos si oviere acabado Celestina sus devociones. Llevarla emos de camino.

Sempronio:- {2} ¡A donosa ora á de estar rezando!

Pármeno:- No se puede dezir sin tiempo hecho lo que en todo tiempo se puede hazer.

Sempronio:- Verdad es, pero mal conoces a Celestina. Cuando ella tiene qué hazer, no se acuerda de Dios ni cura de santidades. Cuando ay qué roer en casa, sanos están los santos; cuando va a la iglesia con sus cuentas en la mano, no sobra el comer en casa. {3} Aunque ella te crïó, mejor conozco yo sus propiedades que tú. Lo que en sus cuentas reza es los virgos que tiene a cargo y cuántos enamorados ay en la ciudad y cuántas moças tiene encomendadas y qué despenseros *le dan ración y cuál mejor, y cómo les llaman por nombre, por que cuando los encontrare no hable como estraña,* y qué canónigo es más moço y franco. {4} Cuando menea los labios es fengir

---

AIX Argumento del noveno auto *ACD JM GHKILN (F no lo trae). Todas:* noveno ∞ *ACD JM I* auto *GHK LN* aucto ∞ *ACD JM GHKILN* y − Areúsa −Omisión mecánica. ∞ *AC* − entre comer *D JM GHKILN* y entre comer ∞ *ACD JM G I* riñe HK LN riñen ∞ *ACD JM KI* tórnanla apaziguar (*A* apaciguar) *G LN* tornan a la apaziguar *Ff única trae:* Tórnanla a apaziguar Celestina y Areúsa. ∞ *ACD JM* Estando ellos todos entre sí razonando *GHKILN Sal-1570* Y en este comedio *(sic)* ∞ *AC* − llamar *D JM GHKILN* a llamar ∞
A Luc. Cel. Sem. Eli. Are. Par. *CD F* Sem. Par. Cel. Eli. Are. Luc. *JM G* Sem. Par. Eli. Cel. Are. Luc. *HKILN* Sem. Par. Cel. Luc. Eli. Are.

IX.1 *ACD F* essa calle *JM GH ILN* esta calle *K* este calle *(sic)* ∞ *AC F GHKILN* estotra *D JM* esta otra ∞ *Todas:* oviere

IX.2 ‡sus cuentas —Las cuentas del rosario, famosas.

IX.3 ‡Aunque ella te crïó —No es exactamente lo mismo que haber estado un poco de tiempo (*FJM GHKILN*) o un mes (*ACD*) con la Vieja. La concepción de

mentiras, ordenar cautelas, para aver dinero: por aquí le entraré, esto me responderá, **esto** replicaré. Assí bive esta que nosotros mucho onramos.

Pármeno:- Más que esso sé yo; sino porque te enojaste estotro día, no quiero hablar, cuando lo dixe a Calisto.

Sempronio:- {5} Aunque lo sepamos para nuestro provecho, no lo publiquemos para nuestro daño. Saberlo nuestro amo es echalla por quien es y no curar della. Dexándola, verná forçado otra, de cuyo trabajo no esperemos parte, como desta, que de grado o por fuerça nos dará de lo que le diere.

Pármeno:- {6} Bien as dicho. Calla, que está abierta **la** puerta. En casa está. Llama antes que entres, que por ventura estarán **rebueltas** y no querrán ser assí vistas.

Sempronio:- Entra, no cures, que todos somos de casa. Ya ponen la mesa.

(Cena 2ª)

Celestina:- {7} ¡O *mis enamorados,* mis perlas de oro! ¡Tal me venga el año, cual me parece vuestra venida!

Pármeno en Cota es en esto distinta de lo que Rojas desarrolla. Cf. I.93-94 y 136. Hay un proceso, a lo largo de la Continuación, que no es una casualidad: III.16 (Celestina) que le vido nacer y le ayudó a crïar — VI.6 (Sempronio) lo que te crïó — VII.21 (Celestina) tanto tiempo te crïé — IX.3 (Sempronio) aunque ella te crïó.
ACD GHKIL propiedades *F* propietades *JM K* propriedades ∞ *ACD F G* cibdad *JM HKILN* ciudad ∞ *Adición-Sustitución. ACD traen:* y qué despenseros ay en la cibdad *(sic).* Para evitar la repetición esto ha sido sustituido por la *Adición* desde 'le dan ración...' hasta '...como estraña', que traen *FJM GHKILN.* ∞ *JM GHKILN* les llaman *F* los llaman

IX.4 *ACD FJM* labios *GHKILN* labrios —Cf. I.62. ∞ *AC F* fengir *D JM GHKILN* fingir ∞ *AC* estotro *D* esto otro *FJM GHKILN* esto — *Sustitución.* ∞ ‡sino porque te enojaste estotro día, no quiero hablar, cuando lo dixe a Calisto = 'sino porque te enojaste estotro díá cuando dixe a Calisto, no quiero hablar'. Esto es lengua hablada o dictada. El *It* trae el orden de la lengua escrita: 'ma perchè te scorrocciasti l'altro giorno, quando il disse a Calisto, non voglio parlare'. ∞ *A D FJM* lo dixe *C* le dixe *G* lo dixiste

IX.5 ‡forçado = 'por fuerza, por necesidad', adverbio. ∞ *A* y por fuerça *CD FJM GH ILN* o por fuerça *K* o per fuerça —Confusión de *e* (= y) con *o.* Cf. II.13, IV.33.

IX.6 *ACD* su puerta *FJM GHKILN* la puerta *Sustitución* o simple mala lectura de 'ʃu' como 'la'. Cf. XX.28. Hay una en el *Quijote* una famosa mala lectura de 'ʃu' como 'la', Parte I, capítulo 26: 'y que se está [Dulcinea] como su madre la parió'. En la edición de 1605 la lectura en el manuscrito de 'ʃu' como 'la' atrajo el 'que' antes del 'la'. Shelton al traducir 'and she is now right as her mother bore her' confirma que la lección de la príncipe 'la...que' es simple errata. Lo que anota Rodríguez Marín no vale ni hace al caso. ∞ *ACD* estarán *It* staranno *FJM GHKILN* están —No es *sustitución,* sino simple errata de mala lectura del futuro. Hay un problema constante con la lectura de los futuros, originado sin duda en algún rasgo peculiar de abreviatura de los amanuenses. Cf. I.86 promete/prometeré, IV.31 alcançan/alcançarán, XIV.54 plaze/plazerá. Con la expresión 'por ventura' el futuro es necesario y más con el 'querrán' siguiente. ∞ *ACD* embueltas *FJM GHKILN* **re**bueltas *Sustitución.* —El 'embueltas' tiene doble sentido, de ahí la sustitución, plausible, por *rebueltas* = 'desarregladas, no bien dispuestas', *It* disconze (= 'disconcie'. El 'embueltas' es un desliz; estando convidadas a comer y esperando la venida de los queridos, el uno oficial y el otro circunstancial, no podían estar *embueltas* con otros clientes. El 'no querrán ser assí vistas' indica que se trata de vestido y maquillaje. ∞ *ACD JM GHKILN* querrán *F* querían

158

Pármeno (Aparte):- (¡Qué palabras tiene la noble! Bien ves, ermano, estos halagos fengidos).

Sempronio (Aparte):- (Déxala, que desso bive. Que no sé quién d'iablos le mostró tanta ruindad).

Pármeno (Aparte):- {8} (La necessidad y pobreza, la hambre; que no ay mejor maestra en el mundo, no ay mejor despertadora y abivadora de ingenios. ¿Quién mostró a las picaças y papagayos imitar nuestra propia habla con sus harpadas lenguas, nuestro órgano y boz, sino esta?)

Celestina:- {9} ¡Mochachas, mochachas! ¡Bovas! Andad acá abaxo, presto, que están aquí dos ombres que me quieren forçar.

Elicia:- ¡Más nunca acá vinieran! ¡Y mucho combidar con tiempo! Que á tres oras que está aquí mi prima. Este perezoso de Sempronio avrá sido causa de la tardança, que no á ojos por dó verme.

Sempronio:- {10} Calla, mi señora, mi vida, mis amores; que quien a otro sirve no es libre. Assí que sugeción me relieva de culpa. No ayamos enojo, assentémonos a comer.

Elicia:- ¡Assí! ¡Para assentar a comer, muy diligente! ¡A mesa puesta con tus manos lavadas y poca vergüença!

Sempronio:- {11} Después reñiremos; comamos agora. Assiéntate, madre Celestina, tú primero.

Celestina:- Assentaos vosotros, mis hijos, que harto lugar ay para todos, a Dios gracias: ¡tanto nos diessen del paraíso cuando allá vamos! Poneos en orden, cada uno cabe la suya; yo que estoy sola, porné cabe mí este jarro y taça, que no es más mi vida de cuanto con ella hablo. {12} Después que me fui haziendo vieja, no sé mejor oficio a la mesa que escanciar. Porque quien la miel trata, siempre se le pega della. Pues de noche en invierno no ay tal escallentador de cama. Que con dos jarrillos destos que beva cuando me

---

IX.7 *ACD* O mis perlas de oro *FJM GHKILN* O mis enamorados, mis perlas de oro *Adición.* ∞ *ACD FJM* ves *GHKILN* vees ∞ *AC F* fengidos *D JM GHKILN* fingidos ∞ ‡'le mostró' = 'le enseñó' —Cf. VII.109 e infra IX.8.

IX.8 ‡harpadas lenguas —Lenguas romas, hendidas o malcortadas (*jarpiar* se oye en algunas zonas rurales en el sentido de 'cortar algo a desgarrones' o 'matar de modo que destroce', v.gr.: 'jarpiar tigres'). Estas *lenguas harpadas,* que son aquí defectuosas, malcortadas, impropias para imitar la voz humana (como en el tiempo pensaban), fueron interpretadas como melodiosas, harpadas < harpa, y en este sentido se usó la expresión por muchos escritores posteriores, sin excluir a Cervantes mismo. El *It* trae frappate (= cortadas, mochas), *Barth:* curvis suis linguis, *Mabbe:* slit tongues.

IX.9 *ACD F M* acá baxo *J GHKILN* acá abaxo —Omisión mecánica. ∞ ‡avrá sido —Probable corrección de *séido* o simple grafía de amanuense o de cajista. ∞ *AC FJM GHKILN* por dó verme *D* por dó me ver ∞ ‡no á ojos por dó verme —No tiene ojos con qué verme = 'los ojos que tiene los pone en otra'.

IX.10 *A* sujeción *CD JM GHKILN* subjeción *F* sojeción

IX.11 ‡Madre Celestina —En toda la obra (*Esbozo y Continuación*) la Vieja es llamada *madre* unas 50 veces, *madre mía* unas diez veces y *madre Celestina* solo aquí y en la sustitución de V.14. ∞ *Todas:* harto ∞ ‡cuando allá vamos = 'vamos' (sujuntivo), usual aun hoy día. ∞ *AC* cabo *D FJM GHKILN* cabe ∞ *ACF* cabo mí *D JM GHKILN* cabe mí —Cf. el anterior y VIII.29.

quiero acostar, no siento frío en toda la noche. {13} Desto aforro todos mis vestidos cuando viene la Navidad; esto me callenta la sangre; esto me sostiene **contino** en un ser; esto me haze andar siempre alegre; esto me para fresca; desto vea yo sobrado en casa, que nunca temeré el mal año: que un cortezón de pan ratonado me basta para tres días. {14} *Esto quita la tristeza del coraçón más que el oro ni el coral; esto da esfuerço al moço y al viejo fuerça; pone color al descolorido, corage al covarde, al floxo diligencia; conforta los celebros; saca el frío del estómago; quita el hedor del anélito; haze potentes los fríos, haze sufrir los afanes de las labranças a los cansados segadores; {15} haze sudar toda agua mala, sana el romadizo y las muelas; sostiénese sin heder en la mar, lo cual no haze el agua. Más propiedades te diría dello que todos tenéis cabellos. Assí que no sé quién no se goze en mentarlo. No tiene sino una tacha: que lo bueno vale caro y lo malo haze daño. Assí que con lo que sana el hígado enferma la bolsa. {16} Pero todavía, con mi fatiga, busco lo mejor para esso poco que bevo. Una sola dozena de vezes a cada comida: no me harán passar de allí, salvo si ‡soy combidada como agora.*

Pármeno:- Madre, pues tres vezes dizen que es lo bueno y onesto todos los que escrivieron.

IX.12 ‡Desde IX.12 'Después que me fui haziendo vieja...' hasta IX.30 '...No le respondas hijo; si no, nunca acabaremos' es una larga *adición primera* ya en el texto de las Comedias. Dentro de esta *adición primera* se agregó la *adición segunda* de IX.14-16 y otra muy corta en IX.24. ∞ *ACD FJM G* se le pega *HKILN* se le apega ∞ *AC F* dello *D JM GHKILN* della. —La lectura 'dello' puede ser o simple errata o el neutro de materia. Con todo, *miel* y *sal* se usaron como masculinos. Cf. 'quien trata en miel, siempre se le pega dél' y 'sal amoníaco'. El punto es dudoso, porque el *It* que trae *el mele* (masculino en italiano) trae luego *de essa*. ∞ *A* escallentador *CD FJM GH ILN* escalentador *K* ascalentador —Cf. la *sustitución* en VII.8 e infra IX.13 callenta.

IX.13 *ACD F* callenta *JM GHKILN* calienta ∞ *ACD* continuo *FJM GHKILN* contino Sustitución. Cf. III.29, VI.39 y VIII.22.

IX.14 *Adición*, desde 'Esto quita la tristeza...' hasta '...corruta la letra; por treze, tres'. No lo traen *ACD*, adicionan *FJM GHKILN*.

F N aliento *JM GHKIL* anélito —Latinismo cierto de Rojas. Cf. VI.14 vulto, VIII.17 pluvias y VIII.42 flamas. ∞ *F* potentes *JM GHKIL* impotentes *N* o.potētes *(sic)* —*F* (y probablemente *N*) traen la lectura correcta. Las demás han entendido que hace impotentes los 'tiempos fríos' (¿o los resfríos?), pero *fríos* es eufemismo por impotentes sexuales. Cf. Argumento general de la *Serafina*: 'y era casada con un cavallero, Filipo llamado, el cual era de natura frío, a cuya causa Serafina se estava virgen...' El *It* lo entiende bien: fa potenti gli freddi uomini; *Mabbe*: it makes cold men be potent; *Barth*: impotentes potentes facit. Entre las priores *RBbGg* traen la lectura correcta, también el *Ms*, y casi todas las posteriores. ∞ *F I* sofrir *JM GHK LN* sufrir ∞ ‡Las secundarias ponen puntuación después de 'labranças' y varias de las terciarias también, pero la enumeración empieza aquí cada frase con verbo: conforta / saca / quita / haze / sana / sostiénese.

IX.15 *FJM GHKILN* sostiene sin heder —Simple errata de omisión de '-ʃe', seguido de 'ʃin'. El *It* trae correcto: se sustene senza puzzar in mare. Las posteriores enmiendan. *Mabbe*: this you may keep at sea without stinking; *Barth*: sine foetore in mare se servat. ∞ *F GHKI* propiedades *JM LN* propriedades ∞ *FJM GHKILN* te diría *(sic)* ∞ *F* tenés *JM HKILN* teneys *(sic) C* teyes *(sic)*

Celestina:- *Hijo, estará corrupta la letra: por treze, tres.*

Sempronio:- {17} Tía señora, a todos nos sabe bien, comiendo y hablando; porque después no avrá tiempo ‡por entender en los amores deste perdido de nuestro amo y de aquella graciosa y gentil Melibea.

Elicia:- ¿Apártateme allá, dessabrido, enojoso! ¡Mal provecho te haga lo que comes, tal comida me as dado! {18} Por mi alma, revessar quiero cuanto tengo en el cuerpo, de asco de oírte llamar a aquella, gentil. ¡Mirad quién gentil! ¡Gesú, Gesú! y ¡qué hastío y enojo es ver tu poco vergüença! ¿A quién gentil? {19} ¡Mal me haga Dios, si ella lo es ni tiene parte dello, sino que ay ojos que de lagañas se agradan! Santiguarme quiero de tu necedad y poco conocimiento. ¡O, quién estoviesse de gana para disputar contigo su hermosura y gentileza! ¿Gentil es Melibea? {20} ¡Entonces lo es, entonces acertarán, cuando ‡anden a pares los diez mandamientos! Aquella hermosura por una moneda se compra de la tienda. Por cierto, que conozco yo en la calle donde ella bive cuatro donzellas, en quien Dios más repartió su

---

IX.16 *FJM GHKILN* salvo sino soy combidada —Lo mismo las terciarias, pero *Sal-1570* y muchas posteriores leen: si soy combidada. El *It* trae la lectura evidente: 'salvo se io son invitata como son adesso' y Sedeño confirma, IX.23: 'De vezes una dozena / bevo yo a cada comida / con esto quedo tan buena / que no llego a la trezena / si alguno no me combida'. *Mabbe:* which number I never pass, unless as now, when I am feasted or so. ∞ ‡Tres vezes —Barth: Apulejus *Floridis:* sapientis viri apud mensam celebre dictum est. Prima...cratera ad sitim pertinet, secundam ad hilaritatem, tertia ad voluptatem, quarta ad insaniam. ∞ *FJM GHKILN* corrupta *(sic)* —Pero la pronunciación era sin la -p-, como se sigue diciendo en todas las zonas populares del mundo hispanohablante. Sedeño, XI.23: 'tres vezes me dizen pues / que es la orden instituta / Essa letra esta corruta / que por treze dizen tres'.

IX.17 ‡por entender —Todas las ediciones traen 'para entender'. El sentido es 'vamos a comer y mientras comemos vamos hablando, porque después el tiempo lo tendremos ocupado con los amores de nuestro amo'. Con tal sentido, que es el único posible, el *para* no casa. O hay que quitar el *no*, pero entonces no sería mucho menester ir comiendo y hablando. El *It* puntúa después de *tempo:* perchè da poi non ce sarà tempo: de intender de lo amor de questo pazzo = 'porque después no avrá tiempo, de entender en los amores deste loco'. Con tal puntuación es forzoso el sentido 'caso de entender, devido a aver de entender'. Ni en la *Adición* ni antes de esta se ha hablado de los amores de Calisto y la expresión 'comiendo y hablando' no implica que se vaya a hablar necesariamente de eso. Lo más probable es que en las líneas anteriores en los {12} y {13} no se hablaba originariamente del vino, sino ya directamente de los amores de Calisto y Melibea. Después Rojas rehizo este comienzo o lo pasó adelante en los de {30} a {40}, pero se le quedó el cabo suelto del *para*. ∞ *ACD FJM* lo que comes:tal comida *GHKILN* lo que comes, *que* tal comida *It* ciò che mangi:che tal desnar m'ài dato —Omisión del 'que' por haplología.

IX.18 *A D GHK* revesar *C FJM ILN* revessar ∞ *AC* — aquella *D FJM GHKILN* a aquella ∞ ‡'llamar a aquella gentil' es una cosa y 'llamar a aquella, gentil' es otra. La coma es necesaria. ∞ *ACD FJM* y qué hastío *GHKILN* — que hastío

IX.19 *A F* de lagaña se agradan *CD JM GHKILN* de lagañas se agradan —Omisión mecánica, por la s- siguiente. ∞ *AC JM* estoviesse *F* stoviesse *D GHKILN* estuviesse ∞ *ACD* gentil, gentil es Melibea *FJM GHKILN* — gentil es Melibea *Sustitución aparente.* Simple haplografía. La repetición del adjetivo es texto mejor.

gracia que no en Melibea. {21} Que si algo tiene de hermosura, es por buenos atavíos que trae. Poneldos a un palo, también diréis que es gentil. Por mi vida, que no lo digo por alabarme; mas creo que soy tan hermosa como vuestra Melibea.

Areúsa:- {22} Pues no la as tú visto como yo, ermana mía. Dios me lo demande, si en ayunas la topasses, si aquel día pudiesses comer, de asco. Todo el año se está encerrada con mudas de mil suziedades. Por una vez que aya de salir donde pueda ser vista, enviste su cara con hiel y miel, con unas tostadas y higos passados y con otras cosas que, por reverencia de la mesa, dexo de dezir. {23} Las riquezas las hazen a estas hermosas y ser alabadas, que no las gracias de su cuerpo. Que, assí goze de mí, unas tetas tiene, para ser donzella, como si tres vezes oviesse parido: no parecen sino dos grandes calabaças. El vientre no se le é visto, pero juzgando por lo otro, creo que lo tiene tan floxo como vieja de cincuenta años. {24} No sé qué

IX.20 *ACD* entonce lo es *FJM GHKILN* entonces lo es *Sustitución (?).* ∞ *A* entonce acertarán *CD FJM GHKILN* entonces acertarán ∞

‡Todas las ediciones traen *andan (L* anda —por omisión del tilde). Se trata de expresar una imposibilidad y el sujuntivo es obvio. (Cf. 'cuando san Juan agache el dedo, cuando la rana críe pelos, cuando las gallinas muerdan'). El *It:* 'allora sarà, e allora dirai il vero, quando andaranno a doi a doi li dieci commandamenti' pudiera cubrir el castellano: 'entonces será, entonces acertarás, cuando andarán (?) a pares...' pero no suena bien. La mayoría de las posteriores enmiendan 'anden'. *A pares* no es 'muchos', como dice Cejador, sino 'por pares, de dos en dos', tal como lo muestra el *It.* Los 'diez mandamientos' son los diez dedos de las manos. La equiparación viene de expresiones doctrinales antiguas, deformadas popularmente. Cf. *Castigos y documentos del rey don Sancho,* capítulo xi: 'En los braços del rey estavan argollas de oro con piedras preciosas, las cuales eran í puestas a semejança de los diez mandamientos que dio Dios a Moisén; e en la una argolla estavan los cinco e en la otra los otros cinco, a semejança de los cinco dedos de la mano, los cuales sinifican que el rey deve bien guardar estos mandamientos e deve fazer a los que son so él que los guarden'. La expresión está viva en zonas populares de América, v.gr.: 'los diez que te asiento', al dar golpes en la cara con la mano abierta, 'le dejó marcados los diez mandamientos', en la cara después de unas bofetadas. La imposibilidad está en que los dedos de las manos no van o no están por pares, sino de cinco en cinco, en nones. Tal como lo entendió Mabbe: 'then shall both hit right in her when... the ten commandments shall go hand in hand by couples'; Sedeño, IX.27: 'entonces acertarán / cuando a pares andarán / todos los diez mandamientos'. Para la errata presente indicativo / presente sujuntivo, Cf. IX.39 *ande/anda.* ∞ *A GHKILN* conozco *CD FJM* conosco *(sic)*

IX.21 *ACD* en un palo *FJM GHKILN* a un palo *Sustitución.* ∞ *ACD F* dirés *JM GHKILN* direys *(sic) AC* mas que creo que *D FJM GHKILN* mas creo que —Ditografía en *AC.*

IX.22 *AC FJM GHKILN* no la as tú visto *D* no la as − visto ∞ ‡como yo —¡Parecería que viviesen juntas Melibea y la ramera Areúsa! ∞ *ACD FJM GHKI N* la topasses *L* lo topasses ∞ *Todas:* pudiesses (*A* pudieses) ∞ *AC FJM GHKILN* donde pueda *D* donde puede ∞ *ACD G* con unas *FJM HKILN* con uvas *It* con uve ∞ *ACD omiten FJM GHKILN* tostadas y higos passados —Parecería adición, pero la lectura de *ACD* 'con unas y con otras cosas' es claramente trunca. Se trata de una omisión de las primarias subsanada en *E1* o en *E.*

IX.23 *A D HKILN* las hazen a estas *C FJM G* las haze a estas —Simple omisión de la tilde. ∞ *Todas:* oviesse (*A* houiesse) ∞ *A M* no se le − visto *CD FJ GHKILN* no se le (h)é visto ∞ *ACD F* le tiene *JM GHKILN* lo tiene

162

se á visto Calisto, porque dexa de amar a otras que más ligeramente podría aver y con quien más él holgasse; *sino que el gusto dañado muchas vezes juzga por dulce lo amargo.*

Sempronio:- Ermana, paréceme aquí que cada bohonero alaba sus agujas, que el contrario desso se suena por la ciudad.

Areúsa:- {25} Ninguna cosa es más lexos de la verdad que la vulgar opinión. Nunca alegre bivirás, si por voluntad de muchos te riges. Porque estas son conclusiones verdaderas: que cualquier cosa que el vulgo piensa, es vanidad; lo que habla, falsedad; lo que reprueva es bondad; lo que aprueva, maldad. Y pues este es su más cierto uso y costumbre, no juzgues la bondad y hermosura de Melibea, por esso, ser la que afirmas.

Sempronio:- {26} Señora, el vulgo parlero no perdona las tachas de sus señores y assí yo creo que, si alguna toviesse Melibea, ya sería descubierta de los que con ella, más que nosotros, tratan. Y aunque lo que dizes concediesse, Calisto es cavallero; Melibea hijadalgo: assí que los nacidos por linage ‡escogido búscanse unos a otros. Por ende, no es de maravillar que ame antes a esta que a otra.

Areúsa:- {27}Rüín sea quien por rüín se tiene. Las obras hazen linage, que al fin todos somos hijos de Adán y Eva. Procure de ser cada uno bueno por sí y no vaya a buscar en la nobleza de sus passados la virtud.

Celestina:- Hijos, por mi vida, que cessen essas razones de enojo. Y tú, Elicia, que te tornes a la mesa y dexes essos enojos.

IX.24 ‡Todas las ediciones ‘no sé qué se á visto’ —Expresión idiomática paralela de: ‘qué se á pensado / qué se á oído / qué se á dicho / qué se á creído / qué se á sabido’. Sin embargo, dada la confusión de ‘ ʃ /l’ y el *It* ‘che cosa abbia visto in lei Calisto’, la lectura ‘no sé qué le á visto’ también sería posible. ∞ *ACD F* amar otras *JM GHKILN* amar a otras —Ambas lecturas posibles. ∞ ‡*por que* = ‘por la cual’ —*It* per la quale *ACD FJM G* más él holgasse *HKILN* él más holgasse ∞ *ACD GHK* por la cibdad *FJM ILN* por la ciudad ∞ *Adición,* desde ‘sino que el gusto...’ hasta ‘...por dulce lo amargo’ etc. No lo traen *ACD,* adicionan *FJM GHKILN.*

IX.25 *ACD FJM GHKI N* ninguna cosa es *L* ninguna cosa no es ∞ ‡IX.25-27 ‘Ninguna cosa es más lexos...’ hasta ‘...y no vaya a buscar en la nobleza de sus passados la virtud’ es probablemente ya una *adición primera.* ∞ *ACD* lexos de verdad *FJM GHKILN* lexos de *la* verdad *Adición.* ∞ ‡cualquiera cosa que el vulgo piensa —Tomando las palabras del Petrarca (*Remed.* I,11,12,42) y haciéndolas suyas, aquí habla Rojas por boca de Areúsa. *L'homme étant toujours l'auteur!* Demasiado solemnes suenan estas palabras, para una tan pobre disputa burdelera.

IX.26 *ACD FJM GHKI N* y assí *(AC* así) yo creo *L* y assí creyo *(sic)* ∞ *Todas:* toviesse ∞ *ACD JM GHKILN* descubierta *F* descobierta ∞ *AC* más que con nosotros *D FJM GHKILN* más que nosotros *It* più che noi an praticato —El ‘con’ de *AC* es simple repetición del anterior en ‘con ella’. ‡más que nosotros, tratan —Ninguno de los presentes, con excepción de la Vieja, ha tratado con Melibea. La frase es una pulla fina a lo que ha dicho Areúsa atrás en IX.22 ‘pues no la as tú visto, *como yo'.* ∞ *A D FJM GHKILN* los nacidos *C* − nacidos ∞ *AC FJM GHKILN* por linage *D* y por llinage —Pudiera ser ‘de linage’, por confusión de đ/p. ∞ ‡Todas las priores: *escogidos.* Las posteriores enmiendan. La errata es contaminación del plural anterior *nacidos.*

IX.27 ‡rüín —Ya empieza a registrarse en el periodo la pronunciación en una sola sílaba. ‘Ruin-dad’ casi siempre ya no tiene sino dos sílabas. ∞ *Todas:* hijos de *(K* hijos por/p). Cf. en IX.26 posible confusión de đ/p. ∞ *A D FJM GHKILN* Adán/Adã *C* Adam

Elicia:- {28} ¡Con tal que mala pro me hiziesse, con tal que rebentasse *en* comiéndolo! ¿Avía yo de comer con esse malvado, que en mi cara me á porfíado que es más gentil su handrajo de Melibea que yo?

Sempronio:- Calla, mi vida, que tú la comparaste. Toda comparación es odiosa; tú tienes la culpa y no yo.

Areúsa:- {29} Ven, ermana, a comer. No hagas agora esse plazer a estos locos porfíados; si no, levantarme é yo de la mesa.

Elicia:- Necessidad de complazerte me haze contentar a esse enemigo mío y usar de virtudes con todos.

Sempronio:- ¡He, he, he!

Elicia:- {30} ¿De qué te ríes? ¡De mal cancre sea comida essa boca desgraciada y enojosa!

Celestina:- No le respondas, hijo; si no, nunca acabaremos. Entendamos en lo que haze a nuestro caso. Dezidme: cómo quedó Calisto, cómo **le** dexaste, cómo os **podistes** entramos descabullir dél.

Pármeno:- {31} Allá fue, a la maldición, echando fuego, desesperado, perdido, medio loco, a missa a la Magdalena, a rogar a Dios que te dé gracia, que puedas bien roer los uessos destos pollos, y protestando de no bolver a casa hasta oír que eres venida con Melibea en tu arremango. Tu saya y manto, y aun mi sayo, cierto está; lo otro vaya y venga. El cuándo lo dará, no lo sé.

Celestina:- {32} Sea cuando fuere. Buenas son mangas passada la Pascua. Todo aquello alegra que con poco trabajo se gana, mayormente viniendo de

---

IX.28 *ACD FJM HKILN* pro me *G* pro − ∞ *A D FJM HKILN* hiziesse *C* heziesse *G* fiziesse ∞ *ACD FJM HKILN* rebentasse *G* reventasse ∞ *ACD* − comiéndolo *FJM GHKILN Sal-1570* en comiéndolo −*Adición* que corrige la omisión del 'en'. Cf V.22. ∞ *AC FJM GHKILN* esse malvado *D* este malvado ∞ *AC F* andrajo *D JM GHKILN* handrajo −Difícil que la omisión de la h- se deba a Rojas, toledano raizal. Aquí hay que ver en *ACF* la mano de amanuenses o cajistas de Castilla la Vieja. ∞ ‡y no yo −Así todas las ediciones, pero la lectura 'que no yo' también sería posible, por confusión de 'y/&' con 'q̄'.

IX.29 *ACD* de virtud *FJM GHKILN* de virtudes *Sal-1570* de virtud *It* de virtù −En italiano no puede saberse si es singular o plural, pero la expresión es 'usar de virtud'. El que cambió en 'virtudes' se dejó llevar por el plural 'todos'. Junto con *Sal-1570* la mayoría de las posteriores traen el singular.

IX.30 *ACD F* mala *JM GHKILN* mal ∞ *AC* cancre *DF* cançre *JM GHKILN* cáncer −La lectura 'mala' de *ACDF* postula sin duda 'mala cancre' (la -ç- en *DF* es simple errata). En paralelo con *landre* el femenino es muy usual con la forma *cancre*. Con *cáncer* solo se da el masculino (hay además *cancro* y *cangro*). Con todo, Cf. II.24 esse fuerte cancre. ∞ *AC FJM GHKILN* desgraciada *D* desagradecida ∞ *AC F* − enojoso *D* − enojosa *JM GHKILN* y enojosa *It* e fastidiosa ∞ *A D JM GHKILN* no le respondas *C F* no la respondas ∞ *A D ILN* dezidme *C FJM GHK* dezime −Cf. VI.47. ∞ *AC FJM GHKILN* cómo quedó *D* cómo queda & ‡Aquí terminaba la larga *adición primera*, ya en las Comedias, que empezaba en IX.11. ∞ *ACD* lo dexastes *FJM GHKILN* le dexastes *Sustitución (?).* ∞ *ACD* pudistes *FJM GHKILN* podistes *Sustitución (?).* ∞ *AC F* entramos *D JM GHKILN* entrambos

IX.31 *ACD JM GHKILN* fuego *F* huego ∞ *ACD JM GHKILN* Magdalena *F* Madalena ∞ *ACD F GHKILN* que te dé gracia *JM* que te − gracia ∞ *AC* − no bolver *D FJM GHKILN* de no bolver ∞ *ACD FJM C* el cuando *HKILN* − cuando

parte donde tan poca mella haze, de ombre tan rico, que con los salvados de su casa podría yo salir de lazeria, según lo mucho le sobra. {33} No les duele a los tales lo que gastan y según la causa por que *lo* dan; no lo sienten con el embevecimiento del amor, no les pena, no veen, no oyen. Lo cual yo juzgo por otros que é conocido, menos apassionados y metidos en este fuego de amor que a Calisto veo. {34} Que ni comen ni beven, ni ríen ni lloran, ni duermen ni velan, ni hablan ni callan, ni penan ni descansan, ni están contentos ni se quexan, según la perplexidad de aquella dulce y fiera llaga de sus coraçones. Y si alguna cosa destas la natural necessidad les fuerça a hazer, están en el acto tan olvidados, que comiendo se olvida la mano de llevar la vïanda a la boca. {35} Pues si con ellos hablan, jamás conveniente respuesta buelven: allí tienen los cuerpos; con sus amigas, los coraçones y sentidos. Mucha fuerça tiene el amor: no solo la tierra, mas aun las mares traspassa, según su poder. {36} Igual mando tiene en todo género de ombres; todas las dificultades quiebra. Ansiosa cosa es, temerosa y solícita: todas las cosas mira enderredor. Assí que, si vosotros buenos enamorados avés sido, juzgarés yo dezir verdad.

Sempronio:- {37} Señora, en todo concedo con tu razón, que aquí está quien me causó algún tiempo andar hecho otro Calisto, perdido el sentido, cansado el cuerpo, la cabeça vana, los días mal durmiendo, las noches todas velando, dando alvoradas, haziendo momos, saltando paredes, poniendo cada día la vida al tablero, {38} esperando toros, corriendo cavallos, tirando barra, echando lança, cansando amigos, quebrando espadas, ‡subiendo escalas, vistiendo armas, ‡haziendo coplas, pintando motes, sacando invenciones, ‡y otros mil autos de enamorado.‡ Pero todo lo doy por bien empleado, pues tal joya gané.

IX.32 *ACD FJM* donde *GHKILN* de donde —Cf. II.13, IV.57, X.9. ∞ *ACD FJM GHKI N* le sobra *L* le sobraua *(sic)*

IX.33 *ACD FJM GHK* gastan y según *ILN* gastan — según ∞ *ACD* no — sienten *FJM GHKILN* no lo sienten *Adición.* ∞ *AC FJM GHKILN* no veen *D* no ven ∞ *ACD JM GHKILN* fuego *F* huego ∞ ‡que a Calisto veo = 'en que a Calisto veo'. —Es normal la supresión del segundo 'en' después del primero '*en* este'.

IX.34 *AC FJM GHKILN* se olvida *D* se olvidan

IX.35 *AC* conviniente *D FJM GHKILN* conveniente ∞ *AC FJM GHKILN* las mares *D* los mares

IX.36 *A* ansiosa *CD FJM GHKILN* anxiosa —Con -x- es grafía latinizante. Con cualquier grafía la pronunciación era con simple -s-, no con la antigua -x- = /š/. ∞ *AC F* avés *D JM GHKILN* aueys *(sic)* ∞ *Todas:* sido *(sic)* ∞ *AC F* juzgarés *D JM GHKILN* juzgareys

IX.37 *N omite toda una línea:* la cabeça vana, los días mal durmiendo, las noches todas velando, dando *CD F HKIL* durmiendo *A JM G* dormiendo

IX.38 *Todas:* haziendo escalas. —Los enamorados 'ponen escalas', las suben o las bajan; en castellano 'hazer escalas' es trabajo de carpinteros o cordeleros (salva la acepción moderna de parar en distintos puntos de un viaje). El origen de la errata está en 'ʃubiendo' leído como *faziendo,* influido por el 'haziendo' siguiente. En *F,* v.gr., *haziendo coplas* está exactamente debajo de *haziẽdo scalas.* El *It* abrevia los actos de enamorado y no traduce esto de las escalas. ∞ ‡Todas las ediciones traen la frase 'y otros mil actos de enamorado' entre 'vistiendo armas' y 'haziendo coplas'. La frase debe estar al final de la enumeración; ha sido antepuesta. Cf.I.45-46 otra trasposición. ∞ *ACD* mil

165

Elicia:- {39} ¡Mucho piensas que me tienes ganada! Pues hágote cierto que no as tú buelto la cabeça, cuando está en casa otro que más quiero, más gracioso que tú, y aun, que no ande buscando cómo me dar enojo. ¡A cabo de un año que me vienes a ver, tarde y con mal!

Celestina:- {40} Hijo, déxala dezir, que devanea. Mientra más de esso la oyeres, más se confirma en tu amor. Todo es porque avés aquí alabado a Melibea. No sabe en otra cosa qué os lo pagar sino en dezir esso, y creo que no vee la ora que aver comido, para lo que yo me sé. {41} Pues essotra su prima yo me la conozco. — Gozad vuestras frescas mocedades, que quien tiempo tiene y mejor le espera, tiempo viene que se arrepiente. Como yo hago agora, por algunas oras que dexé perder cuando moça, cuando me preciava, cuando me querían. {42} Que ya ¡mal pecado!, caducado é; nadie no me quiere. ¡Que sabe Dios mi buen desseo! — Besaos y abraçaos, que a mí no me queda otra cosa sino gozarme de vello. Mientra a la mesa estáis, de la cinta arriba todo se perdona. Cuando seáis aparte, no quiero poner tassa, pues que el rey no la pone. {43} Que yo sé, por las mochachas, que nunca de importunos os acusen, y la vieja Celestina maxcará, de dentera, con sus botas enzías las migajas de los manteles. Bendígaos Dios, ¡cómo lo reís y holgáis, putillos, loquillos, traviessos! ¿En esto avía de parar el

---

actos *F* mil atos *(sic) JM GHKILN* mil(l) autos ∞ ‡actos de enamorado —Los {37} y {38} son reflejos de I.161-162. La tremenda ironía de Rojas está en poner estos actos de enamorado, propios de un Calisto, a cargo del aprendiz de rufián, que es el Sempronio, y hechos para ganar el amor de la Elicia, la putarrona que tenía consigo al Crito y lo escondió en la camarilla de las escobas, cosa que veladamente se recuerda en IX.39. En el texto se anotan 20 actos de enamorado que el Sempronio llevó a cabo tanto como volar, pero ahí está el busilis del burlesco contraste. Hubo sin duda varias redacciones o modificaciones en estos 'actos de enamorado'. Cf. *Introducción*, IV.C.1.c., p. 210ss. Probablemente después de escritos o de recargados los actos de enamorado, en una segunda redacción Rojas le recargó también las tintas al Sempronio, pintándolo como un cobarde total. Cf. AXII y la Cena 5ª del XII.

IX.39 *ACD F* no as tú buelto *JM GHKILN* no as — buelto ∞ *ACD JM GHKILN* ande (*K* ade *-sic*) *F* anda —Cf. anden a pares IX.20.

IX.40 *A* le oyeres *CD FJM GHKILN* la oyeres ∞ *ACF* su amor *D JM GHKILN* tu amor *It* nel tuo amore ∞ *AC F* avés *D JM GHKILN* aueys *(sic)* ∞ *AC FJM GHKILN* no sabe en otra cosa *D* no sabe otra cosa ∞ *ACF* — qué os lo pagar *D JM GHKILN* en qué os lo pagar —La lectura con los dos 'en' es posible pero es normal la supresión de uno, bien el primero como en *D*, bien el segundo como en *ACF*. Cf. IX.33. ∞ *Todas:* no vee ∞ ‡la (h)ora que aver = 'la ora de aver' —Uso común del periodo. Cf. IV.39, XI.26. Todas las ediciones traen el 'que', pero Sal-1570 ya usa 'de'.

IX.41 *AC K* esotra *FJM GH ILN* essotra *D* esta otra ∞ *ACD* yo me la conozco *FJM GHKILN* yo — la conozco *Supresión aparente*. El 'me' es idiomático y mucho más expresivo. ∞ *AC* gozá *D FJM GHKILN* gozad ∞ ‡quien tiempo tiene... —Rojas mezcla los dos refranes: 'Quien tiempo tiene y tiempo atiende, tiempo viene que se arrepiente' y 'Quien tiempo tiene y tiempo espera, tiempo viene que desespera'. *AC FJM GHKILN* le espera *D* lo espera ∞ *AC FJM GHKILN* me preciava *D* me preciavan —Las dos frases 'preciavan' y 'querían' son corroborativas. La lectura en singular entendería 'cuando yo me preciava' ¿de qué? El *It* 'quando stava in reputazione' (= 'era preciada, me preciavan'), 'e quando era amata' (= 'era querida, me querían'). La lectura correcta es la única en *D*. Cf. IX.47 me precié de llamarme.

IX.42 —

166

nublado de las questioncillas que avéis tenido? ¡ Mirad no derribés la mesa!

(Cena 3ª)

Elicia:- {44} Madre, a la puerta llaman. El solaz es derramado.

Celestina:- Mira, hija, quién es. Por ventura será quien lo acreciente y allegue.

‡ *(Lucrecia (Aparte. Afuera):- Tía Celestina, ¿estás en casa?)*

Elicia:- O la boz me engaña o es mi prima Lucrecia.

Celestina:- Abrele y entre ella y buenos años. Que aun a ella algo se le entiende desto que aquí hablamos; aunque su mucho encerramiento le impide el gozo de su mocedad.

Areúsa:- {45} *Assí goze de mí, que es verdad; que estas que sirven a señoras ni gozan deleite ni conocen los dulces premios de amor. Nunca tratan con parientes, con iguales a quien puedan hablar tú por tú, con quien digan: '¿qué cenaste? ¿estás preñada? ¿cuántas gallinas crías?* {46} *¡llévame a merendar a tu casa! ¡muéstrame tu enamorado! ¿cuánto á que no te vido? ¿cómo te va con él? ¿quién son tus vezinas?' y otras cosas de igualdad semejantes. ¡O tía, y qué duro nombre y qué grave y sobervio es 'señora' contino en la boca!* {47} Por esto me bivo sobre mí, desde que me sé conocer. Que jamás me precié de llamar de otrie sino mía. Mayormente destas señoras que agora se usan. Gástase con ellas lo mejor del tiempo, y con una saya rota, de las que ellas

---

IX.43 *Todas:* mochachas ∞ *A* mascará *CD FJM GHKILN* maxcará —Cf. VI.41-42, VII.19, XII.98. ∞ ‡de dentera —Cf. VII.102. Los retozos de los rufianes con las mochachas le causan *dentera*, y no tiene dientes, ya que mascará con las encías. ∞ *ACD JM GHKILN* bendígaos *F* bendiguas *(sic)* ∞ *AC F* nublado *D JM GHK LN* ñublado ∞ *AC F* avés *D JM GHKILN* aueys *(sic)* ∞ *Todas:* mirá —Caso único de la omisión de la -d en imperativo plural, tanto en las primarias como en las secundarias. Cf. XI.15 la misma palabra enmendada en las secundarias. La omisión no es de Rojas y debe enmendarse. ∞ *ACD F* derribés *JM GHKILN* derribeys *(sic)*

IX.44 Falta aquí un *Aparte. Afuera* con la voz de Lucrecia. Cf. XIV.6. La omisión de cualquier clase de estas frases incidentales no es rara. No he vacilado en introducirla en el texto, a riesgo de echar a perder muchas sesudas elucubraciones sobre la 'voz implícita' o cosa por el estilo. Lo más probable es que la omisión se debió a ser una *adición primera* ya toda la Cena 3ª, o sea, que en una primera redacción se daba:
¡Mirad no derribés la mesa!
Elicia:- Madre, a la puerta llaman. El solaz es derramado.
Celestina:- Mira, hija, quién es; por ventura será quien lo acreciente y allegue.
(Nueva Cena) Lucrecia:- Buena pro os haga, tía y la compaña. Dios bendiga tanta gente y tan onrada.
Al introducirse la adición primera, que es hoy la Cena 3ª (dentro de la cual hay la adición segunda de IX.45-46), el copista descuidó la inclusión de la frase de la voz de Lucrecia, que es de absoluta necesidad. Es muy posible que la tal frase estuviese entrelineada o al margen. ∞ *AC F* ábrela *D JM GHKILN* ábrele —Ambas lecturas son posibles. Punto dudoso.

IX.45 *Adición,* {45} y {46} desde 'Nunca tratan con...' hasta '...contino en la boca'. No lo traen *ACD,* adicionan *FJM GHKILN.*
F GHKILN parientas *JM* parientes.

IX.46 —

167

desechan, pagan servicio de diez años. {48} Denostadas, maltratadas las traen, contino sojuzgadas, que hablar delante dellas no osan. Y cuando veen cerca el tiempo de la obligación de casallas, levántanles un caramillo, que se echan con el moço o con el hijo, o pídenles celos del marido, o que **meten** ombres en casa, o que hurtó la taça o perdió el anillo; {49} danles un ciento de açotes y échanlas la puerta fuera, las haldas en la cabeça, diziendo: 'iallá irás, ladrona, puta; no destrüirás mi casa y onra!' — Assí que esperan galardón, sacan baldón: esperan salir casadas, salen amenguadas; esperan vestidos y joyas de boda, salen desnudas y denostadas. {50} Estos son sus premios, estos son sus beneficios y pagos; oblíganse a darles marido, quítanles el vestido. La mejor onra que en sus casas tienen es andar hechas callegeras, de dueña en dueña, con sus mensages a cuestas. Nunca oyen su nombre propio de la boca dellas, sino 'puta' acá, 'puta' acullá. {51} '¿A dó vas, tinosa? ¿qué heziste, vellaca? ¿Por qué comiste esto, golosa? ¿Cómo ‡no fregaste la sartén, puerca? ¿Por qué no limpiaste el manto, suzia? ¿Cómo dixiste esto, necia? ¿Quién perdió el plato, desaliñada? ¿Cómo faltó el paño de manos, ladrona? ¡A tu rufián le avrás dado! — Ven acá, mala muger: la gallina havada no parece, pues búscala presto, si no, en la primera blanca de tu soldada la contaré'. {52} Y tras esto, mil chapinazos y pellizcos, palos y açotes. No ay quién las sepa contentar, no quién pueda sofrillas. Su plazer es dar bozes, su gloria es reñir. De lo mejor hecho, menos contentamiento muestran. Por esto, madre, é quesido más bivir en mi pequeña casa, esenta y señora, que no en sus ricos palacios, sojuzgada y cativa.

IX.47 *A F* otrie *C* otros *D JM GHK* otre *ILN* otra —Cf. IV.89.

IX.48 *A FJM GHKILN* contino *CD* continuo ∞ *ACD Sal.1570* delante dellas *FJM GHKILN* delante ellas *Supresión aparente*. Ambas formas son posibles. ∞ *A JM GHKILN* cuando veen *CD F* cuando ven ∞ *ACD* mete *It* metteno *FJM GHKILN* mete*n* *Sustitución* que corrige la omisión de tilde en *ACD*.

IX.49 *ACD F* danles *JM GHKILN Sal.1570* danle ∞ *ACD FJM GHK* échanlas (*F* echaa las *-sic*) *ILN Sal.1570* échala ∞ *Todas:* las haldas ∞ *Ms* ladrona, putona, destruïdora de mi casa

IX.50 *A* oblíganseles a dar *CD FJM GHKILN* oblíganse a darles ∞ *Todas:* callejeras —Regularización de la grafía ge/gi. ∞ *AC FJM GHKILN* propio *D* pròprio

IX.51 *Todas:* f/heziste ∞ ‡*Todas:* como fregaste, —Pero la omisión del 'no' es muy fácil por los rasgos semejantes de 'co*mo no*'. El *It* trae la lectura obvia, por tratarse de un oficio por hacer: 'perchè non ài ben lavate le scutelle, porca?' —Cf. el siguiente 'por qué *no* limpiaste'. ∞ *A* sertén *CD FJM GHKILN* sartén ∞ *ACD FJM* dixiste esto *GHKILN* dexiste esto ∞ *A D JM GHKILN* suzia *C F* çuzia —Es bastante probable que Rojas, como castellano nuevo, escribiese y pronunciase: çuzio - çofrir/çufrir - cenzillo - çorzir/çurzir - açufre - çoçobra etc. ∞ ‡la gallina havada —gallina jabada es más o menos lo que 'sarabiada'. La canta popular dice: 'la gallina, la jabada, / puso un güevo en la ramada; / la gallina sarataca / puso un güevo en la petaca' etc. ∞ ‡la primera blanca = 'en el primer dinero que te pague de tu sueldo, lo descontaré'.

IX.52 *ACD FJM H* chapinazos y pellizcos *G KIL* chapinazos, pellizcos (*K* capinazos *-sic*) *N* chapinazos ∞ *AC FJM GHK* las sepa *D ILN* les sepa ∞ *ACD JM GHKILN* pueda *F* puede ∞ *AC* sofrillas *D* ‛sufrillas *FJM* sofrirlas *GHKILN* sufrirlas —*Supresión aparente.* de -ll- por -rl- en infinitivo + pronombre. ∞ *ACD* quesido (*D* quesydo) *FJM GHKILN* querido —*Supresión aparente.* Sin duda la forma usada por Rojas es 'quesido'.

168

Celestina:- {53} En tu seso as estado, bien sabes lo que hazes. Que los sabios dizen que vale más una migaja de pan con paz, que toda la casa llena de vïandas con renzilla. Mas agora cesse esta razón, que entra Lucrecia.

(Cena 4ª)

Lucrecia:- {54} Buena pro os haga, tía, y la compañía. Dios bendiga tanta gente y tan onrada.

Celestina:- ¿Tánta, hija? ¿Por mucha as esta? Bien parece que no me conociste en mi prosperidad, oy á veinte años. ¡Ay, quien me vido y quien me vee agora, no sé cómo no quiebra su coraçón de dolor! Yo vi, mi amor, a esta mesa, donde agora están tus primas assentadas, nueve moças de tus días, que la mayor no passava de deziocho años y ninguna avía menor de catorze. {55} Mundo es, passe, ande su rueda, rodee sus alcaduces, unos llenos, otros vazíos. Ley es de fortuna que ninguna cosa en un ser mucho

---

Cf. X.2 y 7.

‡Al final de este parlamento de Areúsa, el *Ms* comenta: 'parece que podría nuestro autor ser repreendido de mala orden o composición en este caso, que aya compuesto que se oviesse platicado las pláticas precedentes después que Lucrecia llamó. En tan breve distancia de tiempo, en solo irle a abrir y ella subir, que parece mucho, y que no avía de fingir que tanto se tardasse en solo subir. Y a esto se puede responder que lo hizo y pudo muy bien parecer aver podido ser, porque se pudo muy bien Lucrecia detener gran rato con quien la fue a abrir, preguntándole quiénes *(sic)* estavan arriva *(sic)* y otras cosas y ansí que en esto la obra no tiene defeto de mala composición y traça'.

Esta escena es reflejo, imitación y aun paliación de I.87-113. Pero la escena de Cota es más inhábil que esta. Aquí baja Elicia a abrir y es plausible lo que dice el Comentador Anónimo, que pueden haberse demorado un poco hablando. La espera es aquí de 37 líneas en *F*. Allá, en cambio, sin pretexto de demora plausible, está Sempronio y la Vieja a la puerta hasta echar raíces, mientras Pármeno expone todas las habilidades y el almacén cosmético-hechiceril de la Vieja, en interminables 129 líneas de *F*, y encima de todo, Calisto, en I.120 se muestra impaciente porque no abren ligero. Por cierto que sobre este defecto del Auto I el Comentador Anónimo no dice nada. Los omniscientes críticos modernos hablan de 'tiempo elástico' y otras profundeces. La explicación que da el maestro Bataillon, de que en realidad Lucrecia ya había subido y ha escuchado el largo parlamento, no puede aceptarse ante el texto del Comentador Anónimo. Este Comentador es de la generación siguiente a la de Rojas y escribe cuando la *Celestina* tiene mayor popularidad y es más leída. ¿Cómo es posible que no se le ocurra la explicación que da el maestro Bataillon, a quien tan minuciosamente comenta, estudia y copia el texto? No podemos hoy hacer que el texto diga lo que no dijo a los contemporáneos y casi coetáneos de Rojas.

IX.53 —

IX.54 *ACD FJM GHK* y la *ILN* y a la ∞ *ACD GHKILN* compaña *FJM* compañía ∞ ‡oy á veinte años —Según los 65 años, término medio, que le supongo a la edad de la Vieja, su *acme leonia* tuvo lugar hacia sus 45 años. Lo que se llama 'una cabrona joven'. ¿Cómo le darían la cuchillada de la cara? ∞ *Todas:* me vido / me vee / yo vi ∞ *A FJM GHK* — esta mesa *CD ILN* a esta mesa —La 'a' es necesaria: su omisión es simple descuido. ∞ *A FJM GHKILN* deziocho *C* diezocho *D* diez y ocho ∞ *AC FJM GHKILN* menor *D* menos ∞ *AC* catorze *(sic) D FJM GHKILN* quatorze ∞ ‡nueve moças —Entre los 14 y 18 años, genuinos bocados primaveriles, saboreados naturalmente por la clerecía. *Vide infra.* Con su mitomanía, quizás exagera la Vieja, pero tres o cuatro pupilas no era mal número.

tiempo permanece: su orden es mudanças. No puedo dezir sin lágrimas la mucha onra que entonces tenía; aunque por mis pecados y mala dicha poco a poco á venido en diminución. {56} Como declinavan mis días, assí se diminüía y menguava mi provecho. Proverbio es antigo, que cuanto al mundo es o crece o descrece. Todo tiene sus límites, todo tiene sus grados. Mi onra llegó a la cumbre, según quien yo era; de necessidad es que desmengüe y se abaxe. Cerca ando de mi fin. En esto veo que me queda poca vida. {57} *Pero bien sé que sobí para decender, florecí para secarme, gozé para entristecerme, nací para bivir, biví para crecer, crecí para envegecer, envegecí para morirme. Y pues esto antes de agora me consta, sofriré con menos pena mi mal; aunque del todo no pueda despedir el sentimiento, como sea de carne sentible formada.*

Lucrecia:- {58} Trabajo tenías, madre, con tantas moças, que es ganado muy **penoso** de guardar.

Celestina:- ¿Trabajo, mi amor? Antes descanso y alivio. Todas me obedecían, todas me onravan, de todas era acatada, ninguna salía de mi querer, lo que yo dezía era lo bueno, a cada cual dava cobro. No escogían más de lo que yo les mandava: coxo o tuerto o manco, aquel avían por sano que más dinero me dava. {59} Mío era el provecho, suyo el afán. Pues servidores, ¿no tenía por su causa dellas? Cavalleros, viejos y moços; abades de todas dinidades, desde obispos hasta sacristanes. En entrando por la iglesia, vía derrocar bonetes en mi onor, como si yo fuera una duquesa. {60} El que

---

IX.55 *AC* alcaduzes *D FJM GHKILN* alcaduces —Cf. I.104 altramuzes/-uces. ∞ *AC FJM GHKILN* en un ser *D* en su ser

IX.56 *ACD FJM* como declinavan *GHKILN* y como declinavan ∞ *ACD F GHKILN* mis días *JM* ya mis días ∞ *ACD F GHKI* diminuya *(sic) JM LM* deminuya *(sic)* ∞ *A* antigo *CD FJM GHKILN* antiguo ∞ *AC FJM GHKILN* al mundo *D* en el mundo ∞ *ACD JM GHKILN* descrece *F* decrece ‡descrece —El prefijo des- es negativo, Cf. III.10 *desmengüe*, en que el prefijo es intensivo, y lo mismo aquí. ∞ *A* y abaxe *CD FJM GHKILN* y se abaxe —Cf. *Sal.1570* que se desmengüe y se abaxe

IX.57 *Adición*, desde 'Pero bien sé que...' hasta '...carne sentible formada'. No lo traen *ACD*, adicionan *FJM GHKILN*.
FJM GHKILN sobí *(sic) FJM* de(s)cender *GHKILN* de(s)cendir ∞ *FJM HKILN* consta *G* costa —Latinismo no muy difundido en el periodo. *G* refleja la pronunciación real. Cf. OA.3, X.22, OA.1 obstar, jactarse. ∞*FJM* sofriré *GHKILN* sufriré ∞ *FJM GHKILN* sentible —Semicastellanización del latinismo 'sensible'.

IX.58 *ACD ILN* ternías *FJM GHK* tenías —Simple omisión de la -r-. ∞ *ACD* trabajoso *FJM GHKILN* **penoso** Sustitución. ∞ *ACD* dava su cobro *FJM GHKILN* dava — cobro *Supresión aparente.* 'Dar recaudo o recado / dar aparejo / dar cobro' son expresiones paralelas y casi sinónimas. Todas son de doble sentido, no se acentúa con el posesivo *su*. Esta es la razón de la supresión, que no creo sea de Rojas. 'Dar su cobro' es dar a cada cual (hombres y mujeres) lo que les venía bien, 'lo suyo', lo que apetecían o les satisfacía sexualmente. ∞ *ACD JM GHKILN* lo que yo les mandava *F* lo que — les mandava ∞ *ACD F* por sano que más dinero *JM GHKILN* por sano quien más dinero —La construcción castellana típica '*aquel* es justo *que* cumple la ley' no es usual ni normal con 'quien' en lugar de 'que'. Es una simple errata de mala lectura. Cf. VI.53 *aquel* es visto hazer el daño *que* da la causa.

IX.59 *ACD* viejos y moços *FJM GHKILN* viejos, moços *Supresión aparente*, a pesar del *It* vecchi, gioveni. La Vieja contrapone caballeros a curas (= 'abades'), o sea gente de la nobleza y gente de la iglesia. (*Abades* significa en el periodo, y hasta Cervantes, lo que

menos avía de negociar comigo, por más rüin se tenía. De media legua que me viessen, dexavan las Oras: uno a uno, dos a dos, venían a donde yo estava, a ver si mandava algo, a preguntarme cada uno por la suya. **Que ombre avía, que estando diziendo missa, en viéndome entrar, se turbava, que no hazía ni dezía cosa a derechas.** {61} Unos me llamavan señora, otros tía, otros enamorada, otros vieja onrada. Allí se concertavan sus venidas a mi casa, allí las idas y ‡las suyas, allí se me ofrecían dineros, allí promessas, allí otras dádivas, besando el cabo de mi manto, y aun algunos en la cara, por me tener más contenta. Agora áme traído la fortuna a tal estado, que me digas: ¡buena pro te hagan las çapatas!

Sempronio:- {62} Espantados nos tienes con tales cosas como nos cuentas de essa religiosa gente y benditas coronas. ¡Sí que no serían todos!

Celestina:- No, hijo, ni Dios lo mande que yo tal cosa levante. Que muchos viejos devotos avía con quien yo poco medrava, y aun que no me podían

---

hoy diríamos *curas* o *clérigos*). La Vieja dice: de los nobles, viejos y mozos; de los clérigos, desde obispos hasta sacristanes. Por ello es inaceptable la supresión del 'y'. — Cf. IX.52 chapinazos y pellizcos, X.4 mar y tierra. En esta parte de la obra, final del IX y comienzo del X, ha metido mano un enemigo de la conjunción 'y' y del 'que' (Cf. supra IX.58 *aquel... quien,* infra X.4 *a ti, el cual),* inhábil y de mal sentir en castellano. ∞ *AC FJM GHKILN* vía derrocar (*L* derrochar) *D* veya (= veía) derrocar. —Cf. I.146 dessec(h)ar, VIII.16 hinc(h)ar. ∞ *A D FJM GHKILN* en mi (h)onor *C omite* ∞ *A* dequesa *(sic) C L* duquessa *D FJM GHKI N* duquesa —Debiera ser *condessa, duquessa, princessa* pero lo cierto es que constantemente se pronuncian con -s- sonora y en consecuencia la grafía es con -esa, que las rimas absolutamente confirman (¿analogía con *marquesa?).* Con el galicismo *deessa* pasa lo mismo, en las dos formas que se registran *deesa / diesa* (¿analogía de la -s- sonora de *diosa?).* En *abades(s)a* hay vacilación.

IX.60 *AC F* avía qué *D JM GHKILN* avía de —Confusión de q/d. —El que menos avía (= tenía) qué negociar conmigo, por más rüin 'se tenía' (= 'se consideraba a sí mismo' = 'era considerado por los demás'). ∞ *A JM GHKILN* comigo *CD F* conmigo ∞ *AC FJM GHKILN* uno a uno *D* uno y uno —Confusión de a/&. ∞ *ACD* Que ombre avía, que estando diziendo missa, en viéndome entrar se turbava, que no hazía ni dezía cosa a derechas. *FJM GHKILN It* En viéndome entrar se turbavan, que no hazían ni dezían cosa a derechas. *F* cosas *ACD JM GHKILN* cosa —‡Se trata de un *Sustitución* que desindividualiza la turbación al suprimir el detalle del hombre diciendo misa. Como en esta parte del Auto IX y comienzo del X tiene metidas sus pezuñas el enemigo de la *y* y del *que,* es muy posible que sea él el responsable del aprudentamiento del texto aquí. No se ve la razón de la sustitución por parte de Rojas. Ante la duda debe dejarse el texto de *ACD,* pero marcado de todos modos como sustitución.

IX.61 *Todas:* las idas a la suya —Pero es contagio del singular precedente 'a mi casa'. El *It* trae correcto: 'quando loro doveano venire in casa mia e quand'io doveva mandarle a le loro'. La corrección se impone absolutamente, porque los clérigos no vivían todos en una misma casa. ∞ *AC FJM GHKILN* se me ofrecían *D* — me ofrecían ∞ *AC* prómesas *D FJM GHKILN* promessas ∞ *ACD FJM G* buena pro — hagan *HKILN* buena pro te hagan (*K* por -*sic*) —El 'te' es intencional y el *It* lo trae: 'che tu m'abbii a dire: buon pro te facciano le scarpe'. La expresión es la misma que hoy se dice: '¡que te duren las suelas con esa caminadera!' Las 'busconas' y 'nocheras' se llaman también 'caminadoras' ('caminaderas' en el viejo castellano). La Vieja diz que está reducida a tal estado ¡y con sus años! Exagera jocosamente.

171

ver; pero creo que de embidia de los otros que me hablavan. {63} Como la clerezía era grande, avía de todos: unos muy castos, otros que tenían cargo de mantener a las de mi oficio. Y aun todavía creo que no faltan. Y embïavan sus escuderos y moços a que me acompañassen; y a penas era llegada a mi casa, cuando entravan por mi puerta muchos pollos y gallinas, ansarones, anadones, perdizes, tórtolas, perniles de tocino, tortas de trigo, lechones. {64} Cada cual, como lo recebía de aquellos diezmos de Dios, assí lo venían luego a registrar, para que comiesse yo y aquellas sus devotas. Pues, ¿vino no me sobrava? ¡De lo mejor que se bevía en la ciudad! Venido de diversas partes: de Monviedro, de Luque, de Toro, de Madrigal, de San Martín y de otros muchos lugares, {65} y tantos, que aunque tengo la diferencia de los gustos y sabor en la boca, no tengo la diversidad de sus tierras en la memoria. Que harto es ‡querer que una vieja como yo, en oliendo cualquiera vino, diga de dónde es. Pues otros, curas sin renta, no era ofrecido el bodigo, cuando, en besando el feligrés la estola, era del primero boleo en mi casa. {66} Espessos, como piedras a tablado, entravan mochachos cargados de provisiones por mi puerta.   ¡No sé cómo puedo bivir, cayendo de tal estado!

Areúsa:- Por Dios, pues somos venidas a aver plazer, no llores, madre, ni te fatigues; que Dios remediará todo.

IX.62 ‡benditas coronas = 'clérigos' por la tonsuras así llamados.

IX.63 *ACD JM GHKILN* clerezía *F* cleresía *(sic)* —En la grafía de *F* se le ven las manos al cajista de habla catalana o valenciana. ∞ *ACD FJM HKI* no faltan *G* no faâtara *(sic) LN* no falta ∞ *ACD JM GHKILN* ansarones *F* anserones ∞ ‡perniles de tocino = 'jamones de puerco o marrano'. Cf. VIII.31.

IX.64 *ACD JM GHKILN* recebía *F* recibía ∞ *ACD F* lo venían *JM GHKILN* lo venía ‡Cada cual... lo venían / lo venía —La concordancia puede hacerse en plural o en singular. *Sal.1570* trae plural. ∞ *ACD FJM HKILN* registrar *G* registar —*G* trae la forma culta originaria. El castellano desde la introducción de la palabra usó la forma con -r-. Cf. modernamente: balastro, balastre: —Cf. XXI.31 Egistro. ∞ *AC G* cibdad *D FJM HKILN* ciudad

IX.65 ‡*Todas:* que harto (*C* farto) es - que una vieja como yo en oliendo cualquiera vino diga de dónde es. *It* che assai è che una vecchia como io, a odorare solamente el vino, sappia dir subito de che luogo è. —Lo que precede es claro: los lugares de donde venía el vino eran tantos que 'aunque tengo la diferencia de los gustos y sabor en la boca (= al probarlos distingo bien un sabor de otro), no tengo la diversidad de sus tierras en la memoria (= no recuerdo de cuál o cuál tierra son, no puedo decir a qué tierra corresponda cada gusto y sabor). Pero entonces la frase que sigue no hace sentido, resulta contradictoria. Simplemente lo que ocurre es que se ha sido omitido un infinitivo. Los dos posibles serían *esperar* (espar) *querer* (q̄rer, q̄r). La traducción de Barth trata de llenar el hueco y Sedeño rellena: 'Y es harto tener tal tino / una vieja, ya después / que tanta edad le previno, / en oliendo cualquier vino / dezir luego de dónde es'. Mabbe no traduce la frase problemática y los ingleses modernos (Singleton, Cohen, Simpson) agregan *to expect*. *Esperar* es casi sinónimo aquí de *querer* (= pretender); pero la haplografía no podría darse con *esperar* (sprar, esprar) en cambio es perfectamente posible en una frase así: 'que harto es q̄r q̄ una vieja...' La introducción de 'querer' se impone. ∞ *ACD JM GHKILN* no era ofrecido *F* no – ofrecido ∞ *A* filigrés *CD FJM GHKILN* feligrés ∞ *ACD HKILN* primer boleo *FJM G* primero boleo

IX.66 *ACD JM GHKILN* a tablado *F* al tablado ∞ *ACD F HK* mochachos *JM G ILN* muchachos ∞ —‡Los {62}-{66} desde 'Espantados nos tiene...' hasta '...provisiones

172

Celestina:- {67} Harto tengo, hija, qué llorar, acordándome de tan alegre tiempo y tal vida, como yo tenía, y cuán servida era de todo el mundo. Que jamás hovo fruta nueva, de que yo primero no gozasse, que otros supiessen si era nacida. En mi casa se avía de hallar, si para alguna preñada se buscasse.

Sempronio:- {68} Madre, ningún provecho trae la memoria del buen tiempo, si cobrar no se puede; antes tristeza, como a ti agora, que nos as sacado el plazer dentre las manos. Alcese la mesa. Irnos emos a holgar y tu darás respuesta a **esta** donzella que aquí es venida.

(Cena 5ª)

Celestina:- {69} Hija Lucrecia, dexadas essas razones, querría que me dixesses a qué fue agora tu buena venida.

Lucrecia:- Por cierto, ya se me avía olvidado mi principal demanda y mensage, con la memoria de esse tan alegre tiempo como as contado, y assí me estuviera yo un año sin comer, escuchándote y pensando en aquella vida buena que aquellas moças gozarían, que me parece y semeja que estó yo agora en ella. {70} Mi venida, señora, es lo que tú sabrás: pedirte el ceñidero y demás desto, te ruega mi señora sea de ti visitada, y muy presto, porque se siente muy fatigada de desmayos y *de* dolor del coraçón.

Celestina:- Hija, destos dolorcillos tales, más es el rüído que las nuezes. Maravillada estoy sentirse del coraçón muger tan moça.

Lucrecia (Aparte):- {71} (¡Assí te arrastren, traidora! ¡Tú no sabes qué es? Haze la vieja falsa sus hechizos y vase; después házese de nuevas).

Celestina:- ¿Qué dizes, hija?

Lucrecia:- Madre, que vamos presto y me des el cordón.

Celestina:- Vamos, que yo le llevo.

---

por mi puerta' son una *primera adición,* ya en el texto de las Comedias. ∞ *ACD JM GHKILN* cómo puedo bivir *F* como me puedo bivir ∞ *ACD JM GHKILN* a (h)aver plazer *F* − hauer plazer *(sic)* ∞ *ACD ILN* lo remediará *FJM GHK* − remediará

IX.67 *Todas:* harto ∞ *AC* acordándome a tan alegre *D FJM GHKILN* acordándome de tan alegre —Confusión de a/d. ∞ ‡que jamás ovo... = 'que jamás ovo fruta nueva que otros supiessen si era nacida, de que yo primero no gozasse' —Lenguaje hablada o dictada. ∞ *ACD JM GHKILN* hallar *F* alla (!)

IX.68 *A* ningund —Barbarismo gráfico *CD FJM GHKILN* ningún ∞ *ACD FJM GHK N* dentre *(sic) IL* de entre / d'entre ∞ *ACD* a essa *FJM GHKILN* a es*t*a *Sustitución.*

IX.69 *ACD ILN* estas razones *FJM GHK* essas razones ∞ *A D FJM* dixiesses *C GHKILN* dixesses ∞ *ACD FJM G* Y assí me estuviera *HKILN* − assí (*K* así) me estuviera

IX.70 *ACD FJM G* Y demás *HKILN* − demás ∞ *ACD* y − dolor *FJM GHKILN* y de dolor *Adición.*

IX.71 *ACD FJM* tú no sabes *GHKILN* como tú no sabes ∞ *ACD FJM GHK* haze la vieja *ILN* házese la vieja ∞ *ACD FJM GHKI N* f/házese (*G* haz se) de nuevas *L* hazerse de nuevas ∞ *ACD FJM* le llevo *GHKILN* lo llevo

J Valencia: Juan Joffre, 1514. Auto VIII.

Perſonen des zehenden Geſprächs. Melibia/
Sceleſtina/Lucretia/Aliſa.

Augsburgo: Christof Wirsung, 1534. Segunda traducción alemana. Auto X.

Auto X.

AX. Argumento del décimo auto.

Mientra andan Celestina y Lucrecia por el camino, está hablando Melibea consigo misma. Llegan a la puerta. Entra Lucrecia primero. Haze entrar a Celestina. Melibea, después de muchas razones, descubre a Celestina arder en amor de Calisto. Veen venir a Alisa, madre de Melibea. Despídense de en uno. Pregunta Alisa a Melibea su hija de los negocios de Celestina, defendiéndole su mucha conversación.

AUTO X. {1 a 54}. Melibea, Celestina, Lucrecia, Alisa.

(Cena 1ª Soliloquio de Melibea).

Melibea:- {1} ¡O lastimada de mí! ¡O mal proveída donzella! ¿Y no me fuera mejor conceder su petición y demanda ayer a Celestina, cuando de parte de aquel señor, cuya vista me cativó, me fue rogado, y contentarle a él y sanar a mí, que no venir por fuerça a descobrir mi llaga, cuando no me sea agradecido, {2} cuando ya, desconfïando de mi buena respuesta, aya puesto sus ojos en amor de otra? ¡Cuánta más ventaja toviera mi prometimiento rogado, que mi ofrecimiento forçoso! ¡O mi fïel crïada Lucrecia! ¿Qué dirás de mí? ¿Qué pensarás de mi seso cuando me veas publicar lo que a ti jamás é quesido descobrir? {3} ¡Cómo te espantarás del rompimiento de mi onestidad y vergüença que siempre, como encerrada donzella, acostumbré tener! No sé si avrás barruntado de dónde proceda mi dolor. ¡O, si ya viniesses con aquella medianera de mi salud! {4} ¡O soberano Dios! A ti, que todos los atribulados llaman, los apassionados piden remedio, los llagados medicina; a ti, que los cielos, mar y tierra, con los infernales centros obedecen; a

---

AX Argumento del décimo auto *ACD JM GHKILN (F no lo trae). Todas:* décimo ∞ *ACD JM* auto *GHKILN* aucto ∞ *AC JM GHKILN* andan *D* anda ∞ *AC* por − camino *D JM GHKILN* por el camino ∞ *AC JM GHKILN misma D* mesma ∞ *ACD J* llegan *M* legan *GH ILN* llegada *K* legada ∞ *ACD JM* en amor *GHKILN* en amores ∞ *AC J* a Melibea *It &* Melibea *(sic) D M GHKILN* a Melibea, su hija *ACD JM GHKILN* defendiole *ORTTUWXCcEe* defendiole *Ff* defiéndele *QSBbGg* defendiéndole *It* defendendoli −El *It* indica que el paso brusco al pretérito 'defendiole' es simple haplografía de 'defēdiēdole'. *Ff* corrige al presente, obvio tras *veen, despídense, pregunta.*

X. *A* Mel. Cel. Luc. Page Ali. *CD* Mel. Luc. Cel. Ali. *JM HK* Mel. Cel. Luc. Ali. *G* Cel. Mel. Luc. Ali. *IN* Mel. Cel. Ali. Luc.

X.1 *Todas:* descobrir

X.2 *AC FJM GHKILN* ya desconfïando *D* ya desconfïança ∞ *ACD JM GHKILN* aya puesto *F* aya puestos ∞ *Todas:* toviere ∞ *ACD FJM HKILN* qué dirás *G* qué dirías ∞ *ACD* (h)é quesido *FJM GHKILN* (h)é querido ∞ *Sustitución aparente,* no de Rojas, Cf. IX.52 y X.7. ∞ *AC FJM GHKILN* descobrir *D* descubrir

X.3 *Todas:* de dónde −No es de extrañar que en esta parte, final del IX y comienzo del X, donde ha metido manos un desmañado corrector oficioso, aparezca este *de dónde,* lo mismo que en IX.65, los cuales no son de Rojas. Cf. IX.32 y X.9. ∞ *A* procede *CD FJM ILN* proceda *GHK* procedía ∞ *A* veniesses *CD FJM GHKILN* viniesses

ti, que todas las cosas a los ombres sojuzgaste, úmilmente suplico: des a mi herido coraçón sofrimiento y paciencia, con que mi terrible passión pueda dissimular. {5} No se desdore aquella hoja de castidad que tengo assentada sobre este amoroso desseo, publicando ser otro mi dolor, que no el que me atormenta. Pero, ¿cómo lo podré hazer, lastimándome tan crüelmente el ponçoñoso bocado, que la vista de su presencia de aquel cavallero me dio? {6} ¡O género femíneo, encogido y frágile! ¿Por qué no fue también a las hembras concedido poder descobrir su congoxoso y ardiente amor, como a los varones? ¡Que ni Calisto biviera quexoso ni yo penada!

(Cena 2ª)

Lucrecia (Aparte. Afuera):- {7} Tía, detente un poquito cabe esta puerta. Entraré a ver con quién está hablando mi señora. Entra, entra, que consigo lo á.

Melibea:- Lucrecia, echa essa antipuerta. — ¡O vieja sabia y onrada, tú seas bienvenida! ¿Qué te parece, cómo á quesido mi dicha y la fortuna á rodeado que yo tuviesse de tu saber necessidad, para que tan presto me hoviesses de pagar, en la misma moneda, el beneficio que por ti me fue demandado para esse gentilombre, que curavas con la virtud de mi cordón?

Celestina:- {8} ¿Qué es, señora, tu mal, que assí muestra las señas de su tormento en las coloradas colores de tu gesto?

Melibea:- Madre mía, que me comen este coraçón serpientes dentro de mi

---

X.4 *ACD JM GHKILN* apassionados *F* passionados ∞ *Todas:* medicina *(sic)* — Rojas usa *melezina,* la forma tradicional, medio castellanizada del latinismo. Cf. en este mismo auto X.10, 12, 20bis y 28. Confirma lo dicho sobre una mano extraña metida en esta parte. ∞ *ACD* mar y tierra *FJM GHKILN* mar, tierra —Otra supresión injustificada. Se trata de los cielos, el mar y la tierra, en su conjunto, y los *centros infernales.* Al suprimir la conjunción se tienen cuatro cosas separadas; obsérvese que el *con* sirve para evitar un nuevo *y.* ∞ *Todas:* a ti, el cual [qual - q̄l] todas las cosas *It* a te il quale... —No solo es la ruptura del esquema *a ti, que* sin razón alguna, sino que *el cual* aquí no es castellano normal del periodo. Ni siquiera cabe en este último caso la forma *el que / al que,* que sí es posible en los dos primeros casos. Aquí se ve la mano de alguien que no es Rojas y que con este *a ti, el cual* casi ni de habla castellana nativa parece. ∞ ‡úmilmente —Este adverbio viene de I.72, pero este Soliloquio de Melibea es muy superior al que Cota pone en boca de Calisto, parodia allá de un himno religioso. ∞ *AC F* sofrimiento *D JM GHKILN* sufrimiento

X.5 ‡no se desdore... 'Que sobre (= acerca de, por causa de) este amoroso desseo no se desdore aquella hoja (= fama, buena opinión) de castidad que tengo apossentada (= afirmada, bien fundada)... ∞ *A D FJM GHKI N* este amoroso desseo *C L* esto *(sic)* amoroso desseo ∞

X.6 *A FJM GHKILN* descobrir *CD* descubrir ∞ ‡Puntos que indican la intromisión de una mano extraña en este Soliloquio: (a) sustitución de *quesido,* que Rojas usa, por *querido.* (b) *de donde* en lugar del simple *donde* (= de donde), que Rojas usa. (c) *medicina* en lugar de la forma rojana *melezina.* (d) en *mar y tierra* de *ACD,* supresión de la conjunción en *FJM, GHKILN.* (e) *a ti, el cual* en lugar del castellano normal *a ti, que.*

X.7 *AC* cabo *D FJM GHKILN* cabe ∞ *ACD F GHKILN* antepuerta *JM* antipuerta ∞ *AC* que ha sido *(sic) D* — ha sido *(sic) FJM GHKILN* (h)á quesido —Cf. X.2. ∞ *AC FJM GHKILN* mi dicha *D* mi desdicha ∞ *Todas:* tuuiesse *(sic)* ∞ *Todas:* (h)ouiesses *(sic)* ∞ *Todas:* misma (sic)

cuerpo.

Celestina (Aparte):- ¡Bien está; assí lo quería yo! ¡Tú me pagarás, doña loca, la sobra de tu ira.

Melibea:- {9} ¿Qué dizes? ¿As sentido en verme alguna causa donde mi mal proceda?

Celestina:- No me as, señora, declarado la calidad del mal. ¿Quieres que adevine la causa? Lo que yo digo es que recibo mucha pena de ver triste tu graciosa presencia.

Melibea:- Vieja onrada, alégramela tú, que grandes nuevas me an dado de tu saber.

Celestina:- {10} Señora, el sabidor solo Dios es; pero como para salud y remedio de las enfermedades, fueron repartidas las gracias en las gentes, de hallar las melezinas, dellas por esperiencia, dellas por arte, dellas por natural instinto, alguna parte alcançó a esta pobre vieja, de la cual al presente podrás ser servida.

Melibea:- {11} ¡O que gracioso y agradable me es oírte! Saludable es al enfermo la alegre cara del que le visita. Paréceme que veo mi coraçón entre tus manos, hecho pedaços; el cual, si tú quisiesses, con muy poco trabajo juntarías con la virtud de tu lengua. No de otra manera que cuando vio en sueños aquel grande Alexandre, rey de Macedonia, en la boca del dragón la saludable raíz con que sanó a su crïado Tolomeo, del bocado de la bívora. {12} Pues, por amor de Dios, ‡te despoges para **más** diligente entender en mi mal, y me des algún remedio.

Celestina:- Gran parte de la salud es dessearla, por lo cual creo menos peligroso ser tu dolor. Pero para yo dar, mediante Dios, congrua y saludable melezina, es necessario saber de ti tres cosas. La primera, a qué parte de tu cuerpo más declina y aquexa el sentimiento. {13} ‡La otra, si es nuevamente por ti sentido, porque más presto se curan las tiernas enfermedades en sus principios, que cuando an hecho curso en la perseveración

---

X.8 *ACD FJM GHK* muestra *ILN* muestras ∞ *ACD FJM H* su tormento *G KILN* tu tormento ∞ ‡en las coloradas colores de tu gesto = 'en los rojos colores de tu cara'. ∞ *Todas:* que me comen *It* che me mangiano il cor —Muchas posteriores suprimen el *me*. ‡Desde 'Madre mía...' hasta '...sobra de tu ira' es una *adición primera* ya en las Comedias, y un tanto impropia esta. Cf. *Introducción,* IV.B.1.a, p. 61ss.

X.9 *AC FJM GHKLN* donde *D* de donde —Cf. IX.32, X.3. ∞ *AC FJM* calidad *D GHKILN* qualidad / q̃lidad ∞ *AC FJM GHKI N* de ver triste tu *L* de ver tu triste

X.10 *Todas:* el sabidor solo Dios es *(sic) ACD F ILN* repartidas *JM GHK* reputadas —Confusión de ar/u. —Cf. purgar/pagar IV.68, VII.31. ∞ ‡dellas... —Enumerativo. Cf. VI.66-67. Toda la frase enumerativa es ya una *Adición primera.* Vide Introducción, IV.B.1.a., p. 61ss. ∞ *AC FJM GHK* esperiencia *D ILN* experiencia ∞ *AC F GHKILN* partezica *JM* partezilla

X.11 Desde 'Saludable es al enfermo...' hasta '...bocado de la bívora,' es ya una *Adición primera,* no muy feliz ni pertinente. Solo el que conozca el pasaje en Petrarca (*Rer. memor.* IV,3,22) puede entenderlo cabalmente.

X.12 *ACD F M GHKILN* te despojes *(sic) J* te despoyes *(sic) It* che te spogli — ‡Sería mejor la inclusión del *que,* tal como lo trae el *It:* Por amor de Dios, *que* te despoges... ∞ *A* muy diligente *CD* mi diligente *FJM GHKILN* **más** diligente. *Sustitución* que corrige las erratas de *ACD; It* più diligentemente

de su oficio; mejor se doman los animales en su primera edad, que cuando ya es su cuero endurecido, para venir mansos a la melena; mejor crecen las plantas que tiernas y nuevas se trasponen, que las que fructificando ya se mudan; {14} muy mejor se despide el nuevo pecado, que aquel que por costumbre antigua cometemos cada día. La tercera, ‡si procedió de algún crüel pensamiento que assentó en aquel lugar. Y esto sabido, verás obrar mi cura. Por ende, cumple que al médico, como al confessor, se hable toda verdad abiertamente.

Melibea:- {15} Amiga Celestina, muger bien sabia y maestra grande, mucho as abierto el camino por donde mi mal te pueda especificar. Por cierto, tú lo pides como muger bien esperta en curar tales enfermedades. Mi mal es de coraçón, la isquierda teta es su aposentamiento, tiende sus rayos a todas partes. {16} Lo segundo, es nuevamente nacido en mi cuerpo; que no pensé jamás que podía dolor privar el seso, como este haze: túrbame la cara, quítame el comer, no puedo dormir, ningun género de risa querría ver. La causa o pensamiento, que es la final cosa por ti preguntada de mi mal, esta no sabré dezirte. {17} Porque ni muerte de deudo, ni pérdida de temporales bienes, ni sobresalto de visión, ni sueño desvaríado, ni otra cosa puedo sentir que fuesse, salvo la alteración que tú me causaste con la demanda que sospeché, de parte de aquel cavallero Calisto, cuando me pediste la oración.

Celestina:- {18} ¿Cómo, señora? ¿Tan mal ombre es aquel? ¿Tan mal nombre

---

X.13 ‡Todas las ediciones traen simplemente *otra,* pero es un latinismo semántico de Rojas, que exige el artículo. Cf. XVIII.22, que imita este pasaje; allí Sanabria usa el artículo *lo* y además traduce en seguida 'lo otro y segundo'. El *It* trae bien: l'altra. ∞ ‡nuevamente = recientemente (latín: nuper). ∞ Desde 'mejor se doman...' hasta '...cometemos cada día', es ya una *Adición primera,* que alarga demasiado la especificación de la otra y segunda cosa. ∞ ‡mejor se doman... = mejor se doman los animales en su primera edad, para venir mansos a la melena (= para dejarse uncir al yugo), que cuando ya su cuero es endurecido —Transposiciones de lengua hablada o dictada. Excepto la primera *Adición primera,* en X.8, plausibles o no, estas adiciones primeras en esta Cena 2ª del X tienen toda la traza de ser de Rojas. ∞ *AC* melezina -*errata gorda, D FJM GHKILN* melena ∞ *AC FJM I N* frutificando *D GHK L* fructificando

X.14 ‡Sin duda alguna, en el proceso de insertar estas adiciones primeras, en la tercera cosa fue omitida una línea o frase: 'La tercera, *si por caso fuere tu pecho la parte que tu mal aquexa, dime* si procedió...' Es un claro caso de haplografía: 'si p caso... si '. La omisión de tal frase deja en el aire *aquel lugar.* —Cf. otra evidente omisión en III.30 y la muy conspicua de la 'cuarta edad' en P.22. Con los defectos medios de escribir y de imprimir, en el periodo, lo raro es que no haya más de estos lapsos. ∞ Desde 'Por ende, cumple...' hasta '...verdad abiertamente', es ya una *Adición primera.*

X.15 Desde 'Por cierto, tú lo pides...' hasta '...tales enfermedades', es ya otra breve *Adición primera.* ∞ *AC FJM* esperta *D GHKILN* experta ∞ *AC FJM G* y/isquierda *HKILN* y/izquierda ∞ *ACD JM GHKILN* aposentamiento *F* posentamiento

X.16 *ACD F* podía *JM GHKILN* podría ∞ *A* dezir *CD FJM GHKILN* dezirte

X.17 *A* debdo *CD FJM GH ILN* deudo *K* dendo -*errata.* ∞ *ACD* la alteración *FJM GHKILN* − alteración *Supresión aparente.* Se quiso dejar sin artículo todos los sustantivos de la enumeración: *muerte / pérdida / sobresalto / sueño / alteración /,* pero los primeros son indefinidos, *la alteración* no lo es.

178

es el suyo, que en solo ser nombrado trae consigo ponçoña su sonido? No creas que sea essa la causa de tu sentimiento, antes otra que yo barrunto. Y pues que assí es, si tú licencia me das, yo, señora, te la diré.

Melibea:- {19} ¿Cómo, Celestina? ¿Qué es esse nuevo ‡sagrario que pides? ¿De licencia tienes tú necessidad para me dar la salud? ¿Cuál médico jamás pidió tal seguro para curar al paciente? Di, di, que siempre la tienes de mí, tal que mi onra no dañes con tus palabras.

Celestina:- {20} Véote, señora, por una parte quexar el dolor, por otra temer la melezina. Tu temor me pone miedo; el miedo, silencio; el silencio, tregua entre tu llaga y mi melezina. Assí que será causa que ni tu dolor cesse ni mi vida aproveche.

Melibea:- {21} Cuanto más dilatas la cura, tanto más *me* acrecientas y multiplicas la pena y passión. O tus melezinas son de polvos de infamia y licor de corrución, confacionados con otro más crudo dolor que el que de parte del paciente se siente, o no es ninguno tu saber. {22} Porque si lo uno o lo otro no ‡obstasse, cualquiera remedio otro darías sin temor, pues te pido le muestres, quedando libre mi onra.

Celestina:- Señora, no tengas por nuevo ser más fuerte de sofrir al herido la ardiente trementina y los ásperos puntos que lastiman lo llagado, doblan la passión, que no la primera lisión, que dio sobre sano. {23} Pues si tú

X.18 ‡Y pues que assí es —Cf. II.18, IV.40, VIII.33. ∞ *A D GHKILN* assí *C* así *(sic) FJM* ansí *(sic)*

X.19 *Todas:* esse nuevo salario *It* questo novo salario —Tal lectura resulta absurda a todas luces. La Vieja no está pidiendo nuevo salario, soldada, pago o estipendio ¿de qué?, sino seguridad, salvedad, seguro, tal como lo dice más abajo. 'Sagrado, sagrario y seguro' son estrictos sinónimos en el sentido de sitio que asegura o libra de peligro. Para *sagrario* —Cf. Nebrija: 'sacrarium, sanctuarium, adyta'. *Sagrario,* voz un tanto rebuscada en este caso, es la única que puede explicar la errata *salario.* Nótese que las frases están en quiasmo: ¿Qué es esse nuevo sagrario que pides? : ¿De licencia tienes tú necessidad? Di, di, que siempre la tienes de mí : ¿Cuál médico... pidió tal seguro? *A* físico *CD FJM GHKILN* médico —La forma antigua se le escapó al amanuense de *A.*

X.20 ‡tu temor = 'el temor que tú tienes / el temor que yo te tengo ' · —Hábilmente sugerido.

X.21 *ACD* acrecientas *FJM GHKILN* me acrecientas *Adición* que corrige la evidente omisión de *ACD.* ∞ *AC FJM GHK* licor *D ILN* liquor —Cf. VIII.9. ∞ *ACD JM GHKILN* corrupción *F* corruptión —Cf. IX.26. ∞ *A* conficionados *CD F* confacionados *JM GHKILN* confacionadas —El masculino se refiere a *polvos,* el femenino se refiere a las *melezinas.* Punto dudoso.

X.22 *ACD* abastasse *FJM GHKILN* te impidiesse *It* non te impedisce —El *abastasse* de *ACD* es una evidente errata que cubre *obstasse,* latinismo de Rojas, como se ve por OA.3. La aparente sustitución introduce un sinónimo algo descuadrado por el *te,* y debió ya estar en *E* porque el *It* lo traduce. Si Rojas hubiera metido mano aquí, simplemente habría corregido la errata; lo que se corrobora con la mala enmienda inmediata, pues no se dice remedio, sino se da. El *It* trae 'diresti' en confirma de lo que digo: *ACD F* darías *It* diresti *JM GHKILN* dirías ∞ *AC FJM* de sofrir *D GHKILN* de sufrir ∞ *A C FJM GHKILN* lastiman lo llagado, doblan la passión *D* lastiman lo llagado y doblan la passión *It* lastiman lo llagado doblando la passión (= che fan doler al piagato, duplicando la passione). También posible: 'lastimando lo llagado doblan la passión'. La frase, con uno u otro gerundio, indica que la lastimadura es de tal fuerza que dobla el sufrimiento;

---

quieres ser sana, y que te descubra la punta de mi sotil aguja sin temor, haz para tus manos y pies una liga de sosiego, para tus ojos una cobertura de p'iedad, para tu lengua un freno de **silencio,** para tus oídos unos algodones de sofrimiento y paciencia, y verás obrar a la antigua maestra destas llagas.

Melibea:- {24} ¡O, cómo me muero con tu dilatar! Di, por Dios, lo que quisieres, haz lo que supieres, que no podrá ser tu remedio tan áspero que iguale con mi pena y tormento. Agora toque en mi onra, agora dañe mi fama, agora lastime mi cuerpo; aunque sea romper mis carnes para sacar mi dolorido coraçón, te doy mi fe ser segura y, si siento alivio, bien galardonada.

Lucrecia (Aparte):- {25} (El seso tiene perdido mi señora. ¡Gran mal es este! ¡Cativado la á esta hechizera!)

Celestina (Aparte):- (Nunca me á de faltar un d'iablo acá y acullá. Escapome Dios de Pármeno, tópome con Lucrecia).

Melibea:- ¿Qué dizes, amada maestra? ¿Qué te hablava essa moça?

Celestina:- {26} No le oí nada. *Pero diga lo que dixere, sabe que no ay cosa más contraria en las grandes curas, delante los animosos çurujanos, que los flacos coraçones, los cuales con su gran lástima, con sus dolorïosas hablas, con sus sentibles meneos, ponen temor al enfermo, hazen que desconfíe de la salud, y al médico enojan y turban, y la turbación altera la mano, rige sin orden la aguja.* {27} *Por donde se puede conocer claro* que es muy necessario para tu salud que no esté persona delante, y assí que la deves mandar salir. — Y tú, hija Lucrecia, perdona.

Melibea:- Salte fuera, presto.

Lucrecia (Aparte):- (¡Ya, ya! ¡Todo es perdido!) — Ya me salgo, señora.

---

sin la conjunción la frase es incidental. Como los verbos *lastimar* y *doblar la passión* no son sinónimos, la incidental no cabe. *Todas:* lisión *(sic)*

X.23 *AC* ligadura de sosiego *D FJM GHKILN* ligadura de sossiego ∞ *ACD F GHKILN* cobertura *JM* cubertura ∞ *AC* freno de sosiego *D* freno de sossiego *FJM GHKILN* freno de **silencio** *Sustitución* que corrige la errata de *ACD,* que es simple repetición del anterior *sossiego.* ∞ *AC FJM GHKILN* sofrimiento *D* sufrimiento

X.24 *ACD FJM GHKI* te doy *LN* te do ∞ ‡ser segura = 'de que estafas segura, protegida, asegurada contra cualquier daño o castigo'.

X.25 *ACD FJM G* gran mal es este *HKILN* gran mal ay ∞ —‡Apartes complejos. Las palabras de Lucrecia son oídas por la Vieja, pero no por Melibea; las de la Vieja expresan lo que ella piensa. ∞ *ACD FJM G* acullá *HKILN* allá ∞ ‡Escapome Dios de Pármeno, tópome con Lucrecia. —El *It* comprueba la acentuación: 'àme scapata Dios de Parmeno' (= 'me á escapado Dios de Pármeno/escapome Dios...) e sonnomi scontrata con Lucrezia (= 'y me é topado con Lucrecia/tópome con...'). Pudiera ser *topeme,* pero las ediciones son contestes y como es la primera persona, el acento *tópome* se impone. ∞ *ACD FJM G* amada maestra *HKILN* madre

X.26 *Adición,* desde 'Pero diga lo que dixere...' hasta '...se puede conocer claro'. —Esta adición la traen *FJM GHKILN* y el *It* en lugar de una frase muy corta que traen *ACD:* Cel.- No le oí nada. Lo que yo digo es *que es muy necessario para tu salud...*

   FJM GHKILN dixere ∞ *FJ GHKI N* doloriosas *M L* dolorosas ∞ ‡sentibles meneos —Cf. IX.57 carne sentible ∞ *FJM GHKILN* turban *(sic)*

X.27 *ACD FJM GHKI N* delante, y assí *L* delante, assí

Celestina:- {28}Tan bien me da osadía tu gran pena, como ver que con tu sospecha as ya tragado alguna parte de mi cura; pero todavía es necessario traer más clara melezina y más saludable descanso de casa de aquel cavallero Calisto.

Melibea:- Calla, por Dios, madre. No traigas de su casa cosa para mi provecho ni le nombres aquí.

Celestina:- {29} Sufre, señora, con paciencia, que es el primer punto y principal. No se quiebre; si no, nuestro trabajo es perdido. Tu llaga es grande, tiene necessidad de áspera cura y lo duro con duro se ablanda más eficazmente. Y dizen los sabios que la cura del lastimero médico dexa mayor señal y que nunca peligro sin peligro se vence. {30} **Ten paciencia,** que pocas vezes lo molesto sin molestia se cura. Y un clavo con otro se espele y un dolor con otro. No concibas odio ni desamor ni consientas a tu lengua dezir mal de persona tan virtüosa como Calisto, que si conocido fuesse...

Melibea:- ¡O, por Dios, que me matas! ¿Y no tengo dicho que no me alabes esse hombre ni me le nombres en bueno ni en malo?

Celestina:- {31} Señora, este es otro y segundo punto, *el cual,* si tú con tu mal sofrimiento no consientes, poco aprovechará mi venida; y si, como prometiste, lo sufres, tú quedarás sana y sin deuda y Calisto sin quexa y pagado. Primero te avisé de mi cura y desta invisible aguja que, sin llegar a ti, sientes en solo mentarla en mi boca.

Melibea:- {32} Tantas vezes me nombrarás esse tu cavallero, que ni mi promessa baste ni la fe que te di a sufrir tus dichos. ¿De qué á de quedar pagado? ¿Qué le devo yo a él? ¿Qué le soy **en** cargo? ¿Qué á hecho por mí? ¿Qué necessario es él aquí para el propósito de mi mal? Más agradable me sería que rasgasses mis carnes y sacasses mi coraçón, que no traer essas palabras aquí.

X.28 ‡Tan bien me da osadía = 'tanto me da osadía.... como' ∞ *ACD F* no traygan *(sic) JM GHKILN* no traygas *(sic)*

X.29 *AC* eficacemente *F* eficazemente *D JM GHKILN* ef(f)icazmente (*J* efficazmenta *-sic*

X.30 *ACD* Temperancia *FJM GHKILN* **Ten paciencia** *It* abbii pazienza *Sustitución.* ∞ *AC* espele *F H L* espelle *D JM* expele *G KI N* expelle *ACD* y no te tengo *FJM GHKILN* y no − tengo *It* non te ò io ditto −Es simple haplografía. El *te* es necesario y lo confirma el *It,* porque Melibea solo se la ha dicho a la Vieja. ∞ *AC FJM GHKILN* esse (h)ombre *D* este hombre ∞ *ACD FJM GHK N* ni me le nombres *IL* ni me lo nombres

X.31 ‡otro y segundo punto −Cf. X.13, XVII.22. *ACD* punto, si *FJM GHKILN* punto, el cual si *Adición.* ∞ *AC FJM GHKILN* sofrimiento *D* sufrimiento ∞ *AC* debda *F* deubda *(sic) D JM GHKILN* deuda ∞ ‡pagado −La Vieja, haciéndose la inocente, le da el sentido de 'contento'; pero Melibea se lo retuerce, tomándolo por el otro sentido, del que ha satisfecho una deuda. Lo mismo el anterior *sana y sin deuda* (= 'sana y sin falta') permite todo el juego de expresiones. *Todas:* mentarla

X.32 *A* sofrir *CD FJM GHKILN* sufrir ∞ *ACD* soy a cargo *FJM GHKILN* soy **en** cargo *Sustitución* que corrige una errata de amanuense o cajista en *ACD.* 'Ser en cargo' es ser deudor de algo. Cf. en cargo IV.93, V.1, XII.66. ∞ −‡que no traer essas palabras aquí −El 'no' es corroborativo.

Celestina:- {33} Sin te romper las vestiduras se lançó en tu pecho el amor; no rasgaré yo tus carnes para le curar.

Melibea:- ¿Cómo dizes que llaman a este mi dolor, que assí se á enseñoreado en lo mejor de mi cuerpo?

Celestina:- ¡Amor dulce!

Melibea:- Esso me declara qué es, que en solo oírlo me alegro.

Celestina:- {34} Es un fuego escondido, una agradable llaga, un sabroso veneno, una dulce amargura, una deletable dolencia, un alegre tormento, una dulce y fiera herida, una blanda muerte.

Melibea:- ¡Ay, mezquina de mí! Que si verdad es tu relación, dudosa será mi salud. Porque, según la contrariedad que essos nombres entre sí muestran, lo que al uno fuere provechoso acarreará al otro más passión.

Celestina:- {35} No desconfíe, señora, tu noble juventud de salud. Que cuando el alto Dios da la llaga, tras ella embía el remedio. Mayormente, que sé yo al mundo nacida una flor que de todo esto te delibre.

Melibea:- ¿Cómo se llama?

Celestina:- No te lo oso dezir.

Melibea:- Di, no temas.

Celestina:- {36} ¡Calisto!... ¡O, por Dios, señora Melibea! ¿qué poco esfuerço es este? ¿qué descaecimiento? ¡O mezquina yo! ¡Alça la cabeça! ¡O malaventurada vieja! ¿En esto an de parar mis passos? Si muere, matarme an; aunque biva, seré sentida, que ya no podrá sofrirse de no publicar su mal y mi cura. {37} Señora mía Melibea, ángel mío, ¿qué as sentido? ¿qué es de tu habla graciosa? ¿qué es de tu color alegre? ¡Abre tus claros ojos! — ¡Lucrecia, Lucrecia! ¡entra presto acá! Verás amortecida a tu señora entre mis manos. ¡Baxa presto por un jarro de agua!

Melibea:- {38} Passo, passo, que yo me esforçaré. No escandalizes la casa.

Celestina:- ¡O cuitada de mí! No te descaezcas, señora, háblame como sueles.

Melibea:- ¡Y muy mejor! Calla, no me fatigues.

X.33 *ACD JM GHKILN* vestiduras *F* vistiduras ∞ *ACD F* le curar *JM GHKILN* la curar ∞ *Todas las ediciones traen* Amor dulce. El *It* amor dolce à nome (= 'amor dulce á por nombre').

X.34 *ACD JM GHKILN* fuego *F* huego ∞ *AC FJM GHKILN* veneno *D* venino ∞ *A F L* dudosa *CD JM GHKI N* dubdosa ∞ *ACD JM GHKILN* essos nombres *F* estos nombres

X.35 *ACD* Que cuando *It* Che quando *FJM GHKILN* − Cuando *Supresión aparente.* ∞ *AC FJM* al mundo *D GHKILN* en el mundo ∞ *ACD FJM HKILN* te delibre *G* te da libre. —'Delibrar' (= hacer libre, deliberar -raro) es usual en el periodo. No tengo registro de 'dar libre', aunque en teoría es posible, ya que se da 'hazer libre, dar por libre, parar libre'. Pero el *dar libre* posterior viene de la lectura aquí *dé libre*, que traen algunas posteriores y Cejador. El *It* te farà libera.

X.36 *A* no podrá sofrirse de *D* no podrá sufrirse de *C FJM HKI* no podrá sofrir de *G LN* no podrá sufrir de *It* non porrá soffrire de *Sal-1570* no se podrá sufrir de —El *se* es necesario. 'Sofrirse' = 'soportarse, aguantarse, resistirse' cae bien en los dos sentidos: 'sofrirse ella / sofrirse el no publicar'.

X.37 ‡entre mis manos *It* in mie braccie

182

Celestina:- Pues ¿qué me mandas que haga, perla preciosa? ¿Qué á sido este tu sentimiento? Creo que se van quebrando mis puntos.

Melibea:- {39} Quebrose mi onestidad, quebrose mi empacho, afloxó mi mucha vergüença y, como muy naturales, como muy domésticos, no pudieron tan livianamente despedirse de mi cara, que no llevassen consigo ‡mi color por algún poco de espacio, mi fuerça, mi lengua y gran parte de mi sentido. {40} ¡O!, pues ya, mi nueva maestra, mi fïel secretaria, lo que tú tan abiertamente conoces, en vano trabajo por te lo encubrir, sabe que muchos y muchos días son passados que esse noble cavallero me habló en amor; tanto me fue entonces su habla enojosa, cuanto, después que tú me le tornaste a nombrar, alegre. {41} Cerrado an tus puntos mi llaga, venida soy en tu querer. En mi cordón le llevaste embuelta la possessión de mi libertad. Su dolor de muelas era mi mayor tormento, su pena era la mayor mía. Alabo y loo tu buen sofrimiento, tu cuerda osadía, tu liberal trabajo, tus solícitos y fïeles passos, tu agradable habla, tu buen saber, tu demasïada solicitud, tu provechosa importunidad. {42} Mucho te deve esse señor y más yo, que jamás pudieron mis reproches aflacar tu esfuerço y perseverar, confïando en tu mucha astucia. Antes, como fïel servidora, cuando más denostada, más diligente; cuando más disfavor, más esfuerço; cuando peor respuesta, mejor cara; cuando yo más aïrada, tú más umilde. Postpuesto todo temor, as sacado de mi pecho lo que jamás a ti ni a otro pensé descobrir.

X.38 ‡*como sueles* = 'como sueles hazerlo' —Cf. IV.87, VI.24. ∞ *A* perla graciosa *CD FJM GHKILN* perla preciosa ∞ *Todas:* que (h)á sido *(sic)*

X.39 *ACD HKILN* no pudieron *FJM G* no pudieran ∞ *Todas las ediciones traen* su color. —El posesivo *su* es contagio del *consigo* anterior. Basta poner 'su fuerça, su lengua y gran parte de su sentido' para notar que el primer *su* es simple errata. El *It* lo trae correcto: 'che non portassero seco mio colore'.

X.40 *ACD F* nueva maestra *JM GHKILN* buena maestra ∞ *A JM* encubrir *CD F GHKILN* encubrir ∞ ‡*sabe que* —Todas las ediciones lo omiten, con lo que dejan trunco el periodo, que no se arregla aunque se pongan dos puntos (:) después de *encobrir.* El sentido es: 'pues ya... en vano trabajo por te encobrir lo que tú... conoces'. Si 'lo que tú... conoces' se antepone, es preciso reproducirlo luego con un 'lo' antes de 'encobrir', tal como en el texto, pero de todos modos falta en seguida el verbo que el *It* trae correcto: e poi che già, mia bona maestra e fidel secretaria, quello che sì apertamente conosci, in vano fatico coprirtelo, sappi che molti e molti... ∞ ‡muchos y muchos días —Cf. XI.18 el tiempo que as gastado en su servicio, XII.35 muchos días é punado por lo dissimular, XX.24 muchos días son passados. —Entre la primera Cena del Auto I y el desarrollo subsecuente de la obra deben haber pasado muchos días. ¿Cuántos son *muchos días* para un enamorado? Pienso que por lo menos de diez a quince días. ∞ *ACD FJM* me fue entonces su habla *GHKILN* me fue − su habla. —Este *entonces* va con el *después que tú.* Su omisión es simple descuido, errata originada en *G1.*

X.41 *ACD FJM GHKI N* le llevaste *L* − llevaste —Simple haplografía en *L.* ∞ *AC FJM GHKILN* la possessión *D* mi possessión ∞ *AC F* buen sofrimiento *D JM GHKILN* buen sufrimiento

X.42 ‡*Mucho te deve esse señor* —El *It* trae: grande obbligazione t'à quel gentiluomo *cui vista me fe' sua serva,* e in maggior te sono io. 'Cuya vista me hizo su esclava' - la frase debió estar en *E;* no veo la razón por la cual el *It* la haya agregado. ∞ ‡*Todas:* aflacar tu esfuerço y perseverar *It* allentare tuo sollicito perseverare *Sal-1570* aplacar tu esfuerço y perseverancia —La lectura *perseverancia* es posible, pero Cf. XII.1 tu descuidar.

Celestina:- {43} Amiga y señora mía, no te maravilles, porque estos fines, con efeto, me dan osadía a sofrir los ásperos y escrupulosos desvíos de las encerradas donzellas como tú. Verdad es que, ante que me determinasse, assí por el camino como en tu casa, estuve en grandes dudas si te descobriría mi petición. {44} Visto el gran poder de tu padre, temía; mirando la gentileza de Calisto, osava; vista tu discreción me recelava; mirando tu virtud y umanidad, *me* esforçava. En lo uno hallava el miedo; en lo otro la seguridad. Y pues assí, señora, as quesido descobrir la gran merced que nos as hecho, declara tu voluntad, echa tus secretos en mi regaço, pon en mis manos el concierto deste ‡desconcierto. Yo daré forma cómo tu desseo y el de Calisto sean en breve complidos.

Melibea:- {45} ¡O mi Calisto y mi señor, mi dulce y süave alegría! Si tu coraçón siente lo que agora el mío, maravillada estoy cómo la ausencia te consiente bivir. ¡O mi madre y mi señora!, haz de manera como luego le pueda ver, si mi vida quieres.

Celestina:- Ver y hablar.

Melibea:- {46} ¿Hablar? Es impossible.

Celestina:- Ninguna cosa, a los ombres que quieren hazerla, es impossible.

Melibea:- Dime cómo.

Celestina:- Yo lo tengo pensado y te lo diré: por entre las puertas de tu casa.

Melibea:- ¿Cuándo?

Celestina:- Esta noche.

Melibea:- {47} Gloriosa me serás si lo ordenas. Di a qué ora.

Celestina:- A las doze.

Melibea:- Pues vé, mi señora, mi leal amiga, y habla con aquel señor y que venga muy passo, y de allí se dará concierto, según su voluntad, a la ora que as ordenado.

Obsérvese la distribución: *denostada / diligente* adjetivos, *disfavor / esfuerço, respuesta / cara* sustantivos, *airada / umilde* adjetivos. ∞ *AC FJM GHKILN* descobrir *D* descubrir

X.43 *A F G LN* efecto *CD HKI* eggecto *(sic) JM* effeto *(sic)* ∞ *A CD JM GHKI* osadía a *F LN* osadía *—Omisión mecánica.* ∞ *AC F HKI* sofrir *D JM G LN* sufrir ∞ Todas: estuve ∞ *Todas:* dubdas *(sic) ACD F* descobriría *JM GH ILN* descubriría *K* descubiría *—errata.*

X.44 *ACD* — esforçava *FJM GHKILN* me esforçava *Adición* que corrige omisión evidente. ∞ *ACD F GHKILN* f/hallava *JM* hablava *(sic)* Simple errata en *JM.* ∞ *ACD* y en lo otro *It* e nel altro *FJM GHKILN* — en lo otro *Supresión aparente.* ∞ *A D* descubrir *C FJM GHKILN* descobrir ∞ ‡*ACD FJM GH ILN QRSTBbEeGg* el concierto deste concierto — *U W X* el concierto deste negocio *It* il modo di questa materia *Ff* X.68: el concierto que as querido / hazer en esta porfía —La omisión del *des-* en *desconcierto* (simple haplografía) es el origen del problema. La lectura de *UXW* es enmienda conjetural, *KOCc* suprimen lo que no les hace muy buen sentido. Cf. *desconcierto* en XI.8.

X.45 *ACD FJM* absencia *GHKILN* ausencia ∞ ‡como luego le pueda ver = 'que luego le pueda ver'.

X.46 *ACD FJM GHKI N* impossible *(bis) L* impossibile *(bis)* ∞ *ACD F* yo te lo diré *It* e te'l dirò *JM GHKILN* y te lo diré —La lectura de *ACD F* es contagio del primer *yo.* ∞ ‡por entre las puertas *It* per le fessure delle porte de tua casa

Celestina:- Adiós, que viene hazia acá tu madre.

(Cena 4ª)

Melibea:- {48} Amiga Lucrecia, **mi leal crïada y fïel secretaria,** ya as visto cómo no á sido más en mi mano. Cativome el amor de aquel cavallero. Ruégote, por Dios, se cubra con secreto sello, porque yo goze de tan süave amor. Tú serás de mí tenida en aquel **grado** que merece tu fïel servicio.

Lucrecia:- {49} *Señora, mucho antes de agora tengo sentida tu llaga y calado tu desseo. Áme fuertemente dolido tu perdición. Cuanto más tú me querías encobrir y celar el fuego que te quemava, tanto más sus llamas se manifestavan en la color de tu cara, en el poco sossiego del coraçón, en el meneo de tus miembros, en ‡el comer sin gana, en el no dormir. {50} Assí que contino se te caían, como de entre las manos, señales muy claras de pena. Pero como en los tiempos que la voluntad reina en los señores o desmedido apetito, cumple a los servidores obedecer con diligencia corporal y no con artificiales consejos de lengua, {51} sufría con pena, callava con temor, encobría con fïeldad; ‡y me á pesado, de manera que fuera mejor el áspero consejo que la blanda lisonja.* Pero, pues ya no tiene tu merced otro medio sino morir o amar, mucha razón es que se escoja por mejor aquello que en sí lo es.

X.47 ‡El *It* trae aquí una Adición algo extraña: *Mel.-* Gloriosa me sarai, se questo fai. Ma dimmi a che ora serà. *Cel.-* A mezza notte. *Mel.-* A che ora è mezza notte? *Cel.-* De ignorante domanda me fai petizione: secondo regula dil nostro relogio, a dodici ore è mezza notte. *Mel.-* Dunque va, patrona mia e mia regale amica, e parla con... —En castellano sería: *Mel.-* Gloriosa me serás, si lo ordenas. Dime a qué ora. *Cel.-* A medianoche. *Mel.-* ¿A qué ora es medianoche? *Cel.-* De inorante pregunta me hazes petición: según regla de nuestro relox, a las doze es medianoche. *Mel.-* Pues vé... —Esta Adición, realmente suprimible, debía estar en *E*, pasada allí por un descuido desde una primera redacción, o fue corregida para *F*. ∞ ‡que venga muy passo... = 'que venga muy passo a la ora que as ordenado y de allí se dará concierto, según tu voluntad'. *It:* che venga assai piano a quella ora che tu ài ordinata e de lì daremo ordine secondo sua voluntà.

X.48 *ACD* y mi fiel secretaria *FJM GHKILN* **mi leal criada** y fiel secretaria *Sustitución.* ∞ *ACD* lugar *FJM GHKILN* **grado** *Sustitución.*

X.49 *X.49-51, Adición,* desde 'Señora, mucho antes...' hasta '...la blanda lisonja'. Es una adición compleja que traen *FJM GHKILN* y el *It. En lugar de esta Adición, ACD* traen *Lucrecia:-* Antes de (*CD* que) agora lo é sentido y me á pesado. *FL* callado *(sic) It* celato *JM GHKI N* calado —Cf. III.25 esto é calado ∞ *FJM GHKILN* encobrir ∞ *FJM GHKILN* en comer sin gana *Ms* en el comer sin gana *T* nel tuo mangiar senza voglia —Todos llevan el artículo: la color / el... sossiego / el meneo / ‡el comer / el no dormir

X.50
‡de entre las manos —Cf. XVI.1, OC.3.

X.51 ‡Entre 'con fïeldad' y 'de manera' la ilación se rompe. Lo que ocurre fue que el texto corto de *ACD* fue dividido en dos. Arriba 'Antes de agora lo é sentido' se amplió mucho en 'Mucho antes de agora tengo sentida tu llaga y calado tu desseo'. En medio se metió el bloque de la Adición y luego aquí debía venir el otro trozo 'y me á pesado', que liga con 'de manera' etc. Se indicó defectuosamente el modo de la inserción y ello originó la omisión de 'y me á pesado'. El procedimiento es igual al de otras adiciones-sustituciones. Cf. VI.28-30, XII.3-5. Para esta Cf. además *Introducción,* IV.B.3, pp. 120ss.

185

Alisa:- {52} ¿En qué andas acá, vezina, cada día?

Celestina:- Señora, faltó ayer un poco de hilado al peso y vínelo a complir, porque di mi palabra, y traído, voime. Quede Dios contigo.

Alisa:- Y contigo vaya. — Hija Melibea, ¿qué quería la vieja?

Melibea:- {53} Venderme un poquito de solimán.

Alisa:- Esso creo yo más que lo que la vieja rüín dixo. Pensó que recibiría yo pena dello y mintiome. Guárdate, hija, della, que es gran traidora. Que el sotil ladrón siempre rodea las ricas moradas. Sabe esta con sus traiciones, con sus falsas mercadurías, mudar los propósitos castos. Daña la fama: a tres vezes que entra en una casa, engendra sospecha.

Lucrecia (Aparte):- (¡Tarde acuerda nuestra ama!)

Alisa:- {54} Por amor mío, hija, que si acá tornare sin verla yo, que no ayas por bien su venida ni la recibas con plazer. Hallé en ti onestidad en tu respuesta y jamás bolverá. Que la verdadera virtud más se teme que espada.

Melibea:- ¿Dessas es? ¡Nunca más! Bien huelgo, señora, de ser avisada, por saber de quién me tengo de guardar.

L Sevilla: Jacobo Cromberger, "1502" [1518-20]. Auto XI.

X.52 *A K* cumplir *CD FJM GH ILN* complir ∞ *AD FJM GHKILN* quería *C* querría

X.53 *ACD* Señora, venderme *FJM GHKILN* — venderme *Supresión aparente.* No se ve la razón de suprimir el vocativo al dirigirse Melibea a su madre. La abreviación 'sr̃a' explica la omisión. ∞ *ACD FJM GHKI* un poquito *LN* un poquillo ∞ *ACD FJM HKILN* recibiría *G* recebiría ∞ *AC* Guarte *D FJM GHKILN* Guárdate ∞ *ACD JM GHKILN* que entra *F* que entre ∞ ‡*Aparte.* El aparte expresa lo que piensa Lucrecia, sin que interrumpa lo que Alisa dice a su hija.

X.54 —

Auto XI.

AXI. Argumento del onzeno auto.

Despedida Celestina de Melibea, va por la calle sola hablando. Vee a Sempronio y a Pármeno que van a la Madalena por su señor. Sempronio habla con Calisto. Sobreviene Celestina. Van a casa de Calisto. Declárale Celestina su mensage y negocio recaudado con Melibea. Mientra ellos en estas razones están, Pármeno y Sempronio entre sí hablan. Despídese Celestina de Calisto; va para su casa; llama a la puerta. Elicia le viene a abrir. Cenan y vanse a dormir.

XI. AUTO XI. {1-31}. Calisto, Celestina, Pármeno, Sempronio, Elicia

(Cena 1ª)

Celestina (Aparte):- {1} ¡Ay Dios, si llegasse a mi casa con mi mucha alegría a cuestas! — A Pármeno y a Sempronio veo ir a la Madalena. Tras ellos me voy y si aí no estoviere Calisto, passaremos a su casa a pedirle albricias de su gran gozo.

Sempronio:- {2} Señor, mira que tu estada es dar a todo el mundo qué dezir. Por Dios, que huigas de ser traído en lenguas; que al muy devoto llaman ipócrita. ¿Qué dirán sino que andas royendo los santos? Si passión tienes, súfrela en tu casa, no te sienta la tierra. No descubras tu pena a los estraños, pues está en manos el pandero que lo ‡sabrán bien tañer.

Calisto:- {3} ¿En qué manos?

Sempronio:- De Celestina.

AXI. Argumento del onzeno auto *ACD JM GHKILN (F no lo trae). Todas:* onzeno ∞ *ACD JM I* auto *GHK LN* aucto ∞ *AC G N* y Pármeno *D JM HKIL* y a Pármeno ∞ *A D JM G LN* Magdalena *C HKI* Madalena ∞ *ACD JM GHK* Mientra ellos en estas razones están, Pármeno y Sempronio entre sí hablan (*AC* essas razones *H* estas razone *-sic*) *ILN* Mientra ellos en estas razones, están Pármeno y Sempronio entre sí hablando. ∞ *A M* − abrir *C J GHKILN* a abrir

XI. *A* Cal. Cel. Sem. Par. *F* Cel. Sem. Cal. Par. *CD* Cel. Sem. Cal. Par. Eli. *JM GHKI* Cal. Cel. Par. Sem. Eli. *LN* Cel. Cal. Sem. Par. Eli.

XI.1 *ACD JM HKIL* Magdalena *F G N* Madalena ∞ *AC FJM GH ILN* tras ellos *D* tras estos *K* y tras ellos ∞ *ACD* no estoviere (*D* estuviere) *FJM GHKILN* − estuviere (*F* estoviere) *It* e se Calisto sarà lì *Supresión aparente.* El aparte indica lo que la Vieja va pensando, al principio y luego al ver a los dos criados. El que suprimió el ‘no’ consideró que el pasar a casa de Calisto era una consecuencia del estar él allí. Son simplemente dos posibilidades que la Vieja piensa. Pero la supresión indica que el supresor consideraba esencial el hecho de pasar luego a casa de Calisto. ∞ *ACD* las albricias *FJM GHKILN* − albricias *Supresión aparente.* Es indiferente la inclusión o no del artículo ‘las’.

XI.2 *AC FJM* huygas *(sic) D GHKILN* huyas ∞ *Todas:* ypócrita *(sic)* ∞ *ACD FJM GHKILN* que lo sabrá (*CDF* le sabrá) —Así en singular lo copia de aquí Correas, pero las posteriores corrigen la omisión de la tilde (ã). Cervantes, *Quijote* II, 22: ‘en manos está el pandero que le sabrán bien tañer’ —*It* sta in mane il cimbalo de chil’ sa ben sonare.

Celestina:- ¿Qué nombráis a Celestina? ¿Qué dezís desta esclava de Calisto? Toda la calle del Arcediano vengo a más andar tras vosotros, por alcançaros, y jamás é podido con mis luengas haldas.

Calisto:- {4} ¡O joya del mundo, acorro de mis passiones, espejo de mi vista! El coraçón se me alegra en ver essa onrada presencia, essa noble senetud. Dime, ¿con qué vienes? ¿Qué nuevas traes, que te veo alegre y no sé en que está mi vida?

Celestina:- {5} En mi lengua.

Calisto:- ¿Qué dizes, gloria y descanso mío? Declárame más lo dicho.

Celestina:- Salgamos, señor, de la iglesia y ‡de aquí a la casa ‡te contaré algo con que te alegres de verdad.

Pármeno (Aparte):- Buena viene la vieja, ermano; recaudado deve de aver.

Sempronio (Aparte):- Escúchala.

(Cena 2ª)

Celestina:- {6} Todo este día, señor, é trabajado en tu negocio y é dexado perder otros en que harto me iva. Muchos tengo quexosos por tenerte a ti contento. Más é dexado de ganar que piensas. Pero todo vaya en buena ora, pues tan buen recaudo traigo. **Y óyeme, que en pocas palabras te lo diré,**

XI.3 ‡calla del Arcediano —Cf. XVIII.31 calle del vicario gordo. ∞ *ACD FJM* haldas *GHKILN* faldas

XI.4 *AC FJM GHKILN* senetud *D* senectud

XI.5 *ACD GHKILN* a casa *FJM* a la casa ∞ ‡de aquí a casa te contaré —El argumentista de este Auto es muy preciso y señala todos los pasos y movimientos: 'Sobreviene Celestina. *Van a casa de Calisto.* Declárale Celestina su mensage y negocio recaudado con Melibea'. Esto quiere decir que para este argumentista la escena siguiente (la 2ª) se sucede en casa de Calisto y no por la calle. Sin embargo, de las palabras señaladas en el texto se deduce que es una escena ambulante, mientras caminan a casa. Hay evidente contradicción. Por otro lado, no hay 'acotaciones tácitas o dialogadas' que indiquen que la escena va pasando realmente en la calle, y en cambio, todo su desarrollo (paralelo del Auto VI) indica que se desarrolla en casa de Calisto. Además de esto, la escena es crucial: en ella da Calisto a la Vieja una pesada cadena de oro y en ella se le informa a Calisto de la cita con Melibea a medianoche. Estos secretos producidos en plena calle y en una ciudad castellana del siglo XV/XVI son, por decir lo menos, incongruentes. Es preciso pensar que hay suprimida aquí una cháchara de la Vieja por la calle. Rojas quiso cambiar el movimiento de este nuevo informe a Calisto y hacer que la Vieja y los criados lo encontrasen en la iglesia; pero entonces le fue necesaria una escena de ligazón en que fueran charlando Calisto y la Vieja desde la iglesia hasta la casa del joven. Posteriormente tal escena de ligazón pareció mal a Rojas o a sus amigos y fue suprimida. ∞ *AC FJM* recabdado *D GHKILN* recaudado ∞ *A* deve − aver *CD FJM GHKILN* deve de aver —El 'de' conjetural. ∞ *ACD* escúchala *FJM GHKILN* escucha − *Supresión aparente.* Este 'escúchala' puede referirse a la cháchara de la Vieja por la calle, alguna habilidosa sarta de *enjemplos* y sentencias, para decir cómo fue llamada a su casa de ella y qué doliente que estaba Melibea. La misma lógica que llevó a suprimir estos coloquios públicos de Calisto con la alcahueta, es la misma que obliga a que esta escena, de fundamental secreto e importancia, sea en la casa de Calisto y no por la calle. El *It* trae: scolta, e odi ciò chè dirà.

que soy corta de ‡razones: a Melibea dexo a tu servicio.

Calisto:- {7} ¿Qué es esto que oygo?

Celestina:- Que es más tuya que de sí mesma; más está a tu mandado y querer que de su padre Pleberio.

Calisto:- Habla cortés, madre, no digas tal cosa, que dirán estos moços que estás loca. Melibea es mi señora, Melibea es mi dios, Melibea es mi vida; yo su cativo, yo su siervo.

Sempronio:- {8} Con tu desconfiança, señor, con tu poco preciarte, con tenerte en poco, hablas essas cosas con que atajas su razón. A todo el mundo turbas diziendo desconciertos. ¿De qué te santiguas? Dale algo por su trabajo; harás mejor, que esso esperan essas palabras.

Calisto:- {9} Bien as dicho. Madre mía, yo sé cierto que jamás igualará tu trabajo y mi liviano galardón. En lugar de manto y saya, por que no se dé

XI.6 *Todas: harto (sic) ∞ ACD* tenerte a ti *FJM GHKILN* tener a ti *Supresión aparente.* La supresión del 'te' no es idiomática. A lo largo de la obra hay un supresor oficioso, enemigo de estas formas típicas de los pronombres castellanos, redundantes y reiterados. Con semejante manía este supresor no parece nativo de habla castellana. ∞ *AC* tan buen recabdo *D FJM GHKILN* tan buen recaudo *Sustitución. ACD* traen: pues tan buen recaudo traigo, que te traigo muchas buenas palabras de Melibea y la dexo a tu servicio (*AC* recabdo). *FJM GHKILN* pues tan buen recaudo traigo. Y óyeme, que en pocas palabras te lo diré, que soy corta de razón: a Melibea dexo a tu servicio. *It:* poi che così buon recapito te porto. E odimme che in poche parole tel' dirò: Melibea lasso al tuo servizio. El *It* suprime 'que soy corta de razón'. 'Corta de razón' es 'cerrada de mollera' y 'corta de razones' es 'de pocas palabras'. La Vieja no es ni lo uno ni lo otro, sino la agudeza y la verbosidad mismas. La sustitución trata de evitar la repetición del *traigo,* pero de todos modos algo trunco y fallo se percibe. La frase 'corta de razón' no estaba en *E* y fue agregada en *F*, a más no poder.

XI.7 *AC FJM GHKI N* oygo *(sic) D* oyo (sic) *L* ogo -*errata* ∞ *AV JM* misma *D F GHKILN* mesma

XI.8 *AC FJM GHKI N* poco preciarte *L* poca preciarte (= poco aprecierte?) ∞ *Todas:* turbas *(sic) ACD JM HKILN* santiguas *F* fatigas (*G* falta desde aquí hasta XI.31 inclusive). ∞ *Todas:* jamás igualará tu trabajo y mi liviano galardón *It* che giammai se aguagliarà tua fatica con mia lieve remunerazione *Sal-1570* jamás igualarán tu trabajo y mi liviano galardón —Hay un matiz entre 'jamás igualará tu trabajo con mi liviano galardón' del *It,* y el texto de las ediciones castellanas. ∞ ‡por que no se dé parte a oficiales = 'para que no haya que pagar la hechura'. La remuneración de la Vieja sería el valor de la tela más la hechura, pero eso es pensado desde el punto de vista egoísta de Calisto. El detalle es muy sutil. ∞ ‡cadenilla —Calisto la llevaba sin duda al cuello y la Vieja se la pone al de ella. Estos manejos en plena calle resultan extraños. La entrega de la cadenilla parece demasiado pronto en el texto actual. Algo ha sido traspuesto o suprimido. El Comentador Anónimo saca así la cuenta del valor de la cadenilla: 'doze onças de oro hazen una libra de oro y ocho onças hazen un marco de oro; esta cadena tenía más de doze onças y assí más de una libra de oro'. Pármeno naturalmente exagera, pero su parte podía ser precisamente medio marco (3 o 4 onzas) y las tres partes serían o 9 o 12 onzas. Con libras de 12 onzas era justo una libra; con libras de 16 onzas eran tres cuartos de libra (±345 gramos). Un término medio puede ser de unos 400 gramos, lo que sería como 20 monedas de 20 gramos cada una, en oro. La cadenilla era toda una cadenaza. La entrega de semejante cadenilla en plena calle y a la sospechosísima Vieja, no podía dejar de llamar la atención ¡y luego la Vieja con la cadena al cuello! ∞ *AC FJM HKILN* no diesse *D* que no diesse

parte a oficiales, toma esta cadenilla; ponla al cuello y procede en tu razón y mi alegría.

Pármeno (Aparte):- {10} ¡Cadenilla la llama! ¿No lo oyes, Sempronio? No estima el gasto. Pues yo te certifico no diesse mi parte por medio marco de oro, por mal que la vieja la reparta.

Sempronio (Aparte):- {11} Oírte á nuestro amo. Ternemos en él qué amansar y en ti qué sanar, según está hinchado de tu mucho murmurar. Por mi amor, ermano, que oigas y calles, que por esso te dio Dios dos oídos y una lengua sola.

Pármeno (Aparte):- {12} ¡Oïrá el d̈iablo! Está colgado de la boca de la vieja, sordo y mudo y ciego, hecho personage sin son, que aunque le d̈iéssemos higas, diría que alçávamos las manos a Dios, rogando por buen fin de sus amores.

Sempronio (Aparte):- Calla, oye, escucha bien a Celestina. En mi alma, todo lo merece y más que le diesse. Mucho dize.

Celestina:- {13} Señor Calisto, para tan flaca vieja como yo, *de* mucha franqueza usaste. Pero como todo don o dádiva se juzgue grande o chica respeto del que lo da, no quiero traer a consequencia mi poco merecer, ante quien sobra en calidad y en cantidad, mas medirse á con tu manificencia, ante quien no es nada. {14} En pago de la cual te restituyo tu salud, que iva perdida; tu coraçón, que te faltava; tu seso, que se alterava. Melibea pena por ti más que tú por ella, Melibea te ama y dessea ver, Melibea piensa más oras en tu persona que en la suya, Melibea se llama tuya y esto tiene por título de libertad y con esto amansa el fuego que más que a ti la quema.

Calisto:- {15} Moços, ¿estó yo aquí? Moços, ¿oigo yo esto? Moços, **mirad** si estoy despierto. ¿Es de día o de noche? ¡O señor Dios, padre celestïal, ruégote que esto no sea sueño! ¡Despierto, pues, estoy! Si burlas, señora, de mí por me pagar en palabras, no temas; di verdad, que para lo que tú de

---

XI.9 —

XI.10 —

XI.11 *A* inchado *(sic) CD FJM HKILN* hinchado ∞ *AC FJM HKILN* oygas *(sic) D* oyas *(sic)* ∞ ‡Dos oídos —Lo de *oídos* es copiado y malamente amplificado en XVIII.24.

XI.12 *Todas:* por buen fin *Sal-1570* por el buen fin

XI.13 *ACD* — mucha *FJM HKILN* de mucha *Adición.* ∞ *ACD FJM* respecto del *(sic) HKILN* a respecto del *(sic)* ∞ *AC FJM HKILN* lo da *D* la da ∞ ‡consequencia —Pronunciado /consekencia/; la pronunciación con el diptongo es muy posterior. Cf. francés *conséquent, conséquence.* ∞ ‡poco merecer —Cf. XII.31, poco preciarte XI.8. ∞ *ACD* calidad *FJM HKILN* qualidad ∞ *A* cantidad *FJM HKILN* quantidad ∞ *A* y en cantidad *CD FJM* y en quantidad *HKILN* y — quantidad ∞ ‡ante quien = 'ante la cual' —*quien* se usaba también para cosas y aquí evita la repetición del *la cual:* ante la cual no es nada. En pago de la cual...

XI.14 *ACD* que te faltava *FJM HKILN* que — faltava *Supresión aparente.* El *te* es idiomático y necesario. ∞ *ACD JM HKILN* te ama *F* — ama ‡te ama y dessea ver = 'te ama y te dessea ver' —La supresión del segundo *te* es imitación de construcción latina. ∞ *ACD JM HKILN* fuego *F* huego ∞ *A D JM HKILN* la quema *C F* le quema

mí as recebido, más merecen tus passos.

Celestina:- {16} Nunca el coraçón lastimado de desseo toma la buena nueva por cierta ni la mala por dudosa. Pero si burlo o si no, verlo as yendo esta noche, según el concierto dexo con ella, a su casa en dando el relox doze, a la hablar por entre las puertas. De cuya boca sabrás más por entero mi solicitud y su desseo y el amor que te tiene y quién lo á causado.

Calisto:- {17} ¡Ya, ya! ¿Tal cosa espero? ¿Tal cosa es possible aver de passar por mí? Muerto soy de aquí allá. No soy capaz de tanta gloria, no merecedor de tan gran merced, no dino de hablar con tal señora de su voluntad y grado.

Celestina:- {18} Siempre lo oí dezir, que es más difícile de sofrir la próspera fortuna que la adversa, que la una no tiene sossiego y la otra ‡no tiene consuelo. ¿Cómo, señor Calisto, y no mirarías quién tú eres? ¿No mirarías el tiempo que as gastado en su servicio? ¿No mirarías a quién as puesto entremedias? {19} Y assí mismo, que hasta agora siempre as estado

---

XI.15 *AC FJM HKILN* oygo *(sic) D* oyo *(sic) ACD* mirá *FJM HKILN* mirad *Sustitución.* Cf. VI.53, XI.43, XII.60. ‡moços ¿estó yo aquí? —Todo este parlamento de Calisto es imposible, ni con la mejor voluntad que se tenga, suponerlo en plena calle. Cf. V.8 donde la Vieja se niega a contarle nada de lo ocurrido con Melibea, al Sempronio que la urge a ello en plena calle: ni yo me podría parar ni el lugar es aparejado. —Cf. además XII.82 donde la misma Vieja afirma: *como vine de tu casa;* la casa de Calisto, que es también la de Sempronio. ∞ ‡lo que tú de mí as recebido —Esto debiera ser dicho cuando aun no le ha dado la cadena. Hay cierto descuadre evidente a todo lo largo de este Auto XI. ∞ *A D FJM HKILN* recebido *C* recibido

XI.16 *A FJM HKIL* dudosa *N* dubosa *-errata CD* dubdosa ∞ *ACD FJM HKILN* en dando el relox doze *Sal-1570* en dando el relox las doze *It* come darà il relogio le dodece ∞ ‡a la hablar por entre las puertas *It* a parlar con essa tra le fessure de le porte ∞ *ACD JM HKILN* te tiene *F* − tiene

XI.17 −

XI.18 *ACD F* dif(f)ícile *JM H ILN* di(f)fícil *K* defícil *(sic)* ∞ *ACD F* sofrir *JM HKILN* su(f)frir ∞ *A* y la otra no tiene consuelo *CD FJM HKILN* y la otra tiene consuelo *It* e l'altra tiene consolazione. El Petrarca (*De Rem.* I.17) dice: difficilius prosperae fortunae regimen existimo quam adversae... haec quidem freno indiget, illa solatio. *Sossiego* que no es lo mismo que *freno, contención*) traduce Rojas para aplicarlo aquí al caso de Calisto, y *consuelo* (que no es lo mismo que *alivio, solaz*) es adaptación, según filosofía popular que cuando se está en las malas estima las palabras, el consuelo, de poca monta. La mala fortuna es más fácil de sufrir, aguantar o soportar, aunque sea irremediable, aunque no tenga consuelo, que no la buena fortuna que lo vuelve a uno inquieto y desasosegado. Un corrector oficioso pensó que el *consuelo* era algo muy importante y quitó el *no* que está en *A.* Tal mala enmienda pasó a las ediciones siguientes y de paso puso por el suelo el latín de Rojas. Pero el pueblo hispanohablante sigue llamando al consuelo 'jarabe de lengua' y afirmando que 'cuando toca, toca, y hay que aguantar'. Este es el sentido genuino del pasaje y la lectura de *A* se impone. ∞
1º D y no mirarás *AC FJM HKILN* y no mirarías
2º D y no mirarás *AC FJ HKILN* no mirarías *M* y no mirarías
3º D y no mirarás *AC FJ HKILN* − no mirarías *M* y no mirarías
‡poner entremedias —Originariamente es 'poner entre medias (partes)' = poner un medianero/a, poner por medianero/a. El *Ms* lee separado *entre medias,* pero se escribió generalmente unido y con carácter adverbial = poner intermediariamente. La expresión es hápax en la obra, pero ocurre varias veces en el *Anfitrión* de Villalobos.

191

dudoso de la alcançar y tenías sofrimiento; agora que te certifico el fin de tu penar, ¿quieres poner fin a tu vida? Mira, mira, que está Celestina de tu parte y que, aunque todo te faltassse, lo que en un enamorado se requiere, te vendería por el más acabado galán del mundo. {20} Que te haría llanas las peñas para andar, que te haría las más crecidas aguas corrientes passar sin mojarte. Mal conoces a quien tu das dinero.

Calisto:- ¡Cata, señora, qué me dizes! ¿Que verná de su grado?

Celestina:- Y aun de rodillas.

Sempronio:- {21} No sea rüído hechizo, que nos quieren tomar a manos a todos. Cata, madre, que assí se suelen dar las çaraças, en pan embueltas, por que no las sienta el gusto.

Pármeno:- Nunca te oí dezir mejor cosa. Mucha sospecha me pone el presto conceder de aquella señora y venir tan aína en todo su querer de Celestina. — ‡No esté engañando nuestra voluntad con sus palabras dulces y prestas, por hurtar por otra parte, como hazen los de Egito cuando el sino nos catan en la mano. {22} *Pues alahé, madre, con dulces palabras están muchas injurias vengadas. El falso boizuelo con su blando cencerrar trae las perdizes a la red; el canto de la serena engaña los simples marineros con su dulçor. Assí esta, con su mansedumbre y concessión presta, querrá tomar una manada de nosotros a su salvo; purgará su inocencia con la onra de Calisto y con nuestra muerte.* {23} *Assí, como corderica mansa que mama su madre y*

XI.19 *AC FJM ILN* assí mismo *D HK* assí mesmo ∞ *A HKILN* dudoso *CD FJM* dubdoso ∞ *AC F* sofrimiento *D JM HKILN* sufrimiento ∞ *ACD FJM* de tu penar *HKILN* de tu pena ∞ *ACD F HKILN* de tu parte *JM* de su parte *-errata*

XI.20 *ACD F* que — haría llanas *JM HKILN* que te haría llanas *It* e te farei piani —El 'te' es necesario y va con el siguiente 'te haría'. ∞ *ACD FJM* las más crecidas aguas corrientes *HKILN* la más crecida agua corriente *It* le più currente e crescente acque ∞ *ACD ILN* a quien das tu dinero *FJM HK* a quien tú das tu dinero *It* a chi dai tuoi danari

XI.21 *A* que nos quieran *CD FJM* que nos quieren *HKILN Sal-1570* que nos quiera —El 'no sea' va con 'quieran'. El singular o es omisión de tilde (ã) o es que se ha pensado que sea Melibea la que los quiera tomar. ∞ ‡Todas las ediciones (*G* falta) traen 'su querer de Celestina engañando' (*It* suo voler de Celestina gabando). Sempronio y Pármeno están conjeturando; el gerundio daría el hecho como cierto. Algo fue omitido después de 'Celestina'. Generalmente los nombres van abreviados; si el manuscrito traía: *Cel.noste*, esto se entendió como el nombre de la Vieja escrito completo y con alguna errata, y entonces el *noste* (= 'no esté') fue omitido. ∞ ‡Desde 'Nunca te oí dezir...' hasta '...catan en la mano', Pármeno se dirige solamente al Sempronio; después de 'mejor cosa', parece faltar el vocativo 'Sempronio'. En XI.22 vuelve a hablar con la Vieja y aparece el vocativo 'madre'. ∞ *A* Egito *CD HKLN* Egypto *F I* Egipto *J* Egiypto *M* egiypto ∞ *ACD FJM* signo (sic) *HKILN* sino (sic)

XI.22 *XI.22-23, Adición,* desde 'Pues alahé madre...' hasta '...está el que repica'. No la traen *ACD*, adicionan *FJM HKILN*.
FJM HKI boyzuelo (sic) *LN* boezuelo —La forma *boezuelo* parece indicar *boyezuelo*, como lo originariamente escrito. Pero *boizuelo [boyzuelo]* se documenta. ∞ *FJM* cencerrar *HK* encerrar *-errata ILN* cencerrear ∞ *FJM ILN* concessión *HK* confessión (!) ∞ ‡purgará —Cf. IV.68, XIII.31. ∞ ‡su segurar = 'con dar seguro para que vayamos allá'. ∞ ‡*Todas (G falta):* la mucha gente que tiene, pero el *It* trae: la gran gente che ànno in casa —Cf. XII.15 este gente de Pleberio, XII.44 los criados de su padre, XII.55 la gente de tu padre. El plural se im-

la agena, ella con su segurar tomará la vengança de Calisto en todos nosotros, de manera que con la mucha gente que ‡tienen en casa, podrá caçar a ‡padre e hijos en una nidada, y tú estarte as rascando a tu fuego, diziendo: 'a salvo está el que repica'.

Calisto:- {24} ¡Callad, locos, vellacos, sospechosos! Parece que dáis a entender que los ángeles sepan hazer mal. Sí, que Melibea ángel dissimulado es, que bive entre nosotros.

Sempronio (Aparte):- (¿Todavía te buelves a tus eregías? — Escúchale, Pármeno; no te pene nada, que, si fuere trato doble, él lo pagará, que nosotros buenos pies tenemos.

Celestina:- {25} Señor, tú estás en lo cierto; vosotros, cargados de sospechas vanas. Yo é hecho todo lo que a mí era a cargo. Alegre te dexo. Dios te libre y aderece. Pártome muy contenta. Si fuere menester para esto o para más, allí estoy muy aparejada a tu servicio.

Pármeno (Aparte):- ¡Hi, hi, hi!

Sempronio (Aparte):- ¿De qué te ríes, por tu vida?

Pármeno (Aparte):- {26} De la priessa que la vieja tiene por irse. No vee la ora que aver despegado la cadena de casa. No puede creer que la tenga en su poder, ni que se la ‡ayan dado de verdad. No se halla dina de tal don, tan poco como Calisto de Melibea.

Sempronio (Aparte):- {27} ¿Qué quieres que haga una puta *vieja* alcaueta, que sabe y entiende lo que nosotros nos callamos, y suele hazer siete virgos por dos monedas, después de verse cargada de oro, sino ponerse en salvo con la possessión, con temor no se la tornen a tomar, después que á complido de su parte aquello para que era menester? {28} ¡Pues guárdese del d̈iablo, que sobre el partir no le saquemos el alma!

Calisto:- Dios vaya contigo, mi madre. Yo quiero dormir y reposar un rato

---

pone. ∞ ‡*Todas (G falta):* a padres y hijos (*F* padres e hijos). El plural siguiente contagia a *padre*. El *It* trae la lectura obvia: porrà prender el patre e figlioli insieme al nido. Alude naturalmente a Calisto y a los criados: padre e hijos. ∞ ‡rascando a tu fuego —El *It* explica: starai grattandote la panza al fuogo... Pero el dicho castellano es 'rascarse al fuego' sin necesidad de agregar qué cosa.

XI.23 Véase XI.22.

XI.24 *ACD JM HKILN* sí, que Melibea *F* sé que Melibea ∞

XI.25 *A* por tu vida, Pármeno? *CD FJM HKILN* por tu vida?

XI.26 ‡la (h)ora que aver —Cf. IV.39, IX.40. ∞ *AC FJM HKILN* que la tenga *D* que la tiene ∞ *Todas:* que se la (h)an dado *It* non po' credere che ancora l'abbia in suo potere, ne che gle l'abbia data da buon senno. —En *AC* el rasgo inferior de la -h- la hace confundible con la -y-: *la han / l ayan.* Los dos verbos deben ir en el mismo tiempo: tenga/ayan - tiene/an. El indicativo 'an' atrajo la seudocorrección 'tiene'. Las ediciones indican que es plural y el *It* confirma el sujuntivo. ∞ ‡despegado la cadena de casa —Confirma lo dicho antes de que la escena debe ser en casa de Calisto y no por la calle.

XI.27 *ACD F* puta alcaueta *It* puttana vecchia ruffiana *JM HKILN* puta vieja alcaueta —Ante el *It* se trata sin duda de una Adición, aunque no esté en *F.* ∞ *ACD FJM HKI N* entiende *L* entende ∞ *ACD* nosotros nos callamos *FJM HKILN* nosotros — callamos *Supresión aparente, simple haplografía.* ∞ *ACD F HKILN* cargada *JM* cardada (!) ∞ *AC FJM H ILN* complido *D K* cumplido ∞ *ACD FJM HKI N* aquello *L* aquella

193

para satisfazer a las passadas noches y complir con la por venir.

(Cena 3ª)

Celestina:- {29} ¡Ta, ta, ta, ta!

Elicia:- ¿Quién llama?

Celestina:- Abre, hija Elicia.

Elicia:- ¿Cómo vienes tan tarde? No lo deves hazer, que eres vieja. Tropeçarás donde caigas y mueras.

Celestina:- No temo esso, que de día me aviso por dó vengo de noche. {30} *Que jamás me subo por poyo ni calçada, sino por medio de la calle. Porque, como dizen, no da passo seguro quien corre por el muro, y que aquel va más sano que anda por ‡lo llano. Más quiero ensuziar mis çapatos con el lodo, que ensangrentar las tocas y los cantos. Pero* no te duele a ti en esse lugar.

Elicia:- {31}Pues, ¿qué me á de doler?

Celestina:- Que se fue la compañía que te dexé y quedaste sola.

Elicia:- Son passadas cuatro oras después, ¿y avíaseme de acordar desso?

Celestina:- Cuanto más presto te dexaron, más con razón lo sentiste. Pero dexemos su ida y mi tardança. Entendamos en cenar y dormir.

XI.28 *ACD FJM HKI N* le saquemos *L* se saquemos —Confusión de l/ʃ. ∞ ‡Dios vaya contigo —Calisto se está despidiendo desde su propia casa. Esto con lo que sigue: ꞌYo quiero dormir y reposar un rato,ꞌ normalmente no puede entenderse sino como dicho estando en su propia casa. ∞ *ACD* mi madre *FJM HKILN* − madre *It* − matre ¿*Supresión?* ∞ *Todas:* complir.

XI.29 *ACD* tha, tha *FJM HKIL* tha, tha, tha, tha *N It* tha, tha, tha —Usualmente son tres para indicar el golpe a la puerta. ∞ ‡tan tarde —Es una fórmula para despedirse o para el final de un día. De tomarse a la letra sería una inverosimilitud más para la escena anterior en plena calle y entre lo oscuro. ∞ *ACD FJ* donde *M* donge -errata *HKILN* do ∞ *AC FJM HKILN* caygas *(sic) D* cayas *(sic)* ∞ *ACD F* dó venga *JM HKILN* dó vengo

XI.30 *Adición,* desde ꞌ...Que jamás me subo...ꞌ hasta ꞌ...y los cantos. Pero...ꞌ No la traen *ACD,* adicionan *FJM HKILN. Adición* cuyo principal objeto es no dejar demasiado corta esta última Cena del Auto XI, paralela a la última del VII, Cf. VII.104-115. Esta Cena 3ª tiene doce líneas en *F,* incluidas las cuatro de esta *Adición.*

FJM HKILN por − llano *It* per lo piano *Sal-1570* por lo llano —Simple omisión del ꞌloꞌ; el dicho castellano lo lleva y su omisión deja cojo el último exasílabo.

XI.31 ‡y quedaste sola —Cuando la Vieja salió para casa de Melibea, llamada por Lucrecia, quedaron ꞌarribaꞌ Areúsa con Pármeno y Elicia con Sempronio. A esa compañía se refiere la Vieja.

194

Auto XII.

AXII. Argumento del Dozeno Auto.

Llegando la media noche, Calisto, Sempronio y Pármeno, armados, van para casa de Melibea. Lucrecia y Melibea están cabe la puerta, aguardando a Calisto. Viene Calisto. Háblale primero Lucrecia. Llama a Melibea. Apártase Lucrecia. Háblanse por entre las puertas Melibea y Calisto. Pármeno y Sempronio en su cabo departen. Oyen gentes por la calle. Apercíbense para hüír. Despídese Calisto de Melibea, dexando concertada la tornada para la noche siguiente. Pleberio, al son del rüído que avía en la calle, despierta; llama a su muger Alisa. Preguntan a Melibea quién da patadas en su cámara. Responde Melibea a su padre [Pleberio], fingiendo que tenía sed. Calisto, con sus crïados, va para su casa hablando. Échase a dormir. Pármeno y Sempronio van a casa de Celestina. Demandan su parte de la ganancia. Dissimula Celestina. Vienen a reñir. Échanle mano a Celestina; mátanla. Da bozes Elicia. Viene la justicia y préndelos a ambos.

XII. AUTO XII. {1-104}.

Calisto, Lucrecia, Melibea, Sempronio, Pármeno, Pleberio, Alisa, Celestina, Elicia.

(Cena 1ª)

Calisto:- {1} Moços, ¿Qué ora da el relox?
Sempronio:- Las diez.

AXII. Argumento del dozeno auto. *ACD JM GHKILN (F no lo trae) ACD JM T BbFfGg* dozeno *GHKILN OQRSUWXCcEe* dezeno —La errata, originada en la primera edición de Cromberger *(G1)*, protuberante como es, se repite constante en todas las ediciones indicadas, como una buena muestra para los 'erratólatras' modernos. ∞ *ACD JM I* auto *GHK LN* aucto ∞ *AC* — media noche *D JM GHKILN* la media noche ∞ *ACD JM GHK* háblale *ILN* hablole ∞ *ACD* de su cabo *JM GHKILN en* su cabo *Sustitución.* ∞ ‡Apercíbense para hüír —No se aperciben solamente, sino que de hecho huyen. ∞ ‡al son del rüído... en la calle —No se da en el texto actual (Cena 7ª), sino por bullicio en el cuarto de Melibea. ∞ *ACD* a su padre Pleberio *JM GHKILN* a su padre — *Supresión.* ∞ *ACD* fingendo *JM GHKILN* fingiendo *Sustitución.* ∞ ‡Calisto va... hablando —Tampoco ocurre en el texto actual. Hablan cuando ya están en casa. ∞ *ACD* y préndelos ambos *(A* amos) *JM* y prende a ambos *GHKILN* a prenderlos a ambos *It* e preseli tutti doi —La lección de *ACD JM* no ocurre en el texto actual. La lección de *GHKILN* trata de enmendar esto. ‡Estas inexactitudes gordas en el argumento indican sin duda que hubo un texto, sin duda en manuscrito, en que los criados se preparaban para huir, pero no lo hacían; en que Pleberio se despertaba con el ruido de la calle; en que había un corto diálogo de Calisto con los criados, por la calle, y en que se daba la escena misma de la aprehensión de Sempronio y Pármeno. Si ello fue así, todo esto modificó Rojas antes de enviar a la imprenta o de sacar copias definitivas. Esto puede llevar a ver que aun en la redacción primera las cosas no fueron tan sencillas como algunos escientes modernos han imaginado.

XII. *JM* Cal. Luc. Mel. Sem. Par. Ple. Ali. Cel. Eli. *A en el grabado:* Luc. Mel. Cal. Par. Sem. *CD* Cal. Sem. Par. Luc. Mel. Ple. Ali. Cel. Eli. *F* Cal. Sem. Luc. Mel. Ple. Ali. *GHKIL* Cal. Luc. Mel. Par. Sem. Ple. Ali. Cel. Eli. *N* Cal. Luc. Mel. Par. Sem. — — —

Calisto:- ¡O, cómo me descontenta el olvido en los moços! De mi mucho acuerdo en esta noche y tu ‡descuid**ado** olvido se haría una razonable memoria y cuidado. ¿Cómo, desatinado, sabiendo cuánto me va, [Sempronio], en ser diez o onze, me respondías a tiento lo que más aína se te vino a la boca? {2} ¡O cuitado de mí! Si por caso me oviera dormido y colgara mi pregunta de la respuesta de Sempronio, para hazerme de onze diez y assí de doze onze, saliera Melibea, yo no fuera ido, tornárase; de manera que ni mi mal oviera fin ni mi desseo execución. No se dize en balde que mal ageno de pelo cuelga.

Sempronio:- {3} Tanto yerro, [señor], me parece, sabiendo, preguntar, como inorando responder. — *(Aparte)* [Mas este mi amo tiene gana de reñir y no sabe cómo.

Pármeno:-] Mejor sería, señor, que se gastasse esta ora que queda, en adereçar armas, que en buscar questiones. [Vé, señor, bien apercebido: serás medio combatido].

Calisto (Aparte):- {4} *Bien me dize este necio. No quiero en tal tiempo recebir enojo. No quiero pensar en lo que pudiera venir, sino en lo que fue; no en el daño que resultara de su negligencia, sino en el provecho que verná de mi solicitud.* {5} *Quiero dar espacio a la ira, que o se me quitará o se me ablandará.* —

XII.1 ‡Todas las ediciones traen 'y tu descuidar y olvido'. *It del mio assai ricordo e tuo scordo questa notte si porria far una mediocre memoria. Acuerdo* = 'vela, vigilia, recuerdo'. Se trata de un *acuerdo y descuidado olvido / razonable memoria y cuidado.* Sedeño también piensa o entiende cuatro conceptos, en *Ff* XII.1: de mi *acuerdo* y tu *olvidar* / se podría fabricar / buena *memoria y cuidado.* La errata se ha producido por tener los amanuenses y cajistas en mientes el constante uso rojano de sustantivar infinitivos. Cf. II.12, IV.22,34, V.4,16, VI.63, VII.20,44, X.16,24,41,42,49, XI.8,8,19,21,22, XII.35,73, XIV.29,38,49, XVI.13,22, XIX.17, XX.11,13, XXI.5,16,22. ∞ *ACD* me va, Sempronio, en ser *FJM GHKILN* me va, en ser *Supresión.* ∞ ‡me respondas —Todas las ediciones traen así; las posteriores traen *respondes* (presente indicativo). Estrictamente debiera ser 'me respondiste', pero el copretérito es idiomático y tiene un matiz de habitualidad. Al sorprender a un glotón en el acto de comerse algo a escondidas se le dice: '¿qué te comías, tragón?' indicando la habitualidad del acto en el sujeto sorprendido.

XII.2 *ACD* hazerme de onze... *FJM GHKILN* hazer de onze... *Supresión aparente. Todas:* oviera *(A* houiera *-sic)* fin ni...

XII.3 *ACD* yerro, señor, me parece *FJM GHKILN* yerro me parece *Supresión.* Al unir en uno solo los dos parlamentos (el de Sempronio y el de Pármeno), se suprime el primer 'señor' para evitar repetirlo en seguida. *FJM GHKILN It* suprimen el *Aparte:* 'Mas este mi amo tiene gana de reñir y no sabe cómo', y hacen un solo parlamento así: *Sempronio:-* Tanto yerro me parece, sabiendo, preguntar, como inorando, responder. Mejor sería, señor, que se gastasse esta otra ora que queda en adereçar armas, que en buscar questiones. *Todas:* ignorando *(sic)* ∞ *FJM GHKILN It* suprimen la frase: 'Vé, señor, bien apercebido: serás medio combatido', que traen *ACD.* La supresión se debe a que en la adición siguiente la frase se repite casi entera al final.

XII.4,5 *Adición,* desde 'Bien me dize este necio...' hasta '...el ombre apercebido, medio combatido'. No la traen *ACD,* adicionan *FJM GHKILN.* ∞ *Todas:* re(s)cebir enojo — pudiera venir ∞ ‡lo que pudiera venir = 'lo que hubiera podido ocurrir' —*It* seria possuto venire ∞ ‡en el daño que resultara = 'en el daño que hubiera resultado —*It* nel danno che seria resultato *Barth* non cogitabo illa quae evenire poterant, sed ea quae facta sunt; non expendam damnum quod ex negligentia hujus redundare poterat, sed utilita-

196

[Pues] descuelga, *Pármeno,* mis coraças, *y armaos vosotros, y assí iremos a buen recaudo, porque como dizen: el ombre apercebido, medio combatido.*

Pármeno:- {6} Helas aquí, señor.

Calisto:- Ayúdame aquí a vestirlas. Mira tú, Sempronio, si parece alguno por la calle.

Sempronio:- Señor, ninguna gente parece y, aunque la oviesse, la mucha escuridad privaría el viso y conocimiento a los que nos encontrassen.

(Cena 2ª)

Calisto:- {7} Pues andemos por esta calle, aunque se rodee alguna cosa, por que más encubiertos vamos. — Las doze da ya: buena ora es.

Pármeno:- Cerca estamos.

Calisto:- A buen tiempo llegamos. Párate tú, Pármeno, a ver si es venida aquella señora por entre las puertas.

Pármeno:- {8} ¿Yo, señor? Nunca Dios mande que sea en dañar lo que no concerté; mejor será que tu presencia sea su primer encuentro, porque viéndome a mí no se turbe de ver que de tantos es sabido lo que tan ocultamente querría hazer y con tanto temor haze, o porque quiçá pensará que la burlaste.

Calisto:- {9} ¡O que bien as dicho! La vida me as dado con tu sotil aviso, pues no era más menester para me llevar muerto a casa, que bolverse ella por mi mala providencia. Yo me llego allá; quedaos vosotros en esse lugar.

(Cena 3ª)

Pármeno:- {10} ¿Qué te parece, Sempronio, cómo el necio de nuestro amo pensava tomarme por broquel para el encuentro del primer peligro? ¿Qué sé yo quién está tras las puertas cerradas? ¿Qué sé yo si ay *alguna* traición? ¿Qué sé yo si Melibea anda por que le pague nuestro amo su mucho atrevimiento desta manera? {11} Y *más,* aun no somos muy ciertos dezir verdad la vieja. No sepas hablar, Pármeno; sacarte an el alma sin

---

tem quae vigilantiam meam sequetur.

XII.5 Inmediatamente después de la frase suprimida arriba: 'Vé, señor, bien apercebido: serás medio combatido', las ediciones *ACD* traen: CAL.- Pues descuelga mis coraças. PAR.- Helas aquí, señor. —La primera frase fue insertada en la *Adición* antes de 'armaos vosotros'. La complicada elaboración de todas estas supresiones y adiciones, desde {3}, denuncia la mano de Rojas, a mi entender. ∞ *FJM GHKILN* (h)ombre apercebido

XII.6 *ACD JM GHKILN* alguno *F* ninguno ∞ *Todas:* oviesse *(A* houiesse, *C* ouiese *-sic).*

XII.7 *ACD JM GHKILN* encubiertos *F* encobiertos

XII.8 *ACD FJM ILN* no concerté *GHK* − concerté ∞ ‡por que viéndome = 'para que viéndome' ∞ Todas: turbe *(sic)* ∞ *AC F* quería *D JM GHKILN* querría

XII.9 *Todas:* sotil

XII.10 ‡para el encuentro del primer peligro = 'para el primer encuentro de peligro' —Histerología, Cf. VII.54. ∞ *ACD* si ay traición *FJM HKILN* si ay alguna traición *G* si − alguna traición *Adición.*

saber quién. No seas lisongero, como tu amo quiere, y jamás llorarás duelos agenos. No tomes, en lo que te cumple, el consejo de Celestina y hallarte as ascuras. {12} Ándate aí con tus consejos y amonestaciones fieles: ¡darte an de palos! No buelvas la hoja y quedarte as a ¡buenas noches! Quiero hazer cuenta que oy me nací, pues de tal peligro me escapé.

Sempronio:- Passo, passo, Pármeno. No saltes ni hagas esse bollicio, de plazer, que darás causa a que seas sentido.

Pármeno:- {13} Calla, ermano, que no me hallo de alegría. ¡Cómo le hize creer que por lo que a él cumplía dexava de ir, y era por mi seguridad! ¿Quién supiera assí rodear su provecho como yo? Muchas cosas me verás hazer, si estás de aquí adelante atento, que no las sientan todas personas, assí con Calisto como con cuantos en este negocio suyo se entremetieren. {14} Porque soy cierto que esta donzella á de ser para él cevo de anzuelo, o carne de buitrera, que suelen pagar bien el escote los que a comerla vienen.

Sempronio:- Anda, no te penen a ti essas sospechas, aunque salgan verdaderas. Apercíbete, a la primera boz que oyeres, tomar calças de Villadiego.

Pármeno:- {15} Leído as donde yo; en un coraçón estamos. Calças traigo, y aun borzeguíes, dessos ligeros que tú dizes, para mejor hüír que otro. Plázeme que me as, ermano, avisado de lo que yo no hiziera, de vergüença de ti. Que nuestro amo, si es sentido, no temo que [se] escapará de manos desta gente de Pleberio, para podernos después demandar cómo lo hezimos y incusarnos el hüír.

Sempronio:- {16} ¡O Pármeno amigo! ¡Cuán alegre y provechosa es la

---

XII.11 *ACD* y aun *FJM GHKILN* ay más aun *Adición.* ∞ *ACD FJM GHKI N* hablar *It* parlar *L* burlar *(!)* ∞ ‡dezir verdad la vieja = 'aver dicho verdad la vieja' —It che la vecchia abbia ditto il vero - Cf. XII.51. ∞ ‡jamás llorarás = 'de hoy en más llorarás - Cf. Sedeño *Ff* XII.14: Quiero tomar muy de vero / tus consejos que son buenos / y ser gentil lisongero, / que ¡par Dios! llorar no quiero / *de oy en más* duelos agenos. ∞ *ACD FJM* ascuras *GHKILN* a escuras

XII.12 *ACD FJM* darte an *GHKILN* y darte an ∞ ‡oy me nací = 'oy nací para mí' —Típica voz media castellana, Cf. Quevedo, *Pinta la vanidad y locura del mundo:* pues solo para ti, si mueres mueres. ∞ *A FJM GHKILN* bollicio *CD* bullicio ∞ *ACD F* que darás causa a que *JM GHKI N* que darás causa — que *L* que darás causa — que *(sic)* —*Simple omisión mecánica en JMGHKILN.*

XII.13 *ACD JM GHKILN* hallo *F* allo *(sic)* ∞ *ACD JM GHKILN* cumplía *F* complía ∞ *ACD FJ GHKILN* no las sientan *M* no lo sientan ∞ ‡que no las sientan todas personas = 'no las piensen todas.' —Toda cosa, toda ora, todo tiempo, todo lugar, toda persona etc. El pural intensifica la expresión: todas cosas, todas oras, todos tiempos, todos lugares, todas personas etc. Era muy raro todavía en el periodo el uso moderno de meter el artículo entre el adjetivo y el sustantivo: todas las cosas...todas las personas etc.

XII.14 *AC FJM GHKILN* essas sospechas *D* estas sospechas ∞ *ACD HKI* primer boz *(A* voz*)* —errata, *FJM G LN* primera boz ∞ *ACD FJM GHKI N* oyeres *L* oyres *(sic)*

XII.15 *A* dende *CD FJM GHKILN* donde ∞ ‡Todas las ediciones priores traen: 'dessos ligeros' —*Sal-1570,* con varias posteriores, trae 'dessos lugares'. Si las *calças de Villadiego* debían ser *ligeras,* los *borceguíes* con más razón. *Villadiego,* entendido persona o lugar, es singular. La enmienda de *Sal-1570* es posterior y nada acertada. ∞ *ACD* que se escapará *FJM HKILN* que — escapará *Supresión (?). G falta desde aquí hasta XII.84.* ∞ *ACD FJM* de manos *HKILN* de las manos ∞ *Todas:* f/hezimos ∞ *ACD FJM* y incusarnos *HKI* — incusarnos *LN* ni incusarnos

conformidad en los compañeros! Aunque por otra cosa no nos fuera buena Celestina, era **harta utilidad la que** por su causa nos á venido.

Pármeno:- Ninguno podrá negar lo que por sí se muestra. Manifiesto es que, con vergüença el uno del otro, por no ser odiosamente acusado de covarde, esperáramos aquí la muerte con nuestro amo, no siendo más dél merecedor della.

Sempronio:- {17} Salido deve aver Melibea. Escucha, que hablan quedito.

Pármeno:- ¡O, cómo temo que no sea ella, sino alguna que finja su boz!

Sempronio:- Dios nos libre de traidores; no nos ayan tomado la calle por do tenemos de húir; que de otra cosa no tengo temor.

(Cena 4ª)

Calisto:- {18} Este bullicio más de una persona lo haze. Quiero hablar, sea quien fuere. ¡Ce, señora mía!

Lucrecia (Aparte. Adentro):- La boz de Calisto es esta. Quiero llegar. ¿Quién habla? ¿Quién está fuera?

Calisto:- Aquel que viene a complir tu mandado.

Lucrecia (Aparte. Adentro):- ¿Por qué no llegas, señora? Llega sin temor acá, que aquel cavallero está aquí.

Melibea (Aparte. Adentro):- {19} ¡Loca, habla passo! Mira bien si es él.

Lucrecia (Aparte. Adentro):- Allégate, señora, que sí es; que yo le conozco en la boz.

Calisto:- Cierto soy burlado; no era Melibea la que me habló. Bullicio oigo. ¡Perdido soy! Pues biva o muera, que no é de ir de aquí.

Melibea (Aparte. Adentro):- Véte, Lucrecia, a acostar un poco. — *(Adentro)* ¡Ce, señor! ¿Cómo es tu nombre? ¿Quién es el que te mandó aí venir?

Calisto:- {20} Es la que tiene merecimiento de mandar a todo el mundo, la que dinamente servir yo no merezco. No tema tu merced de se descobrir a este cativo de tu gentileza; que el dulce sonido de tu habla, que jamás de mis oídos se cae, me certifica ser tú mi señora Melibea. Yo soy tu siervo Calisto.

XII.16 *ACD* era harta la utilidad *FJM HKILN* era harta utilidad la que ¿*Sustitución,* o simple traspiés de cajistas? ∞ *Todas:* covarde ∞ *A D F* esperáramos *JM* esperaremos (!) *C* esperamos *(sic) HK* espamos *(sic)* ∞ *ACD FJM HKI N* dél/de él *Ms* de él *L* el — (omite la d-).

XII.17 *Todas:* salido deve aver *(C* hauer *-sic)* —No está todavía fijado el 'de' conjetural. Cf.XI.5, XII.54. ∞ *ACD F* o como temo *JM HKILN* − como temo ∞ *ACD F HKILN* alguno *It* qualcuno *JM* alguna —El femenino es más lógico después de que Sempronio ha oído voz femenina, puesto que ha creído ser la de Melibea. ∞ *ACD FJM* por do *HKILN* por donde

XII.18 *ACD F HKILN* este bullicio *(N* bollicio) *JM* esse bullicio ∞ *AC* le haze *D FJM HKILN* lo haze ∞ *AC K* cumplir *D FJM H ILN* complir

XII.19 *ACD F* le conozco *JM HKILN* lo conozco ∞ *ACD FJM Sal-1570* no era *(D* non era) *HKILN* no será ∞ *ACD FJM HK* bullicio *ILN* bollicio ∞ *AC FJM HKILN* oygo *(sic) D* oyo *(sic)* ∞ *ACD FJM HKI N* o muera *L* o muere ∞ *AC FJM HK* − acostar *I* a acostar *D LN* a acostar —*Omisión mecánica.*

Melibea:- {21} *(Adentro)* La sobrada osadía de tus mensages me á forçado a averte de hablar, señor Calisto. Que aviendo avido de mí la passada respuesta a tus razones, no sé qué piensas más sacar de mí amor, de lo que entonces te mostré. Desvía estos vanos y locos pensamientos de ti, por que mi onra y persona estén, sin detrimento de mala sospecha, seguras. {22} A esto fue aquí mi venida, a dar concierto en tu despedida y mi reposo. No quieras poner mi fama en la balança de las lenguas maldizientes.

Calisto:- A los coraçones aparejados con apercibimiento rezio contra las adversidades, ninguna puede venir que passe de claro en claro la fuerça de su muro. {23} Pero el triste que, desarmado y sin proveer los engaños y celadas, se vino a meter por las puertas de tu seguridad, cualquiera cosa que en contrario vea es razón que ‡*le* atormente y passe rompiendo todos los almazenes en que la dulce nueva estava aposentada. {24} ¡O malaventurado Calisto! ¡O cuán burlado as sido de tus sirvientes! ¡O engañosa

---

XII.20 *Todas:* dignamente *(sic)* ∞ *Todas:* descobrir ∞ *AC FJM HKILN* su gentileza *D Sal-1570* tu gentileza *It* tua gentileza *(sic).* El tratamiento usual 'su merced' o 'vuestra merced' ha sido adaptado al convencional 'tú' de la comedia latina. Del propio modo debe adaptarse 'tu gentileza'. Es un simple desliz de amanuense o cajista. ∞ *ACD F HKILN* que jamás *JM* − jamás

XII.21 *ACD FJM* a averte *HKILN* − averte Omisión mecánica en *HKILN.* ∞ ‡de mí amor = 'no sé qué amor piensas más sacar de mí, que lo que entonces te mostré'. Construcción brusca de la lengua hablada o dictada. El 'más' con 'mi amor' (= 'amor mío'), sería contradictorio. El *It* lee también erróneamente: 'che te pensi cacciar de mio amore più che allora te mostrai...'

XII.22 *ACD FJM* fue aquí mi venida *HK* fue aquí venida *ILN* fuy *(sic)* aquí venida ∞ *A D FJM HKILN* y mi reposo *D* y − reposo ∞ *A* maldezientes *CD FJM HKILN* maldizientes ∞ *A D FJM ILN* apercibimiento *C HK* apercebimiento ∞

XII.23 *ACD F* Pero *JK HKILN* Pues −Confusión de po/pues ∞ ‡el triste = 'al triste' −Anacoluto usual. ∞ *ACD FJM LN* tu seguridad *HKI* su seguridad ‡ tu seguridad = 'el seguro, sagrario, sagrado que tú le diste'. ∞ *ACD FJM HKILN* que me atormente *It It²* che l'attormente = −*It y It²* escriben *la tormente,* pero por las características de esas ediciones (falta de geminación, castellanismos, separación arbitraria, no indicación de apóstrofo etc.), no hay posibilidad de otra lectura no la indicada. Es un desliz de amanuense o de cajista, por la longitud del párrafo. Calisto habla de sí en tercera persona: 'el triste / se vino a meter / que en contrario vea / es razón que *le* atormente'. En estos tratamientos de tercera persona en referencia al mismo que habla, ya se registran en el periodo ciertas fluctuaciones e inconsecuencias. El problema es que nunca se puede estar seguro si son del autor, del amanuense o (posteriormente) del cajista. A medida que avanza el siglo XVI es perceptible una mayor libertad de los autores en este punto, cosa que se acentúa en la primera mitad del siglo XVIII. Cf. *Quijote,* I, 29: 'Soy el desdichado Cardenio a quien el mal término de aquel que a vos os ha puesto en el que estáis *me* ha traído a que *me* veáis cual *me* veis'... Pero primero agrega: 'soy el que *me hallé* presente' *y luego* 'yo soy el que no *tuvo* ánimo'. O sea que el uso cervantino es fluctuante, pero no lo es sino raramente en comienzos del siglo XVI o finales del XV (Cf Cortegana, Diego de San Pedro, Aguayo, el *Amadís de Gaula,* o el *Tirante el Blanco*). La *Celestina* en sus tres autores sigue rigurosamente el uso del 'tú' de la comedia latina, uso que se oponía fuertemente al modo de los tratamientos usuales en el periodo. Si Rojas, v. gr., se ciñe tan fielmente a esta convención −con una sola excepción en II.26, que realmente es solo una errata− es muy improbable que se haya descuidado en esta otra convención, más fácil y exequible. ∞ ‡pase rompiendo = 'atraviese, destroce'.

200

muger Celestina! Dexárasme acabar de morir y no tornaras a vivificar mi esperança, para que tuviesse más que gastar el fuego que ya me aquexa! {25} ¿Por qué falsaste la palabra desta mi señora? ¿Por qué as assí dado con tu lengua causa a mi desesperación? ¿A qué me mandaste aquí venir, para que me fuesse mostrado el disfavor, el entredicho, la desconfïança, el odio, por la mesma boca desta que tiene las llaves de mi perdición y gloria? {26} ¡O enemiga! ¿Y tú no me dixiste que esta mi señora me era favorable? ¿No me dixiste que de su grado mandava venir este su cativo al presente lugar, no para ‡le desterrar nuevamente de su presencia, pero para **alçar** el destierro, ya por otro su mandamiento puesto ante de agora? {27} ¿En quién hallaré yo fe? ¿Adónde ay verdad? ¿Quién carece de engaño? ¿Adónde no moran falsarios? ¿Quién es claro enemigo? ¿Quién es verdadero amigo? ¿Dónde no se fabrican traiciones? ¿Quién osó darme tan cruda esperança de perdición?

Melibea (Adentro):- {28} Cessen, señor mío, tus verdaderas querellas; que ni mi coraçón basta para las sofrir, ni mis ojos para lo dissimular. Tú lloras de tristeza, juzgándome crüel; yo lloro de plazer, viéndote tan fïel. ¡O mi señor y mi bien todo! ¡Cuánto más alegre me fuera poder ver tu haz, que oír tu boz! {29} Pero, pues no se puede al presente más hazer, toma la firma y sello de las razones que te embïé escritas en la lengua de aquella solícita mensagera. Todo lo que te dixo confirmo, todo lo é por bueno. Limpia, señor, tus ojos; ordena de mí a tu voluntad.

Calisto:- {30} ¡O señora mía, esperança de mi gloria, descanso y alivio de mi pena, alegría de mi coraçón! ¿Qué lengua será bastante para te dar iguales gracias a la sobrada y incomparable merced que en este punto, de tanta congoxa para mí, me as quesido hazer, en querer que un tan flaco y indino

---

XII.24 *A D FJM HKILN* sirvientes *C* servientes ∞ *A D HKILN* vivificar *C FJM* bivificar Cf. I.121. ∞ *Todas:* tuuiesse *(sic)* ∞ *AC FJM HKILN* fuego *D* huego

XII.25 *ACD ILN* el odio *FJM HK* el oydo *(sic)* —La lectura de *FJM HK* no es tan absurda como parece. La enumeración no lleva 'y', así que puede haber punto después de *desconfiança:* '...el entredicho, la desconfiança. *Élo oído* por la mesma boca...' Así lo entiende Sedeño, *Ff* XII.32: 'Sí, con palabras süaves / me diste desperación, / *élas oído* muy graves / desta que tiene las llaves / de mi gloria y perdición. ∞ *ACD FJM HK* mesma boca *ILN* misma boca

XII.26 *A D F* dixiste *C JM HKILN* dexiste —Punto indefinible. ∞ *A D FJ HK* dixiste que de su... *C M ILN* dexiste que de su... ∞ ‡Todas las ediciones: para *me* desterrar. —Caso semejante al de arriba en XII.23, con la mezcla de tratamientos y de preguntas en primera y tercera persona. Aquí el *It* trae también: 'non per mandarme novamente in esilio'. Pero una enmienda debe ser consecuente con la otra, la de XII.23 junto con esta, y aquí más, en medio de 'su cativo' y 'su presencia'. ∞ *ACD FJM* su presencia *HKILN* tu presencia —Obsérvese que la lectura 'tu' es atraída por la errata '*me* desterrar'. Calisto se dirige retóricamente a 'enemiga' (= Celestina): su grado, su cativo, su presencia, su mandamiento (de Melibea). La enmienda se impone. ∞ *ACD* alcançar *FJM HKILN* **alçar** Sustitución, que corrige la evidente errata de *ACD*.

XII.27 —

XII.28 *A* lo sufrir *C F* las sofrir *D JM HKILN* las su(f)frir ∞ *ACD JM HKILN* poder ver *F* poder veer ∞ *AC F* haz *D JM HKILN* faz —Cf. OA.11b.

XII.29 *AC J HK* escritas *D ILN* escriptas *F M* scritas ∞ *ACD F HKILN* todo lo (h)é *JM* todo — (h)é

ombre pueda gozar de tu süavíssimo amor? (31) Del cual, aunque muy desseoso, siempre me juzgava indino, mirando tu grandeza, considerando tu estado, remirando tu perfeción, contemplando tu gentileza, acatando mi poco merecer y tu alto merecimiento, tus estremadas gracias, tus loadas y manifiestas virtudes. (32) Pues, ¡o alto Dios!, ¿cómo te podré ser ingrato, que tan milagrosamente as obrado comigo tus singulares maravillas? ¡O, cuántos días antes de agora passados me fue venido **esse** pensamiento a mi coraçón, y por impossible lo rechaçava de mi memoria, hasta que ya los rayos ilustrantes de tu *muy* claro gesto dieron luz en mis ojos, encendieron mi coraçón, (33) despertaron mi lengua, estendieron mi merecer, acortaron mi covardía, destorcieron mi encogimiento, doblaron mis fuerças, desadormecieron mis pies y manos, finalmente me dieron tal osadía, que me an traído con su mucho poder a este sublimado estado en que agora me veo, oyendo de grado tu süave boz! (34) La cual, si ante de agora no conociesse, y no sintiesse tus saludables olores, no podría creer que careciessen de engaño tus palabras. Pero como soy cierto de tu limpieza de sangre y hechos, me estoy remirando si soy yo, Calisto, a quien tanto bien se le haze.

Melibea (Adentro):- (35) Señor Calisto, tu mucho merecer, tus estremadas gracias, tu alto nacimiento an obrado que, después que de ti ove entera noticia, ningún momento de mi coraçón te partiesses. Y aunque muchos días é punado por lo dissimular, no é podido tanto que, en tornándome aquella muger tu dulce nombre a la memoria, (36) no descubriesse mi desseo e viniesse a este lugar y tiempo, donde te suplico ordenes y dispongas de mi persona según querrás. Las puertas impiden nuestro gozo, las cuales yo maldigo, y sus fuertes cerrojos y mis flacas fuerças, que ni tú estarías quex-

---

XII.30 *ACD FJM HKI* quesido *LN* querido —Cf. IX.52, X.2,7. ∞ *Todas:* flaco y indigno *(sic)*

XII.31 *Todas:* me juzgava indigno *(sic)* ∞ *ACD JM HKILN* perfeción *F* perfición ∞ ‡poco merecer..../estremadas gracias.../virtudes —Expresiones de cajón de la retórica amatoria. Cf. XI.13, XII.35.

XII.32 *AC JM HKILN* comigo *D F* conmigo ∞ *ACD* este pénsamiento *FJM HKILN* esse pensamiento *Sustitución.* ‡días antes de agora... esse pensamiento —La Cena 1ª del Auto I sucede bastantes días antes del comienzo de la acción, que realmente empieza en la Cena 2ª del Auto I. Cf. I.7, la *posible* enmienda: 'que aya subido en coraçón humano *pensamiento* (?) *de* comigo en ilícito amor... ∞ *ACD LN* y por impossible *FJM HKI* — por impossible —Confusión de y/p. ∞ *ACD F* le rechaçava *(F* rachaçava) *JM HKILN* lo rechaçava ∞ *AC* ylustrantes *D* yllustrantes *FJM HKILN* illustrantes ∞ *ACD* de tu claro *FJM HKILN* de tu muy claro —Adición. *A D FJM HKILN* dieron luz *C* dieran luz

XII.33 *Todas:* estendieron *(sic)* ∞ *ACD JM HKILN* encogimiento *F* incogimiento

XII.34 *Todas:* si soy yo *(sic)* ∞ *ACD* se le haze *FJM HKILN* se — haze *Supresión aparente.* Confusión de ∫e/le y supresión por haplografía o por seudocorrección.

XII.35 *A* houe *(sic) CD FJM HKILN* oue *(sic)* ∞ ‡muchos días é punado —Cf. X.10 muchos y muchos días - XI.18 el tiempo gastado en su servicio - XII.32 cuántos días antes de agora passados - XX.24 muchos días son passados ∞ *Todas:* (h)é pugnado *(sic)* ∞ *ACD F HKILN* tu dulce nombre *J* en dulce nombre *M* el dulce nombre

oso ni yo descontenta.

Calisto:- {37} ¿Cómo, señora mía, y mandas que consienta a un palo impedir nuestro gozo? Nunca yo pensé que, demás de tu voluntad, lo pudiera cosa estorvar. ¡O molestas y enojosas puertas! Ruego a Dios que tal fuego os abrase, como a mí da guerra, que con la tercia parte seríades en un punto quemadas. Pues, por Dios, señora mía, permite que llame a mis crïados para que las quiebren.

Pármeno (Aparte):- {38} ¿No oyes, no oyes, Sempronio? A buscarnos quiere venir para que nos den mal año. No me agrada cosa esta venida; en mal punto creo que se empeçaron estos amores. Yo no espero **más aquí.**

Sempronio (Aparte):- Calla, calla, escucha, que ella no consiente que vamos allá.

Melibea:- {39} ¿Quieres, amor mío, perderme a mí y dañar mi fama? No sueltes las riendas a la voluntad. La esperança es cierta; el tiempo breve, cuanto tú ordenares. Y pues tú sientes tu pena senzilla y yo la de entramos, tú tu solo dolor, yo el tuyo y el mío, conténtate con venir mañana a esta ora por las paredes de mi uerto. {40} Que si agora quebrasses las crüeles puertas, aunque al presente no fuéssemos sentidos, amanecería en casa de mi padre terrible sospecha de mi yerro. Y pues sabes que tanto mayor es el yerro cuanto mayor es el que yerra, en un punto será por la ciudad publicado.

Sempronio (Aparte):- {41} ¡En ora mala acá esta noche venimos! Aquí nos á de amanescer, según del espacio que nuestro amo lo toma. Que, aunque más la dicha nos ayude, nos an en tanto tiempo de sentir de su casa ‡*de Pleberio* o ‡*de* vezinos.

Pármeno (Aparte):- Ya á dos oras que te requiero que nos vamos, que no faltará un achaque.

XII.36 *A* segund *CD FJM HKILN* según

XII.37 *ACD FJM* impedir *HKILN* empedir ∞ *ACD FJM* lo pudiera (*F* podiera) *HKILN* — pudiera ∞ *A D F* huego *C JM HKILN* fuego

XII.38 *ACD* aquí más *FJM HKILN* más aquí *Sustitución (?).* ∞ ‡que vamos allá = 'que vayamos allá'

XII.39 *AC F* entramos *D JM HKILN* entrambos ∞ *ACD FJM L* tú solo dolor *HKI N* tú tu solo dolor *Sal-1570* tú solo tu dolor *It* tu il tuo solo dolore — 'tú sientes tu pena' es paralelo de 'tú —sientes— tu solo dolor,' que el *It* confirma. Simple haplografía.

XII.40 *AC FJM HKILN* mayor es el que *D* mayor — el que ∞ *AC HK* cibdad *D FJM ILN* ciudad

XII.41 *Todas:* esta noche venimos (= vinimos) ∞ *ACD FJM HKILN* según [segũ] del [dl] espacio (*F* spacio) —Es posible que haya una mala separación de la grafía medieval 'segund'. Entonces habría que leer 'según el espacio que (= con que) nuestro amo lo toma'. *Sal-1570* según el espacio ∞ ‡Todas las ediciones traen 'sentir de su casa o vezinos' —Después de acabar de mencionar al amo (tercera persona), en el posesivo singular hay que expresar el poseedor, porque si no, se entendería 'de su casa de Calisto'. El *It* trae: 'seremo sentiti in casa de Pleberio o da li vicini'. En los manuscritos los nombres propios van abreviados, v.gr. *d'pleb* (= 'de Pleberio'). Hay además aquí un profusión de 'de' propicia a las omisiones. Cf. sobre los posesivos con expresión del poseedor, característicos de Rojas: IV.61: su osadía desse atrevido - V.20: su boca de Celestina - VI.21 su madre de Melibea - VIII.4 su casa de Celestina - VIII.20 su prima de

Calisto:- {42} ¡O mi señora y mi bien todo! ¿Por qué llamas yerro a aquello que por los santos de Dios me fue concedido? Rezando oy ante el altar de la Madalena, me vino con tu mensage alegre aquella solícita muger.

(Cena 5ª)

Pármeno:- {43} ¡Desvarïar, Calisto, desvarïar! Por fe tengo, ermano, que no es cristiano. Lo que la vieja traidora con sus pestíferos hechizos á rodeado y hecho, dize que los santos de Dios se lo an concedido y impetrado. Y con esta confïança quiere quebrar las puertas. {44} Y no avrá dado el primer golpe, cuando sea sentido y tomado por los crïados de su padre *de Melibea,* que duermen cerca.

Sempronio:- Ya no temas, Pármeno, que harto desvïados estamos. En sintiendo bullicio, el buen hüír nos á de valer. Déxale hazer, que si mal hiziere, él lo pagará.

Pármeno:- Bien hablas; en mi coraçón estás. Assí se haga; huyamos la muerte, que somos moços. {45} *Que no querer morir ni matar no es covardía, sino buen natural. Estos escuderos de Pleberio son locos; no dessean tanto comer ni dormir como questiones y rüidos. Pues más locura sería esperar pelea con enemigo que no ama tanto la vitoria y vencimiento, como la contina guerra y contienda.* {46} ¡O, si me viesses, ermano, como estó, plazer avrías! A medio lado, abiertas las piernas, el pie izquierdo adelante, puesto en hüída,

---

Elicia - VIII.24 sus gracias de aquella muger - IX.59 su causa dellas - X.5 su presencia de aquel cavallero - XI.21 su querer de Celestina

XII.42 *A HKILN* — aquello *CD FJM* a aquello —Omisión mecánica. ∞ *A F ILN* Madalena *CD JM HK* Magdalena

XII.43 ‡Cena 5ª —Antes los criados comentan en Apartes. Ahora el foco de la atención pasa a ellos. En esta Cena los dos primeros parlamentos de Pármeno y Sempronio eran originariamente apartes, pero la modificación posterior, si juzgamos por el Argumento, agregó todo el resto de la huida vergonzosa. De todos modos la Cena no quedó bien encajada. Desde XII.46: '¡O, si me viesses...' hasta '...que el alguazil es, cierto', es ya una *Adición primera* en el texto de las Comedias. Nótese que entre los originarios apartes de {43} y {44} y la adición primera, se insertó la *Adición segunda* de {45}.

‡desvarïar, Calisto, desvarïar —Todas las ediciones traen el texto así (*G* falta), pero muchas de las posteriores enmiendan: 'desvarías, Calisto, desvarías'. La confusión de una -r final (como la de *C* en 'por los santos' *supra*) con una -s es posible. Pero el infinitivo en este uso (especie de imperativo exclamativo) es común, Cf. ¡andar, passe! —Nada aclara el *It:* 'fernetica, Calisto, fernetica' que puede ser segunda persona de imperativo o tercera persona de presente indicativo, y menos la variante única de *C,* que en el segundo *desvarïar* trae la errata 'desvïar'.

XII.44 ‡su padre de Melibea —Aquí no es absolutamente necesario expresar el poseedor, pero el *It* lee: 'li servio de suo patre de Melibea, che dormono...' Las ediciones castellanas no traen *de Melibea*. Cf. supra XII.41. ∞ *ACD HKILN* bullicio *F* bollicio *JM* el bollicio *(sic)* ∞ *A D HKILN* huyamos *C FJM* huygamos *(sic)*

XII.45 *Adición,* desde 'Que no querer morir...' hasta '...guerra y contienda'. No la traen *ACD,* adicionan *FJM HKILN.* ∞
FJM HK enemigo *ILN* enemigos ∞ *FJM* que no ama *HKILN* que no aman ∞ *F* victoria *JM HKILN* vitoria ∞ *FJM* contina *HKILN* continua

204

las haldas en la cinta ‡arrolad*as,* la adarga so el sobaco, por que no me empache. {47} Que, por Dios, que creo **huy**esse como un gamo, según el temor tengo de estar aquí.

Sempronio:- Mejor estó yo, que tengo lïado el broquel y el espada con las correas, por que no se me caigan al correr, y el caxquete en la capilla.

Pármeno:- ¿Y las piedras que traías en ella?

Sempronio:- {48} Todas las vertí, por ir más liviano. Que harto tengo qué llevar en estas coraças que me heziste vestir por tu importunidad. Que bien las rehusava de traer, porque me parecían para hüír muy pesadas. ¡Escucha, escucha! ¿Oyes, Pármeno? ¡A malas andan! ¡Muertos somos! Bota presto, echa hazia casa de Celestina, no nos atagen por nuestra casa.

Pármeno:- {49} ¡Huye, huye, que corres poco! ¡O, pecador de mí; si nos an de alcançar, dexa broquel y todo!

Sempronio:- ¿Si an muerto ya a nuestro amo?

Pármeno:- No sé, no me digas nada; corre y calla, que el menor cuidado mío es esse.

Sempronio:- {50} ¡Ce, ce, Pármeno! Torna, torna callando, que no es sino la gente del alguazil, que passava haziendo estruendo por la otra calle.

Pármeno:- Míralo bien; no te fíes en los ojos, que se antoja muchas vezes uno por otro. No me avían dexado gota de sangre. Tragada tenía ya la muerte, que me parecía que me iva dando en estas espaldas golpes. {51} En mi vida

---

XII.46 ‡si me viesses —Indica que la oscuridad es tanta, que 'priva el viso' (= impide ver), lo que le permite a Rojas describir cómo están los dos cobardazos rufiancetes. ∞ *ACD HKILN* como estó *FJM* como estoy (*F* stoy *sic*) ∞ *ACD F* y/isquierdo *JM HKILN* y/izquierdo ∞ *ACD F HKILN* haldas *JM* faldas ∞ *A JM* adarga *C* dáraga *F* darga *D HKILN* adáraga ∞ *Todas las ediciones:* las haldas en la cinta, la adarga *(con las variantes indicadas)* arrollada y so el sobaco. —Esta *adarga arrollada* es como una *lanza enrollada* o un *espada doblada* o *plegada.* Una simple transposición produce una de las erratas más divertidas. La expresión hecha es 'haldas en cinta', y el artículo 'las' no casa sino con el adjetivo 'arrolladas'. El *It* trae la lectura evidente: 'le falde del saio ligate a la centura, la targa sottol' braccio'.

XII.47 *ACD* creo corriesse *FJM HKILN* creo f/**huy**esse *Sustitución.* ∞ *ACD ILN* estó yo *FJM HKILN* estoy yo —Prácticamente la pronunciación era la misma con una u otra grafía. ∞ *ACD* se me caygan (*sic*) *FJM* se — cayga (*sic*) *Supresión aparente;* el 'me' es idiomático y expresivo.

XII.48 *A* hiziste *CD FJM HKILN* f/heziste ∞ *ACD* por tu importunidad *FJM HKILN* por — importunidad *Supresión aparente;* es necesario que Sempronio recalque el posesivo y no hable en abstracto. Clara haplografía: '*por tu* im*por*tunidad'. ∞ *A* hazia casa de *D* hazia a casa de *D FJM HKILN* hazia casa de ∞ *ACD JM HKILN* atajen (*sic*) *F* atajan (*sic*) —Grafía regularizada ge/gi.

XII.49 ¿Sí an muerto ya a nuestro amo? —El *sí* fuertemente acentuado, afirmativo-interrogativo, como es todavía el uso popular. Cf. '¿sí te vas hoy? ¿sí lo crees posible? etc. etc. El *It* no refleja esta construcción: 'credi tu che abbiano morto nostro patrone?'.

XII.50 ‡¡Ce, ce, Pármeno! —Hay naturalmente un intervalo entre lo que dice Pármeno antes y el momento en que lo llama Sempronio ahora. Nunca el texto lo indica, porque no hay acotación explícita o escrita. Los movimientos, los tiempos y lugares deben irse deduciendo del diálogo mismo. ∞ *ACD HKILN* alguazil *F* alguzil (*sic*) *JM* agua-

me acuerdo aver tan gran temor ni verme en tal afrenta, aunque é andado por casas agenas harto tiempo y en lugares de harto trabajo. Que nueve años serví a los frailes de Guadalupe, que mil vezes nos apuñeávamos yo y otros, pero nunca como esta *vez* ove miedo de morir.

Sempronio:- {52} ¿Y yo no serví al cura de San Miguel *y al mesonero de la plaça* ‡*y a Mollejas el ortelano?*‡ *Y también yo tenía mis questiones con los que tiravan piedras a los páxaros que assentavan en un álamo grande que tenía, porque dañavan la ortaliza.* {53} Pero guárdete Dios de verte con armas, que aquel es el verdadero temor. No en balde dizen: cargado de hierro y cargado de miedo. — ¡Buelve, buelve, que el alguazil es, cierto!

(Cena 6ª)

Melibea (Adentro):- {54} Señor Calisto, ¿qué es esso que en la calle suena?' Parecen bozes de gente que van en húida. Por Dios, mírate, que estás a peligro.

Calisto:- Señora, no temas, que a buen seguro vengo. Los míos deven de ser, que son unos locos y desarman a cuantos passan, y húiríales alguno.

Melibea (Adentro):- ¿Son muchos los que traes?

---

zil *(sic)* ∞ Todas las ediciones traen: 'que se antoja'; *Sal-1570* y la mayoría de las posteriores traen: 'que se les antoja', que es más idiomático, pero las dos lecciones son buenas.

XII.51 ‡aver tan gran temor = 'aver avido tan gran temor' ‡verme en tal afrenta = 'averme visto en tal afrenta'. El simple infinitivo, en lugar del compuesto, indiferentemente usado en el periodo, y todavía en el habla popular. Cf. XII.11. El *It:* 'aver sì gran paura', pero luego: 'avermi visto in tanto pericolo'. ∞ *A* farto tiempo *CD FJM HKILN* harto tiempo ∞ *Todas:* harto trabajo ∞ *ACD FJM HKI N* Guadalupe *L* Guardalupe ∞ *ACD* como esta — *FJM HKILN* como esta vez *Adición.* ∞ *A* houe *(sic) CD FJM HKILN* ove

XII.52 *Adición,* desde 'y al mesonero...' hasta '...dañavan la ortaliza'. No la traen *ACD,* adicionan *FJM HKILN.* Los *It, It²* traen así: 'E io non ò servito il piovano de Santo Michele e ancora al oste de la piazza *de Santo Domenico* e a Figatello l'ortolano *dil Signore?* No hay razón para que el *It* haya agregado lo subrrayado. El mesonero de *Santo Domingo* y el ortelano *del Señor* estaban sin duda en *E* y fueron suprimidos para *F,* quizá por particularizar o indicar demasiado. El Señor ¿es el de un lugar determinado? ¿quizá la Puebla de Montalbán?
ACD JM HK sant Miguel *F ILN* san Miguel ∞ *F HKILN Sal-1570 Ms* Mollejas *JM* Mollejar ∞ *FJM HKIL* ortelano *N* ortolano

XII.53 *ACD FJM* es el verdadero *HKILN* es — verdadero ∞ ‡cargado de hierro y cargado de miedo —Todas las priores traen la conjunción 'y'; la mayoría de las posteriores la suprimen. La forma escrita es eufemística; lo que realmente se dice y se decía es: 'cargado de hierro /y/ *cagado* de miedo. Barth, *Animadversiones, ad locum:* "Oneratus armis" pulcre sonat suâ linguâ. *Cargado de hierro cagado de miedo.* 'Oneratus ferro timore concacatus est'. Et sic vertere malim. ∞ *ACD F HKILN* alguazil *JM* aguazil ∞ ‡el alguazil es, cierto —La coma es necesaria. Sin ella *cierto* es adjetivo (el alguazil es cierto) con ella es adverbio (ciertamente es el alguacil).

XII.54 *ACD HKILN* qué es esso *FJM* qué es esto ∞ ‡de *gente* que *van* — Concordancia normal del periodo. ∞ Todas: estás a peligro ∞ *ACD FJM* a buen seguro *HKILN* a buen recaudo ∞ *ACD FJM* deven de ser *H ILN* deven — ser *K* deve — ser —Omisión del tilde (ē). El 'de' es dubitativo, conjetural; es preciso seguir a *ACD FJM*

Calisto:- {55} No, sino dos; pero aunque sean seis sus contrarios, no recebirán mucha pena para les quitar las armas y hazerlos hüír, según su esfuerço. Escogidos son, señora, que no vengo a lumbre de pajas. Si no fuesse por lo que a tu onra toca, pedaços harían estas puertas, y si sentidos fuéssemos, a ti y a mí librarían de toda la gente de tu padre.

Melibea (Adentro):- ¡O, por Dios, no se cometa tal cosa! Pero mucho plazer tengo, que de tan fiel gente andes acompañado. Bien empleado es el pan que tan esforçados sirvientes comen. {56} Por mi amor, señor, pues tal gracia la natura les quiso dar, sean de ti bien tratados y galardonados, por que en todo te guarden secreto. *Y cuando sus osadías y atrevimientos les corrigieres, a bueltas del castigo mezcla favor, porque los ánimos esforçados no sean, con ‡el ‡corregimiento diminüidos y irritados en el ‡usar a sus tiempos, ‡del ardimiento.*

—Cf. XII.17. ∞ ‡La frase: 'que son unos locos y desarman a cuantos pasan, y hüiríales alguno', es *adición primera,* como consecuencia de la larga *adición primera* de la Cena 5ª. ∞ *ACD F HKILN* que traes *JM* que traeys *(sic)*

XII.55 *A JK* recebirán *CD F HKILN* recibirán (*K* ricibirán ∞ *ACD F* las armas *JM HKILN* sus armas ∞ ‡Desde: 'Escogidos son, señora...' hasta '...en todo te guarden secreto,' es una adición primera, como consecuencia de la larga adición primera de la Cena 5ª. A continuación de esta se hizo la *adición segunda* de XII.56. *ACD FJM* no se cometa *HKILN* no se acometa ∞ *ACD ILN* andes *FJM HK* andas —Cf. IX.20: cuando anden a pares.

XII.56 *Adición,* desde 'Y cuando sus osadías... ' hasta '...el osar de sus tiempos...' No la traen *ACD,* adicionan *FJM HKILN.*

FJM mezcla favor *HK* muestra favor *ILN* muéstrales favor ∞ *FJM HKILN OQRSTUWXBbCcEeGg:* diminutos τ yrritados (*G* yritados) *Ff* no trae la frase. La mayoría de las posteriores: 'diminuidos y irritados'. Las *It* 1506, 1514, 1515 y 1519 traen: 'fa che insieme col castigo li messedi (= miscidi,mescoli) alcuna volta favore, perchè li animi sforzati non siano con la repressione diminuiti e retratti nel usar a lor tempi l'ardire'; (*It* 1525 en lugar de 'messedi' trae: 'sia meschiato'; lo demás igual). El' *It* 'con la reprensione' cubre un castellano 'con el corregimiento' mal entendido en las ediciones a partir de *F;* han entendido 'irritados' como 'retraídos, impedidos, encogidos', que es más o menos correcto, porque 'irritados' no tiene aquí el significado posterior de 'airados, excitados, enfurecidos,' sino el forense de 'invalidados, anulados, hechos írritos'- lo que se refleja en la errata 'con encogimiento'. El *It* indica que el castellano: 'en el osar a sus tiempos' contiene una errata y está trunco, cosa que se percibe al compararlo con el texto restituido que el *It* cubre. El *It* tiene perfectamente 'osare y 'ardire'; no hay razón alguna por que no haya traducido 'nel ardire a lor tempi' o 'nel osare a lor tempi'. La expresión 'usar del ardimiento' con el infinitivo sustantivado, huele a Rojas desde lejos y es un sinónimo pluriverbal de 'osar, atreverse'. El sustantivo 'ardimiento' no gustó a un corrector oficioso; pero la palabra la emplea todavía normalmente Cervantes, tal como se ve en el *Quijote,* I, 19. El texto reconstituido contiene incluso una consonancia en '-ento', homeoteleuto no raro en la prosa de Rojas, v.gr.II.7,8,9,10,14,15,23; III.3,17,30; IV.2,23,58,72,73,76,78,94; VI.11,14,30,56; VII.27,29,56; VIII.13; IX.25; X.44; XI.14; XII.28; XIII.21,28; XIV.2.3,7,17,27,28; XIX.11,20,26,39; XX.5. Mabbe expande algo pero entiende o lee 'corrigimiento': 'And when for their boldness or presumption thou shalt check or correct them, intermix some favors with they punishments to the intent that their valor and courage may not *by reprehension* be diminished and then be most wanting unto thee when thou shouldst have most need of it'. Barth parece

207

Pármeno:- {57} ¡Ce, ce, señor! quítate presto dende, que viene mucha gente con hachas y serás visto y conocido, que no ay dónde te metas.

Calisto:- ¡O mezquino yo, y cómo me es forçado, señora, partirme de ti! Por cierto, temor de la muerte no obrara tanto como el de tu onra. Pues que assí es, los ángeles queden con tu presencia. Mi venida será, como ordenaste, por el uerto.

Melibea (Adentro):- Assí sea, y vaya Dios contigo.

(Cena 7ª)

Pleberio:- {58} Señora muger, ¿duermes?

Alisa:- Señor, no.

Pleberio:- ¿No oyes bullicio en el retraimiento de tu hija?

Alisa:- Sí oigo. — ¡Melibea, Melibea!

Pleberio:- No te oye; yo la llamaré más rezio. — ¡Hija mía Melibea!

Melibea (Afuera):- ¡Señor!

Pleberio:- ¿Quién da patadas y haze bullicio en tu cámara?

Melibea (Afuera):- {59} Señor, Lucrecia es, que salió por un jarro de agua para mí, que avía [gran] sed.

Pleberio:- Duerme, hija, que pensé que era otra cosa.

Lucrecia (Afuera):- Poco estruendo los despertó; con [gran] pavor hablavan.

Melibea (Afuera):- No ay tan manso animal que con amor o temor de sus hijos no asperee. Pues, ¿qué harían si mi cierta salida supiessen?

---

leer 'encogimiento', pero ciertamente leyó *ardimiento* porque lo entiende como derivado de 'arder', resquemor, resentimiento, y 'usar a sus tiempos del ardimiento' = 'tratar de vengarse en el momento propicio': 'Quod si quando, temeritatis et audacie nimios, castigaveris, iracundiâ sopitâ, favorem illis restitutum ostendas: ne animi fortes atque confidentes imminuantur strictioribus augustiis inclusi velut et compressi, neve simul irritetur et tempore nocendi observato, aliquid ultionis in te parent'. (= 'e igualmente no se aíren y viendo la oportunidad de hacer daño, alguna venganza tramen contra ti). Cf. *Introducción*, IV.C.1.c., p. 217.

XII.57 *ACD JM HKILN* hachas *F* achas *(sic)* ∞ *ACD FJM* cómo - es forçado *It* come me è forza *HKILN* como me es forçado (*N* forçada —*errata*) —Omisión de una sílaba semejante: co*mo me*. El 'me' expresa un matiz importante. *Sal-1570* lo incluye también y muchas posteriores.

XII.58 *ACD FJM HKILN* bullicio (*L* bulllco *errata* ∞ *AC F* sí oygo *(sic) D JM HKILN* sí oyo *(sic)* ∞ *ACD FJM* yo la llamaré *HKILN* yo - llamaré ∞ ‡patadas = 'pisadas fuertes, como de pata'.

XII.59 *ACD* avía gran sed *FJM HKILN* avía - sed *Supresión (?).* ∞ *ACD FJM HKI N* pensé *L* piense ∞ *ACD* con gran pavor *FJM HKILN* con - pavor *Supresión (?).* ∞ ‡poco estruendo los despertó —Cf. lo que dice el Argumento: 'al son del rüído que avía en la calle, despierta'. ∞ *ACD* no asperece *F Ff* no asperee *JMT HKO U WXCc* no aspere *ILN QS Ee* no se asperee *RBbGg* no se aspere —'Asperece' es simple errata en *ACD* que cubre *asperee*. Solo hay en las tres ediciones siete casos de confusión de -c, ç/z- (tres en *A* que sean propiamente confusiones: *corazonos, plaza, plazas* -todos *sic*); así el *asperece* tendría que venir de un hipotético **aspereçar*, ya que se trata de un sujuntivo. A pesar de lo que dice Corominas en *DCELC*, el fantástico **aspereçar* no se da. Lo que

Calisto:- {60} Cerrad essa puerta, hijos. Y tú, Pármeno, sube una vela arriba.

Sempronio:- Deves, señor, reposar y dormir **esso** que queda de aquí al día.

Calisto:- Plázeme, que bien lo é menester. ¿Qué te parece, Pármeno, de la vieja que tú me desalabavas? ¿Qué obra á salido de sus manos? ¿Qué fuera hecho sin ella?

Pármeno:- {61} Ni yo sentía tu gran pena ni conocía la gentileza y merecimiento de Melibea; y assí, no tengo culpa. Conocía a Celestina y sus mañas. Avisávate como a señor; pero ya me parece que es otra. Todas las á mudado.

Calisto:- ¡Y cómo mudado!

Pármeno:- Tanto, que si no lo oviesse visto, no lo creería. Mas assí bivas tú, como es verdad.

Calisto:- {62} Pues avés oído lo que con aquella mi señora é passado? ¿Qué hazíades? ¿teníades temor?

Sempronio:- ¿Temor, señor, o qué? Por cierto, todo el mundo no nos le hiziera tener. ¡Hallado avías los temerosos! Allí estovimos esperándote, muy aparejados y nuestras armas muy a mano.

Calisto:- {63} ¿Avés dormido algún rato?

Sempronio:- ¿Dormir, señor? ¡Dormilones son los moços! Nunca me assenté, ni aun junté, por Dios, los pies, mirando a todas partes para, en sintiendo ‡por qué, poder saltar presto y hazer todo lo que mis fuerças me ayudaran. {64} Pues Pármeno, aunque parecía que no te servía hasta aquí de buena gana, assí se holgó cuando vido los de las hachas, como lobo cuando siente polvo de ganado, pensando poder quitarles las armas, hasta que vido que eran muchos.

---

trae Nebrija es *asperear* (= asperare, exasperare, exacerbare) y el sustantivo *aspereamiento*. Las variantes son explícitas: *E* traía 'no asperee', y de allí pasa correcto a *F;* la supresión de una '-e' se produce en *G1* y sus derivadas, errata no rara (v.gr. en IV.73 *JM* traen *acarre* en lugar de *acarree*). La forma con 'se' (que se da en el periodo) se origina en *I* y la lectura 'no se aspere' se origina en *R1.*. Sedeño para su metrificación tiene a la vista *T*, y sin embargo usa 'asperee': XII.78 'no ay tan manso animal / que por mucho que blandee, / sea tan manso ni tal, / que con amor paternal / de sus hijos, no asperee'. ∞ *Todas:* supiessen ∞ ‡Cena 7ª —Esta Cena divide el Auto en dos porciones. En el texto actual parece demasiado corta y algo trunca. Puede haber sufrido excisiones.

XII.60 *A FJM* cerrad *C* cierra *D HKILN* cerrá Cf VI.53, XI.15. ∞ *ACD* esto *FJM HKILN* esso *Sustitución.* ∞ *ACD JM HKILN* que queda *F* que quedó ∞ *A* fuera hecha *CD FJM HKILN* fuera f/hecho

XII.61 *AC FJM HKILN* ni conocía *D* ni yo conocía ∞ *AC FJM* y sus mañas *D HKILN* y a sus mañas ∞ *Todas:* lo oviesse (*C* houiesse *-sic*)

XII.62 *AC F* avés *D JM HKILN* aueys *(sic)* ∞ AC FJM HKILN nos le hiziera *D* mo lo hiziera ∞ *AC F* estovimos *D JM HKILN* estuvimos

XII.63 *AC F* avés *D JM HKILN* aueys *(sic)* ∞ *ACD* en sintiendo porque *FJM HKILN* en sintiendo poder *It* attento a tutte parte se sentiva rumore, per posser saltar presto. ‡Hay confusión de porq/poð y supresión de uno de los dos. No se sentó ni juntó los pies, para poder saltar presto al sentir por qué hacerlo. ¡Eso fue exactamente lo que hizo!

Calisto:- No te maravilles, que procede de su natural ser osado y, aunque no fuesse por mí, hazíalo porque no pueden los tales venir contra su uso; {65} que aunque muda el pelo la raposa, su natural no despoja. Por cierto, yo dixe a mi señora Melibea lo que en vosotros ay, y cuán seguras tenía mis espaldas con vuestra ayuda y guarda. — Hijos, en mucho cargo os soy. Rogad a Dios por salud, que yo os galardonaré más complidamente vuestro buen servicio. Id con Dios a reposar.

(Cena 9ª)

Pármeno:- {66} ¿Adónde iremos, Sempronio? ¿A la cama a dormir o a la cozina a almorzar?

Sempronio:- Vé tú donde quisieres; que antes que venga el día quiero yo ir a Celestina a cobrar mi parte de la cadena. {67} Que es una puta vieja; no le quiero dar tiempo en que fabrique alguna rüindad con que nos escluya.

Pármeno:- Bien dizes; olvidado lo avía. Vamos entrambos, y si en esso se pone, espantémosla de manera que le pese. Que sobre dinero no ay amistad.

(Cena 10ª)

Sempronio:- {68} ¡Ce, ce! Calla, que duerme **cabe** esta ventanilla. — ¡Ta, ta! Señora Celestina, ábrenos.

Celestina:- ¿Quién llama?

Sempronio:- Abre, que son tus hijos.

Celestina:- No tengo yo hijos que anden a tal ora.

Sempronio:- {69} Abrenos a Pármeno y *a* Sempronio, que nos venimos acá a almorzar contigo.

Celestina:- ¡O locos traviessos! Entrad, entrad. ¿Cómo venís a tal ora, que ya amanece? ¿Qué avés hecho? ¿Qué os á passado? ¿Despidiose la esperança

---

XII.64 *A* que te parecía *CD FJM HKILN* aunque parecía ∞ *AC* quitar les las *D* quitarles las armas *FJM HKILN* quitárselas ‡Cf. XII.54 son unos locos y desarman a cuantos passan —XII.55 para les quitar sus armas y hazerlos hüír. *Buscón,* I,6: 'quitar una noche las espadas a la misma ronda', —y cómo lo cumplieron. La expresión 'los de las hachas' determina, pero lo que se les iba a quitar no eran las hachas, sino las armas. La lectura de *AC* indica claramente que se omitió 'armas'. Sobre esta lectura falla se enmendó mal en las siguientes. *D* trae el texto completo y lógico. Para otra posible lectura sugerida por el *It,* Cf. *Introducción,* IV.C.1.c., p. 217.

XII.65 ‡la raposa —Refrán aplicado al Pármeno, con toda la ingenuidad del caso. ∞ *ACD F* cargo os soy *JM HKILN* cargo vos soy —Cf. VII.6 resgisvos/regisos.

XII.66 *ACD JM HKILN* a cobrar *F* — cobrar

XII.67 *ACD FJ HKILN* nos escluya *M* nos encluya *(sic)* ∞ *AC F* entrambos *JM HKILN* entrambos ∞ ‡olvidado lo avía —Cf. VIII.17 oído lo avía - X.25 cativado la á —*Quijote,* I.23: 'Y acabó su plática con un tan tierno llanto, que bien fuéramos de piedra los que escuchado le avíamos si en él no le acompañáramos'. Véase lo anotado en este lugar por Rodríguez Marín, en su edición crítica del *Quijote,* y Bello, *Gramática,* 917.

XII.68 *ACD* cabo *FJM HKILN* cabe *Sustitución.*

de Calisto, o bive todavía con ella, o cómo queda?

Sempronio:- {70} ¿Cómo, madre? Si por nosotros no fuera, ya andoviera su alma buscando posada para siempre. Que si estimarse pudiesse a lo que de allí nos queda obligado, no sería su hazienda bastante a complir la deuda, si verdad es lo que dizen, que la vida y persona es más dina y de más valor que otra cosa ninguna.

Celestina:- {71} ¡Gesú! ¿Que en tanta afrenta os avés visto? Cuéntamelo, por Dios.

Sempronio:- Mira qué tanta, que, por mi vida, la sangre me hierve en el cuerpo en tornarlo a pensar.

Celestina:- Reposa, por Dios, y dímelo.

Pármeno:- {72} Cosa larga le pides, según venimos alterados y cansados del enojo que avemos avido. Harías mejor en aparejarnos a él y mí de almorzar, quiçá nos amansaría algo la alteración que traemos. Que cierto, te digo que no querría ya topar ombre que paz quisiesse. {73} Mi gloria sería agora hallar en quién vengar la ira, que no pude en los que nos la causaron, por su mucho huír.

Celestina:- ¡Landre me mate, si no me espanto en verte tan fiero! Creo que burlas. Dímelo agora, Sempronio, tú, por mi vida, ¿qué os á passado?

Sempronio:- {74} Por Dios, sin seso vengo, desesperado; aunque para contigo por demás es no templar la ira y todo enojo y mostrar otro semblante que con los ombres. Jamás me mostré poder mucho con los que poco pueden. Traigo, señora, todas las armas despedaçadas: el broquel sin aro; la espada, como sierra; el caxquete abollado, en la capilla. {75} Que no tengo con qué salir un passo con mi amo, cuando menester me aya; que quedó concertado de ir esta noche que viene a verse por el uerto. Pues, ¿comprarlo de

---

XII.69 *ACD* y Sempronio *FJM HKILN* y a Sempronio *Adición.* ∞ *AC FJM HKI N* acá almorzar *D L* acá a almorzar —Omisión mecánica de la 'a'. ∞ *AC F* avés *D JM HKILN* aueys *(sic)* ∞ AD HKILN despidióse (*N* despidiosse *sic*) *FJM* dispidiose *C* despediose

XII.70 *AC F* andoviera *D JM HKILN* anduviera ∞ *A D F M HKILN* pudiesse *C* podiesse *J* pudiese *(sic)* ∞ *ACD FJM* a lo que *H* − lo que —Omisión de la 'a', anacoluto. ∞ *ACD FJM H ILN* complir *K* cumplir ∞ *AC* debda *D FJM H ILN* deuda *K* duda —*errata.*

XII.71 *AC F* avés *D JM HKILN* aueys *(sic)* ∞

XII.72 *ACD JM HKILN* avemos avido (*A* hauemos auido *-sic*) *F* avemos avidos ∞ *AC* quería *D FJM HKILN* querría ∞ *ACD FJM HKI* (h)ombre *LN* a (h)ombre

XII.73 *ACD FJM HK* que no *ILN* pues no —Confusión de pues/que. Cf. P.20: mayormente pues/que. ∞ *A D HKI N* pude *FJM* puedo *C L* puede —Es errata constante, Cf. I.64,83 - III.32. *It* trovar con chi vendicar mia ira, che non potemmo con quelli che ne làn causata, per lo molto fuggire; el 'potemmo' indica que es pretérito, a pesar de que el plural fue inducido por el *ne* (= 'nos') siguiente.

XII.74 ‡por demás es no templar — 'no templar la ira para contigo, es demasía (*It* cosa soperchia) y no mostrar otro semblante que con los hombres, también lo es'. El primer *no* modifica también a *mostrar,* pero no es necesario repetirlo. ‡caxquete abollado, en la capilla —Es necesaria la coma (,) después de 'abollado', porque la capilla no es parte del caxquete, sino la sobrecapa, capucha o capuz, que se podía echar hacia atrás y ahí llevar el caxquete.

nuevo? ¡No mando un maravedí en que **caiga** muerto.

Celestina:- {76} Pídelo, hijo, a tu amo, pues en su servicio se gastó y quebró. Pues sabes que es persona que luego lo complirá; que no es de los que dizen: ¡bive comigo y busca quien te mantenga! El es tan franco, que te dará para esso y para más.

Sempronio:- {77} ¡Ha! Trae también Pármeno perdidas las suyas. A este cuento, en armas se le irá su hazienda. ¿Cómo quieres que le sea tan importuno en pedirle más de lo que él de su propio grado haze, pues es harto? No digan por mí que dándome un palmo pido cuatro. {78} Dionos las cien monedas, dionos después la cadena. A tres tales aguijones no terná cera en el oído; caro le costaría este negocio. Contentémonos con lo razonable, no lo perdamos todo por querer más de la razón; que quien mucho abarca, poco suele apretar.

Celestina:- {79} ¡Gracioso es el asno! Por mi vegez, que si sobre comer fuera, que dixera que aviemos todos cargado demasïado. ¿Estás en tu seso, Sempronio? ¿Qué tiene que hazer tu galardón con mi salario, tu soldada con mis mercedes? ¿Só yo obligada a soldar vuestras armas, a complir vuestras faltas? {80} Aosadas, que me maten, si no te as asido a una palabrilla que te dixe el otro día viniendo por la calle, que cuanto yo tenía era tuyo, y que, en cuanto pudiesse con mis pocas fuerças, jamás te faltaría, y que, si Dios me diesse buena manderecha con tu amo, que tú no perderías nada. {81} Pues ya sabes, Sempronio, que estos ofrecimientos, estas palabras de buen amor, no obligan. No á de ser oro cuanto reluze; si no, más barato valdría. Dime, ¿estó en tu coraçón, Sempronio? Verás si, aunque soy vieja,

---

XII.75 *ACD FJM* salir un passo *HKILN* salir − passo ∞ *ACD* en que caya *FJM HKILN* aunque cay**g**a *(sic)* Sustitución de *caiga* en lugar de *caya*, forma más antigua que iba cayendo en desuso. Un corrector oficioso —quizás el mismo que hizo la sustitución— no entendió la expresión y enmendó erróneamente *aunque* en lugar de *en que*. *Mandar* es aquí simplemente *tener* (no *ofrecer* como dice Cejador). *Mandar* = 'ofrecer' necesita dativo, v.gr. 'mándole tal o cual cosa'. *Mandar* = 'tener' puede llevar 'se', v.gr. 'se manda unos puños de hierro'. La frase 'no tener que caerse muerto' es aun usual. Estas correcciones nos hacen ser cautos respecto a sustituciones menudas, de una o dos palabras. Ciertamente Rojas prefiere en *traer, caer, oír* las formas con -ig-, esto sabido por un corrector oficioso, puede meter mano confiadamente cuando aparezcan las formas con -y- de amanuenses de cajistas; pero esto no garantiza otras enmiendas.

XII.76 *Todas:* lo complirá ∞ *A JM HKILN* comigo *CD F* conmigo ∞ *AC FJM HKILN* para esso *D* para esto

XII.77 *ACD JM HKILN* a este cuento *F* a esta cuenta ∞ *AC FJ HKILN* propio grado *D M* proprio grado ∞ *A* es arto *(sic) CD F HKILN* es harto *JM* es farto ∞ *A* que dando *CD FJM HKILN* que dándome

XII.78 *AC FJM HK* cient *ILN* cien ∞ *AC FJM HKILN* contentémonos *D* contentémosnos *(sic) A* mucho abraça *CD FJM HKILN* mucho abarca

XII.79 *ACD M HKILN* dixera *F* dixiera *J* dexera a ∞ *A D JM HKILN* aviamos *(A* hauiamos) *C F* aviemos —Cf. III.16, VI.6 ∞ ‡cargado = 'cargado la mano a la bebida' ∞ *AC FJM* só yo obligada *D HKILN* soy so obligada ∞ *Todas:* complir

XII.80 *Todas:* pudiesse ∞ *ACD FJM* que tú no perederías *HKILN* que − no perderías

212

sí acierto en lo que tú puedes pensar. —{82} Tengo, hijo, en buena fe, más pesar, que se me quiere salir esta alma, de enojo. Di a esta loca de Elicia, como vine de tu casa, la cadenilla que traxe, para que se holgasse con ella, y no se puede acordar dónde la puso. Que en toda esta noche ella ni yo no avemos dormido sueño, de pesar. {83} No por su valor de la cadena, que no era mucho, pero por su mal cobro della. Y de mi mala dicha entraron unos conocidos y familiares míos en aquella sazón aquí; temo no la ayan llevado, diziendo: si te vi, burleme; ‡si no te vi, calleme. —{84} Assí que, hijos, agora que quiero hablar con entrambos, si algo vuestro amo a mí me dio, devés mirar que es mío; que de tu jubón de brocado ‡no te pedí yo parte ni la quiero. Sirvamos todos, que a todos dará, según viere que lo ‡merecemos; que si me á dado algo, dos vezes é puesto por él mi vida al tablero. {85} Más herramienta se me á embotado en su servicio que a vosotros; más materiales é gastado, pues avés de pensar, hijos, que todo

---

XII.81 *ACD FJM* más barato *H ILN* más baxo *K* más baxa ∞ *A* estoy en tu *CD FJM HKILN* estó en tu ∞ ‡sí acierto —El *si* fuertemente acentuado. Basta invertir la incidental para comprobarlo: 'Verás si sí acierto, aunque soy vieja, en lo que tú puedes pensar'. La variante de *Sal-1570* también lo comprueba: 'Verás que, aunque soy vieja, sí acierto...' = 'Verás que sí acierto, aunque soy vieja...' ∞ ‡en lo que tú puedes pensar —Esto liga con lo que dice adelante en {84}: 'Assí que, hijos, agora no quiero...'; de tal modo que el trozo de XII.82-83 sobre el extravío de la cadena por parte de Elicia —razones de Pedro Cojo en boca de la Vieja— es una redacción posterior, es decir, es ya una *adición primera* en el texto de las Comedias.

XII.82 ‡como vine de tu casa —Esto es, de casa de Calisto. Lo que indica claramente que la Cena 2ª del Auto XI se sucede en casa de Calisto y no por la calle. Cf. XI.15 ∞ *ACD FJM ILN* se holgasse *HK* se folgasse ∞ *ACD FJN* dónde *HKILN* dó

XII.83 ‡no por su valor —Lo burdo del cuento, de hacer perdediza una cadena de oro de 400 gramos, tuvo que haber enfurecido realmente a los dos rufiancetes. ∞ ‡Después della *AD JM HKI N* traen (:), *CF* traen (/), *L* trae (.). Las terciarias repiten esta puntuación fuerte con variantes parecidas, y el *It* la confirma: 'ma per su mal recapito de lei: e per mia mala ventura in quel tempo...' Sedeño termina allí copla, XII.108: 'y sueño no emos tomado / esta noche yo ni ella, / no por su valor preciado, / que no era muy estimado, / mas por el mal cobro della'. 109. Vinieron desconocidos... ∞ *AD* levado *C FJM HKILN* llevado ∞ ‡El refrán se dice de dos formas: 'si me viste, burleme; si no me viste, calleme' (es la variante que trae *Sal-1570*) y 'si te vi, burleme; si no te vi, calleme' (= 'si te vi viéndome...') Algún equivalente moderno: 'si me ves, me hago el loco; y si no, aunque sea poco'. Es el refrán de los cleptómanos, Todas las ediciones no traen la segunda parte del refrán, como es lo usual en textos del periodo, pero debe ponerse completo.

XII.84 *ACD FJM* agora que *GHKILN* agora —- ∞ *AC F* entramos *JM GHKILN* entrambos ∞ *AC F* devés *JM GHKILN* deueys *(sic)* ∞ ‡jubón de brocado —Habiendo atrás el vocativo 'hijos', ahora aquí al dirigirse a uno solo falta el vocativo correspondiente: 'que de tu jubón de brocado, *Sempronio*, no te pedí... ' Se refiere al regalo de Calisto en I.68. ¿Cómo lo supo la Vieja? No en vano era bruja. ¿O era necesario que Rojas hiciese notar que al día siguiente ya el Sempronio llevaba puesto el jubón de brocado? Este problema es parecido al de cómo entró la Vieja en casa de Areúsa, VII.56-57. ∞ ‡*Todas:* que lo mere(s)cen —*Sal-1570* y la gran mayoría de las posteriores traen: 'que lo merece', pero al poner el verbo en singular faltaría entonces agregar 'servamo tutti, che a tutti dará secondo vederá che il meritamo'. —Probablemente el manuscrito traía la abreviación *mereçᵉ̃ʸ* (lo que confirma lo supuesto atrás para *alleʸ* = 'hallemos' en I.161). I.161).

213

me cuesta dinero, y aun mi saber, que no lo é alcançado holgando. De lo cual fuera buen testigo su madre de Pármeno, ¡Dios aya su alma! — {86} Esto trabagé yo; a vosotros se os deve essotro; esto tengo yo por oficio y trabajo; vosotros, por recreación y deleite. Pues assí, no avés vosotros de aver igual galardón de holgar, que yo de penar. Pero, aun con todo lo que é dicho, no os despidáis, si mi cadena parece, de sendos pares de calças de grana, que es el ábito que mejor en los mancebos parece. {87} Y si no, recebid la voluntad, que yo me callaré con mi pérdida. Y todo esto, de buen amor, porque holgastes que oviesse yo antes el provecho destos passos, que no otra. Y si no os contentardes, de vuestro daño harés.

Sempronio:- {88} No es esta la primera vez que yo é dicho cuánto en los viejos reina este vicio de codicia. Cuando pobre, franca; cuando rica, avarienta. Assí que, adquiriendo, crece la codicia, y la pobreza codiciando, y ninguna cosa haze pobre al avariento sino la riqueza. ¡O Dios, y cómo crece la necessidad con la abundancia! {89} ¡Quién la oyó a esta vieja dezir que me llevasse yo todo el provecho, si quisiesse, deste negocio, pensando que sería poco! Agora que lo vee crecido, no quiere dar nada, por complir el refrán de los niños, que dizen: de lo poco, poco; de lo mucho, no nada.

Pármeno:- {90} Déte lo que prometió o tomémoselo todo. Harto te dezía yo quién era esta vieja, si tú me creyeras.

Celestina:- Si mucho enojo traés con vosotros o con vuestro amo, o armas, no lo quebréis en mí. Que bien sé dónde nace esto, bien sé y barrunto de qué pie coxqueáis. {91} No, cierto, de la necessidad que tenéis de lo que pedís,

---

XII.85 *AC F* avés *D JM GHKIL* aueys *N* aueis *(sic)* ∞ *ACD FJM ILN* holgando *GHK* folgando ∞ *ACD FJM GHKI* su alma *L* su aĩa (La abreviación *aĩa* puede leerse *alma* o *ánima*).

XII.86 *AC FJM GH ILN* trabajé *(sic) K* trabaja *(sic)* —*Regularización de ge/gi.* ∞ *AC F* avés *D JM GHKILN* aueys *(sic)* ∞ holgar *GHKILN* de folgar ∞ ‡Desde 'Pero, aun con todo...' hasta '...de vuestro daño harés', es una *adición primera,* ya en el texto de las Comedias, que completa el cuento paticojo del robo de la *cadenilla.*

XII.87 *ACD JM GHKILN* recebid *F* recibid ∞ *ACD FJM G* yo me callaré *HKILN* yo — callaré ∞ *ACF* y todo esso *JM GHKILN* y todo esto ∞ *ACD FJM* holgastes *GHKILN* folgastes ∞ *Todas:* que oviesse (*A* houiesse *(sic) H* ouisse *(sic)*) ∞ *ACD* que no otra *FJM GHKILN* que — otra *Supresión aparente.* El 'no' es idiomático y corroborativo. Su supresión deja coja la frase. El enemigo de estos *noes* cierto que no es Rojas. ∞ *ACD FJM* contentardes *GHKILN* contentáredes —Lo normal en estos futuros de sujuntivo es sincopar la -e- en esta persona de plural. Cf. San Juan de la Cruz: 'pastores, los que fuerdes'; además, la frase es formularia. ∞ *AC F* f/harés *D JM GHKILN* f/hareys *(sic)*

XII.88 *Todas:* cobdicia *(sic)* ∞ *A* aquiriendo *CD FJM GHKILN* adquiriendo ∞ *Todas:* la cobdicia *(sic)* ∞ *ACD FJM GHKI* cobdiciando *LN* codiciando

XII.89 *AC FJ GHKILN* la oyó *D* le oyó *M* la oye ∞ *AC FJM* — esta vieja *D GHKILN* a esta vieja —O se quita el 'la': ' quien oyó esta vieja', o hay que poner el 'a': 'quien la oyó a esta vieja', tal como lo trae *Sal-1570.* ∞ *A FJM HKILN* lo vee *CD* lo ve *K* lo vea *(sic)* ∞ *Todas:* por complir *(sic)* ∞ *A FJM HKILN* — nada *DC G* no nada —Cf. VI.2. Ante la pesencia ubicua del enemigo de los *noes,* se impone dejar la vieja forma castellana.

XII.90 *ACD F* lo que te prometió *JM GHKILN* lo que — prometió ∞ *A* tomémoslo *CD FJM GHKILN* tomémosselo ∞ *Todas:* harto *(sic)* ∞ ‡dónde = 'de

ni aun por la mucha codicia que lo tenéis, sino pensando que os é de tener toda vuestra vida atados y cativos con Elicia y Areúsa, sin quereros buscar otras, moveisme estas amenazas de dinero, poneisme estos temores de la partición. {92} Pues callad, que quien estas os supo acarrear os dará otras diez, agora que ay más conocimiento y más razón y más merecido de vuestra parte. Y si sé complir lo que prometo en este caso, dígalo Pármeno. Dilo, dilo, no ayas empacho de contar cómo nos passó cuando a la otra dolía la madre.

Sempronio:- {93} Yo dígole que se vaya y abáxasse las bragas; no ando por lo que piensas. No entremetas burlas a nuestra demanda, que con esse galgo no tomarás, si yo puedo, más liebres. Déxate comigo de razones. A perro viejo, no ¡cuz, cuz!. Danos las dos partes por cuenta de cuanto de Calisto as recebido, no quieras que se descubra quién tú eres. ¡A los otros, a los otros con essos halagos, vieja!

Celestina:- {94} ¿Quién só yo, Sempronio? ¿Quitásteme de la putería? Calla tu lengua, no amengües mis canas, que soy una vieja cual Dios me hizo, no peor que todas. Bivo de mi oficio, como cada cual oficial del suyo, muy limpiamente. A quien no me quiere no le busco. De mi casa me vienen a sacar, en mi casa me ruegan. Si bien o mal bivo, Dios es el testigo de mi coraçón. {95} Y no pienses con tu ira maltratarme, que justicia ay para todos, y a todos es igual. ¿Tan bien seré oída, aunque muger, como vosotros, muy peinados. Déxame en mi casa con mi fortuna. — E tú, Pármeno, **no pienses** que soy tu cativa, por saber mis secretos y mi **vida passada** y

---

dónde' —Es aplastante la evidencia de este uso de Rojas, en coincidencia con el comienzo de la Carta a un su amigo; II.13, IV.57, VIII.313, IX.32, X.9.

XII.91 *ACD F* de lo que pedía *It* de quel che domandate *JM GHKILN* de lo que me pedís —Las dos lecturas son posibles; sigo *ACDF It.* ∞ ‡En este parlamento de la Vieja aparecen en todas las ediciones solamente formas en -eys de la persona 'vosotros': *quebreys* (*J quebrays -sic*), *teneys, moueysme, poneysme.* La evidencia estadística de *ACF* (las más cercanas a Rojas) indica que las terminaciones usadas por Rojas en esta persona verbal son -ays, -és, -ís. Con todo, no procede aquí enmendar las formas en este parlamento, porque sin duda Rojas no era estricto o rigurosamente consecuente en estos puntos de grafía. Ni siquiera Valdés lo era: nos dice que él siempre usa *escriuir*, pero *escreuir* aparece en los manuscritos.

XII.92 *ACD* callá *FJM GHKILN* callad Sustitución. ∞ *AC FJM GHKILN* complir *D* cúmplir ∞ *ACD F* lo que prometo *It* ciò che prometto *JM GHKILN* lo que se promete *Sal-1570* lo que prometo ∞ *ACD JM GHKILN* dilo, dilo *F* dilo, dilo, dilo

XII.93 *Adición,* desde 'Yo dígole que...' hasta '...puedo, más liebres'. No la traen *ACD,* adicionan *FJM GHKILN.*

‡Dígole que se vaya y abáxase las bragas —Refrán prostibulario, si lo hay, = 'Le digo que se largue y se quita los calzones,' para indicar cuando alguien sale con algo que no viene al caso, tratando de desviar una discusión. Paralelo a esto hay: 'Está que se caga y se sube las bragas,' que es el que traduce el *It:* 'io dico che cacga *(sic)* e lei si alza la bracga *(sic)*.

AC GH ILN comigo *FJM D* comigo *K* nomigo —errata. ∞ ‡A perro viejo, no ¡cuz, cuz! = A perro viejo no hay ¡tus tus! ∞ *Todas:* (has) re(s)cebido ∞ ‡quién tú eres Cf. IV.67: bien me avían dicho quién tú eres.

XII.94 *Todas:* quién só yo ∞ *ACD GHKILN* putería *FJM* putaría *(sic)* ∞ *ACD F* no le busco *JM GHKILN* no lo busco ∞ *AC FJM GHKILN* es el testigo *D* es — testigo

los casos que nos acaecieron a mí y a la desdichada de tu madre... ¡[Y] aun assí me tratava ella, cuando Dios quería!

Pármeno:- {96} No me hinches las narizes con essas memorias; si no, embïarte é con nuevas a ella, donde mejor te puedas quexar.

Celestina:- ¡Elicia, Elicia! ¡Levántate dessa cama, daca mi manto presto, que ¡por los santos de Dios! para aquella justicia me vaya, bramando como una loca. ¿Qué es esto? ¿Qué quieren dezir tales amenazas en mi casa? {97} ¿ Con una oveja mansa tenés vosotros manos y braveza? ¿Con una gallina atada? ¿Con una vieja de sesenta años? ¡Allá, allá, con los ombres como vosotros; contra los que ciñen espada mostrad vuestras iras, no contra mi flaca rueca. {98} *Senal es de gran covardía acometer a los menores y a los que poco pueden. Los suzias moxcas nunca pican sino los bueyes magros y flacos; los gozques ladradores a los pobres peregrinos aquexan con mayor ímpetu. Si aquella que allí está en aquella cama me oviesse a mí creído, jamás quedaría esta casa de noche sin varón, ni dormiriemos a lumbre de pajas; {99} pero por aguardarte, por serte fiel, padecemos esta soledad. Y como nos veis mugeres, habláis y pedís demasías. Lo cual, si ombre sintiéssedes en la posada, no haríades; que, como dizen, el duro adversario entibia las iras y sañas.*

XII.95 *ACD F* a todos es igual *JM* y a todos es igual *GHKILN* y a todos igual ∞ ‡Tan bien seré oída = 'lo mismo seré yo oída' *It* cosí sarò udita *ACD FJM* seré oída *GHKILN* seré yo oída ∞ *ACD* piensas *FJM GHKILN* **no** piens*es* *Sustitución.* ∞ *ACD* mi passada vida *FJM GHKILN* **mi vida passada** *Sustitución.* ∞ ‡la desdichada de tu madre —Probable alusión a la madre de Pármeno y la amenaza de enviar a Celestina a juntarse con la Claudina, al sitio donde esta está. ∞ *ACD* Y aun assí *FJM GHKILN* Aun assí. *Supresión (?).*

XII.96 *ACD FJ HK Sal-1570* hinches (< hinchar) *M G ILN* hinchas —La expresión es 'hinchar las narizes', como cuando le dan a uno un golpe, y no de 'henchir,' pero hay confusión constante de los dos verbos. ∞ *ACD GHKILN* embïarte (h)é con *FJM* embïarte — con ∞ —‡Aquí al final de XII hay cierto descuadre o imprecisión con respecto al lugar donde fue muerta la Vieja. Ella duerme abajo, cabe una ventanilla por donde puede oír lo que se diga en la calle y controlar las entradas y salidas (Cf. XII.68). La muchacha duerme arriba, Cf. III.39: yo me subo y Sempronio, arriba —VII.104: baxa a me abrir. Parece, entonces, que es en este punto cuando la Vieja se sube arriba y llama: '¡Elicia, Elicia! ¡Levántate dessa cama...!' Los dos rascones, naturalmente, deben subir tras ella. Pero no hay en el diálogo una indicación clara de estos movimientos. En esta primera hipótesis la Vieja seria muerta arriba.

XII.97 *AC F* tenés *D JM GHKILN* teneys *(sic)* ∞ ‡*Todas :* sesenta años. —Esto es lo que se da la Vieja, Cf. II.29 y VII.37, pero los *It It*² traen: sectantanni = settantanni). ∞ *ACD* mostrá *FJM GHKILN* mostra*d* *Sustitución.*

XII.98 *Adición,* desde 'Señal es de gran covardía...' hasta '...entibia las iras y sañas'. No la traen *ACD,* adicionan *FJM GHKILN.*
FJM GHK moxcas (*M* moxquas —sic) *ILN* moscas Cf. VI.41,49 VIII.19 IX.43. ∞ *F* sino los buyes *(sic) G* sino a los buyes *JM* sino los bueyes *HKILN* sino a los bueyes ∞ *F GHKILN* gozques *JM* guzques ∞ ‡que allí está en aquella cama —La frase de XII.96: 'levántate *dessa* cama' la puede haber gritado la Vieja desde abajo, pero esta frase, en esta *Adición,* con el adverbio 'allí' parece indicar que ya están arriba, para poder señalar la cama, a distancia, pero visible. ∞ *FJM GHKILN* me oviesse *(sic)* ∞ *FJ* ni dormiriemos *M GHKILN* ni dormiriamos

XII.99 *FJM GHKILN* por aguardarte *Sal-1570 y posteriores:* por agradarte (!) ∞ *F GHKILN* y sañas *J* y señas *M* y señes *Sal-1570* y las sañas

Sempronio:- {100} ¡O vieja avarienta, garganta muerta de sed por dinero! ¿No serás contenta con la tercia parte de lo ganado?

Celestina:- ¿Qué tercia parte? Véte con Dios de mi casa, tú, y essotro no dé bozes, no allegue la vezindad. {101} No me hagáis salir de seso; no queráis que salgan a plaça las cosas de Calisto y vuestras.

Sempronio:- Da bozes o gritos, que tú complirás lo que prometiste o **complirás** oy tus días.

(Cena 11ª)

Elicia:- {102} Mete, por Dios, el espada. Tenle, Pármeno, tenle; no la mate esse desvarïado.

Celestina:- ¡Justicia, justicia, señores vezinos! ¡Justicia, que me matan en mi casa estos rufianes!

Sempronio:- ¿Rufianes o que? ¡Espera, doña hechizera, que yo te haré ir al infierno con cartas!

Celestina:- ¡Ay, que me á muerto! ¡Ay, ay! ¡Confessión, confessión!

Pármeno:- {103} ¡Dale, dale, acábala, pues començaste! ¡Que nos sentirán! ¡Muera, muera! ¡De los enemigos, los menos!

Celestina:- ¡Confessión!

Elicia:- ¡O crüeies enemigos! ¡En mal poder os veáis! ¡Y para quién tovistes manos! ¡Muerta es mi madre y mi bien todo!

Sempronio:- {104} Huye, huye, Pármeno, que carga mucha gente, — ¡Guarte, guarte, que viene el alguazil!

XII.100 *ACD* garganta muerta (*C* gargenta) It *FJM GHKILN* – muerta —*Supresión aparente.* En vista de V.12: 'o codiciosa y avarienta garganta', es muy dudoso que esta supresión sea de Rojas. Cf. Mena, *Laberinto* 99f. ∞ *AC FJM GHKILN* por dinero *D* de dinero —Confusión de đ/p —Cf.II.5. *ACD JM GHKILN* la tercia *F* tercera *ACD JM GHKI N* qué tercia *F* qué tercera *L* qué teccia —*errata.*

XII.101 *A* plaza *(sic) CD FJM GHKILN* plaça ∞ *A* lo que tú prometiste *CD FJM GHKILN* lo que – prometiste ∞ *AC* se complirán *D* se cumplirán *FJM GHKILN* – complirás (*K* cumplirás) *Sustitución.*

XII.102 *ACD FJM GHKI N* por Dios *L* por Dio ∞ *ACD F* tenle, Pármeno, tenle *JM GHKILN* tenlo, Pármeno, tenlo ∞ *ACD F HKILN* doña *J G* duna *M* dueña Cf. II.26 ∞ *ACD HKILN* me (h)á muerto *FJM G* me (h)á muerta

XII.103 *A D FJM GHKILN* que nos sentirán *C* que no sentirán *Todas:* tovistes *(sic)*

XII.104 ‡Si la muerte fue arriba, los dos criados debieron bajar corriendo para huir por la puerta de la calle. Sempronio baja adelante, oye ruido de gente afuera, mira por el postigo o ventanilla de la puerta y se da cuenta que es el alguacil. Pármeno baja detrás y comprueba a su vez lo que acaba de decirle Sempronio. Faltaría alguna pequeña indicación de que deben haber vuelto a subir, para poder saltar de las ventanas de la solana. En cambio, si la muerte de la Vieja fue abajo, Elicia debe bajar al comienzo de la Cena IIª y solo es necesario que los dos mataviejas huyan arriba y se lancen por las ventanas en la parte trasera de la casa. De todos modos hay cierta confusión que puede provenir de recortes o excisiones. La escena de la aprehensión parece haber sido suprimida. Cf.AXII. ∞ *ACD FJM G ILN* alguazil *H* alguazí *K* alguazín ∞ *ACD FJM* O, pecador *GHKILN* ay, pecador ∞ *ACD* que tras ti voy *FJM GHKILN* que *yo* tras ti voy —*Adición.*

Pármeno (Aparte):- ¡O pecador de mí!, que no ay por dó nos vamos, que está tomada la puerta.

Sempronio:- ‡Saltemos destas ventanas. No muramos en poder de justicia.

Pármeno:- Salta, que *yo* tras ti voy!

Augsburgo: Christof Wirsung, 1534. Segunda traducción alemana.

L Sevilla: Jacobo Cromberger, "1502" [1518-20]. Auto XII.
Muerte de Celestina.

AUTO XIII.

AXIII. Argumento del Trezeno auto.

Despertado Calisto de dormir, está hablando consigo mismo. Dende a un poco está llamando a Tristán y otros, sus crïados. Torna a dormir Calisto. Pónese Tristán a la puerta. Viene Sosia llorando. Preguntado de Tristán, Sosia cuéntale la muerte de Sempronio y Pármeno. Van a dezir las nuevas a Calisto, el cual sabiendo la verdad, haze gran lamentación.

XIII. {1-31}. Calisto, Tristán, Sosia.

(Cena 1ª *Soliloquio de Calisto*).

Calisto:- {1} ¡O, cómo é dormido tan a mi plazer después de aquel açucarado rato, después de aquel angélico razonamiento! Gran reposo é tenido; el sossiego y descanso proceden de mi alegría. O causó el trabajo corporal mi mucho dormir, o la gloria y plazer del ánimo; {2} y no me maravillo que lo uno y lo otro se juntassen a cerrar los candados de mis ojos, pues trabagé con el cuerpo y persona, y holgué con el espíritu y sentido la passada noche. {3} Muy cierto es que la tristeza acarrea pensamiento, y el mucho pensar impide el sueño, como a mí estos días es acaecido con la desconfïança que tenía de la mayor gloria que ya pos-

---

AXIII. Argumento del trezeno auto. *ACD JM GHKILN (F no lo trae).* ∞ *ACD* del xiij *JM GHKILN* trezeno ∞ *ACD JM I* auto *GHK LN* aucto ∞ *A* despertando *CD JM GHKILN* despertado ∞ *AC* dende un *D JM GHKILN* dende a un ∞ *AD* y a otros *C JM GHKILN GHKILN* y otros ∞ *AC* torna dormir *D JM GHKILN* torna a dormir ∞ *ACD* viene Sosias *JM GHKILN* viene Sosia ∞ *ACD JM GHKILN* Sosia cuéntale *(sic)* ∞ *ACD* grande *JM GHKILN* gran —*Posible sustitución.*

XIII. *CD F GHKILN* Cal. Tri. Sos. *A* Sos. Tri. Cal. *JM* no indican dramatis personae.

XIII.1 ‡*It:* o à causata la corporal fatiga mio molto dormire, o la gloria e quiete del animo —Las ediciones modernas ponen interrogaciones en estas frases, pero ninguna edición de las 24 priores justifica tal cosa. Calisto razona consigo mismo: dice que ha dormido a placer; explica primero el *reposo* (= sossiego y descanso) y lo hace proceder de lo alegre que está; luego piensa que el largo dormir lo produjo o el trabajo corporal o el plazer espiritual y no se maravilla de que sean *ambas cosas,* porque trabajó con el cuerpo y gozó con el espíritu. ∞ *ACD* o causó *FJM GHKILN Sal-1570* o lo causó —*Adición aparente.* El 'lo' no se justifica. Los sujetos son el *trabajo corporal* o *la gloria y plazer del ánimo.* Es una confusión de la construcción cuando el objeto directo está antes del verbo: *o mi mucho dormir lo causó el trabajo corporal.* Probablemente se tuvo la intención de hacer la inversión o fue mal indicada en el manuscrito y luego el amanuense o el cajista no la hicieron. Sin la inversión el 'lo' sobra. ∞ *AC FJM GHKILN Sal-1570* del ánimo *D* de mi ánimo ∞ *Todas:* trabajé *(sic)* —*Regularización de la grafía ge/gi.* ∞ *ACD FJM ILN* holgué *GHK* folgué

XIII.2 —

seo. {4} ¡O señora y amor mío, Melibea! ¿Qué piensas agora? ¿Sí duermes, o estás despierta? ¿Sí piensas en mí, o en otro? ¿Sí estás leva o acostada? ¡O dichoso y bienandante Calisto, si verdad es que no á sido sueño lo passado! {5} ¿Soñelo o no? ¿Fue fantaseado o passó en verdad? Pues no estuve solo; mis crïados me acompañaron. Dos eran; si ellos dizen que passó en verdad, creerlo é según derecho. {6} Quiero mandarlos llamar para más confirmar mi gozo. — ¡Tristanico! Moços! ¡Tristanico, levántate de aí!

Tristán:- Señor, levantado estoy.

Calisto:- Corre, llámame a Sempronio y a Pármeno.

Tristán:- Ya voy, señor.

Calisto:- {7}   Duerme y descansa, penado,
        desde agora;
        pues te ama tu señora
        de su grado.
        Vença plazer al cuidado
        y no le vea,
        pues te á hecho su privado
        Melibea.

XIII.3 —

XIII.4 ‡Si duermes... —A pesar del *It* que traduce: 'se dormi, o stai svegliata? se pensi in me o in altrui?' (y omite la frase siguiente), estos *sí* no son conjunciones, sino adverbios interrogativos, usualísimos aun hoy día. Los ejemplos de Bello, *Gramática*, 414, van acentuados los dos primeros: '¿Sí tendrá buen éxito la empresa? - ¿Sí tantas experiencias desgraciadas le habrán hecho conocer su error?' En el último basta invertir para ver que va acentuado: '¿Tantas experiencias desgraciadas sí le habrán hecho conocer su error?' En cambio en el ejemplo de Cervantes, *Quijote*, I, 2: 'mirando a todas partes por ver si descubriría algún castillo o alguna manada de pastores, vio una venta...' no es adverbio interrogativo sino simple conjunción. El ejemplo del *Quijote*, I, 28, es clarísimo: '¡Ay Dios! ¿Sí será posible que he ya hallado lugar que sirva de sepultura a la pesada carga deste cuerpo, que tan contra mi voluntad sostengo? Sí será, si la soledad que prometen estas sierras no me miente'. La falsa tradición académica de no acentuar (o marcar tilde) al *sí* adverbio interrogativo ha despistado al propio maestro Bello, contra el testimonio de sus propios oídos, de ahí la explicación de compromiso: 'bien que, a mi parecer, en el primero se apoya un poco más fuerte la voz que en el condicional'. No es que se apoye un poco más, sino fuertemente más que en el condicional. Otros ejemplos: *Serafina*, '¿A qué propósito á cerrado las ventanas y la puerta? ¿Sí quiere que pague el pato? — *Cuarta Celestina*, '¿Sí se arrepintió? — *Lazarillo*, '¿Sí queréis a mí echar algo? ¿Yo no vengo de traer el vino?' —Las frases modernas son de general ocurrencia: ¿Sí te vas ya? ¿Sí se acordaría de lo que le dije? ¿Sí estás todavía comiendo? ¿Sí puedes escribir con esa máquina? ¿Sí estará despierto todavía? ¿Sí vendrá esta tarde? etc. etc. ∞ *ACD FJM GHKI N* dichoso y bienandante *L* dichoso, bienandante

XIII.5 *Todas:* no estuve solo ∞ *AC GHK* segund (*grafía medieval*), *D FJM LN* según

XIII.6 *AC FJM G* levanta *D HKILN Sal-1570* levántate *It* levate suso —Es simple haplografía la supresión del -te, Cf. XX.8. En lenguaje elevado solemne se podía omitir el pronombre, pero no es el caso aquí. ∞ *ACD FJM GHK* estoy *ILN* estó ∞ *A ILN* llama *CD FJM GHK* llámame

Tristán:- {8} Señor, no ay ningún moço en casa.

Calisto:- Pues abre essas ventanas; verás qué ora es.

Tristán:- Señor, bien de día.

Calisto:- Pues, tórnalas a cerrar y déxame dormir hasta que sea ora de comer.

(Cena 2ª)

Tristán:- {9} Quiero baxarme a la puerta, por que duerma mi amo sin que ninguno le impida, y a cuantos le buscaren se le negaré. — iO, qué grita suena en el mercado! ¿Qué es esto? Alguna justicia se haze o madrugaron a correr toros. {10} No sé qué me diga de tan grandes bozes como se dan. De allá viene Sosia, el moço de espuelas. El me dirá qué es esto. Desgreñado viene el vellaco. En alguna taverna se deve aver rebolcado, y si mi amo le cae en el rastro, mandarle á dos mil palos; que, aunque es algo loco, la pena le hará cuerdo. {11} Parece que viene llorando. — ¿Qué es esto, Sosia? ¿Por qué lloras? ¿De dó vienes?

Sosia:- iO malaventurado yo! iO, qué pérdida tan grande! iO desonra de la casa de mi amo! iO, qué mal día amaneció este! iO desdichados mancebos!

Tristán:- {12} **¿Qué es? ¿Qué as?** ¿Por qué te matas? ¿Qué mal es este?

Sosia:- iSempronio y Pármeno!...

Tristán:- ¿Qué dizes, Sempronio y Pármeno? ¿Qué es esto, loco? Aclárate más, que me turbas.

Sosia:- iNuestros compañeros, nuestros ermanos!...

Tristán:- {13} iO tú estás borracho o as perdido el seso o traes alguna mala nueva. ¿No me dirás qué es esto que dizes dessos moços?

Sosia:- iQue quedan degollados en la plaça!

Tristán:- iO mala fortuna la nuestra, si es verdad! *¿Vístelos cierto, o*

XIII.7 *Todas:* de su grado —Muchas modernas traen: *de tu grado,* por contagio del *tu señora* anterior. ∞ *ACD F GHKILN* vença *JM* vence *It* uenzza (!) ∞ ‡al cuidado + y / no le vea —La conjunción siguiente, *y,* se une métricamente con la última sílaba de *cuidado.* La pronunciación en el periodo de *cuido, cuidado, cuidar, cuita* era [kuy-do, kuy-dado, kuy-dar, kuy-ta], con la sílaba *kuy-* pronunciada como *múy* en América (no como en España, donde generalmente es *mwí).* La pronunciación actual de estas palabras es con *kwí-. Cúido* en lo antiguo asonaba con *pudo, muro, ninguno* y *cúita* con *pura, mula, muda, acusa* etc.

XIII.8 —

XIII.9 ‡por que duerma = 'para que duerma, a fin de que duerma' ∞ *Todas:* se le negaré *(sic)*

XIII.10 *ACD FJM* se dan *GHKILN Sal-1570* suenan ∞ *Todas:* dos mil(l) palos *It* cento bastonate

XIII.11 iO malaventurado yo! —Son cinco exclamaciones que todas empiezan por *O.*

XIII.12 *ACD* qué as? que quexas? *F* qué? qué as? *It* che cosa è? che diavolo ài? *JM GHKILN* qué es? qué as? *Sustitución.* ∞ *ACD FJM GHKI N Sal-1570* aclárate *L* acláralo

221

habláronte?

Sosia:- {14} *Ya sin sentido ‡iva el uno; pero el otro, con harta dificultad, como me sintió que con lloro le mirava, hincó los ojos en mí ‡como preguntándome si sentía de su morir y luego, como se recordasse de su cercana muerte,* {15} *en señal de triste despedida abaxó su cabeça con lágrimas en los ojos, dando bien a entender que no me avía de ver más hasta el día del gran jüizio.*

Tristán:- *No lo sentiste bien; que sería preguntarte si estava presente Calisto, ‡con esperança de que oviesse venido a ayudarlo.* Y pues tan claras señas *traes deste crüel dolor,* vamos presto con las tristes nuevas a nuestro amo.

XIII.13 *ACD* me dirás *FJM GHKILN* me dizes *Sustitución aparente.* ∞ *ACD F* qué es esto *JM GHKILN* que es esso ∞ *Todas:* que dizes ∞ *AC* destos moços *D* destos dos moços *FJM GHKILN* dessos moços *Sustitución aparente.* ∞ *It:* no me dirai che cosa è questa? che voi dirme di questi famigli? El primer 'dizes' que traen *FJM GHKILN* es contaminación o anticipación del segundo. Algunas ediciones modernas ponen interrogación después de 'esto', lo que no se justifica con ninguna de las 24 priores castellanas; pero el *It* lo trae así y tal puntuación también es posible. ∞ *AC F* fortuna - nuestra *D JM GHKILN* fortuna la nuestra —Ambas lecturas son posibles. ∞ *Adición,* desde '¿Vístelos cierto, o habláronte?...' hasta '...señas traes deste crüel dolor'. No lo traen *ACD,* adicionan *FJM GHKILN.*

XIII.14 *JM GHKILN* me sintió *F* me sentió ∞ *FJM GHKILN* ivan; pero el uno —Enmiendo: iva el uno; pero el otro ∞ *FJM GH ILN* quasi *K* quesi *(sic)* ∞ *FJM GHKILN* los ojos en mí, [alçando las manos al cielo, casi dando gracias a Dios y] como preguntándome —Suprimo y leo: los ojos en mí - como preguntándome — *F* como preguntándome sentís *JM GHK* como preguntándome sentía *I* como preguntándome si sentía *LN* como preguntando si me sentía

XIII.15 *FJM GHKILN* de su morir. Y en señal —Agrego y leo: de su morir y *[luego, como se recordasse de su cercana muerte,]* en señal... *It:* quasi rengraziando Dio, e come lui me interrogasse e poi se recordasse de la morte, in segno de triste partita = 'casi dando gracias a Dios y como él me preguntasse y luego se recordasse de la muerte, en señal de triste despedida...' ∞ *FJM GHKILN* no sentiste bien *Sal-1570* no lo sentiste bien *It* tu nol' comprendesti bene ∞ *FJM GHKILN* presente Calisto. Y pues tan claras señas —Agrego y leo: presente Calisto, *[con esperança de que oviesse venido a ayudarlo].* Y pues tan claras señas... *It* che lui te volea domandare, se Calisto stava presente, con speranza che fusse venuto pero aiutarlo = 'que quería preguntarte si estava presente Calisto, con esperança de que oviesse venido a ayudarlo.' ∞ ‡alçando las manos al cielo... —Con los brazos quebrados, Cf. XIII.21, es realmente difícil alzar las manos al cielo y estando tendido en una camilla o parihuela no se puede *abaxar* la cabeza, sino *alçarla.* Al hacer esta *Adición* se concibe que el que va sin sentido, con los sesos por fuera, lo levan en parihuela, pero el otro va por sus pies, el que lleva los brazos quebrados. Esto de ir en sus pies no casa bien con el plural del principio: 'ya sin sentido ivan'. Hay entonces una errata de tilde (ã) agregada a 'ivan'. Pero esto es apenas el comienzo: si tomamos en cuenta el texto de XIII.21: 'el uno llevava..., sin ningún sentido; el otro, quebrados entramos braços...', y además las variantes de *It,* la lectura: 'iva el uno; pero el otro' se impone por sí misma (Cf. XXI.19 la omisión 'el uno' y 'una' en OA.9, edición *C*). En tal caso la frase 'alçando las manos al cielo, casi dando gracias a Dios y' sería una *tercera adición* a la *segunda adición,* esta sí genuina. Al sacar en limpio el amanuense se encontró con la *segunda adición* en un trozo de papel insertado: 'como pregunta*[ndome si sentía de su morir]* y luego *[como]* se recordasse de *[su cercana]*

222

(Cena 3ª)

Sosia:- {16} ¡Señor, señor!

Calisto:- ¿Qué es esso, locos? ¿No os mandé que no me recordássades?

Sosia:- Recuerda y levanta, que si tú no buelves por los tuyos, de caída vamos. Sempronio y Pármeno quedan descabeçados en la plaça, como públicos malhechores, con pregones que manifestavan su delito.

Calisto:- {17} ¡O, válasme, Dios! ¿Y qué es esto que me dizes? No sé si te crea tan acelerada y triste nueva. ¿Vístelos tu?

Sosia:- Yo los vi.

Calisto:- Cata, mira qué dizes, que esta noche an estado comigo.

Sosia:- Pues madrugaron a morir.

Calisto:- {18} ¡O mis leales crïados! ¡O mis grandes servidores! ¡O mis fíeles secretarios y consegeros! ¿Puede ser tal cosa verdad? ¡O amenguado Calisto! Desonrado quedas para toda tu vida. ¿Qué será de tí, muertos tal par de crïados? Dime, por Dios, Sosia, ¿qué fue la causa? ¿qué dezía el pregón? ¿dónde los tomaron? ¿qué justicia lo hizo?

Sosia:- {19} Señor, la causa de su muerte publicava el crüel verdugo a bozes, diziendo: 'imanda la justicia que mueran los violentos matadores!'

Calisto:- ¿A quién mataron tan presto? ¿Qué puede ser esto? No á cuatro oras que de mí se despidieron. ¿Cómo se llamava el muerto?

Sosia:- {20} Señor, una muger [era] que se llamava Celestina.

Calisto:- ¿Qué me dizes?

Sosia:- Esto que oyes.

Calisto:- Pues si esso es verdad, mátame tú a mí, yo te perdono; que más mal ay que viste ni puedes pensar, si Celestina, la de la cuchillada, es la

---

muerte, en señal...' y no pudo leer bien lo subrrayado; en tal caso tendríamos aquí el texto de *E* que fue el que tradujo el *It.* Posteriormente para *F* se modificó en: 'como preguntándome sentía de su morir', y de relleno se metió la *Adición tercera* de alzar los brazos quebrados, espuria, pero necesaria para llenar la plana después de haber suprimido abajo: 'con esperança de que oviesse venido a ayudarlo'. Esta última supresión no se justifica: el lector sabe que Calisto *no podía* estar presente, que estaba en su cámara durmiendo, después de la entrevista con Melibea, pero Tristanico *sí podía* interpretar así la descripción que hace el Sosia. Además, es un punto de atención sobre la actitud posterior de Calisto, que no vuelve por los suyos y egoísticamente pasa el mes de amoríos haciéndose el ausente o el loco. Cf. *Introducción,* IV.C.1.c. pp. 217-8. Esta *Adición* es conspicua muestra de 'muchas manos en un plato, que saben a lo que no tapó el gato'. ∞ *FJM GHK N* claras señas *L* claras señales

XIII.16 *AC F* delito *D JM GHKILN* delicto

XIII.17 *Todas:* válasme Dios ∞ *AC GHKILN* comigo *D FJ* conmigo *M* commigo

XIII.18 *ACD FJM GHK* los tomaron *It* furono presi *ILN* los mataron *(!)*

XIII.19 *ACD Sal-1570* que mueran *It* che morano *FJM GHKILN* − mueran *Supresión aparente.* Cf. VI.36 sabes que quien ∞ *A D GHKILN* se despidieron C FJM se despedieron

223

muerta.

Sosia:- {21} Ella mesma es. De más de treinta estocadas la vi llagada, tendida en su casa, llorándola una su crïada.

Calisto:- ¡O tristes moços! ¿Cómo ivan? ¿Viéronte? ¿Habláronte?

Sosia:- ¡O señor!, que si los vieras, quebraras el coraçón de dolor. El uno llevava todos los sesos de la cabeça de fuera, sin ningún sentido; el otro, quebrados entramos braços y la cara magulada. {22} Todos llenos de sangre; que saltaron de unas ventanas muy altas por hüír del alguazil. E assí casi muertos les cortaron las cabeças, que creo que ya no sintieron nada.

Calisto (Aparte):- {23} Pues yo bien siento mi onra. Pluguiera a Dios que fuera yo ellos y perdiera la vida y no la onra, y no la esperança de conseguir mi començado propósito, que es lo que más en este caso desastrado siento. ¡O mi triste nombre y fama, cómo andas al tablero, de boca en boca! {24} ¡O mis secretos más secretos, cuán públicos andarés por las plaças y mercados! ¿Qué será de mí? ¿Adonde iré? ¿Que salga allá? A los muertos no puedo ya remediar. ¿Que me esté aquí? Parecerá covardía. ¿Qué consejo tomaré? — {25} Dime, Sosia, ¿qué era la causa por que la mataron?

Sosia:- Señor, aquella su crïada, dando bozes, llorando su muerte, la publicava a cuantos le querían oír, diziendo que porque no quiso partir con ellos una cadena de oro que tú le diste.

(Cena 4ª *Soliloquio de Calisto*).

Calisto:- {26} ¡O día de congoxa! ¡O fuerte tribulación! Y en qué anda mi

---

XIII.20 *A* — una muger *CD FJM GHKILN* Señor, una muger ∞ *ACD* era que se llamava *FJM GHKILN* — que se llamava *Supresión*. ∞ *ACD Sal-1570* mátame tú a mí *FJM GHKILN* mata tú a mí *Supresión aparente*. Sigue operando el latinudo enemigo de los pronombres castellanos redundantes. 'Mata tú a mí' parece vascuence; el 'me' es idiomático y expresivo.

XIII.21 *A D FJM GHK* mesma *C ILN* misma ∞ *A D FJM GHKILN* es.De más de *C* es.Más de —Simple haplografía. ∞ ‡que si los vieres... = 'si los oviesses visto, avrías quebrado tu coraçón de dolor.' ∞ *AC F* entrambos los braços *D JM GHKILN* entrambos braços *It* rotti tutti doi li bracci e tutto il mustaccio pesto ∞ *CD FJM* magulada *A GHKI N Sal-1570* magullada *L* maguillada —Las dos formas, con -l- o con -ll-, se dan indiferentemente en el periodo.

XIII.22 *ACD GHK LN* alguazil *FJM I* aguazil ∞ *ACD* casi *FJM GH LN* quasi *KI* qsi

XIII.23 ‡siento mi onra — *It* 'io ben sento mia vergogna', lo que parecería justificar la lectura 'mi desonra'. Pero el *It* da el sentido castellano, pues todavía se dice 'siento mi honra, siento mi fama', en el sentido de preocuparse uno de que su honra o fama esté en duda en lenguas de la gente.

XIII.24 *ACD FJM* más secretos *GHKILN* mis secretos —Simple repetición del primer *mis.* ∞ *AC F* andarés *D JM GHKILN* andareys *(sic)* Cf. VI.24, XII.90-91. ∞ ‡El Aparte es lo que Calisto piensa bajo la primera impresión; por eso la pregunta al Sosia liga con lo que este dijo arriba en XIII.22.

XIII.25 *AC FJM GH ILN* la querían oír *D* lo querían oír *K* la quieran oír

hazienda de mano en mano y mi nombre de lengua en lengua! Todo
será público cuanto con ella y con ellos hablava, cuanto de mí sabían, el
negocio en que andavan. No osaré salir ante gentes... ¡O pecadores de
mancebos, padecer por tan súbito desastre! ¡O mi gozo, cómo te vas
diminuyendo! ¡Proverbio es antigo, que de muy alto grandes caídas se
dan. {27} Mucho avía anoche alcançado, mucho tengo oy perdido. Rara
es la bonança en el piélago. Yo estava en título de alegre, si mi ventura
quisiera tener quedos los ondosos vientos de mi perdición. ¡O fortuna,
cuánto y por cuántas partes me as combatido! Pues, por más que sigas
mi morada y seas contraria a mi persona, las adversidades con igual
ánimo se an de sofrir y en ellas se prueva el coraçón rezio o flaco. {28}
No ay mejor toque para conocer qué quilates de virtud o esfuerço tiene
el ombre. Pues, por más mal y daño que me venga, no dexaré de complir el mandado de aquella por quien todo esto se á causado. Que más
me va en conseguir la ganancia de la gloria que espero, que en la
pérdida de morir los que morieron. {29} Ellos eran sobrados y
esforçados; agora o en otro tiempo de pagar avían. La vieja era mala y
falsa, según parece que hazía trato con ellos, y assí que riñeron sobre la
capa del justo. {30} Permissión fue divina que assí acabasse, en pago de
muchos adulterios que por su intercessión o causa son cometidos. —
Quiero hazer adereçar a Sosia y a Tristanico. Irán comigo este tan
esperado camino. Llevarán escalas, que son altas las paredes. {31}
Mañana haré que vengo de fuera, si pudiere vengar estas muertes; si
no, **purg**aré mi inocencia con mi fingida ausencia, *o me fingiré loco, por
mejor gozar deste sabroso deleite de mis amores, como hizo aquel gran*

XIII.26 ‡todo será público —Es ponderación y exageración de Calisto, imposible
de tomar a la letra. Se supo que Calisto andaba en tratos con la alcahueta ¿y quién no
recurría a ellas? Pero cuál era la pieza a cobrar no tenía por qué saberse. La muerte de
la Vieja antes de haber logrado Calisto a Melibea y la acelerada e inusitada ejecución de
los dos mataviejas, no tienen otro objeto sino mantener el más absoluto secreto. Tanto
en la versión corta como en la versión prolongada de la obra, el secreto es esencial. ∞
ACD súpito *FJM GHKILN* sú*b*ito *Sustitución.* ∞ *A* antigo *CD FJM GHKILN* antiguo

XIII.27 *ACD LN* sigas *FJM GHKI* siguas *(sic)* ∞ ‡con igual ánimo = 'con ánimo
sereno, ecuánime, latín: *aequo animo.* ∞ *AC F* sofrir *D JM GHKILN* su(f)frir

XIII.28 *Todas:* complir ∞ ‡todo esto se á causado —Cf. XVI.18. No quiere decir
que Melibea responsablemente haya causado la muerte de los dos aprendices de rufián.
Es simplemente una manera de hablar con que Calisto encarece lo que tales amores le
cuestan y en consecuencia, recalca la necesidad de llevarlos a su consumación. ∞ *ACD F
GHKILN* murieron *JM* morieron

XIII.29 *A C FJM GHKILN* de pagar avían *D* de pagar avía ∞ *A G* riñieron *CD
FJM HKILN* riñeron

XIII.30 *ACD LN* assí acabasse *FJM GHKI* assí acabassen *It* così finisseno —El
plural es inducido por el plural de 'riñeron'. Naturalmente debe ser singular por referirse
exclusivamente a la Vieja. ∞ ‡son cometidos —Presente con sentido de pretérito o de
antepresente, tomado en sentido general: fueron/an seído cometidos. Cf. VII.45,
XIV.21. ∞ *ACD FJM* y a Tristanico *GHKILN* y — Tristanico ∞ *AC JM GHKILN* comigo
D F conmigo ∞ *A* son muy altas *CD FJM GHKILN* son altas

225

capitán Ulixes, por evitar la batalla troyana y holgar con Penélope su muger.

L Sevilla: Jacobo Cromberger, "1502" [1518-20]. Auto XIII.

XIII.31 *ACD* pagaré *FJM GHKILN* **pur**garé *It* purgarò *Sustitución.* CF. IV.68, X.10. ∞ *AC FJM GHKILN* con mi fingida *D* con − fingida ∞ *ACD FJM* absencia *GHKILN* ausencia ∞ *Adición,* desde 'o me fingiré loco...' hasta '...Penélope su muger'. No lo traen *ACD,* adicionan *FJM GHKILN.* ‡me fingiré loco = 'me haré el loco' —La expresión 'hacerse el loco' en casos parecidos viene precisamente de las alusiones castellanas a la leyenda de Odiseo/Úlises. ∞ *FJM* holgar *GHKILN* folgar.

AUTO XIV.

AXIVa. Argumento del catorzeno auto.

Está Melibea muy afligida hablando con Lucrecia sobre la tardança de Calisto, el cual le avía hecho voto de venir en aquella noche a visitalla; lo cual cumplió, y con él vinieron Sosia y Tristán. Y después que cumplió su voluntad, // bolvieron todos a la posada. Y Calisto se retrae en su palacio y quéxase por aver estado tan poca cantidad de tiempo con Melibea, y ruega a Febo que cierre sus rayos para aver de restaurar su desseo.

[AXIVb.Esperando Melibea la venida de Calisto en la uerta, habla con Lucrecia. Viene Calisto con dos crïados suyos, Tristán y Sosia. Pónenle el escalera, sube por ella y métese en la uerta onde halla a Melibea. Apártase Lucrecia; quedan los dos solos. Acabado su negocio, // [El ‡sale Calisto de la uerta y va para su casa. Súbese a dormir. Solo en su cámara está hablando consigo mismo.]

XIV. AUTO XIV. {Total: 1-54}. [1-50] Melibea, Lucrecia, Sosia, Tristán, Calisto.

(Cena 1ª)

Melibea:- {1} Mucho se tarda aquel cavallero que esperamos. ¿Qué crees tú o sospechas de su estada, Lucrecia?

Lucrecia:- Señora, que tiene justo impedimento y que no es en su mano venir más presto.

Melibea:- Los ángeles sean en su guarda, su persona esté sin peligro, que su tardança no me **da** pena. {2} Mas, cuitada, pienso muchas cosas que desde su casa acá le podrían acaecer. *¿Quién sabe si él, con voluntad de venir al prometido plazo, en la forma que los tales mancebos a las tales horas suelen andar, fue topado de los alguaziles noturnos y, sin le conocer, le han acometido;*

AXIVa. Argumento del catorzeno auto. *JM GHKILN (F no lo trae).* ∞ *JM GHKILN* quatorzeno *(sic)* ∞ *ACD JM* auto *GHKILN* aucto ∞ *JM GHKI* en su palacio .*LN* en su palacio *It* in sua camera ∞ —‡Este Argumento, en este Auto donde principia la *Gran Adición,* no indica ni señala la última Cena, la 8ª, entre Sosia y Tristán, que pertenece ya al auténtico *Tratado de Centurio.*

AXIVb. Argumento del catorzeno auto. —Solamente en *ACD. AC* quatorzeno *D* xiiij ∞ *ACD* auto ∞ ‡la uerta —Aparece dos veces en este Argumento (de *ACD*). Realmente no es la *uerta* en el campo, sino el *uerto* anejo a la casa de Melibea, en la zona urbana de la ciudad. La confusión se da en el propio Rojas y es la que explica la incongruencia de XIV.22. ∞ *ACD* onde halla *(sic).* Nótese la forma 'onde', nunca usada por Rojas.

XIV. *D FJM GHKILN* Mel. Luc. Sos. Tri. Cal. *A* Luc. Mel. Sos. Tri. Cal. *C* Mel. Luc. Tri. Cal.

XIV.1 *A JM G* impedimiento *CD F HKILN* impedimento ∞ *AC FJM GHKILN* esté sin peligro *D* no esté en peligro ∞ *ACD* es pena *FJM GHKILN* **da** pena *Sustitución.*

XIV.2 *Adición,* desde '¿Quién sabe si él...' hasta ...plazerá sin verme'. No lo traen *ACD,* adicionan *FJM GHKILN.*

227

{3} *el cual, por se defender, los ofendió o es dellos ofendido? ¿O si por caso los ladradores perros con sus crüeles dientes, que ninguna diferencia saben hazer ni acatamiento de personas, le ayan mordido? ¿O si á caído en alguna calçada o hoyo, donde algún daño le viniesse?* {4} *Mas, ¡o mezquina de mí! ¿qué son estos inconvenientes que el concebido amor me pone delante y los atribulados imaginamientos me acarrean? No plega a Dios que ninguna destas cosas sea, antes esté cuanto le plazerá sin verme.* Mas **oye, oye,** que passos suenan en la calle y aun parece que hablan destotra parte del uerto.

(Cena 2ª)

Sosia (Aparte. Afuera):- {5} Arrima essa escala, Tristán, que este es el mejor lugar, aunque alto.

Tristán (Aparte. Afuera):- Sube, señor. Yo iré contigo, porque no sabemos quién está dentro. Hablando están.

Calisto (Aparte. Afuera):- Quedaos, locos, que yo entraré solo, que a mi señora oigo. (—‡¿Quién habla aí? ¿Quién eres tú, señora?)

Melibea:- {6} Es tu sierva, es tu cativa, es la que más tu vida que la suya estima. ¡O mi señor! no saltes de tan alto, que me moriré en verlo! Baxa, baxa poco a poco por el escala; no vengas con tanta pressura.

Calisto:- {7} ¡O angélica imagen! ¡O preciosa perla, ante quien el mundo es feo! ¡O mi señora y mi gloria! En mis braços te tengo y no lo creo. Mora en mi persona tanta turbación de plazer, que me haze no sentir todo el gozo que posseo.

Melibea:- {8} Señor mío, pues me fié en tus manos, pues quise complir tu voluntad, no sea de peor condición, por ser pïadosa, que si fuera esquiva y sin misericordia; no quieras perderme por tan breve deleite y en tan poco espacio. Que las malhechas cosas, después de cometidas, más presto se pueden reprender que emendar. {9} Goza de lo que yo gozo, que es ver y llegar a tu persona; no pidas ni tomes aquello que, tomado, no será en tu mano bolver. Guarte, señor, de dañar lo que con todos los tesoros del

---

FJM HKILN alguaziles *G* alguziles ∞ *F* nocturnos *JM GHKILN* noturnos
XIV.3 —

XIV.4 *ACD* escucha *F* **oye, oye,** oye *JM GHKILN* **oye, oye** Sustitución. ∞ *A FJM GHKILN* desotra *C* deste otra *D* desotra

XIV.5 *A FJM GHKILN* Yo iré *LN Y* yo iré ∞ *ACD JM GHKILN* quedaos/q̃daos *F* quedad os ∞ *AC FJM GHKILN* oygo *(sic) D* oyo *(sic)*

XIV.6 ‡Antes de este parlamento de Melibea falta aquí ciertamente un pregunta de Calisto: '¿Quién habla aí? ¿Quién eres tú, señora?' Ninguna de las ediciones la trae ni puede suponerse por *It, Ff,* Barth o Mabbe, pero es necesaria y debe introducirse en el texto. Cf. conspicuas omisiones en P.22, III.30 y X.14.

XIV.7 *AC FJM GHKILN* no lo creo *D* no te creo

XIV.9 *ACD F GH ILN* complir *JM K* cumplir ∞ *Sal-1570 omite:* tan breve deleite y en —Caso claro de haplografía en una edición tan cuidada como esa. ∞ *A* cometidos *CD FJM GHKILN* cometidas ∞ *A* se puedan *CD FJM GHKILN* se pueden ∞ *ACD FJM HKILN* reprehender/reprehēnder *G* reprender *(sic)* La grafía de *G* comprueba la pronunciación normal general.

mundo no se restaura.

Calisto:- {10} Señora, pues por conseguir esta merced toda mi vida é gastado, ¿qué sería, cuando me la diessen, desechalla? Ni tú, señora, me lo mandarás ni yo lo podría acabarlo comigo. No me pidas tal covardía. {11} No es hazer tal cosa, de ninguno que ombre sea, mayormente amando como yo. Nadando por este fuego de tu desseo toda mi vida, ¿no quieres que me arrime al dulce puerto, a descansar de mis passados trabajos?

Melibea:- {12} Por mi vida, que aunque hable tu lengua cuanto quisiere, no obren las manos cuanto pueden. Está quedo, señor mío. *Bástete, pues ya soy tuya, gozar de lo esteríor, desto que es propio fruto de amadores; no me quieras robar el mayor don que la natura me á dado. Cata que del buen pastor es propio tresquilar sus ovejas y ganado, pero no destrüírlo y estragarlo.*

Calisto:- {13} ¿Para qué, señora? ¿Para que no esté queda mi passión? ¿Para penar de nuevo? ¿Para tornar el juego de comienço? Perdona, señora, a mis desvergonçadas manos, que jamás pensaron de tocar tu ropa con su indinidad y poco merecer; agora gozan de llegar a tu gentil cuerpo y lindas y delicadas carnes.

Melibea:- {14} Apártate allá, Lucrecia.

Calisto:- ¿Por qué, mi señora? Bien me huelgo que estén semejantes testigos de mi gloria.

Melibea:- Yo no los quiero de mi yerro. Si pensara que tan desmesuradamente te avías de aver comigo, no fiara mi persona de tu crüel conversación.

(Cena 3ª)

Sosia:- {15} Tristán, bien oyes lo que passa, ¿en qué términos anda el negocio?

XIV.8 *A D FJM GHKILN* no pidas *C* ni pidas ∞ *A D FJM GHKILN* guarte *C* guárdate —Cf. 111.104. ∞ *ACD LN* todos los tesoros *FJM GHKI* todos tesoros —Cf. XII.13 todas personas

XIV.10 ‡toda mi vida é gastado —Exageración retórica. Para el tiempo de los amores, desde la primera vez que Calisto vio a Melibea, Cf. X.40, XI.18, XII.32 y 35. ∞ *A* diesse *CD FJM GHKILN* diessen ∞ *ACD F* podría acabarlo *JM GHKILN* podría acabar ∞ *AC JM GHKILN* comigo *D F* conmigo

XIV.11 *AC JM* fuego *D F GHKILN* huego —*Sal-1570* y gran mayoría de las posteriores traen aquí 'piélago' (*It* fuogo). La lectura 'piélago' es más obvia, pero 'fuego' hace sentido. ∞ ‡toda mi vida —Más mentiras retóricas y convencionales, aun usuales.

XIV.12 *AC FJM GHKILN* uisiere *D* quiere ∞ Adición, desde 'Bástete, pues ya soy...' hasta '...destrüírlo y estragarlo'. No lo traen *ACD*, adicionan *FJM GHKILN*. *FJM ILN* gozar *GHK* goza Cf. XX.9. ∞ *FJM ILN* esteríor *GHK* exteríor ∞ *FJM GHKI* propio *LN* proprio ∞ *FJM* fruto *GHKILN* fructo ∞ *FM* es proprio *J GHKILN* es propio ∞ *F GHKILN* tresquilar *JM* tresquillar *(sic)*

XIV.13 *ACD FJM GHKILN* el juego *D* Sal-1570 al juego ∞ *AC FJM GHKILN* perdona, señora (*K* señoza *-sic*) *D* perdóname, señora

XIV.14 *ACD FJM* me huelgo *GHKILN* me fuelgo ∞ *AC JM GHKILN* comigo *D F* conmigo ∞ ‡si pensara...no fiara = 'si oviesse pensado...no avría fiado' *It* se avesse pensato...no arei fidata —Cf. XIII.21.

229

Tristán:- Oigo tanto, que juzgo a mi amo por el más bienaventurado ombre que nació. Y por mi vida, que aunque soy mochacho, que diesse tan buena cuenta como mi amo.

Sosia:- {16} Para con tal joya quienquiera se ternía manos; pero con su pan se la coma, que bien caro le cuesta: dos moços entraron en la salsa destos amores.

Tristán:- Ya los tiene olvidados. ¡Dexaos morir sirviendo a rüínes! ¡hazed locuras en confïança de su defensión! Biviendo con el conde, que no matasse al ombre, me dava mi madre por consejo. {17} Veslos a ellos alegres y abraçados y sus servidores con harta mengua degollados.

Melibea (Aparte. Adentro):- ¡O mi vida y mi señor! ¿Como as quesido que pierda el nombre y corona de virgen por tan breve deleite? ¡O pecadora de ti, mi madre, si de tal cosa fuesses sabidora, cómo tomarías de grado tu muerte y me la darías a mí por fuerça! {18} ¡Cómo serías crüel verdugo de tu propia sangre! ¡Cómo sería yo fin quexosa de tus días! ¡O mi padre onrado, cómo é dañado tu fama y dado causa y lugar a quebrantar tu casa! ¡O traidora de mí, cómo no miré primero el gran yerro que se seguía de tu entrada, el gran peligro que esperava!

Sosia:- {19} ¡Ante quisiera yo oírte essos milagros! Todas sabés essa oración después que no puede dexar de ser hecho. ¡Y el bovo de Calisto, que se lo escucha!

(Cena 4ª)

Calisto:- {20} ¿Ya quiere amanecer? ¿Qué es esto? ¡No me parece que á una ora que estamos aquí, y da el relox las tres!

Melibea:- Señor, por Dios, pues ya todo queda por ti, pues ya soy tu dueña, pues ya no puedes negar mi amor, no me niegues tu vista de día, passando por mi puerta. **Y más, las noches que** ordenares, *sea tu venida por este secreto lugar, a la mesma ora, por que siempre te espere apercebida del gozo con*

XIV.15 ‡Cena 3ª. El foco de la escena se traslada ahora afuera, al otro lado del muro, donde están Sosia y Tristán. ∞ *AC FJM GHKILN* oygo *(sic) D* oyo *(sic)* ∞ *Todas:* mochacho

XIV.16 *AC FJM GHKILN* se la coma *D* se lo coma ∞ *A D Sal-1570* f/hazed *C FJM GHKILN* f/hazé —Cf. VI.53, IX.43, XI.15, XII.60 y 92. ∞ *ACD* el (h)ombre *FJM Sal-1570* al (h)ombre *GHKILN* a (h)ombre —Las tres lecturas son posibles, sigo *FJM Sal-1570.*

XIV.17 *ACD FJM GH ILN* veslos *K* veeslos ∞ *AC FJM* mi madre *It* mia matre *D GHKILN* mi padre ∞ ‡*It* fate pazzie in confidanza di sua defensione e vederete quello che ve intraverrà = 'hazed locuras en confïança de su defensión *y verés lo que os acaecerá'* —¿Lo subrrayado fue suprimido de *E* para *F?* ∞ *AC JM GHKILN* quesido/q̃sido *D F* quisido *(sic)* ∞ *A* o pecadora de mi madre *CD FJM GHKILN* o pecadora de ti, mi madre ∞ *ACD FJM G ILN* de grado tu muerte *HK* tu muerte de grado

XIV.18 *ACD FJM GHKI N* propia / ppia *L* propria ∞ *AC* que seguía *D FJM GHKILN* que se seguía ∞ *ACD FJM HKILN* gran peligro *G* grande peligro

XIV.19 *AC FJM GHKILN* essos *D* estos ∞ *A D* miraglos *C FJM GHKILN* milagros ∞ *AC F* sabés *D JM GHKILN* sabeys *(sic)* ∞ *AC FJM GHKI* essa oración *D LN* esta oración

230

que quedo, esperando las venideras noches. {21} Y por el presente te vé con Dios, que no serás visto, que haze *muy* escuro; ni yo en casa sentida, que aun no amanece.

Calisto (Aparte):- Moços, poned el escala.

Sosia (Aparte):- Señor, vesla aquí. Baxa.

Melibea:- Lucrecia, vente acá, que estoy sola. Aquel señor mío es ido. Comigo dexa su coraçón, consigo lleva el mío. ¿Asnos oído?

Lucrecia:- No, señora, *que* durmiendo é estado.

(Gran Adición de Fernando de Rojas)

(Cena 5ª)

Sosia:- {22} Tristán, devemos ir muy callando, porque suelen levantarse a esta ora los ricos, los codiciosos de temporales bienes, los devotos de templos, monesterios y iglesias, los enamorados como nuestro amo, los trabajadores de los campos y labranças, y los pastores que en este tiempo traen las ovejas a estos apriscos a ordeñar, y podría ser que cogiessen de passada alguna razón por do toda su onra ‡de Calisto y la de Melibea se turbasse.

XIV.20 ‡Cena 4ª. Vuelve el foco de la escena a Calisto y Melibea, dentro del huerto. Es preciso suponer un poco de tiempo pasado. ∞ *ACD* no me parece *FJM GHKILN* no – parece *It* non par *Supresión aparente.* El 'me' es necesario para contraponer el tiempo interior de Calisto con el tiempo exterior del reloj que en este punto suena. ∞ ‡*ACD* de día passando por mi puerta —Esta frase está omitida en *FJM GHKILN.* El *It* trae: 'non me negar tua vista al manco. Le sere che ordinarai tua venuta per...' = 'no me niegues tu vista al menos. Las noches que ordenares tu venida por...'). La frase omitida o fue cosa del amanuense o cajista al insertar la *Adición* siguiente, o un corrector oficioso pensó que era contradictoria con XVI.18. Pero allá dice Melibea lo que efectivamente ha sucedido al cabo de un mes; aquí expresa un deseo. Además, si se suprime la frase 'de día passando por mi puerta', la anterior frase 'no me niegues tu vista' queda en el aire, ya que lo de venir por las noches es otra idea. *AC 'de noche donde tú* ordenares' *D 'de noche donde* ordenares'. En lugar de lo subrrayado las secundarias traen, encajando como se indica: *F* vista. *Mas las noches que* ordenares *GHKI N* vista. *Y más las noches que* ordenares *JM L* vista *y más las noches que* ordenares *Sustitución*, no muy bien encajada. ∞ *Adición*, desde 'sea tu venida...' hasta '...venideras noches'. No lo traen *ACD*, adicionan *FJM GHKILN*. Es una consecuencia de la *Gran Adición* que empieza en XIV.22, ya que se van a prolongar las entrevistas por un mes más.
JM GHKILN apercebida *F* aparcebida *(sic)*

XIV.21 *A D GHKILN* te vé *C FJM* véte —Cf. VIII.3 me perdona *XIV.48* me acorre ∞ *ACD F GHKILN* no serás visto *JM* no sea visto *ACD* que haze — escuro *It* che fa molto oscuro *FJM GHKILN* que haze muy escuro —*Adición.* ∞ *A D* poné *C FJM GHKILN* poned Cf. XIV.16. ∞ *ACD FJM GHKI* vesla *LN* veesla ∞ *AC JM GHKILN* comigo *D F* conmigo ∞ *ACD* señora, – durmiendo (*A* dormiendo) *FJM GHKILN* señora, que durmiendo (*K* duermiendo —*errata*) —*Adición.*

XIV.22. *Gran Adición.* —Habiendo resuelto Rojas, a pedido insistente de amigos, cumplir lo que dice en el Prólogo (P.26): 'que se alargasse en el processo de su deleite destos amantes', procede a hacer esta larga adición formada por XIV.22-50, XVI.1-22 (todo el Auto) y XIX.11-32. Esta prolongación de un mes, o casi, en el deleite de los amantes y posposición de la súbita catástrofe, que en *ACD* ocurre en el Auto XIV, permite a Rojas presentar bajo nueva luz a Calisto y a Melibea. Una edición *El* de Sala-

Tristán:- {23} ¡O simple rascacavallos! ¡Dizes que callemos y nombras su nombre y el della! Bueno eres para adalid o para regir gente en tierra de moros, de noche. Assí que, proïbiendo, permites; encubriendo, descubres; assegurando, ofendes; callando, bozeas y pregonas; preguntando, respondes. Pues tan sotil y discreto eres, ¿no me dirás ‡cuántos pares hazen tres bueyes y ‡en qué mes cae Santa María de Agosto, por que sepamos si ay harta paja en casa que comas ogaño?

(Cena 6ª)

Calisto:- {24} Mis cuidados y los de vosotros no son todos unos. Entrad callando, no nos sientan en casa. Cerrad essa puerta y vamos a reposar, que yo me quiero sobir solo a mi cámara. Yo me desarmaré. Id vosotros a vuestras camas.

---

manca y de 1502 o primera mitad de 1503, traía esta *Gran Adición,* pero tal edición no era todavía en 21 autos, sino en 16. El *Tratado de Centurio,* de un desconocido o hasta el presente poco investigado Sanabria, fue entrejerido en esta Gran Adición, sin duda con anuencia o con aceptación de Rojas. El nuevo texto, *E* ya en 21 autos, debió salir en Toledo en 1504, y de allí tradujo Alfonso Ordóñez a *It.* A juzgar por *It,* hubo todavía pequeñas modificaciones en la copia que se envió o se corrigió para *F* Zaragoza 1507.

FJM HKILN devemos *G* deueys *(sic)* ∞ *FJM GHKILN* cobdiciosos *(sic) FJM GHKILN* cogiessen *(sic)* ∞ ‡los trabajadores en los campos... —Puede entenderse bien que son labriegos que han pernoctado en la ciudad y madrugan a las labranzas, pero lo de los pastores que van a los *apriscos* fue inducido por lo de los labriegos, con lo que Rojas sufre aquí una confusión o distracción. Los apriscos solo pueden estar cerca a la *huerta,* pero no cerca al huerto anejo a la casa de Pleberio. Tal me parece, salvo mejor opinión. ∞ ‡su onra de Calisto —Ninguna de las ediciones secundarias o de las terciarias trae 'de Calisto', pero el *It* lee: 'l'onor de Calisto e quel di Melibea se perturbasse'. Ciertamente que es necesario nombrar a los dos, para perturbar la honra de ambos. No se ve la razón de que el *It* lo haya agregado, en cambio una omisión de estos poseedores, en esta clase de posesivos, es muy posible. Cf. XII.41 y 44.

XIV.23 ‡su nombre y e della —*FJM GHKILN* y las terciarias traen solamente 'su nombre della', pero el *It* lee: 'e tu nomini il nome suo e di lei'. La enmjenda anterior va ligada a esta. ∞ ‡adalid —Inmediatamente explica la palabra que acaba de usar (y que usó atrás en III.33), es el que rige en tierra de moros; es una definición de la palabra y no implica que hubiese todavía tierras de moros en España. ∞ ‡ninguna de las secundarias o terciarias traen la frase del *It, It²:* 'non me dirai (dirà —*errata*) [quante para fan tre buoi] e in che mese viene Santa Maria...' La frase viene bien dentro del tono chocarrero del Tristanico con respecto al rascacaballos. No se ve la razón de que *It* la agregara. Debió ser suprimida para *F* o por los editores de *F.* ∞ *FJM G ILN* que conas ogaño *HK* que comas — —Omisión originada en *H,* repetida en *K* y de esta copiada por *O.*

XIV.24 ‡Cena 6ª. El corto parlamento de Calisto constituye una 'cena' de por sí. El Soliloquio es una nueva cena, separada del corto parlamento, y ocurre al día siguiente. Hay un ensamblaje defectuoso aquí, pero realmente inevitable, pues no se ve de qué mejor modo se hubiera podido alargar este parlamento o qué diálogo podía caber aquí con los criados, después de lo sucedido. ∞ *FJM GHKILN* sobir *(sic)* ∞ *F Y* me desarmaré *JM GHKILN* Yo me desarmaré —Indica que lo hará solo, sin la ayuda de los criados. Para estar con Melibea tuvo también que desarmarse, quitarse la coraza (y el capacete), o lo ayudó la interesada. Cf. XIX.30.

Calisto:- {25} ¡O mezquino yo! ¡Cuánto me es agradable de mi natural la solitud y silencio y escuridad! No sé si lo causa que me vino a la memoria la
traición que hize en me despartir de aquella señora que tanto amo, hasta
que más fuera de día, o el dolor de mi desonra. ¡Ay, ay, que esto es! {26}
Esta herida es la que siento agora que se á resfrïado, agora que está elada la
sangre que ayer hervía, agora que veo la mengua de mi casa, la falta de mi
servicio, la perdición de mi patrimonio. La infamia que á mi persona, de la
muerte de mis crïados se á seguido. {27} ¿Qué hize? En qué me detuve?
¿Cómo me pude sofrir, que no me mostré luego presente, como ombre
injuriado, vengador sobervio y acelerado de la manifiesta injusticia que me
fue hecha? ¡O mísera süavidad desta brevíssima vida! ¿Quién es de ti tan
codicioso que no quiera más morir luego, que gozar un año de vida denostado y prorrogarle con desonra, corrompiendo la buena fama de los passados? {28} Mayormente que no ay ora cierta ni limitada ni aun un solo
momento. Deudores somos sin tiempo, contino estamos obligados a pagar
luego. ¿Por qué no salí a inquirir siquiera la verdad de la secreta causa de
mi manifiesta perdición? ¡O breve deleite mundano, ¡cómo duran poco y
cuestan mucho tus dulçores! {29} No se compra tan caro el arrepentir. ¡O
triste yo! ¿Cuándo se restaurará tan grande pérdida? ¿Qué haré? ¿Qué
consejo tomaré? ¿A quién descobriré mi mengua? ¿Por qué lo celo a los
otros mis servidores y parientes? ¡Tresquílanme en concejo y no lo saben
en mi casa! Salir quiero; pero si salgo para dezir que é estado presente, es

---

XIV.25 *F* soledad *JM* solicitud *It* sollicitudine *G* salud *(!) HILN* solitud *K* loitud
—*errata*. Las lecturas de *JM It G K* indican el raro latinismo mal leído, que *HILN* confirman. Cf. latinismos en OA.1 y 3, VI.14, VIII.17 y 42, IX.14, X.22. ∞ *FJM* despartir
GHKILN despedir ∞ ‡Aquí, lo mismo que ocurre en I.8, las ediciones traen párrafo
seguido y no repiten la indicación de que habla Calisto y de que en 'íO mezquino yo!'
empieza otra cena que ocurre al día siguiente. Todas las secundarias y terciaras *(FJMT
GHKILNO Q S U WX RBbGg CcEe)* traen: 'id vosotros a vuestras camas. O mezquino
yo'. *It* e *It²* traen: 'voi altri in vostri letti. O meschino me, e quanto me è grave'. —El
lector o el oyente debían darse cuenta del tiempo y de que se trataba de una nueva cena
al día siguiente, por las mismas palabras del Soliloquio. Exactamente ocurre lo mismo en
I.8 y en VIII.5, con el Soliloquio de Pármeno; esto era elemental para los oyentes o
leyentes del comienzo del siglo XVI, pero parece resultar más allá de las entendederas
resutilazadas de los críticos sigloveintescos.

XIV.26 ‡que ayer hervía —Esto indica que el Soliloquio se produce no esa misma
noche, ni inmediatamente llegado de la violación de Melibea, sino al día siguiente. ∞ *F*
la infamia que á mi persona *It* la infamia che à mia persona *JM GHKILN* la infamia que
tiene mi persona —El relativo arcaísmo de *F* ha sido modernizado; debe mantenerse.

XIV.27 *F* detoue *(sic) JM GHKILN* detuve *(sic)* ∞ *F G L* puede *JM HKI N* pude
It me son possuto ∞ *F* çofrir *JM GHKILN* sofrir ∞ *FJM GHKI* cobdicioso *LN* codicioso ∞ *FJM* denostado *GHKILN* denostada ∞ *F M HK* prorrogarle *J* progarle *G IL*
prorrogarle *N* p rogarle *(sic) Sal-1570* prorrogarla

XIV.28 *FJM GH ILN* ni aun un solo momento *K* ni a vn solo momẽto *(sic)* ∞ *F*
debdores *JM GHKILN* deudores∞ *FJM GHKILN* contino *(sic)* ∞ *FJM HKILN* salí a inquirir *G* salia ainquirir —*erratas*

tarde: si ausente, es temprano. [30] Y para proveer amigos y crïados antigos, parientes y allegados, es menester tiempo, y ‡aun para buscar armas y otros aparejos de vengança. — ¡O crüel jüez! ¡Y qué mal pago me as dado del pan que de mi padre comiste! Yo pensava que pudiera con tu favor matar mil ombres sin temor de castigo, inico falsario, perseguidor de verdad, ombre de baxo suelo. [31] Bien dirán por ti que te hizo alcalde mengua de ombres buenos. Mirarás que tú y los que mataste, en servir a mis passados y a mí, érades compañeros; mas cuando el vil está rico, ni tiene pariente ni amigo. ¿Quién pensara que tú me avías de destrüír? No ay, cierto, cosa más empecible quel incogitado enemigo. [32] ¿Por qué quesiste que dixessen: del monte sale con que se arde, y que crïé cuervo que me sacasse el ojo? Tú eres público delinquente y mataste a los que son privados. Y pues, sabe que menor delito es el privado que el público, menor su ‡calidad, según las leyes‡ disponen; [33] las cuales no son escritas con sangre, ‡como las leyes de Atenas, antes muestran que es menos yerro no condenar los malhechores que punir los inocentes.— ¡O cuán peligroso es seguir justa causa delante injusto juez! ¡Cuánto más este ecesso de

---

XIV.29 *FJM HKILN* descobriré *G* descubriré ∞ *FJM G Sal-1570* en consejo *It* in conseglio *HKILN* en concejo —A pesar de las ediciones que traen -s-, se trata de una simple errata de confusión. En concejo = 'en público',va con -c- desde los orígenes de la lengua. ∞ *FJM GHKI* absente *LN* ausente

XIV.30 *FJM GHKILN* antiguos *(sic)* ∞ ‡y aun para buscar —Secundarias, terciaras y posteriores no traen el 'aun', pero el *It* (e *It²*) indica que lo había en el texto de donde traduce (*E*)) y el mismo movimiento de la frase lo hace necesario. La omisión de *aun/aü/avn* no es cosa inusitada. *It It²:* e per voler proveder de amici, servitori, parenti e congiunti, bisogna aver tempo, e *ancora* per cercar arme e altri apparecchi de vendetta. ∞ *FJM GH ILN* iniquo *K* inquo —La pronunciación era [inico inica].

XIV.31 *FJM GHK* y los que mataste *ILN Sal-1570* y los que tú mataste ∞ *FJM GHKILN* ni tiene pariente *(sic)* ∞ ‡quién pensara —*It* chi avesse mai pensato

XIV.32 *FJM GHKILN* quesiste ∞ *F G* que dixiessen *JM HKILN* que dixessen ∞ *FJM GHKILN* con que se arde = con que se quema ∞ *FJM GHKILN* los que son *It* quelli che son —Presente con sentido de pretérito o de antepresente. Cf. VII.45. ∞ *FJM GHKILN* Y pues, sabe = 'Y assí pues, sabe') *It* ma sappi —Cf.VII.13. ∞ *FJM H ILN* delicto/ďlicto *G K* delito ∞ *FJM GHKILN* su u/vtilidad *It* utilità *Sal-1570* calidad —La mayoría de las posteriores corrigen la evidente errata. La pronunciación era siempre 'calidad' (= calidad + cualidad), pero se dan las grafías *calidad, cualidad, qualidad, q̃lidad;* si había la inversión *ucalidad,* la confusión de -t/c- es constante en los manuscritos. ∞ ‡ *FJM GHKILN OQRSTUWXBbCcEeGg:* según las leyes de At(h)enas disponen; las cuales no son escritas (scritas/escriptas/escriptas) con sangre, antes muestran... —Un texto manuscrito dispuesto más o menos así:

> lidad segun las leyes disponen las q̃les no son escritas
> cõ sangre cõo las leyes de Atenas antes muestran q̃ es

es el causante de la errata, de simple trasposición de una línea a otra. Calisto *in mente* le argumenta al juez y tiene que alegarle las leyes del país, no las de Atenas; en cambio las leyes de Atenas, las de Dracón, sí estaban escritas con sangre, como se decía. Es increíble que una errata tan burda y tan enmendable se haya mantenido con cacográfica devoción hasta hoy. ∞ *F* condenar *JM GHKILN* condenar ∞ *FJM ILN* innocentes *GHK* inocentes ∞ *FJM GH ILN* excesso *K* excesse *(sic)*

mis crïados, que no carecía de culpa! {34} Pues mira, si mal as hecho, que ay sindicado en el Cielo y en la tierra; assí que a Dios y al rey serás reo, y a mí, capital enemigo. ¿Qué pecó el uno por lo que hizo el otro, que por solo ser su compañero los mataste a entramos?... {35} Pero ¿qué digo? ¿con quién hablo? ¿estoy en mi seso? ¿qué es esto, Calisto? ¿soñavas, ¿duermes o velas? ¿estás en pie o acostado? Cata que estás en tu cámara. ¿No vees que el ofendedor no está presente? ¿Con quién lo as? Torna en ti. Mira que nunca los ausentes se hallaron justos. {36} Oye entramas partes para sentenciar. ¿No vees que por executar justicia no avía de mirar amistad ni deudo ni criança? ¿No miras que la ley tiene de ser igual a todos? Mira que Rómulo, el primer cimentador de Roma, mató a su proprio hermano porque la ordenada ley traspassó? {37} Mira a Torcato, romano, cómo mató a su hijo porque ecedió la tribunicia costitución. Otros muchos hizieron lo mesmo. Considera que si aquí presente él estoviese, respondería que hazientes y consintientes merecen igual pena; aunque a entramos matasse por lo que el uno pecó. {38} Y que si aceleró en su muerte, ‡fue porque era crimen notorio y no eran necessarias muchas pruevas, y que fueron tomados en el acto del matar; que ya estava el uno muerto de la caída que dio. {39} Y también se deve creer que aquella lloradera moça, que Celestina tenía en su casa, le dio rezia priessa con su triste llanto y él, por no hazer bullicio, por no me disfamar, por no esperar a que la gente se levantasse y oyessen el pregón, del cual gran infamia se me siguía, los mandó justiciar tan de mañana, pues era forçoso el verdugo

---

XIV.33 —

XIV.34 *FJM HKILN* que ay sindicado *G* que — sindicado *It* che è sindicato —La palabra significa 'control superior, examen de más alta autoridad'. No tengo registro de la palabra en el periodo en castellano, pero sí en italiano: Guicciardini, *Ricordi*, 113: 'benchè il giudice non possa della sentenza sua starne a sindicato degli uomini, ne ha a stare a sindicato di Dio, il quale conosce se gli ha giudicato o donato'. El paso tiene bastante coincidencia con lo que escribe Rojas. ∞ *F* a entramos *JM GHKILN* a entrambos/entrãbos

XIV.35 *FJM GHKI N* vees *L* ves ∞ *FJM* absentes *GHKILN* ausentes

XIV.36 *FJM GHKILN* entrambas/entrãbas *Sal-1570* oye a entrambas ∞ *F* ves *JM GHKILN* vees ∞ *F* executar justicia *JM GHKILN* executar la justicia —Ambas lecturas son posibles; caso dudoso por ser *F* tan llena de erratas. ∞ *F* debdo *JM GHKILN* deudo ∞ *F* primero *JM GHKILN* primer ∞ *F GHK* propio *JM ILN* proprio

XIV.37 *FJM GHKILN* Torcato/torcato —Tal era la pronunciación (lo mismo que *inico, delinquente, consequente, sequestrar, requesta, questión* etc.). La pronunciación con -u-fue moda posterior y tardó mucho en imponerse. El *It It²* agrega: 'prendi [esempio da Tito Manlio] Torquato'. ∞ *FJM GHKILN* excedió *(sic)* ∞ *FJM GHKILN* constitución *(sic)* ∞ *FJM GHKILN* mesmo *(sic)* ∞ *FJM* estouiesse *(sic) GHKILN* estuuiesse *(sic) FJM GHKILN* consintientes *Ms* consencientes *(sic)* ∞ *F* aunque a entramos *JM L* aunque a entrambos *GHKI N* aunque entrambos

XIV.38 *FJM* en su muerte, ‡que era *It It²* e che se lui non ebbe allora remissione fu perchè era crimine notorio —Probablemente el castellano de *E* traía: 'y que si no tuvo [ovo] remissión fue porque era crimen notorio' = 'que si no hizo remissión o demora de la sentencia...'); pero la frase, un poco confusa, al ser modificada para *F* produjo la omisión del 'fue por-'. ∞ *F* y que si *se* aceleró *JM GHKILN* y que si aceleró ∞ *F* acto *(sic)* ∞ *It²* l'uno era morto per essere saltato giò da le fenestre = 'por aver saltado de la ventana abaxo' —Sin duda también modificada de *E* para *F*.

235

bozeador para la execución y su descargo. {40} Lo cual todo, si assí como creo es hecho, antes le quedo deudor y obligado para cuanto biva, no como a críado de mi padre, pero como a verdadero ermano. Y puesto caso que assí no fuesse, puesto caso que no echasse lo passado a la mejor parte, acuérdate, Calisto, del gran gozo passado. Acuérdate de tu señora y tu bien todo, {41} y pues tu vida no tienes en nada por su servicio, no as de tener ‡en mucho las muertes de otros, pues ningún dolor igualará con el recebido plazer.

¡O mi señora y mi vida! Que jamás pensé en ausencia ofenderte. Que parece que tengo en poca estima la merced que me as hecho. {42} No quiero pensar en enojo, no quiero tener ya con la tristeza amistad. ¡O bien sin comparación! ¡O insaciable contentamiento! ¿Y cuándo pidiera yo más a Dios por premio de mis méritos, si algunos son en esta vida, de lo que alcançado tengo? ¿Por qué no estoy contento? {43} Pues no es razón ser ingrato a quien tanto bien me á dado. Quiérolo conocer; no quiero con enojo perder mi seso, por que, perdido, no caiga de tan alta possessión. No quiero otra onra ni otra gloria, no otras riquezas, no otro padre ni madre, no otros deudos ni parientes. De día estaré en mi cámara, de noche en aquel paraíso dulce, en aquel alegre vergel, entre aquellas süaves plantas y fresca verdura. — {44} ¡O noche de mi descanso, si fuesses ya tornada! ¡O luziente Febo, date priessa a tu acostumbrado camino! ¡O deleitosas estrellas, apareceos ante de la continua orden! ¡O espacioso relox, aun te vea yo

---

XIV.39 *FJM HKILN* priessa *G* prissa *(sic)* ∞ *FJM GHKILN* bullicio *N omite* hazer bullicio, por no me —Clara haplografía ∞ *FJM* siguía *GHKILN* seguía ∞ *F* verdugo bozeador *JM GHKILN* el verdugo bozeador *It It²* poi che era forzato il boia banditore farlo como è de nostra usanza per la... —La frase agregada ilustra la costumbre castellana del *verdugo bozeador,* el pregonero de los ajusticiamientos, que debía vocear el delito para que se conociese que el juez había obrado en justicia (= para descargo del juez).

XIV.40 *FJM GHK* todo assí *ILN* todo, si assí *It It²* la qual cosa, se così come credo —Otra pequeña haplografía. ∞ *F* debdor *JM GHKILN* deudor ∞ *FJM GHKILN* antes le quedo deudor y obligado para cuanto biva... *It It²* più presto li debb'io esser obbligato, *che lamentarme de lui* ∞ *F* y caso que assí no fuesse *JM GHKILN* y puesto caso que assí no fuesse *It It²* e posto caso che così non fusse ∞ *F* caso que no echasse *JM GHKILN* puesto caso que no echasse *It It²* o che io non volessi prender in questo la miglior parte

XIV.41 *F* acuérdate, Calisto, al gran gozo *JM GHKILN* acuérdate, Calisto, del gran gozo —En *F* la confusión de d'l/al ∞ *F* acuérdate a tu señora *JM GHKILN* acuérdate de tu señora *Cf. III.38.* ∞ *FJM GHKILN* nos as de tener — las muertes *It It²* e poi che tu la propria vita in suo servizio non estimi, tu non dei estimare la morte de alcuno — 'no estimar' es 'tener en nada' y 'estimar' es 'tener en mucho'. La omisión de *en mucho* deja trunca la frase, pues si se entendiera 'no tienen en nada..., no as de tener en nada las muertes', sería contradictorio. ∞ *FJM* en absencia *GH ILN* en ausencia *K* en tu ausencia.

XIV.42. *It It²* omite de lo que alcançado tengo ∞ *It It²* agrega per qual causa non mi contento [con la grazia che ò ricevuta] = 'con la gracia recebida'. —Sin duda es atenuación de *F* por los sentidos religiosos de 'méritos' y 'gracia'.

XIV.43 *FJM GHKILN* cono(s)cer = reconocer) Cf. IV.45. ∞ *FJM* no cayga *(sic)* *GHKILN* no caya *(sic)* ∞ *FJM GHK* otra onra, otra gloria *ILN* otra onra ni otra gloria *It It²* non voglio altro onor, non altra gloria, ne altre ricchezze ∞ *F* debdos *JM GHKILN* deudos

---

236

arder en bivo fuego de amor! {45} Que si tú esperasses lo que yo, cuando des doze, jamás estarías arrendado a la voluntad del maestro que te compuso. Pues, vosotros, invernales meses que agora estáis escondidos, iviniéssedes con vuestras muy complidas noches a trocarlas por estos prolixos días! Ya me parece aver un año que no é visto aquel süave descanso, aquel deleitoso refrigerio de mis trabajos. {46} Pero, ¿qué es lo que demando? ¿Qué pido, loco, sin sufrimiento? Lo que jamás fue ni puede ser. No aprenden los cursos naturales a rodearse sin orden, que a todos es un igual curso, a todos un mesmo espacio para muerte y vida, un limitado término a los secretos movimientos del alto firmamento celestïal, de los planetas y Norte, de los crecimientos y mengua de la menstrua luna. {47} Todo se rige con un freno igual, todo se mueve con igual espuela: cielo, tierra, mar, fuego, viento, calor, frío. ¿Qué me aprovecha a mí que dé doze horas el relox de hierro, si no las á dado el del cielo? Pues por mucho que madrugue, no amanece más aína.

{48} Pero tú, dulce imaginación, tú que puedes, me acorre. Trae a mi fantasía la presencia angélica de aquella imagen luziente; buelve a mis oídos el süave son de sus palabras; aquellos desvíos sin gana; aquel 'apártate allá; señor; no llegues a mí'; aquel 'no seas descortés' que con sus rubicundos labrios vía sonar; {49} aquel 'no quieras mi perdición' que de rato en rato proponía; aquellos amorosos abraços entre palabra y palabra; aquel soltarme y prenderme; aquel hüír y llegarse; aquellos açucarados besos... {50} Aquella final salutación con que se me despidió, icon cuánta pena salió por su boca! icon cuántos desperezos! icon cuántas lágrimas, que parecían granos de aljófar, que sin sentir se le caían de aquellos claros y resplandecientes ojos!

XIV.44 ‡O luziente Febo —Esto indica que estos pensamientos de Calisto tienen lugar ya de día. Al día siguiente. Cf. XIV.26. ∞ *FJM GHK* aun te vea *ILN* ante vea *Sal-1570* aína te vea —Las terciarias casi todas traen *aun*. La mayoría de las posteriores traen *aína*. La lectura *ante* es errata en lugar de *an* (te con *an* (= 'aun'), popular y aun usual. Las dos lecturas hacen sentido: aun te vea yo arder = hasta arder te vea — aína te vea yo arder = pronto te vea arder. ∞ *F* huego *JM GHKILN* fuego

XIV.45 *FJM* que si tú *It* che se tu *GHKILN* − si tú ∞ *FJ* cuando des *M GHKILN* cuando das *It* con voluntá che soni le dodici ∞ *FJM* escondidos *G* ascondidos —Ambas formas usuales. ∞ ‡invernales meses —La acción la supone Rojas en primavera o en verano, en tiempo de días prolijos (= largos) y de noches más bien cortas. Suspira por las noches más complidas (Cf. portugués 'compridas' = 'largas') en cuanto a más tiempo, pero no piensa en el frío recio que haría en el huerto.

XIV.46 *F* sofrimiento *JM GHKILN* sufrimiento ∞ *FJM GHKILN* mesmo espacio ∞ *F* liuiano —errata *JM GHKILN* limitado ∞ *FJM GHKI* planetas y norte: de los crecimientos *L* planetas y norte y de los crecimientos *M* planetas y norte: y de los crecimientos *It* pianeti e tramontana e lo crescimento —'Norte' es lo mismo que 'polo norte' y por extensión, la Estrella Polar. ∞ *FJM GHKILN It* menstrua —Un latinismo más. Cf. VIV.25.

XIV.47 *F* huego *JM GHKILN* fuego ∞ *FJM GHKI* N *Sal-1570* las á dado *L* la á dado

XIV.48 ‡me acorre = 'acórreme, socórreme' - Cf. VIII.3, XIV.21. ∞ *FJM GHKILN* labrios *(sic) Ms* labios ∞ *FJM GHKILN* vía *(sic) Ms* veya (= veía).

XIV.49 —

237

París, 1527. Primera traducción francesa. Auto XIII.

XIV.50 ‡con que se me despidió *It* con la qual prese licenza [ogni mio passato affanno] — *It* omite 'con cuántos desperezos'. *Desperezos* no es 'pasmos' sino 'mohín de rechazo, ademán de rehusamiento de algo', acepción que aun se da en muchas zonas de América, v.gr. '¡coma sin tantos desperezos!' ∞ *F M HI N* aljófar *J* aliófar *G* alfójar *K* aliófar *L* alojfar —*errata.* ∞ *FJM LN* claros y resplande(s)cientes ojos *GHKI* claros, resplande(s)cientes ojos

238

Auto XVI.

AXVI. Argumento del décimo sesto Auto.

Pensando Pleberio y Alisa tener su hija Melibea el don de la virginidad conservado, lo cual, según á parecido, está en contrario, y están razonando sobre el casamiento de Melibea; y en tan gran cantidad le dan pena las palabras que de sus padres oye, que embía a Lucrecia para que sea causa de su silencio en aquel propósito.

[AXV. ¿En *E1?* ‡La tarde viene. Pleberio y su muger Alisa entre sí hablan. Óyelos Lucrecia y dízelo a Melibea, su ama. Embía Melibea a Lucrecia, no

---

AXVI. Solamente en *JM GHKILN. F* no lo trae. ∞ *JM GHK* sesto *ILN* sexto ∞ *JM* auto *GHKILN* aucto ∞ *JM GHK* y están *ILN* − están −*El* y *sobra.* ∞ *JM GHKILN* quantidad *(sic)*

‡En la edición *E1* este Auto XVI, de las ediciones de 21 autos, debía venir en un solo auto junto con la parte de XIX.11-39, del actual XIX, más todo el actual Auto XX. Este complejo Auto, así prolongado, era el *Auto Quinzeno* de la edición, de tal modo que esa edición *E1,* de Salamanca (1502/1503) era aparentemente otra edición de 16 autos; era preciso leerla y compararla con las anteriores, para notar las diferencias. El Argumento de ese alargado *Auto Quinzeno* debió rezar más o menos así:

*La tarde viene. Pleberio y su muger Alisa entre sí hablan. Óyelos Lucrecia y dízelo a Melibea, su ama. embía Melibea a Lucrecia, no queriendo oír las razones de sus padres. Llegando la media noche viene Calisto con Tristán y Sosia a la uerta de Melibea. Melibea y Lucrecia de su cabo están cantando. Escúchales Calisto. Baxa por la escalera. Desármale Lucrecia. Quedan los dos solos. Estando en su negocio oyen bozes de gentes por la calle. A ellos quiere salir Calisto cual por la escuridad de la noche erró la escala. Cae y muere. Melibea, por las bozes y lamientos de los crïados, sabe la desastrada muerte de su amado. Amortécese: Lucrecia la consuela. Llama Lucrecia a la puerta de la cámara de Pleberio. Pregúntale Pleberio lo que quiere. Lucrecia le da priessa que vaya a ver a su hija Melibea. Levantado Pleberio, va a la cámara de Melibea. Consuélala, preguntándole qué mal tiene. Finge Melibea dolor del coraçón. Embía Melibea a su padre por algunos instrumentos músicos. Sube ella y Lucrecia en una torre. Embía de sí a Lucrecia. Cierra tras ella la puerta . Llégase su padre al pie de la torre. Descúbrele Melibea todo el negocio que avía passado. En fin, déxase caer de la torre abaxo.

Este Auto así largo y complejo venía siendo paralelo del Auto XII, divididos ambos en tres partes, no bien conexas entre sí:

XII. a) Coloquio de Calisto y Melibea.
b) Coloquio y fuga de Sempronio y Pármeno
c) Coloquio fatal de Celestina, Sempronio y Pármeno.

XV. a) Coloquio de Pleberio y Alisa.
b) Ultima entrevista de Calisto y Melibea. Caída y muerte de Calisto.
c) Coloquio de Pleberio y Melibea. Suicidio de Melibea.

Obsérvese que en tal disposición los tres últimos autos venían terminados por tres largos Soliloquios:

XIV. Soliloquio de Calisto *post devirginationem.*
XV. Soliloquio-Coloquio de Melibea *ante mortem.*
XVI. Soliloquio de Pleberio.

Esta armónica distribución fue perturbada por el entrejerimiento del *Tratado de Centurio.*

queriendo oír las razones de sus padres.—]

XVI. {1-22} Pleberio, Alisa, Lucrecia, Melibea.

(Cena 1ª)

Pleberio:- {1} Alisa amiga, el tiempo, según me parece, se nos va, como dizen, de entre las manos. Corren los días como agua de río. No ay cosa tan ligera para húír como la vida. La muerte nos sigue y rodea, de la cual somos vezinos, y hazia su vandera nos acostamos, según natura. {2} Esto vemos muy claro si miramos nuestros iguales, nuestros ermanos y parientes en derredor. Todos los come ya la tierra, todos están en sus perpetuas moradas. {3} Y pues somos inciertos cuándo avemos de ser llamados, viendo tan ciertas señales, devemos echar nuestras barvas en remojo y aparejar nuestros fardeles para·andar este forçoso camino, no nos tome improvisos ni de salto aquella crüel boz de la muerte. {4} Ordenemos nuestras ánimas con tiempo, que más vale prevenir que ser prevenidos. Demos nuestra hazienda a dulce sucessor, acompañemos nuestra única hija con marido, cual nuestro estado requiere, por que vamos descansados y sin dolor deste mundo. {5} Lo cual con mucha diligencia devemos poner desde agora por obra, y lo que otras vezes avemos principiado en este caso, agora aya execución. No quede, por nuestra negligencia, nuestra hija en manos de tutores, ‡pues parecerá ya mejor en su propia casa que en la nuestra. {6} Quitarla emos de lenguas de vulgo, porque ninguna vertut ay tan perfeta que no tenga vituperadores y maldizientes. No ay cosa con que mejor se conserve la limpia fama en las vírgines, que con temprano casamiento. ¿Quién rehüíría nuestro parentesco en toda la ciudad? ¿Quién no se hallará gozoso de tomar tal

---

XVI. *FJM* Ple. Ali. Luc. Mel. *K L* Mel. Luc. Ali. Ple. *N* Ali. Ple. Luc. Mel. *GHI* no traen dramatis personae.

XVI.1 *FJM* amiga *GHKILN* amiga mía ∞ *F GHKILN* d'entre *JM* entre —Cf. X.50, OC.3. ∞ *F* a huyr *(sic) J N* pa huyr *(sic) M GHKIL* para huyr ∞
It Alisa, donna mia, svegliamo nostre anime addormite contempliamo come fugge la vita e vien la morte che non pensiamo; il tempo fugge che noi non ce accorgemo, fuggono li giorni come le corrente acque de fiumi. Non c'è cosa che più leggermente fugga che la vita. —Lo cual sería en castellano: 'Alisa, muger mía, despertemos nuestras almas adormecidas y contemplemos cómo huye la vida y viene la muerte que no lo pensamos; el tiempo huye sin que nos demos cuenta, huyen los días como aguas corrientes de los ríos. No ay cosa tan ligera para hüír como la vida'. —Cf. con el texto actual castellano. Los cambios se hicieron de *E* para *F*.

XVI.2 *F* todos yazen *JM GHKILN* todos están

XVI.3 *FJ GHKI N* improvisos ni de salto *M* improviso ni de salto *L* improviso ni sobresalto *Sal-1570* de improviso ni de salto ∞ ‡no nos tome improvisos = 'desproveídos, impreparados' ni de salto = 'por sorpresa'.

XVI.4 *F LN* successor *JM GHKI* sucessor

XVI.5 *It* in mano di tutori, poi che è di tal età che meglio parerà = 'en manos de tutores, *pues que ella es de tal edad,* que mejor parecerá'. —Nuevos cambios de *E* para *F*. ∞ *F LN* propria *JM GHKI* propia

joya en su compañía? {7} En quien caben las cuatro principales cosas que en los casamientos se demandan, conviene a saber: lo primero, discreción, onestidad y virginidad; ‡lo segundo, hermosura; lo tercero, el alto origen y parientes: lo final, riqueza. De todo esto la dotó natura. Cualquiera cosa que nos pidan hallarán bien complida.

Alisa:- {8} Dios la conserve, mi señor Pleberio, por que nuestros desseos veamos complidos en nuestra vida. Que antes pienso que faltará igual a nuestra hija, según tu virtud y tu noble sangre, que no sobrarán muchos que la merezcan. Pero como esto sea oficio ‡de padre y muy ageno a las mugeres como tú lo ordenares seré yo alegre, y nuestra hija obedecerá, según su casto bivir y onesta vida y umildad.

Lucrecia (Aparte):- {9} ¡Aun si bien lo supiesses, rebentarías! ¡Ya, ya!¡Perdido es lo mejor! ¡Mal año se os apareja a la vejez! Lo mejor Calisto lo lleva. No ay quién ponga virgos, que ya es muerta Celestina. ¡Tarde acordáis! ¡Mas avíades de madrugar.

(Cena 2ª)

Lucrecia:- {10} ¡Escucha, escucha, señora Melibea!

Melibea:- ¿Qué hazes aí escondida, loca?

Lucrecia:- Llégate aquí, señora; oïrás a tus padres la priessa que traen por te casar.

Melibea:- Calla, por Dios, que te oïrán. Déxalos parlar, déxalos devaneen. Un mes á que otra cosa no hazen ni en otra cosa entienden. {11} No parece sino que les dize el coraçón el gran amor que a Calisto tengo y todo lo que con él, un mes á, é passado. No sé si me han sentido, no sé que se sea aquexarles más agora este cuidado que nunca. Pues mándoles yo trabajar en

---

XVI.6 *FJM GHI* de vulgo *K* de vuulgo *LN* del vulgo *It* de le lingue del vulgo ∞ *FJM GHKILN* tan perfecta *(sic)* ∞ *FJM GHK* rehüiría *ILN* rehüirá *It* che refutasse (= refiutasse) ∞ *F* cibdad *JM GHKILN* ciudad

XVI.7 *F M GHKILN* discreción *J* discirión ∞ *FJM GHKILN* — segundo *It* secondario *Ms Sal-1570* lo segundo ∞ *F* orígine *JM GHKILN* origen ∞ *FJM GHKI N* bien complida *(F* complido*) L* también complida

XVI.8 *F* según — virtud *JM GHKILN* según tu virtud ∞ *F* sobrar *JM GHKILN* sobrarán ∞ *FJM GHKILN* de los padres *It* officio de patre —Esta errata es producida por 'las mugeres' siguiente. En castellano *los padres* son *el padre y a madre.* Cf. XVI.10 oirás a tus padres, XVI.13 déxenme mis padres —El *Ms* cita la ley 'de dotis promissione' y el texto 'omnino paternum esse officium'. En castellano la traducción de esto último sería 'oficio paterno' u 'oficio de padre', tal como se dice 'oficio real' u 'oficio de rey'.

XVI.9 ‡si bien los supiesses, rebentarías —Aquí sería mejor el plural: 'si bien lo supiéssedes, rebentaríedes', y más con el 'se *os* apareja' siguiente; pero todas las ediciones traen singular. *It* se tu sapessi il tutto, scoppiaresti... ∞ *FJM G* Calisto lo lleva *HKILN* se lo lleva —Las dos lecturas son posibles. ∞ *JM repiten :*que ya es muerta, que ya es muerta —Clara ditografía.

XVI.10 Cena 2ª. La escena se desplaza a otro lugar de la casa, a distancia de la sala donde están los padres de Melibea. ∞ ‡odirai tuo patre e tua matre la prescia... —El *It* tiene que traducir así lo que el castellano dice con el simple plural: 'tus padres'. ∞ ‡un mes á —Empieza Melibea a indicar el mes que ha trascurrido, el mes de prolongación del deleite de los dos amantes. ∞ *F* ni otra cosa *JM GHKILN* ni en otra cosa

vano, que por demás es la cítola en el molino ‡cuando el molinero es sordo.
— *(Soliloquio)*
{12} ¿Quién es el que me á de quitar mi gloria? ¿Quién apartarme mis plazeres? Calisto es mi ánima, mi vida, mi señor, en quien yo tengo toda mi esperança. Conozco dél que no bivo engañada. Pues él me ama, ¿con qué otra cosa le puedo pagar? ‡Todas las deudas del mundo reciben compensación en diverso género; el amor no admite sino solo amor por paga. {13} En pensar en él me alegro, en verlo me gozo, en oírlo me glorifico. ‡Haga y ordene de mí a su voluntad. Si passar quisiere la mar, con él iré; si rodear el mundo, lléveme consigo; si venderme en tierra de enemigos no rehüíre su querer. Déxenme mis padres gozar dél, si ellos quieren gozar de mí. {14} No piensen en estas vanidades ni en estos casamientos; que más vale ser buena amiga que mala casada. Déxenme gozar mi mocedad alegre, si quieren gozar su vegez cansada; si no, presto podrán aparejar mi perdición y su sepultura. No tengo otra lástima sino por el tiempo que perdí de no gozarlo, de no conocerlo, después que a mí me sé conocer. {15} No quiero marido, no quiero ensuziar los ñudos del matrimonio ni las maritales pisadas, de ageno ombre repisar, como muchas hallo en los antigos libros que leí, que hizieron más discretas que yo, más subidas en estado y linaje. Las cuales algunas eran de la gentilidad tenidas por diosas, assí como Venus, madre de Eneas, y de Cupido, el dios del amor, que

XVI.11 ‡mándoles yo trabayar en vano = 'pues que trabajen en vano' — *F GHKILN* trabajar *JM* trabayar —*errata; F* en bano *JM GHKILN* en vano ∞ ‡que por demás es la cítola en el molino cuando el molinero es sordo —Aunque el *It* trae incompleto este refrán: 'che superchia me pare la citera nel molino...', lo mismo que *FJM GHKILN*, el refrán debe ponerse entero, porque la cítola no es por demás sino únicamente cuando el molinero es sordo. El *Ms* aclara: 'la cual es un instrumento que ay en el molino, que suena cuando la tolva en que se echa el pan se le acaba, para que el molinero luego acuda a echar más trigo, para que no muela en seco el molino. Y ansí, por demás sería esta cítola si el molinero fuesse sordo, *lo cual se á de añedir para que algo quiera dezir'*.

XVI.12 *Soliloquio*, de XIV.12-18, lo cual es realmente un soliloquio, aunque Lucrecia esté presente. ∞ ‡e poi che lui me ama, con qual altra cosa lo posso pagare, *salvo che con vero amore* = 'pues él me ama, ¿con qué otra cosa le puedo pagar *sino con verdadero amor?' ¿Supresión* de *E* para *F* u omisión? ∞ *FJM* debdas *GHKILN* deudas

XVI.13 *F* en verle... en oírle *JM GHKILN* en verlo... en oírlo ∞ ‡'udendolo me glorifico; *con esso voglio andare;* faccia di me a sua volontà'. —En *It* la frase subrrayada está antepuesta; de acuerdo con el castellano debe ir después de 'se passar vorrà' el mare. ∞ ‡menime seco, che mai lo abbandonarò = 'lléveme consigo, *que nunca le abandoné'.* ∞ ‡Lassime mio patre godere lui, se loro vogliono godere di me = 'déxeme *mi padre* gozar dél, si ellos quieren gozar de mí —Si así estaba en *E,* se modificó para *F* y se puso 'mis padres', para evitar la anfibología en 'gozar dél' (¿de Calisto o del mismo Pleberio?); pero este singular aquí confirma la necesaria lectura en singular en XVI.8.

XVI.14 El *It* omite: 'Déxeme gozar mi mocedad alegre, si quieren gozar su begez cansada', pero lo que sigue: 'e sel' contrario faranno', indica que es una omisión del cajista o un descuido de Ordóñez. ∞ *FJM GHKILN* sepultura *(sic)* ∞ *F* gozarle *JM GHKILN* gozarlo ∞ *F* conocerle *JM GHKILN* conocerlo

siendo casada corrompió la prometida fe marital. {16} Y aun otras, de mayores fuegos encendidas, cometieron nefarios y incestüosos yerros, como Mirra con su padre, Semíramis con su hijo, Canace con su ermano, y aun aquella forçada Tamar, hija del rey David. Otras aun más crüelmente traspassaron las leyes de natura, como Pasife, muger del rey Minos, con el toro. {17} Pues reinas eran y grandes señoras, debaxo de cuyas culpas la razonable mía podrá passar sin denuesto. Mi amor fue con justa causa: requerida y rogada, cativada de su merecimiento, aquexada por tan astuta maestra como Celestina; servida de muy peligrosas visitaciones, antes que concediesse por entero en su amor. Y después, un mes á, como he visto, que jamás noche á faltado sin ser nuestro uerto escalado como fortaleza, y muchas aver venido en balde, y por esso no me mostrar más pena ni trabajo. {18} Muertos por mí sus servidores, perdiéndose su hazienda, fingiendo ausencia con todos los de la ciudad, todos los días encerrado en casa con esperança de verme a la noche. ¡Afuera, afuera la ingratitud, afuera las lisonjas y el engaño con tan verdadero amador, que ni quiero marido ni quiero padre ni parientes! ¡Faltándome Calisto, me falte la vida, la cual, por que él de mí goze, me aplaze.

‡*Lucrecia:*- Calla, señora, escucha; que todavía perseveran.

XVI.15 *F* nudos *JM GHKILN* ñudos ∞ *F* no las maritales *JM GHKILN* ni las maritales ∞ *F* antigos *JM GHKILN* antiguos ∞ ‡como muchas hallo en lo antigos libros que leí, que hizieron = 'como en los antiguos libros que leí hallo que muchas hizieron' —Las violentas inversiones de lengua hablada o dictada, son las que ocasionan las erratas: *F ILN* muchas *JM GHK* muchos *F* allo *JM GHKILN* f/hallo *FJM GHK* o que f/hizieron *ILN* − que f/hizieron ∞ El *It* se confunde también: 'como trovo molte neli antichi libri che io leggo. O, che cose fecero alcune, che erano...' Y además omite: 'más discretas que yo, más subidas en estado y linage' — *FJM GHKILN* subidas *(sic)* ∞ *F GHKILN* el dios de amor *JM* el dios del amor ∞ *It* lo omite. ∞ *F* corrumpió *JM GHKILN* corrompió

XVI.16 *F* huegos *JM GHKILN* fuegos ∞ *F* Mira *JM GHKILN* Mirra ∞ ‡Semíramis, Semirámis, Semiramís —Se dan las tres acentuaciones. ∞ *FJM GHK* Canasce *LN* Canace —La grafía *Canasce* indica acento grave; en latín sería *Cánace.* ∞ *FJM G* Pasiphe *HKILN* Passiphe —¿Por qué no agrega aquí lo de *Minerva con el can?* Cf. I.42, o un poco antes cuando mencionó a Venus.

XVI.17 ‡peligrosas visitaciones —No fue sino una sola. Como en el anterior Soliloquio lo hace Calisto, Melibea aquí trata de engañarse a sí misma. ∞ ‡un mes á, como as visto —Vuelve a indicar que ha trascurrido un mes. Esta escena se produce en la tarde de aquella noche en que pereció Calisto. El 'como as visto', al dirigirse a la criada, pone fin al Soliloquio propiamente tal. ∞ ‡venido en balde —El cándido lector podrá preguntarse que si *todas las noches* del mes el huerto fue escalado como fortaleza, ¿por qué muchas veces vino *en balde* Calisto, a lo que venía? Milagro sería que en el mes de alargamiento en el proceso de su deleite, Melibea no hubiese rendido culto a la *menstrua luna.* Por eso el que escribió en XVII.8 lo de las *ocho vezes* que confiesa el Sosia, con tal atemperamiento demuestra no haber entendido la ironía burlona de Rojas aquí en XVI.17, lo que sin margen de duda indica mano distinta a la de Rojas y posterioridad del *Tratado de Centurio* genuino con respecto a esta *Gran Adición.* ∞ *FJM HKILN* huerto *(sic) G* hurto *(sic)*

XVI.18 *FJM GHHKIL* fingiendo *N* fingendo ∞ *FJM GHK* absencia *ILN* ausencia ∞ *F G* cibdad *JM GKILN* ciudad ∞ ‡muertos por mí sus servidores —Melibea exagera incriminándose a sí misma, para poner a Calisto en un pedestal de méritos y sufrimientos amorosos y todo esto en reflejo de lo que dice Calisto en XIII.27-28. Tomado a la letra por alguien que naturalmente no pudo ser Rojas, esto ha dado origen a los

Pleberio (Aparte. A distancia):- {19} Pues, ¿qué te parece, señora muger? ¿Devemos hablarlo a nuestra hija, devemos darle parte de tantos como me la piden, para que de su voluntad venga, para que diga cuál le agrada? ‡Pues en esto las leyes dan libertad a los ombres y mugeres, aunque estén so el paterno poder, para elegir.

Alisa (Aparte. A distancia):- {20} ¿Qué dizes? ¿En qué gastas tiempo? ¿Quién á de irle con tan grande novedad a nuestra Melibea, que no la espante? ¿Cómo? ¿Y piensas qué sabe ella qué cosa sean ombres, si se casan, o qué es casar? ¿O que del ayuntamiento de marido y muger se procreen los hijos? {21} ¿Piensas que su virginidad simple le acarrea torpe desseo de lo que no conoce ni á entendido jamás? ¿Piensas que sabe errar aun con el pensamiento? No lo creas, señor Pleberio, que si alto o baxo de sangre, o feo o gentil de gesto le mandáremos tomar, aquello será su plazer, aquello avrá por bueno. Que yo sé bien lo que tengo crïado en mi guardada hija.

Melibea:- {22} Lucrecia, Lucrecia, corre presto, entra por el postigo en la sala y estórvales su hablar; interrúmpeles sus alabanças con algún fingido mensage, si no quieres que vaya yo dando bozes como loca, según estoy enojada del conceto engañoso que tienen de mi inorancia.

Lucrecia:- Ya voy, señora.

---

absurdos del AXV. 'las muertes que sobre los amores de Caisto y Melibea se avián ordenado' - XV.22 'de ver sangre vertida por su servicio' - XV.29 'los que murieron por descobrir el secreto' - XVII.22 'el daño a Pármeno y Sempronio de lo que supo Celestina' - XVIIIa.12 'y los que por su causa ay muertos'. ∞ *FJM GHKILN* me falte *It* me manca *Sal-1570* me falta ∞ ‡*It omite:* LUC.- Calla, señora, escucha; que todavía perseveran.

XVI.19 *It omite:* Pues en esto las leyes dan libertad a los ombres y mugeres, aunque estén so el paterno poder, para elegir. —Las dos omisiones parecen haber estado en *E,* agegadas para *F.*

XVI.20 *F G* como y piensas (*G* piãsas) que sabe ella *JM* como: y piensas que sabe ella *HKILN* como piensas que sabe ella *It* come pensi tu che sappia lei ∞ *FJM GHKIL* ayuntamiento *N* ajuntamiento

XVI.21 ‡alto o baxo de sangre, gentil o feo de cara —tal como los recibían las pupilas de la Vieja quando aquella estaba en su esplendor, Cf. IX.58. ∞ *FJM G ILN* será su plazer *HK* será a su plazer

XVI.22 *FJM GHKILN* su f/hablar *Sal-1570* su habla ∞ *FJM GHKILN* concepto (*sic*) ∞ *FJM GHKILN* ignorancia (*sic*)

AUTO XIX.

AXIX. Argumento del décimo nono auto.

...Estando Calisto dentro del uerto con Melibea, viene Traso y otros, [‡‡] a los cuales sale Sosia; y oyendo Calisto, desde el uerto onde estava con Melibea, el rüido que traían, /../ quiso salir fuera; la cual salida fue causa que sus días pereciessen, porque los tales este don reciben por galardón, y por esto an de saber desamar los amadores.

[AXV. *(¿en E1?)* ‡Llegando la media noche viene Calisto con Tristán y Sosia a la uerta de Melibea. Melibea y Lucrecia de su cabo están cantando. Escúchales Calisto. Baxa por la escalera. Desármale Lucrecia. Quedan los dos solos. Estando en su negocio oyen bozes de gentes por la calle].

AXIVb. Argumento del Catorzeno Auto. —[A ellos] quiere salir Calisto; el cual por la escuridad de la noche erró la escala. Cae y muere. Melibea, por las bozes y lamientos de ‡sus crïados, sabe la desastrada muerte de su amado. Amortécese: Lucrecia la consuela.

XIX. Auto décimo nono. {Total : 1-39} [11-39]

Sosia, Tristán, Calisto, Melibea, Lucrecia.

(Cena 2ª)

Calisto (Aparte. Afuera):- {11} Poned, moços, la escala y callad, que me parece que está hablando mi señora de dentro. Sobiré encima de la pared y en ella estaré escuchando, por ver si oïré alguna buena señal de mi amor en ausencia.

Melibea:- Canta más, por mi vida, Lucrecia, que me huelgo en oírte, mientra viene aquel señor; y muy passo entre estas verduricas, que no nos oïrán los que passaren.

AXIX Argumento del décimo nono auto. *JM GHK LN (F* no lo trae; *I* falta desde aquí hasta XIX). *JM* auto *GHK LN* aucto. ∞
‡*JM GHK LN* por mandado de Centurio, a complir lo que avía prometido a Areúsa y a Elicia. ‡AXV. en *E1*: reconstrucción conjetural de lo pertinente a este Auto, que debió estar en el folio XV de aquella edición. ∞ *J* onde (sic) *M GHK LN* donde ∞ *JM LN* estava con Melibea *GHK* estava Melibea ∞ *JM* pareciessen *GHK LN* pereciessen *Sal-1570* feneciessen ∞ *JM LN* re(s)ciben *GHK* re(s)cibiessen ∞ *Sal-1570* omite; 'porque los tales este don reciben por galardón; y por esto an de saber desamar los amadores' —Con justo motivo, por el juego de palabras obsceno entre *desamar* y *desarmar.* ∞ *JM GHK N* desamar *L* desomar

AXIVb. *ACD* Argumento del catorzeno auto *(D* del xiiij auto) —En su parte final correspondiente a la salida y muerte de Calisto. ∞ *A* vozes *CD* bozes ∞ *AC* lamientos *(sic) D* llamamientos ∞ ‡sus criados —Es errata, pues no son los criados de Melibea, sino los de Calisto; debía decir 'los criados'. ∞ *AC* amortesce *(sic) D* amortécese ∞ *A D* la consuela *C* le consuela

XIX. *FJM GHK LN* Sos. Tri. Cal. Mel. Luc. *A* Luc. Mel. Sos. Tri. Cal. *C* Mel. Luc. Tri. Cal. *D* Mel. Luc. Sos. Tri. Cal.

Lucrecia:- {12} ¡O quién fuesse la ortelana
de aquestas viciosas flores,
por prender cada mañana,
al partir ‡*de* tus amores!

Vístanse nuevas colores
los lirios y el açucena;
derramen frescos olores
cuando entre, por estrena.

Melibea:- {13} ¡O cuán dulce me es oírte! De gozo me deshago. No cesses, por
mi amor.

Lucrecia:- Alegre es la fuente clara
a quien con gran sed la vea;
mas muy más dulce es la cara
de Calisto y Melibea.

Pues aunque más noche sea,
con su vista gozará.
¡O, cuando saltar le vea,
qué de abraços le dará!

{14} Saltos de gozo infinitos
da el lobo viendo ganado;
con las tetas, los cabritos;
Melibea, con su amado.

Nunca fue más desseado
amador de sü amiga,
ni uerto más visitado,
ni noche más sin fatiga.

Melibea:- {15} Cuanto dizes, amiga Lucrecia, se me representa delante; todo
me parece que lo veo con mis ojos. Procede, que a muy buen son lo dizes,
y ayudarte é yo.

[Lucrecia y] Melibea:- Dulces árboles sombrosos,
umillaos cuando veáis
aquellos ojos graciosos
del que tanto desseáis.

Estrellas que relumbráis,
Norte y Luzero del día,
¿por qué no le despertáis,

XIX.11 *FJM GHKILN* la escala *(sic)* Cf. XX.27. ‡Esta escena 2ª del XIX es paralela de la Cena 2ª del XIV y se inicia con la misma referencia a la escalera. ∞ *FJM* absencia
GHKILN ausencia ∞ *FJM* huelgo *GHKILN* fuelgo

XIX.12 *FJM HKILN* ortelana *G* ortolana ∞ *FJM GHKILN* a tus amores *It* al partir di tanti amori Confusión de a/d. ∞ ‡por estrena = 'por regalo, por ofrenda'.

XIX.13 —

XIX.14 *FJM GHK* viendo ganado *ILN* viendo el ganado ∞ *F GH ILN* amador de
su amiga *JM* amado de su amiga ∞ *K* amador de sus amiga —errata *Sal-1570* amador
de la su amiga ∞ *FJM GHKILN* ni noche más sin fatiga *Sal-1570* ni noche tan sin fatiga

si duerme mï alegría?

Melibea:- {16} Oyeme tú, por mi vida, que yo quiero cantar sola:

Papagayos, ruyseñores,
que cantáis al alvorada,
llevad nueva a mis amores
cómo espero aquí asentada.

La medianoche es passada,
y no viene.
Sabedme si ay otra amada
que lo detiene.

(Cena 3ª)

Calisto:- {17} Vencido me tiene el dulçor de tu süave canto; no puedo más sufrir tu penado esperar. ¡O mi señora y mi bien todo! ¿Cuál muger podía aver nacida, que desprivasse tu gran merecimiento? ¡O salteada melodía! ¡O gozoso rato! ¡O coraçón mío! ¿Y cómo no podiste más tiempo sufrir, sin interrumper tu gozo y complir el desseo de entramos?

Melibea:- {18} ¡O sabrosa traición! ¡O dulce sobresalto! ¿Es mi señor y mi alma? ¿Es él? No lo puedo creer. ¿Dónde estavas, luziente sol? ¿Dónde me tenías tu claridad escondida? ¿Avía rato que escuchavas? ¿Por qué me dexavas echar palabras sin seso al aire, con mi ronca boz de cisne? Todo se goza este uerto con tu venida. {19} Mira la luna cuán clara se nos muestra; mira las nuves cómo huyen. Oye la corriente agua desta fontezica, ¡cuánto más süave murmurio y zurrío lleva por entre las frescas yervas! Escucha los altos cipresses, ¡cómo se dan paz unos ramos con otros por intercessión de un templadico viento que los menea! Mira sus quïetas sombras, ¡cuán escuras están y aparejadas para encobrir nuestro deleite! —{20} Lucrecia, ¿qué

XIX.15 LUC. No está indicada en *FJM GHKILN*. *Sal-1570* Lucrecia. Melibea. ‡Norte y Luzero del día = 'la estrella polar y el lucero del alba' —Son personificados y deben ir con mayúscula. ∞ *FJM GHKILN* si duerme mi alegría *Sal-1570* si aun duerme mi alegría

XIX.16 *F GHKILN* assentada *JM* asentada ∞ *FJM* sabedme si ay otra amada *GHKILN* sabed si ay otra amada ∞ *F* ql detiene *JM GHKILN* que lo detiene —La lectura de *JM GHKILN* es amétrica. Véase Menéndez y Pelayo, *Antología...* Otra posibilidad, que es la de *Sal-1570* sería: 'sabedme sï otra amada / lo detiene'.

XIX.17 *F* çofrir *JM G* su(f)frir ∞ *FJM GHKILN* podiste *(sic)* ∞ *F* çofrir *JM G* su(f)frir *HKILN* so(f)frir ∞ *FJM GHKILN* interrumper ∞ *FJM GHKILN* complir ∞ *F* entramos *JM GHKILN* entrambos

XIX.18 *F GHKILN* y mi alma *JM* de mi alma —¿Confusión de &/d? ∞ *FJM HKILN* luziente *G* luciente *(sic)*

XIX.19 *F G* murmurio y zurrío *JM* murmurio zurrío *HKILN* murmurio y ruzío —El *It* omite 'y zurrío'. —La lectura *ruzío* trata de enmendar lo que no entiende y al efecto inventa la falsa grafía *ruzío*, en lugar de *rucio/rocío*. *Ff* trae la grafía correcta y comprueba la acentuación *zurrío* (= susurro). ∞ *FJM* cipresses *GHKILN* cipreses (*N* cipses) —En el plural debe doblarse la -s-, porque era sorda. Pero se registran casos de mantenimiento de la grafía del singular. Cf. *mies - miesses, tos - tosses* pero *mes - meses, revés - reveses - revesses*. (En este último había vacilación; la sonora es más común y es la

247

sientes, amiga? ¿Tórnaste loca de plazer? Déxamele, no me le despedaces, no le trabages sus miembros con tus pesados abraços. Déxame gozar lo que es mío, no me ocupes mi plazer.

Calisto:- Pues, señora y gloria mía, si mi vida quieres, no cesse tu süave canto. No sea de peor condición mi presencia, con que te alegras, que mi ausencia, que te fatiga.

Melibea:- {21} ¿Qué quieres que cante, amor mío? ¿Cómo cantaré, que tu desseo era el que regía mi son y hazía sonar mi canto? Pues conseguida tu venida, desapareciose el desseo, destemplose el tono de mi boz. Y pues tú, señor, eres el dechado de cortesía y buena criança, ¿cómo mandas a mi lengua hablar y no a tus manos que esten quedas? ¿Por qué no olvidas estas mañas? Mándalas estar sossegadas y dexar su enojoso uso y conversación incomportable. {22} Cata, ángel mío, que assí como me es agradable tu vista sossegada, me es enojoso tu riguroso trato. Tus onestas burlas me dan plazer, tus desonestas manos me fatigan cuando passan de la razon. Dexa estar mis ropas en su lugar, y si quieres ver si es el ábito de encima de seda o de paño, ¿para qué me tocas en la camisa? Pues cierto es de lienço. {23} Holguemos y burlemos de otros mil modos que yo te mostraré; no me destroces ni maltrates, como sueles. ¿Qué provecho te trae dañar mis vestiduras?

Calisto:- Señora, el que quiere comer el ave, quita primero las plumas.

Lucrecia (Aparte):- ¡Mala landre me mate si más los escucho! ¿Vida es esta? ¡Que me esté yo deshaziendo de dentera y ella esquivándose por que la rueguen? {24} Ya, ya, apaziguado es el rüído: no ovieron menester despartidores. Pero tan bien me lo haría yo, si estos necios de sus crïados me hablassen entre día; pero esperan que los tengo de ir a buscar.

---

que trae Nebrija). ∞ *FJM GHKILN* encobrir *(sic)*

XIX.20 ‡Lucrecia, ¿qué sientes amiga? —Se dirige a la criada que está desarmando a Calisto, que le está quitando las corazas y aprovecha para tocarlo y abrazársele un poco. La pobre pajarraca, que no es precisamente de palo, está que estalla después de presenciar durante un mes aquellos coloquios hortenses. Cf. lo que dice en XIX.24. ∞ *FJM GHKI* déxamele, no me le *LN* déxamelo, no me lo ∞ *FJM GHKILN* trabajes *(sic)* Regularización de la grafía ge/gi. ∞ *FJM* abraços *GHKILN* braços *It* abbracci ∞ *F* absentia *(sic) JM* absencia *GHKILN* ausencia

XIX.21 *GJ GHKILN* regía *M* regié *(sic)* ¿Copretérito en -ié? ∞ *FJM* desapareciose *GHKILN* desapareció ∞ *F* destémplase —errata *JM GHKILN* destemplose ∞ ‡buena crïança —Cf. AG. linda crïança En AG. es muy dudoso que Rojas haya usado el adjetivo en unión de *criança,* por la conotación particular de *linda crïança* = 'crianza de cristianos lindos' — los conversos no eran de linda crianza. Rojas usa el adjetivo en escena paralela, XIV.13, pero en el sentido de *bello, suave, delicado:* 'lindas y delicadas carnes'. ∞ *FJM GHKILN* sossegadas *(sic)*

XIX.22 *FJM GHKILN* vista sossegada *(sic)* ∞ *FJM GH ILN* me fatigan *K* me fatiguan *(sic)* ∞ *FJM HKILN* holguemos *G* olgemos *(sic)*

XIX.23 ‡el que quiere comer el ave, quita primero las plumas —Frase de un amor completamente espiritual. *La segunda Celestina,* Cena XXXIV: Grajales:- Señora, mejor es assí; que la polla pelada se á de comer y tendrá menos mi ermano que desplumar. ∞ *FJM LN* deshaziendo *G* desfaziendo *HI* desaziendo ∞ ‡de dentera —Como la vieja Celestina en IX.43. El *It* antenúa: 'che me stia consumando come la neve al sole'. ∞ ‡por que le rueguen = 'para que la rueguen'

248

Melibea:- Señor mío, ¿quieres que mande a Lucrecia traer alguna colación?

Calisto:- {25} No ay otra colación para mí sino tener tu cuerpo y belleza en mi poder. Comer y bever dondequiera se da por dinero, en cada tiempo se puede aver y cualquiera lo puede alcançar; pero lo no vendible, lo que en toda la tierra no ay igual que en este uerto, ¿cómo mandas que se me passe ningún momento que no goze?

Lucrecia (Aparte):- {26} Ya me duele a mí la cabeça de escuchar y no a ellos de hablar ni los braços de retoçar, ni las bocas de besar. —¡Andar! ya callan: a tres me parece que va la vencida.

Calisto:- Jamás querría, señora, que amaneciesse, según la gloria y descanso que mi sentido recibe de la noble conversación de tus delicados miembros.

Melibea:- {27} Señor, yo soy la que gozo, yo la que gano; tú, señor, el que me hazes con tu visitación incomparable merced.

Sosia (Aparte. Afuera):- ¿Assí, vellacos, rufianes, veníades a assombrar a los que no os temen? Pues yo juro que si esperárades, que yo os hiziera ir como merecíades.

(Cena 4ª)

Calisto:- {28} Señora, Sosia es aquel que da bozes. Déxame ir a valerle, no le maten, que no está sino un pagezico con él. Dame presto mi capa, que está debaxo de ti.

Melibea:- ¡O triste de mi ventura! No vayas allá sin tus coraças; ‡tórnate a armar.

Calisto:- {29} Señora, lo que no haze espada y capa y coraçón, no lo hazen coraças y capacete y covardía.

Sosia:- (Aparte. Afuera) ¿Aun tornáis? Esperadme; quiçá venís por lana...

XIX.24 *F G* tan biẽ *J HKIL* tã biẽ *M* también *N* tãbiẽ *It* altro tanto — tan bien = 'igual de bien, del mismo buen modo'. ∞ *FJM GHKI N* mande a Lucrecia traer *L* mande Lucrecia a traer Cf. XXI.24: forçó a mi hija a morir. ∞ *F* alguna collación *JM G KILN* alguna colación *H* alguna colatiõ

XIX.25 *FJM GHKILN* otra colación (*K* colaciõ) ∞ *F* y cada tiempo *JM GHKILN* en cada tiempo ∞ ‡comer y bever —Hombre de puro amor, desinteresado de esas cosas viles, que viene a lo que viene, bien comido y bien bebido, y ahora sale para el tercer asalto.

XIX.26 ‡Pasa ciertamente un poco de tiempo hasta llegar a este aparte de Lucrecia. Tanto como para llegar a la tercera caída, como dice Cejador con cierta gracia: en tiros y caídas de luchas.

XIX.27 *F* veniades asombrar *J GH* veniades a assombrar *M LN* veniades a asombrar *K* veniades a sombrar ∞ *F GIK* esparades *JM* esperárades *H esperades L* esperardes *N* esparads —*errata* — si esperárades... os hiziera = 'si oviéssedes esperado... os avría hecho' —*It* che se aveste aspettato, io ve arrei fatto andare...

XIX.28 *FJM* valerle, no lo *GHKILN* verlo, no lo ∞ *F* matan *JM GHKILN* maten ∞ *F* pagezico *JM GH ILN* pajezico *K* pajezco (*sic*) *FJM GHKIL* tórnate a armar *N* tórnate armar *It* torna *per amor mio, che io t'aiutarò ad armare.* —¿Lo subrrayado fue suprimido de *E* para *F*?

249

Calisto:- Déxame, por Dios, señora, que puesta está el escala.

Melibea:- {30} ¡O desdichada yo! Y ¿cómo vas tan rezio y con tanta priessa y desarmado, a meterte entre quien no conoces? — Lucrecia, ven presto acá, que es ido Calisto a un rüído. Echémosle sus coraças por la pared, que se quedan acá.

Tristán (Aparte. Afuera):- {31} Tente, señor; no baxes, que idos son; que no era sino Traso, ‡el coxo, y otros vellacos, ‡que passavan bozeando. Que ya se torna Sosia. Tente, tente, señor, con las manos al escala.

Calisto (Aparte. Afuera):- {32} ¡O, válame Santa María! ¡Muerto soy! ¡Confessión!

Tristán (Aparte. Afuera):- Llégate presto, Sosia, que el triste de nuestro amo es caído del escala y no habla ni se bulle.

Sosia (Aparte. Afuera):- ¡Señor, señor! ¡A essotra puerta, ‡que esta no se abre! ¡Tan muerto es como mi abuelo! ¡O gran desaventura!

(Aquí termina la Gran Adición — Sigue la Continuación).

(Cena 5ª)

Lucrecia:- {33} ¡Escucha, escucha! ¡Gran mal es este!

Melibea:- ¿Qué es esto que oigo? ¡Amarga de mí?

Tristán (Aparte. Afuera):- ¡O, mi señor y mi bien, muerto! ¡O, mi señor y nuestra onra, despeñado! ¡O triste muerte y sin confessión! Coge, Sosia, essos sesos dessos cantos; júntalos con la cabeça del desdichado amo nuestro. ¡O día de azïago! ¡O arrebatado fin!

Melibea:- {34} ¡O desconsolada de mí! ¿Qué es esto? ¿Qué puede ser tan

---

XIX.29 *FJM* esperadme quiça *GHKILN* esperad quiça ∞ —Despues de 'venís por lanã' el *It* agrega: 'e andareti tosi' (= y irés tresquilados). No es necesario agregarlo en el texto.

XIX.30 —

XIX.31 *FJM GHK* no baxes que idos son (*K* baxas) *ILN* no baxes — idos son ∞ *F GHKILN* no era sino Traso *JM* no era — Traso (*T* era Traso -*sic*) ∞ *F* y otro vellaco *JM GHKILN* y otros vellacos *It omite.* ∞ *FJM HKILN* que ya se torna Sosia *G* — ya se torna Sosia *It* Fa piano, signore; non descendere, che già son fuggiti e Sosia se ritorna; che Traso, el zoppo, era che passava facendo strepito. ∞ *FJM GHKIL* tente, tente, señor, con *N* tente, — señor, con

XIX.32 *FJM GHKILN* a essotra puerta — *It* Sos.- Signore, signore! A proposito! tanto è come gridar al muro: ello è più morto che mio bisavo, che son centanni che morî. —Los dichos populares enteros en *It* señalan que el castellano también debe llevarlos completos. ∞ *F G K* desaventura *JM H ILN* desventura ∞

‡Aquí termina la *Gran Adición*, de Fernando de Rojas, que prolonga en un mes el deleite de los dos amantes. El texto que sigue se contiene ya en primarias y secundarias. (En *ACD* está al final del Auto Catorzeno).

XIX.33 *A* oyo (*sic*) *CD FJM GHKILN* oygo (sic) ∞ *ACD* o mi señor y nuestra onra despeñado *FJM GHKILN* o mi señor despeñado ∞ *ACD* muerte y sin confessión *FJM GHKILN* muerte sin confesión *It solamente:* O mio signor e mio bene, morto sei senza confessione! Raduna, Sosia, queste cervella de lo sfortunato de nostro patrone...

250

áspero acontecimiento como oigo? Ayúdame a sobir, Lucrecia, por estas paredes; veré mi dolor. Si no, hundiré con alaridos la casa de mi padre. ¡Mi bien y plazer, todo es ido en humo! ¡Mi alegría es perdida! ¡Consumiose mi gloria!

Lucrecia:- {35} Tristán, ¿qué dizes, mi amor? ¿qué es esso que lloras tan sin mesura?

Tristán (Afuera):- ¡Lloro mi gran mal, lloro mis muchos dolores! Cayó mi señor Calisto del escala y es muerto. Su cabeça está en tres partes. Sin confessión pereció. Díselo a la triste y nueva amiga, que no espere más su penado amador. *(Aparte. Afuera)* {36} Toma tú, Sosia, dessos pies ‡*y yo destos braços.* Llevemos el cuerpo de nuestro querido amo donde no padezca su onra detrimento, aunque sea muerto en este lugar. Vaya con nosotros llanto, acompáñenos soledad, síganos desconsuelo, vístanos tristeza, cúbranos luto y dolorosa xerga.

Melibea:- ¡O, la más de las tristes triste! ¡Tan **poco tiempo posseído** el plazer, tan presto venido el dolor!

Lucrecia:- {37} Señora, no rasgues tu cara ni messes tus cabellos. ¡Agora en plazer, agora en tristeza! ¿Qué planeta ovo que tan presto contrarió su operación! ¡Qué poco coraçón es este! Levanta, por Dios, no seas hallada de tu padre en tan sospechoso lugar, que serás sentida. Señora, señora, ¿no me oyes? No te amortezcas, por Dios. Ten esfuerço para sofrir la pena, pues toviste osadía para el plazer.

Melibea:- {38} ¿Oyes lo que aquellos moços van hablando? ¿Oyes sus tristes cantares? Rezando llevan con responso mi bien todo. ¡Muerta llevan mi alegría! ¡No es tiempo de yo bivir! ¿Cómo no gozé más del gozo? ¿Cómo

---

—Ha habido alteraciones en los distintos textos. La lectura de *ACD* es mejor.

XIX.34 *ACD* contecimiento *FJM GHKILN* a contecimiento *Sustitución.* ∞ *AC FJM GHKILN* oygo *(sic) D* oyo *(sic)* ∞ *AC FJM HKILN* sobir *D G* subir

XIX.35 ‡y *nueva* amiga —Hubiera sido mejor, en la prolongación del deleite, haber suprimido aquí este adjetivo.

XIX.36 *ACD FJM GHKILN* dessos pies − Llevemos, *pero el It:* Prendi tu Sosia per li piedi e io per le braccie e portamo nostro patrone... —La frase omitida 'y yo destos braços' es necesaria. ∞ *AC JM GHKI N* acompáñenos *D F L* acompañemos (!) ∞ *ACD* visítenos *F* vístenos *JM GHKILN* vístanos *Sustitución* que corrige la errata de *ACD. It:* venga con noi altri il pianto, accompagnice sollicitudine, seguace sconsolazione, copraci dolor e corrotto —El *It* trae la curiosa errata 'sollicitudine' por 'solitudine'. ∞ *ACD* tan tarde alcançado *FJM GHKILN* tan **poco tiempo posseído.** *Sustitución* debida al alargamiento del deleite. *It* come ò poco tempo posseduto il piacere

XIX.37 *ACD* ni messes *FJM GHKILN* ni messes —*It* ne tirar tuoi capelli, poi che a cosî arduo caso non c'è remedio. O che poco core e questo che mostri! Levate sù... = 'ni messes tus cabellos, que a tan arduo caso no ay remedio. ¡Qué poco coraçón es este que muestras! Levanta...' El *It* traduce sin duda un texto distinto del que leemos en las ediciones castellanas extantes. ∞ *ACD FJM GHKIL* ovo que tan presto *N* ovo − tan presto ∞ *A D JM GHKILN* amortezcas *C F* amortescas ∞ *AC FJM HK* so(f)frir la pena *D G ILN* su(f)frir la pena ∞ *Todas:* tuviste osadía ∞ *It* abbi forza per patir il dolore, poi che avesti ardire per commettere lo errore = 'ten esfuerço para sofrir el dolor, pues toviste osadía para cometer el error'. —Texto que parece más de Rojas que el que leemos en las ediciones castellanas extantes.

tove en tan poco la gloria que entre mis manos tove? ¡O ingratos mortales, jamás conocés vuestros bienes sino cuando dellos carecéis!

Lucrecia:- {39} ¡Abívate, abiva! que mayor mengua será hallarte en el uerto que plazer sentiste con la venida, ni pena con ver que es muerto. Entremos en la cámara, acostarte as. Llamaré a tu padre y fingiremos otro mal, pues este no es para se poder encobrir.

L Sevilla: Jacobo Cromberger, "1502" [1518-20]. Auto XIX.

XIX.38 *It* parlando? Non odi lor triste lamento? Con pianto e dolore se portano tutto mi bene! Morta portano tutta mia allegrezza! Non è più tempo che io viva, poi che m'è tolto el più poter godere! = 'hablando? ¿No oyes sus tristes lamentos? ¿Con llanto y dolor se llevan todo mi bien! ¡Muerta llevan toda mi alegría! No es tiempo de yo vivir, ya que me es arrebatado el poder gozar más'. —No es fácil explicar estas variantes que el texto de *It* sugiere y precisa y especialmente en esta cena 5ª. No se deben a Ordóñez que no es capaz de escribir así ni en italiano ni en castellano. La explicación más obvia sería que esta parte fue modificada por mano de Rojas para la edición *F*, pero que el editor o el corrector de *F* decidió volver al *textus receptus* de *ACD*. ∞ *ACD FJM G LN* responso *HKI* reposo (!) —*Sal-1570* y muchas posteriores suprimen: '¿Oyes sus tristes cantares? ¡Rezando llevan con responso mi bien todo!,' por parecerles impropio que Sosia y Tristán al llevar cargado el cadáver de Calisto fueran cantando responsos. *Doceant periti!* ∞ *CD FJM* toue en tan *(sic) A GHKILN* tuue en tan *(sic)* ∞ *AC FJM* entre mis manos toue *(sic) D GHKILN* entre mis manos tuue *(sic)* ∞ *AC F* conocés *D JM GHKILN* conoceys *(sic)* ∞ *Todas:* careceys *(sic) Todas:* abiuate abiua *(sic)*.

XIX.39 ‡la venida —En la prolongación del deleite era mejor haber modificado aquí: *las venidas.* ∞ ‡otro mal (*It* altro male) —Alude a XII.59, aunque aquello no fue un *mal*, sino *sed*. ¿O en redacción anterior sí había el fingimiento de un mal? ∞ *A* para poderse *CD FJM GHKILN* para se poder ∞ *AC FJM GHKILN* encobrir *D* encubrir

AUTO XX.

AXX. Argumento del veinteno auto. [**AXVb.** Argumento del quinzeno auto]

Lucrecia llama a la puerta de la cámara de Pleberio. Pregúntale Pleberio lo que quiere. Lucrecia le da priessa que vaya a ver a su hija Melibea. Levantado Pleberio, va a la cámara de Melibea. Consuélala, preguntándole qué mal tiene. Finge Melibea dolor del coraçón. Embía Melibea a su padre por algunos instrumentos músicos. Sube ella y Lucrecia en una torre. Embía de sí a Lucrecia. Cierra tras ella la puerta. Llégase su padre al pie de la torre. Descúbrele Melibea todo el negocio que avía passado. En fin, déxase caer de la torre abaxo.

— (¿El XV de *El* formado por actuales XVI, cenas 2ª a 5ª de XIX + XX?)

XX. {1-31} Pleberio, Lucrecia, Melibea.

(Cena 1ª)

Pleberio:- {1} ¿Qué quieres, Lucrecia? ¿Qué quieres tan pressurosa? ¿Qué pides con tanta importunidad y poco sossiego? ¿Qué es lo que mi hija á sentido? ¿Qué mal tan arrebatado puede ser, que no aya yo tiempo de me vestir ni me des aun espacio a me levantar?

Lucrecia:- {2} Señor, apressúrate mucho, si la quieres ver biva; que ni su mal conozco, de fuerte, ni a ella ya, de desfigurada.

Pleberio:- Vamos presto, anda allá; entra adelante, alça essa antepuerta y abre bien essa ventana, por que le pueda ver el gesto con claridad. {3} ¿Qué es esto, hija mía? ¿Qué dolor y sentimiento es el tuyo? ¿Qué novedad es esta? ¿Qué poco esfuerço es este? Mírame, que soy tu padre. Habla comigo, cuéntame la causa de tu arrebatada pena. ¿Qué as? ¿Qué quieres?

AXX. (AXVb). Argumento del veinteno auto. *JM GHKILN (F no lo trae).* (Argumento del quinzeno auto *ACD -D* del xu auto). ∞ *ACD JM* auto *GHKILN* aucto.
CD JM HKILN vaya a ver a su hija *A G* vaya a ver su hija ∞ *AC* preguntando que *D* preguntando que que *JM* preguntándole que *GHKILN* preguntándole que que ∞ *AC* estrumentos *D JM GHKILN* instrumentos ∞ *A* de coraçón *CD JM GHKILN* del coraçón ∞ *AC* descúbrele *It* li discopre *D JM GHKILN* descubriole —Es simple errata la lectura de *DJMGHKILN;* todos los tiempos de los verbos vienen en presente.

XX. (XV.) *FJM GH ILN* Ple. Luc. Mel. *A* Mel. Ple. Ali. *CD* Ple. Luc. Mel. *K* Mel. Luc. Ple.

XX.1 *ACD FJM* ¿qué quieres tan pressurosa? ¿qué pides con tanta importunidad...? *GHKILN* ¿qué quieres tan pressurosa y con tanta importunidad...? *It* che voi tu Lucrezia? che cosa domandi con tanta prescia e poco riposo? che male è quello che sente mia figlia? che caso sì subito è che io non abbia...

XX.2 *A JM GHKILN* desfigurada *F* desfiguarda —*errata CD* disfigurada ∞ *Adición* desde 'Vamos presto...' hasta '...con claridad'. No la traen *ACD,* adicionan *FJM GHKILN.*
F la pueda *JM GHKILN* le pueda ∞ *FJM HKILN* con claridad *G* con la claridad

Háblame, mírame; dime la razón de tu dolor, por que presto sea remediado. No quieras embïarme con triste postrimería al sepulcro. Ya sabes que no tengo otro bien sino a ti. Abre essos alegres ojos y mírame.

Melibea:- {4} ¡Ay dolor!

Pleberio:- ¿Qué dolor puede ser, que iguale con ver yo el tuyo? Tu madre está sin seso en oír tu mal. No pudo venir a verte, de turbada. Esfuerça tu fuerça, abiva tu coraçón, arréziate de manera que puedas tú conmigo ir a visitar a ella. Dime, ánima mía, la causa de tu sentimiento.

Melibea:- {5} ¡Pereció mi remedio!

Pleberio:- Hija, mi bienamada y querida del viejo padre, por Dios, no te ponga desesperación el crüel tormento desta tu enfermedad y passión, que a los flacos coraçones el dolor los arguye. Si tú me cuentas tu mal, luego será remediado. {6} Que ni faltarán medicinas, ni médicos, ni sirvientes para buscar tu salud, agora consista en yervas o en piedras o palabras, o esté secreta en cuerpos de animales. Pues no me fatigues más no me atormentes, no me hagas salir de mi seso, y dime qué sientes.

Melibea:- {7} Una mortal llaga en medio del coraçón, que no me consiente hablar. No es igual a los otros males; menester es sacarle para ser curada, que está en lo más secreto dél.

Pleberio:- Temprano cobraste los sentimientos de la vegez. La mocedad toda suele ser plazer, alegría, enemiga del enojo. {8} Levántate de aí. Vamos a ver los frescos aires de la ribera; alegrarte as con tu madre; descansará tu pena. Cata, si huyes de plazer, no ay cosa más contraria a tu mal.

Melibea:- Vamos donde mandares. Subamos, señor, al açotea alta, por que

---

XX.3 ‡*FJM GHKILN omiten:* habla comigo, cuéntame la causa de tu arrebatada pena. ¿Qué as? ¿Qué sientes? ¿Qué quieres? —Es una clara haplografía o una línea saltada. Omitidas las palabras entre los dos 'habla' 'quedó': *Mírame, que soy tu padre.* // *Háblame, mírame.* —Entonces un corrector oficioso cambió el segundo *mírame* por la exclamación *por Dios,* para evitar la repetición inmediata. Pero los tres *mírame* del texto en *ACD* son esenciales: uno al comienzo, otro al medio y otro al final. Cf. *It:* 'che poco sforzo è questo che mostri? Guardame che io sono tuo padre. // Parlame, per l'amor de Dio, dimme la cagione del tuo dolore, acció che presto possa remediarlo'. —Lo que indica claramente que la omisión de la línea se produjo en *E1,* y la corrección oficiosa se hizo en *E,* de donde tradujo *It.* ∞ *AC FJM GHKILN* mírame, que soy *D* mira que soy ∞ —En la frase omitida: *AC* habla comigo *D* habla conmigo ∞ *ACD FJM HKILN* postrimería *G* postrimera —*errata.*

XX.4 *ACD FJM GH ILN* venir a verte *K* venir a ver*ia -errata.* ∞ *AC FJM GHKILN* de turbada *D* − turbada ∞ *AC GHKILN* comigo *D FJ* cõmigo *M* commigo ∞ *A J K N* aïa *CD F GH IL* ánima

XX.5 *ACD FJM GHKILN* f/hija mi (*K* mia) bien (*J* buen) amada y querida

XX.6 ‡Variante única en *C: porque no* faltarán *buenas* medicinas, ni médicos, *ni faltarán* sirvientes para buscar tu salud. *It* che non mancaranno medici ne medicine ne servitori per cercar tua salute —Hay cierta alteración y una mano oficiosa que en lugar de *melezinas* puso *medicinas.* ∞ *Todas:* sirvientes *(sic) A GHKI N* o en (*HK* o ë) palabras *CD FJM* o − palabras *L* − en palabras

XX.7 *A C F* sacarle *D JM GHKI* sacarla *LN* sacarlo *It* cavarlo fuora ∞ *ACD FJM GHKILN* ser curada *It* per curarla —La llaga, se entiende. ∞ *ACD F* enemiga de enojo *JM GHKILN* y enemiga de enojo *It* nemica de fastidio

desde allí goze de la deleitosa vista de los navíos; por ventura afloxará algo mi congoxa.

Pleberio:- {9} Subamos, y Lucrecia con nosotros.

Melibea:- Mas, si a ti plazerá, padre mío, ‡manda traer algún instrumento de cuerdas con que se sufra mi dolor o tañiendo o cantando, de manera que, aunque aquexe por una parte la fuerça de su acidente, mitigarlo an por otra los dulces sones y alegre armonía.

Pleberio:- {10} Esso, hija mía, luego es hecho. Yo lo voy a *mandar* aparejar.

Melibea:- Lucrecia, amiga, muy alto es esto. Ya me pesa por dexar la compañía de mi padre. Baxa a él y dile que se pare al pie desta torre, que le quiero dezir una palabra que se me olvidó que hablasse a mi madre.

Lucrecia:- Ya voy, señora.

(Cena 2ª *Soliloquio de Melibea*).

Melibea:- {11} De todos soy dexada; bien se á adereçado la manera de mi morir. Algún alivio siento en ver que tan presto seremos juntos yo y aquel mi querido y amado Calisto. Quiero cerrar la puerta, por que ninguno suba a me estorvar mi muerte. No me impidan la partida, no me atagen el camino, por el cual en breve tiempo podré visitar en esta día al que me visitó la passada noche. {12} Todo se á hecho a mi voluntad. Buen tiempo terné para contar a Pleberio, mi señor, la causa de mi ya acordado fin. Gran sinrazón hago a sus canas, gran ofensa a su vegez. Gran fatiga le acarreo con mi falta; en gran soledad le dexo. {13} *Y caso que por mi morir a mis queridos padres sus días se diminuyessen, ¿quién duda que no aya avido otros*

XX.8 *ACD FJM* alegrarte as *GHKILN* y alegrarte as ∞ *ACD FJM GHK* de plazer *ILN* del plazer

XX.9 *ACD FJM GHKILN* mandar traer *It* far venire —El infinitivo 'mandar' es contagio del siguiente, pero deja la frase coja; si se deja habría que agregar adelante: 'ordena que así sea', pero quedaría la frase muy recargada. La enmienda se impone. Cf. XIV.12 gozar/goza. Confusión de imperativo con infinitivo. ∞ *A FJM GHKILN* tañiendo (*K* tañieudo —la -n- invertida) *CD* tañendo ∞ *AC G ILN* acidente *D FJM HK* accidente ∞ *ACD FJM GHKI N* sones *L* sonos —En el periodo ambas formas se registran: *son/sono* y en lo antiguo *suene/sueno*.

XX.10 *AC FJM GHKILN* esso *D* esto ∞ *A* yo lo voy aparejar *CD* yo lo voy a aparejar *FJM GHKILN* yo lo voy a *mandar* aparejar —*Adición.* It voglio andar a farlo apparecchiare ∞ *ACD FJM* amiga *GHKILN* amiga mía ∞ *AC FJM GHKILN* deste torre *D* de la torre ∞ *ACD FJM* ya voy *GHKILN* yo voy (*N* vo voy —*errata*)

XX.11 ‡El soliloquio de Melibea se produce pasado algún tiempo, ya entrado el día. Cf. 'en este día...la passada noche'. *ACD FJM GHKILN* atajen —Regularización de la grafía ge/gi. ∞ *ACD FJM GHK* al que me visitó *ILN* el que me visitó ∞ ‡la passada noche —En la prolongación del deleite pudiera haberse puesto el plural: *las passadas noches;* pero de todos modos el singular también hace sentido.

XX.12 *A D FJM* acordado *C* acordando *G* cortado *HKILN* acortado. ∞ *ACD FJN GHKILN* soledad *It* sollicitudine —Es curioso que aquí (y en XIX.36) el *It* traiga 'sollicitudine', en lugar del 'soledad' que traen todas las ediciones. Cf. XIV.25, XX.18. ∞ *AC FJM GHKILN* le dexo *D* lo dexo

XX.13 *Adición* desde: 'Y caso que por mi morir...' hasta '...en lo que mal hizieron' (XX.13-16). No la traen *ACD,* adicionan *FJM GHKILN*.

más crüeles contra sus padres? ‡**Nicomedes,** *sin ninguna razón, no aquexándole pena como a mí, mató su propio padre* *Bursia, rey de Bitinia. Tolomeo, rey de Egito, a su padre y madre y hermanos y muger, por gozar de una manceba.* {14} *Orestes, a su madre Clitenestra. El crüel emperador Nero, a su madre Agripina, por solo su plazer hizo matar. Estos son dinos de culpa, estos son verdaderos parricidas, que no yo, que con mi pena, con mi muerte, purgo la culpa que de su dolor se me puede poner. Otros muchos crüeles ovo que mataron hijos y ermanos, debaxo de cuyos yerros el mío no parecerá grande.* {15} *Filipo, rey de Macedonia; Erodes, rey de Judea; Constantino, emperador de Roma; Laodice, reina de Capadocia, y Medea, la nigromantesa; todos estos mataron hijos queridos y amados, sin ninguna razón, quedando sus personas a salvo.* {16} *Finalmente, me ocurre aquella gran crüeldad de Frates, rey de los*

FJM GHK se disminuyessen *ILN* se deminuyessen ∞ *FJM GHK* dubda *ILN* duda ∞ ‡contra sus padres *It* verso lor patre e matre

‡Los textos castellanos secundarios, terciarios y posteriores traen: 'Bursia (muchos posteriores *Prusia*), rey de Bitinia, sin ninguna razón, no aquexándole pena como a mí, mató /a/ su propio padre'. (*FJM GHKILN* mató su propio, *FLN* proprio —la mayoría de las posteriores: a su propio). El text de Petrarca (*De rem.* I.52) trae claramente: 'Nicomedes Prusiam, Bithyniae regem, suum pa-trem.... vita privavit'. El caos de los nombres propios en las ediciones de final del siglo XV y principios del XVI es increíble. (Cf. v.gr. *Cárcel de amor*, Sevilla, 1492, Cuatro compañeros alemanes). Por otro lado *Nicomedes* es suceptible de entenderse 'ni comedes' = 'ni comeys' y omitirse al no hacer sentido. (Cf. todavía en son de chanza a los que se llaman Nicomedes se les dice: 'Ni comedes ni bebedes'). No veo razón plausible de la alteración que pudiera haber sido hecha por Rojas y mantengo el criterio: *in dubio pro auctore.* Esto no es sino una simple *sabionada* de un cajista. Obsérvese que todos los ejemplos empiezan por el nombre del matador: como el 'ni comedes ni bebedes' del comienzo no le hacía sentido, se agarró el *Bursia* que estaba en la línea inmediatamente debajo. Y naturalmente a Rojas, ni poco ni mucho le interesó corregir estas minucias. ∞ *F GHKI* Egipto *JM LN* Egypto ‡El *It* introduce verbo en las dos frases XX.13-14: 'Ptolomeo, re di Egitto, *uccise* suo patre... Oreste *ammazzó* sua matre' —No es necesario en castellano.

XX.14 *FJM* Clistenestra *(sic) GHKILN* Clitenestra —Las cuatro formas *Clistemestra, Clistenestra, Clitemestra y Clitenestra,* junto con barbarismos con *Cly- Clyp- Clys-* y *-mnes-.* ∞ *F GH I L* parricidas *K* parracidas *N* pricidas *JM* patrici-das ∞

FJM que no yo, que con mi pena, con mi muerte
GHKI que no yo, que do mi pena con mi muerte
L que no yo, que si do pena con mi muerte
N que si no yo que do pena: con mi muerte
It e non io che con mia pena e morte

FJK se me puede poner *GHKI* me puede poner *LN* me pueden poner *It* purgo la culpa que se me po' attribuire de suo dolore ∞ *FJM GHKILN* otros...ovo *(sic)*

XX.15 *FJM GH ILN* Constantino *K* Constautino —errata. ∞ ‡Laodice —Lo mismo que en *Eurídice / Euridíce,* se dan las dos acentuaciones: *Laódice / Laodíce.* No siendo texto en verso es aquí imposible determinarlo. *Ff* XX.20 trae: 'Laodice capadocea', donde hay que hacer sinéresis en 'ao' y en consecuencia el esdrújulo es completamente improbable. He dejado en el texto la acentuación grave de *Ff.* ∞ *FJM GHKILN* nigromantesa *(sic)* Debiera ser con *-ss-* (ese sorda), pero sin duda la tendencia era a uniformar esta terminación femenina con *-s-* sonora. Los mejores manuscritos y ediciones de Mena traen *-ss-* en el *Laberinto* 130,f (*ni-*

partos, que, por que no quedasse sucessor después dél, mató a ‡*Orodes, su viejo padre, y a su único hijo y treinta ermanos suyos.* Estos fueron delitos dinos de culpable culpa, que, guardando sus personas de peligro, matavan sus mayores y decendientes y ermanos. Verdad es que, aunque todo esto assí sea, no avía de remedarles en lo que mal hizieron, {17} *pero no es más en mi mano. Tú, Señor, que de mi habla eres testigo, ves mi poco poder, ves cuán cativa tengo mi libertad, cuán presos mis sentidos de tan poderoso amor del muerto cavallero, que priva al que tengo con los bivos padres.*

(Cena 3ª)

Pleberio:- {18} Hija mía Melibea, ¿qué hazes sola? ¿Qué es tu voluntad dezirme? ¿Quieres que suba allá?

Melibea:- Padre mío, no pugnes ni trabages por venir adonde yo estó, que estorvarás la presente habla que te quiero hazer. Lastimado serás brevemente con la muerte de tu única hija. Mi fin es llegado, llegado es mi descanso y tu passión, llegado es mi alivio y tu pena, llegada es mi acompañada ora y tu tiempo de soledad. {19} No avrás, onrado padre, menester instrumentos para aplacar mi dolor, sino campanas para sepultar mi cuerpo. Si me escuchas sin lágrimas, oïrás la causa desesperada de mi forçada y alegre partida. No la interrumpas con lloro ni palabras; si no, quedarás más quexoso en no saber por qué me mato, que doloroso por verme muerta. {20} Ninguna cosa me preguntes ni respondas, más de lo que de mi grado dezirte quisiere. Porque cuando el coraçón está embargado de passión, están cerrados los oídos al consejo, y en tal tiempo las frutüosas palabras, en lugar de amansar, acrecientan la saña. Oye, padre viejo, mis últimas palabras y, si como yo espero, las recibes, no culparás mi yerro. {21} Bien ves y oyes este triste y doloroso sentimiento que toda la

gromantessa, rimado con *deessa*). Cf. IX.59 y lo dicho allí.

XX.16 *FJM GHKILN* Phrates *(sic)* ∞ *F* partos *JM GH I N* parthos *K* pthos *L* phartos —*errata*. *FJM GHKILN* Orode *(sic)* pero es omisión de la -s por la siguiente s- de 'su'. El castellano fijó el nominativo latino en nombres de este tipo desde muy antiguo: Ulixes, Polinices, (*Cárcel de amor*), Tiestes, Arquiles - Aquiles, Aristóteles - Aristótil(es), Eurípides, Ercules (*Repetición de amores*), Ulixes, Ercules, Orestes, Erodes, Frates, Pericles (en la propia *Celestina*). El *Ms* trae *Horodes.* ∞ *FJM GHKILN* delictos dignos *(sic)* ∞ *FJM GHKI N* culpable culpa *L* culpevole culpa ∞ *F* remedarlo en *JM* remediarlos en *GHKILN* remedarles en

XX.17 *ACD F* ves *JM GHKILN* vees ∞ *ACD F* ves cuan *JM GHKILN* vees cuan ∞ ‡Casi todo el XX.17 es ya una *Adición primera*. Probablemente el gran párrafo de Melibea terminaba: 'en gran soledad le dexo, pero no es más en mi mano'. Rojas atenuó y matizó luego al agregar: 'Tú, señor, que de mi habla...con los bivos padres'.

XX.18 *Todas:* pugnes ni trabejes *(sic)* Regularización de la grafía ge/gi. ∞ *Todas:* yo estó *(sic)* ∞ ‡brevemente = 'en breve, dentro de poco' ∞ *ACD FJM GH ILN* llegado es mi alivio *K* legado mi es alivio —*erratas*. ∞ *ACD FJM GH ILN* soledad *K* seledad *It* solitudine

XX.19 *A D M GHKILN* doloroso *C FJ* dolorioso ∞

XX.20 *A GHKIL* frutüosas *CD F* fructüosas *JM* frutosas *N* flutüosas ∞ *ACD F GHKILN* padre viejo *JM* padre mío *It* vecchio patre

ciudad haze. Bien **oyes** este clamor de campanas, este alarido de gentes, este aullido de canes, este estrépito de armas. De todo esto fue yo [la] causa. {22} Yo cobrí de luto y xergas en este día casi la mayor parte de la ciudadana cavallería, yo dexé muchos sirvientes descubiertos de señor, yo quité muchas raciones y limosnas a pobres y envergonçantes, yo fui ocasión que los muertos toviessen compañía del más acabado ombre que en gracias nació, yo quité a los bivos el dechado de gentileza, de invenciones galanas, de atavíos y bordaduras, de habla, de andar, de cortesía, de virtud; {23} yo fui causa que la tierra goze sin tiempo el más noble cuerpo y más fresca juventud que al mundo era en nuestra edad crïada. Y porque estarás espantado con el son de mis no acostumbrados delitos, te quiero más aclarar el hecho. {24} Muchos días son passados, padre mío, que penava por mi amor un cavallero que se llamava Calisto, el cual tú bien conociste. Conociste assí mismo sus padres y claro linage; sus virtudes y bondad a todos eran manifiestas. Era tanta su pena de amor y tan poco el lugar para hablarme, que descubrió su passión a una astuta y sagaz muger que llamavan Celestina. {25} La cual, de su parte venida a mí, sacó mi secreto amor de mi pecho. Descobrí a ella lo que a mi querida madre encobría. Tovo manera como ganó mi querer; ordenó cómo su desseo ‡de Calisto y el mío oviessen efeto. Si él mucho me amava, no bivió engañado. Concertó el triste concierto de la dulce y desdichada execución de su voluntad. {26}

XX.21 *A JM GHKILN* vees *CD F* ves ∞ *ACD FJM HKIN* triste y doloroso *G L* triste, doloroso ∞ *AC F* cibdad *D JM GHKILN* ciudad ∞ *ACD* bien vees *FJM GHKILN* bien **oyes** *Sustitución.* ∞ *A* grande estrépito *CD FJM GHKILN* − estrépito *It* grandissimo strepito ∞ *ACD ILN* guy *(sic) GJM GHK* fue *(sic)* ∞ *ACD* la causa *FJM GHKILN* − causa *It* sono io stata causa *Supresión (?).*

XX.22 *Todas:* yo cobrí *(sic)* ∞ *AC FJM GHKILN* xergas *D* xerga ∞ *AC F* cibdadana *JM GHKILN* ciudadana ∞ *A* yo dexé oy *CF FJM GHKILN* yo dexé − —La inclusión del 'oy' parece mejor, pero solo lo trae *A.* ∞ *Todas:* sirvientes descubiertos ∞ *ACD F GHKILN* a pobres y envergonçantes *JM* − y envergonçantes ∞ *ACD ILN* yo fuy ocasión *FJM GHK* yo fue ocasión ∞ *AC FJM GHKI N* touiessen *(sic) D L* tuuiessen *(sic)* ∞ *A* en gracia *CD FJM GHKILN* en gracias ∞ *ACD JM GHKILN* yo quité *F* yo quito (q̃to) ∞ *A JM* brodaduras *CD F GHKILN* bordaduras —Ambas formas se dan en el periodo.

XX.23 *ACD ILN* yo fuy causa *FJM GHK* yo fue causa ∞ *ACD JM G ILN* delitos *F HK* delictos ∞ ‡Bien ves y oyes este triste.....era en nuestra edad crïada. —En XX.21-23 aparentemente Melibea flota en un mar de exageración retórica y resulta la causa del más lamentable desastre ocurrido en aquella ciudad. Pero es que realmente lo que Rojas *(l'homme étant toujours l'auteur!)* tiene en mientes no es la muerte de Calisto, el salta-paredes, sino la dolorosa muerte del príncipe don Juan, de gloriosa memoria, el príncipe que murió de amor.

XX.24 ‡Muchos días —Habla en forma vaga, pero exagera un poco. Cf. XI.18, X.40, XII.32, XIV.10. ∞ *AC FJM* assímismo *D GHKILN* assímesmo ∞ *ACD FJM GHK* sus padres *ILN* a sus padres ∞ *ACD JM GHKILN* que descubrió *F* que descubría

XX.25 *AC* descobría a ella *D* descubría a ella *F HKILN* descobrí a ella *JM G* des-cubrí a ella *It* discoperse a lei *Sustitución.* ∞ *ACD* encubría *F GHKILN* encobría *JM* en-conbrió *(sic) It* recopriva ∞ *Todas:* cómo su desseo − y el mío *It* come el desiderio de Calisto e mio —La expresión del poseedor es aquí necesaria. Cf. XII.41. ∞ *Todas:* oviessen *(A* houiessen *G* ouissen *sic)* ∞ *A* efeto *CD F GHKILN* effecto *JM* effeto ∞ *A* viuia *(sic) C* biuiua −errata *D* biuia *(sic) It* vivea *FJM GHKI N* biuió *(sic) L* biuo −er-

258

Vencida de su amor, dile entrada en tu casa. Quebrantó con escalas las paredes de tu uerto, quebrantó mi propósito: perdí mi virginidad. *Del cual deleitoso yerro de amor gozamos casi un mes; y como esta passada noche viniesse, según era acostumbrado,* a la buelta de su venida, como de la fortuna mudable estoviesse dispuesto y ordenado, según su desordenada costumbre, {27} como las paredes eran altas, la noche escura, la escala delgada, los sirvientes que traía no diestros en aquel género de servicio *y él baxava pressuroso a ver un rüído que con sus crïados sonava en la calle, con el gran ímpetu que levava* no vido bien los passos, puso el pie en vazío y cayó. Y de la triste caída sus más escondidos sesos quedaron repartidos por las piedras y paredes. {28} Cortaron las hadas sus hilos, cortáronle sin confessión su vida, cortaron mi esperança, cortaron mi gloria, cortaron mi compañía. Pues ¡qué crüeldad sería, padre mío, muriendo él despeñado, que biviese yo penada! Su muerte combida a la mía, combídame y ‡es fuerça que sea presto, sin dilación; muéstrame que á de ser despeñada, por seguille en todo. {29} No digan por mí: a muertos y a idos, ‡pocos amigos. Y assí, contentarle é en la muerte, pues no tove ‡tiempo en la vida. ¡O mi amor y señor Calisto! espérame, ya voy; detente; si me esperas, no me incuses la tardança que hago dando esta última cuenta a mi viejo padre, pues le devo mucho más. — ¡O padre mío muy amado!, ruégote, si amor en esta passada y penosa vida me as tenido, que sean juntas nuestras sepulturas, juntas nos

---

rata *Sustitución.* ∞ ‡concertó el triste, (i.e. Calisto) concierto. —La coma (,) después de 'triste' es necesaria para indicar que triste no califica a 'concierto', que fue gozoso, aunque finalmente desdichado.

XX.26 *Adición* desde 'Del cual deleitoso...' hasta '...era acostumbrado'. No la traen *ACD,* adicionan *FJM GHKILN* y el *It.* Confirma la prolongación del deleite en un mes o *casi un mes.* Aquí trata de ser precisa con el viejo; en XVI.17 está encareciendo y ponderando la actuación del amante y redondea en un mes. Hay sutileza en todo ello. Cf. XI.9 no se dé parte a oficiales. ∞ *ACF* estoviesse dispuesto *D JM GHKILN* estuviesse dispuesto

XX.27 *ACD FJM ILN* la escala *HK* la escalera *G omite la línea entera:* la escala delgada, los sirvientes que traía no diestros en aquel género de servicio. *Adición* desde 'y el baxava...' hasta '...que levava'. No la traen *ACD,* adicionan *FJM GHKILN.* ‡ver un rüído *It* vedere certa costione ∞ *FJM* que levava *GHKILN* que llevava ∞
‡El relato de Melibea al viejo (XX.26-27). Nótese que el detalle del *ruido* está íntegramente desarrollado en la *Gran Adición,* ·XIX.27-31. Melibea quiere engañarse a sí misma; intuye que no fue el ordenamiento de la fortuna, ni las paredes altas por ese sitio, ni la noche oscura en ese momento (porque era noche de luna, Cf. XIX.19), ni la indestreza de los sirvientes, ni el ruido que sonaba, sino la índole misma desequilibrada y fatua de aquel saltaparedes, por el cual lo había sacrificado todo. El arte de Rojas está en dar esa sensación con las palabras desiguales de la joven.

XX.28 ‡las hadas = 'las parcas' ∞ *AC FJM GHKILN* su vida *D* la vida ∞ ‡Cortaron las hadas.... cortaron mi compañía. *It* Così finì senza confessione sua vita; allor fu persa mia speranza, allor fu persa mia gloria, allor persi tutto mio bene e compagnia. Cf. *Introducción,* IV.C.1.c., p. 220. *Todas:* combídame y ‡ fuerça que sea *It* invitame e è forza che io il seguite presto senza dilazione *Sal-1570* combídame y es fuerça —Se trata de una simple omisión que debe enmendarse. ∞ *ACD F GHKILN* por seguille *JM* y por seguirle

259

hagan nuestras obsequias. {30} Algunas consolatorias palabras te diría antes de mi agradable fin, colegidas y sacadas de aquellos antigos libros que tú, por más aclarar mi ingenio, me mandavas leer; sino que ya la dañada memoria, con la gran turbación, me las á perdido, y aun porque veo tus lágrimas malsofridas decir por tu arrugada haz. — Salúdame a mi cara y amada madre; sepa de ti largamente la triste razón por que muero. ¡Gran plazer llevo de no la ver presente! {31} Toma, padre viejo, los dones de tu vegez; que en largos días largas se sufren tristezas. Recibe las arras de tu senetud antigua, recibe allá tu amada hija. Gran dolor llevo de mí, mayor de ti, muy mayor de mi vieja madre. Dios quede contigo y con ella. A él ofrezco mi alma. Pon tú en cobro este cuerpo que allá baxa.

J Valencia, Juan Jofre, 1514. Auto IV.

XX.29 ‡a muertos y a idos, pocos amigos —Cf. en *It* el refrán completo: 'li morti e li andati presto son dimenticati'. ∞ *A GHKILN* pues no tuue *(sic)* tiempo *CD FJM* pues no toue *(sic)* tiempo —‡En la prolongación del deleite debió esto modificarse así: 'pues no tove *más largo* tiempo ∞ ‡La puntuación: 'Detente, si me esperas.' es absurda, aunque las ediciones la justificarían, pues ponen punto (.) o dos puntos (:) después de 'esperas'. Si la está ya esperando, ¿para qué decirle que se detenga? Cf. el *It:* non t'incresca se me aspetti, non m'accusare de la tardanza che io fo', dando... ∞ *ACD FJM GHKILN* obsequias/obſeqias *It* exequie/exeqe

XX.30 *A* coligidas *CD F* colligidas ∞ *JM* collegidas *GHKILN* colegidas *A* antigos *CD FJM GHKILN* antiguos ‡los antiguos libros —cuya lectura justifica que Melibea pueda decir todos los enjemplos que dice. ∞ *ACD* que tú por más *FJM GHKILN* que — por más *Supresión aparente* - el *It* parece también indicarla, pero el 'tú' llena más la expresión. *A FJM GHKILN* que ya la dañada *CD* que la ya dañada ∞ El *It* omite 'con la gran turbación'. ∞ *AC FJM GHKILN* malsofridas *D* malsufridas ∞ *A D F* decir *C* dezir *(sic - errata) JM GHKILN* de(s)cendir —Cf. V.19. ∞ *A C F* haz *D JM GHKILN* faz

XX.31 *ACD FJM GHKILN* toma, padre viejo *It* prendi, patre mio —Cf. XX.20. *ACD FJM GHKI N* se sufren ∞ *L* te sufren ∞ *AC GHKILN* senetud *D FJM* senetud ∞ *ACD JM GHKILN* lleuo *(sic) F* lieuo *(sic)* ∞ *ACD F* alma *JM GH ILN* ánima *K* aĩa —La abreviación *aĩa* se leía 'ánima' o 'alma'. ‡a él ofrezco mi alma —al Dios cristiano ofrezco mi alma, que yo muero paganamente, como Hero, lanzada de la torre abajo. Es una fórmula que no viene bien aquí.

Auto XXI.

AXXI. Argumento del veinte y un Auto.

[AXVIb. Argumento del diez y seis y último Auto].

Pleberio, tornado a su cámara con grandíssimo llanto, pregúntale Alisa, su muger, la causa de tan súpito mal. Cuéntale la muerte de su hija Melibea, mostrándole el cuerpo della todo hecho pedaços, y haziendo su planto concluye.

XXI. AUTO XXI. {1-34}. Alisa, Pleberio.

(Cena única)

Alisa:- {1} ¿Qué es esto, señor Pleberio? ¿Por qué son tus fuertes alaridos? Sin seso estava, ‡atordida del pesar que ove cuando oí dezir que sentía dolor nuestra hija; agora, oyendo tus gemidos, tus bozes tan altas, tus quexas no acostumbradas, tu llanto y congoxa de tanto sentimiento, en tal manera penetraron mis entrañas, en tal manera traspassaron mi coraçon, assí abivaron mis turbados sentidos, que el ya recibido pesar alancé de mí. {2} Un dolor sacó otro; un sentimiento, otro. Dime la causa de tus quexas. ¿Por qué maldizes tu onrada vegez? ¿Por qué pides la muerte? ¿por qué arrancas tus blancos cabellos? ¿por qué hieres tu onrada cara? ¿Es algún mal de Melibea? Por Dios, que me lo digas, porque si ella pena no quiero yo bivir.

Pleberio:- {3} ¡Ay, ay, noble muger! ¡nuestro gozo en el pozo! ¡nuestro bien todo es perdido! ¡no queramos más bivir! Y por que el incogitado dolor te dé más pena, todo junto sin pensarle, por que más presto vayas al sepulcro, por que no llore yo solo la pérdida dolorida de entramos, ves allí a la que tú pariste y yo engendré, hecha pedaços. {4} La causa supe della; más la é sabido por estenso desta su triste sirvienta. ¡Ayúdame a llorar nuestra

---

AXXI. (AXVIb). Argumento del veinte y un auto *JM GHKILN (F no lo trae).* (Argumento del diez y seis y último auto *ACD, D* del xuj y último). *ACD JM* auto *GHKILN* aucto ∞ *AC J GHKILN* pregúntale *D M* preguntávale

XXI. (XVI.) *CD F GHKILN* Ali. Ple. *A* Ali. Ple. Mel. *JM* Ple. Ali.

XXI.1 *ACD FJM GHKILN* adormida *It* tramortita (= amortecida) —Es ciertamente errata de todas. Cf. Iñigo de Mendoza, *Questión entre Razón y Sensualidad* 55: 'Del golpe de tal ferida la sensitiva passión / non solo quedó atordida / mas caída y sometida / so los pies de la razón', y Gómez Manrique, *A la muerte del marqués de Santillana,* 99: 'Y quedé tan atordido / por muy grandíssima pieça / y tan fuera de sentido, / como si fuera ferido / en medio de la cabeça'. ∞ *ACD F GHKI N* que oue *(sic) JM L* que ouo *(sic)* ∞ *ACD FJM* tus bozes *GHKILN* y tus bozes ∞ *ACD F GHKILN* ya re(s)cebido *JM* ya recibido

XXI.2 *ACD FJM L* sacó otro *GHKI N* sacó a otro ∞ *A F* vivir *CD JM GHKILN* bivir

XXI.3 *A* vivir *CD FJM GHKILN* bivir ∞ *AC F* pensarle *D ILN* pensarlo *JM GHK* pensarla ∞ *AC F* entramos *D JM GHKILN* entrambos ∞ *ACD FJM* a la que tú *GHKILN* — la que tú

261

llagada postrimería! ¡O gentes que venís a mi dolor, o amigos y señores, ayudadme a sentir mi pena! ¡O mi hija y mi bien todo! Crüeldad sería que biva yo sobre ti: más dinos eran mis sesenta años de la sepultura, que tus veinte. {5} Turbose la orden del morir con la tristeza que te aquexava. ¡O mis canas, salidas para aver pesar, mejor gozara de vosotras la tierra que de aquellos ruvios cabellos que presentes veo! {6} Fuertes días me sobran para bivir; quexarme é de la muerte; incusarle é su dilación cuanto tiempo me dexare solo después de ti: fálteme la vida, pues me faltó tu agradable compañía. ¡O muger mía, levántate de sobre ella y si alguna vida te queda, gástala comigo en tristes gemidos, en quebrantamiento y sospirar. {7} Y si por caso tu espíritu reposa con el suyo, si ya as dexado esta vida de dolor, ¿por qué quesiste que lo ‡passasse yo todo? En esto tenés ventaja las hembras a los varones, que puede un gran dolor sacaros del mundo sin lo sentir, o a lo menos perdéis el sentido, que es parte de descanso.

(Soliloquio de Pleberio)

{8} ¡O duro coraçón de padre! ¿cómo no te quiebras de dolor, que ya quedas sin tu amada eredera? ¿Para quién edifiqué torres? ¿para quién adquirí onras? ¿para quién planté árbores? ¿para quién fabriqué navíos? ¡O tierra dura!, ¿cómo me sostienes? ¿Adónde hallará abrigo mi desconsolada vegez? {9} ¡O fortuna varïable, ministra y mayordoma de los temporales bienes!, ¿por qué no executaste tu crüel ira, tus mudables ondas, en aquello que a ti es sugeto? ¿Por qué no destrüíste mi patrimonio? ¿por qué no quemaste mi morada? ¿por qué no assolaste mis grandes eredamientos? {10} Dexárasme aquella florida planta en quien tú poder no tenías; diérasme, fortuna flutüosa, triste la mocedad con vegez alegre: no

---

XXI.4 *ACD FJM GHKI N* ayúdame *It* aiutame *L* ayudadme ∞ *A D JM* llagada *C* legada *F GHK I* llegada *LN* allegada ∞ *A F* postremería *CD JM GHKILN* postrimería ∞ *AC* ayudame *D FJM GHKILN* ayudadme *It* vi prego che mi aiutate ∞ *AC* assentir *(sic -errata) D FJM GHKILN* a sentir ∞ —‡Sesenta años de Pleberio, veinte años de Melibea. It It² desdocto *(sic)* —Probable error por *desciotto* (= dieciocho). Cf. IV.81. El *It* también cambia la edad de Calisto y le da veinticinco años. No le veo buena explicación a esto.

XXI.5 *AC FJM GHKILN* del morir *D* de morir ∞ ‡gozara = 'avría/oviera gozado' — *It* aria goduto.

XXI.6 *AC F* incusarla *D JM GHKILN* incusarle ∞ ‡Puntuación: A ILN dilación quanto *FJM* dilación. Quanto *CD GHK* dilación: quanto *It* e incusarò sua dilazione per quanto tempo mi lassarà solo dopo te ∞ *A JM GHKILN* comigo *CD F* conmigo

XXI.7 *ACD FJM GHKILN* quesiste (*GK* q̄siste) ∞ ‡*Todas:* que lo passe *Sal-1570 y muchas posteriores:* que lo passasse. —Errata fácil de producirse con amanuenses o cajistas al no doblar la -s- de 'pase'. Por otro lado el *It* parece indicar un castellano: '¿por qué as quesido que lo passe yo todo?' — 'per chè ài volsuto che io solo patisca?' —O hay que leer como enmiendo o hay que leer con el *It,* con el antepresente de indicativo // presente de sujuntivo. Cf. en XXI.34 ¿Por qué no quesiste que estorvasse tu muerte? ∞ *A C F* tenés *D* tienen *HM GHKILN* teneys *(sic)* ∞ *Todas:* perdeys/pdeys el sentido — Alisa se ha desvanecido, abrazada al cadáver de Melibea.

XXI.8 *A* aquirí *CD FJM GHKILN* adquirí (*KN* adgri) ∞ *AC F* árbores *D JM GHKILN* árboles — *árbores* —Es latinismo deliberado de Rojas. Cf. III.44 cárceres.

XXI.9 *AC FJM GHKILN* subjeto *D* subjecto ∞ *ACD FJM GHKI* asolaste *LN* assolaste

pervertieras la orden; mejor sufriera persecuciones de tus engaños en la rezia y robusta edad, que no en la flaca postremería. {11} ¡O vida de congoxas llena, de miserias acompañada! ¡O mundo, mundo! Muchos mucho de ti dixeron, muchos en tus calidades metieron la mano; a diversas cosas por oídas te compararon; yo por triste esperiencia lo contaré, como a quien las ventas y compras de tu engañosa feria no prósperamente sucedieron, {12} como aquel que mucho á hasta agora callado tus falsas propiedades, por no encender con odio tu ira, por que no me secasses sin tiempo esta flor que este día echaste de tu poder; pues agora ‡andaré sin temor, como quien no tiene qué perder, como aquel a quien tu compañía es ya enojosa, como caminante pobre que sin temor de los crüeles salteadores va cantando en alta boz. {13} Yo pensava en mi más tierna edad que eras veraz y eran tus hechos regidos por alguna orden; agora, visto el pro y la contra de tus bienandanças, me pareces un laberinto de errores, un desierto espantable, una morada de fieras, juego de ombres que andan en corro, {14} laguna llena de cieno, región llena de espinas, monte alto, campo pedregoso, prado lleno de serpientes, uerto florido y sin fruto, fuente de cuidados, río de lágrimas, mar de miserias, trabajo sin provecho, dulce

---

XXI.10 *ACD FJM HKILN* flutüosa *G* flntüosa —*errata.* ∞ *ACD JM GHKILN* pervertieras *F* pervertirras *sic - errata.* La forma sin cierre de la -e- pre-yod indica que el infinitivo de Rojas era 'perverter'. Cf. OA.4 en *CD* dicernéis < 'dicerner', XIX.17 interrumper ∞ *Todas:* mejor su(f)friera ∞ *A* en flaca *CD FJM GHKILN* en la flaca ∞ *A FJM* postremería *CD GHKILN* postrimería

XXI.11 ‡muchos mucho de ti dixeron − *It* molti molto di te ànno ditto *C F* dixieron *A D JM GHKILN* dixeron ∞ *AC GHK* mucho en tus *D FJM ILN* muchos en tus *It* molti in tue ∞ *Todas:* qualidades/qlidades ∞ *AC HK* esperiencia *D FJM G ILN* experiencia ∞
ACD FJM a diversas cosas por oídas te compararon (El sujeto es *muchos*)
GHK − diversas cosas por oídas te acompañaron
ILN − diversas cosas por oídas de ti contaron
It de diverse cose de te fecero comparazione per odita

XXI.12 *ACD FJM GHKI* propiedades *LN* propriedades ∞ *AACD FJM HKILN* por no encender *G* por − encender ∞ *ACD HK* sacasses *FJM G ILN* secasses *It* secassi *(sic)* (= seccassi) ∞ *Todas:* pues agora ‡ sin temor —La frase queda coja. Es simple omisión por la semejanza de *agora adare* (= ãdaré) con el tilde borroso u omitido. El *It It²* confirma plenamente la enmienda: 'dunque adesso *andarò* senza timore'.

XXI.13 *Todas las ediciones leen:* que eras ‡ y eran. —O sobra *eras y* o falta un adjetivo; el único que puede explicar la omisión por haplografía es *veraz,* y además porque, aunque usado por Mena (*Laberinto,* 269: 'o fuesse verace la mi compañía'), era un adjetivo raro en el periodo, uno de los tantos latinismos de Rojas. Cf. IX.14, X.22, XIV.25, los latinismos ocasionados a alteraciones y erratas. Nebrija no trae 'veraz' y la frase: *eras veraz y eran* no solo puede prestarse a haplografía, sino a confusión de *veraz* con *veras,* lo que al ser incomprensible originaba la implacable supresión de los amanuenses que trabajaban por plana acabada, plana pagada, y a tiempo medido. Cf. caso parecido en VII.17: amistad / mytad-meytad. El *It* también omite: 'che tu eri e erano'. ∞ *A* labarinto *CD* laborinto *F* labirinto *JM HKILN* laberinto *G* laberninto —*errata.* —Es posible que Rojas haya usado 'labarinto'; al efecto, Cf. 'vajarisco' *P.11.* ‡XXI.13-14 son ya una *adición primera* en las Comedias.

ponçoña, vana esperança, falsa alegría, verdadero dolor. {15} Cévasnos, mundo falso, con el manjar de tus deleites, al mejor sabor nos descubres el anzuelo: no lo podemos hüír, que nos tiene ya caçadas las voluntades. Prometes mucho, nada no cumples; échasnos de ti, por que no te podamos pedir que mantengas tus vanos prometimientos. {16} Corremos por los prados de tus viciosos vicios, muy descuidados, a rienda suelta; descúbresnos la celada cuando ya no ay lugar de bolver. Muchos te dexaron con temor de tu arrebatado dexar; bienaventurados se llamarán cuando vean el galardón que a este triste viejo as dado en pago de tan largo servicio. {17} Quiébrasnos el ojo y úntasnos con consuelo el caxco. Hazes mal a todos, por que ningún triste se halle solo en ninguna adversidad, diziendo que es alivio a los míseros, como yo, tener compañeros en la pena. Pues, desconsolado viejo, ¡qué solo estoy! {18} Yo fui lastimado sin aver igual compañero de semejante dolor, aunque más en mi fatigada memoria rebuelvo presentes y passados. Que si aquella severidad y paciencia de Paulo Emilio me viniere a consolar, con pérdida de dos hijos muertos en siete días, diziendo que su animosidad obró que consolasse él al pueblo romano y no el pueblo a él, no me satisfaze, que otros dos le quedavan dados en adopción. {19} ¿Qué compañía me ternán en mi dolor aquel Pericles, capitán ateniense, ni el fuerte Xenofón, pues sus pérdidas fueron de hijos ausentes de sus tierras? Ni fue mucho ‡el uno no mudar su frente y tenerla serena, y el otro responder al mensagero que las tristes albricias de la muerte de su hijo le venía a pedir, que no recibiesse él pena, que él no sentía pesar. Que todo esto bien diferente es a mi mal. {20} Pues menos podrás dezir, mundo lleno de males, que fuimos semejantes en pérdida

---

XXI.14 *ACD FJM GHKI N* pedregoso L pedegroso —errata.

XXI.15 *ACD FJM GHK* al mejor *ILN* y al mejor

XXI.16 *ACD FJM GH ILN* arrebatado *K* arrabetado *(sic)* ∞ *ACD JM GHKILN* galardón *F* gualardón

XXI.17 *ACD* consuelos *FJM GHKILN* consuelo *It* consolazione *Sustitución.* ∞ *A* casco *CD FJM GH ILN* caxco *K* caxo —*errata.* ∞ *ACD FJM* estoy *GHKILN* estó

XXI.18 *ACD LN* fuy *(sic) FJM GHKI* fue *(sic)* ∞ *ACD JM GHKILN* viniere a consolar *F* viniere — consolar ∞ —‡XXI.18-21 hasta ‘en muy lícita batalla son ya una *adición primera* en el texto de las Comedias. Obsérvese que el ‘¡qué solo estoy!’ de arriba liga con las exclamaciones ‘¡o incomparable pérdida!’ de abajo y el ‘desconsolado viejo’ con ‘menos razón hallo para me consolar’. Una primera redacción de la obra, más o menos monda y escueta, fue acrecida con el relleno e inserción de ejemplos y sentencias. Las *adiciones primeras* se detectan muy fácilmente en este Soliloquio de Pleberio, y el procedimiento se continuó después con las *adiciones segundas.* ∞ *ACD* adobción *FJM GHKILN* adop ción *Sustitución,* que mete la grafía latina; la primera forma indica la pronunciación real del cultismo.

XXI.19 *ACD JM GHKILN* Pericles *F* Perides — -cl- leído como -d-. ∞ *Todas:* absentes *(sic)* ∞ ‡*Todas:* ni fue mucho ‡ no mudar —En la frase ‘mucho el uno no mudar’, los rasgos de pluma comunes, las mínimas o rasgos descendentes, originan omisiones y erratas, a más de que aquí puede leerse *vuo, mio, ʃ ino (hūo)* etc. Pero ‘el uno no mudar’ es paralelo de ‘el otro responder’ y el *It* lo confirma: ‘ne fu molto al uno non mutare sua fronte e tenerla serena, ne al altro che ripose...’ La enmienda es evidente. ∞ *ACD FJM GHKIL* le venía *N* lo venía ∞ ‡a mi mal —Es posible una confusión de a/d: ‘diferente de mi mal,’ pero todas las ediciones y el *It* traen ‘a’.

---

aquel Anaxágoras y yo, que seamos iguales en sentir, y que responda yo, muerta mi amada hija, lo que él a su único hijo, que dixo: como yo fuesse mortal, sabía que avía de morir el que yo engendrava; {21} porque mi Melibea mató a sí misma de su voluntad, a mis ojos, con la gran fatiga de amor que le aquexava; el otro matáronle en muy lícita batalla. — ¡O incomparable pérdida! ¡O lastimado viejo!, que cuanto más busco consuelos, menos razón hallo para me consolar. {22} Que, si el profeta y rey David al hijo que enfermo llorava, muerto no quiso llorar, diziendo que era casi locura llorar lo irrecuperable, quedávanle otros muchos con que soldase su llaga. Y yo no lloro, triste, a ella muerta, pero la causa desastrada de su morir. Agora perderé contigo, mi desdichada hija, los miedos y temores que cada día me espavorecían: sola tu muerte es la que a mí me haze seguro de sospecha. {23} ¿Qué haré cuando entre en tu cámara y retraimiento y la halle sola? ¿Qué haré de que no me respondas si te llamo? ¿Quién me podrá cobrir la gran falta que tú me hazes? Ninguno perdió lo que yo el día de oy, aunque algo conforme ‡parecí a la fuerte animosidad de Lambas de Auria, duque de los ‡genuenses, que a su hijo herido, con sus braços desde la nao echó en la mar. {24} Porque todas estas son muertes que, si roban la vida, es forçado de complir con la fama. Pero, ¿quién forçó a mi hija a morir, sino la fuerte fuerça de amor? Pues, mundo halaguero, ¿qué remedio das a mi fatigada vegez? ¿Cómo me mandas quedar dar en ti, conociendo tus **falsías,** tus lazos, tus cadenas y redes, con que pescas nuestras flacas voluntades? ¿A dó me pones mi hija? ¿Quién acompañará mi

---

XXI.20 *ACD F* fuimos *JM GHKILN* fuemos ∞ ‡El *It* está todo estragado: 'ne che io risponda a mia amata figlia quello che lui al unico suo figliolo, che disse... ∞ ‡y que responda yo, muerta mi amada hija, lo que él, su único hijo, que dixo = 'y que responda yo, muerta mi amada hija, lo que él respondió, muerto su único hijo, cuando dixo... — Lengua hablada o dictada, de ahí las dificultades y variantes. Parece como si Rojas tomara el volumen de Petrarca en mano y directamente fuera dictando a un amigo o a un amanuense la traducción. ∞ *ACD F* su único hijo *JM GHKILN Sal-1570* a su único hijo —Esta última lectura es imposible. ∞ *ACD FJM GHKI* engendrava *LN Sal-1570* engendrara —Confusión de v,u/r.

XXI.21 *AC FJM GH ILN* misma *K* mismo —*errata, D* mesma ∞ *A* la aquexava *CD FJM GHKILN* le aquexava

XXI.22 Desde 'Que, si el profeta...' hasta '...soldasse su llaga'es una *adición primera,* ya en las Comedias. *ACD FJM* y rey David *GHKILN* — rey David ∞ *A* casi locura *CD FJM GHKILN* quasi/q̄si locura ∞ ‡seguro de sospecha = 'despreocuparme y no recelar ya de nada'.

XXI.23 XXI.23-24 es ya una *adición primera* en el texto de las Comedias. ∞ *AC FJM GHKILN* cobrir *D* cubrir ∞ *ACD FJM GHK* pare(s)cia la *ILN Sal-1570* parezca la —La lectura de *ILN Sal-1570* se acerca a la del *It:* 'ancora che in qualche cosa me parga conforme la grande animosità' = 'aunque algo me parezca conforme la fuerte animosidad'. La enmienda que introduzco parece indicar que Pleberio se piensa a sí mismo llevando en sus brazos el cuerpo de su hija, tal como hizo Lambas de Auria cuando arrojó el cuerpo de su hijo al mar. El ejemplo es un tanto forzado. ∞ *Todas:* duque de los at(h)enienses *Sal-1570* duque de los ginoveses —El origen de la errata es claro: Rojas (o su amanuense) escribió 'duque de los *ienuenses';* la -i- fue confundida con una -t- y la palabra '*tenuenses' fue mal enmendada en 'atenienses'. Las formas medievales *genuense, jenuense, ienuense* y *genués, jenués, ienués* (y variantes con gi-, ji-) son comunes. Cf. *Conde Lucanor,* Exemplo IV.

desacompañada morada? ¿Quién terná en regalos mis años que caducan? {25} ¡O amor, amor! ¡Que no pensé que tenías fuerça ni poder de matar a tus sugetos! Herida fue de ti mi juventud, por medio de tus brasas passé. ¿Cómo me soltaste, para me dar la paga de la hüída en mi vegez? Bien pensé que de tus lazos me avía librado cuando los cuarenta años toqué, cuando fui contento con mi conjugal compañera, cuando me vi con el fruto que me cortaste el día de oy. {26} No pensé que tomavas en los hijos la vengança de los padres. Ni sé si hieres con hierro ni si quemas con fuego. Sana dexas la ropa, lastimas el coraçón. Hazes que feo amen y hermoso les parezca. ¿Quién te dió tanto poder? ¿Quién te puso nombre que no te conviene? Si amor fuesses, amarías a tus sirvientes. Si los amasses, no les darías pena. {27} Si alegres biviessen, no se matarían, como agora mi amada hija. ¿En qué pararon tus sirvientes y sus ministros? La falsa alcahueta Celestina murió a manos de los más fieles compañeros que ella para tu servicio emponçoñado jamás halló. Ellos murieron degollados; Calisto, despeñado. Mi triste hija quiso tomar la misma muerte, por seguirle. {28} Esto todo causas. Dulce nombre te dieron; amargos hechos hazes. No das iguales galardones: inica es la ley que a todos igual no es. Alegra tu sonido; entristece tu trato. Bienaventurados los que no conociste o de los que no te curaste. 'Dios' te llamaron otros, no sé con qué error de su sentido traídos. Cata que Dios ‡no mata los que crïó; tú matas los que te siguen. {29} Enemigo de toda razón, a los que menos te sirven das

---

XXI.24 *ACD* forçado complir *FJM GHKILN* forçado de complir *Adición.* ∞ *Todas y Sal-1570:* forçó a mi hija ∞ *ACD Sal-1570* a morir *FJM GHKILN* — morir ∞ *ACD* falacias *FJM GHKILN* **falsías** *Substitución.* ∞ *ACD HKILN* pescas *FJM G* pesas *It* ponderi —*Pescas* hace sentido, pero por la lectura de *FJM* y el *It* es posible pensar si lo originalmente escrito no fue 'pesgas' = 'apesgas, haces pesadas'. ∞ *ACD FJM GHKI N Sal-1570* regalos *It* carezze *L* regla los —*errata*

XXI.25 *AC* subjetos *D FM G ILN* subjectos *F* sujectos *HK* subiectos ∞ ‡los cuarenta años toqué —Fue la edad en que se casó, porque tiene sesenta y Melibea veinte. Cf. XXI.4. ∞ *ACD L* fuy contento *FJM GHKI* fue contento ∞ ‡conjugal —Las ediciones son unánimes en la -j-; sin duda el latinismo era pronunciado con la africada del periodo, v.gr. como en *franja,* y modernamente hay que leerlo con -j- actual. *N* omite un línea: 'cuando los cuarenta años toqué, cuando fui contento con mi conjugal compañera' —Haplografía entre los dos *cuando.* ∞ *Todas:* fruto *(sic)*

XXI.26 *AC JM* fuego *D F GHKILN* huego

XXI.27 ‡la falsa alcaueta Celestina —Cf. lo anotado en XIII.26. Se supo que los criados de Calisto habían sido ajusticiados por haber dado muerte a la vieja Celestina. Por ello era evidente que Calisto estaba en tratos con la alcahueta; pero estrictamente Pleberio no tenía por qué ni por dónde saber que el ave que después fue desplumada era su propia hija. De la conexión existente le informó la propia Melibea en XX.24-25.

XXI.28 *Todas:* iniqua (*N* iniq̃) ∞ ‡*Todas:* cata que Dios ‡ mata los que crïó. *It* guarda che Dios (io —*errata*) ammazza quelli che creó. —Las terciarias tampoco traen el 'no', pero varias posteriores lo agregan. El orden de la argumentación exige el 'no', además que allí se alude sin duda a *Sapientia,* cap. I, v.13: 'Quoniam Deus mortem non fecit, nec laetatur in perditione vivorum. Creavit enim ut essent omnia'. Dios no mata lo que crió —La expresión era y es un lugar común, y desde mucho tiempo atrás. Cf. *Castigos y documentos del rey don Sancho* cap.IX: 'Este se llama fijo de Dios, como él dice, e non mandará matar, ca Dios no mata a los omnes, mas fázelos bivir; e si non la mandare matar, non cumplirá justicia'. ∞ ‡tu congoxosa dança —Ciertamente la *Danza*

mayores dones, hasta tenerlos metidos en tu congoxosa dança. Enemigo de amigos, amigo de enemigos, ¿por qué te riges sin orden ni concierto? {30} Ciego te pintan, pobre y moço; pónente un arco en la mano, con que tires a tiento; más ciegos son tus ministros, que jamás sienten ni veen el desabrido galardón que se saca de tu servicio. Tu fuego es de ardiente rayo, que jamás haze señal do llega. La leña que gasta tu llama son almas y vidas de umanas criaturas; las cuales son tantas, que de quién començar pueda, apenas me ocurre. {31} No solo de cristianos, mas de gentiles y judíos, y todo en pago de buenos servicios. ¿Qué me dirás de aquel Macías de nuestro tiempo, cómo acabó amando, de cuyo triste fin tú fuiste la causa? ¿Qué hizo por ti Paris? ¿Qué Elena? ¿Qué hizo ‡Clitenestra? ¿Qué Egisto? Todo el mundo lo sabe. {32} Pues a Safo, Arïadna, Leandro, ¿qué pago les diste? Hasta David y Salomón no quisiste dexar sin pena. Por tu amistad Sansón pagó lo que mereció, por creerse de quien tú le forçaste a dar la fe. Otros muchos que callo, porque tengo harto que contar en mi mal. {33} Del mundo me quexo, porque en sí me crïó, porque no me dando vida, no engendrara en él a Melibea; no nacida, no amara; no amando, cessara mi quexosa y desconsolada postremería. ¡O mi compañera buena *y* mi hija despedaçada!... —{34} ¿Por qué no quesiste que estorvasse tu muerte? ¿Por qué no oviste lástima de tu querida y amada madre? ¿Por qué te mostraste tan crüel con tu viejo padre? ¿Por qué me dexaste cuando yo te avía de dexar? ¿Por qué me dexaste penado? ¿Por qué me dexaste triste y solo

---

de la muerte. ∞ *ACD FJM GH ILN* riges *K* rigues —*errata.*

XXI.29 —

XXI.30 *A* tiras *CD FJM GHKILN* tires ∞ *Todas:* ni veen ∞ ‡más ciegos —La lectura como conjunción 'mas (= pero) ciegos' también es posible. El *It* no permite definir porque trae las dos: 'ma più ciechi'. ∞ *ACD FJM G* desabrido *HKILN* dessabrido ∞ *AC FJM GHKILN* fuego *D* huego ∞ ‡Desde 'Tu fuego es de ardiente...' hasta '...harto que contar en mi mal' es ya una *adición primera* en el texto de las Comedias.

XXI.31 *ACD F LN* fuiste la causa *JM GHKI* fueste la causa ∞ *AC FJM GHKILN Sal-1570* amando, cuyo *D* amando, de cuyo *It* amando, de cui tristo —Es una simple omisión, influida por el -do anterior. *D* y el *It* traen la lectura correcta. ∞ *ACD FJM GHKILN H/ypermestra It* Hipermestra —Rojas tiene a la vista o el texto italiano de la *Fiameta* de Bocacio, o la traducción castellana, salida ya en enero de 1497. En ambas está claramente *Clite(n)nestra. Hipermestre,* la *sin fraude marita* de Propercio (VII.63-67), no tiene nada que hacer aquí. El origen de la errata hay que buscarlo en las grafías fantásticas *Clyptemestra,* y con *t* traspuesta *Clypetmestra.* Cf. XX.14 *Clitenestra/Clistenestra* etc. Las terciarias mantienen la errata, *Sal-1570* no la corrige, pero sí algunas posteriores extranjeras. Cf. *Introducción, VIII,* pp. 335ss. ∞ *ACD FJM N* Egisto *GHKIL* Egistro —Cf. IX.64 registar/registrar ∞ ‡hasta David y Salomón = 'hasta a David y Salomón'.

XXI.32 *A D FJM G* quisiste *C HKILN* quesiste/q̄siste ∞ *ACD F* a darle fe *JM HKILN Sal-1570* a dar la fe *It* dar la fede *G* — dar la fe —La frase que trae Nebrija como traducción de *do fidem, obstringo fidem* es *dar la fe.* ∞ *Todas:* harto *(sic)*

XXI.33 ‡porque en sí me crïó = 'me creó, me produjo.' Todas las ediciones traen lo mismo, pero *Sal-1570* da: 'porque assí me crïó' *It* del mondo mi lamento per chè in se me creò. ∞ *ACD FJM* quexosa *GHKILN* quexa ∞ *ACD M HKILN* postremería *FJ G* postremería ∞ *ACD* buena o mi hija *FJM GHKILN* buena **y** mi hija *Sustitución.* ∞ ‡mi compañera y mi hija —Se refiere a Alisa que está allí sin sentido, abrazada al cadáver de Melibea. Parece que va a hablarles a ambas, pero se dirige solo a la muerta.

in hac lacrimarum valle?

LA CELESTINA,

O TRAGI-COMEDIA

DE

CALISTO Y MELIBEA.

NUEVA EDICION

con las variantes de las mejores ediciones antiguas.

———•••———

MADRID: 1822.
Imprenta de Don Leon Amarita,
plazuela de Santiago, núm. 1.

XXI.34 *Todas:* no quesiste *ACD FJM ILN* que estorvasse *K* que estorvaste ∞
¿Por qué me dexaste cuando yo te avía de dexar? —Lo traen *ACD,* lo omiten *FJM
GHKILN;* no es supresión, sino haplografía o una línea saltada, como despedida de la nu-
trida comparsa de las erratas. Nótese que el Auto XXI no tiene supresiones ni adiciones
que merezcan tomarse en cuenta. (Sustituciones: XXI.17, 18, 24, 33 solamente y la
adición XXI.24). Además, aquí hay primero tres preguntas y luego otras tres con el verbo 'dexaste' en evidente correspondencia. ∞ ‡in hac lacrimarum valle —Tal es la grafía
correcta en latín y la del *It.* Las castellanas traen *lac(h)rymarum, lachrimarum,* las varias
grafías fantásticas medievales. Con este mismo octosílabo terminan las *Coplas de Mingo
Revulgo.*

268

OC. (Otavas de Concluye el Autor) (1-3)

Concluye el autor, aplicando la obra al propósito por que la acabó.

{1} Pues aquí vemos cuán mal fenecieron
aquestos amantes, huigamos su dança,
amemos a aquel que espinas y lança,
açotes y clavos su sangre vertieron.
Los falsos judíos su haz escupieron,
vinagre con hiel fue su potación;
por que nos lleve con el buen ladrón,
de dos que a sus santos lados pusieron.

[OA.(11b) Olvidemos los vicios que assí nos prendieron,
no confïemos en vana esperança;
temamos aquel que espinas y lança,
açotes y clavos su sangre vertieron;
la su santa faz herida escupieron,
vinagre con hiel fue su potación;
a cada costado consintió un ladrón:
nos lleve, le ruego, con los que creyeron.]

{2} No dudes ni ayas vergüença, letor,
narrar lo lacivo que aquí se te muestra;
que, siendo discreto, verás que es la muestra
por donde se vende la onesta lavor.
De nuestra vil massa, con tal lamedor,
consiente coxquillas de alto consejo,
‡que motes y trufas del tiempo más viejo,
escritas a bueltas, le ponen sabor.

{3} Y assí, no me juzgues por esso liviano,
más antes, zeloso de limpio bivir,
zeloso de amar, temer y servir
al alto Señor y Dios soberano.
Por ende, si vieres turbada mi mano,

OC. Otavas de concluye el autor *FJM GHK LN (I faltan). No aparecen en ACD.*
Epígrafe: *F* la hizo *JM GHK LN* la acabó

OC.1 ‡su dança —Cf. XXI.29 su congoxosa dança ∞ ‡por que nos lleve = 'para que nos lleve' ∞ ‡santos lados pusieron —Métricamente está bien y todas las ediciones traen 'lados', pero cabe una mala lectura de *santos* ⊃ ∫ *tados* (= santos costados) que haría mejor la medida. Cf. OA.11b a cada costado. Esta Otava es modificación de OA.11b, que aparece solamente en *C* y *D,* y que se coloca aquí en seguida, por vía de comparación.

OC.2 *FJM GHK LN* dudes *(sic)* ∞ *FJM GHK LN* lasciuo *(sic)* ‡de nuestra vil massa —Es posible la lectura 'que nuestra vil massa', en que habría confusión de đ/q̃. ∞ *FJM GHK LN* con motes —El 'con' fue inducido porel 'con-' inmediato encima, o fue confusión de las abreviaturas de ⊃ (con) y q̃ (que). ∞ *F* scriptas *JM GHK* escriptas *LN* escritas

turvias con claras mezclando razones,
dexa las burlas, que es paja y grançones,
sacando muy limpio de entre ellas el grano.

AP. (Alonso de Proaza) (1, 2, 3, 4, 5a, 5b, 4)

Alonso de Proaza, corretor de la impressión, al letor.

{1} La harpa de Orfeo y dulce armonía
forçava las piedras venir a su son,
abrié los palacios del triste Plutón,
las rápidas aguas parar las hazía.
Ni ave bolava ni bruto pacía,
ella assentava en los muros ‡tebanos
las piedras y froga sin fuerça de manos,
según la dulçura con que se tañía.

Prosigue y aplica.

{2} Pues mucho más puede tu lengua hazer,
lector, con la obra que aquí te refiero;
que a un coraçón más duro que azero
bien la leyendo harás liquecer.
Harás al que ama amar no querer,
harás no ser triste al triste penado,
al que es sin aviso, harás avisado;
assí que no es tanto las piedras mover.

Prosigue.

{3} No debuxó la cómica mano
de Nevio ni Plauto, varones prudentes,
tan bien los engaños de falsos sirvientes
y malas mugeres, en metro romano.
Cratino y Menandro y Manes anciano
esta materia supieron apenas
pintar en estilo primero de Atenas,

OC.3 *FJM HK LN* zeloso *G* celoso ∞ *FJM GHK LN* zeloso de amar ∞ *F GHK LN* turbada *JM* turvada ∞ *FJM HK LN* grançones *G* grãzones ∞ *FJM G LN* dentrellas *(sic) HK* dẽtrellas *(sic)*

AP. Aparecen en *CD FJM GHK LN* (*I faltan*). AP.5b solo aparece en *JMT.* Epígrafe de AP.: *CD FJM GHK LN* corrector ∞ *C F GHK LN* lector *D JM* letor

AP.1 *CD FJM* abrié *GHK* abría *LN* abrir ∞ *CD JM GHK LN* bolava *F* volaua *(sic)* ∞ *CD FJM GHK LN* muros troyanos —Las terciarias traen también 'troyanos', *Sal-1570* y muchas de las posteriores corrigen 'tebanos'. *Troyanos* es lectura más fácil; *tirios y troyanos y Troya* aparecen en refranes y dichos populares. Un grafía *theuanos* originó la errata que es inconcebible en el humanista Proaza. ∞ *CD JM GHK LN* froga *F* fraga

AP.2 *CD FHM GHK LN* lector ∞ *CD FJM GHK LN* liquescer *(sic)* ∞ *C F GHK LN* al ques sin *(sic) D* al que es sin *JM* al que sin *(sic)* ∞

270

como este poeta en su castellano.

Dize el modo que se á de tener leyendo esta **tragi**comedia.

{4} Si amas y quieres a mucha atención,
leyendo a *CALISTO* mover los oyentes,
cumple que sepas hablar entre dientes,
a vezes con gozo, esperança y passión,
a vezes airado con gran turbación.
Finge leyendo mil artes y modos,
pregunta y responde por boca de todos,
llorando y riendo en tiempo y sazón.

Declara un secreto que el autor encubrió en los metros que puso al principio
del libro.

{5a} Ni quiere mi pluma ni manda razón
que quede la fama de aqueste gran ombre,
ni su dina gloria ni su claro nombre,
cubierto de olvido por nuestra ocasión.
Por ende, juntemos de cada renglón
de sus onze coplas la letra primera,
las cuales descubren por sabia manera
su nombre, su tierra, su clara nación.

Toca cómo se devía la obra llamar tragicomedia y no comedia.

{5b} Penados amantes jamás conseguieron
de empresa tan alta tan pronta vitoria,
como estos de quien recuenta la istoria,
ni sus grandes penas tan bien sucedieron.
Mas como firmeza nunca tovieron
los gozos de aqueste mundo traïdor,
suplico que llores, discreto letor,
el trágico fin que todos ovieron.

Descrive el tiempo y lugar en que la obra primeramente se imprimió acabada.
(JMT)

AP.3 *CD JM GHK LN* mugeres *(sic)* *F* mujeres *(sic)* ∞ *CD FJM GHK LN* Magnes
—Un simple nombre, muestra de erudición; nunca sonaba la -g- en la combinación -gn-.
Cf. *mano, insine, repunar, persinar, sino, dino, indinar, manífico...,* tal como pronunciaban
todos, cultos e incultos, hasta finales del siglo XVIII y como sigue siendo la
pronunciación en amplias zonas populares de España y de América. Cf. I.54. ∞ *CD FJM
GHK LN* de Athenas *(sic)*

AP.4 Epígrafe: *CD* comedia *FJM GHK LN* **tragi** comedia *Sustitución.* ‡Calisto
—Título que le da Proaza a la obra. ∞ *CD GHK LM* riendo *FJM* riyendo

AP.5a *K*omite toda esta Otava (la misma omisión tiene *O*)   ∞ *D FJM GH LN*
gran *C* grand ∞ *CD FJM GH LN* digna *(sic)*

AP.5b Esta Otava solo aparece en *J* (Valencia, 1514), *M* (Valencia, 1518) y *T*
(Valencia, 1529). ∞ *JM* dempressa *T* dempresa ∞ *JM* supplico *T* suplico ∞ ‡nunca tovieron —Hace medida, lo mismo que 'lados pusieron', pero sería mejor y más usual en el
periodo 'nunca *no* tovieron'. ∞ ‡mundo traidor —Igualmente hace medida, pero 'mundo
traïdor' es mejor.

Descrive el tiempo en que la obra se imprimió. *(CDFGHKLN)*

{6} El carro febeo, después de aver dado
mil y quinientas bueltas en rueda,
ambos entonces los hijos de Leda
a Febo en su casa tenién posentado,
cuando este muy dulce y breve tratado,
después de revisto y bien corregido,
con gran vigilancia puntado y leïdo,
fue en Salamanca impresso acabado.

D solo A Dios gracias

It {6} Nel mille cinquecento cinque appunto,
d'espagnolo in idioma italïano
è stato questo opusculo trasunto
da me, Alfonso Ordognez, nato ispano,
a istanza di colei ch'à in se rasunto
ogni bel modo e ornamento umano,
gentil Feltria Fregosa, onesta e degna,
in cui vera virtù trïunfa e regna.

OMNIA SECUNDUM LITEM FIUNT.

AP.6 Este epígrafe solamente en *JMT:* Descrive el tiempo y el lugar en que la obra primeramente se imprimió acabada. Este epígrafe en *CD F GHK LN:* Descrive el tiempo en que la obra se imprimió. ∞ *CD JMT* carro febeo *F GHK LN* carro de Febo ∞ *C JMT* mil y quinientas bueltas *D* mil quinientas y una bueltas *GHK LN* mil y quinientas dos bueltas *F* mil quinientas y siete bueltas ∞ *C F* ambos entonce *D JMT GHK LN* ambos entonces ∞ *D FJMT* tenién posentado *C GHK LN* tienen posentado ∞ ‡*Los hijos de Leda,* los Gemelos, tenían el sol en su casa o signo, es decir, el sol estaba en Géminis, 11 de mayo al 12 de junio, en el calendario antes de la reforma gregoriana. *D* en seguida de esta estrofa, con letra del siglo XVI, tiene escrito 'Junio 1501'.

C fuĕ en Toledo impresso y acabado *D* fuĕ en Sevilla impresso y acabado
F fuĕ en Çaragoça impresso y acabado *O* fuĕ en Sevilla impresso y acabado
JM fuĕ en Salamanca impresso acabado *T* fuĕ en Salamanca impresso y acabado
G fuĕ en Toledo impresso acabado *HK* fuĕ en Sevilla impresso acabado
L fuĕ en Sevilla impresso y acabado *N* fuĕ en Salamanca impresso acabado
O mil quingentas veinte y tres *U* mil quinientas y xxxj, dentro Barcelona. *WXCc* mil quinientas dos, Sevilla. *QSEe* no traen estrofa colofón. *RBbGg* no traen OC. ni AP.

‡Tal como se indica, en *CD GHK L* con dialefa, en *FJM T* con sinalefa, el primer hemistiquio del verso *h* de la AP.6 hace medida en todas las ediciones, menos en *N;* para el segundo hemistiquio, en los que la incluyen, sobra siempre la conjunción 'y' que debe considerarse como un simple descuido.

272

Tratado de Centurio de Sanabria (?)

XIV. Auto Catorzeno {51-54} Tristán, Sosia

(Cena 8ª)

Sosia:- {51} Tristán, ¿qué te parece de Calisto, qué dormir á hecho? Que ya son las cuatro de la tarde y no nos á llamado ni á comido.

Tristán:- Calla, que el dormir no quiere priessa. Demás desto, aquéxale por una parte la tristeza de aquellos moços, por otra le alegra el muy gran plazer de lo que con su Melibea á alcançado. {52} Assí que dos tan rezios contrarios verás qué tal pararán un flaco sugeto, donde estuvieren aposentados.

Sosia:- ¿Piénsaste tú que le penan a él mucho los muertos? Si no le ‡penassen más a aquella que desde esta ventana yo veo ir por la calle, no llevaría las tocas de tal color.

Tristán:- ¿Quién es, hermano?

Sosia:- {53} Llégate acá y verla as antes que trasponga. Mira, aquella lutosa que

---

El *Tratado de Centurio* como tal, es decir, como un conjunto de escenas referentes a Centurio (o Centurión), sus mujeres y sus compañeros, fue mirado y considerado desde el comienzo como algo extraño o agregado al texto principal de la Obra. No tiene otra explicación el hecho de que desde *G* (desde por lo menos 1508) hasta *Gg* (1541), es decir desde que se estabilizó el texto de 21 o 22 autos, hasta la muerte de Rojas, se haya agregado en el Subtítulo la frase o frases que se indican así:

Y nuevamente añadido el Tratado de Centurio — *GHIKNOPQSUWCc*
Y nuevamente añadido el Tratado de Centurio y el Auto de Traso — *R*
Con el Tratado de Centurio y el Auto de Traso — *BbGg*

QS no solo traen la frase en el ST. sino que al final anotan: Acabóse la Tragicomedia con el Tratado de Centurión *(sic)*. *Ee* no trae la frase en el ST. pero agrega al final: Acábase la Tragicomedia de Calisto y Melibea con el Tratado de Centurio. —Mientras Rojas está vivo las únicas ediciones que no traen tal referencia, aparte de *F* cuyas cuatro primeras hojas faltan, son *L (la Puta),* que tiene un título especial, sin subtítulo, y las tres ediciones de Valencia, *JM* y *T,* con las que Rojas tuvo ciertamente relación.

A partir de la muerte de Rojas, hasta la última de las posteriores en 1634, la única edición que trae en el ST. la referencia al *Tratado de Centurio* es Venecia, 1553. Las cosas se pasan como si en vida de Rojas los editores tengan interés en hacer resaltar la inclusión del *Tratado de Centurio* y Rojas no. En cambio, Rojas en el Prólogo (P.27) nos habla claramente de la *nueva adición.* La única explicación plausible de todo esto es la que expongo largamente en la *Introducción,* IV.B.1.f (pp. 82-107) y IV.B.3., (pp. 120-194).

(Cena 8ª) —No está indicada ni señalada en el argumento del Auto XIV.

XIV.51 XIV.51-54, Cena 8ª. Esta escena no está indicada ni señalada en el Argumento del Auto Catorzeno, (AXIVa). *FJ GHKILN* demás desto *M* demás desta

XIV.52 *FJM GHKILN* sujeto *(sic)* ∞ *FJM* donde *GHKILN* do ∞ *F* estovieren *JM GHKILN* estuvieren ∞ ‡*F* si no penasse *JM GHKILN* si no le penasse *It* se non penasse —Esta forma verbal es paralela del anterior 'penan'. El singular es simple errata de omisión de tilde (-assẽ). *F IN* a aquella *M GHKL* — aquella —Omisión mecánica de la 'a'.

se limpia agora las lágrimas de los ojos. Aquella es Elicia, crïada de Celestina y amiga de Sempronio. Una muy bonita moça, aunque queda agora perdida la pecadora, porque tenía a Celestina por madre y a Sempronio por el principal de sus amigos. {54} Y aquella casa donde entra, allí mora una hermosa muger, muy graciosa y fresca, enamorada, medio ramera; pero no se tiene por poco dichoso quien la alcança a tener por amiga sin grande escote, y llámase Areúsa. Por la cual sé yo que ovo el triste de Pármeno más de tres noches malas, y aun que no le ‡plaz*erá* a ella con su muerte.

AUTO XV.

AXV. Argumento del décimo quinto auto.

Areúsa dize palabras injuriosas a un rufián llamado Centurio, el cual se despide della por la venida de Elicia; la cual cuenta a Areúsa las muertes que sobre los amores de Calisto y Melibea se avían ordenado, y conciertan Areúsa y Elicia que Centurio aya de vengar las muertes de los tres en los dos enamorados. En fin despídese Elicia de Areúsa, no consintiendo en lo que le ruega, por no perder el buen tiempo que se dava, estando en su assueta casa.

XV. Auto décimo quinto. {1-32} Areúsa, Centurio, Elicia.

(*Soliloquio de Elicia.* Cena 1ª)

Elicia:- {1}¿Qué bozear es este de mi prima? Si á sabido las tristes nuevas que yo le traigo, no avré yo las albricias de dolor que por tal mensage se ganan. Llore, llore, vierta lágrimas, pues no se hallan tales ombres a cada rincón. Plázeme que assí lo siente. Messe aquellos cabellos, como yo, triste, é hecho; sepa que es perder buena vida más trabajo que la misma muerte. ¡O,

---

XIV.53 ‡antes que trasponga —Esto es, antes que doble la esquina; y antes de doblar la esquina entró en la casa de Areúsa que debía quedar, según esto, en la misma calle que la de Calisto y desde la una se veía la puerta de la otra. Cf. VII.53, donde Celestina sale con Pármeno de casa de Calisto y después de hablar largamente van 'de camino' para casa de Areúsa. ∞ *FJM GHKILN* lutosa *(sic)* ∞ *FJM* se limpia agora *GHKILN* se limpia — ∞ *F* bonica *JM GHKILN* bonita

XIV.54 *F* alcança a tener *JM GHKILN* alcança — tener —Omisión mecánica. ∞ *FJM GHK* ouo *(sic) ILN* uuo *(sic)* ∞ *FJM GHKILN* no le plaze a ella con su muerte *It* non fu lei contenta de sua morte —La lectura de *It* es todavía peor que la de las castellanas. El presente o el pretérito indicarían que Areúsa ya lo sabe. Es uno de los tantos futuros abreviados y mal leídos, Cf. I.86, IV.31, VI.67, IX.6.

AXV. Argumento del décimo quinto auto — *JM GHKILN, F no lo trae. JM GHKILN* décimo quinto *JM* auto *GHKILN* aucto ∞ ‡en lo que le ruega —¿Quién a quién? Al leer el auto se sabe, pero por la mala redacción del argumento, no. ∞ *JM* asueta *GHKILN* assueta *It* consueta —La palabra la usa el autor de la *Caragicomedia*: '...declararé algunas escuras sentencias que en ella ay, con alegaciones de los assuetos autores que en ella se verán'.

XV. *JM G* Are. Cen. Eli. *F* Eli. Are. Cen. *HKILN* Eli. Cen. Are.

274

cuánto más la quiero que hasta aquí, por el gran sentimiento que muestra!

(Cena 2ª)

Areúsa:- {2} Véte de mi casa, rufián, vellaco, mentiroso, burlador, que me traes engañada, bova, con tus ofertas vanas. Con tus ronces y halagos asme robado cuanto tengo. Yo te di, vellaco, sayo y capa, espada y broquel, camisas de dos en dos a las mil maravillas labradas, yo te di armas y cavallo, púsete con señor que no le merecías descalçar; agora, una cosa que te pido que por mí hagas, pónesme mil achaques.

Centurio:- {3} Ermana mía, mándame tú matar con diez ombres por tu servicio y no que ande una legua de camino a pie.

Areúsa:- ¿Por qué jugaste tú el cavallo, tahur, vellaco? que si por mí no oviesse sido, estarías tú ya ahorcado. Tres vezes te é librado de la justicia, cuatro vezes desempeñado en los tableros. ¿Por qué lo hago? ¿Por qué soy loca? ¿Por qué tengo fe con este covarde? ¿Por qué creo sus mentiras? ¿Por qué le consiento entrar por mis puertas? ¿Qué tiene bueno? {4} Los cabellos crespos, la cara acuchillada, dos vezes açotado, manco de la mano del espada, treinta mugeres en la putería. ¡Salte luego de aí! No te vea yo más, no me hables ni digas que me conoces; si no, por los uessos del padre que me hizo y de la madre que me parió, yo te haga dar mil palos en essas espaldas de molinero. {5} Que ya sabes que tengo quién lo sepa hazer y, hecho, salirse con ello.

Centurio:- ¡Loquear, bovilla! Pues si yo me ensaño, alguna llorará. Mas quiero irme y çofrirte, que no sé quién entra; no nos oigan.

(Cena 3ª)

Elicia:- {6} Quiero entrar, que no es son de buen llanto donde ay amenazas y denuestos.

Areúsa:- ¡Ay, triste yo! ¿Eres tú, mi Elicia? ¡Gesú, Gesú! No lo puedo creer. ¿Qué es esto? ¿Quién te me cubrió de dolor? ¿Qué manto de tristeza es este? Cata que me espantas, ermana mía. Dime presto qué cosa es, que estoy sin tiento; ninguna gota de sangre as dexado en mi cuerpo.

Elicia:- {7} ¡Gran dolor, gran perdida! Poco es lo que muestro, con lo que

XV.1 ‡las albricias de dolor que se ganan —Expresión descabalada. ∞ *FJM GHKI* que es perder buena vida, más *LN* que perder buena vida es más ∞ *FJM GHKI N* la quiero *L* le quiero

XV.2 *FJM* le merecías *GHKILN* lo merecías ∞ *F HK* mil *JM G ILN* mill

XV.3 *FJM G* jugaste tú el cavallo *HK ILN* jugaste — el cavallo ∞ *FJM HKILN* ahoraco *G* horcado —Cf. VII.31.

XV.4 *FJM G* mil palos *It* mille bastonate *HKILN* dos mil palos (*K* mis *L* mll)

XV.5 *FJM GHK* çofrirte *ILN* sufrirte ∞ *F GHKILN* oygan *(sic) JM* oyan *(sic)* ∞ —‡Centurio se esfuma, probablemente por la chimenea, sin cruzarse con la que llega.

XV.6 *F LN* Jesú, Jesú *JM* jesú, jesú *GHK* Jesú, jesú *I* Jesú, iesú —Regularización de la grafía ge/gi. ∞ *FJM GHKILN* as dexado en mi cuerpo *Sal-1570* me as dexado en mi cuerpo. —Las dos construcciones paralelas son: *me* as dexado *en el* cuerpo / as dexado *en mi* cuerpo.

siento y encubro. Más negro traigo el coraçón que el manto; las entrañas, que las tocas. ¡Ay ermana, ermana, que no puedo hablar! No puedo, de ronca, sacar la boz del pecho.

Areúsa:- ¡Ay, triste, que me tienes suspensa! Dímelo, no te messes, no te rascuñes ni maltrates. ¿Es común de entramas este mal? ¿Tócame a mí?

Elicia:- {8} ¡Ay, prima mía y mi amor! Sempronio y Pármeno ya no biven, ya no son en el mundo. Sus ánimas ya están purgando su yerro. Ya son libres desta triste vida.

Areúsa:- ¿Qué me cuentas? No me lo digas. Calla, por Dios, que me caeré muerta.

Elicia:- {9} Pues más mal ay que suena. Oye a la triste que te contará más quexas: Celestina, aquella que tú bien conociste, aquella que yo tenía por madre, aquella que me regalava, aquella que me encubría, aquella con quien yo me onrava entre mis iguales, aquella por quien yo era conocida en toda la ciudad y arrabales, ya está dando cuenta de sus obras. Mil cuchilladas le vi dar a mis ojos; en mi regaço me la mataron.

Areúsa:- {10} ¡O fuerte tribulación! ¡O dolorosas nuevas, dinas de mortal lloro! ¡O acelerados desastres! ¡O pérdida incurable! ¿Cómo á rodeado tan presto la fortuna su rueda? ¿Quién los mató? ¿Cómo murieron? Que estoy envelesada, sin tiento, como quien cosa impossible oye. No á ocho días que los vide bivos y ya podemos dezir: perdónelos Dios. Cuéntame, amiga mía, cómo es acaecido tan crüel y desastrado caso?

Elicia:- {11} Tú lo sabrás. Ya oíste dezir, ermana, los amores de Calisto y la loca de Melibea. Bien verías cómo Celestina avía tomado el cargo, por intercessión de Sempronio, de ser medianera, pagándole su trabajo. La cual puso tanta diligencia y solicitud, que a la segunda açadonada sacó agua. {12} Pues, como Calisto tan presto vido buen concierto en cosa que jamás lo esperava, a bueltas de otras cosas dio a la desdichada de mi tía una cadena de oro. Y como sea de tal calidad aquel metal, que mientra más bevemos dello más sed nos pone, con sacrílega hambre, cuando se vido tan rica, alçóse con su ganancia y no quiso dar parte a Sempronio ni a Pármeno

---

XV.7 *FJM G ILN* traygo *(sic)* *HK* trago *(sic)* ∞ *FJM GHKILN* entrambas/entrãbas
XV.8 —

XV.9 *FJM* encubría *GHKILN* encobría ∞ *F GHK* cibdad *JM ILN* ciudad

XV.10 *F ILN* tan presto *JM GHK* atán presto —Ambas lecturas posibles. ∞ —‡no á ocho días que los vide bivos —Si este Tratado fuera de Rojas o perteneciera realmente a la parte estructural de la *Celestina,* cuando más debiera haber dicho: 'no á tres días que los vide bivos'. ¿Por qué no se hizo una corrección tan sencilla al entrejirir esta *Farsa*? Basta observar la cronología de la parte genuina de Rojas: Noche de la seducción de Areúsa - Día siguiente: comida en casa de Celestina - rendición de Melibea - informe segundo de Celestina a Calisto - Esa noche: primera entrevista de Calisto Melibea, por entre las puertas. Riña de Pármeno y Sempronio con Celestina. Muerte de Celestina. Día siguiente, temprano: ejecución de Sempronio y Pármeno - Esa noche: desfloración de Melibea - Día siguiente, a las cuatro de la tarde (Cf. XV.51) hablan Elicia y Areúsa. ∞ *F* vi *JM GHKILN* vide

XV.11 *F* loca Melibea *JM GHKILN* loca de Melibea

dello, lo cual avía quedado entre ellos que partiessen lo que Calisto diesse.
{13} Pues, como ellos viniessen cansados una mañana de acompañar a su
amo toda la noche, muy aïrados de no sé qué questiones que dizién que
avían avido, pidieron su parte a Celestina, de la cadena, para remediarse.
Ella púsose en negarles la convención y promesa y dezir que todo era suyo
lo ganado, y aun descubriendo otras cosillas de secretos, que, como dizen,
riñen las comadres ‡y dízense las verdades. {14} Assí que ellos, muy enoja-
dos, por una parte los aquexava la necessidad, que priva todo amor; por
otra, el enojo grande y cansancio que traían, que acarrea alteración; por
otra, vían la fe quebrada de su mayor esperança; no sabían qué hazer.
Estuvieron gran rato en palavras. Al fin, viéndola tan codiciosa, per-
severando en su negar, echaron mano a sus espadas y diéronle mil cuchilladas.

Areúsa:- {15} ¡O desdichada de muger! ¿Y en esto avía su vegez de fenecer?
Y dellos, ¿qué me dizes? ¿En qué pararon?

Elicia:- Ellos, como ovieron hecho el delito, por hüír de la justicia, que acaso
passava por allí, saltaron de las ventanas y casi muertos los prendieron y sin
más dilación los degollaron.

Areúsa:- {16} ¡O mi Pármeno y mi amor! ¡Y cuánto dolor me pone su muerte!
Pésame del grande amor que con él tan poco tiempo ‡avía puesto, pues no
me avía más de durar. Pero, pues ya este mal recaudo es hecho, pues ya
esta desdicha es acaecida, pues ya no se pueden por lágrimas comprar ni

---

XV.12 *FJM GHKILN* vido *(sic)* ∞ *F ILN* la esperava *JM GHK Sal-1570* lo esperava ∞ ‡a bueltas de otras cosas = 'juntas con otras cosas', - no es cierto; solo le dio
primero las cien monedas, Cf. I.174. ∞ *FJM* calidad *GHKILN* qualidad ∞ ‡más bevemos
dello —Es posible que esté detrás Petrarca, (*De Remediis Utriusque Fortunae* i.55.A5):
'crescente auto crescit auri sitis', pero la sed de oro era y es un decir común. ∞ *FJM
GHKI N* se vido *L* se vio ∞ *FJM GHKILN* su ganancia *(sic)*

XV.13 ‡viniessen...una mañana —Perfectamente se hubiese podido modificar diciendo 'ayer de mañana'; ese 'una mañana', como si fuese una cosa algo remota, resulta
absurdo. ∞ *F* que diz que *JM GHK LN* que dizen que *I* que dizién que *(sic)* *It* che
dissero —La *I* conserva la lectura correcta con la forma en -ie- del copretérito, que es la
que ha originado las variantes. Cf. AP.6 tenién. ∞ *FJM GHK* ydezir *ILN* y en dezir
—No es necesario repetir el 'en'. ∞ ‡descubriendo otras cosillas de secretos —Realmente
no se descubrieron secretoa. Celestina aludió a que Pármeno *conocía* los secretos de su
vida pasada (XII.95) y a continuación *quizás* aludió a la ejecución de la Claudina, ya cuando se vio muy acorralada, pero en alusión que solo el Pármeno pudo entender. *FJM
GHKILN* riñen las comadres *etc.* Varias de las posteriores traen completo el refrán, que
debe ponerse así.

XV.14 *F* cansacio *JM GHKILN* cansancio ∞ *F* veía *JM* avían *GHKILN* vían —La lectura de *JM* es errata. ∞ *F* estouieron *(sic)* *JM GHKILN* estuuieron *(sic)* ∞ ‡echaron
mano a sus espadas y diéronle —Fue solo Sempronio el que la acuchilló, pero puede
aceptarse que Elicia hable en forma indefinida, aunque bien debía saber cómo fue la cosa,
ya que estuvo presente al acuchillamiento.

XV.15 *FJM GHK* Y en esto *IL* En esto ∞ *FJM GHKILN* delicto *(sic)* ∞ *FJM GH
ILN* passava *K* passa *-errata* ∞ *FJM GHKILN* quasi/q̃si ∞ *FJM GHKILN* los degollaron
It (foron) decapitati —Los mataviejas fueron descabezados, decapitados, tal como se ve
por los xilograbados. En el periodo el verbo 'degollar' se usaba indistintamente con el
significado de 'yugular, cortar el cuello' y 'descabezar, decapitar'.

restaurar sus vidas, no te fatigues tú tanto, que cegarás llorando. Que creo que poca ventaja me llevas en sentimiento, y verás con cuánta paciencia lo çufro y passo.

Elicia:- {17} ¡Ay, que ravio! ¡Ay mezquina, que salgo de seso! ¡Ay, que no hallo quién lo sienta como yo! ¡No ay quién pierda lo que yo pierdo! ¡O, cuánto mejores y más honestas fueran mis lágrimas en passión agena, que en la propia mía! ¿Adónde iré, que pierdo madre, manto y abrigo; pierdo amigo y tal, que nunca faltava de mí marido? ¡O Celestina sabia, onrada y autorizada, cuántas faltas me encobrías con tú buen saber! {18} Tú trabajavas, yo holgava; tú salías fuera, yo estava encerrada; tú rota, yo vestida; tú entravas contino como abeja por casa; yo destrúía, que otra cosa no sabía hazer. ¡O bien y gozo mundano, que mientra eres posseído eres menospreciado, y jamás te consientes conocer hasta que te perdemos. {19} ¡O Calisto y Melibea, causadores de tantas muertes! ¡Mal fin ayan vuestros amores, en mal sabor se conviertan vuestros dulces plazeres! Tórnese lloro vuestra gloria, trabajo vuestro descanso. Las yervas deleitosas donde tomáis los hurtados solazes se conviertan en culebras, los cantares se os tornen lloro, los sombrosos árboles del uerto se sequen con vuestra vista, sus flores olorosas se tornen de negra color.

Areúsa:- {20} Calla, por Dios, ermana; pon silencio a tus quexas, ataja tus lágrimas, limpia tus ojos, torna sobre tu vida. Que cuando una puerta se cierra, otra suele abrir la fortuna, y este mal, aunque duro, se soldará. Y muchas cosas se pueden vengar que es impossible remediar, y ésta tiene el remedio dudoso y la vengança en la mano.

Elicia:- {21} ¿De quién se á de aver enmienda, que la muerta y los matadores me an acarreado esta cuita? No menos me fatiga la punición de los delinquentes que el yerro cometido. ¿Qué mandas que haga, que todo carga sobre mí? Pluguiera a Dios que fuera yo con ellos y no quedara para llorar

---

XV.16 *FJM GHKILN* su muerte *(sic)* *It* de tua morte (!) ∞ *F ILN* tiempo auia *(sic)* *JM GHK* tiempo hauia *(sic)* *It* in sí poco tempo misse *Sal-1570* en tan poco tiempo avía —Es posible una lectura: tan poco tiempo á avía puesto = 'del grande amor que avià puesto con él tan poco tiempo á, lo cual mejoraría el texto. ∞ *FJM* recabdo *GHKILN* recaudo ∞ *F* poco ventaja *JM GHKILN* poca ventaja ∞ ‡y verás = 'y ya ves, bien ves' —El presente o el futuro son usuales en esta expresión. ∞ *FJM GHK* çufro *ILN* sufro

XV.17 ‡más onestas mis lágrimas —Sentencia del Petrarca, *Reb.fam.* 87A, no muy bien injerida aquí. ∞ ‡faltava de mí = 'me faltava' —El *It* entiende mal: mancava de mio marito. ∞ *FJM GHKILN* encobrías *(sic)*

XV.18 *FJM GHKILN* contino *(sic)* ∞ ‡te consientes conocer —La construcción mejoraría algo pasando el 'te' inmediato al verbo: 'jamás consientes te conocer'; pero siendo defectuosa, porque el infinitivo tiene sentido pasivo: 'ser conocido'. Basta pasarlo a la tercera persona para notar la falla: 'jamás *lo* consientes conocer hasta que *lo* perdemos'.

XV.19 *FJM* se os tornen *GHKILN* se vos tornen Cf. VII.6. ∞ ‡las yervas deleitosas... los cantares... los sombrosos árboles... las flores olorosas... —Se refiere indudablemente a la Cena 2ª del Auto XIX (XIX.11-20); lo que indica sin lugar a duda que todo esto fue escrito después de la Cena 2ª del Auto XIX. Aparte de la absoluta imposibilidad de que Elicia conozca tales detalles.

XV.20 *FJM GHKILN* dudoso *(sic)* Adjetivo mal empleado aquí, en el sentido de 'negado, impedido, baldío, no hacedero'.

a todos. {22} Y de lo que más dolor siento es ver que por esso no dexa aquel vil de poco sentimiento de ver y visitar festejando cada noche a su estiércol de Melibea; y ella muy ufana en ver sangre vertida por su servicio.

Areúsa:- Si esso es verdad, ¿de quién mejor se puede tomar vengança, de manera que quien lo comió, aquel lo escote? {23} Déxame tú, que si yo les caigo en el rastro, cuándo se veen y cómo, por dónde y a qué ora, no me ayas tú por hija de la pastellera vieja, que bien conociste, si no hago que les amarguen los amores. Y si pongo en ello a aquel con quien me viste que reñía cuando entravas, si no sea él peor verdugo para Calisto que Sempronio de Celestina. {24} Pues, ¡qué gozo avría agora él en que le pusiesse yo en algo por mi servicio, que se fue muy triste de verme que le traté mal! Y vería él los cielos abiertos en tornalle yo a hablar y mandar. Por ende, ermana, dime tú de quién pueda yo saber el negocio cómo passa, que yo le haré armar un lazo con que Melibea llore cuanto agora goza.

Elicia:- {25} Yo conozco, amiga, otro compañero de Pármeno, moço de cavallos, que se llama Sosia, que le acompaña cada noche. Quiero trabajar de se lo sacar todo el secreto, y este será buen camino para lo que dizes.

Areúsa:- Más hazme este plazer: que me embíes acá esse Sosia. Yo le halagaré y diré mil lisonjas y ofrecimientos, hasta que no le dexe en el cuerpo cosa

---

XV.21 —

XV.22 *FJM G LN* siento *HKI* siente ∞ ‡de ver y visitar festejando cada noche —Muertos Sempronio y Pármeno, muerta la Vieja aquella sanguinolenta madrugada, encerrado todos los días en su casa Calisto, fingiendo ausencia, ¿cómo podía saber esto Elicia?, y si lo sabía, ¿qué necesidad tenía luego de averiguárselo al Sosia? ∞ ‡vil de poco sentimiento —Punto de vista falso en Elicia y en la época. Calisto no tenía por qué tener poco ni mucho sentimiento de la muerte de Celestina o de los criados y Elicia tenía que saber tal cosa como natural. El *volver por los suyos,* dentro del puntillo de honra, en las relaciones feudales de amos a criados, era una cosa muy distinta. ∞ ‡y ella (Melibea) muy ufana en ver sangre vertida por su servicio —Falso en toda lógica y falso con relación a la real situación de Melibea. Y ¿cómo podía saberlo la ramera Elicia? Todo esto es polvo a los ojos del lector para hacer plausible o aceptable la 'venganza de las rameras' y relacionar en alguna forma este Gran Embuchado con lo genuino de la Obra. ∞ *FJM G ILN* de quién mejor *HK* y de quién mejor

XV.23 ‡les caigo en el rastro de cuando se veen —¿No acaba Elicia de decir que es todas las noches? ¿no describió la misma Areúsa en XV.19 los 'placeres del *huerto'?* La hora tiene que ser en la noche y el por dónde tiene que ser el camino que lleva de casa de Calisto al huerto. Si esto es de Rojas hay que renunciar a toda posibilidad de crítica literaria. ∞ *FJM GHKILN* se veen *(sic) FJM* pastellera *GHKILN* pastelera —Las dos formas se registran; pudo haber una pronunciación con -ll- paralela a la con -l-. Cf. magullar/magular, XIII.21. ∞ *FJM G* a aquel *H ILN* aquel *K* a q̃l *(sic)* ∞ —‡Sempronio de Celestina —Areúsa no podía saber que fue Sempronio el que acuchilló a la Vieja. Elicia no se lo ha dicho en XV.14-15, donde habla siempre de *ellos,* sin determinar.

XV.24 *FJM HKILN* yo a hablar *G* yo — hablar ∞ ‡de quién pueda saber el negocio cómo passa —¿De quién mejor que de la propia Elicia, por todos los datos que acaba de dar? Pero es que esto sirve para introducir al Sosia, cuya seducción por parte de Areúsa es el núcleo del Gran Embuchado. ∞ ‡le haré armar —Se refiere no al Sosia, sino al Centurio, pero la redacción es confusa.

de lo hecho y por hazer. {26} Después a él y a su amo haré revessar el plazer comido. Y tú, Elicia, alma mía, no recibas pena. Passa a mi casa tu ropa y alhajas y vente a mi compañía, que estarás muy sola y la tristeza es amiga de la soledad. Con nuevo amor olvidarás los viejos. Un hijo que nace restaura la falta de tres finados; con nuevo sucessor se pierde la alegre memoria y plazeres perdidos del passado. {27} De un pan que yo tenga ternás tu la meitad. Más lástima tengo de tu fatiga que de los que te la ponen. Verdad sea que cierto duele más la pérdida de lo que ombre tiene que da plazer la esperança de otro tal, aunque sea cierta. Pero ya lo hecho es sin remedio y los muertos irrecuperables. Y como dizen: mueran y bivamos, que con salud los enterramos. {28} A los bivos me dexa a cargo, que yo te les daré tan amargo xarope a bever, cual ellos a ti han dado. ¡Ay prima, prima, cómo sé yo, cuando me ensaño, rebolver estas tramas, aunque soy moça! Y de ál me vengue Dios, que de Calisto Centurio me vengará.

Elicia:- {29} Cata que creo que, aunque llame al que mandas, no avrá efeto lo que quieres, porque la pena de los que murieron por descobrir el secreto porná silencio al bivo para guardarle. Lo que me dizes de mi venida a tu casa te agradesco mucho. {30} Y Dios te ampare y alegre en tus

XV.25 *F* conosco *JM GHKILN* conozco ∞ —‡No se menciona antes este conocimiento de Elicia con el Sosia, pero si ya se sabe que es cada noche, que lo acompaña Sosia y que se ven en el huerto, ¿cuál es el secreto que le piensa sacar? ¿la hora y el camino? Pero esto lo sabe el Centurio, Cf. XVIIIa.12: todo el negocio de sus amores sé y los que por su causa ay muertos y lo que os tocava a vosotras, *por dónde va y a qué ora* y con quién es. —Todo esto es un entremés muy divertido, ajeno al estilo de Rojas o de Cota, extraño completamente a la escritura auténtica de la Obra. ∞ ‡más hazme este plazer = 'más bien hazme este plazer' *It* AREU,- famme questo piacer, sorella —En lugar de ser Elicia la que le saque el secreto, quiere ser ella, Areúsa. ∞ *FJM GHKILN* embíes acá esse *Sal-1570* embíes a casa esse ∞ *FJM G* halagaré *HKILN* hablaré

XV.26 *F G* revesar *JM HKILN* revessar —Las dos formas (con -s-/-ss-) se dan. Nebrija trae *revesar,* influencia de *revés/reveses;* pero *atravessar* es constante, a pesar de *través, al través* —Cf. IX.18. ∞ ‡a él (Sosia) y a su amo haré revessar el plazer comido —Pero, ¿es que el Sosia también se está acostando con Melibea?! ∞ *FJM* tus ropas ∞ *FJM* estarás muy sola *GHKILN* estarás allí mucho sola ∞ ‡Con nuevo amor... perdidos del passado —Esto es un amalgama de Petrarca, *Secretum,* iii R, y Ovidio, *De rem. amoris,* 463-5. ∞ *FJM GHKI* se pierde *I* se perde *LN* se cobra —La lectura 'se pierde' no hace buen sentido y es influida por el 'perdidos' siguiente. La mayoría de las terciaras y posteriores traen 'cobra'. ∞ *FJM* del passado *GHKILN* del passado tiempo

XV.27 ‡más lástima tengo... Verdad sea que cierto duele... —Dos frases de una profundidad completamente mazorral. Es la única vez que el Gran Embuchador trata de meter sentencias de su cosecha. ∞ ‡lo hecho es sin remedio —¿Pero no dijo atrás en XV.20 que el remedio era *dudoso?* ∞ *F* otra tal *JM GHKILN* otro tal ∞ ‡El *It* trae el refrán completo, que por cierto los refraneros no registran: 'morano e vivamo e con sanità li sepelliamo' = 'mueran y bivamos, que con salud los enterramos' - es usual en muchas zonas de América.

XV.28 *FJM GHKILN* te les daré *(sic)* ∞ *FJM GHKI N Sal-1570* me ensaño, rebolver *L* me ensaño, a rebolver ∞ ‡de ál —Rojas en la *Continuación* y adiciones no usa nunca este pronombre, que sí emplea Cota en el *Esbozo.*

XV.29 *FJM GHK* el que mandas *ILN* al que mandas —Las dos construcciones son usuales, pero evidentemente la corrección preferible fue hecha en *I,* que sigo. ∞ *FJM*

necessidades, que bien muestras el parentesco y ermandad no servir de viento, antes en las adversidades, aprovechar. Pero, aunque lo quiera hazer por gozar de tu dulce compañía, no podrá ser por el daño que me vernía. {31} La causa no es necessario dezir, pues hablo con quien me entiende. Que allí, ermana, soy conocida, allí estoy aperrochada. Jamás perderá aquella casa el nombre de Celestina, que Dios aya. Siempre acuden allí moças conocidas y allegadas, medio parientas de las que ella crïó. Allí hazen sus conciertos, de donde se me seguirá algún provecho. Y también essos pocos amigos que me quedan no me saben otra morada. {32} Pues ya sabes cuán duro es dexar lo usado, y que mudar costumbre es a par de muerte, y piedra movediza, que nunca moho la cobija. Allí quiero estar, siquiera porque el alquilé de la casa, ‡que ? está pagado por ogaño; no se vaya en balde. Assí que, aunque cada cosa no abastasse por sí, juntas aprovechan y ayudan. Ya me parece que es ora de irme. De lo dicho me llevo el cargo. Dios quede contigo, que me voy.

Auto de la Iça.

Escenas de Centurio en un burdel, por la longitud de un Auto, que ilustran la frase 'treinta mugeres en la putería' y que son el modelo de las escenas de este tipo en la *Celestinesca* posterior. Este auto prostibulario fue suprimido al entrejerir el *Tratado de Centurio* en la *Continuación* y en su lugar está el actual Auto XVI, que es de Rojas. Cf. la estructura retabular del *Tratado de Centurio* en la *Introducción* IV.B.3.a, pp. 129ss.

GHKILN effecto *(sic)* ∞ ‡los que murieron por descobrir el secreto —Esto parece haber sucedido en otra obra, que no en la que conocemos de Rojas. ∞ *FJM GHKILN* descobrir *(sic)* ∞ *FJM GHKILN* guardarle *(sic)*

XV.30 ‡servir de viento *It* no serveno di vento *Sedeño, Ff* XV.53 'que muestran no ser fingida / la ermandad y parentezco' *(sic)* Mabbe: 'serve for shadows'.

XV.31 *F* aparrochiada *J GHKILN* aperrochada *M* aparrochada *K* aprochada *It* son li parrocchiana ∞ ‡que Dios aya —El *It* trae: 'quella casa il nome de Celestina, qual Dio per sua santa misericordia receva in sua beata gloria'. —Parece paráfrasis del texto castellano. Cf. que Dios aya = 'que Dios la aya', 'que Dios la tenga en su gloria' ∞ *FJM GHK! N* que me quedan *L* que me queda —Simple omisión de tilde (ā).

XV.32 *F* cubija *JM GHKILN* cobija ∞ *Todas:* y piedra movediza, que nunca moho la cobija —Pero sería mejor: 'y que piedra movediza, nunca moho la cobija'. ∞ *FJN GHKIL* alquilé *N Sal-1570* alquiler —Nebrija en su *Gramática,* lib.II, cap.IV, trae *alquilé* entre los agudos. ∞ *FJM GHKILN* de la casa - está pagado —La mayoría de las posteriores agregan el 'que'. La omisión del 'que' deja flotando 'no se vaya en balde' y precisamente por eso el *It* lo suprime. El sentido es: 'siquiera para que no se vaya en balde el alquilé de la casa, que está pagado por este año.' ∞ *FJM GHKILN* abastasse *Sal-1570* bastasse *It* da per se non bastasse

Augsburgo: Christof Wirsung, 1534. Segunda traducción alemana.
Muertes de Calisto y Melibea (Autos XIX y XX).

282

AUTO XVII.

AXVII. Argumento del décimo sétimo auto.

Elicia, careciendo de la castimonia de Penélope, determina de despedir el pesar y luto que por causa de los muertos trae, alabando el consejo de Areúsa en este propósito; la cual va a casa de Areúsa, a donde viene Sosia, al cual Areúsa con palabras fictas saca todo el secreto que está entre Calisto y Melibea.

Auto XVII. {1 a 35}. Elicia, Areúsa, Sosia.

(*Soliloquio de Elicia,* Cena 1ª)

Elicia:- {1} Mal me va con este luto. Poco se visita mi casa, poco se passea mi calle. Ya no veo las músicas de la alvorada, ya no las canciones de mis amigos, ya no las cuchilladas ni rüídos de noche por mi causa, y lo que peor siento, que ni blanca ni presente veo entrar por mi puerta. {2} De todo esto me tengo yo la culpa, que si tomara el consejo de aquella que bien me quiere, de aquella verdadera ermana, cuando el otro día le llevé las nuevas deste triste negocio que esta mi mengua á acarreado, no me viera agora entre dos paredes sola, que de asco ya no ay quién me vea. {3} El d̃iablo me da tener dolor por quien no sé si, yo muerta, lo tuviera. Aosadas, que me dixo ella a mí lo cierto: nunca, ermana, traigas ni muestres más pena por el mal ni muerte de otro, que él hiziera por ti. Sempronio holgara, yo muerta; pues ¿por qué, loca, me peno yo por él degollado? {4} ¿Y qué sé si me matara a mí, como era acelerado y loco, como hizo a aquella vieja que tenía yo por madre? Quiero en todo seguir su consejo de Areúsa, que sabe más del mundo que yo, y verla muchas vezes y traer materia cómo biva. ¡O qué participación tan süave, qué conversación tan gozosa y dulce! {5} No en balde se dize que vale más un día del ombre discreto que toda la vida del necio y simple. Quiero, pues, deponer el luto, dexar tristeza, despedir las lágrimas, que tan aparejadas han estado a salir. Pero como sea el primer oficio que en naciendo hazemos, llorar, no me maravillo ser más

---

AXVII. Argumento del décimo sétimo auto — *JM GHKILN, F no lo trae. JM GHKILN* séptimo *JM* auto *GHKILN* aucto ∞ *Sal-1570* y muchas posteriores, con justa razón suprimen la frase 'careciendo de la castimonia de Penélope', que parece escrita por Martín Martínez de Ampiés. ∞ *JM GHKILN* fictas *(sic) It* fitte *Ff* fintas *(sic)*

XVII. *JM G ILN* Eli. Are. Sos. *F* Eli. Are. Sos. Cen. *HK* Eli. Sos. Are.

XVII.1 —

XVII.2 *FJM GH ILN* le llevé *K* — llevé ∞ *F* á acarreada *JM GHKILN* á acarreado ∞ *FJM G* ya no ay *HKILN* — no ay

XVII.3 *F* touiera *(sic) JM GHKILN* tuuiera *(sic)* ∞ *F* tragas *(sic) JM GHKILN* traygas (sic)

XVII.4 ‡y qué sé si me matara a mí... como hizo a aquella vieja —¡Cómo no lo va a saber, si estuvo presente a la muerte de la Vieja? ∞ *F* acelerado y loca *(sic) JM GHKILN* acelerado y loco ∞ *F* que tenía - por madre *JM GHKILN* que tenía yo por madre

ligero de començar y de dexar más duro. {6} Mas para esto es el buen seso, viendo la pérdida al ojo, viendo que los atavíos hazen la muger hermosa, aunque no lo sea; tornan de vieja moça y a la moça más. No es otra cosa la color y alvayalde, sino pegajosa liga en que se travan los ombres. Ande, pues, mi espejo y alcohol, que tengo dañados estos ojos; anden mis tocas blancas, mis gorgueras labradas, mis ropas de plazer. {7} Quiero adereçar lexía para estos cabellos, que perdían ya la ruvia color; y esto hecho, contaré mis gallinas, haré mi cama, porque la limpieza alegra el coraçón, barreré mi puerta y regaré la calle, por que los que passaren vean que es ya desterrado el dolor. {8} Mas primero quiero ir a visitar mi prima, por preguntarle si á ido allá Sosia, y lo que con él á passado, que no lo é visto después que le dixe cómo le querría hablar Areúsa. —Quiera Dios que la halle sola, que jamás está desacompañada de galanes, como buena taverna de borrachos.

(Cena 2ª)

Elicia:- {9} Cerrada está la puerta. No deve estar allá ombre. Quiero llamar. ¡Ta, ta!

Areúsa:- ¿Quién es?

Elicia:- Abreme, amiga; Elicia soy.

Areúsa:- Entra, ermana mía. Véate Dios, que tanto plazer me hazes en venir como vienes, mudado el ábito de tristeza. {10} Agora nos gozaremos juntas, agore te visitaré, vernos emos en mi casa y en la tuya. Quiçá por bien fue para entramas la muerte de Celestina, que yo ya siento la mejoría, más que antes. Por esto se dize que los muertos abren los ojos de los que biven; a unos con haziendas, a otros con libertad, como a ti.

Elicia:- {11} A tu puerta llaman. Poco espacio nos dan para hablar, que te quería preguntar si avía venido acá Sosia.

Areúsa:- No á venido; después hablaremos. ¡Qué porradas que dan! Quiero ir

---

XVII.5 ‡vale más un día —Adaptado de Petrarca, *Reb. mem...* III.ii.56. Para las sentencias del *Tratado de Centurio*, véase *Introducción* IV.B.3.a, pp. 140-41. El Tratado tal como aparece en esta edición, reducido al módulo de *F* tiene 630 líneas (12% del total), en el cual con la mayor voluntad y estirando y dividiendo algunas, solo se pueden determinar 14 sentencias. ∞ *F M GHKILN* no me maravillo *J* no me maravilla

XVII.6 ‡los atavíos —Cf. IX.21. ∞ *F* albayalde *JM GHKILN* alvayalde ∞ *F GHKILN* pegajosa llaga *JM* pegajosa − —Omisión.

XVII.7 ‡contaré mis gallinas —Esto de contar las gallinas y hacer la cama, a renglón seguido no es muy obvio o congruente. Puede haber alguna omisión o alguna transposición al mismo tiempo.

XVII.8 *FJM GHKILN* ir a visitar mi prima *Sal-1570* ir a visitar a mi prima ∞ *F* le é visto *JM Sal-1570* lo é visto *GHKILN* la é visto *It* no l'ò visto poi che io li disse —Prefiero la lectura leísta de *F*. Se refiere al Sosia indudablemente, como lo confirma el *It*. ∞ *FJM G* le querría *HK ILN* le quería ∞ *F* la halla *JM GHKILN* la halle

XVII.9 *F* deue d'estar *(sic) JM GHKILN* deve estar —La lectura con el 'de' conjetural es posible. ∞ *FJM GHKILN* ábreme, amiga *Sal-1570* abre, amiga

XVII.10 *F* entramas *JM GHKILN* entrambas/entrãbas ∞ *F* − que antes *JM GHKILN* más que antes

284

abrir, que o es loco o privado quien llama ‡apressurado.

Sosia:- Abreme, señora. Sosia soy, crïado de Calisto.

Areúsa:- {12} Por los santos de Dios, el lobo es en la conseja. Escóndete, ermana, tras esse paramento, y verás cuál te lo paro, lleno de viento de lisonjas, que piense, cuando se parta de mí, que es él y otro no. Y sacarle é lo suyo y lo ageno del buche, con halagos, como él saca el polvo con la almohaça a los cavallos.

(Cena 3ª)

Areúsa:- {13} ¿Es mi Sosia, mi secreto amigo? ¿El que yo me quiero bien, sin que él lo sepa? ¿El que desseo conocer, por su buena fama? ¿El fiel a su amo? ¿El buen amigo de sus compañeros? ...Abraçarte quiero, amor; que agora que te veo, creo que ay más virtudes en ti que todos me dezían. {14} Andacá, entremos a assentarnos, que me gozo en mirarte, que me representas la figura del desdichado de Pármeno. Con esto haze oy tan claro día que avías tú de venir a verme. Dime, señor, ¿conocíasme antes de agora?

Sosia:- {15} Señora, la fama de tu gentileza, de tus gracias y saber, buela tan alto por esta ciudad, que no deves tener en mucho ser de más conocida que conciente, porque ninguno habla en loor de hermosas que primero no se acuerde de ti, que de cuantas son.

Elicia (Aparte. Adentro):- {16} ¡O hideputa el pelón, y cómo se desasna! ¡Quién le ve ir al agua con sus cavallos, en cerro, y sus piernas de fuera, en sayo, y agora en verse medrado con calças y capa, sálenle alas y lengua!

Areúsa:- {17} Ya me correría con tu razón, si alguno estoviesse delante, en oírte tanta burla como de mí hazes; pero como todos los ombres traigáis proveídas essas razones, essas engañosas alabanças, tan comunes para todas, hechas de molde, no me quiero de ti espantar. {18} Pero hágote cierto, Sosia, que no tienes dellas necessidad; sin que me alabes te amo, y sin que me ganes de nuevo me tienes ganada. Para lo que te embïé a rogar que me viesses son dos cosas, las cuales, si más lisonja o engaño en ti

---

XVII.11 *F ILN* te quería *JM GHK* te querría ∞ ‡*FJM GHKILN* o privado quien llama *It* o favorito colui che chiama —La puntuación 'o privado. ¿Quién llama?' no se justifica en todas las ediciones priores. Es simplemente el refrán escrito incompleto, según uso de las ediciones de finales del siglo XV y comienzos del siglo XVI.

XVII.12 ‡que es él y otro no = 'que es otro y él no / se tienta y no se halla / de lo ufano y alegre que irá con los halagos y arrumacos de la ramera'.

XVII.13 *F GHKILN* mi secreto amigo *JM* mi secreto − —Omisión de *JM* y también de *T.* ∞ *FJM GHK* de sus compañeros *ILN* a sus compañeros —Confusión de d/a. Cf. XVIIIa.15.

XVII.14 *F* a assentar *JM GHKILN* a assentarnos

XVII.15 *F GHK L* cibdad *JM IN* ciudad

XVII.16 *FJM GHK* le ve *IN* lo ve *L* lo vee

XVII.17 *F HK* estouiesse *(sic) JM G ILN* estuuiesse *(sic)*

conozco, te dexaré de dezir, aunque sea de tu provecho.

Sosia:- {19} Señora mía, no quiera Dios que yo te haga cautela. Muy seguro venía de la gran merced que me piensas hazer y hazes. No me sentía dino para descalçarte. Guía tú mi lengua, responde por mí a tus razones, que todo lo avré por rato y firme.

Areúsa:- {20} Amor mío, ya sabes cuánto quise a Pármeno, y como dizen, quien quiere a Beltrán, a todas sus cosas ama. Todos sus amigos me agradavan; el buen servicio de su amo, como a él mismo, me plazía. {21} Donde vía su daño de Calisto, le apartava. Pues como esto assí sea, acordé dezirte, lo uno, que conozcas el amor que te tengo y cuánto contigo y con tu visitación siempre me alegrarás y que en esto no perderás nada, si yo pudiere, antes te verná provecho. {22} Lo otro y segundo, que pues yo pongo mis ojos en ti, y mi amor y querer, avisarte que te guardes de peligros y más de descobrir tu secreto a ninguno, pues ves cuánto daño vino a Pármeno y a Sempronio de lo que supo Celestina, porque no querría verte morir mal logrado como a tu compañero. {23} Harto me basta aver llorado el uno. Porque as de saber que vino a mí una persona y me dixo que le avías tú descubierto los amores de Calisto y Melibea y cómo la avía alcançado y cómo ivas cada noche a le acompañar y otras muchas cosas, que no sabría relatar. {24} Cata, amigo, que no guardar secreto es propio de las mugeres. No de todas, sino de las baxas, y de los niños. Cata que te puede venir gran daño. Que para esto te dio Dios dos oídos y dos ojos y no más de una lengua, porque sea doblado lo que vieres y oyeres, que no el hablar. {25} Cata no confíes que tu amigo te á de tener secreto de lo que le dixeres, pues tú no le sabes a ti mismo tener. Cuando ovieres de ir con tu amo Calisto a casa de aquella señora, no hagas bullicio, no te sienta la tierra, que otros me dixeron que ivas cada noche dando bozes, como loco, de plazer.

XVII.18 *FJM GHK* sin más lisonja *It* senza più lusenga *ILN* si más lisonja —La lectura 'sin' es simple errata, de una tilde *sī* mal puesta o mal supuesta. ∞ *FJM* aunque sean *GHKILN* aunque sea

XVII.19 *FJM HKILN* rato y firme *G* reto y firme *It* rato e fermo —Haber por rato y firme lo que otro responda por nosotros cuando a nosotros se nos interrogue, es una ponderación totalmente descuadrada. Cf. XII.29, de lo cual esto es mala imitación.

XVII.20 El refrán es: 'Quien /bien/ quiere a Beltrán, /bien/ quiere a su can'. Al aplicarlo al Sosia era preciso modificarlo un poco, obviamente.

XVII.21 *FJM GHKILN* donde vía *(sic)*

XVII.22 *FJM GHKILN* avisarte que te guardes *Sal-1570* avísote que te guardes ∞ *FJM GHKILN* descobrir *(sic)* ∞ *FJM G* ves *HKILN* vees ∞ ‡de lo que supo Celestina cuánto daño vino a Pármeno y a Sempronio. —Esto parece haber sucedido en otra obra, no en la *Continuación* de Rojas. ∞ ‡como a tu compañero —¿Lo vio acaso personalmente?

XVII.23 *FJM* le avías tú *GHKILN* le avías – ∞ *F* descoberto *JM GHKILN* descubierto

XVII.24 *FJM GHKIL* propio/ppio *N* proprio ∞ ‡dos oídos y dos ojos Cf. XI.11.

XVII.25 *F* de lo que le dixieres *JM ILN* de lo que le dixeres *GHK* de lo que – dixeres ∞ *FJM HKILN* mismo *G* mesmo ∞ *FJM GHKILN* bullicio *(sic)* ∞ *F* dixieron *JM GHKILN* dixeron ∞ *FJM GHK* dando bozes como loco:de plazer *ILN* dando bozes

Sosia:- {26} ¡O, cómo son sin tiento y personas desacordadas las que tales nuevas, señora, te acarrean! Quién te dixo que de mi boca lo avía oído no dize verdad. Los otros, de verme ir con la luna de noche a dar agua a mis cavallos, holgando y aviendo plazer, diziendo cantares por olvidar el trabajo y desechar enojo, y esto antes de las diez, sospechan mal; y de la sospecha hazen certidumbre, afirman lo que barruntan. {27} Sí, que no estava Calisto loco, que a tal ora avía de ir a negocio de tanta afrenta, sin esperar que repose la gente, que descansen todos en el dulçor del primer sueño. Ni menos avía de ir cada noche, que aquel oficio no çufre cotidïana visitación. {28} Y si más clara quieres, señora, ver su falsedad, como dizen que toman antes al mentiroso que al que coxquea, en un mes no avemos ido ocho vezes, y dizen los falsarios rebolvedores que cada noche.

Areúsa:- {29} Pues por mi vida, amor mío, por que yo los acuse y tome en el lazo del falso testimonio, me dexes en la memoria los días que avés concertado de salir, y si yerran, estaré segura de tu secreto y cierta de su levantar. Porque no siendo su mensage verdadero, será tu persona segura de peligro y yo sin sobresalto de tu vida. Pues tengo esperança de gozarme contigo largo tiempo.

Sosia:- {30} Señora, no alarguemos los testigos. Para esta noche, en dando el relox las doze, está hecho el concierto de su visitación por el uerto. Mañana preguntarás lo que han sabido, de lo cual si alguno te diere otras señas, que me tresquilen a mí a cruzes.

---

como loco de plazer = 'que ivas cada noche dando bozes, por el plazer que sentías, como si fuesses loco'

XVII.26 *FJM GHKILN* no dize verdad *Sal-1570* no dixo verdad ∞ *FJM GHKI N* desechar *L* desehar -*errata*

XVII.27 *FJM* sin esperar *GHKILN* sino esperar ∞ ‡ni menos avía de ir cada noche —En XVI.18 Melibea dice que se está encerrado en casa, fingiendo ausencia de la ciudad, con esperança de verla cada noche. Lo que confirma lo que antes Calisto ha dicho en XIII.31 y en XIV.43. ¿Por qué no ha de sufrir cotidiana visitación, si se está precisamente encerrado todo el día en espera de ir al huerto por la noche? ∞ *FJM* çufre *GHKILN* sufre ∞ *FJM* cotidïana *GHKILN* quotidïana

XVII.28 *F* mintroso *JM GHKILN* mentiroso —En *F* se desliza un arcaísmo que no parece ser de Sanabria(?). ∞ ‡en un mes no avemos ido ocho vezes —En flagrante contradicción con XVI.17. El que escribió esto trató de enmendar algo que le pareció exagerado, pero no entendió la socarrona expresión de 'muchas (noches) aver venido en balde'.

XVII.29 ‡tome en el lazo del falso testimonio —Cuando alguien dice una mentira no se le 'toma en el lazo del la mentira', ni menos se toma a nadie en el lazo de un falso testimonio. Es aberrante pensar que este cojitranco castellano pueda ser del abogado Rojas. ∞ *F* avés *JM GHKILN* aueys *(sic)* ∞ ‡avés concertado —Ante el anterior singular 'me dexes', este 'avés/aueys' se refiere sin duda posible a Calisto y al Sosia. Continúa el Sosia concertándose con Melibea y acostándose con ella (?), tal como lo piensa el Gran Embuchador en XV.26. ∞ ‡y si yerran —Sin duda la ramera lo escribirá en un librillo de memoria y lo comparará con la lista que le den los 'levantadores'. Forzosamente tiene que conocer las dos listas de días pre-concertados, para estar sin sobresalto.

XVII.30 ‡No alargar los testigos —Que no es lo mismo que 'no alargar las razones'. De ahí que el *It* se ve obligado a cambiar: 'non slongamo *li termini*'. ∞ ‡para esta noche —Ello indica que se está en el último día de la prolongación de los amores, el

Areúsa:- {31} ¿Y por qué parte, alma mía, por que mejor los pueda contra-dezir, si anduvieren errados vacilando?

Sosia:- Por la calle del vicario gordo, a las espaldas de su casa.

Elicia (Aparte. Adentro):- ¡Tiénente, don handrajoso! ¡No es más menester! ¡Maldito sea el que en manos de tal azemilero se confía! ¡Qué desgoznarse haze el badajo!

Areúsa:- {32} Ermano Sosia, esto hablado, basta para que tome cargo de saber tu inocencia y la maldad de tus adversarios. Véte con Dios, que estoy ocu-pada en otro negocio y éme detenido mucho contigo.

Elicia (Aparte. Adentro):- ¡O sabia muger! ¡O despidiente propio, cual le merece el asno que á vaziado su secreto tan de ligero!

Sosia:- {33} Graciosa y süave señora, perdóname si te é enojado con mi tardança. Mientra holgares con mi servicio, jamás hallarás quién tan de grado aventure en él su vida. Y queden los ángeles contigo.

Areúsa:- Dios te guíe... — ¡Allá irás, azemilero! ¡Muy ufano vas por tu vida! {34} Pues ¡toma para tu ojo, vellaco, y perdona que te la doy de espaldas. ¡A quien digo! ...Ermana, sal acá. — ¿Qué te parece cuál le embío? Assí sé yo tratar los tales, assí salen de mis manos los asnos, apaleados como este; y los locos, corridos; y los discretos, espantados; y los devotos, alterados; y los castos, encendidos. {35} Pues, prima, aprende, que otra arte es esta que la de Celestina; aunque ella me tenía por bova, porque me quería yo serlo.

último día del mes o casi mes de aquello. ∞ ‡preguntarás lo que an sabido —pero es que todos los días lo saben? ∞ *FJM G ILN* te diere señas *HK* te diere sañas *It* se nisun te dará *veri segni* —El *It* cubre un texto *vtras señas* (= otras señas) leído como *veras señas*. —Ante la evidente falla del castellano, *HK* leen *sañas*. La enmienda se impone. ∞ *FJM GHKI N* tresquilen, *L* trasquilen

XVII.31 *FJM HKILN* y por qué parte *G* si por qué parte ∞ *FJM HKILN* anduvi-eren *G* anduvieron *-errata* ∞ ‡la calle del vicario gordo — ¿Y para qué era necesario saber tal calle, si se tenían los dos puntos fijos y obligados: la casa de Calisto y el huerto de Melibea? Además, el *ruido hechizo* fue precisamente en el huerto de Melibea. ∞ *FJM GHKILN* desgoznarse haze el badajo *It* guarda como è venuto al fisco uil barbaianni —El *It* cambia ante lo impropio de la expresión en castellano.

XVII.32 *It* fratello Sosia, ciò che abbiam parlato basta per chè io prenderò a carico tua innocenza... ∞ *F L* despediente *It* spediente *JM GHKI N* despidiente ∞ *FJM GHKIL* propio/ppio *N* proprio

XVII.33 *FJ GHKILN* con mi tardança —*M* trae una variante de distracción del cajista o de flaca enmienda al confundir r/t: con mirar dança *(sic)* ∞ *FJM HKIL:N* queden *G* quede

XVII.34 *FJM GHKI N* tu ojo *L* tu ojos *(sic)* —Se decía 'para tu ojo' o 'para tus ojos'. ‡No parece que de haberle sacado al rascacaballos el 'secreto' de *las doce* y de *la calle del vicario gordo* (dos secretos que podían averiguar con solo acechar desde la puerta de la casa de Areúsa, Cf. lo anotado en XIV.53), se pueda concluir todo eso que dice de los asnos, los locos, los discretos, los devotos y los castos.

XVII.35 ‡claro que otra arte es esta —La de matar moscas a cañonazos. Gran proeza aquella de sacarle aquel gran secreto al manso rascacaballos; cosa que la Vieja hu-biera deducido con solo pensar en ello unos momentos. La Vieja no la tenía por *bova*, Cf. VII.72 no te hagas bova y IX,53 en tu seso as estado, bien sabes lo que hazes; pero después de esta proeza sí que la hubiera empezado a tener por tal. ∞ *FJM* el jueves eché

Y pues ya tenemos deste hecho sabido cuanto desseávamos, devemos ir a casa de aquellotro cara de ahorcado que el jueves eché delante de ti, baldonado, de mi casa. Y haz tú como que nos quieres fazer amigos y que rogaste que fuesse a verlo.

R Toledo: Remón de Petras, 1526. Auto XIX. *Auto de Traso.*

J Valencia: Juan Joffre, 1514. Auto XV.

---

delante de ti baldonado de mi casa *GHKILN* el jueves delante de ti baldonado de mi casa salió ‡el jueves —A más tardar habla entonces el miércoles siguiente, pero en XV.10 dice que 'no á ocho días que los vide bivos'; por donde a lo más han pasado solo quince días y el Sosia habla de un mes (XVII.28). Pero estas son minucias que tienen sin cuidado al Gran Embuchador. En lugar de 'jueves' hubiera podido poner 'el otro día', indefinido; no había ninguna necesidad de precisar. ∞ FJM y que rogaste *GHKILN* y que me rogaste ∞ F a verle *JM GHKILN* a verlo

AUTO XVIII.

AXVIIIa. Argumento del décimo otavo auto.

Elicia determina de hazer las amistades entre Areúsa y Centurio por precepto de Areúsa, y van a casa de Centurio, onde ellas le ruegan que aya de vengar las muertes en Calisto y Melibea; el cual lo prometió delante ellas. Y como sea natural a estos no hazer lo que prometen, escúsase, como en el processo parece.

XVIIIa. Auto XVIIIa. {1-24}. Centurio, Elicia, Areúsa

(Cena única)

Elicia (Aparte. Afuera):- {1} ¿Quién está en su casa?

Centurio:- Mochacho, corre, verás quién osa entrar sin llamar a la puerta. Torna, torna acá, que ya é visto quién es. —No te cubras con el manto, señora; ya no te puedes esconder, que cuando vi adelante entrar a Elicia, vi que no podía traer consigo mala compañía ni nuevas que me pesassen, sino que me avían de dar plazer.

Areúsa:- {2} No entremos, por mi vida, más adentro, que se estiende ya el vellaco, pensando que le vengo a rogar. Que más holgara con la vista de otras como él que con la nuestra. Bolvámonos, por Dios, que me fino en ver tan mal gesto. ¿Parécete, ermana, que me traes por buenas estaciones y que es cosa justa venir de bísperas y entrarnos a ver un desuellacaras que aí está?

Elicia:- {3} Torna, por mi amor, no te vayas; si no, en mis manos dexarás el medio manto.

Centurio:- Tenla, por Dios, señora; tenla, que no se te suelte.

Elicia:- Maravillada estoy, prima, de tu buen seso. ¿Cuál ombre ay tan loco y fuera de razón que no huelgue de ser visitado, mayormente de mugeres? Llégate acá, señor Centurio, que en cargo de mi alma por fuerça haga que te abrace, que yo pagaré la fruta.

AXVIIIa. Argumento del décimo otavo auto — *JM GHKILN, F no lo trae. JM GHKILN* octavo *JM* auto *GHKILN* aucto ∞ *JM GHKILN* precepto *Ff* preceto ∞ *JM* y van *GHKILN* — van ∞ *JM G ILN* onde *HK* donde ∞ *JM* ayan de *GHKILN* aya de *JM G ILN* el cual lo prometió *HK* él — lo prometió

XVIIIa. *JH* Cen. Eli. Are. *F* Eli. Cen. Are. *G* Are. Eli. Cen. *ILN* Cen. Are. Eli. *K* Are. Cen. Eli.

XVIIIa.1 *F G* me avía *JM HKILN* me avían

XVIIIa.2 ‡más holgara *It* più piacere se aria lui preso —Cf. XXI.5. ∞ *FJM GHKILN* que con la nuestra *Sal-1570* que no con la nuestra ∞ *FJM GHK* bolvamos *ILN* bolvámonos —El pronombre es necesario; es simple errata de omisión. ∞ *F* biespras *JM GHKILN* bísperas ∞ *FN* deshuellacaras *J* desuellacaras *M* desuella caras *GHKI* dessuellacaras *LN* dissuellacaras

XVIIIa.3 *FJM G ILN* Tenla, por Dios, señora *HK* Tenla, por Dios, — —Omisión. ∞ *FJM* no huelgue *GHKILN* no fuelgue ∞ *FJM GHK* mi alma *ILN* mi ánima ∞ *FJM GHKILN* fruta *(sic)*

Areúsa:- {4} Mejor lo vea yo en poder de justicia y morir a manos de sus enemigos, que yo tal gozo le dé. ¡Ya, ya hecho á conmigo para cuanto biva! ¿Y por cuál carga de agua le tengo de abraçar ni ver a esse enemigo? Porque le rogué estotro día que fuesse una jornada de aquí, en que me iva la vida, y dixo de no.

Centurio:- {5} Mándame tú, señora, cosa que yo sepa hazer, cosa que sea de mi oficio. Un desafío con tres juntos, y si más vinieren, que no huya, por tu amor. Matar un ombre, cortar una pierna o braço, harpar gesto de alguna que se aya igualada contigo; estas tales cosas, antes serán hechas que encomendadas. {6} No me pidas que ande camino ni que te dé dinero; que bien sabes que no dura conmigo, que tres saltos daré sin que me caiga blanca. Ninguno da lo que no tiene. En una casa bivo, cual vees, que rodará el majadero por toda ella sin que tropiece. Las alhajas que tengo es el axüar de la frontera: un jarro desbocado, un assador sin punta. {7} La cama en que me acuesto está armada sobre aros de broqueles, un rimero de malla rota por colchones, una talega de dados por almohada. Que, aunque quiera dar collación, no tengo qué empeñar sino esta capa harpada que traigo a cuestas.

Elicia:- {8} Assí goze, que sus razones me contentan a maravilla. Como un santo está obediente, como ángel te habla, a toda razón se allega. ¿Qué más le pides? Por mi vida, que le hables y pierdas enojo, pues tan de grado se te ofrece con su persona.

Centurio:- {9} ¿Ofrecer dizes, señora? Yo te juro por el sancto martilogio de pe a pa, el braço me tiembla de lo que por ella entiendo hazer, que contino pienso cómo la tenga contenta y jamás acierto. La noche passada soñava que hazía armas en un desafío por su servicio, con cuatro ombres que ella bien conoce, y maté al uno. {10} Y de los otros que huyeron, el que más

---

XVIIIa.4 *F* cõmigo *JM* conmigo *GHKILN* comigo ∞ *F* essotro *JM GHKIL* estotro *N* este otro ∞ *FJM* y dixo de no *GHKILN* y dixo no *Sal-1570* y me dixo de no

XVIIIa.5 *FJM HKILN* harpar *G* arpar *It* frappare il mustazzio *(sic)* ∞ *FJM* igualada *GHKILN* igualado

XVIIIa.6 *FJM* conmigo/cõmigo *GHK LN* comigo *(I falta desde aquí hasta XIX.3).* ∞ *F* — me cayga *(sic) JM GHK LN* se me cayga *(sic)* ∞ *F* ves *JM GHK LN* vees ∞ ‡rodará el majadero *It* voltarà un tagliere

XVIIIa.7 *It* la tela di mei matarazzi *(sic)* è tutta di maglia fina che m'à lassata mia spada a li piedi quando me son trovato nelle forte battaglie = 'la tela de mis colchones es toda de malla fina que me á dexado la espada a mis pies cuando é estado en las rezias peleas'. —¿Modificado en *F*? ∞ *FJM* me acuesto *GHK LN* me echo —Las dos formas se mantienen: en América preferimos 'me acuesto'; en España se oye 'me echo' etc. ∞ ‡aros de broqueles —El *It* agrega: 'cerchi de brocchieri *de quelli che ò rotto combattendo* = 'de los que é roto al pelear' —¿Modificado para *F*? ∞ *F LN* aunque quiera *JM GHK* aunque quiero ∞ *FJM* collación *GHK LN* colación ∞ ‡esta capa harpada *It* salvo questa cappa frappata e piena di cortellate *(sic)* che porto adosso

XVIIIa.8 —

XVIIIa.9 *F GHK LN* dizes *JM* dies —*Simple errata.* ∞ *FJM* martilogio *GHK LN* martilojo —Con una u otra grafía la pronunciación era prácticamente la misma. ∞ *FJM GHK LN* contino *(sic)* ∞ ‡soñava que hazía armas —Empiezan los chistes y dichos divertidísimos de Centurio. El parecer de Cejador, que Centurio es muy superior a todas las creaciones de este tipo, desde los romanos hasta 1500, es evidente. Esto fue lo que

sano se libró me dexó a los pies un braço izquierdo. Pues muy mejor lo haré despierto de día, cuando alguno tocare en su chapín.

Areúsa:- Pues aquí te tengo, a tiempo somos. Yo te perdono con condición que me vengues de un cavallero que se llama Calisto, que nos á enojado a mí y a mi prima.

Centurio:- {11} iO, reñego de la condición! Dime luego si está confessado.

Areúsa:- No seas tú cura de su ánima.

Centurio:- Pues sea assí. Embïémosle a comer al infierno sin confessión.

Areúsa:- Escucha, no atages mi razón. Esta noche le tomarás.

Centurio:- {12} No me digas más, al cabo estoy. Todo el negocio de sus amores sé y los que por su causa ay muertos, y lo que os tocava a vosotras, por dónde va y a qué ora y con quién es? Pero dime, ¿cuántos son los que le acompañan?

Areúsa:- Dos moços.

Centurio:- {13} Pequeña presa es essa. Poco cebo tiene aí mi espada. Mejor cevara ella en otra parte esta noche, que estava concertada.

Areúsa:- Por escusarte lo hazes. A otro perro con esse uesso. No es para mí esta dilación. Aquí quiero ver si dezir y hazer sí comen juntos a tu mesa.

Centurio:- {14} Si mi espada dixesse lo que haze, tiempo le faltaría para hablar.

---

hizo que Rojas lo aceptara o lo prohijara; pero el que sea congruente con el resto de la Continuación o necesario dentro de la estructura de la Obra, eso ya es otra cosa.

XVIIIa.10 *F* esquierdo *JM GHJK LN* izquierdo —un braço izquierdo: el *un* está usado con toda la zumba y chercha del caso. El *It* no lo capta y pone: 'il brazzo *(sic)* mancino'. ∞ *F* ya te perdono *JM GHK LN* yo te perdono ∞ *FJM H N* y a mi prima *G L* y mi prima ∞

XVIIIa.11 *F* reñego *JM* reñiego *GHK LN* reniego —En la pronunciación palataliza-da -ñe- o -ñie- suena prácticamente lo mismo. por eso en la lengua moderna no se escribe 'ciñió, ciñiendo' etc., y en todos los verbos de este tipo, sino solamente 'ciñó, ciñendo' etc. En lo antiguo se usaba una y otra grafía. ∞ *FJM GHK LN* ánima ∞ *FJM GHK LN* atajes (*K* atayes) —Regularización de la grafía ge/gi. ∞ *F* le tomarás *JM GHK LN* lo tomarás

XVIIIa.12 ‡todo el negocio —Centurio lo sabe todo y lo que les tocaba de ello a la Areúsa y a la Elicia y cuando en el Auto XV está en casa de Areúsa, hace ocho días que la cosa ha pasado y Areúsa todavía lo ignora todo (y el Centurio tampoco se ha mosqueado por lo que le tocaba a ella con el rascón del Pármeno). En obra seria como el Esbozo o la Continuación, todo esto sería grave; pero el Gran Embuchado es un simple entremés, una diversión hipotensora dentro del cuerpo tenso de la Tragedia. ∞ ‡por dónde va etc. —Con lo que el Centurio sabe de la seducción del rascacaballos estaba de más. El 'con quién' se refiere a Melibea. El *It* omite, por aliviar un poco la cosa, 'y a qué ora y con quién es'. ∞ ‡dos moços —Lo de los *dos* mozos en ningún momento lo ha informado atrás el Sosia.

XVIIIa.13 ‡sí comen juntos —Los textos literarios y el uso seudoletrado (?) de leer suponen el segundo 'sí' como si fuese condicional y simple repetición del precedente; pero lo cierto es que en la lengua viva el segundo 'sí' es adverbio corroborativo y va fuertemente acentuado. La inversión lo comprueba: si sí comen juntos a tu mesa dezir y hazer. Cf. v.gr.: 'aquí quiero ver si usté sí es capaz de hacer eso' etc. *Sal-1570* omite el segundo 'sí', el acentuado; el *It* también: se dire e fare mangiano insieme a tua tavola. Cf. XII.49.

¿Quién sino ella puebla los más cimenterios? ¿Quién haze ricos los cirujanos desta tierra? ¿Quién da contino qué hazer a los armeros? ¿Quién destroça la malla muy fina? ¿Quién haze riça de los broqueles de Barcelona? ¿Quién revana los capacetes de Catalayud, sino ella? {15} Que los caxquetes de almazén assí los corta como si fuessen hechos de melón. Veinte años á que me da de comer. Por ella soy temido de ombres y querido de mugeres, sino de ti. Por ella le dieron Centurio por nombre a mi abuelo y Centurio se llamó mi padre y Centurio me llamo yo.

Elicia:- {16} Pues, ¿qué hizo el espada por que ganó tu abuelo esse nombre? Dime, ¿por ventura fue por ella capitán de cien ombres?

Centurio:- No, pero fue rufián de cien mugeres.

Areúsa:- No curemos de linage ni hazañas viejas. Si as de hazer lo que te digo, sin dilación determina, porque nos queremos ir.

Centurio:- {17} Más desseo ya la noche por tenerte contenta, que tú por verte vengada. Y por que más se haga todo a tu voluntad, escoge qué muerte quieres que le dé. Allí te mostraré un reportorio en que ay sietecientas y setenta especies de muertes; verás cuál más te agradare.

Elicia:- Areúsa, por mi amor, que no se ponga este hecho en manos de tan fiero ombre. Más vale que se quede por hazer que no escandalizar la ciudad, por donde nos venga más daño de lo passado.

XVIIIa.14 *F G* dixiesse *JM HK LN* dixese —Lo mismo que en XVIIIa.11 con una u otra grafía -xe-/-xie sonaba prácticamente lo mismo. La reducción de la -i- en la grafía y pronunciación moderna indica que en lo antiguo -x- = /š/ (con -j- actual, de cualquier tipo, tal reducción de la -i- no se habría dado, como no se da en las formas populares analógicas modernas 'dijiera, trajiera' etc.) ∞ *FJM GHK LN* cirujanos —Rojas usa ciertamente 'çurujano', pero no tenemos prueba alguna de que las grafías divergentes no sean de amanuenses latinudos o de cajistas sabidos. Rojas, Cota y Sanabria son de Toledo o su circuito, toledanos raizales; su lengua es una misma, cuenta habida de las diferencias de edad; los criterios lexicológicos o morfosintácticos no sirven aquí. Deben usarse otros criterios o cartabones para distinguir las tres partes claramente determinables en el conjunto de los 22 autos. ∞ *FJM GHK L* contino *N* continuo *Sal-1570* de contino ∞ *F* de muy fina *JM GHK LN* muy fina

XVIIIa.15 ‡de almazén —Todas las ediciones priores traen minúscula. Algunas de las posteriores enmiendan 'Almazán' (la población española), pero el *It* no lo entiende así: 'o fracassa la più fina maglia, salvo essa? Chi spezza li brocchieri di Barcelona e taglia le celate milanese, salvo mia spada? e le celate de *monizione* cosí le fende come se fosseno di meloni?' Cambia 'Catalayud' (poco conocido para los lectores italianos) y pone *milanese,* pero si hubiese entendido 'de almazén' como una población española, habría puesto alguna población o ciudad italiana. *De almazén* significa *burdos, del común, hechos en serie,* lo que hoy diríamos *de ordenanza* o *estándar.* Al respecto, Cf. XVIIIa.13. ∞ FJM da de comer *GHK LN* da a comer —Confusión de d'/a Cf. XVII.13. ∞ *F* soy tenido *JM GHK LN* soy temido ∞ *FJM* me dieron *GHK LN* le dieron —El 'me' es errata, contagio del 'soy' anterior; *It:* per lei fu dato Centurio per nome a...

XVIIIa.16 *FJM G* cient/ciēt *HK LN* cien ∞ *FJM GHK* cient/ciēt *LN* cien ∞ ‡rufián de cien mugeres —El chiste viene preparado desde XVIIIa.14 'Si mi espada dixesse...' y resulta de efecto al representarse la Farsa.

XVIIIa.17 ‡desseo ya la noche —La noche en que muere Calisto. ∞ *FJM GHK LN* reportorio *(sic)* ∞ *FJM G* siete cientes *HK LN* sete cientas ∞ ‡las 770 especies de muerte —XVIIIa.17-21 es un diálogo astracanesco divertidísimo, totalmente extraño al

Areúsa:- {18} Calla, ermana; díganos alguna qué no sea de mucho bullicio.

Centurio:- Las que agora estos días yo uso y más traigo entre manos son espaldarazos sin sangre o porradas de pomo de espada o revés mañoso; a otros agugero como harnero a puñaladas; tajo largo, estocada temerosa, tiro mortal. Algún día doy palos por dexar holgar mi espada.

Elicia:- {19} No passe, por Dios, adelante; déle palos por que quede castigado y no muerto.

Centurio:- Juro por el cuerpo santo de la letanía, no es más en mi braço derecho dar palos sin matar que en el sol dexar de dar bueltas al cielo.

Areúsa:- {20} Ermana, no seamos nosotras lastimeras; haga lo que quisiere, mátele como se le antojare. Llore Melibea como tú as hecho. Dexémosle. Centurio, da buena cuenta de lo encomendado. De cualquier muerte holgaremos. Mira que no se escape sin alguna paga de su yerro.

Centurio:- {21} Perdónele Dios, si por pies no se me va. Muy alegre quedo, señora mía, que se á ofrecido caso, aunque pequeño, en que conozcas lo que yo sé hazer por tu amor.

Areúsa:- Pues Dios te dé buena manderecha y a él te encomiendo, que nos vamos.

Centurio:- El te guíe y te dé más paciencia con los tuyos. —

(Soliloquio de Centurio)

{22} ¡Allá irán estas putas atestadas de razones! Agora quiero pensar como me escusaré de lo prometido, de manera que piensen que puse diligencia, con ánimo de executar lo dicho, y no negligencia, por no me poner en peligro. Quiérome hazer doliente; pero, ¿qué aprovecha? Que no se apartarán de la demanda, cuando sane. {23} Pues si digo que fue allá y que les hize hüír, pedirme an señas de quién eran y cuántos ivan y en qué lugar los tomé y qué vestidos llevavan; yo no las sabré dar. ¡Helo todo perdido! Pues, ¿qué consejo tomaré que cumpla con mi seguridad y su demanda? {24} Quiero embïar a llamar a Traso el coxo y a sus dos compañeros, y

---

estilo, al tono y a la textura de la Continuación. ∞ *FJM GHK N* escandalizar *L* escandelizar ∞ *FJM GHK LN* ciudad *(sic)*

XVIIIa.18 *FJM G* bullicio *HK LN* bollicio ∞ *FJM GHK LN* traygo *(sic)* ∞ *FJM GHK N* espalarazos *L* espalderazos ∞ *F* agujereo *JM GHK N* agujero *L* agujeros —*errata.* —*Regularización de la grafía ge/gi. Aquí es verbo, yo agujereo o yo agujero,* ambas formas usuales.

XVIIIa.19 ‡Juro por el cuerpo... —Es una Farsa eminentemente representable. Piénsese en el efecto de estas palabras pronunciadas por un manco(!). Cf. XV.4.

XVIIIa.20 ‡de cualquier muerte... que no se escapa *sin alguna paga* —El propio Sanabria (?) se burla de lo que está escribiendo. ∞ *FJM* de cualquier muerte *GHK LN* de cualquier manera —La lectura 'manera' es una atenuación del grupo cromebergeriano, pero el *It* lo trae: 'de qualsivoglia morte...'

XVIIIa.21 ‡manderecha: —¿te dé buena manisiniestra o manizquierda o manzurda?

XVIIIa.22 —

XVIIIa.23 *F LN* fuy *(sic)* allá *JM GHK* fue *(sic)* allá ∞ *F* le hize *JM GHK LN* les hize ∞ ‡yo no las sabré dar —¡Ni ellas se las podrían contradezir!

294

dezirles que, porque yo estoy ocupado esta noche en otro negocio, vaya a dar un repiquete de broquel a manera de levada, para oxear unos garçones, que me fue encomendado; que todo esto es passos seguros y donde no consiguirán ningún daño, más de hazerlos hüír y bolverse a dormir.

XVIIIb. {1 a 35} Traso, Centurio, Areúsa, Elicia, Terencia, Tiburcia.

AXVIIIb. Argumento del décimo nono auto.

Entre Centurio y Traso, públicos rufianes, se concierta una levada por satisfazer a Areúsa y a Elicia. Ido Centurio a ver a su amiga ‡Elicia, Traso passa palabras con Tiburcia, su amiga; y entreviniendo Terencia, tía de Tiburcia, mala y sagaz muger, entre ellos traiciones y falsedades de una parte y otra se inventan, como parece en el processo deste auto. El cual fue sacado de la Comedia que ordenó Sanabria.

(Cena 1ª)

Centurio:- {1} Las adargas y coraças tengamos apercebidas, por que a boca de noche, yendo encubiertos, más a nuestro salvo podamos, Traso ermano, hazer la levada que concertado avemos.

Traso:- {2} Vamos presto; porque me parece ser mala aquesta tardança, aguardando tiempo de buscar lo que conviene, do más estorvo tengamos que

---

XVIIIa.24 *FJM* y a sus dos compañeros *G* y a sus compañeros *HK LN* y sus compañeros *It* e doi suoi compagni ∞ *FJM GHK* vaya *LN* vayan ∞ *F* — dar *JM GHK LN* a dar ∞ *F* llevada *JM GHK LN* levada ∞ *F* ahoxar *(sic) JM GHK LN* oxear ∞ *F* comendado *JM GHK LN* encomendado ∞ *FJM GHK N* passos seguros *L* passo seguro ∞ *F* conseguirán *JM GHK LN* consiguirán

AXVIIIb. 'Este auto décimo nono (*BbGg* xix) fue añadido en la presente obra, que hasta aquí no estaba'. —Solamente en *R Bb Gg*. ∞ *R* argumento del décimo nono auto *Bb* argumento del xix auto *Gg* omite el título del argumento. ∞ *R* a Areúsa *BbGg* — Areúsa *RBb* Ido *Gg* yendo ∞ ‡a ver a su amiga Elicia —No se dice en el Auto; lo inventa el argumentista o ha sufrido confusión con Areúsa. ∞ *RGg* entreviniendo *Bb* ennitreviendo —*errata*. ∞ *RBb* de una parte y otra *Gg* de la una parte y de la otra ∞ ‡sacado —Puede tomarse en los dos sentidos: 'estaba en la Comedia que ordenó (= redactó, acomodó) Sanabria; fue quitado de allá cuando se la entrejirió en la Continuación; ahora se le repone aquí' — 'estaba en *la* Comedia (¿cuál?) que ordenó Sanabria y de allá se tomó para incluirlo aquí'. Sanabria tiene que haber sido conocido de editores y lectores o su mención aquí no haría ningún sentido. Y *la Comedia*, así con artículo definido, tiene también que haber sido conocida. Los antiguos no escribían tan a tontas y a locas como razonan los críticos modernos.

XVIIIb. *R* Tra. Cen. Are. Eli. Ter. Tib. *BbGg* Cen. Tra. Are. Eli. Ter. Tib. ‡Ni Areúsa ni Elicia aparecen en el Auto. Erróneamente se incluyen aquí entre las *dramatis personae*.

XVIIIb.1 *R* Las adargas *Bb* Las adáragas *Gg* Pues adargas Cf XII.46 ∞ *RBbGg* concertado *(sic)*

lugar desocupado, para que en este negocio tuyo mejor se pueda entender.

Centurio:- {3} Recaudo hay.

Traso:- ¿Cómo?

Centurio:- Cremón, el tuerto, y su compañero a mi casa irán esta noche, según ellos me prometieron.

Traso:- {4} Cuanto más fueren en el rüído, será hazer más en nuestro favor, será hazer en nuestro partido, porque, como dizen, a más moros más ganancia. Y más, que deste camino es incierto lo que suceder nos puede.

Centurio:- {5} ¿Y hablaste con ‡Crudeli*o*?

Traso:- Que quiere que le rueguen: a dineros contados, braços quebrados.

Centurio:- Por mejor tengo ir solo que mal acompañado. ¡Bien me pagó lo que por él é hecho! ¡Medraré con la ganancia! {6} Por él me é puesto en mil peligros, por su causa me dieron este rasgoncillo de oreja a oreja. La una mano tengo puesta en la picota, y dos vezes é ya passado carrera por la ciudad y el mercado. Cada día en desafíos, corrido de las justicias, corrido de los alguaziles, corrido también de porquerones. {7} Siempre ando a sombra de tejados, la capa caída, la adarga embraçada, que broquel ya sabes que traer no le puedo. Mas, si bivo, todo junto me lo pagará, como el perro los palos.

Traso:- Pues que assí es, pongámonos a punto, porque ya sabes que ombre apercebido, medio combatido.

Centurio:- {8} Mientra ora se haze, el gesto alterado, las armas en orden, el passo crecido, la malla cruxendo, los ojos en arco, la espada sin vaina, quiero passar por casa de mi Areúsa, por que vea lo que tiene en mí, la gana que de contentalla tengo. {9} Porque estotro día, en un poco de camino que le iva ‡en mucho, le dixe de no.

Traso:- Razón es de contentalla, andalle al sabor de su paladar. Cuanto tiene y no tiene es todo tuyo; cosa no le conozco propia que contigo no lo reparte; las camisas de dos en dos te embía; cuando te vido en necessidad capa y sayo te sacó de la pieça, que el rey se lo vistiera. {10} Pues dádivas quebrantan peñas, cuánto más a ti que lo entiendes; no me loaré yo de mi

---

XVIIIb.2 —

XVIIIb.3 *RBbGg* recaudo *(sic)*

XVIIIb.4 *R* suceder se nos puede *Bb* sucedérsenos puede *Gg* suceder enos puede *(sic) RBbGg Ms* Crudelia —Simple errata. Pudiera ser también *Crudelián,* con omisión del tilde (ã).

XVIIIb.5 —

XVIIIb.6 *RBb* tengo puesta en la picota *Gg* tengo en la picota

XVIIIb.7 *R* no puedo *BbGg* no le puedo ∞ *RBb* ya sabes *Gg* ya deves saber ∞ *RBbGg* apercebido *(sic)*

XVIIIb.8 ‡el gesto alterado —Es toda una descripción de completo éxito en la representación de la Farsa. Cf. XVIIIa.16 y 19, XVIIIb.20. ‡Va a pasar con todo ese alarde por casa de Areúsa y acaba de decir que anda siempre a sombra de tejados. El mismo contraste burlesco del resto del Tratado.

XVIIIb.9 *RBbGg* le iva mucho —En la expresión el 'en' es necesario. Cf. XV.2, XVIIIa.4. ∞ *R* vestiera *BbGg* vistiera

Tiburcia, aunque me quiere tanto como a ti tu Areúsa.

Centurio:- Por mi amor, que tengas cargo deste hecho, que otro día hablaremos despacio. Porque estoy ocupado en otro negocio y házeseme tarde para la cena, y en tal caso vale más anticiparse que posponer. {11} Más quiero estar al assentar de la mesa, que venir al levantar de los manteles; por mejor tengo hallarme al henchir de las escudillas, que después venir al fregar de los platos, y también, uésped con sol ‡á onor.

Traso:- {12} ¿Uésped dizes? Que me maten, si no es la que bive a la Madalena. Por ti se diría: tresquílenme en concejo ‡y no lo sepan en mi casa. Mas no sé qué te diga, salvo que ojos ay que de lagañas se enamoran.

Centurio:- {13} ¿De lagañas? Cuando vino el embaxador lo vieras, cuán mirada era; que de essotras de almazén, no cale, salvo hazellas del ojo, que tras mí se vienen a dozenas. Lo que peor veo es no poder ir a menudo a su casa, por no atravessar por el mercado y no caer en manos de quien los pecados viejos me hagan purgar en la prisión. {14} Y más, que los alguaziles de ogaño, como bien avrás visto, por levar la capa a un compañero no duermen cinco noches. En lugar de ayudar al miserable, en lugar de favorecer al que poco puede, no le dexan cera en la oreja, saben bien tresquilar a cruzes. Mas por ventura los tomaré en parte do escaparse no puedan de mis manos.

Traso:- {15} En lo dicho no cale, porque tú verás que no solo tengo gana de poner en obra el negocio, más aun, que no me falta ánimo para acometer aquella gentezilla. Y no vengas manvazío, por causa de los que sabes.

Centurio:- {16} Tengo muchos enemigos en esta ciudad, y por esto no me oso embaraçar las manos, por estar apercebido, por estar mejor a punto, oyendo algún repiquete de broquel; y que quiera, no tengo; assí que bien verás que el rey me haze franco.

Traso:- Pues vé con Dios.

XVIIIb.10 —

XVIIIb.11 *RBb* hallarme *Gg* allarme ∞ *R Ms* hinchir *BbGg* henchir ∞ *RBbGg* (h)uésped con sol —‡*Ms* al margen agrega 'á onor'.

XVIIIb.12 *RBb* Magdalena *Gg* Madalena ∞ *RBb* tresquílenme *Gg* tresquíleme *Ms* tresquílanme —‡El *Ms* agrega al margen: 'y no lo saben en mi casa'. —Si el primer verbo está en sujuntivo el segundo también debe estarlo: 'tresquílenme / sepan', que es lo que las ediciones indican. Otra variante del refrán es la del *Ms:* tresquílanme / saben. ∞ ‡uésped dizes? —Traso se burla de Centurio, quien ha dicho que va a casa de Areúsa y el cojo sabe que no es verdad, que el manco va a casa de una inferior en todo a Areúsa; de ahí el refrán de las lagañas. ∞ *RBb* se enamoran *Gg* s'enamora

XVIIIb.13 ‡de almazén —Cf. XVIIIa.15. ∞ ‡de quien = 'de quienes.'

XVIIIb.14 *R* levar *BbGg* llevar ∞ *R* escaparse no puedan *BbGg* escapar no se puedan ∞ ‡de mis manos —Es un decir, ya que la una la tiene puesta en la picota.

XVIIIb.15 *RBB* en lo dicho no cale *Gg* en lo bien dicho no cale —El verbo 'caler' (= convenir), prácticamente solo se usa en la tercera persona de presente indicativo y con 'no'. Mena, *Laberinto,* 92: 'mas al presente fablar no me cale'. Puede haber errata, pues la frase no cuadra bien (¿cabe?) o fue omitido el 'me'. ∞ *RBb* gentezilla *Gg* gentileza

Centurio:- Esse quede contigo y te dé buen manderecha.

(*Soliloquio de Traso,* Cena 2ª)

Traso:- {17} Mal me va desta compañía de mi amo, pues a su causa mil ratos de plazer, que tomar podía, me estorva. Allende, como dizen, que la libertad no se precia por ningún tesoro, y que pan ageno poco engorda. — Buena tardança hazen aquellas mis mugeres a tal tiempo. {18} No se contentan con aver ido a casa de aquel vellaco cariacuchillado, como me han dicho, sino que en cualquier lugar avrán entrado de donde no a tres tirones salgan. Bien parece que no estó ya en el mundo, que no só ya el que ser solía, ‡cuando la maldición más común que por boca de todos se usava ‡era: a manos de Traso mueras, en el su poder fenezcas. ‡Ya cada uno se me atreve, cada uno se me iguala; {19} con mal va mi onra, perdida es mi fama. ‡y con mal va quien mala fama cobra.‡ Mas yo juro que, de que Dios andava por la tierra, no se burlavan assí comigo.

(Cena 3ª)

Terencia:- {20} Landre mala me mate, hija, si no está allí aquel loquillo de tu Traso, si la vista no me engaña, con su espada haziendo rayas en el suelo, ‡ o passeándose de una parte a otra, como ombre enojado; la mano puesta en la barva, dando patadas en la tierra, asiendo del puñal de rato en rato, escupiendo de cara ‡*a*l cielo.

Tiburcia:- {21} ¡Anda, madre! ¿Siempre as de estar de burlas? Está el otro en casa de su amo y ¿quiéresme espantar?

Terencia:- Vistas somos.

Tiburcia:- ¿Cómo?

XVIIIb.16 ‡manderecha —Será *buen piederecho* lo que Dios le debe dar al cojo Traso.

XVIIIb.17 *RBb* no se precia por ningún *Gg* no se precia — ningún

XVIIIb.18,19 ‡El texto que se desprende de las tres ediciones es el siguiente: 'Bien parece que no estó ya en el mundo, que yo no soy el que ser solía, y cada uno se atreve, cada uno se me iguala. {19} Con mal va mi onra, perdida es mi fama. Mas yo juro que, de que Dios andava por la tierra, no se burlavan assí comigo. Empero, con mal va quien mala fama cobra. La maldición más común que por boca de todos se usava: a manos de Traso mueras, en su poder fenezcas...' —Este texto ha sufrido ciertamente un empastelamiento tipográfico, con enmiendas posteriores al buen tuntún. El texto obvio aparece en la edición crítica. Es evidente que para llegar al empastelamiento y seudoenmiendas debe haber dado a través de por lo menos dos ediciones. Los escientes dirán si el texto que restituyo es plausible o no. **XVIIIb.18** *RBbGg* estó yo *Ms* estoi ya *(sic)* ∞

XVIIIb.19 ‡de que Dios andava por la tierra = 'cuando era otro del que soy agora' ∞ *RBbGg Ms* burlauan *(sic) RBb* Empero *Gg* Pero ∞ *RBb* se usava *Gg* se usa ∞ *RBb Ms* en su poder *Gg* y en el su poder

XVIIIb.20 *R* de tu Traso *BbGg Ms* de Traso ∞ *RBbGg* suelo passeándose —Simple omisión por el -o final de 'suelo'. Cuando se detiene hace rayas en el suelo o se pasea de un lado a otro. Cf. V.18. *RBb Ms* asiendo *Gg* assiendo —El verbo tiene -s- sonora. *RBbGg* cara el cielo —Simple errata.

Terencia:- ¡Muerta soy! Mayormente si sabe la casa de donde venimos.

Tiburcia:- {22} No nos paremos, pues es por demás. No solevantemos humo do no ay quiça memoria de fuego, que un bovillo destos presto es engañado. A un traidor dos alevosos, y más vale, a tales tiempos, saber que aver.

Traso:- (Aparte):- {23} ¡No me digáis más, no me habléis más! ¿Tal cosa á de passar? ¡Ya, ya, muerto es por quien tañían!

Tiburcia:- ¿Qué dizes, Dios mío? ¿Qué hablas, ángel mío?

Traso:- ¿'Qué dizes' me preguntas? ¡O, descreo del padre que no me parió, con quien tal oye y no haze algo de lo que hazer acostumbra, a su braço poniendo tanta paciencia!

Terencia:- {24} Calla, por tu vida, señor Traso; no seas de tal manera. Gota de sangre no traemos en todo el cuerpo ¡por ánima mía! a tu causa, y tú, mal quexoso y mal contento.

Traso:- ¿A mi causa? ¿Só yo el que estoy aquí? ¿só yo el que esto oye?

Tiburcia (Aparte):- El dïablo nos á traído en poder deste desvarïado, loco, sin seso ninguno. Por mi salud, de alteración, en las piernas tener no me puedo. No me dé algún porrazo. ¡Gesú, Gesú, qué fiero que está!

Terencia (Aparte):- {25} No paro mientes a sus cosas; no hagas caso de sus bozes, porque, como dizen, gato maullador nunca buen caçador. Del río manso me guarde Dios...en los que más feroces se demuestran con quien no tienen manos.para responderles, muy pocas vezes dezir y obrar juntos se hallan.

Tiburcia (Aparte):- {26} Habla baxa tía; no nos oiga, que será peor.

Traso:- Bien lo barruntava yo: ¡a casa de Claudio! Bien lo sabía yo; no podía ser, aosadas, otro vuestro camino.

Terencia:- {27} ¡Sí, no podía ser otro! ¡Como solemos ir muy a menudo, no es maravilla que digas esso! Por la tierra que come a los muertos y a nosotros espera, que se passa lo más del año que dos bueltas no damos por su calle. ¡Hallado avías las visitaderas! ¡Hallado avías las que se precian de ir a casa de otro sin primero hazértelo saber! {28} Aquí donde estávamos nos dixeron que Claudio y tú avíades corrido los crïados del Arcedïano y cierta gentezilla que vino a su rüído, por echaros la mano. ¡Si bien les supo, buélvanse al regosto! Y a esta causa, harto medrosas passamos por su casa a informarnos de la verdad, pensando que algo te oviesse acaecido.

XVIIIb.21 ‡'el otro' se refiere al Traso, 'su amo' se refiere al Centurio.

XVIIIb.22 *RBb Ms* a tales tiempos *Gg* a — tiempos

XVIIIb.23 —

XVIIIb.24 *RBbGg* sin seso ninguno *(sic)* ∞ *RBbGg* Jesu, jesu/iesu —Regularización de la grafía ge/gi. ∞ *RBbGg* qué fiero que está *Ms* que fiero está

XVIIIb.25 *RBbGg Ms* nunca buen caçador —Paralelo del periodo: 'gato maullador/mïador nunca buen murador' (= cazador de mures, ratones).

XVIIIb.26 *R* osadas *BbGg Ms* a osadas

XVIIIb.27 *RBbGg* que digas esso ∞ *R* hazértelo *BbGg Ms* hazerlo

XVIIIb.28 *RBb Ms* harto *Gg* arto ∞ *RBbGg* acae(s)cido *Ms* acontecido

Traso:- {29} No quería más saber; esso esperava yo oír; no aguardava yo otra cosa. ¡Ayúdele Dios, si le encuentro! Impossible es que de mis manos se escape; haga cuenta que tiene su vida jugada al tablero.

Tiburcia:- {30} ¡Detenlo, por Dios. No haga tal cosa como dize, seyendo el otro sin culpa.

Traso:- Ni por esso dexaré de hazer lo que digo, ni menos por vosotras me detendré de no le ir a buscar.

Terencia:- {31} Vaya, si quiera. No te cures, hija. En fin, palabras son. Ya sé en qué cae. De los esperimentados, como suelen dezir, se levantan los arteros. — Abre essa puerta y entremos en casa, que ‡é vergüença de los que a tal ora nos vieren puestas en la calle. Que a tu Traso, según va enojado, por demás esta noche será esperalle.

(Soliloquio de Traso, Cena 4ª)

Traso:- {32} No sé dónde ir me pueda para que ponga en obra aquello que por Centurio me fue rogado, pues todo este hecho de mí lo confía. Si vamos luego seríamos conocidos y sería dar materia que cualquiera entendiesse este nuestro camino. {33} A su casa me voy, a esperar a Cremón y a los otros, por que con menos trabajo nos juntemos. En lo demás, contento voy, porque tan bien me á sucedido. Yo dexo aquellas mugeres bien amedrentadas, por donde pienso que otro día no carecerán de temor para hazer la estada que oy an hecho. Allende desto, no inorarán para cuánto soy. {34} Empero, ¿qué orden buscaré para salir de lo que dicho tengo? En ninguna manera pensar puedo, porque el otro, siendo avisado, no es menos que se pondrá a punto y tendrá manera para hazerme pagar lo dicho. {35} Empero, viniendo a su noticia, yo le haré entender que lo avía con Claudio, el crïado de Caldorio, y no con él, poniendo algunas ofertas delante; y desta manera, antes amistad tendrá comigo que no gana de reñir, y yo podré más a salvo hazer lo que a este mi negocio y onra conviene,

---

XVIIIb.29 *R* esso *BbGg Ms* esto

XVIIIb.30 *RBbGg Ms* seyendo —Cf. III.18 *JM* seyendo ∞ *RBbGg* detendré —Rojas usaría 'deterné', pero en los contemporáneos y coetáneos del centro de España se dan las formas epentéticas. El uso absoluto de Rojas y casi absoluto de Cota, parece ser preferencia personal. Cf. I.119.

XVIIIb.31 *RBbGg Ms* vaya, si quiera —Se puede escribir separado o unido: 'siquiera'. ∞ *RBb Ms* no te cures *Gg* no, no te cures ∞ ‡abre essa puerta —Ha pasado un poco de tiempo hasta llegar a casa de ellas. ∞ ‡*RBbGg Ms* que es vergüença —La lectura en el *Ms* no es clara. El indefinido 'es vergüença' no hace completo sentido. Es sin duda la expresión 'aver vergüença de' —Cf. VII.90: siempre ove vergüença dél. El 'é' escrito sin h- fue mal enmendado; el uso de *aver* (= tener) ya empezaba a sentirse como anticuado, pero la frase 'aver vergüença' se mantuvo hasta el siglo XVII.

XVIIIb.32 *R* cualquiera entiéndese *BbGg* cualquier entendiesse *Ms* cualquiera entendiesse

XVIIIb.33 *RBb Ms* carecerán *Gg* parecerán ∞ ‡la estada —Cf. XVIIIb.18. ∞ *RBbGg* ignorarán *(sic) Ms* ignoran *(sic)*

XVIIIb.34 *R* busque *BbGg Ms* buscaré ∞ ‡pondrá - tendrá —Rojas no usa estas formas con -dr- sino *porná, terná,* aunque nunca puede en casos así excluirse la mano de amanuenses o cajistas.

tomándolo más descuidado.

AUTO XIX.

AXIX. [Argumento del décimo nono auto.]

Yendo Calisto con Sosia y Tristán al uerto de Pleberio a visitar a Melibea, que lo estava esperando y con ella Lucrecia, cuenta Sosia lo que le aconteció con Areúsa.

XIX. Auto décimo nono. {1-10}. Sosia, Tristán (Cena 1ª)

Sosia:- {1} Muy quedo, para que no seamos sentidos, desde aquí al uerto de Pleberio te contaré, ermano Tristán, lo que con Areúsa me á passado oy, que estoy el más alegre ombre del mundo. Sabrás que ella, por las buenas nuevas que de mí avía oído, estava presa de amor y embïome a Elicia, rogándome que la visitasse. {2} Y dexado aparte otras razones de buen consejo que passamos, mostró al presente ser tanto mía cuanto algún tiempo fue de Pármeno. Rogome que la vistasse siempre, que ella pensava gozar de mi amor ‡por tiempo. {3} Pero yo te juro ‡por el peligroso camino en que vamos, ermano, y assí goze de mí, que estuve dos o tres vezes por me arremeter a ella, sino que me empachava la vergüença de verla tan hermosa y arreada y a mí con una capa vieja ratonada. Echava de sí en

---

XVIIIb.35 ‡lo avía con Claudio —Se refiere al pleito con Claudio, por haber ido Tiburcia, la iza de Traso, a visitarlo. ∞ No conviene olvidar, por lo que respecta a este Auto, que el autor del *ruido hechizo* no fue Centurio, sino Traso —Cf.XIX.31— de tal modo que si en alguna manera era necesario *motivar* (?) el que un *Traso el coxo* passase ocasionalmente por allí voceando, el centro del Gran Embuchado debiera haber sido Traso y no Centurio. Nótese clarísimamente que el texto de la Gran Adición, de donde se originó todo este Tratado, señala que el Traso y compañeros vinieron a tratar de *assombrar* (= asustar) o cuando más oxear (= ahuyentar como si fuesen gallinas) a Sosia y a Tristanico; pero con tan poco efecto, que Tristán piensa que era simplemente gente que pasaba voceando. Cf. XIX.27 y 31. La realidad en el texto es que así fue: gente que pasaba voceando, y de allí postiza y hechizamente se agarró todo el *Tratado de Centurio*.

AXIX. Argumento del décimo nono auto — *JM GHKL LN, F no lo trae. I falta hasta XIX.2.* —La parte correspondiente a la Cena 1ª: {1} - {10}. *JM* Yendo Calisto *GHK LN* Calisto yendo ∞ *JM HK LN* a visitar *G* a vesitar ∞ *JM G K LN* Areúsa *H* Ahrehusa *(sic)* —La grafía de *H* indica claramente la pronunciación: A-re-ú-sa.

XIX. Sosia. Tristán.

XIX.1 ‡Muy quedo para... al uerto de Melibea —Esta línea es probablemente una adición de enlace, para meter esta última escena del *Tratado de Centurio* dentro de la Continuación. ∞ *FJM GHK LN* presa de amor *Sal-1570* presa de mi amor —Esta última lectura parece mejor, pero sigo las secundarias. ∞ *FJM* embïome a Elicia rogándome que la visitasse *GHK LN* embïome − que la visitasse (*G* vesitasse) *Ms Sal-1570* embïome a dezir que la visitasse *It* Mandome Elicia per mezzana pregandome che io la visitasse

XIX.2 ‡cuanto algún tiempo fue de Pármeno —No 'algún tiempo'; no lo fue sino la primera vez, obligada por la Vieja, en la noche de un día; y al día siguiente, el día de la cena de la Vieja, si acaso. Sosia debía saber esto bien, ya que parece haber sido el confidente (?) del Pármeno: está informado de que el aprendiz de rufián pasó más de tres noches desvelado por el deseo de aquella mujer, Cf. XIV.54.

bulliendo un olor de almizque; yo hedía al estiércol que llevava dentro de los çapatos. {4} Tenía unas manos como la nieve, que cuando las sacava de rato en rato de un guante, parecía que se derramava azahar por casa. Assí por esto, como porque tenía un poco ella de hazer, se quedó mi atrever para otro día. Y aun porque a la primera vista todas las cosas no son bien tratables, y cuanto más se comunican mejor se entienden en su participación.

Tristán:- {5} Sosia, amigo, otro seso más maduro y esperimentado que no el mío era necessario para darte consejo en este negocio; pero lo que con mi tierna edad y mediano natural alcanço, al presente te diré. Esta muger es marcada ramera, según tú me dixiste; cuanto con ella te passó as de creer que no carece de engaño. {6} Sus ofrecimientos fueron falsos, y no sé yo a qué fin. Porque amarte por gentilombre, ¡cuántos más terná ella desechados! Si por rico, bien sabe que no tienes más del polvo que se te pega del almohaça; si por ombre de linage, ya sabrá que te llaman Sosia, y a tu padre llamaron Sosia, nacido y crïado en una aldea, quebrando terrones con un arado, para lo cual eres tú más dispuesto que para enamorado. {7} Mira, Sosia, y acuérdate bien si te quería sacar algún punto del secreto deste camino que agora vamos, para con lo que supiesse rebolver a Calisto y Pleberio, de embidia del plazer de Melibea. Cata que la embidia es una incurable enfermedad donde assienta, uésped que fatiga la posada; en lugar de galardón, siempre goza del mal ageno. {8} Pues si esto es assí, ¡o, cómo te quiere aquella malvada hembra engañar con su alto nombre, del cual todas

---

XIX.3 ‡*por el peligroso camino* —Es extraño ese juramento, como si el peligroso camino fuese algo sagrado. Pero la cosa se aclara si *por el peligroso camino en que vamos* es una adición para encajar esta escena dentro de la Continuación. Muy inapropiadamente, puesto que deberían ir en absoluto silencio, para que 'no los sintiesse la tierra' (XIV.24) y por muy quedo que hablasen, en medio del total silencio de la noche, ¿a qué distancia iba Calisto entre lo oscuro, que no se enterase de algo? ∞ *F* estoue *(sic) JM GHKILN* estuue *(sic)* ∞ *FJM GHKILN* bulliendo *(sic) FJM GHKILN* almizque *(sic) FJM GHKILN* dentro en los çapatos *It* dentro le scarpe —Realmente el 'dentro' sobra, pero ante las ediciones y el *It* no veo la razón de quitarlo. Sanabria es un escritor muy desigual; a ratos acierta y a ratos se va de bruces.

XIX.4 ‡*de un guante* —Mucho mejor si hubiese escrito indefinidamente 'de los guantes' —Cf. lo anterior 'dentro los çapatos'. ∞ ‡*azahar It* acqua lampha *(sic)* ∞ ‡*por casa* —No es la de Sosia: *FJM GHKILN* por casa *It* per casa —Muchas de las posteriores modifican por la casa, —Obvio. ∞ *FJM G* tenía un poco ella de hazer *HKILN* tenía ella un poco de hazer *Sal-1570 y muchas posteriores:* un poco que hazer. —Puede haber confusión de q/d. ∞ *FJM GH ILN* se entienden *K* se entiendan

XIX.5 *FJM GH ILN* otro seso *K* otro sea —*errata*. ∞ *JM GH ILN* y esperimentado *F* sperimentado *K* y esperimientado ∞ *F L* terna *(sic) JM GHKI N* tierna ∞ *FJM GH ILN* alcanço *K* alcança ∞ *FJM GHKI* dixiste *L* dexiste *N* d'xiste

XIX.6 *F GHKILN* del polvo *JM* de polvo ∞ *FJM GHK* una aldea *ILN* un aldea

XIX.7 ‡*No casa bien sacar algún punto* del camino, pero si esto sustituye a 'si te quería sacar algún punto del secreto de nuestro amo', la cosa se explica. Y ello sería una sustitución para acomodar la escena en este punto. ∞ *F* con lo que supiesse *JM GHK* con que lo supiesse *ILN* con qué pudiesse —Los va a revolver con aquello que sepa, non con el hecho de saberlo. La lectura de *F* es correcta y la trasposición de *JM GHK* es la que origina la mala corrección de *ILN*. ∞ *FJM G K* y Pleberio *H ILN* y a Pleberio ∞ *FJM GHK* siempre goza *ILN* siempre se goza

se arrean! Con su vicio ponçoñoso quería condenar el ánima por complir su apetito, rebolver tales casas por contentar su dañada voluntad. ¡O arrufianada muger, y con qué blanco pan te dava çaraças! Quería vender su cuerpo a trueco de contienda. {9} Oyeme, y si assí presumes que sea, ármale trato doble, cual yo te diré; que quien engaña al engañador. . . ya me entiendes. Y si sabe mucho la raposa, más el que la toma. Contramínale sus malos pensamientos, escala sus ruindades cuando más segura la tengas, y cantarás después en tu establo: uno piensa el vayo y otro el que lo ensilla.

Sosia:- {10} ¡O Tristán, discreto mancebo! Mucho más as dicho que tu edad demanda. Astuta sospecha as remontado y creo que verdadera. ‡Pero, porque ya llegamos al uerto y nuestro amo se nos acerca, dexemos este cuento, que es muy largo, para otro día.

XIX.8 ‡el alto nombre (¿de ramera de marca?) del cual todas se arrean —Es absurdo. Por eso el *It* modifica: 'te vol ingannare quella *mala femina con sua mala astuzia*, de la quale tutte si adornano. ∞ *FJM L* quería *GH IN* q̄ria *K* quiere ∞ *FJM GH ILN* complir *K* cumplir ∞ *F G L* tales cosas *JM HKIN* tales casas *It* vorria metter discordia in simile casate ∞ *F* a rufianada *JM* arufianada *It* arofianata *(sic) GHKILN* rufianada —Errata o grafía medieval de -r- en lugar de -rr- —Cf. VIII.19. ∞ *FJM GHK* trueco *I N Sal-1570* trueque *L* truque ∞ ‡quería —Así todas las secundarias, pero *It:* vorria (= querría) vendere su persona a cambio de briga

XIX.9 *FJM* presumes que sea *GHKILN* presumes que es ∞ ‡quien engaña... —Es una adaptación del refrán 'quien roba al ladrón tiene cien días de perdón'; *It:* per chè chi inganna l'ingannatore: non te dico più perchè tu m'intendi ∞ ‡segura la tenga = 'descuidada, desprevenida esté' ∞ ‡El refrán es: 'una piensa el vayo y otra el que lo ensilla'. Cf. *It:* una pensa el baio l'altra colui che lo insella'. Aun decimos 'una cosa piensa el burro y otra el que lo está enjalmando'. Puede haber errata, pero las ediciones son concordes. ∞ *FJM* y otro *GHKILN* — otro

XIX.10 *FJM GHKILN* — mucho más as dicho ∞ *FJM G* pero porque ya llegamos *HKILN* pero porque — llegamos ∞ *FJM G* que es muy largo *HKILN* que es — largo ‡Pero, porque... para otro día —Probable frase de enlace de la escena con la Continuación.

INDICE DE GRABADOS

INDICE GENERAL

---

[1] Para los Autos XV, XVII, XVIII, véase el *Tratado de Centurio,* pp.273-303.

Tratado de Centurio de Sanabria (?)